Spielerisch zu einem besseren Gedächtnis

SPIELERISCH ZU EINEM BESSEREN GEDÄCHTNIS

Deutschland · Schweiz · Österreich

Titel der französischen Originalausgabe:
Le Grand Livre de la Mémoire

Deutsche Ausgabe
Übersetzung der allgemeinen Kapitel: Anja Leisinger, Birgit Reit
Übersetzung und Adaption der Rätsel sowie neue Rätsel:
Dirk Langenfeldt, RätselManufaktur GmbH, Hamburg
Redaktion der allgemeinen Kapitel: Christiane Burkhardt, textkontor

Reader's Digest
Redaktion: Annegret Diener-Steinherr (Projektleitung)
Grafik: Thomas S. Maier
Bildredaktion: Christina Horut
Prepress: Andreas Engländer
Produktion: Thomas Kurz

Redaktionsdirektorin: Suzanne Koranyi-Esser
Redaktionsleiterin: Dr. Renate Mangold
Art Director: Susanne Hauser

Leitung Produktion Buch: Norbert Baier

Satz und Reproduktion: Meyle+Müller GmbH+Co.KG, Pforzheim
Druck und Binden: mohn media, Gütersloh

© der französischen Originalausgabe:
2004 Sélection du Reader's Digest, Paris
4. Auflage 2010
© 2010, 2006 Reader's Digest Deutschland, Schweiz, Österreich
Verlag Das Beste GmbH Stuttgart, Zürich, Wien

UK 1544/IC-FR
ISBN 978-3-89915-328-6
Printed in Germany

Besuchen Sie uns im Internet
www.readersdigest.de

Vorwort

Nehmen Sie dieses Buch in die Hand, blättern Sie darin herum und vielleicht stellen Sie dann fest: Dieses Buch ist genau das Richtige für mich, denn es befasst sich mit meinen Problemen. Mein Gedächtnis lässt mich immer öfter im Stich. Manchmal vergesse ich sogar die Namen von guten Bekannten, ich erinnere mich nicht, wie die Stadt heißt, in der ich im letzten Sommer war, und ich habe keine Ahnung, wo mein Autoschlüssel geblieben ist…

Das Gedächtnis spielt für jeden Menschen eine große Rolle. Ebenso wie der Körper verändert es sich mit den Lebensjahren, doch es wird dabei nicht schwächer, und wie wir etwas für unsere körperliche Beweglichkeit oder für unser Herz-Kreislauf-System tun, können wir auch unser Gedächtnis auf Trab halten. Dafür gibt es keine altersbedingte Grenze. Das Gedächtnis ist wie das Herz darauf ausgelegt, den Menschen bis zu seinem letzten Atemzug zu begleiten, und es leidet nur dann, wenn es nicht gefordert wird. Zögern Sie also nicht.

Schlagen Sie das Buch an beliebiger Stelle auf und fordern Sie auf spielerische und höchst unterhaltsame Weise ihre grauen Zellen heraus. Widmen Sie sich dann nach und nach auch den Bereichen, die Ihnen nicht so liegen. Sie werden schon bald Ihr geistiges Potenzial besser ausschöpfen, neuen Schwung und mehr Lebensfreude verspüren.

Inhalt

Das finden Sie im Buch

Gedächtnis, was ist das?
Anschauliche und leicht verständliche Kapitel vermitteln, wie Ihr Gedächtnis funktioniert.

Übungen mit Hinweisen zum Lösungsweg und Tipps zum Gedächtnistraining.

Piktogramme weisen auf eine Übungsaufgabe hin.

Die Texte erläutern Hintergründe wie das Bilden, Speichern und Abrufen von Erinnerungen.

Das Vergessen

Paradoxerweise zählt zum Vorgang der Speicherung auch das aktive Vergessen von Informationen. Wollten wir nämlich alle Informationen im Gedächtnis, die täglich auf uns einströmen, würden wir unser Gedächtnis hoffnungslos überfordern. Wir können unser Erinnerungsvermögen mithilfe sinnvoller Merkhilfen trainieren. Manchmal aber verweigert unser Bewusstsein den Abruf von Informationen, obwohl diese gespeichert bleiben.

Vergessen schafft Platz

Wenn ich mir alles merken würde, würde ich irgendwann verrückt!

Warum sollten wir uns die Anzahl roter Ampeln merken, an denen wir auf dem Weg zur Arbeit halten mussten? Wir haben sie natürlich gesehen – und diese Information gespeichert – aber nur zu dem Zweck, diese Daten sofort zu verwenden und anschließend wieder zu löschen.

Ein normales Gedächtnis löscht 90–95 % im Lauf eines Tages wahrgenommenen Informationen. Dieses aktive Vergessen wird häufig auch als selektives Gedächtnis bezeichnet und erlaubt es, aus der täglichen Informationsflut das Wesentliche herauszufiltern. Ohne diese Fähigkeit wären die menschlichen Gedächtniskapazitäten eines Tages erschöpft.

Dieses aktive Vergessen funktioniert bei jedem Menschen anders. Die einen erinnern sich an tausend Einzelheiten und können haarklein berichten, wie ihr Gesprächspartner bei der letzten Begegnung gekleidet war. Das muss kein außergewöhnliches Gedächtnis sein, sondern unter Umständen nur, dass ihnen das Speichern des äußeren Erscheinungsbilds verwendet wird, wissen solche Menschen dafür oft nicht mehr, worüber sie sich unterhalten haben.

Bei anderen ist das genaue Gegenteil der Fall. Sie vergessen die näheren Umstände bestimmter Situationen, weshalb sie häufig als zerstreut gelten. Sie konzentrieren sich in der Regel stärker auf ihr Empfinden als

Europäische Währungen
Bis auf drei Mitgliedsstaaten haben im Jahr 2002 alle damaligen EU-Länder eine einheitliche Währung eingeführt. Nennen Sie die früheren nationalen Währungen dieser Länder und benennen Sie die drei, in denen nicht mit Euro gezahlt wird.

1. Belgien ....
2. Dänemark ....
3. Deutschland ....
4. Finnland ....
5. Frankreich ....
6. Griechenland ....
7. Großbritannien ....
8. Irland ....
9. Italien ....
10. Luxemburg ....
11. Niederlande ....
12. Österreich ....
13. Portugal ....
14. Schweden ....
15. Spanien ....

Nach Einführung des Euro haben Sie vermutlich begonnen, diese Währungen zu vergessen. Das ist normal, denn sobald Informationen nicht mehr benötigt werden, vergessen wir sie. In etwa 20 Jahren werden die meisten Menschen nicht mehr in der Lage sein, sich an diese Währungen zu erinnern.

Lösung S. 337

Große Ströme der Welt
Ordnen Sie folgende acht Ströme vom längsten zum kürzesten.
Lösung S. 337

a. Ganges
b. Mississippi-Missouri
c. Amazonas
d. Ob
e. Amur
f. Rhein
g. Jangtsekiang
h. St.-Lorenz-Strom

1. ......
2. ......
3. ......
4. ......
5. ......
6. ......
7. ......
8. ......

Sie kennen die Namen dieser Wasserläufe und mussten während Ihrer Schulzeit gewiss auch einmal lernen, wie lang sie sind. Die meisten von Ihnen haben diese Fakten inzwischen wieder vergessen, da ihre langfristige Speicherung nutzlos erschien. Sie behalten solche Daten nur, wenn sie von einem besonderen Interesse für Sie sind, d. h., wenn Sie beruflich brauchen oder Geographie Ihr Hobby ist.

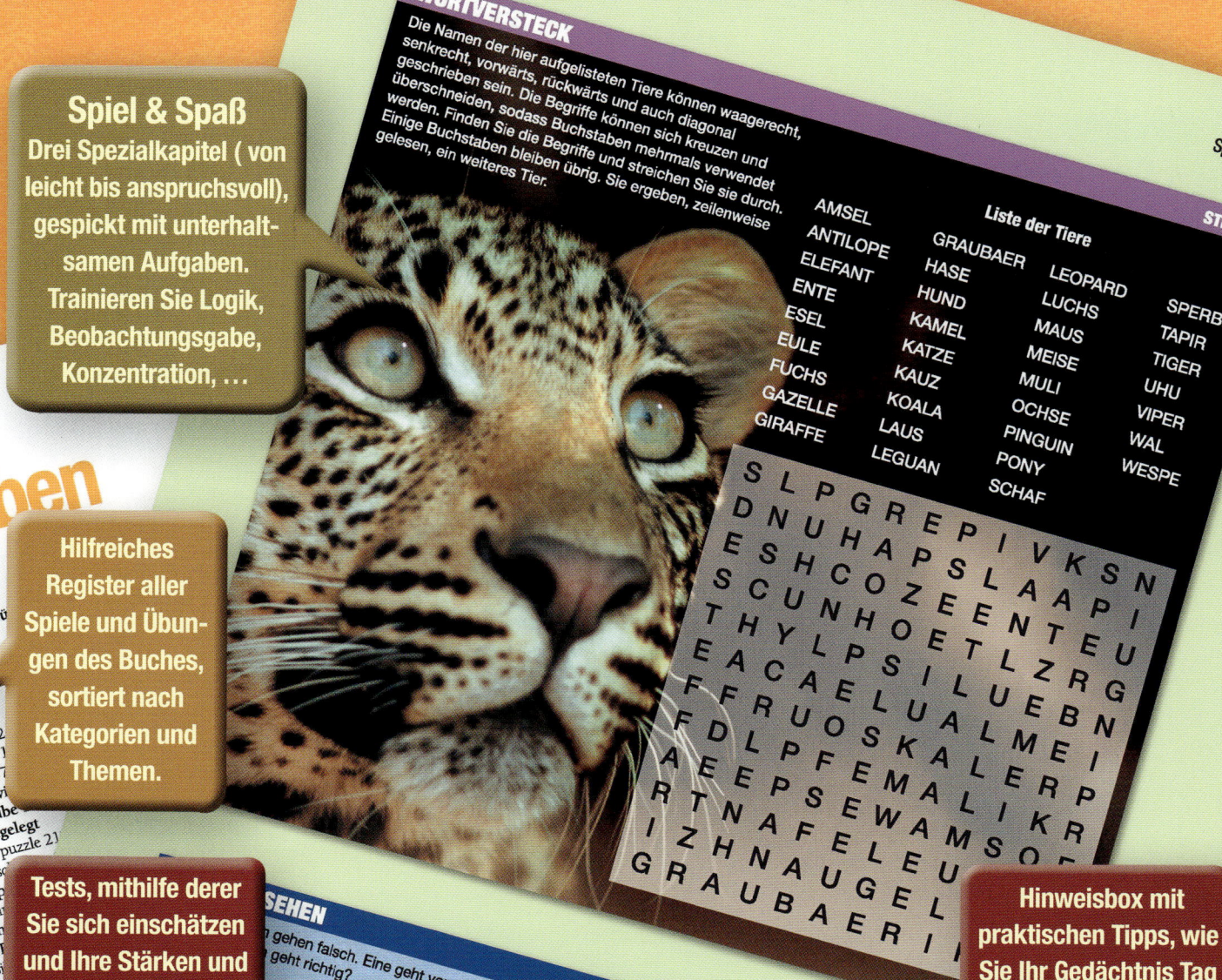

WORTVERSTECK

STRUKTUR

Die Namen der hier aufgelisteten Tiere können waagerecht, senkrecht, vorwärts, rückwärts und auch diagonal geschrieben sein. Die Begriffe können sich kreuzen und überschneiden, sodass Buchstaben mehrmals verwendet werden. Finden Sie die Begriffe und streichen Sie sie durch. Einige Buchstaben bleiben übrig. Sie ergeben, zeilenweise gelesen, ein weiteres Tier.

Liste der Tiere

AMSEL	GRAUBAER	LEOPARD	SPERBER
ANTILOPE	HASE	LUCHS	TAPIR
ELEFANT	HUND	MAUS	TIGER
ENTE	KAMEL	MEISE	UHU
ESEL	KATZE	MULI	VIPER
EULE	KAUZ	OCHSE	WAL
FUCHS	KOALA	PINGUIN	WESPE
GAZELLE	LAUS	PONY	
GIRAFFE	LEGUAN	SCHAF	

```
S L P G R E P I V K S N
D N U H A P S L A A P I
E S H C O Z E E N T E U
S C U N H O E T L Z R G
T H Y L P S I L U E B N
E A C A E L U A L M E I
F F R U O S K A L E R P
F D L P F E M A L I K R
A E E P S E W A M S O F
R T N A F E L E U O F
I Z H N A U G E L
G R A U B A E R I
```

Spiel & Spaß — Drei Spezialkapitel (von leicht bis anspruchsvoll), gespickt mit unterhaltsamen Aufgaben. Trainieren Sie Logik, Beobachtungsgabe, Konzentration, …

Hilfreiches Register aller Spiele und Übungen des Buches, sortiert nach Kategorien und Themen.

Tests, mithilfe derer Sie sich einschätzen und Ihre Stärken und Schwächen ermitteln können.

Hinweisbox mit praktischen Tipps, wie Sie Ihr Gedächtnis Tag für Tag besser nutzen können.

...SEHEN

...gehen falsch. Eine geht vor, zwei weitere sind jeweils um 15 Minuten verstellt. ...geht richtig?

Test Welche Merkhilfen verwenden Sie?
Beantworten Sie die folgenden Fragen mit JA oder NEIN.

JA NEIN

1. Ich verwende die in meinem Handy gespeicherten Nummern und kann häufig gebrauchte Nummern nicht auswendig.
2. Ich gehe systematisch nach Adressbuch vor, wenn ich Ansichtskarten an Verwandte und Bekannte verschicke.
3. Ich mache mir eine Einkaufsliste, auch wenn ich weniger als sieben Artikel aus dem Supermarkt benötige.
4. Ich muss meine verschiedenen PIN-Codes für EC-Karte, Handy usw. auf einem Zettel notieren.
5. Ich muss meine Ideen aufschreiben, um sie nicht zu vergessen.
6. Da ich häufig meine Wohnungstür zuziehe, ohne den Schlüssel mitzunehmen, habe ich schon mehrmals beim Nachbarn klingeln müssen, der einen Ersatzschlüssel hat.
7. Ich schaue regelmäßig in meinen Terminkalender, um zu sehen, was ich noch erledigen muss.
8. Ich schaue mehr als zweimal täglich auf den Kalender, um zu sehen, welches Datum wir haben.
9. Vor jedem Telefongespräch notiere ich, was ich sagen will.
10. Ich mache regelmäßig Knoten in mein Taschentuch.
11. Ich schreibe alles, was ich nicht vergessen möchte, auf die Hand.
12. In meiner Küche hängt eine kleine Tafel für Notizen.

Wenn Sie häufiger mit JA geantwortet haben, brauchen Sie kein schlechtes Gewissen zu haben. Jeder von uns greift im Alltag auf Merkhilfen zurück und das muss nicht immer ein Zeichen für geistige Trägheit sein. Sie haben einfach nicht genügend Vertrauen in Ihr Gedächtnis, weshalb Sie es sich angewöhnt haben, es zu unterstützen. Wichtig ist nur, dass Sie Ihr Gedächtnis immer wieder damit beauftragen, Informationen zu speichern.

Wenn Sie häufiger mit NEIN geantwortet haben, haben Sie volles Vertrauen in Ihr Gedächtnis, weil es Sie nur selten im Stich lässt. Weiter so!

Mein Gedächtnis
... und mein Einkaufszettel

Sich einen Einkaufszettel zu schreiben, ist kein Zeichen für Gedächtnisträgheit – vorausgesetzt, dass Sie sich im Supermarkt nicht ständig an diesen Zettel klammern müssen. Zunächst einmal dient er der Bestandsaufnahme der benötigten Dinge. Wer die benötigten Produkte beim Schreiben des Einkaufszettels in der Reihenfolge notiert, wie sie im Supermarkt in den Regalen stehen, wird ihn sich leichter einprägen können. Lesen Sie Ihre Liste ruhig mehrmals laut durch. Nach einigen Wochen werden Sie mehr als 30 Artikel kaufen können, ohne ständig auf Ihren Zettel sehen zu müssen. Mitnehmen schadet trotzdem nichts!

Test Wie gut ist Ihr

Bestimmte alltägliche Gewohnheiten, Verhaltensweisen und Einstellungen deuten manchmal auf leichte Gedächtnisprobleme hin. Mithilfe dieses Fragebogens, den Sie so aufrichtig wie möglich beantworten sollten, können Sie feststellen, ob Sie eventuell betroffen sind. Kreuzen Sie das Ihrer Antwort entsprechende Kästchen an. Als Bezugszeitraum dient der vergangene Monat.

	NIE	MANCHMAL	OFT
1. Ich kann mich beim Lesen nicht lang konzentrieren.	☐	☐	☐
2. Ich kann mir Namen von neuen Bekanntschaften schlecht merken.	☐	☐	☐
3. Es fällt mir schwer, Bekannte mit dem richtigen Namen anzusprechen.	☐	☐	☐
4. Die Namen berühmter Persönlichkeiten muss ich lang suchen.	☐	☐	☐
5. Ich komme zu spät zu Verabredungen.	☐	☐	☐
6. Ohne Terminkalender vergesse ich meine Verabredungen.	☐	☐	☐
7. Ich bin beim Einkaufen auf meine Einkaufsliste angewiesen.	☐	☐	☐
8. Ich betrete ein Zimmer, weiß aber nicht mehr, was ich dort tun wollte.	☐	☐	☐
9. Ich kann mir wichtige Telefonnummern nur schwer merken.	☐	☐	☐
10. Ich vergesse, welches Datum wir haben.	☐	☐	☐
11. Es fällt mir schwer, mich auf eine Aufgabe zu konzentrieren.	☐	☐	☐
12. Ich verlege meine Schlüssel oder meine Brille.	☐	☐	☐
13. Es dauert lang, bis ich mich an Veränderungen gewöhnt habe.	☐	☐	☐
14. Ich vergesse die Geburtstage mir nahe stehender Menschen.	☐	☐	☐
15. Ich lasse mich leicht ablenken.	☐	☐	☐
16. In Gesprächen suche ich lang nach dem richtigen Begriff.	☐	☐	☐
17. Ich finde mich in meinem Wohnviertel nur schwer zurecht.	☐	☐	☐
18. Ich habe das Gefühl, dass mir mein Gedächtnis Streiche spielt.	☐	☐	☐
19. Es fällt mir schwer, über einen Film zu sprechen, den ich gesehen habe.	☐	☐	☐
20. Ich mache mehrmals das Gleiche.	☐	☐	☐
21. Ich vergesse Erlebnisse, wenn ich nicht immer wieder über sie spreche.	☐	☐	☐
22. Ich bewahre unnütze Dinge auf.	☐	☐	☐
23. Ich habe die Geheimnummer meiner EC-Karte nicht immer sofort parat.	☐	☐	☐

Gedächtnis?

	NIE	MANCHMAL	OFT
24. Wenn mich etwas nicht betrifft, kann ich es mir nur schwer merken.	☐	☐	☐
25. Es fällt mir schwer, mir beim Einkaufen die Preise zu merken.	☐	☐	☐
26. Die Titel von Büchern, die ich gelesen habe, vergesse ich sehr schnell.	☐	☐	☐
27. Ich kann mir keine Zahlen merken, egal in welchem Zusammenhang.	☐	☐	☐
28. Ich brauche viel länger als früher, um etwas auswendig zu lernen.	☐	☐	☐
29. Was ich im Fernsehen gesehen habe, vergesse ich sofort wieder.	☐	☐	☐
30. Ich finde Kreuzworträtsel sehr schwer zu lösen.	☐	☐	☐

Zählen Sie jetzt Ihre Punkte zusammen:
NIE: 0 Punkte, **MANCHMAL:** 1 Punkt, **OFT:** 2 Punkte.

☐	☐	☐

Bilden Sie nun die Gesamtsumme Ihrer Punkte.

☐

Testergebnisse

0 bis 15 Punkte

Sie befinden sich im Vollbesitz aller geistigen Kräfte, vorausgesetzt Sie waren ehrlich und überschätzen sich nicht. Dennoch sollten Sie sich nicht auf Ihren Lorbeeren ausruhen. Regelmäßiges Training der körperlichen und geistigen Kräfte ist die beste Garantie für ein gleichbleibend gutes Gedächtnis.

16 bis 35 Punkte

Ihr Gedächtnis weist kleinere Schwächen auf, die aber noch kein Grund zur Sorge sind. Wahrscheinlich leiden Sie, wie so viele andere, an Konzentrationsschwäche. Damit sich diese geringfügigen Probleme nicht zu handfesten Schwierigkeiten entwickeln, sollten Sie das Tempo etwas drosseln. Lassen Sie sich für jede Aufgabe genügend Zeit und zwingen Sie sich dazu, bei einer Sache zu bleiben und nicht schon wieder die folgende Aufgabe anzuvisieren. Gleichzeitig sollten Sie lernen, sich zu entspannen, denn im Stresszustand ist es unmöglich, die Aufmerksamkeit längere Zeit auf eine Sache zu richten.

35 Punkte und mehr

Sie neigen womöglich dazu, die eigenen Schwächen zu streng oder gar übertrieben negativ zu beurteilen. Dennoch wäre in Ihrem Fall eine vorsorgliche Untersuchung in einer Gedächtnissprechstunde zu empfehlen, damit Sie sich ein genaues Bild von Ihren geistigen Fähigkeiten verschaffen können. Es gibt spezialisierte Ärzte und Psychologen, die Ihnen nach der Auswertung der Untersuchungsergebnisse die für Sie optimale Strategie zur Lösung Ihrer Probleme aufzeigen können.

Gedächtnis – was ist das eigentlich?

Gehirn und Gedächtnis

Unser etwa drei Pfund schweres Gehirn enthält unzählige Nervenzellen, die milliardenfach miteinander verknüpft sind. Dieser wichtigste Teil des Zentralnervensystems steuert alle Prozesse im Körper – egal, ob wir den kleinen Finger heben oder eine mathematische Gleichung lösen. Doch in welchem Zusammenhang stehen Gehirn und Gedächtnis? Alle unsere Erinnerungen sind im Gehirn gespeichert und werden immer wieder neu abgerufen. Das Gedächtnis ist Teil unserer Identität, unserer Intelligenz, unseres Gefühlslebens. Aber wo genau sitzt es?

 Unser Gehirn – eines der größten Rätsel überhaupt
Testen Sie, was Sie über den Aufbau des Gehirns und seine Funktionsweise wissen.

	RICHTIG	FALSCH
1. Das Gehirn besteht aus mehreren tausend Zellen.	☐	☐
2. Die Anzahl der Nervenzellen im Gehirn steht bereits bei der Geburt fest.	☐	☐
3. Die beiden Gehirnhälften werden aus unglaublich vielen Lappen gebildet.	☐	☐
4. Im Alltag nutzen wir die gesamte Kapazität der Nervenzellen.	☐	☐
5. Glukose stellt die wichtigste Energiequelle des Gehirns dar.	☐	☐
6. Mit zunehmendem Alter lässt die Gedächtnisleistung nach.	☐	☐
7. Unser Gehirn ist auch aktiv, wenn wir schlafen.	☐	☐
8. Stress, Angst und Müdigkeit haben negative Auswirkungen auf die Leistungsfähigkeit des Gehirns.	☐	☐
9. Manche Hirnerkrankungen richten unumkehrbare Schäden an.	☐	☐
10. Alle Erinnerungen werden in einem ganz bestimmten Teil des Gehirns gespeichert.	☐	☐

1. FALSCH
Das Gehirn besteht aus annähernd 100 Mrd. Zellen, die Neuronen genannt werden. Jedes Neuron kann innerhalb von Sekundenbruchteilen mit weiteren 10 000 Neuronen in Kontakt treten.

2. RICHTIG
Zu den bei der Geburt vorhandenen Neuronen kommen keine weiteren hinzu. Der Neuronenschwund liegt selbst in einem Alter von 80 Jahren lediglich bei etwa 10 %. Die verbliebenen 90 % werden nicht abgebaut und können neue Kontakte zu anderen Neuronen knüpfen.

3. FALSCH.
Jede der beiden Gehirnhälften, die auch als Hemisphären bezeichnet werden, setzt sich aus vier Lappen zusammen, die jeweils andere Aufgaben wahrnehmen. Durch spezielle Verbindungen stehen diese Lappen in Kontakt zueinander.

4. FALSCH
Bei unseren alltäglichen Verrichtungen beanspruchen wir höchstens 30–40 % der Neuronen oder Nervenzellen. Je weniger das Gehirn gefordert wird, desto eher drohen Gedächtnisstörungen oder Probleme mit der korrekten Wortwahl. Daher sollten wir das Gehirn möglichst vielseitig beanspruchen.

5. RICHTIG
Pro Stunde verbraucht das Gehirn etwa 5 g Glukose (Traubenzucker). Um eine ausreichende Versorgung sicherzustellen, muss das Blut ständig Glukose an das Gehirn abgeben. Daher dürfen Glukose und Kohlenhydrate nicht komplett vom Speiseplan gestrichen werden.

6. FALSCH
Jeder zweite Mensch über fünfzig klagt über Gedächtnisstörungen. Mit zunehmendem Alter werden Informationen langsamer verarbeitet. Auch der Zugriff auf Erinnerungen gestaltet sich schwieriger. Die Fähigkeit, neue Kenntnisse zu erwerben, wird dadurch allerdings nicht beeinträchtigt.

7. RICHTIG
Das Gehirn arbeitet während des Schlafs besonders intensiv. Im Verlauf der Traum- oder REM-Phasen speichert das Gehirn Informationen, die es am Vortag aufgenommen hat.

8. RICHTIG
Bei gestressten oder müden Menschen lässt die Konzentration deutlich nach. Daher werden Informationen weniger gut registriert und somit leichter vergessen.

9. RICHTIG
Die Alzheimer-Krankheit ist die am weitesten verbreitete Gehirnerkrankung. Sie ist durch ein zunehmendes, unumkehrbares Nachlassen der intellektuellen Fähigkeiten gekennzeichnet und beginnt mit spezifischen Gedächtnisstörungen. Mit den heute verfügbaren Medikamenten lässt sich das Fortschreiten dieser Erkrankung verlangsamen, aber nicht stoppen.

10. FALSCH
Es gibt keinen bestimmten Ort im Gehirn, an dem Erinnerungen gespeichert werden. Richtig ist allerdings, dass der Hippocampus beim Abrufen von Erinnerungen eine besondere Rolle spielt. Um sich an etwas erinnern zu können, müssen jedoch mehrere Gehirnareale zusammenarbeiten.

Das verteilte Gedächtnis

Lange Zeit haben Wissenschaftler das Gedächtnis in einer ganz bestimmten Hirnregion angesiedelt. Heute steht fest, dass ganze Neuronennetze für die Gedächtnisfunktion zuständig sind. Sie sind auf mehrere Gehirnareale verteilt, wo sie verschiedene Arten von Informationen und Signalen verarbeiten und speichern. Sobald sich eine Information ins Gedächtnis einprägen soll, müssen mehrere Gehirnareale zusammenarbeiten, um Erinnerungen zu erzeugen. Insofern gibt es keine speziellen Regionen im Gehirn, in denen das Gedächtnis angesiedelt ist. Es ist vielmehr über das gesamte Gehirn verteilt.

● Wo sitzen die verschiedenen Gedächtnisarten?
Aus Aufzeichnungen der Gehirntätigkeit mit speziellen bildgebenden Verfahren wissen wir genau, welche Hirnregionen an der Speicherung von Informationen beteiligt sind. Vereinfacht lässt sich sagen, dass …

… **das Kurzzeit- oder Arbeitsgedächtnis** auf die Nervensysteme in der Großhirnrinde (Neokortex **4**, und Präfrontalkortex, **1**), vor allem aber auf die Verknüpfungen zwischen Großhirnrinde und Thalamus zurückgreift;
… **das semantische Gedächtnis**, in dem die Bedeutung von Wörtern oder Symbolen gespeichert wird, den Neokortex (**4**) der beiden Großhirnhälften aktiviert;
… **das prozedurale Gedächtnis**, in dem bestimmte Abläufe wie Radfahren, Schwimmen oder Autofahren gespeichert werden, die unter der Großhirnrinde liegenden Strukturen aktiviert. Dazu gehören das Kleinhirn (**6**) und die Basalganglien (**5**);
… **das episodische Gedächtnis**, in dem kurz Zurückliegendes gespeichert wird, vor allem den Präfrontalkortex (**1**) sowie den Hippocampus (**3**) und den Thalamus (**2**) beansprucht, die zum limbischen System zählen.
   In den tiefer gelegenen Hirnregionen – im limbischen System, und zwar auf Höhe des Schläfenlappens – liegt der wie ein Seepferdchen geformte Hippocampus, der bei Gedächtnisprozessen eine entscheidende Rolle spielt.

Der Hippocampus sorgt dafür, dass die in den verschiedenen Hirnarealen gespeicherten Informationen miteinander vernetzt werden. Er ist immer dann aktiv, wenn Erinnerungen aus dem Kurzzeitgedächtnis ins Langzeitgedächtnis überführt werden sollen – also dann, wenn wir Erinnerungen dauerhaft speichern wollen, wozu verschiedene Hirnregionen gleichzeitig aktiv werden müssen. Wird der Hippocampus zerstört, kann man sich keine neuen Informationen wie Wörter, Gesichter oder Bilder mehr einprägen.

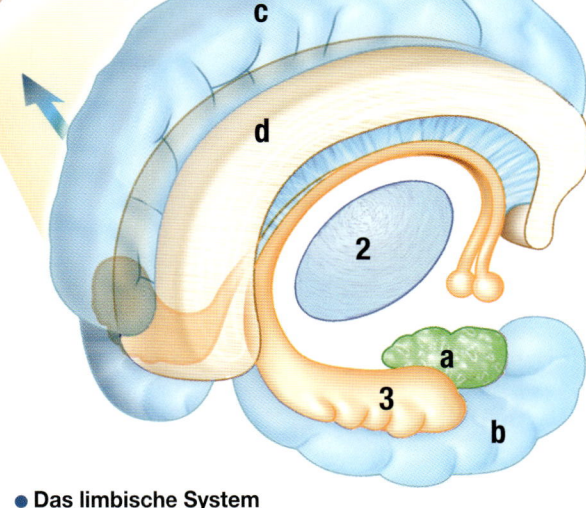

● Das limbische System
besteht aus Hippocampus (**3**), Mandelkern (**a**) und benachbarten Hirnwindungen (Gyrus parahippocampalis, **b**, und Gyrus cinguli, **c**). Der Balken (**d**) ist Teil des Gehirns.

Mein Gedächtnis
… und meine Intelligenz

Intelligenz ist nicht vererbbar, doch was bedeutet es, intelligent zu sein? Tests zur Ermittlung des Intelligenzquotienten (IQ) können zwar bei der Bewertung von Intelligenz helfen – trotzdem ist es wenig sinnvoll, sich ausschließlich auf die Ergebnisse solcher Tests zu verlassen. Viel wichtiger ist es, die eigenen Fähigkeiten in Alltag und Beruf optimal einsetzen zu können. Auch wer keinen besonders hohen IQ hat, kann pfiffig sein und ein ausgezeichnetes Gedächtnis haben.

● Aufnahme und Speicherung visueller Informationen

Zuerst treffen die optischen Reize auf unsere Netzhaut im Auge. Dort werden sie in Nervenimpulse umgewandelt und innerhalb von ein paar tausendstel Sekunden über den Sehnerv zu den so genannten visuellen Projektionsfeldern in der Rinde des Hinterhauptlappens geleitet. Hier erfolgt eine Weiterverarbeitung der einzelnen Informationen nach ihren charakteristischen Merkmalen (Form, Farbe und Bewegung) sowie ihre kurzfristige Speicherung im Hippocampus. Dort werden sie mithilfe eines Umwegs über verschiedene Regionen des Neokortex mit früheren Erkenntnissen verglichen und anschließend entweder vergessen oder gespeichert. Die Art und Weise, wie wir Informationen verarbeiten und speichern, hängt davon ab, ob sie positive oder negative Gefühle bei uns hervorrufen.

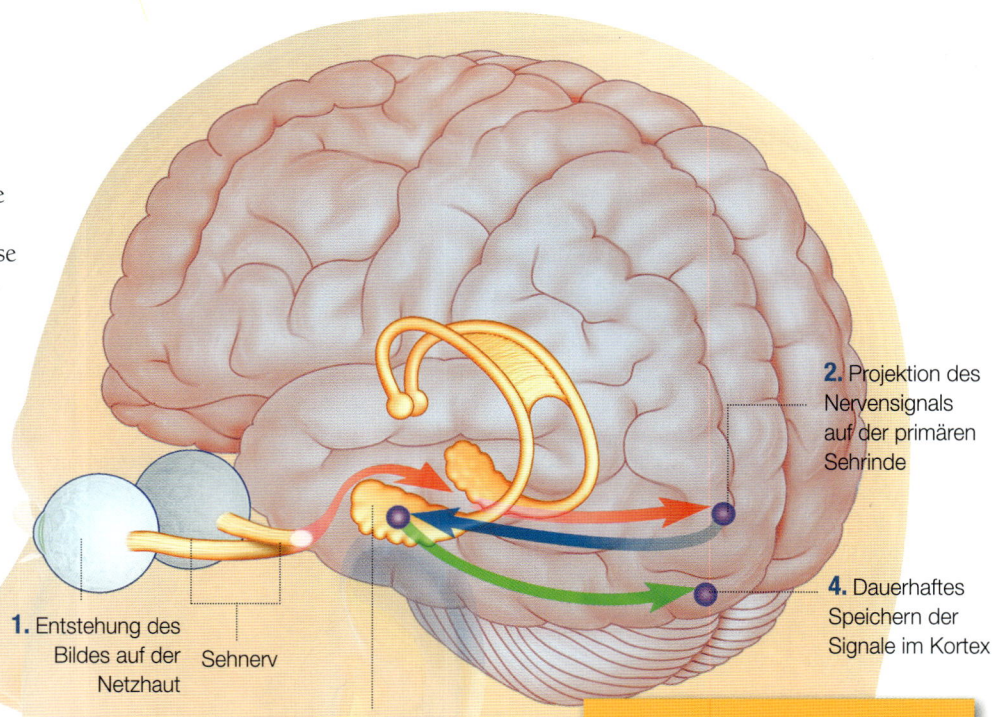

1. Entstehung des Bildes auf der Netzhaut — Sehnerv

2. Projektion des Nervensignals auf der primären Sehrinde

3. Zwischenspeicherung der Signale für einige Wochen im Hippocampus

4. Dauerhaftes Speichern der Signale im Kortex

Wirrwarr im Gehirn

Hinter diesen zwölf Phantasiebegriffen verbergen sich Wörter rund um das Gehirn und das Denken. Sortieren Sie die Buchstaben neu, um diese Wörter herauszufinden.

NENNEURO..........................

EISAMEN..........................

PENNYASS..........................

HALSMAUT..........................

RHEINRIND..........................

LENDENMARK..........................

UNGERNREIN..........................

OXKROETEN..........................

SCHAEDIGTEN..........................

HINKLERIN..........................

ENDRINDET..........................

HERINGKALBEN..........................

Lösung S. 332

Rebus

Welche Information über die grauen Zellen versteckt sich in den Bildern? Entschlüsseln Sie den ganzen Satz.

Lösung S. 332

Mein Gedächtnis
... und meine Eltern

Weder das Gedächtnis noch die Alzheimer-Krankheit zählen zum genetischen Erbgut, das Eltern an ihre Kinder weitergeben. Wenn in der Familie Gedächtnisstörungen auftreten, machen sich viele ältere Menschen Sorgen und suchen einen Arzt auf. Doch diese Art von Erkrankung wird nicht von einer Generation an die nächste weitergegeben. Sollten Sie dennoch besorgt sein, empfiehlt es sich, einen Facharzt zu konsultieren.

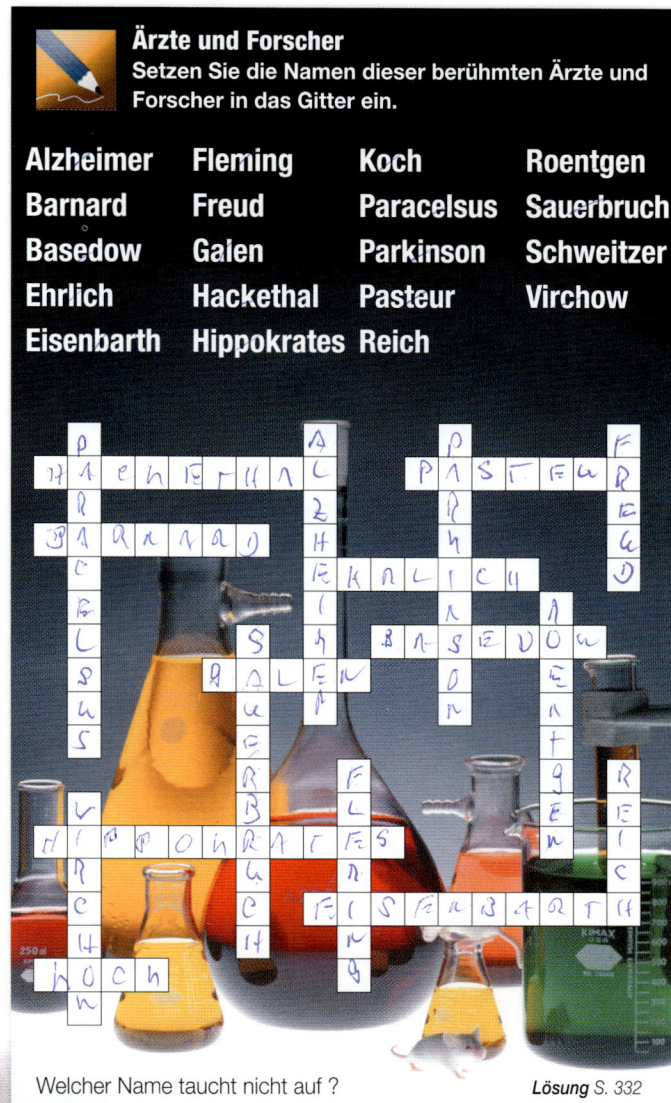

Gedächtnisstörungen

Gedächtnisstörungen äußern sich hauptsächlich durch Erinnerungslücken (Amnesien). Es gibt aber auch weniger häufige Störungen wie Steigerungen der Gedächtnisleistung (Hypermnesien), Erinnerungstäuschungen (Paramnesien) und Störungen des Zeiterlebens (Ekmnesien).

● **Als amnestisches Syndrom** wird die Unfähigkeit bezeichnet, sich an ganz alltägliche Ereignisse zu erinnern. Die Intelligenz bleibt ebenso erhalten wie die Fähigkeit, neue Wörter und Bewegungsabläufe zu erlernen. Ein typisches Beispiel hierfür sind Hippocampus-Amnesien. Sie werden durch eine Schädigung des so genannten Papez-Kreises verursacht, der Hippocampus und Mandelkern mit dem Hypothalamus verbindet. Sie treten infolge von Gefäßschädigungen, Krankheiten (Alzheimer-Krankheit), Schädelverletzungen, neurochirurgischen Eingriffen oder einem Herzstillstand auf und sind in der Regel unumkehrbar.

● **Als retrograde oder rückwirkende Amnesie** bezeichnet man die Unfähigkeit, sich an Ereignisse zu erinnern, die vor Ausbruch der Erkrankung stattgefunden haben. Sie tritt häufig in Kombination mit einer **anterograden oder vorwärtswirkenden Amnesie** auf, die verhindert, dass sich Erinnerungen festigen können. Die retrograde Erinnerungslücke kann einige Tage, aber auch mehrere Jahre umfassen. In den meisten Fällen werden die gespeicherten Erinnerungen nicht gelöscht, sie lassen sich nur nicht mehr abrufen. Diese Erinnerungslücken treten als Folge von Elektroschocks oder Verletzungen auf, können aber auch mit dem Korsakow-Syndrom oder dem frühen Stadium der Alzheimer-Krankheit einhergehen.

● **Bei einer globalen oder allgemeinen Amnesie** können keine neuen Fakten mehr erlernt werden. Außerdem sind die Betroffenen nicht mehr in der Lage, auf vorhandenes Wissen zurückzugreifen. Die globale Amnesie kann mit schweren Schädigungen des Kortex verbunden sein und tritt bei Demenzerkrankungen auf.

● **Als Amnesie-Anfall oder schwarzes Loch** wird eine plötzlich auftretende Erinnerungslücke bezeichnet. Ihr geht häufig eine starke Gefühlsregung voraus, die dazu führt, dass sämtliche neuen Fakten vergessen werden. Hinzu kommt eine einige Stunden bis Tage umfassende retrograde Amnesie. Die Erinnerung an den Vorfall und die Zeit davor bleibt lückenhaft. Als Ursache vermutet man einen Gefäßkrampf infolge einer Migräne. Kommt es zu Rückfällen, muss geklärt werden, ob eine Gefäß- oder epileptische Erkrankung die Ursache ist.

Ärzte und Forscher

Setzen Sie die Namen dieser berühmten Ärzte und Forscher in das Gitter ein.

Alzheimer	Fleming	Koch	Roentgen
Barnard	Freud	Paracelsus	Sauerbruch
Basedow	Galen	Parkinson	Schweitzer
Ehrlich	Hackethal	Pasteur	Virchow
Eisenbarth	Hippokrates	Reich	

Welcher Name taucht nicht auf?   *Lösung* S. 332

● **Hyperamnesien** befähigen die Betroffenen zu gewaltigen Gedächtnisleistungen auf speziellen Gebieten – plötzlich können sie sich problemlos ganze Telefonbuchseiten einprägen. Diese Leistungen haben nichts mit Intelligenz zu tun und können dauerhaft oder kurzzeitig auftreten. Ist Letzteres der Fall, gehen sie mit epileptischen Anfällen oder intensiven Gefühlen einher, die Erinnerungen wieder aufleben lassen.

● **Bei Paramnesien** handelt es sich um Erinnerungstäuschungen. Der Betroffene hat das Gefühl, dasselbe schon einmal gesehen zu haben. Oder aber ihm kommt eine vertraute Umgebung ganz fremd vor. Kurzzeitige Paramnesien können beispielsweise bei epileptischen Anfällen des Schläfenlappens auftreten.

● **Bei Ekmnesien** werden Episoden aus der Vergangenheit so erlebt, als würden sie gerade eben geschehen. Sie treten bei Alzheimer-Patienten auf.

Gedächtnis und Krankheiten

● **Die Alzheimer-Krankheit** ist die häufigste Erkrankung des Zentralnervensystems. Sie geht mit einer fortschreitenden und unumkehrbaren Verminderung der intellektuellen Fähigkeiten einher. Außerdem ist sie eine Gedächtniserkrankung, da sich die Betroffenen keine neuen Informationen mehr einprägen können. Die Erkrankung erfasst mit der Zeit alle intellektuellen Fähigkeiten, wodurch der Patient vollkommen von anderen abhängig wird. Bei diesem so genannten Demenzprozess sterben zunächst im Hippocampus und dann in weiteren Hirnregionen zahlreiche Nervenzellen ab. Außerdem sinkt der Acetylcholinspiegel. Acetylcholin ist ein Botenstoff, der bei der Speicherung von Informationen eine Rolle spielt. Das Absinken des Acetylcholinspiegels lässt sich mit Medikamenten bekämpfen, deren Wirkung dann am größten ist, wenn sie in einem frühen Krankheitsstadium verabreicht werden.

● **Die Arteriosklerose (Arterienverkalkung)** zählt zu den häufigsten Gehirnerkrankungen und betrifft die Gefäße, die Herz, Nieren, Arme und Beine sowie das Gehirn mit Blut versorgen. Aufgrund von Fettablagerungen in der Arterienwand verengt sich der Gefäßdurchmesser, was Durchblutungsstörungen im Gehirn bewirken kann. Im Extremfall reißt die Gefäßwand und es kommt zu einer Hirnblutung (Gehirnschlag). Symptome hierfür sind ein vorübergehender oder dauerhafter Verlust bestimmter Fähigkeiten, etwa des Gehens oder Sprechens.

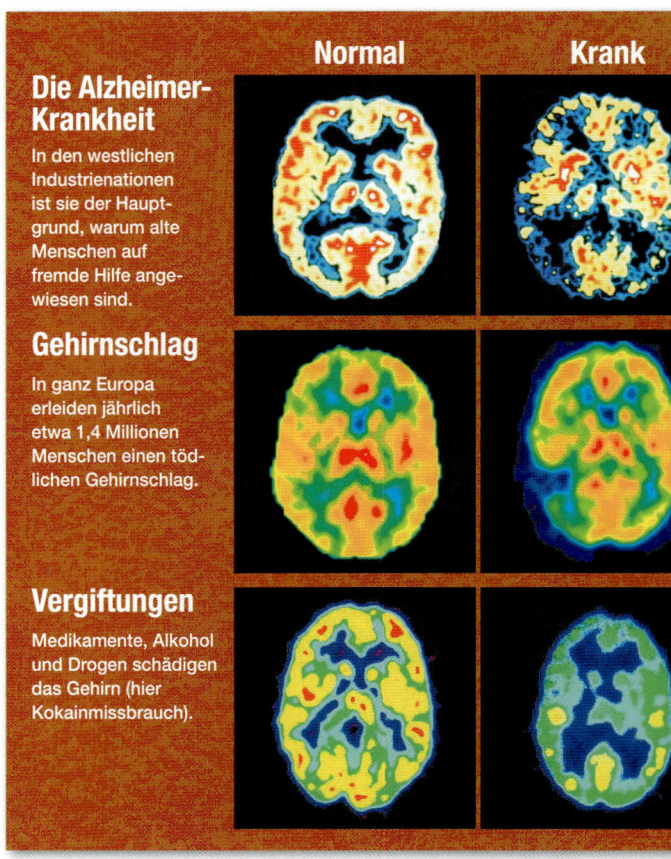

Normal	Krank

Die Alzheimer-Krankheit

In den westlichen Industrienationen ist sie der Hauptgrund, warum alte Menschen auf fremde Hilfe angewiesen sind.

Gehirnschlag

In ganz Europa erleiden jährlich etwa 1,4 Millionen Menschen einen tödlichen Gehirnschlag.

Vergiftungen

Medikamente, Alkohol und Drogen schädigen das Gehirn (hier Kokainmissbrauch).

Bereits kleinste Beeinträchtigungen der Gehirnarterien können nicht wieder gut zu machende Folgen haben. Eine beidseitige Schädigung der Arteria communicans posterior beispielsweise führt zu einer anterograden oder vorwärtswirkenden Amnesie, die mit Sprachstörungen einhergeht, wobei es in einigen Fällen zusätzlich zu einer retrograden oder rückwirkenden Amnesie kommen kann. Zu den Risikofaktoren dieser Erkrankung zählen Nikotin- und Alkoholkonsum, Bewegungsmangel, ein hoher Cholesterinspiegel, Bluthochdruck und Diabetes. Wer vorbeugen will, muss sich um eine gesunde Lebensweise bemühen. Dazu gehört auch, den Nikotin- und Alkoholverbrauch zu reduzieren, regelmäßig seinen Triglyzerid- und Cholesterinspiegel überprüfen zu lassen und für angemessene körperliche Bewegung zu sorgen.

 Rebus
Entschlüsseln Sie die Bilder und bilden Sie einen Satz, der etwas über die Leistungsfähigkeit des Gehirns verrät.

Lösung S. 332

● **Die Parkinsonkrankheit** entsteht, wenn Zellen der Basalganglien im Großhirn degenerieren. Sie sind für die Motorik verantwortlich und produzieren den Neurotransmitter Dopamin. Der verminderte Dopaminspiegel lässt den Patienten zittern, seine Muskeln werden steif und seine geistigen und motorischen Fähigkeiten verlangsamen sich. In 30–40 % der Fälle kommt es im Krankheitsverlauf zu einer Beeinträchtigung der geistigen Fähigkeiten. Da Informationen und Ereignisse gespeichert bleiben, allerdings nur noch mangelhaft ausgesprochen oder langsam abgerufen werden können, kann hier nicht von Erinnerungslücken gesprochen werden. Behandelt wird diese Erkrankung mit Wirkstoffen, die das chemische Gleichgewicht von Dopamin und Acetylcholin wiederherstellen.

Im Labyrinth des Gehirns
Finden Sie den einzig möglichen Weg, der die beiden roten Pfeile miteinander verbindet.

Lösung S. 332

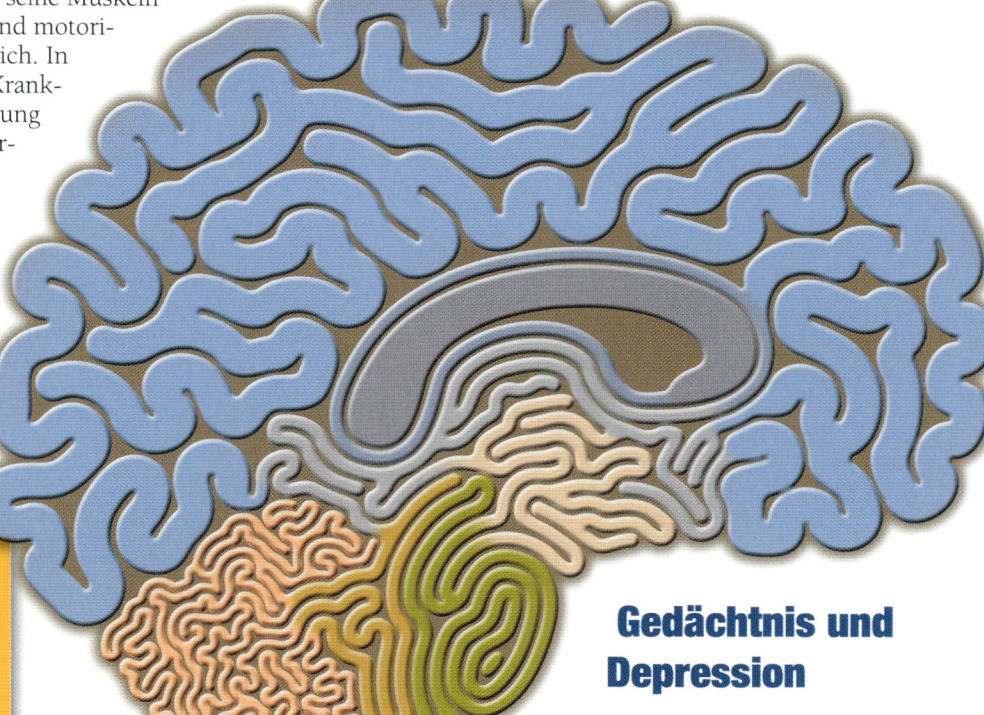

Mein Gedächtnis
... und die Gedächtnispille

Apotheken und Drogerien bieten zahlreiche Mittel an, die das Gedächtnis stärken sollen. Wie sind solche frei verkäuflichen Medikamente einzustufen, die eine Verbesserung der Gedächtnisleistung versprechen oder sogar angeben, vor Gedächtniserkrankungen zu schützen? Bislang gibt es die Pille für ein besseres Gedächtnis nicht. Diese Mittel unterstützen lediglich chemische Vorgänge im Gehirn. Die meisten enthalten Vitamin C, das den Stoffwechsel anregen und die Durchblutung verbessern soll, sowie Mineralstoffe, denen häufig noch eine Pflanze wie Jojoba, Ginseng, Soja oder Papaya zugesetzt ist. Gleichwohl forschen Wissenschaftler in aller Welt mit Hochdruck an der Gedächtnispille.

● **Das Korsakow-Syndrom** tritt bei schwer alkoholkranken Menschen auf. Es äußert sich durch eine anterograde oder vorwärtswirkende Amnesie und ein mangelhaftes Raum- und Zeitempfinden. Dem Krankheitsbeginn kann eine retrograde oder rückwirkende Erinnerungslücke von einigen Monaten bis mehreren Jahren vorangehen. Verwirrungszustände, Gleichgewichtsstörungen sowie eine Augenmuskellähmung können hinzutreten. In einigen Fällen ist der Krankheitsbeginn schleichend. Es kommt zu Kribbeln und Schmerzen in Armen und Beinen. Das Denkvermögen ist nicht beeinträchtigt. Die Ursache ist ein durch Alkoholmissbrauch bedingter Thiaminmangel, der die Zufuhr, Aufnahme und Verwertung von Vitamin B_1 stört. Gleichzeitig kommt es zu einem Absinken des Niazin- und Folsäurespiegels. Von den Schädigungen ist in erster Linie der Stirnlappen betroffen. Die Krankheit wird mit einer konsequenten Vitamin-B_1-Zufuhr behandelt, wobei die Erfolge jedoch sehr mäßig sind.

Gedächtnis und Depression

Obwohl Menschen, die seit langem an einer Depression leiden, nicht mit den Gedächtnisproblemen zu kämpfen haben wie Patienten, deren Wahrnehmung gestört ist, haben sie doch Schwierigkeiten, sich an jüngste Ereignisse zu erinnern. Aufgrund ihrer Antriebslosigkeit haben sie nicht mehr genügend Energie, um neue Informationen aufzunehmen und abzurufen. Die Verarbeitungskapazitäten werden reduziert. Aufgrund ihrer niedergedrückten Stimmung nehmen die Betroffenen häufig nur noch negative Dinge wahr, was die Depression weiter verstärkt.

Heute lassen sich die Auswirkungen einer Depression deutlich von den krankhaften Prozessen, wie sie etwa bei der Alzheimer-Krankheit ablaufen, unterscheiden. Bei einer Depression nimmt die allgemeine Motivation deutlich ab, was zu schweren Aufmerksamkeitsstörungen führt. Die Alzheimer-Krankheit hingegen ist eine Erkrankung des Gehirns, die das Verarbeiten, das Abspeichern und das erneute Abrufen von Informationen schwer beeinträchtigt. Im Unterschied zu einer Depression, nach deren Abklingen die Betroffenen ihre geistigen Fähigkeiten wiedererlangen, bleiben die Schäden durch die Alzheimer-Krankheit erhalten.

Depression

Mithilfe moderner Verfahren wie der Positronen-Emissions-Tomographie (PET) lässt sich eine Depression sichtbar machen.

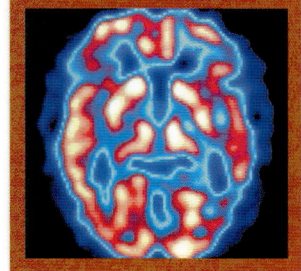

Die fünf Sinne

Hören, Sehen, Riechen, Schmecken und Fühlen: Unsere fünf Sinne gleichen Kanälen, die eine Fülle von Informationen sammeln und in das Gehirn weiterleiten. Sie übermitteln alle Signale, die nach und nach den Grundstock unseres Gedächtnisses bilden. Schon Augustinus bezeichnete die Sinne als „bevorzugte Eingangspforten", die in die verschiedenen Kammern des „Palasts der Erinnerungen" führen.

Test Welcher ist Ihr stärkster Sinn?

Mithilfe dieser 30 Fragen können Sie ermitteln, welchen Sinn Sie im täglichen Leben am häufigsten einsetzen. Kreuzen Sie die entsprechende Spalte an und antworten Sie dabei so spontan wie möglich. Haben Sie mit Ja geantwortet, kringeln Sie bitte den entsprechenden Buchstaben in der vorderen Spalte ein.

		JA	NEIN
C	Ich erinnere mich an den Geschmack der Speisen meiner Kindheit.		
D	Ich esse gern mit den Fingern.		
A	Ich kenne die Haar- und Augenfarbe meiner Freunde.		
B	Ich kenne das Läuten meines Weckers.		
E	Ich benutze je nach Stimmung ein anderes Parfüm.		
B	Ich erkenne Menschen am Klang ihrer Stimme.		
D	Ich möchte Werke von Bildhauern nicht nur betrachten, sondern auch anfassen.		
A	Ich achte bei Filmen sehr auf die Ausstattung.		
D	Beim Kochen arbeite ich gern mit den Händen.		
B	Musikstücke kann ich problemlos dem entsprechenden Komponisten zuordnen.		
B	Ich erkenne die Stimme von Schauspielern oder Sängern.		
E	Gerüche können mich stören.		
A	Ich kann mich gut orientieren.		
D	Ich kann Gegenstände allein durch Berühren erkennen.		
C	Ich lese gern Kochbücher oder Weinführer.		
A	Ich erinnere mich problemlos an eine Strecke, die ich schon einmal gefahren bin.		
B	Ich höre zu Hause oft Musik.		
A	Ich kann mein Wohnzimmer bis ins Detail beschreiben.		
C	Ich kann die Hauptzutaten von Speisen herausschmecken.		
D	Ich muss Kleidung berühren, bevor ich sie kaufe.		
C	Ich mag würzige Speisen.		
B	Autolärm stört mich.		
E	Einige Düfte verbinde ich mit bestimmten Erinnerungen.		
D	Ich genieße es, massiert zu werden..		
E	Ich kaufe häufig duftende Blumen.		
C	Ich probiere gern verschiedene Sorten alkoholischer Getränke..		
C	Ich esse häufig im Restaurant.		
E	Ich mag Essensdüfte.		
A	Ich erinnere mich nach einem Film problemlos an die Gesichter der Hauptdarsteller.		
E	Ich mag den Geruch mancher Gerichte lieber als ihren Geschmack.		

Sie haben deutlich häufiger mit JA geantwortet.
Sie wissen Ihre Sinne zu schätzen und setzen sie in unterschiedlichen Lebensbereichen ein. Deshalb können Sie problemlos auf fast alle zurückgreifen, um sich Dinge einzuprägen.

Sie haben deutlich häufiger mit NEIN geantwortet.
Sie haben einige Ihrer Sinne zu Lasten der anderen ausgeprägt und speichern Informationen hauptsächlich mithilfe Ihrer Lieblingssinne. Das bedeutet nicht zwangsläufig, dass sie die Informationen schlechter aufnehmen können. Sie werden unter Umständen jedoch nicht dauerhaft gespeichert, da nur ein Teil der Informationen verarbeitet werden kann.

Sie haben gleich häufig A, B, C, D und E eingekringelt.
Ihre Sinne schließen sich nicht gegenseitig aus, sondern arbeiten hervorragend zusammen. Die Sinne können in jedem Alter geschult werden. Je umfassender eine Information verarbeitet, also gleichzeitig gesehen, gehört und eventuell auch ertastet, geschmeckt oder gerochen wird, desto besser wird sie auch gespeichert.

Sie haben mindestens fünf A eingekringelt.
Sie neigen dazu, Informationen über das Auge wahrzunehmen, um sie im Gedächtnis zu speichern.

Sie haben mindestens fünf B eingekringelt.
Ihr auditives Gedächtnis nimmt eine bevorzugte Stellung ein, auch wenn Sie sich dessen vielleicht gar nicht bewusst sind. Sie zählen vermutlich zu den Menschen, denen eine Filmmusik im Gedächtnis haften bleibt, und schenken ihr mehr Aufmerksamkeit als andere.

Sie haben mindestens vier C eingekringelt.
Sie zählen eher zu den Feinschmeckern, denen es Freude macht, erlesene Speisen zu genießen. Die Erinnerung an eine Mahlzeit oder ein besonderes Gericht ermöglicht es Ihnen, bestimmte Zusammenhänge wiederherzustellen, wodurch Sie zahlreiche Erinnerungen beleben können.

Sie haben mindestens vier D eingekringelt.
Sie geben dem Tastsinn den Vorzug, mit dessen Hilfe Sie zahlreiche Erinnerungen wachrufen können. Der Tastsinn steht häufig in Zusammenhang mit dem Sexualleben. Er ist der Sinn, der im Lauf des Lebens am längsten geschärft bleibt. Säuglinge schlafen ruhig ein, wenn sie sanft gestreichelt werden. Im hohen Alter ist dieser Sinn häufig der einzige, der noch eine Kommunikation mit der Außenwelt ermöglicht.

Sie haben mindestens vier E eingekringelt.
Sie greifen häufig auf Ihren Geruchssinn zurück, der eng mit dem Geschmackssinn verbunden ist. Gerüche wecken bei Ihnen zahlreiche Erinnerungen aus dem Alltagsleben.

Die Biologie der fünf Sinne

Im Zentrum unseres Körpers existiert eine Art großer Nervenstrang, dessen unzählige Verästelungen Botschaften aus unserer Umgebung auffangen. Dieser „Beutefang" geschieht mithilfe der Sinne.

Jeder Sinn – ob Sehen, Hören, Schmecken oder Riechen – ist auf andere Informationen spezialisiert. Natürlich darf man das Fühlen nicht vergessen, wird es doch von einem Organ gewährleistet, das den gesamten Körper bedeckt – der Haut. **Die Informationen, die uns die Sinne liefern, werden von speziellen Gehirnarealen erkannt, analysiert und verarbeitet.** Die Wahrnehmung von äußeren Reizen, die aus unserer Umwelt stammen, wird als exterozeptiv bezeichnet, während Reize aus dem Inneren unseres Organismus wie Schmerz oder Wohlempfinden proptioprozeptiv genannt werden.

Assoziationsfelder
Alle Sinnesinformationen werden verknüpft und ergeben eine umfassende, präzise Wahrnehmung.

Sensorische Rinde
Sie empfängt die taktilen Informationen des gesamten Körpers.

Geschmacksrinde
In dieser Zone wird der Geschmack entschlüsselt.

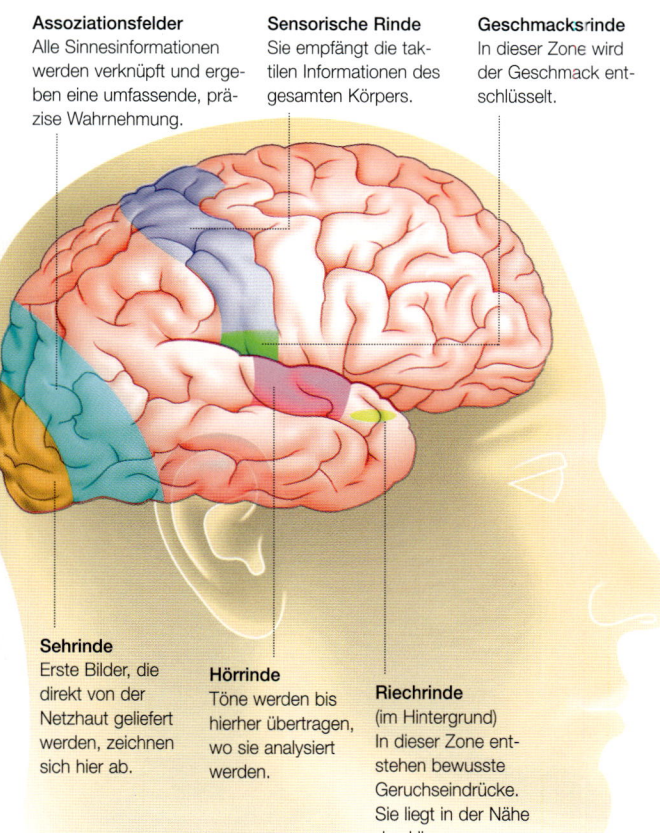

Sehrinde
Erste Bilder, die direkt von der Netzhaut geliefert werden, zeichnen sich hier ab.

Hörrinde
Töne werden bis hierher übertragen, wo sie analysiert werden.

Riechrinde
(im Hintergrund)
In dieser Zone entstehen bewusste Geruchseindrücke. Sie liegt in der Nähe des Hippocampus.

Der Tastsinn

Dieser Sinn ist beim Fetus vor allen anderen Sinnen entwickelt und somit die erste Schnittstelle mit der Außenwelt: Bereits das ungeborene Kind nimmt seine Umwelt über den Kontakt zur Fruchtblase der Mutter wahr.

Der Tastsinn funktioniert mithilfe einer Vielzahl von Rezeptoren (Meissner-Körperchen, Merkel-Scheiben, Vater-Pacini-Körperchen), die auf Stimulationen, Veränderungen oder wiederholten Druck reagieren. Im Schnitt sitzen in einem Quadratmillimeter Haut 50 Rezeptoren. Diese sind allerdings nicht gleichmäßig über den Körper verteilt. Besonders viele konzentrieren sich in den Fingerspitzen, wo wir besonders empfindlich sind.

Der Gehörsinn

Als zweiter Sinn entwickelt sich beim Fötus das Gehör; bereits im Mutterleib können Geräusche wahrgenommen und einige tiefe Töne erkannt werden. Die Übertragung von Tönen erfolgt durch Schwingungen des Fruchtwassers oder der Luft. Die Schallwellen bringen im Ohr das Trommelfell zum Schwingen. Diese Vibration setzt die Gehörknöchelchen des Mittelohrs in Bewegung, die ihrerseits die Haarzellen des Innenohrs in Schwingung versetzen. Letztere wandeln sie in elektrische Impulse um, die zum Gehirn geleitet werden.

Der Geruchssinn

Dies ist chronologisch gesehen der dritte Sinn, der sich beim Ungeborenen entwickelt. Bei der Geburt kann das Neugeborene bereits den Geruch seiner Mutter erkennen. Erwachsene können im Schnitt mehr als 10 000 verschiedene Gerüche unterscheiden, ohne sie dabei wirklich zu identifizieren. Das Riechen wird erst durch die Atmung, genauer gesagt durch das Einatmen ermöglicht. Mit dem Atemstrom gelangen nämlich flüchtige Teilchen von Geruchsstoffen in die hinter dem Nasenrücken liegende Nasenhöhle, wo sie von den etwa 5 Mio. Härchen (einer Art mikroskopisch kleinem Fell) der Rezeptorzellen aufgenommen werden. Diese senden Signale zum Riechkolben, der sie den Duftfamilien zuordnet – blumig, nach Moschus duftend, harzig, übel riechend, sauer, säuerlich usw.

Der Geschmackssinn

Der Geschmackssinn, der häufig mit dem Geruchssinn zusammenwirkt, greift auf etwa 10 000 Geschmackspapillen im Mund zurück. Alle zehn Tage erneuern sich diese Papillen, und das ein Leben lang! Jede Papille enthält etwa 50 Zellen, die an die Nervenzellen Informationen übermitteln, die ganz bestimmten Kategorien – salzig, sauer, süß und bitter – entsprechen.

Der Gesichtssinn

Dieser Sinn, der unserem Gehirn etwa 80 % der Informationen liefert, ist beim Neugeborenen von allen Sinnen noch am wenigsten ausgeprägt. Im Lauf der Entwicklung überflügelt er jedoch die übrigen Sinne, was zeitweise zu deren Lasten geht. Das Auge eines Erwachsenen registriert täglich Millionen von Informationen, und zwar in Form von Lichtstrahlen, die von belebten und unbelebten Gegenständen ausgehen und auf die Netzhaut des Auges treffen. Diese Strahlen durchdringen zunächst die Hornhaut, die durch die Bindehaut geschützt wird und die Iris bedeckt. Dann durchqueren sie die zentrale Öffnung der Iris, die Pupille, und fallen anschließend durch die Glaskörper-Linse, deren Wölbung mithilfe von Ziliarmuskeln verändert werden kann. Schließlich durchqueren sie die Glaskörperflüssigkeit, die 80 % des Augenvolumens ausmacht, und treffen zu guter Letzt auf die Netzhaut, die den Augenhintergrund bildet. Hier lösen sie in den Sehzellen Impulse aus, die über die 800 000 Fasern des Sehnervs ins Gehirn gelangen.

Es gibt keine bestimmte festgelegte Sinnesschärfe. Jeder dieser Sinne lässt sich **trainieren und verfeinern** und er kann auch abstumpfen.

Gedächtnis – was ist das eigentlich?

Alltagsgeräusche

Ordnen Sie diese Geräusche auf einer Skala
von 1 (sehr leise) bis 8 (sehr laut) ein.

a. Handyklingeln

b. Mopedbrummen

c. Heulen einer elektrischen Kaffeemühle

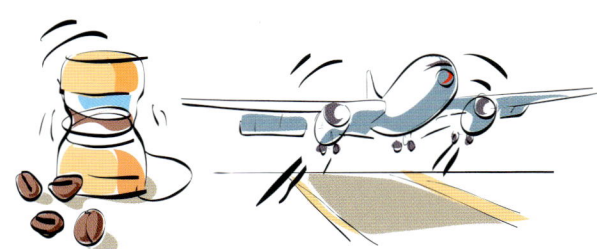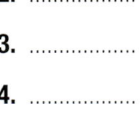

d. Ein startendes Flugzeug

1. ....
2. ....
3. ....
4. ....
5. ....
6. ....
7. ....
8. ....

Lösung S. 332

**e. Zerbrechendes
Glas**

f. Türenschlagen

g. Fahrradgeklingel

h. Vogelgezwitscher

Gehör und Geräuschempfindlichkeit sind bei jedem Menschen unterschiedlich ausgeprägt. So besitzt jeder Musikliebhaber eine eigene Vorstellung davon, wie laut Musik gehört werden sollte. Die in der Lösung vorgeschlagene Klassifizierung kann sich daher von der Ihrigen unterscheiden.

Die kleinen Unterschiede

Die beiden Fotos weisen sieben Unterschiede auf.
Können Sie sie entdecken?

Lösung S. 332

Düfte lösen Assoziationen aus

Durchforsten Sie Ihr Gedächtnis. Mit welchen Empfindungen oder Ereignissen verbinden Sie die folgenden Gerüche?

Geruch nach Verbranntem

Körper-geruch

Chlor

Fruchtaroma

Moschus

Geruch nach Frische und Sauberkeit

Schwefel

Ammoniak

Blumen-duft

Karamell

Schimmel

Düfte versetzen alle Sinne in Alarmbereitschaft. Je ausgeprägter der Geruchssinn ist, desto stärker werden die Sinne geweckt. Nach dem Vorbild der Tiere, die über einen sehr guten Geruchssinn verfügen, sollten Sie einmal versuchen, sich bei Ihrem nächsten Obsteinkauf nicht nur vom Aussehen, sondern auch vom Duft der angebotenen Früchte leiten zu lassen.

Sinneseindrücke und Tastsinn

Je nach berührtem Gegenstand löst der Tastsinn unterschiedliche Eindrücke aus. Überlegen Sie, welche Gegenstände oder Lebewesen (mindestens vier) folgende Eindrücke bei Ihnen auslösen können.

Beispiel: weich und gleichzeitig feucht = **Kuchenteig**

Weich..................

....

Rau..................

....

Glatt..................

....

Klebrig-zäh..................

....

Gekörnt..................

Lösung S. 332

Die Welt des Geschmacks

In welchen Speisen herrscht der Geschmack der folgenden Kräuter oder Gewürze vor?

1. Zimt	A. Lebkuchen	1.........
2. Safran	B. Sauerkraut	2.........
3. Basilikum	C. Gulasch	3.........
4. Knoblauch	D. Paella	4.........
5. Muskatnuss	E. Milchreis	5.........
6. Nelke	F. Pizza	6.........
7. Schnittlauch	G. Gurkensalat	7.........
8. Wacholder	H. Kartoffelbrei	8.........
9. Paprika	I. Remoulade	9.........
10. Dill	J. Tsatsiki	10.........
11. Oregano	K. Spagetti mit Tomatensauce	11.........

Lösung S. 332

Der Geschmack kann auch den Appetit anregen. Je schmackhafter ein Gericht ist, desto mehr wird davon verzehrt. Wenn Sie diesen Tipp beim Kochen beherzigen, werden Sie feststellen, dass auch schlechte Esser kräftig zugreifen.

Das sensorische Gedächtnis ist gefühlsgesteuert

Sinneswahrnehmungen bilden die Grundlage unseres Gedächtnisses, das ohne sie überhaupt nicht existieren würde. **Unser Geschmack und unsere Vorlieben sind das Ergebnis einer langen Geschichte persönlicher Sinneswahrnehmungen.** Diese werden zwar wieder vergessen, bilden jedoch einen Grundstock ursprünglicher Empfindungen und damit verknüpfter Gefühle. Sie machen unsere Persönlichkeit aus und verleihen unseren Emotionen Farbe. **Unser gesamter Körper bildet das Gedächtnis** angenehmer oder gefürchteter Empfindungen.

Der Geschmackssinn

Unsere Vorlieben für bestimmte Geschmacksrichtungen werden uns nicht in die Wiege gelegt. Sie sind vielmehr das Produkt aus eigenen Erfahrungen und der von anderen Faktoren bestimmten Umgebung in der Kindheit. Beides prägt unsere Sinnesgeschichte und damit auch unsere Vorlieben. Mag jemand beispielsweise keinen Fisch, kann das daran liegen, dass sein Gedächtnis Fisch mit dem Gebot aus Kindertagen assoziiert, dass freitags kein Fleisch gegessen werden darf und gefastet werden muss.

Man weiß auch, dass sich Ereignisse umso stärker ins Gedächtnis einprägen, je mehr sie mit dem Geschmackssinn in Zusammenhang gebracht werden.

Der Tastsinn

Die Ausbildung des Tastsinns, **der ersten Informationsquelle unseres Gedächtnisses, reicht in die frühesten Phasen unseres Lebens zurück.** Wie wir den körperlichen Kontakt zu anderen Menschen empfinden, hängt von den frühen Sinneswahrnehmungen im Mutterleib sowie von der körperlichen Zuwendung ab, die wir anschließend erfahren haben. Diese ersten Wahrnehmungen erklären zahlreiche Verhaltensweisen Erwachsener, insbesondere auf dem Gebiet der Sexualität.

Fehlender Körperkontakt löst ein Gefühl tiefer Einsamkeit aus. Die Folgen können schwerwiegend sein und reichen vom Verlust der Lebensfreude bis hin zum Auftreten von Depressionen.

Der Geruchssinn

Der Geruchssinn, der zu den ursprünglichsten Kommunikationsmitteln zählt, ist ebenfalls **stark emotionsgebunden.** Gerüche lösen immer auch Gefühle aus. Sie bewirken, dass wir uns wohl oder abgestoßen fühlen. Wie der Geschmackssinn rufen sie Erinnerungen in uns wach, angenehme ebenso wie unangenehme. Während der Duft nach warmem Kakao ein Gefühl von Geborgenheit auslöst, weckt der typische Geruch einer Zahnarztpraxis Ängste. Selbst wenn in unserer modernen Gesellschaft Gerüche immer stärker unterdrückt werden, lassen wir uns doch noch von ihnen leiten. Die Geschäftswelt hat das begriffen und setzt künstliche Brot- oder Blütenaromen ein, um Kunden zum Kauf anzuregen.

Der Gesichtssinn

Der Gesichtssinn bestimmt unsere Beziehungen zur Außenwelt. Um sich die Kapazitäten des visuellen Gedächtnisses vor Augen zu führen, genügt es, sich die zahlreichen Gesichter, Farben und Gegenstände vorzustellen, an die sich jeder Mensch im Lauf seines Lebens erinnert. Wer sich etwas einprägen will, der muss es sehen. Um Informationen zu speichern, greifen manche Menschen häufiger auf diesen Sinn zurück als andere. Allerdings trifft das visuelle Gedächtnis auch selbst eine Auswahl – je nach Interessensschwerpunkt. Die einen merken sich leichter Gesichter, die anderen Farben oder Landschaften. Außerdem richten Menschen ihren Blick bevorzugt auf Dinge, die ihnen gefallen, ihre Neugier wecken oder ihnen Angst einjagen. Mit Emotionen aufgeladene Bilder merkt man sich besser.

Der Gehörsinn

Der Gehörsinn ist der Kommunikationssinn schlechthin. Auch das auditive Gedächtnis ist emotionsgeladen. So wird die zärtliche Stimme des Vaters mit Schlüsselerlebnissen aus der Kindheit in Verbindung gebracht. Ohne unser auditives Gedächtnis wären wir nicht einmal in der Lage, unter der Dusche ein Liedchen zu trällern. Denn es hat, häufig ohne unser Wissen, Tonfolgen gespeichert, die es uns später wieder zur Verfügung stellt. Bei Musikern und Komponisten spielt das auditive Gedächtnis eine ganz besonders große Rolle.

 Mit Haut und Haar

Der Tastsinn ist über die gesamte Haut verteilt. Seine große Bedeutung offenbart sich auf eindrucksvolle Weise im allgemeinen Sprachgebrauch. So sagt man etwa, dass sich jemand „wohl in seiner Haut fühlt". Oder dass einem etwas „unter die Haut geht". Finden Sie zehn Ausdrücke, in denen die Wörter Haut oder sinnverwandte Wörter vorkommen.

Beispiel : Nicht in jemandes Haut stecken wollen

Lösung S. 332

1. ....
2. ....
3. ....
4. ....
5. ....
6. ....
7. ....
8. ....
9. ....
10. ....

Urlaubserinnerungen

Nennen Sie für jeden Ihrer fünf Sinne eine Erinnerung, die mit einem Urlaubsaufenthalt im In- oder Ausland verbunden ist. Beispiel: Der Geschmack von Sprotten an der Ostsee, der Anblick der bunten Stände eines arabischen Marktes in Marrakesch oder der betörende Duft des farbenfrohen Gewürzmarkts in Istanbul …

	Inland	Ausland
Sehen	....	....
	....	....
Hören	....	....
	....	....
Schmecken	....	....
	....	....
Riechen	....	....
	....	....
Fühlen	....	....
	....	....

Die ideale Kleidung

Betrachten Sie eine Minute lang die unten abgebildeten Kleidungsstücke. Dann decken Sie die Abbildungen zu und versuchen Sie sich an so viele Einzelheiten wie möglich zu erinnern. Tipp: Teilen Sie die Kleidungsstücke zunächst in verschiedene Kategorien wie Farbe, kurz- oder langärmelig, bedruckt usw. ein. Sie entscheiden, wie Sie Ihre Gedächtnisarbeit organisieren!

Mein Gedächtnis
... und PIN-Codes

Für den Bankautomaten, das Sparbuch oder das Internet: Heute muss man sich immer mehr PIN-Codes einprägen. Einen Code, der beispielsweise aus einem Buchstaben und vier Ziffern besteht, können Sie sich folgendermaßen merken: Wandeln Sie den Buchstaben in einen Vornamen oder ein anderes Stichwort um. Aus dem Buchstaben A wird beispielsweise Anna. Dann sollten die vier Ziffern mit einer bekannten Zahl verknüpft werden, beispielsweise mit dem Jahr 1982 – Helmut Kohl wird Bundeskanzler. Schließlich sollte man sich die Handbewegungen beim Eingeben merken. Es empfiehlt sich, den Code leise vor sich hinzumurmeln, um auch noch das Gehör zu stimulieren. Wetten, es dauert keine Woche, bis Sie den Code können?

Wenn sich Sehen und Gedächtnis überlagern
Lesen Sie diesen Text:

„Luat enier Sutide der Uvineristät von Cmabirgde ist die Rehienfloge der Buhcstbaen in eniem Wrot nciht von Beudetnug. Das eizinge woruaf es ankmmot ist, dass der estre und lettze Bchustbae an der rchitgien Setlle sethen. Der Rset kann vllöig choatisch sien und sie knnöen imemr ncoh prbolmeos lseen. Das liget daarn, dass das mneschilche Gherin ncht jeedn Bchutsaben für sich, snodren das Wrot als Gnazes liset."

▶ Sie werden feststellen, dass die optische Erinnerung an das Wort als Ganzes die Erinnerung an dessen Buchstabenabfolge dominiert. Die im Gedächtnis gespeicherte Fotografie des Wortes reicht aus, um das zum Kontext passende Wort zu finden.

Nachlassende Sinne: eine unausweichliche Alterserscheinung?

Sinneswahrnehmungen spielen in unserem Leben eine große Rolle. Sobald einer unserer Sinne an Schärfe verliert, leidet letztlich die Lebensfreude. Die Nervenzellen, die nicht mehr ausreichend stimuliert werden, gewöhnen sich an die herabgesetzte Wahrnehmung, was auch negative Auswirkungen auf die Gedächtnisleistung hat.

Sobald Gedächtnisprobleme auftreten, muss untersucht werden, ob noch alle Sinne optimal funktionieren. Denn wie soll man sich eine Information merken, die akustisch nicht korrekt wahrgenommen wurde? Wie soll man sich ein mentales Bild von etwas machen, das man nicht deutlich gesehen hat?

● **Der Gesichtssinn verschlechtert sich von allen fünf Sinnen am schnellsten.** Mit zunehmendem Alter braucht das Auge immer länger, um sich an plötzliche Lichtveränderungen anzupassen. Im Alter von 80 Jahren benötigen die Augen achtmal mehr Licht, um das gleiche Helligkeitsempfinden zu haben wie ein junger Mensch. Auf diese Veränderung kann man reagieren, indem man sich Halogenlampen anschafft, bei denen man die Helligkeit je nach Bedarf individuell anpassen kann.

Kurzsichtigkeit, Astigmatismus (Stabsichtigkeit) und Altersweitsichtigkeit, die meist im Alter zwischen 40 und

▶ Die visuelle Wahrnehmung des Menschen ist zwar sehr stark ausgeprägt, doch wenn die Beobachtungszeit sehr kurz ist, fällt es manchmal schwer, sich Einzelheiten einzuprägen. Dies muss berücksichtigt werden, wenn man die Zuverlässigkeit mancher Phantombilder oder Zeugenaussagen bei Kriminalfällen realistisch einstufen will.

Gedächtnis – was ist das eigentlich?

50 Jahren auftritt und mit den Jahren fortschreitet, können in der Regel sehr gut mithilfe einer Brille oder von Kontaktlinsen ausgeglichen werden. Die operative Korrektur der Kurzsichtigkeit setzt sich bei stark Fehlsichtigen ebenfalls durch. Der graue Star tritt im Allgemeinen zwischen dem siebzigsten und achtzigsten Lebensjahr auf. Hierbei handelt es sich um eine zunehmende Lichtundurchlässigkeit der Linse, was zu einem schwächeren Lichtempfinden, ja sogar zu einem Nebel vor den Augen führt. Er wird heute häufig operiert.

● **Oft lässt um das fünfzigste Lebensjahr auch das Gehör allmählich nach,** wovon Männer stärker betroffen sind als Frauen. Zunächst werden hohe Töne (mit hohen Frequenzen) und später tiefe Töne (mit niedrigen Frequenzen) weniger gut wahrgenommen. Die verminderte Wahrnehmung hoher Töne (Altersschwerhörigkeit oder Presbyakusis) verändert unweigerlich die Wahrnehmung von Stimmen. Die Betroffenen bemerken häufig nicht, dass ihr Hörvermögen nachlässt, verhalten sich in geselligen Runden jedoch auffällig anders. Sie sprechen laut und fordern ihre Gesprächspartner häufig dazu auf, Gesagtes zu wiederholen. Um nicht zum Störfaktor zu werden, ziehen sich viele Betroffene von anderen Menschen zurück. Doch das hat dramatische Auswirkungen auf ihr Gedächtnis, weil es dann nicht mehr ausreichend stimuliert wird.

Daher ist es sehr wichtig, sich dieser Situation zu stellen und auf die Hörverschlechterung zu reagieren. Wenn Sie Ihre Gesprächspartner häufig dazu auffordern, Sätze zu

Schau genau!
Betrachten Sie eine Minute lang die hier abgebildeten Gesichter, decken Sie sie dann zu und beantworten Sie folgende Fragen:

wiederholen, wenn Sie den Fernseher lauter stellen, wenn Sie Schwierigkeiten haben, aufgrund lauter Nebengeräusche einer Unterhaltung zu folgen, sollten Sie schnellstmöglich einen Hals-Nasen-Ohren-Arzt aufsuchen. Dieser kann feststellen, an welcher Störung Sie leiden, und eine zweckmäßige Behandlung vorschlagen, etwa die Einnahme von Medikamenten, den Einsatz eines Hörgeräts oder die Einleitung von Rehabilitationsmaßnahmen. Die heutigen Hörhilfen sind technisch so weit ausgereift, dass sich mit ihnen häufig ausgesprochen zufrieden stellende Ergebnisse erzielen lassen.

● **Auch der Geruchssinn kann an Schärfe verlieren, was oft zu einer Abschwächung des Geschmackssinns und damit zu verminderten Gaumenfreuden führt.** Mit zunehmendem Alter erscheinen uns die Speisen immer fader und weniger appetitanregend. In einigen Fällen kann das verminderte Interesse an Gerüchen ein Zeichen dafür sein, dass man im wahrsten Sinne des Wortes den Geschmack am Leben verloren hat oder dass eine versteckte Depression vorliegt. Das abnehmende Interesse an unserer Umwelt wiederum führt unweigerlich zu einer Verschlechterung der Gedächtnisfunktionen.

● **Sogar der Tastsinn kann sich mit der Zeit verschlechtern,** selbst wenn die Rezeptoren der Haut in der Regel intakt bleiben. Hier liegen die Ursachen eher in einer fehlerhaften Übertragung der Tastwahrnehmungen an das Zentralnervensystem. Mehrere Studien haben gezeigt, dass ältere Personen weniger schmerzempfindlich sind als junge. Dieser Aspekt sollte nicht unterschätzt werden, und zwar umso mehr, als die Schmerzschwelle von Mensch zu Mensch verschieden ist.

Aus den genannten Gründen ist es ausgesprochen wichtig, die Schärfe aller Sinne regelmäßig zu überprüfen und alle zur Verfügung stehenden Mittel einzusetzen, damit sie optimal arbeiten können. Auch auf das Sozialverhalten sollten wir ein Auge haben. Auf keinen Fall sollte man sich aufgrund von Alterungserscheinungen, die nicht weiter tragisch sind, von Freunden, Familie und der Welt zurückziehen.

1. Wie viele Männer und wie viele Frauen sind zu sehen?
2. Wie viele Personen tragen eine Brille?
3. Wie viele Frauen tragen Ohrringe?
4. Wie viele Personen tragen einen Hut?
5. Wie viele Personen sind im Profil dargestellt?
6. Wie viele Personen tragen ein grünes Kleidungsstück?

▶ Unsere Art der Wahrnehmung wird stark von unseren Vorlieben beeinflusst. Wenn uns ein Gesicht gefällt, konzentrieren wir uns darauf. Wenn Sie das berücksichtigen, verstehen Sie auch, warum dabei so manch interessante Einzelheit in den Hintergrund tritt.

Liedtext mit Lücken

Lesen Sie sich dieses berühmte Volkslied laut vor und setzen Sie die fehlenden Wörter ein. Wenn Sie sich an den Text nicht erinnern können, erfinden Sie einen neuen.

Es klappert die Mühle …

Es klappert die Mühle
am rauschenden Bach
Klipp klapp

Bei Tag und bei Nacht
ist der Müller stets wach
Klipp klapp

Er mahlet uns Korn
zu dem kräftigen Brot
Und haben wir dieses
so hat's keine Not.
Klipp klapp, klipp
klapp, klipp klapp

Flink laufen die ……
und drehen den Stein,
Klipp klapp

Und mahlen den
Weizen
zu Mehl uns so ……
Klipp klapp

Der Bäcker uns
Zwieback und Kuchen
draus bäckt,
Der immer uns Kindern
besonders gut ……
Klipp klapp, klipp
klapp, klipp klapp

Wenn reichliche Körner
das Ackerfeld trägt,
Klipp klapp

Die Mühle dann flink
ihre Räder ……
Klipp klapp

Und schenkt uns
der Himmel
nur immerdar ……
So sind wir geborgen
und leiden nicht Not.
Klipp klapp, klipp
klapp, klipp klapp

Lösung S. 332

Gitter mit Geschmack
Füllen Sie mithilfe der angegebenen Definitionen das Rätselgitter aus.

1. Durch ein Gewürz verdorben
2. Geschmack von Zitronen
3. Feines Gericht, Leckerbissen
4. Feinschmecker
5. Würzflüssigkeit für Salate
6. Obere Wölbung der Mundhöhle
7. Geschmacksorgan
8. Scharfe Pfefferart
9. Scharfes Wurzelgemüse
10. Süßstoff
11. Geschmacksrichtung, sehr herb
12. Weingeschmacksrichtung, von milder Süße

Lösung S. 333

27

Das Speichern von Informationen

Wahrnehmen, verschlüsseln, fixieren und ablegen einer Information: das sind in etwa die Grundschritte des komplexen Prozesses, an dessen Ende eine aus dem Gedächtnis abrufbare Information steht. Wer sein Gedächtnis optimal nutzen will, sollte deshalb wissen, wie es funktioniert.

So funktioniert das Gedächtnis

Die Gedächtnisfunktion beansprucht den ganzen Menschen. Wird etwas in das Gedächtnis aufgenommen, **werden unsere Sinne, unser Denken und unsere Gefühlswelt gleichzeitig aktiviert.**

Das Gedächtnis funktioniert ähnlich wie die Blackbox eines Linienflugzeugs, die alles, was während eines Fluges gesprochen wird, aufzeichnet, speichert und bei Bedarf wiedergibt. Damit eine Information ins Gedächtnis gelangt, **muss sie zunächst erfasst werden. Dann muss sie abgelegt werden und schließlich muss es möglich sein, sie bei Bedarf abzurufen.** Damit diese drei Phasen reibungslos ablaufen können, sind bestimmte Voraussetzungen nötig, die in der Praxis jedoch nicht immer perfekt erfüllt werden.

Die Voraussetzungen für eine gute Aufnahme

Wie nachhaltig eine Information wahrgenommen wird, hängt in erster Linie von der Qualität unserer Sinnesorgane ab. Betrachtet man die Bedingungen, die bei der Aufnahme in die Blackbox herrschen, wird deutlich, dass hier bereits die Ursachen für zahlreiche Gedächtnisprobleme liegen. **Denn an Informationen, die nicht deutlich gesehen oder gehört wurden, kann man sich auch nicht richtig erinnern.** Sind die Sinne unaufmerksam, wird auch nichts aufgezeichnet. Anstatt dem Gedächtnis die Schuld zu geben, sollten also die Sinne geschult werden.

Doch hervorragende Sinneswahrnehmungen allein sind noch keine Garantie für ein gutes Erinnerungsvermögen. Dafür ist ebenfalls eine erhöhte Aufmerksamkeit erforderlich, die nur entsteht, wenn uns etwas wirklich interessiert.

Unterbrochene Lektüre

1. Lesen Sie den Text langsam durch und versuchen Sie ihn sich gut einzuprägen,

In den 90er-Jahren des 19. Jh. gelang einigen Tüftlern die Aufzeichnung von Bewegungen, doch die Perfektionierung der Filmkamera ist Louis Lumière zu verdanken. Auch die heutigen Filmkameras funktionieren genau wie damals. Allerdings ist die Zahl der pro Sekunde aufgenommenen Bilder von anfänglich 16 auf gegenwärtig 32 Bilder gestiegen. Im Jahr 1895 meldete Lumière das Patent für ein kombiniertes Aufnahme- und Vorführgerät an. Dies war die Geburtsstunde des Kinematographen, dessen Technik auf das Phänomen des trägen Auges setzt. Erst diese Tatsache erlaubt es uns, einen Film zu „sehen". Im gleichen Jahr drehte Louis Lumière vor den Toren seiner Fabrik in Lyon seinen ersten Film mit dem Titel *La Sortie des usines Lumière* (Arbeiter beim Verlassen der Fabrik Lumière).

2. Jetzt betrachten Sie aufmerksam das nebenstehende Foto.

Berühmte Sehenswürdigkeiten und ihr Spiegelbild

Suchen Sie den Fehler, der sich in das Spiegelbild jeder der folgenden Sehenswürdigkeiten eingeschlichen hat.

▶ Obwohl zwei Dinge kleine Unterschiede aufweisen, können sie optisch gleich erscheinen. Dies liegt nicht am Sehvorgang, sondern an der „Trägheit" der Aufmerksamkeit. Ohne uns dessen bewusst zu sein, machen wir Dinge ähnlich, um sie zusammenzufassen und sie uns besser zu merken. Das reduziert die Vielfalt der uns zur Verfügung stehenden mentalen Bilder und mindert die Wahrnehmung.

Lösung S. 333

3. Lesen Sie nun weiter.

Bei der ersten Vorführung des Kinematographen, die am 28. Dezember vor zahlendem Publikum im Keller des *Grand Café* am *Boulevard des Capucines* in Paris erfolgte, stand sein Film auf dem Programm. Gemeinsam mit seinem Bruder Auguste testete Louis die Möglichkeit von Ton-, dreidimensionalen und Farbaufnahmen. Ab 1896 bildeten sie Kamerateams aus, die um die ganze Welt reisten, und die ersten kinematographischen Nachrichten der Geschichte, beispielsweise die Krönung des russischen Zaren Nikolaus II., aufzeichneten.

4. Beantworten Sie jetzt folgende Fragen:

● Wie heißen die Gebrüder Lumière mit Vornamen? ....

● In welchem Jahr wurde der Kinematograph erfunden? ....

● Wie viele Bilder pro Sekunde wurden anfangs aufgezeichnet? ....

● Wo fand die erste Vorführung des Kinematographen vor zahlendem Publikum statt? ....

● Was war das erste Ereignis, das als kinematographische Nachricht festgehalten wurde? ....

● Aufgrund welchen Phänomens können wir Filme ansehen? ....

▶ Wie Sie sicherlich bemerkt haben, hat die zwischengeschobene Bildbetrachtung Ihr Konzentrationsvermögen stark herabgesetzt. Gut sehen allein genügt nicht: Bereits eine einzige Ablenkung kann verhindern, dass man sich an den Text als Ganzes erinnern kann.

Verschlüsseln und fixieren

Das Gehirn streut Hinweise wie Hänsel Brotkrumen.

Die wahrgenommene Information wird zunächst in die „Sprache des Gehirns" übersetzt – sie wird kodiert. Dieser biochemische Prozess ermöglicht die Versorgung des Systems mit Informationen. **Bei der Kodierung wird die wahrgenommene Information mit allen bereits im Gedächtnis gespeicherten Informationen abgeglichen.** Sie wird mit einem Code, d. h. einem Geruch, einem Bild, einer Melodie oder einem Wort verknüpft, also mit einem beliebigen Anhaltspunkt, der ein Erinnern fördert. Wurde das Wort Zitrone bei seiner Kodierung mit den Begriffen „Obst, sauer, rund, gelb" assoziiert, dann reicht einer dieser Hinweise aus, um das Wort wiederzufinden, falls es uns nicht spontan einfällt. Wenn die Information etwas Neues liefert, dann schafft das Gehirn neue Codes, um das Neue mit bereits gespeicherten Fakten in Verbindung zu bringen. Wie gut eine gespeicherte Information abgerufen werden kann, hängt von der Tiefe der Kodierung ab, also von der spontanen Organisation der Fakten und ihrer freien Assoziation. Da dieser Mechanismus auf unseren jeweiligen individuellen Erfahrungen beruht, funktioniert er bei jedem Menschen anders. Die Möglichkeiten der Kodierung sind jedoch durch die Aufnahmefähigkeit des Gehirns beschränkt, das maximal fünf bis sieben Informationseinheiten gleichzeitig verarbeiten kann (siehe S. 34).

Die Information wird folglich als sensorisches Bild von außen aufgefangen und im Gehirn in ein mentales Bild umgewandelt.

- Alltägliche Informationen, die nur so lange im Gedächtnis bleiben müssen, bis wir sie ausgeführt haben, z. B. eine Einkaufsliste, **werden nur leicht fixiert.**
- Informationen, die eine gewisse Aufmerksamkeit erfordern und die wir anderen mitteilen möchten, erfahren **eine durchschnittliche Fixierung.** Wie das vonstatten geht, ist von Mensch zu Mensch verschieden, hängt aber auch von der Tageszeit oder den Gefühlen ab, die mit der Information verbunden werden. Das Erinnerungsvermögen mit durchschnittlicher Fixierung wird am häufigsten beansprucht. Niemand kennt seine genauen Grenzen.
- Einige Informationen prägen sich wie von selbst ein. In solchen Fällen spricht man von einer **starken Fixierung.** Hierbei handelt es sich häufig um Ereignisse oder Situationen, die mit starken Emotionen verbunden sind und deshalb zu unauslöschlichen Erfahrungen werden. Da sie uns zutiefst berühren, erzählen wir anderen Menschen davon, wodurch sie sich noch tiefer ins Gedächtnis graben. Diese verborgenen Botschaften, die man schon längst vergessen glaubte, können jederzeit wieder an die Oberfläche und in unser Bewusstsein gelangen, beispielsweise im Traum, durch einen Geruch usw.

Mein Gedächtnis
... und meine Termine

Das Gedächtnis wird einen Termin oder eine Aufgabe nicht automatisch speichern, nur weil wir im Terminkalender eine entsprechende Notiz machen. Der Schreibvorgang hilft zwar, die Information zu festigen, aber das allein genügt nicht. Wir müssen den Kalender schon täglich aufschlagen, seinen Inhalt betrachten und unsere Termine und Aufgaben zeitlich strukturieren. Erst das verhindert, dass der Terminkalender zum Gedächtnisersatz wird!

Die Macht von Worten und Bildern ...
Finden Sie die Produkte, die zu den folgenden Werbesprüchen gehören.

Weil ich es mir wert bin!

Wohnst du noch oder lebst du schon?

Das einzig Wahre

Nichts ist unmöglich!

So fühlt sich Pflege an.

Ich liebe es.

Ich bin doch nicht blöd!

Alle diese Werbesprüche und Produkte sind Ihnen wohl bekannt. Lassen Sie Ihren Gedanken freien Lauf ... Was lösen diese kurzen Sätze in Ihnen aus? Welche Bilder, welche Worte, welche Atmosphäre und welche Gefühle verbinden Sie damit? Die Werbefachleute kennen die Sorgen und Wünsche ihrer Zielgruppen. Sie sind besonders geschickt darin, auf Atmosphäre und Emotionen zu setzen, wodurch sie beim Verbraucher eine Vielzahl persönlicher Assoziationen auslösen. Die möglichen Kunden identifizieren sich mit der dargestellten Situation. Die damit verbundenen Worte und Bilder prägen sie sich mit erstaunlicher Leichtigkeit ein. Auf diese Weise werden Kaufimpulse geweckt.

Aus Freude am Fahren

In unserem Gedächtnis leben sie weiter

Notieren Sie unter den hier abgebildeten Gegenständen die Berühmtheiten, die traditionell damit in Verbindung gebracht werden. **Beispiel:** Ein hochflatternder weißer Rock erinnert an Marilyn Monroe.

1. ....
2. ....
3. ....
4. ....
5. ....
6. ....
7. ....
8. ....
9. ....
10. ....

Lösung S. 333

▶ Stars aus dem Show-Geschäft haben eine starke Medienpräsenz. Die Menschen sollen sich mit ihnen identifizieren und sich mit ihrer Hilfe in eine andere Welt hineinträumen. Historische Persönlichkeiten sind besonders stark in unserem Gedächtnis fixiert. Sie werden geliebt oder gehasst, lassen niemanden gleichgültig und sind Gegenstand zahlreicher persönlicher Assoziationen. Das Attribut, mit dem solche Personen ausstaffiert sind, kann Symbolcharakter annehmen. Es liefert eine weitere Assoziation, die der Erinnerung auf die Sprünge hilft, wenn man im Gedächtnis nach ihren Namen sucht.

Die zarteste Versuchung, seit es Schokolade gibt

Lösung S. 333

Die bewusste Fixierung oder Konsolidierung

Informationen müssen archiviert und wiederholt werden!

Abgesehen von den Fällen, in denen ein mentales Bild mit so starken Gefühlen verbunden ist, dass es sich nahezu unauslöschlich ins Gedächtnis brennt, muss man Informationen, die langfristig gespeichert werden sollen, erst festigen.

Konsolidierung bedeutet die durchdachte Archivierung von Erinnerungen. Das neue Wissen ist an geeigneter Stelle einzusortieren. Wo genau, hängt davon ab, zu welcher Kategorie eine Information gerechnet wird. Als Ordnungsmerkmal können Sinn, Form usw. herangezogen werden. Doch auch eine Eingliederung in ein Schema oder eine Geschichte sowie die damit verbundenen Assoziationen spielen eine Rolle. So kann das Wort Star in die Kategorie Vögel eingeordnet oder mit einem Filmstar, also dem Showbusiness assoziiert werden. Daraus wird ersichtlich, **dass zwei Personen die gleiche Information nicht in gleicher Weise in ihrem Gedächtnis speichern.**

Wenn ich einen Zettel in die Schublade räume, dann lege ich ihn natürlich obenauf. Da das Gedächtnis aber immer weiter arbeitet, wird dieser Zettel bald von neuen Zetteln überlagert. Sie stapeln sich schließlich und begraben den Zettel mit dem Wort „Star" tief unter sich. Letzterer rückt erst wieder nach oben, wenn er erneut gebraucht wird. Ansonsten verschwindet er in den Tiefen der Schublade und gerät damit in Vergessenheit. Das Archivieren der Fakten allein führt also noch zu keinem sinnvollen Abspeichern. Um ein Vergessen zu verhindern, **muss die Information innerhalb von 24 Stunden vier- oder fünfmal wiederholt** und auch in der Folgezeit wieder aufgerufen werden. Nur dann entsteht ein gefestigtes inneres Bild.

31

Informationen abrufen

Ihnen fällt ein bestimmter Name nicht ein? Suchen Sie nach Anhaltspunkten.

Abrufen bedeutet **gespeicherte Informationen wiederherstellen.** Dies ist in der Regel die schwierigste Phase des Erinnerungsprozesses. Zu oft „liegt einem das Wort auf der Zunge", ohne dass man wirklich darauf kommt. Die Information ist zwar im Gedächtnis gespeichert, momentan allerdings nicht zugänglich. Die Erfahrung zeigt, dass wir in solchen Situationen locker bleiben sollten. In der Regel erinnern wir uns nämlich an die gesuchte Information, sobald wir auf ein mit ihr verknüpftes Element stoßen.

Wenn eine Information auf Kommando verfügbar ist, sprechen Experten von **freiem Abruf.** Das ist der Fall, wenn es Ihnen gelingt, drei Märchen der Gebrüder Grimm zu nennen. Wenn allerdings verlangt wird, die Märchen zu nennen, in denen ein Kater, ein Reh oder ein Esel vorkommen, setzt ein Prozess ein, der als **gestützter Abruf** bezeichnet wird. Diese Tiere, die schon beim Verschlüsseln Assoziationen ausgelöst haben können, werden anschließend zu Anhaltspunkten für das Gedächtnis. Je stärker Erinnerungen mit Emotionen befrachtet sind (z. B. niedliches Tier), desto mehr Einzelheiten werden assoziiert und desto

Wortwechsel

Wenn Sie einen Buchstaben in jedem dieser Wörter verändern, ergibt sich ein neues Wort. **Beispiel:** Wird bei dem Wort **GERING** der Anfangsbuchstabe **G** durch **H** ersetzt, entsteht das Wort **HERING**.

Versuchen Sie diese Aufgabe in 15 Minuten zu lösen. Je schneller Sie sind, desto stärker trainieren Sie Ihren Wortfluss und Ihre Fähigkeit, sich an Informationen zu erinnern.

Lösung S. 333

JULI	UNGERN	RASSELN...........
PASTA	FRUCHT	SCHLICHT ....
BLOND	EICHE	INTERN ....
BROM	ALLER	BALKON ....
SPUR	IRLAND	SCHRITT ....
MANGO	SCHLANK	VORTRAG ....
INDIO	BRAUE	GESICHT ....
TOPF	ANREGEN	VERTRAUEN...........
PIRAT	SINKEN	FREIHEIT ....
WOCHE	BARREN	ELEGANT ....
GENF	RENTIER	VERSEHEN ....
SKAT	NORMAL	NEGIEREN ....
TROST	BUTTER	SCHLUCHZEN ....
RAND	MORGEN	SCHREIEN ....
WESTE	PARTEI	PARIEREN ....
ZIEGEL	NACKT	SAMMLER ....
FROSCH	HOMBURG	URTEILEN ....
FELGE	ZOBEL	VERLIEBEN...........
STROH	PIRSCH	HANDLUNG ....
HECHT	KALOTTE	KANTINE ....
KRAN	NEKTAR	KONTERN ....
LEITER	ALSTER	VERPUTZEN...........

zahlreicher sind die Anhaltspunkte. Dieser Schatz an Erinnerungen ruht im so genannten episodischen Gedächtnis (siehe S. 128).

Finden Sie dagegen unter mehreren möglichen Antworten die richtige heraus, dann handelt es sich um einen **Prozess des Wiedererkennens**. Zum Beispiel: Welches der folgenden Märchen stammt von Wilhelm Hauff: *Zwerg Nase, Das tapfere Schneiderlein* oder Rapunzel?

Der gestützte Abruf und das Wiedererkennen bringen die besten Resultate, denn für diese Informationen gibt es mehr Anhaltspunkte, die in

unser Bewusstsein strömen können. Außerdem sind sie von besserer Qualität.

Wenn Sie sich an bestimmte Fakten nicht erinnern können, hilft es nichts, sich zu fragen, warum sie einem momentan entfallen sind. **Stattdessen sollten Sie überlegen, wie sie aufgenommen wurden:** Wurden sie ausreichend verarbeitet – assoziiert, organisiert, strukturiert –, damit sie sich effizient ins Gedächtnis einprägen konnten? Wenn nicht, reicht die Zahl der im Gedächtnis hinterlassenen Spuren nicht aus, um sie wieder heraufzubeschwören.

Stadt, Land, Fluss

Finden Sie 30 Wörter, die mit dem Buchstaben **A** beginnen, und zwar fünf Vornamen, fünf Pflanzen, fünf Tiere, fünf Länder, fünf Städte und fünf bekannte Persönlichkeiten. Sie haben dafür genau zehn Minuten Zeit. Das Gleiche machen Sie für die Buchstaben **E**, **M** und **P**. Gehen Sie methodisch vor. Lassen Sie die Buchstaben des Alphabets Revue passieren, die auf den ersten Buchstaben folgen könnten, und lassen Sie sich durch den Zeitdruck nicht aus der Ruhe bringen. Sie können allein oder zu mehreren spielen und dabei auch andere Buchstaben oder Buchstaben- kombinationen (Pi, Mo, Dr usw.) verwenden.

Lösung S. 333

	Vorname	Pflanze	Tier	Land	Stadt	Persönlichkeit
A						
E						
M						
P						

▶ Stadt, Land, Fluss ist ein gutes Spiel, um sein Gedächtnis zu trainieren, insbesondere was den Wortfluss anbelangt. Wenn die Wörter nur so aus Ihnen heraus- sprudeln, verfügen Sie über eine gute Assoziationsgeschwindigkeit.

Die vier Grund- rechenarten

In einigen Bereichen wie dem Kopfrechnen, ist das Gedächtnis aufgrund mangelnder Übung manch- mal etwas träge ... Und ein Taschen- rechner ist ja so praktisch! Die Erinne- rung an die vier Grundrechenarten ist noch immer vorhanden, man muss sie nur mit mehr Nachdruck abrufen. Lösen Sie die folgenden Aufgaben im Kopf oder auf einem Blatt Papier.

1536 + 541 = ...

18659 + 3874 = ...

59246 + 66666 + 8756 = ...
....

589 – 821 = ...

5896 – 4172 = ...

698324 – 8753 = ...

147 x 654 = ...

5891 x 258 = ...

47985 x 4658 = ...

583 : 52 = ...

4627 : 111 = ...

31772 : 32,5 = ...

Lösung S. 333

Silbenrätsel

Wenn Sie die folgenden Silben richtig zusammensetzen, dann ergeben sich die Namen von vierzehn Vogelarten. Die Übung wird leichter, wenn Sie die bereits verwendeten Silben durchstreichen. Ihr Gedächtnis stellt automa- tisch die Verbindung zwischen den Silben und dem gespeicherten Wortschatz her.

GEI · AM · LÄM · TAU · HÖ · DE · NIG · STOCK · EN · BEN · LING · NACH · CKER · SEL · FELD · WIE · CHE · LÄM · WE · KÖ · TE · ZAUN · SCHWAL · MER · BE · SARD · ER · PA · LER · HOPF · HAU · BUS · SPER · CHER · MÖ · SCHWAN · TI · GEI · PA · RAUCH · GALL

Lösung S. 333

Ein Maß für das Gedächtnis

Wenn man sich schnell eine Telefonnummer merken muss, ist das Kurzzeitgedächtnis gefragt, das im Alltag eine wichtige Rolle spielt. Das Maß für seine Kapazität wird als Gedächtnisspanne bezeichnet.

Im Schnitt sieben Informationseinheiten

Wenn Sie sich während der Nachrichten nicht mehr als sieben Informationen auf einmal merken können, ist das völlig normal.

Als der amerikanische Wissenschaftler George Miller im Jahr 1956 die Kapazitäten des Kurzzeitgedächtnisses erforschte, entdeckte er die **Gedächtnisspanne. Sie ergibt sich aus der Anzahl der Informationen, die das Gehirn in einem Zeitraum von maximal drei Minuten speichern kann.** Diese Kapazität, die bei allen Menschen annähernd gleich ist, schwankt zwischen fünf und neun Informationseinheiten, was durchschnittlich sieben Informationseinheiten ergibt. Jeder kann seine **Gedächtnisspanne für Wörter** (gemerkte Wörter einer Liste), **Sätze** (gemerkte Sätze eines Textes), **Ziffern** (gemerkte Ziffern einer Zahlenreihe) und seine **visuelle Gedächtnisspanne** (gemerkte Bilder, Gegenstände oder Personen) leicht selbst ermitteln.

Dass die Gedächtnisspanne unter Umständen in einem der genannten Bereiche höher ist als in anderen, ist völlig normal und stellt keinen Grund zur Beunruhigung dar. Buchhalter oder Mathematiker haben mit Sicherheit eine hohe Gedächtnisspanne für Ziffern, da sie ihr Zahlengedächtnis regelmäßig trainieren. Menschen, die beruflich oder privat viel lesen, werden eine höhere Gedächtnisspanne in Bezug auf Wörter oder Sätze erreichen. Schließlich sind sie aufgrund ihrer Vorliebe für das geschriebene Wort entsprechend geschult. Und Menschen, die sich für Fotos und Bilder begeistern, dürften in der Regel eine besonders hohe visuelle Gedächtnisspanne haben, da sie über einen geschärften Blick verfügen. Übung macht den Meister: Kein Wunder, dass auch unser Gedächtnis von den Vorlieben geprägt ist, die wir im Lauf unseres Lebens entwickelt haben.

Testen Sie Ihre Gedächtnisspanne für Wörter

Lesen Sie sich diese 16 gängigen Wörter aufmerksam durch:

Tasche	**Pflanze**	**Baum**	**Fenster**
Auto	**Kerze**	**Stuhl**	**Foto**
Haus	**Katze**	**Lampe**	**Rose**
Klavier	**Tisch**	**Schuh**	**Stift**

Dann verdecken Sie diese Liste mit einem Blatt Papier und notieren innerhalb von zehn Sekunden alle Wörter, die Sie noch wissen – egal, in welcher Reihenfolge:

1. .... 9. ....
2. .... 10. ....
3. .... 11. ....
4. .... 12. ....
5. .... 13. ....
6. .... 14. ....
7. .... 15. ....
8. .... 16. ....

Zählen Sie die Wörter, an die Sie sich bei diesem ersten Versuch noch erinnern konnten. ....

Versuchen Sie fünf Minuten später erneut, sich an die Wörter zu erinnern – aber bitte ohne die Liste noch einmal anzuschauen. Notieren Sie sie in beliebiger Reihenfolge.

1. .... 9. ....
2. .... 10. ....
3. .... 11. ....
4. .... 12. ....
5. .... 13. ....
6. .... 14. ....
7. .... 15. ....
8. .... 16. ....

Zählen Sie die Wörter, an die Sie sich bei diesem zweiten Versuch noch erinnern konnten. ....

Sehen Sie sich die Originalliste an. Korrigieren und vergleichen Sie Ihre Notizen.

Geraten Sie nicht in Panik, wenn Sie sich an weniger als sieben Wörter erinnern konnten! Nicht jeder von uns verfügt über die gleichen Gedächtniskapazitäten. Auch wenn die Liste aus 20 oder 30 Wörtern bestanden hätte, läge das Ergebnis immer noch ungefähr bei sieben, da sich die Gedächtnisspanne nicht verändert.

Haben Sie bei beiden Versuchen unterschiedlich abgeschnitten? Dazu kommt es, wenn Sie die Wörter einfach nur mental abfotografiert haben, ohne sich auf ihre Bedeutung zu konzentrieren. Haben Sie sich die Wörter jedoch aufmerksam durchgelesen, werden Sie nach fünf Minuten noch genauso viel wissen wie beim ersten Mal. Wie viel Sie sich merken und wie hoch die Gedächtnisspanne ist, hat viel damit zu tun, wie sehr Sie sich konzentrieren. Warten Sie jedoch länger als fünf Minuten, bevor Sie sich Notizen machen, haben Sie die Wörter bald schon wieder vergessen. Das Kurzzeitgedächtnis kommt nur zum Einsatz, wenn die gemerkten Informationen sofort Verwendung finden sollen. Müssen Sie sie sich nicht längerfristig einprägen, werden sie anschließend schnell wieder vergessen.

Testen Sie Ihre Gedächtnisspanne für Sätze!

Lesen Sie den folgenden Text aufmerksam durch und decken Sie ihn anschließend mit einem Blatt Papier ab.

Der du meine Wege mit mir gehst,

Jede Laune meiner Wimper spürst,

Meine Schlechtigkeiten duldest und verstehst –

Weißt du wohl, wie heiß du mich oft rührst?

Wenn ich tot bin, darfst du gar nicht trauern.

Meine Liebe wird mich überdauern

und in fremden Kleidern dir begegnen

Und dich segnen.

Lebe, lache gut

Mache deine Sache gut.

Joachim Ringelnatz (1883–1934)

Decken Sie bitte den oberen Text ab und setzen Sie die fehlenden Wörter ein:

Der du meine .... mit mir gehst,

Jede Laune meiner .... spürst,

Meine Schlechtigkeiten duldest und .... –

Weißt du wohl, wie .... du mich oft rührst?

Wenn ich tot bin, darfst du gar nicht ....

Meine .... wird mich überdauern

und in fremden Kleidern dir ....

Und dich ....

Lebe, ... gut

Mache deine .... gut.

 Wenn Sie sich an mindestens sieben Wörter erinnern konnten, haben Sie eine sehr gute Gedächtnisspanne. Ansonsten haben Sie den Text wahrscheinlich nicht aufmerksam genug gelesen. Wenn man sich Sätze merken will, muss man auch den Sinn des Gelesenen erfassen. Die Wörter, die für die Hauptaussage eines Satzes von Bedeutung sind, prägen sich besonders gut ein – vor allem, wenn sie etwas in uns auslösen und angenehme oder unangenehme Gefühle hervorrufen.

Gedächtnisspanne und Hörgedächtnis

Verfolgen Sie im Radio die etwa fünfminütigen Kurznachrichten und notieren Sie anschließend alle Informationen, an die Sie sich noch erinnern können, und zwar möglichst in der Reihenfolge, in der Sie sie gehört haben. Überprüfen Sie Ihr Ergebnis, indem Sie sich die nächsten Kurznachrichten anhören.

Wer diese Übung regelmäßig absolviert, lernt genauer zuzuhören, verbessert sein Hörgedächtnis und erhöht seine Gedächtnisspanne für Sätze.

Mein Gedächtnis

... und Spiele während der Autofahrt

Wer verhindern will, dass sich Kinder auf langen Autofahrten langweilen, sollte sie zu Spielen anregen, die auf Wörtern oder Gesehenem beruhen:

● Wortspiele: Mithilfe von Hinweisen ein bestimmtes Wort finden; Gegenstände nennen, die alle die gleiche Farbe haben; Wörter suchen, die mit dem gleichen Buchstaben beginnen; Lieder singen oder neue Lieder lernen. Wer die Phantasie der Kinder anregen will, sollte ihnen den Beginn einer Geschichte erzählen und sie dazu auffordern, diese weiterzuspinnen.

● Beobachtungsspiele: Die am Fenster vorbeiziehende Landschaft beschreiben; sich Vor- und Nachnamen ausdenken, die mit den Buchstaben der Autokennzeichen beginnen (Beispiel: KA = Karl Auer); Automarken und -modelle benennen usw.

Testen Sie Ihre Gedächtnisspanne für Ziffern

Bevor Sie mit der Übung beginnen, legen Sie bitte ein Blatt Papier bereit, mit dem Sie die folgenden Zahlenreihen verdecken können. Lassen Sie nur die erste Zeile frei und lesen Sie die Ziffern nacheinander durch. Decken Sie die Reihe wieder zu und notieren Sie daneben alle Ziffern, an die Sie sich erinnern können. Mit den nächsten Zeilen genauso verfahren.

542 ....

036 ....

6092 ....

9518 ....

64296 ....

74281 ....

548263 ....

395762 ....

0151237 ....

1963751 ....

75826364 ....

65293760 ....

563214870 ....

284610359 ....

5632897401 ....

8593264017 ....

Korrigieren Sie Ihre Zahlenfolgen. Die Anzahl der Ziffern der letzten Zeile, die Sie richtig aus dem Gedächtnis notiert haben, ergibt Ihre Gedächtnisspanne für Ziffern. Wenn sich beispielsweise ab Zeile 13 Fehler eingeschlichen haben, dann haben Sie eine Gedächtnisspanne von acht (Zeile 12 umfasst acht Ziffern).

Wir erinnern uns nur dann an Zahlen, wenn wir sie mit Gefühlen oder etwas bereits Bekanntem verbinden können: Entweder, weil die Zahl dem Alter eines Familienangehörigen, dem Datum des Hochzeitstags oder der eigenen Hausnummer usw. entspricht. Ansonsten bleibt die Zahl vollkommen abstrakt. In diesem Fall ist es wesentlich schwieriger, sie sich einzuprägen. Das erklärt auch, warum die meisten Menschen eine niedrigere Gedächtnisspanne für Ziffern als für andere Bereiche haben. Viele haben sogar regelrechte Probleme mit Zahlen und sträuben sich innerlich dagegen, mit ihnen umzugehen.

Testen Sie Ihre visuelle Gedächtnisspanne

Nachdem Sie diese Illustrationen aufmerksam von links nach rechts betrachtet haben, decken Sie sie bitte ab und notieren rechts die dargestellten Gegenstände.

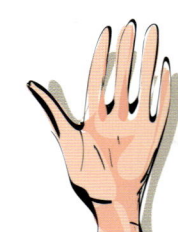

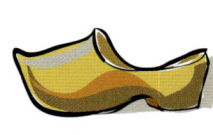

Wenn Bilder hinzukommen

Betrachten Sie aufmerksam die folgenden Spielkarten, decken Sie sie anschließend ab und zeichnen Sie sie unten in der richtigen Reihenfolge ein.

1. ....
2. ....
3. ....
4. ....
5. ....
6. ....
7. ....
8. ....
9. ....
10. ....
11. ....
12. ....
13. ....
14. ....
15. ....
16. ....
17. ....
18. ....
19. ....
20. ....

▶ Bei dieser Übung müssen Sie sich die Karten nicht nur in der richtigen Reihenfolge merken, sondern sie auch noch aufzeichnen. Weil Sie zwei Aufgaben gleichzeitig ausführen müssen, ist das Gedächtnis noch mehr gefordert. Kein Wunder, dass Ihnen diese Übung schwerer fällt als die vorigen!

Überprüfen Sie Ihre Notizen. An wie viele Gegenstände haben Sie sich richtig erinnert? Notieren Sie die Punktzahl Ihrer visuellen Gedächtnisspanne: ....

▶ Im Allgemeinen werden bei der visuellen Gedächtnisspanne bessere Punktzahlen erreicht als bei den anderen Spannen. Sie schwankt zwischen sieben und elf, was einen Durchschnitt von neun ergibt. Denn 80 % aller Informationen werden vom Auge aufgenommen. Ein Phänomen, das durch unsere Mediengesellschaft noch verstärkt wird, in der das Bild einen immer wichtigeren Platz einnimmt. Dies gilt besonders für Kinder, die hohe visuelle Gedächtnisspannen erzielen, wenn sie sich regelmäßig mit Videospielen befassen.

Mein Gedächtnis
... und die Hörfunknachrichten

Warum prägen sich Hörfunknachrichten besser ein als Fernsehnachrichten?
In erster Linie deshalb, weil die Hörfunknachrichten in der Regel kürzer sind. Die Informationen werden knapp formuliert und nicht ausgeschmückt, wodurch sie leichter im Gedächtnis bleiben. Die bei den Fernsehnachrichten gezeigten Bilder dagegen können die Aufmerksamkeit von den Hauptinformationen ablenken.

Die Aufmerksamkeit

Viele Menschen klagen über ein schlechtes Gedächtnis und übersehen dabei, dass es oft nur an der mangelnden Aufmerksamkeit liegt, wenn sie ihr Erinnerungsvermögen im Stich lässt. Wer wirklich aufmerksam ist, mobilisiert sämtliche geistigen und körperlichen Kräfte. Damit die Bilder, die wir wahrnehmen, auch wirklich im Gehirn gespeichert und später wieder abgerufen werden können, müssen wir sie uns ganz bewusst einprägen.

Test — Wie ist es um Ihre Aufmerksamkeit bestellt?

Mit diesem Test können Sie Ihre Aufmerksamkeitsdefizite und Konzentrationsschwächen erfassen. Beantworten Sie die folgenden Fragen, indem Sie das entsprechende Kästchen ankreuzen. Zählen Sie anschließend Ihre Punkte gemäß der folgenden Auswertung zusammen:

NIE: 0 Punkte   **OFT: 2 Punkte**
SELTEN: 1 Punkt   **SEHR OFT : 3 Punkte**

SEHR OFT
OFT
SELTEN
NIE

1. Wenn ich lese, höre ich gleichzeitig Musik.
2. Mir fällt nicht auf, wenn bei mir zu Hause Gegenstände an einem anderen Platz stehen.
3. Es fällt mir schwer, Nebengeräusche auszublenden.
4. In der Regel erledige ich mehrere Dinge gleichzeitig.
5. Ich fühle mich ohne Grund angespannt.
6. Nebengeräusche stören mich.
7. Ich erledige Aufgaben schnell.
8. Ich kann mir wichtige Dinge nicht merken.
9. Ich fühle mich müde.
10. Ich habe Schlafstörungen.
11. Ich nehme mir nicht genügend Zeit zum Essen.
12. Ich interessiere mich wenig für das, was um mich herum geschieht.
13. Ich bleibe lieber zu Hause anstatt neue Freizeitaktivitäten auszuprobieren.
14. Ich habe das Gefühl, schlechter zu sehen.
15. Ich bin zerstreut.
16. Ich habe Schwierigkeiten, mir das Wesentliche zu merken.
17. Ich nehme mir nicht viel Zeit für mich selbst.
18. Organisation spielt für mich eine untergeordnete Rolle.
19. Ich nehme mir nicht die Zeit, meine Umgebung aufmerksam zu beobachten.
20. Ich bin nicht sehr motiviert, Neues zu lernen.
21. Ich habe den Eindruck, schlechter zu hören.
22. Ich nehme Beruhigungsmittel, um mich zu entspannen oder einzuschlafen.

Gesamtzahl der erzielten Punkte:

Weniger als 30 Punkte
Sie sind in der Regel konzentriert bei der Sache. Es kann Ihnen allerdings passieren, dass Sie nicht ganz Ohr sind, wenn man mit Ihnen spricht. Das braucht Sie nicht zu beunruhigen. Sie sind in der Lage, auch komplexe Situationen zu meistern. Wenn Sie trotzdem an Ihren Gedächtniskapazitäten zweifeln, dann fragen Sie sich, ob Sie im Moment Probleme haben, die sich möglicherweise störend auf Ihr Erinnerungsvermögen auswirken könnten.

Zwischen 30 und 44 Punkte
Es kommt regelmäßig vor, dass Sie in einem Raum stehen und sich fragen, was Sie hier eigentlich wollten. Es fällt Ihnen dann jedoch rasch wieder ein. Sie gehören möglicherweise zu den Menschen, die sich leicht ablenken lassen. Versuchen Sie, Ihre gesamte Aufmerksamkeit zu mobilisieren, wenn Sie sich wichtige Dinge einprägen wollen. Lassen Sie sich durch das, was um Sie herum passiert, nicht aus dem Konzept bringen.

Zwischen 45 und 66 Punkte
Sie machen gerade eine schwierige Phase durch. Der Alltag belastet Sie und Ihre Aufmerksamkeit lässt nach. Sie neigen dazu, sich zu viel aufzuhalsen und schaffen es nicht, sich zu organisieren – nicht zuletzt, weil Sie ein Perfektionist sind. Sie werden leicht durch Lärm und Stress gestört und ertrinken in Ihren Sorgen. Möglicherweise nehmen Sie auch Medikamente ein, die Sie nicht mehr vertragen. Versuchen Sie als Erstes, sich einen Überblick zu verschaffen. Sorgen Sie für eine ausreichende Nachtruhe und nehmen Sie sich Zeit für Ihre Mahlzeiten. Opfern Sie nichts, was für Ihr seelisches Gleichgewicht wichtig ist. Nehmen Sie sich genügend Zeit, um Ihre Aufgaben korrekt und ohne Hast zu erledigen. Wenn Sie Bestätigung brauchen oder spüren, dass Sie eine Aufgabe oder ein Vorhaben allein nicht bewältigen können, sollten Sie dies in aller Ruhe mit Ihrer Familie besprechen und gegebenenfalls Ihren Arzt um Rat fragen.

Aufmerksamkeit: keine halben Sachen!

Um sich etwas zu merken, müssen alle Sinne in Alarmbereitschaft versetzt werden!

Echte Aufmerksamkeit bedeutet zunächst einmal, **alles wahrzunehmen,** und das nimmt einen voll und ganz in Anspruch. Wenn Sie einer Sache nur die halbe Aufmerksamkeit schenken, sind Sie unaufmerksam. Damit Sie sich optimal konzentrieren können, sollten Sie zuerst Ihre Wahrnehmungsfähigkeit schulen.

Sämtliche Sinnesinformationen gelangen in unser Gehirn. Aber nicht alle werden automatisch in unserem Gedächtnis gespeichert. Eine Sinnesinformation wird nur dann behalten, wenn Sie sie sich **bewusst einprägen** wollen, **ein besonderes Interesse daran haben** oder sie **an andere weitergeben** wollen. All die Kleinigkeiten, die Sie im Alltag vergessen, sind kein Zeichen für Gedächtnisprobleme, sondern lassen sich auf mangelnde Aufmerksamkeit zurückführen. Das Gedächtnis kann unmöglich Dinge speichern, die nur oberflächlich wahrgenommen wurden. Und das hat auch seinen Sinn, denn nur so können Sie sich vor der Flut ungebetener Informationen schützen, die unablässig auf Sie einströmen. Die Übungen in diesem Buch sprechen hauptsächlich Ihre visuelle Aufmerksamkeit an. Doch Sie können alle Ihnen zur Verfügung stehenden Sinne nutzen, um Ihre Aufmerksamkeit zu schulen.

Mein Gedächtnis
... und die neuen Technologien

Computer, Internet, Handys, DVD-Player usw. machen sich in Ihrem Leben breit. Verfallen Sie nicht in Panik und seien Sie offen für diese neuen Geräte. Klammern Sie sich nicht an die Gebrauchsanleitung. Bitten Sie lieber jemanden, Ihnen zu zeigen, wie das Gerät bedient wird, und fragen Sie nach, bis Ihnen alles klar ist. Notieren Sie in Ihren eigenen Worten, wie das Gerät bedient wird, und üben Sie die entsprechenden Abläufe ein.

Trügerische Zahlen
Betrachten Sie die abgebildeten Ziffern. Welche Zahl ist am häufigsten dargestellt?

Lösung S. 333

▶ Die unterschiedliche Größe der Zahlen verfälscht unsere Wahrnehmung. Die größten Ziffern erregen die größte Aufmerksamkeit. Erst bei genauerer Betrachtung ist zu erkennen, welche Zahl am häufigsten vorkommt. Menschen nehmen zunächst die großen Dinge wahr und dann erst den Rest. Dieses Phänomen ist auch den Werbefachleuten bekannt: Deshalb preisen sie die Vorzüge ihrer Produkte in großen Lettern an, während sie die Kaufbedingungen im Kleingedruckten nennen.

Fehlende Buchstaben
Betrachten Sie das nebenstehende Kästchen.

Können Sie unter den folgenden, von 1–6 nummerierten Kästchen dasjenige finden, das keinen der Buchstaben des ersten Kästchens enthält?

Lösung S. 333

▶ Bei dieser Übung werden die Kästchen zunächst als Ganzes erfasst, bevor die Aufmerksamkeit ins Detail gelenkt wird.

Kopf oder Zahl?

Können Sie sagen, was in Ihrem Land auf der Rückseite dieser Euromünzen abgebildet ist?

Lösung S. 333

▶ Haben Sie richtig geantwortet? Gratulation – Sie müssen ein Münzsammler sein! Wussten Sie nicht, was sich auf der Rückseite der Münzen verbirgt? Das ist ganz normal. Die meisten Menschen benutzen Münzgeld tagtäglich, ohne es jemals genau zu betrachten. Sie können sich schließlich nicht alles merken, was vor Ihren Augen geschieht oder an Ihre Ohren dringt. Selbst wenn Sie beschließen, sich die Informationen zu merken, dauert es, bis Sie verlässlich darauf zurückgreifen können.

Formenwirrwarr

1. Wie viele Dreiecke, Quadrate und Rechtecke sehen Sie?

2. Welche Ziffern sehen Sie?

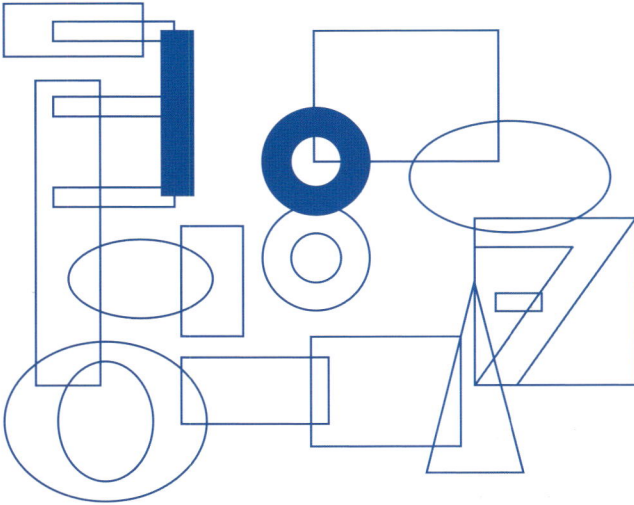

3. Wie viele Quadrate sehen Sie?

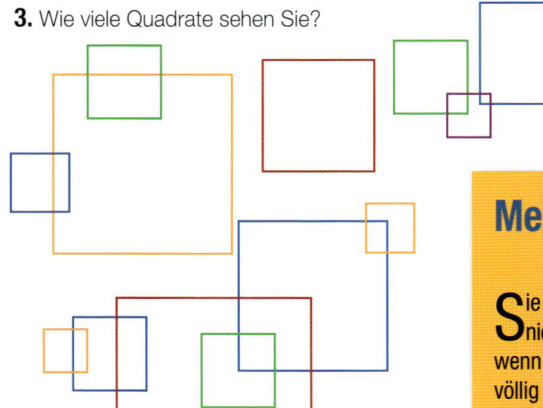

Lösung S. 333

Die kleinen Unterschiede

Diese beiden Bilder sind nicht identisch. Finden Sie die sieben Unterschiede!

Aufmerksamkeitsprofile

Was Ihre Aufmerksamkeit erregt, hängt von Ihrer Persönlichkeit und Ihren Interessen ab, aber auch von der Offenheit, die Sie unserer Umgebung entgegenbringen.

Obwohl die im Folgenden beschriebenen Aufmerksamkeitsprofile stark vereinfacht sind, werden Sie sich ein Stück weit darin wiedererkennen:

● **Überaufmerksame Personen** zeigen ein übertriebenes Aufmerksamkeitsverhalten. Alles erregt ihr Interesse, alles kann oder muss im Gedächtnis gespeichert werden. Dieses Verhalten birgt die Gefahr, dass das Gedächtnis mit unnützen Dingen überfrachtet wird. Solche Menschen sind häufig sehr pedantisch und perfektionistisch. Außerdem neigen sie dazu, von anderen Menschen die gleiche übertriebene Aufmerksamkeit zu fordern. Personen, die überaufmerksam sind, speichern zwar riesige Informationsmengen in ihrem Gedächtnis, ziehen jedoch nur einen äußerst durchschnittlichen Nutzen daraus. Das liegt daran, dass sie anschließend kaum noch dazu in der Lage sind, die Informationen, die sie wirklich interessieren, auszuwählen.

Mein Gedächtnis
... und Filme

Sie lieben Filme, können sich allerdings nicht einmal an die Handlung erinnern, wenn Ihnen der Film gefallen hat? Das ist völlig normal. Als Zuschauer nehmen wir eine passive Haltung ein und betrachten das Gesehene nahezu unkritisch. Damit Sie sich auch noch nach dem Abspann an einen Film erinnern können, müssen Sie selbst aktiv werden: Fassen Sie den Film zusammen, suchen Sie nach Szenen, die Ihnen gefallen oder die Sie schockiert haben, bewerten Sie die Schauspieler usw. Wichtig ist auch, mit anderen über den Film zu sprechen.

Gedächtnis – was ist das eigentlich?

Lösung S. 334

Test Schenken Sie Ihrer Umgebung genügend Aufmerksamkeit?

1. Die folgenden Artikel benutzen Sie regelmäßig. Können Sie die jeweilige Marke nennen? Machen Sie diesen Test ohne fremde Hilfe und ohne zu „spicken". Sie sollten so spontan wie möglich antworten.

Im Badezimmer

Seife	....	Senf	....
Zahnpasta	....	Mineralwasser	....
Eau de Toilette		Marmelade	....
oder Parfüm	....	Spülmittel	....
Shampoo	....	Spülschwamm	
Rasierapparat	....	Herd	
Zahnbürste	....	Kühlschrank	
Föhn	....		

Im übrigen Haus

Waschmaschine	....
Fernseher	....

In der Küche

Kaffee	....	Fotoapparat	....
Margarine	....	Radio oder	
Kekse	....	Stereoanlage	....
Tee	....	Bügeleisen	....
Zucker	....		
Salz	....		

2. Können Sie die Namen von fünf Geschäften oder Supermärkten in der Nähe Ihrer Wohnung nennen?

....
....

3. Nennen Sie die Automarken
• von drei Familienmitgliedern:

....
....

• von drei Nachbarn:

....
....

Wenn Sie auf mehr als zehn Fragen keine Antwort geben konnten oder Sie mehr als zehn Fragen falsch beantwortet haben, dann interessieren Sie sich nicht für Äußerlichkeiten. Gegenstände müssen für Sie in erster Linie funktionieren. Feinheiten wie Marken oder Design sind Ihnen eher gleichgültig. Sie werfen Dinge ohne weiteres auf den Müll, sobald sie kaputt sind.

Haben Sie jedoch mehr als zehn Fragen richtig beantwortet, legen Sie viel Wert auf Design und Qualität der von Ihnen benutzten Gegenstände. Sie tun sich vermutlich schwer, Dinge wegzuwerfen – auch wenn sie bereits abgenutzt sind. Trotzdem interessieren Sie sich für neue Produkte. Sie haben eine starke emotionale Bindung zu Ihren materiellen Besitztümern aufgebaut.

● **Ausgewählt aufmerksame Personen** haben ganz bestimmte Interessenschwerpunkte, auf die sie ihre Aufmerksamkeit richten. Sie setzen ihre Aufmerksamkeit sinnvoll ein, sind in bestimmten Bereichen ausgesprochen effizient, während sie anderen Themengebieten nur eine durchschnittliche oder gar keine Aufmerksamkeit entgegenbringen. Interessiert aufmerksame Personen neigen dazu, andere durch ihre umfassenden Kenntnisse auf ihren Spezialgebieten zu verblüffen. Für ihr Gedächtnis gilt dasselbe wie für ihre Aufmerksamkeit: Es ist gut, aber nur auf bestimmten Gebieten.

● **Unaufmerksame Personen** schenken den Dingen, die um sie herum geschehen, nur eine geringe Aufmerksamkeit. Sie wirken häufig geistesabwesend und vergessen oder verlieren öfter etwas. Sie hören anderen Menschen nicht wirklich zu und leben möglicherweise recht zurückgezogen. Die mangelnde Aufmerksamkeit, die sie ihrer Umgebung entgegenbringen, geht häufig mit einem übersteigerten Interesse an ihrer eigenen Person und Gemütsverfassung einher. Diese Menschen gehen den Dingen selten auf den Grund und ihr Gedächtnis ist ebenso selbstbezogen wie bruchstückhaft. Ein solches Verhalten ist häufig bei Jugendlichen zu beobachten.

Ein Stück weit kann sich jeder in jedem der genannten Aufmerksamkeitsprofile wiedererkennen. Doch nur wer Informationen bewusst auswählt und angemessen auf verschiedene Situationen reagiert, behält sie auch gut im Gedächtnis.

Aufmerksam lesen

Wer einen Text lesen will, muss ihn nicht nur **gut erkennen**, sondern auch **verstehen** können. Sowohl die Form als auch der Inhalt des Textes erregen unsere visuelle Aufmerksamkeit.

Unabhängig von der Form der Buchstaben richtet sich unsere Aufmerksamkeit zunächst auf den Sinn eines Textes und nicht auf sein Schriftbild oder die Rechtschreibung. Nur wenn der Text einen Sinn ergibt, kann er im Gedächtnis gespeichert werden.

Bei fremdsprachigen Texten erregt lediglich die Form unsere visuelle Aufmerksamkeit. Von lesen, geschweige denn sich daran erinnern, kann keine Rede sein.

Der Buchstabe E

Umkringeln Sie im folgenden Text alle großen und kleinen „E": Wie viele sind es genau?

„Sehen …: Unser Park um die Ecke ist im Frühling und im Sommer wunderschön. Er lädt zum Spazierengehen und Verweilen ein. In diesem Jahr sind die Bäume zwei bis drei Wochen später dran, wie uns die Gärtner erzählten. Im Augenblick sind nur kleine Blättchen zu sehen, die gerade aus den Knospen lugen, und die Blütenknospen öffnen sich erst Ende April oder Anfang Mai. Unter den blauen Vergissmeinnicht schlummern noch die Maiglöckchen. Sie warten auf den Wonnemonat Mai. Die Stiefmütterchen aber öffnen einträchtig ihre Blüten und halten ihre samtigen Gesichter den taumelnden Hummeln entgegen.

... und hören: Dort, auf dem großen Baum, begrüßt ein Vogel tirilierend das Frühjahr, April steht vor der Tür, der Lenz ist da. Die träge Natur heißt freudig die Sonne willkommen, die unter ihrem goldenen Schleier durch die Straßen strahlt und winzige Goldfleckchen auf die Erde streut.

Das alles ist meinen Augen vertraut, alles ist schön. Es ist Balsam für meine traurige Seele und die Freude meiner alten Tage.

Wenn du erst im April das verliebte Geflüster unter den grünen Blättern vernimmst, hörst du die Stimme des Frühlings, die Wiederkehr der schönen Tage, das liebliche Murmeln der erwachten Blumen. Also lausche, sieh, atme!"

Lösung S. 334

▶ Wenn Sie der Anweisung gefolgt sind und Ihre visuelle Aufmerksamkeit der Form galt, haben Sie den Text nicht wirklich gelesen. Hand aufs Herz: Wetten, Sie könnten so gut wie keine Frage zu seinem Inhalt beantworten?

Wer ist der Mörder?

Lesen Sie den Text aufmerksam durch, aber bitte nur ein einziges Mal. Um Ihre Aufmerksamkeit zu steigern, sollten Sie ein echtes Interesse an der Geschichte entwickeln. Stellen Sie Fragen, merken Sie sich wichtige Fakten und fassen Sie den Inhalt des Textes mündlich zusammen.

„Hände hoch, wird's bald!" ruft der Kommissar mit dem Filzhut beim Betreten der Sport-Bar.
Er wendet sich an vier Männer, die an einem Tisch sitzen. Sie haben zwei Gläser Wein und zwei Gläser Bier vor sich. Bierschaum läuft über die Tischplatte. Der Kommissar richtet seine Waffe auf die Männer, die seiner Aufforderung langsam nachkommen. In den Straßen des Pariser Stadtviertels Montmartre schrillen schon die Polizeisirenen. Es ist zwei Uhr morgens und die Bar hat noch geöffnet. Vor fünf Minuten sind alle verfügbaren Polizisten ausgerückt.
Ein Spitzel hat die Polizei über die geplante Ermordung eines Zeugen informiert, der noch am selben Tag in einer Drogenschmuggelsache vor Gericht aussagen soll. Die Identität des Killers ist unbekannt. Doch die Polizei hat ihm in einer Bar eine Falle gestellt und den Zeugen als Lockvogel benutzt. Er ist einer der vier Männer. Der mutmaßliche Killer hat sich gerade zu den drei anderen gesellt. Unmittelbar vor Betreten der Bar ist er misstrauisch geworden und hat seine Waffe in den nächstbesten Gully geworfen.

Der Kommissar befragt die vier Männer im Beisein des Wirts. Hier ihre Antworten:

1. „Ich bin schon seit einer Stunde da und habe mein Bier beim Pokern gewonnen."

2. „Ich verliere die ganze Zeit und bin fast blank."

3. „Ich bin vor 20 Minuten in die Bar gekommen, um ein kleines Helles zu trinken", sagt er mit Schaum auf den Lippen. „Das ist die einzige Bar, wo das Bier noch schmeckt, stimmt's, Herr Wirt?"

4. „Ich trinke hier friedlich ein Gläschen Wein, lassen Sie mich in Ruhe!" Er ist nervös, Schweißtropfen rinnen über seine Stirn.

Dem Kommissar fällt etwas auf. Der Killer hat sich verraten.

Beantworten Sie jetzt folgende Fragen:

● Wie heißt die Bar?
....

● Was trägt der Kommissar?
....

● Zu welcher Stunde spielt sich das Geschehen ab?
....

● Durch welches Detail hat sich der Killer verraten?
....

Lösung S. 334

Ganz genau hinschauen

Die so genannte visuell-perzeptive oder visuoperzeptive Aufmerksamkeit erfordert eine **gute Sehfähigkeit,** aber auch **eine gute optisch-räumliche Wahrnehmung.** Diese Art von Aufmerksamkeit wird immer dann mobilisiert, wenn Gegenstände in einem bestimmten Zusammenhang gesehen werden müssen. In der Regel erfasst das Auge zunächst das große Ganze, bevor es sich auf einzelne Details konzentriert und diese zueinander in Beziehung setzt. Die Art, wie etwas wahrgenommen wird, ist jedoch von Mensch zu Mensch unterschiedlich. Während die einen ein Foto betrachten und es zuerst in seiner Gesamtheit erfassen, wird der Blick der anderen zunächst wie magisch von einem bestimmten auf dem Foto abgebildeten Gegenstand angezogen.

Achten Sie auf die Buchstaben!

1. Betrachten Sie aufmerksam die Buchstaben, die in dem unten stehenden Kasten gezeigt werden.

Lösung S. 334

2. Decken Sie sie ab und beantworten Sie folgende Fragen:
– Welche Buchstaben stehen in einem Kästchen, und welches Wort können Sie aus ihnen bilden?
– Welche Buchstaben stehen nicht in einem Kästchen, und welches Wort können Sie aus ihnen bilden?

Die Katze auf der Wiese

1. Betrachten Sie drei Minuten lang aufmerksam diese Zeichnung und decken Sie sie dann ab.

2. Tragen Sie hier alle Dinge ein, an die Sie sich noch erinnern können, und zwar an genau der richtigen Stelle. Die Zeichnung davor bitte nicht erneut betrachten!

Fehlform

Betrachten Sie eine Minute lang die obere Formenreihe, decken Sie sie dann zu und vervollständigen Sie die untere Reihe.

Bei dieser Übung geht es um eine bestimmte Abfolge von Formen. Um sich die einzelnen Formen einprägen zu können, muss man die Abfolge, in der sie gezeigt werden, berücksichtigen und sie zueinander ins Verhältnis setzen.

Das fördert die Aufmerksamkeit

Unser Wille allein reicht nicht aus, um echte Aufmerksamkeit zu erzeugen. Folgendes ist Ihnen so oder so ähnlich bestimmt auch schon passiert: Sie glaubten, einen Vortrag aufmerksam zu verfolgen, konnten sich aber nahezu nichts davon merken. In der Schulzeit versuchten Sie verzweifelt, dem Physikunterricht zu folgen – ohne Erfolg. Wie lässt sich das erklären? Im Folgenden werden die einzelnen Faktoren kurz aufgeführt, die notwendig sind, um Aufmerksamkeit zu erzeugen. Je mehr davon zusammenkommen, desto größer die Aufmerksamkeit.

Interesse Der Auslöser für Aufmerksamkeit schlechthin: Was uns nicht interessiert oder keine Gefühle in uns auslöst, erregt auch nicht unsere Aufmerksamkeit.

Persönlichkeit Ängstliche oder gestresste Menschen sind häufig rastlos und werden von zahllosen Gedanken erdrückt. Auch zerstreute Menschen sind nicht wirklich aufmerksam. Wer jedoch offen für Neues ist und eine optimistische Einstellung hat, ist automatisch aufmerksamer.

Vergnügen Allem, was uns Vergnügen bereitet, schenken wir eine erhöhte Aufmerksamkeit.

Motivation Die Aussicht auf Erfolg lässt uns automatisch aufmerksamer werden.

Wachsamkeit Wer wachsam ist, kann über einen längeren Zeitraum hinweg aufmerksam bleiben und ist empfänglich für neue Reize.

Neugier Sie schürt die Aufmerksamkeit. Je neugieriger man auf seine Umgebung und das Leben im Allgemeinen ist, desto mehr Aufmerksamkeit wird mobilisiert.

Konzentration Mit ihrer Hilfe können wir unsere Aufmerksamkeit voll und ganz auf die von uns ausgewählten Informationen richten, ohne uns dabei von etwas anderem stören zu lassen. Der Mensch ist allerdings nur begrenzt konzentrationsfähig. Wie stark, ist individuell verschieden und hängt auch von der jeweiligen Tagesform ab.

Gefühle Positive oder negative Gefühle wecken ganz automatisch unsere Aufmerksamkeit. Wenn wir Angst haben, etwas zu verpassen, ist sie ganz besonders intensiv.

Umgebung Eine günstige Umgebung ohne störende akustische oder optische Reize unterstützt unsere Aufmerksamkeit. Dann können wir uns konzentrieren und werden durch nichts abgelenkt.

> Fehlt nur ein einziger dieser Faktoren, ist die Aufmerksamkeit nicht optimal. Und selbst wenn, erfolgt keine automatische Speicherung im Gedächtnis: Man muss sich Dinge schon bewusst merken wollen!

Das beeinträchtigt die Aufmerksamkeit

Bestimmte Lebensumstände beeinflussen die Aufmerksamkeit. Mit ihnen hat jeder immer mal wieder zu kämpfen, zum Beispiel mit Müdigkeit, Stress, den Nebenwirkungen bestimmter Medikamente, den Folgen eines ungesunden Lebenswandels, mit Krankheit usw. Wenn man solche Situationen nicht in den Griff bekommt, schleichen sich schnell negative Verhaltensweisen ein, die man nur schwer wieder los wird.

● **Wachsamkeit und geistige Beweglichkeit leiden,** wenn man seiner Umgebung nicht die nötige Aufmerksamkeit entgegenbringt. Der Geist wird träge, wenn es um neue Informationsinhalte geht.

● Die Aufmerksamkeit leidet auch, **wenn sie über einen längeren Zeitraum hinweg nur selten beansprucht wird.** In diesen Fällen schleicht sich eine gewisse Trägheit ein, die die Merkfähigkeit zunehmend verringert. Man tut sich immer schwerer, etwas seine volle Aufmerksamkeit zu schenken. Dies ist beispielsweise der Fall, wenn man mehrere Jahre nach Schulabgang eine neue Ausbildung beginnen will und sich erst wieder in den Lernrhythmus hineinfinden muss.

● **Konzentrationsmangel und Verzettelung** sind die Folgen einer verminderten Beanspruchung. Hat man sich erst einmal daran gewöhnt, seine Aufmerksamkeit nicht zu mobilisieren, fällt es noch schwerer, sie über einen längeren Zeitraum hinweg auf eine bestimmte Sache zu richten.

● Einer der größten Feinde der Aufmerksamkeit ist **das Fehlen von Plänen und Wünschen sowie mangelnde Neugier.** Denn der Vorsatz, einen Plan in die Tat umzusetzen oder sich einen Wunsch zu erfüllen, sowie eine umfassende Neugier sind die beste Garantie für eine hohe Aufmerksamkeit und somit auch für das erfolgreiche Speichern von Informationen.

Mehr wahrnehmen,
mehr speichern, mehr wissen

„Ich habe mein Auto in der Schillerstraße geparkt, direkt gegenüber der Bäckerei, hinter einem gelben Auto." Wenn ich mir diesen Satz morgens vorspreche, kann ich sicher sein, mein Auto abends wieder zu finden!

Die meisten Menschen klagen dann über ein schlechtes Gedächtnis, wenn sie zum wiederholten Mal einen Gebrauchsgegenstand verlegt oder vergessen haben, eine ihnen aufgetragene Aufgabe zu erledigen. In diesen Fällen passiert fast immer das Gleiche: Man hat es eilig, ist müde oder genervt, glaubt, eine Information ausreichend gespeichert zu haben, vergisst sie aber sofort wieder.

Eine durchschnittliche Aufmerksamkeit garantiert noch keine dauerhafte Speicherung. Hier nur ein Beispiel: Niemand möchte in einen Hundehaufen treten, aber normalerweise erinnert man sich an diesen Vorsatz erst, wenn das Missgeschick schon geschehen ist. Wer sich auf eine Tätigkeit konzentriert und sie erfolgreich beendet, speichert sie noch lange nicht automatisch in seinem Gedächtnis. Dafür ist eine gesteigerte Aufmerksamkeit erforderlich. Die Aufmerksamkeit muss über einen längeren Zeitraum hinweg aufrechterhalten werden, denn nur so bleibt die zu erledigende Aufgabe oder ein Gegenstand etwas länger im Gedächtnis haften. Und das verträgt sich nicht mit Routinetätigkeiten: Die verlangen uns nämlich so gut wie überhaupt keine Aufmerksamkeit ab, weshalb wir uns auch nicht an ihren genauen Ablauf erinnern können.

Dazu gehört beispielsweise das Abschließen der Haustür, ein Vorgang, an den wir uns häufig nicht erinnern können. Denn ihm wird nur ein Minimum an Aufmerksamkeit gewidmet, er läuft quasi automatisch ab. Wer sich an diesen Vorgang bewusst erinnern will, muss seine Aufmerksamkeit eigens stimulieren. Er muss sich sozusagen selbst beim Abschließen der Tür zuschauen und dabei denken: „Ich schließe meine Tür ab." Auf diese Weise wird die visuelle Wahrnehmung akustisch verstärkt. Eine weitere Methode, seine Aufmerksamkeit zu steigern, besteht darin, aufzuschreiben, was man sich merken will.

Eine gesteigerte Aufmerksamkeit ist eine aktive Aufmerksamkeit. Erst wenn man entsprechende Maßnahmen ergreift, ist eine dauerhafte Speicherung überhaupt möglich. In diesem Fall wird die Aufmerksamkeit zu einem Speicherfaktor. Die meisten unserer Erinnerungsprobleme sind nicht auf ein schlechtes Gedächtnis, sondern auf eine zu geringe Aufmerksamkeit zurückzuführen.

Mein Gedächtnis
...und das Bügeleisen

Haben Sie schon einmal das heiße Bügeleisen oder einen Topf auf der angeschalteten Herdplatte vergessen? Dem können Sie vorbeugen, indem Sie einen Küchenwecker einschalten, sobald Sie das Bügeleisen oder den Herd in Betrieb nehmen.

Stadtplan eines Viertels

Betrachten Sie eine Minute lang aufmerksam diesen Ausschnitt eines Stadtplans, denn gleich sollen Sie die Geschäfte und Einrichtungen in den unteren Plan eintragen. Formulieren Sie laut, was Sie sehen, um Ihre Aufmerksamkeit zu steigern. **Beispiel:** Die Bäckerei befindet sich neben dem Lebensmittelgeschäft; beide sind im Plan oben links eingezeichnet. Decken Sie nun den oberen Plan zu.

Am richtigen Ort

Die folgenden drei Übungen weisen einen zunehmenden Schwierigkeitsgrad auf und erfordern eine gesteigerte Aufmerksamkeit. Es geht um Formen und Farben und deren Anordnung im Raum. Sie können sich die Informationen leichter einprägen, wenn Sie sie nach einem bestimmten System ordnen.

1. Betrachten Sie das unten stehende Gitter. Sie haben drei Minuten Zeit, sich die geometrischen Formen einzuprägen. Orientieren Sie sich anhand des Gitters oder anhand der Figuren, die sie bilden. Verdecken Sie nun das Gitter und tragen Sie die Figuren rechts ein.

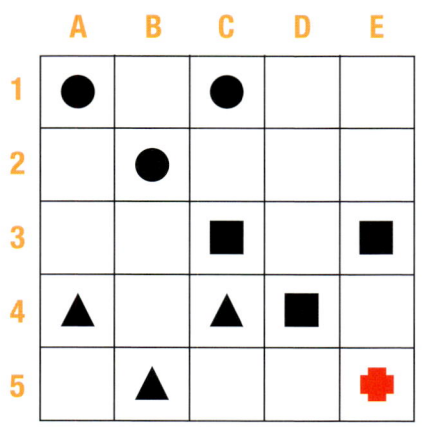
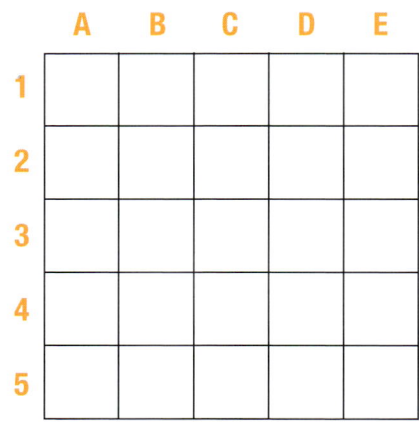

2. Diese Übung funktioniert genauso wie die erste. Nur hat diesmal das Gitter die Form einer Raute und ist nicht mehr mit Zahlen und Buchstaben versehen, die die Lage der Figuren genau angeben.

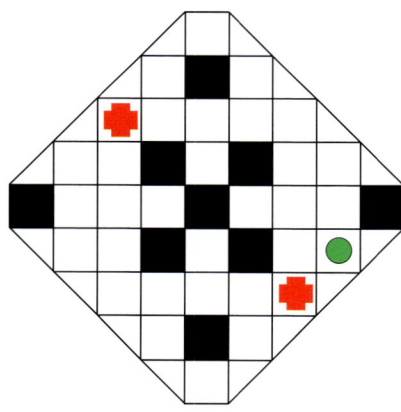
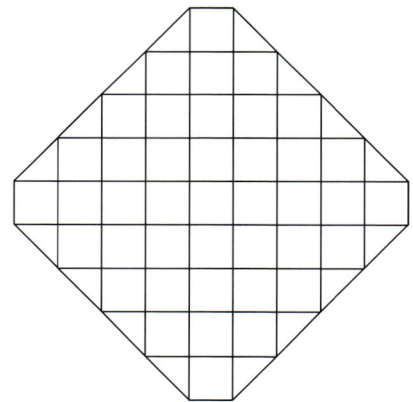

3. Diese Übung ist noch komplexer, da die zugrunde liegende Form rund ist. Bei dieser Übung gibt es kein Zeitlimit.

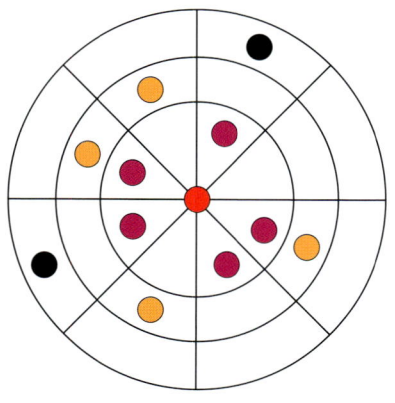
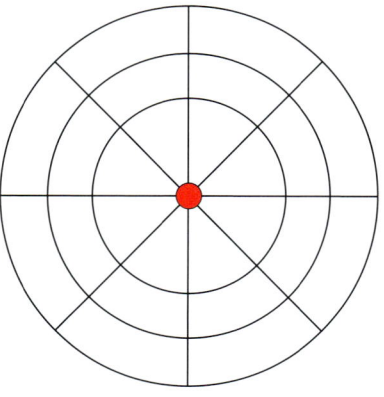

Ein Leben lang aufmerksam bleiben!

Wenn ich mir keine Pausen gönne, nimmt meine Aufmerksamkeit automatisch ab!

Jeder hat seine eigenen Methoden, die Aufmerksamkeit wach zu halten, und ist damit mehr oder weniger erfolgreich. Müdigkeit, Stress oder Niedergeschlagenheit wirken sich negativ auf die Aufmerksamkeit aus. Vor allem ältere Menschen haben manchmal das Gefühl, vom technischen Fortschritt und der rasanten Veränderung der Lebensumstände überrollt zu werden. In solchen Momenten beschleicht sie die Angst, sich nicht schnell genug anpassen zu können. Die Kapazitäten der Aufmerksamkeit scheinen erschöpft zu sein. Ist das Gedächtnis bedroht?

Menschen, die ihre Konzentrationsfähigkeit gut einschätzen können und ihre Grenzen kennen, haben gute Voraussetzungen, für eine optimale Aufmerksamkeit zu sorgen. In der Regel gibt es **drei Aufmerksamkeitsphasen,** deren Verlauf einer Berg-und-Talbahn gleicht: Sobald einer der genannten aufmerksamkeitssteigernden Faktoren vorhanden ist, ist die Aufmerksamkeit geweckt. Sie steigt rasch an und erreicht bald ihren Höhepunkt – ein Zustand, der jedoch nur über einen gewissen Zeit-

Perlen auffädeln

Betrachten Sie die nebenstehenden elf Perlen. Sie müssen sich gleichzeitig ihr Aussehen und ihre Reihenfolge einprägen.

Tipp: Diese Übung ist sehr schwer, wenn Sie keinen Weg finden, dieser Perlenkette einen Sinn zu verleihen. So könnte zum Beispiel jede Perle für einen Gegenstand stehen (Perle 1: Sucher eines Fotoapparats; Perle 2: Boulekugel; Perle 3: Rad; Perle 4: Hagelkorn; Perle 5: Katzenauge; Perle 6: rotes Wollknäuel usw.). Das hilft dabei, sich eine passende Geschichte auszudenken: Der Sucher eines Fotoapparats wurde durch eine Boulekugel beschädigt, die rund war wie ein Rad und kalt wie ein Hagelkorn. Plötzlich sprang die Katze, die mit einem roten Wollknäuel spielte...

raum hinweg aufrechterhalten werden kann. Danach sinkt die Aufmerksamkeit wieder und wir werden müde. Nach einer Erholungsphase von einigen Sekunden bis hin zu mehreren Minuten wiederholen sich diese Phasen wieder.

In Stresssituationen oder bei Müdigkeit **sind häufigere und längere Ruhephasen als normal** erforderlich. Das gilt auch für ältere Menschen. Sie tun sich besonders schwer, mehrere Dinge gleichzeitig zu erledigen, da sie sich leichter ablenken lassen (siehe S. 142) und ihre Gehirnkapazitäten schneller erschöpft sind.

Mein Gedächtnis
... und mein geparktes Auto

Große Parkhäuser sind wahre Labyrinthe. Stellen Sie dort niemals Ihr Auto ab, ohne sich zuvor einige markante Punkte eingeprägt zu haben (Farbe des Bodens, Nummer des Platzes, Lage im Verhältnis zum Ein- oder Ausgang, Werbeplakate...). Achten Sie genau darauf, auf welchem Parkdeck und in welchem Teil des Parkhauses Ihr Wagen steht (zweites Untergeschoss, Ebene 1, Parkplatz West...). Wenn diese Informationen nicht direkt zugänglich sind, fragen Sie jemanden in Ihrer Nähe. Um sicherzugehen, können Sie die Nummer Ihres Parkplatzes auf dem Parkschein notieren.

Tipps für eine aktive Aufmerksamkeit

Berücksichtigen Sie folgende Tipps und stärken Sie dadurch Ihr Selbstvertrauen, ganz gleich wie alt Sie sind:

● **Bleiben Sie geistig rege!** Seien Sie offen für Neues! Wenn Sie sich neue Informationen einprägen wollen, sollten Sie sich nicht unter Druck setzen. Nur so können Sie sich optimal auf Ihre Aufgabe konzentrieren.

● **Seien Sie neugierig!** Unsere Einstellung unserer Umwelt gegenüber hängt nicht von unserem Alter ab. Nichts ist von Natur aus uninteressant – jeder entscheidet selbst, ob er einem Thema Interesse entgegenbringt oder nicht.

● **Machen Sie Pläne und setzen Sie diese in die Tat um!** Jeder Plan gibt Ihnen die Möglichkeit, Ihr Leben aktiv in die Hand zu nehmen. Dies gilt auch dann, wenn sich Pläne verändern oder unvollendet bleiben, denn sie spornen stets die Aufmerksamkeit an und machen offen für Neues.

● **Pflegen Sie Kontakte und sorgen Sie für eine anregende Umgebung!** Wer soziale Beziehungen knüpft, stimuliert damit gleichzeitig seine Aufmerksamkeit. Das Pflegen von mehreren Interessensgebieten, die Begegnung mit interessanten Menschen

sind alles gute Methoden, um neue, anregende soziale Netze aufzubauen.

● **Kommunizieren Sie mit anderen Menschen** und geben Sie Ihr Wissen weiter. Sie können Ihren Mitmenschen nur dann mitteilen, was Sie sich eingeprägt oder gelernt haben, wenn Sie sich auch gedanklich darauf vorbereiten. Diese Vorbereitung und der Wunsch, Wissen zu vermitteln, wirken sich äußerst positiv auf die Aufmerksamkeit und das Gedächtnis aus.

Entwickeln Sie eine Strategie und decken Sie dann die Perlen ab.

Zeichnen Sie nun die Perlen aus dem Gedächtnis ein. Beginnen Sie mit der ersten und füllen Sie dann eine nach der anderen aus, bis Sie die gesamte Perlenkette wiedergegeben haben.

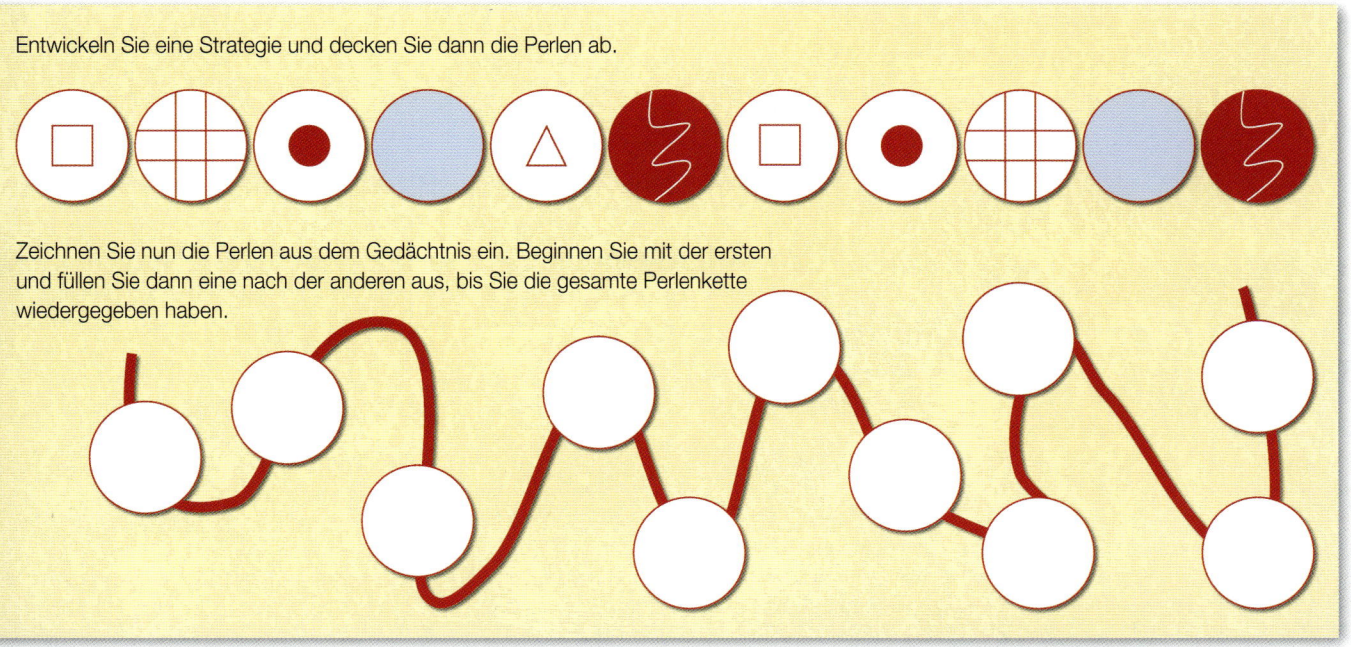

Aufmerksamkeit und Konzentration

Alle Tätigkeiten, die manuelles Geschick oder gründliches Nachdenken erfordern, verlangen Konzentration. Sobald diese nachlässt, verlieren wir den Faden und müssen von vorn beginnen. Was ist Konzentration? Was unterscheidet sie von Aufmerksamkeit? Kann sie trainiert werden?

Aufmerksamkeit allein reicht nicht

Wenn ich mich richtig auf etwas konzentriere, könnte mir der Himmel auf den Kopf fallen und ich würde es nicht merken!

Sobald eine Aufgabe etwas komplizierter wird, muss man sich konzentrieren. Aufmerksamkeit und Konzentration sind eng miteinander verknüpft. **Konzentration ist der Zustand, bei dem die Aufmerksamkeit ihren Höhepunkt erreicht.** Wer nicht aufmerksam ist, kann sich auch nicht konzentrieren. Umgekehrt ist es durchaus möglich, einer Information Aufmerksamkeit zu schenken, ohne sich ausschließlich darauf zu konzentrieren. Man kann einer Unterhaltung aufmerksam folgen und gleichzeitig wahrnehmen, was um einen herum geschieht.

Der Student, der seinen Stoff lernt, muss aufmerksam verfolgen, was er liest. Aber um sich den Stoff dauerhaft einzuprägen, muss er auch konzentriert sein. Spitzensportler können sich derart stark auf ihr Ziel konzentrieren, dass sie nichts mehr von den akustischen, optischen und taktilen Reizen um sie herum wahrnehmen.

Für die Konzentrationsdauer gilt das Gleiche wie für die Aufmerksamkeitsdauer: Sie ist von Mensch zu Mensch verschieden, hängt von seinem Biorhythmus, der geistigen und körperlichen Gesundheit, den Lebensumständen und vor allem von dem Interesse ab, das der ausgeführten Tätigkeit entgegengebracht wird. Hinzu kommt die Macht der Gewohnheit. Einige Menschen haben sich damit abgefunden, über lange Zeiträume hinweg an lauten Orten konzentriert zu arbeiten. Andere brauchen absolute Ruhe, um sich konzentrieren zu können. Doch Gewohnheiten lassen sich auch ändern. Jeder kann lernen, sich unabhängig von den äußeren Bedingungen zu konzentrieren.

Und jeder kann seine Konzentrationsfähigkeit steigern. Doch das geht nur, wenn man sich auch wirklich die nötige Zeit nimmt und genügend Interesse mitbringt. Denn ohne Interesse oder Motivation ist der Misserfolg im Grunde vorprogrammiert. Handelt es sich um eine lästige Aufgabe, kann man sich durch eine Belohnung wie ein Stück Schokolade motivieren.

Wörter und Farben – links gegen rechts
Machen Sie diese drei Übungen von links nach rechts. Konzentrieren Sie sich und versuchen Sie so schnell wie möglich zu arbeiten.

Sprechen Sie die Farben dieser Punkte laut aus.

Lesen Sie die folgenden Wörter laut vor.

Blau Rot Grün Rot

Grün Blau Rot Blau

Rot Grün Blau Grün

Rot Rot Blau

Sprechen Sie die Farben der folgenden Wörter laut aus.

Rot Grün Blau Grün

Grün Blau Rot Blau

Grün Rot Blau Rot

Grün Blau Blau

Die letzte Übung war die schwerste, da hier zwei widersprüchliche Informationen zusammengebracht wurden: Einmal durch die Wortbedeutung und einmal durch die Farbe. Das Entschlüsseln der Wörter wird von der linken Gehirnhälfte übernommen, die Farberkennung dagegen von der rechten. Wir lesen Wörter ganz automatisch, also lesen wir zunächst das Wort Rot, bevor wir die Farbe, in der es gedruckt ist (Grün) wahrnehmen und in Worte fassen können. Um die erste Information, die uns während der Lektüre vermittelt wird, zu unterdrücken, müssen wir ein hohes Maß an Konzentration und Aufmerksamkeit aufbieten. Wer über eine gute Konzentrationsfähigkeit verfügt, wird diese Übung mit der Zeit immer schneller absolvieren können.

Auf der Suche nach kleinen Wörtern

Kringeln Sie im folgenden Text bitte alle Kommas ein, streichen Sie jeweils das Relativpronomen „der" durch und unterstreichen Sie die Konjunktionen „und".

Es war ein Mann, der hatte eine Tochter, die hieß die kluge Else. Als sie nun erwachsen war, sprach der Vater: „Wir wollen sie heiraten lassen."
„Ja", sagte die Mutter, „wenn nur einer käme, der sie haben wollte." Endlich kam von weit einer her, der hieß Hans und hielt um sie an, er machte aber die Bedingung, dass die kluge Else auch recht gescheit wäre.
„Oh", sprach der Vater, „die hat Zwirn im Kopf", und die Mutter sagte, „ach, die sieht den Wind auf der Gasse laufen und hört die Fliegen husten".
„Ja", sprach der Hans, „wenn sie nicht recht gescheit ist, so nehm ich sie nicht." Als sie nun zu Tisch saßen und gegessen hatten, sprach die Mutter: „Else, geh in den Keller und hol Bier." Da nahm die kluge Else den Krug von der Wand, ging in den Keller und klapperte unterwegs brav mit dem Deckel, damit ihr die Zeit ja nicht lang würde.
Als sie nun unten war, holte sie ein Stühlchen, stellte es vors Fass, damit sie sich nicht zu bücken brauchte und ihrem Rücken etwa nicht weh täte und unverhofften Schaden nähme. Dann stellte sie die Kanne vor sich hin und drehte den Hahn auf, und während der Zeit, dass das Bier hineinlief, wollte sie doch ihre Augen nicht müßig lassen, sah oben an die Wand hinauf und erblickte (...) eine Kreuzhacke genau über sich, welche die Maurer da aus Versehen hatten stecken lassen.
Da fing die kluge Else an zu weinen und sprach: „Wenn ich den Hans kriege, und wir kriegen ein Kind, und das ist groß, und wir schicken das Kind in den Keller, dass es hier soll Bier zapfen, so fällt ihm die Kreuzhacke auf den Kopf und schlägt's tot." Da saß sie und weinte (...) über das bevorstehende Unglück. Die oben warteten auf den Trank, aber die kluge Else kam immer noch nicht.
Da sprach die Frau zur Magd: „Geh doch hinunter in den Keller und sieh, wo die Else bleibt." Die Magd ging und fand sie vor dem Fasse sitzend und laut schreiend. „Else, was weinst du?", fragte die Magd. „Ach", antwortete sie, „soll ich nicht weinen? Wenn ich den Hans kriege und wir kriegen ein Kind, und das ist groß und soll hier Trinken zapfen, so fällt ihm vielleicht die Kreuzhacke auf den Kopf und schlägt es tot." Da sprach die Magd: „Was haben wir für eine kluge Else!", setzte sich zu ihr und fing auch an über das Unglück zu weinen. Über eine Weile, als die Magd nicht wiederkam und die oben durstig nach dem Trank waren, sprach der Mann zum Knecht: „Geh doch hinunter in den Keller und sieh, wo die Else und die Magd bleiben."
(Auszug aus Grimms Märchen „Die kluge Else")

Lösung S. 334

Bei dieser Übung empfiehlt es sich, in mehreren Schritten vorzugehen, also zuerst alle Kommas einzukringeln, dann die Relativpronomen durchzustreichen und zuletzt die Konjunktionen „und" zu unterstreichen. Erledigt man alle drei Aufgaben gleichzeitig, wird der Automatismus unterbrochen und die Konzentration herabgesetzt.

Achten Sie auf die Formen!

Diese Übung erfordert äußerste Präzision und fördert Ihre Aufmerksamkeit sowie Ihre Konzentration.

1. Betrachten Sie die nebenstehenden Zeichen.

2. Dann bitte diese ...

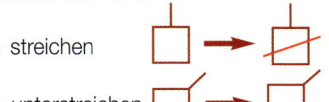

- streichen
- unterstreichen
- einkringeln

3. Wie oft ist jede Figur vorhanden? Sie können in drei verschiedenen Schritten vorgehen.

Lösung S. 334

Mein Gedächtnis
... und Kreuzworträtsel

Kreuzworträtsel eignen sich hervorragend dazu, sich allein die Zeit zu vertreiben. Sie schulen unseren Wortschatz und fördern den Gedankenfluss. Mit der Zeit kommen uns die Wörter zusehends spontaner in den Sinn. Daher ist die Geschwindigkeit, mit der Sie ein Kreuzworträtsel lösen, zweitrangig. Wichtiger ist, Kreuzworträtsel zu lösen, die Ihrem Niveau entsprechen. Anstatt sich auf ein Wort zu versteifen, auf das Sie im Moment einfach nicht kommen, sollten Sie lieber an anderer Stelle weitermachen.

Eine Küche unter der Lupe

1. Betrachten Sie dreißig Sekunden lang die Zeichnung und verdecken Sie sie anschließend.

2. Beantworten Sie jetzt die folgenden Fragen.

1. Wie viele Flaschen stehen im Fach über dem Kühlschrank?

2. Welches Gericht wird im Ofen gebacken?

3. Welche Uhrzeit zeigt die Küchenuhr an?

4. Wie viele Magnete befinden sich an der Kühlschranktür?

5. Kann man in dieser Küche Kaffee kochen? Mit welchen Geräten?

6. Wie viele Fenster hat der Raum?

7. Welcher Gegenstand liegt auf dem Tisch neben der Obstschale?

8. Welche Farbe hat das Küchenhandtuch?

9. Welche Farbe hat der Topf, der auf dem Herd steht?

Labyrinth

Finden Sie die einzig mögliche Verbindung zwischen den beiden Pfeilen. Achtung: Sie dürfen nicht nacheinander zwei Kreuzungen mit der gleichen Farbe benutzen.

Labyrinthe zählen zu den klassischen Spielen, die die visuelle Aufmerksamkeit anregen und die Konzentration fördern. Es ist nämlich schwierig, sich gleichzeitig einen Weg durch das Labyrinth zu bahnen und darauf zu achten, wie das Labyrinth angelegt ist. Deshalb werden Sie sich nicht an ein Labyrinth erinnern, aber je öfter Sie Ihren Weg durch Labyrinthe bahnen, desto mehr Erfolge werden Sie verbuchen. Beim Gedächtnistraining gilt dasselbe wie beim Sport: Übung macht den Meister!

Lösung S. 334

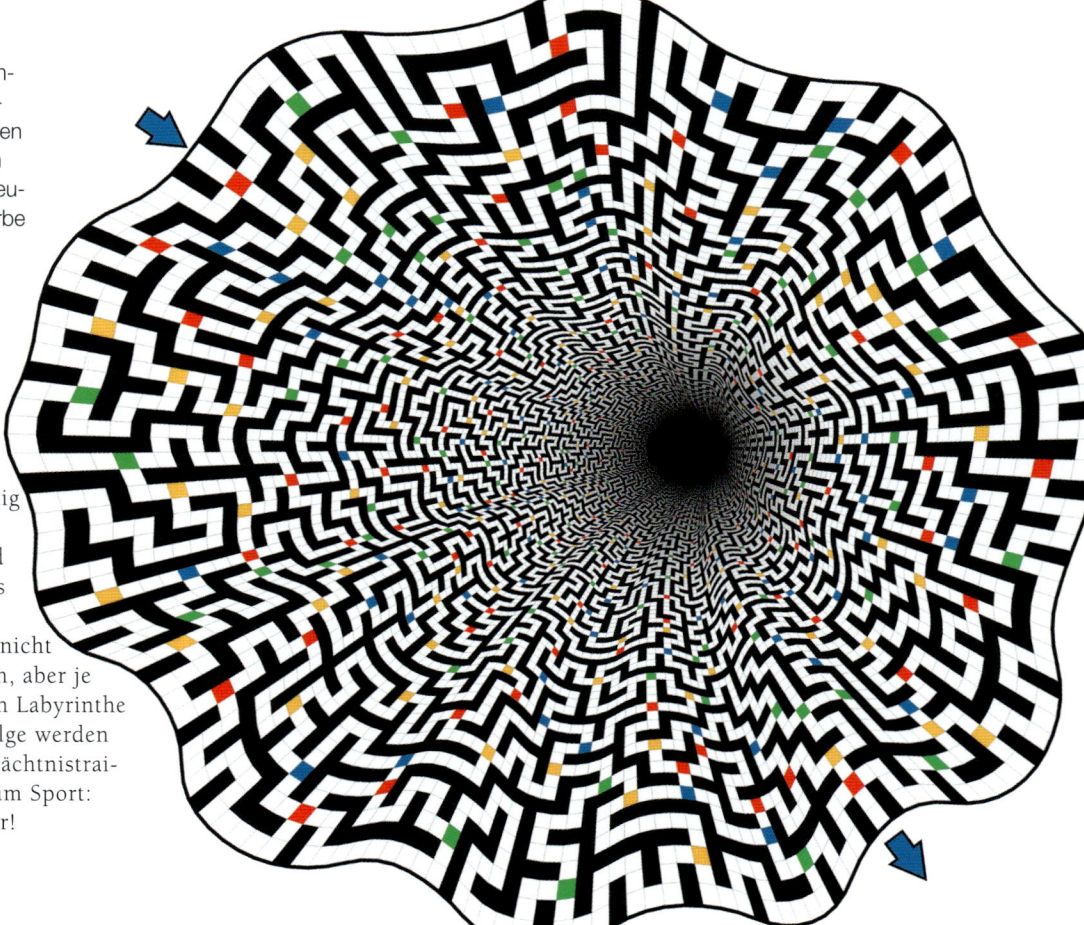

Gedächtnis – was ist das eigentlich?

Unpassend

1. Betrachten Sie dreißig Sekunden lang dieses Foto und decken Sie es anschließend zu.

2. Welche der neun Früchte passt nicht zu den anderen?

Lösung S. 334

Mein Gedächtnis
... und Videospiele

Videospiele waren lange Zeit verpönt, gelten aber heute als geeignetes Mittel, um die visuelle Konzentration bei Kindern zu fördern und zu erhalten. Auch Erwachsene spielen sie zum Zeitvertreib. Nur übertreiben sollten Sie es nicht: Videospiele bieten zwar die Möglichkeit, sich von der Welt zurückzuziehen und den Alltagsstress zu vergessen, können aber auch zu einer Sucht werden. Manche Spieler sitzen den ganzen Tag wie hypnotisiert vor dem Bildschirm. Ihr ganzes Leben ist auf das Spiel ausgerichtet. Sie vernachlässigen grundlegende Bedürfnisse wie Schlafen, Essen usw., werden reizbar und verlieren den Kontakt zu anderen Menschen.

Gedächtnis – was ist das eigentlich?

Abendessen mit Freunden

Drei Pärchen wollen gemeinsam ein Abendessen für Freunde organisieren. Da viele Gäste erwartet werden, soll jeder der sechs ein anderes Gericht vorbereiten. Finden Sie heraus, wer welche Speise zubereitet. Die linke Zahl zeigt die Portionen, die einer der Köche zubereitet, und die rechte, wie viele dieser Gerichte unter dem Namen der richtigen Person stehen.

Wenn Sie sich müde fühlen, sollten Sie dieses Logikrätsel nicht in Angriff nehmen. Denn um die Lösung zu finden, müssen Sie sich über einen längeren Zeitraum hinweg konzentrieren. Wählen Sie einen Zeitpunkt, an dem Sie einen klaren Kopf haben. Und nehmen Sie sich Zeit, Ihre Gedankengänge zu analysieren und zu organisieren. Nehmen Sie ruhig ein Blatt Papier zur Hand und machen Sie sich Notizen.

	Vinzenz	Laura	Paul	Sophie	Matthias	Charlotte	
2	Schokoladen-torte	Rinderbraten	Salat	Apfelkuchen	Auflauf	Zucchini-Gratin	0
2	Lammragout	Ratatouille	Rinderbraten	Spargel	Apfelkuchen	Warmer Ziegenkäse	0
1	Apfelkuchen	Käse-häppchen	Auflauf	Blätterteig-taschen	Zucchini-Gratin	Rinderbraten	1
2	Zucchini-Gratin	Kuskus	Auflauf	Rinderbraten	Schokoladen-torte	Apfelkuchen	2
0	Sandkuchen	Suppe	Kartoffelbrei	Blätterteig-taschen	Leberpastete	Ratatouille	0
2	Spargel	Apfelkuchen	Salat	Kuskus	Zucchini-Gratin	Weincreme	2
1	Suppe	Sandkuchen	Leberpastete	Warmer Ziegenkäse	Kartoffelbrei	Ratatouille	1
3	Kuskus	Lammragout	Weincreme	Spargel	Huhn	Kartoffelbrei	0

Lösung S. 334

Wortwechsel

Verändern Sie in jedem der Wörter einen Buchstaben. Es ergeben sich dann in jeder Serie Begriffe, die zu jeweils einem Thema gehören.

Serie 1	Serie 2
EIFER	**KÜSTEN** ....
COUCH	**FURIE** ....
ABSEITE	SPRENKEL ....
PFORTEN	**BIBER** ....
VORMANN	**MANCHE** ....

Lösung S. 334

Nahaufnahme

Welcher Gegenstand, welches Tier oder welche Person ist hier dargestellt?

Lösung S. 334

Austausch

Sie gelangen von einem Wort zum nächsten, indem Sie den angegebenen Buchstaben ersetzen und die Buchstabenreihenfolge verändern (ä = ae, ö = oe usw).

GIEBEL

– I + U ....
– G + T ....
– B + F ....
– U + O ....
– E + N ....
– T + H ....
– L + P ....
– H + T ....
– N + R **PFORTE**

Lösung S. 334

Familienstammbaum

1. Lesen Sie sich diese kleine Familienchronik aufmerksam durch:

Lukas und Johanna hatten sechs Kinder: Marie, Antonia, Alexander, Paul, Caroline und Benedikt.
Marie heiratete Hugo und die beiden bekamen drei Kinder: Christel, Michael und Andreas. Christel hatte ihrerseits zwei Kinder, Michael eines und Andreas vier. Antonia blieb unverheiratet, wurde aber Mutter von zwei Mädchen, die ihr fünf Enkelsöhne schenkten. Alexander hatte mit Laura Zwillinge, von denen einer, wie Paul, Vater einer Karin ist. Die dreifache Mutter Caroline ist auch dreifache Großmutter. In einigen Monaten wird sie Urgroßmutter. Benedikt ist gerade zum siebten Mal Urgroßvater geworden, ein Glück für ihn, denn er ist nur zweimal Vater und Großvater. Einige Familienmitglieder bedauern sehr, dass die Urenkel von Lukas und Johanna bisher nur zweimal mehr Kinder in die Welt gesetzt haben als all ihre Eltern zusammen.

2. Lesen Sie den Text zum besseren Verständnis ein zweites Mal durch und prägen Sie sich die Abstammungsfolge ein. Um sich diese klar vor Augen zu führen, können Sie auch einen Stammbaum anfertigen.

3. Stellen Sie nun die Anzahl der Kinder pro Generation fest:
– die der Kinder von Lukas und Johanna,
– die ihrer Enkelkinder,
– die ihrer Urenkel
– und die ihrer Ururenkel.

Lösung S. 334

Mit Entspannungsübungen zur optimalen Konzentrationsfähigkeit!

Mit dieser Visualisierungsübung, bei der Sie sich auf die Flamme einer brennenden Kerze konzentrieren, sollen Sie wieder zur Ruhe kommen. Indem Sie sich die Kerzenflamme mental vor Augen halten, werden störende Gedanken ausgeblendet. Sie empfinden Wohlbehagen und beginnen wieder ein Gefühl für Ihren Körper zu entwickeln. Lesen Sie den unten stehenden Text aufmerksam durch. Nur so können Sie die einzelnen Meditationsschritte absolvieren, ohne die Augen öffnen zu müssen.

Bereiten Sie sich vor!

1. Begeben Sie sich an einen ruhigen Ort, an dem Sie sich wohl fühlen.

2. Stellen Sie etwa einen Meter von Ihrem Sitzplatz entfernt eine brennende Kerze auf. Sie können sich entweder im Schneidersitz auf den Boden setzen oder auf einem Stuhl Platz nehmen. Achten Sie auf eine bequeme Haltung: Der Rücken sollte von der Lehne gestützt werden, die Beine sind leicht gespreizt. Wenn Sie keine angenehme Sitzposition finden, können Sie sich auch fünf Minuten lang auf den Boden legen. Schließen Sie die Augen. Lassen Sie all Ihre Körperteile vor Ihrem inneren Auge vorüberziehen, um sie mithilfe einer tiefen, ruhigen Atmung nach und nach zu entspannen.

Entspannen Sie sich!

3. Halten Sie die Augen einige Zeit offen und spüren Sie in Ihren Körper hinein. Achten Sie bewusst auf Ihren Atemrhythmus und lassen Sie diesen immer ruhiger und regelmäßiger werden.

4. Schauen Sie nun die Kerzenflamme an. Wenn Ihre Gedanken abschweifen, führen Sie sie sanft zur Flamme zurück. Entspannen Sie Ihre Gesichtsmuskulatur.

5. Schließen Sie langsam die Augen.

6. Atmen Sie tief ein und richten Sie Ihre Aufmerksamkeit auf Ihre Atmung: Atmen Sie tief in den Bauch hinein, bis sich dieser deutlich hebt. Lassen Sie nun die Atemluft ausströmen und spüren Sie, wie sich der Bauch wieder senkt. Durch diese Bauchatmung fördern Sie die Entspannung.
Atmen Sie langsam ein und aus und lassen Sie sich von diesem regelmäßigen Rhythmus wie auf einer Welle davontragen. Sagen Sie sich in Gedanken immer wieder „Ich bin ruhig, ich bin entspannt", bis Sie eine vollkommene Ruhe empfinden. Spüren Sie, wie eine tiefe Stille in Ihnen aufsteigt.

Konzentrieren Sie sich!

7. Lassen Sie vor Ihrem inneren Auge das Bild der Flamme entstehen. Konzentrieren Sie sich auf ihr unablässiges Flackern. Ihr gesamtes Denken wird davon in Anspruch genommen, Sie sind von ihrem Tanz und ihren Farben wie hypnotisiert. Sollte erneut ein störender Gedanke aufsteigen, dann geleiten Sie ihn bis zur Flamme und lassen ihn darin verbrennen.

8. Führen Sie die Flamme näher an Ihr Gesicht, beobachten Sie sie erneut. Spüren Sie, wie sich die Wärme in Ihnen ausbreitet. Geben Sie sich diesen Empfindungen hin, die Ihnen innere Ruhe schenken.

Kehren Sie langsam wieder in den Alltag zurück!

Sobald Sie ermüden oder erneut Gedanken in Ihren Kopf strömen, lösen Sie das mentale Bild dieser Flamme in Rauch auf. Bewegen Sie langsam Ihre Arm- und Beinmuskeln, dehnen und recken Sie sich sanft, gähnen Sie herzhaft. Dann öffnen Sie die Augen.

Machen Sie diese Übung, sobald Sie das Bedürfnis nach Entspannung und die Möglichkeit haben, sich an einen ruhigen Ort zurückzuziehen. Wenn Sie mit solchen Entspannungstechniken noch nicht vertraut sind, sollten Sie eine Viertelstunde dafür einplanen. Mit etwas Übung schaffen Sie es auch, sich über einen längeren Zeitraum hinweg tief zu entspannen.
Die Ruhe, die Sie aus dieser Übung schöpfen, wird Ihnen zu einer besseren Konzentrationsfähigkeit verhelfen.

Gedächtnis und Phantasie

Unsere Vorstellungskraft spielt bei jeder Gedächtnisleistung eine wichtige Rolle, ohne sie könnten wir keine mentalen Bilder erschaffen. Erst mit ihrer Hilfe können wir die im Gedächtnis gespeicherten Informationen bei Bedarf abrufen. Treibt unsere Phantasie jedoch zu wilde Blüten, sind Enttäuschungen und Irrtümer vorprogrammiert.

Die Phantasie speist sich aus dem Gedächtnis

Wenn ich mir etwas vorstelle, dann schöpfe ich aus meinen Erinnerungen.

Der französische Schriftsteller und Philosoph Voltaire definierte die Phantasie folgendermaßen: „Jedes fühlende Wesen spürt in sich die Fähigkeit, in seinem Gehirn Sinneseindrücke zu erzeugen – eine Fähigkeit, die vom Gedächtnis abhängt. Man sieht Menschen, Tiere, Gärten. Diese Wahrnehmungen wurden von den Sinnen aufgenommen, vom Gedächtnis gespeichert und von der Phantasie zusammengefügt."

Die moderne Psychologie vertritt den gleichen Standpunkt. Die Phantasie trägt dazu bei, vor unserem inneren Auge Bilder entstehen zu lassen, auf die sich das Gedächtnis beruft. Sie ist **reproduktiv**, indem sie bereits im Gedächtnis gespeicherte Wahrnehmungen wiedergibt, aber auch **kreativ**, indem sie verschiedene Wahrnehmungen miteinander kombiniert, um daraus neue zu erschaffen. Sie bearbeitet **das bereits im Gedächtnis vorhandene Material, mit dessen Hilfe sie völlig neue Formen erschafft**. Wer sich ein unbekanntes Tier vorstellen will, wird automatisch bestimmte Merkmale bereits bekannter Tiere miteinander kombinieren.

Echte schöpferische Phantasie beruht also zunächst auf einer genauen Wahrnehmung der Wirklichkeit und auf einem guten Langzeitgedächtnis. Erst aus den darin gespeicherten Informationen können wir neuartige Kombinationen kreieren. **Unsere Phantasie ist also das Ergebnis gut organisierten Wissens.** Auch in der Wissenschaft kann sich eine Vermutung nur dann bewahrheiten und zu Entdeckungen führen, wenn sie sich auf genaue Beobachtungen und bereits vorhandenes Wissen stützt. Ein Politiker, der sich zukünftige politische Szenarien ausmalt und entsprechende Strategien entwickeln will, muss sich zuallererst mit der gegenwärtigen Situation auskennen. Trotzdem sind es genau solche Gedankenspielereien und Zukunftsprojektionen, die Fortschritt erst ermöglichen. Eine kreative Meisterleistung entsteht nicht durch eine beliebige, sondern durch eine schöpferische und gleichzeitig sinnvolle Kombination bereits bekannter Elemente.

Trainieren Sie Ihr sensorisches Gedächtnis

● **Fühlen:** Erinnern Sie sich an die Empfindungen, die ein Ihnen angenehmes Material hervorruft. Stellen Sie sich vor, Sie würden den entsprechenden Gegenstand berühren. Wiederholen Sie die Übung mit einem Material, das Ihnen unangenehm ist. Notieren Sie Ihre Eindrücke.

● **Hören:** Stellen Sie sich Worte vor, die jemand anderes spricht. Versuchen Sie diese innerlich zu hören. Was empfinden Sie?

● **Sehen:** Erinnern Sie sich an eine Erzählung, die Sie berührt hat, und stellen Sie sich einige Szenen daraus bildlich vor.

● **Riechen:** Erinnern Sie sich an ein Parfüm oder einen Ihnen angenehmen Duft. Welche Empfindungen löst er in Ihnen aus?

● **Schmecken:** Denken Sie an Speisen, die Sie nie zuvor gekostet haben, und versuchen Sie sich deren Geschmack vorzustellen. Am besten, Sie probieren sie anschließend wirklich!

▶ Unsere Phantasie beruht auf Sinneswahrnehmungen. Nur wenn unsere Sinne richtig funktionieren, können wir unsere Wahrnehmungen speichern und unser Erinnerungsvermögen fördern.

Werden Sie kreativ!

Stellen Sie sich Form, Farbe usw. der unten genannten Gegenstände vor. Werden Sie Töpfer, Tischler, Designer, Florist oder auch Grafiker. Kombinieren Sie verschiedene Varianten, um zu unterschiedlichen Bildern zu kommen. Wenn Sie möchten, können Sie Ihre mentalen Entwürfe auch aufzeichnen.

Teekanne

Stuhl

Kleid

Blumenstrauß

Bucheinband

Fluggerät

Wer kreativ sein und diesen Gegenständen wirklich Gestalt geben will, darf nicht nur im Gedächtnis gespeicherte Elemente beliebig aneinander reihen. Nur weil Sie die Rückenlehne eines Stuhls, die Stuhlbeine eines zweiten und die Sitzfläche eines dritten nehmen, erhalten Sie noch lange keinen formschönen, bequemen Stuhl. Ein neuer Stuhl entsteht nur dann, wenn Sie dabei auf Ihre eigenen Erfahrungen zurückgreifen und Ihrer Phantasie freien Lauf lassen.

Erfinden Sie Geschichten!

Bilden Sie aus folgenden Begriffen eine Geschichte:

Der Mann mit Hut

Pfennigabsätze

Ein Gullyschacht

Ein trübes Auge

Dornröschen

Räucherlachs

Heiße Esskastanien

Eine schlafende Katze

Ein kaputter Reifen

Ein Strauß Dahlien

Linsensuppe

Ein Seidenschal

Ein schmutziger Verband

Eine fröhliche Nachtigall

Wenn die Phantasie mit Ihnen durchgeht

Meine Erwartungen beeinflussen meine Vorstellungskraft.

Eine rege Phantasie ist keineswegs nur großen Künstlern oder Erfindern vorbehalten. Ein Kind, das phantastische Geschichten erzählt, ein Jugendlicher, der von seiner Zukunft träumt, ein Leser, der sich die Helden und Landschaften eines Romans vorstellt ... – sie alle bedienen sich ihrer Phantasie. Das Lesen, das eine Flut von inneren Bildern freisetzt und Personen, Landschaften und Stimmungen in unserem Kopf entstehen lässt, das Schreiben, das Interesse für unsere Umgebung – all diese Faktoren treiben unsere Phantasie unablässig an. Doch die Produkte unserer Phantasie spiegeln auch unsere Wünsche, Sehnsüchte und unsere Unzufriedenheit wider. Wer seine Phantasie einsetzt, versucht

sich damit immer auch über die unzulängliche Realität hinwegzutrösten. Die Phantasie bietet die Möglichkeit, andere Welten zu entwerfen, die unter Umständen befriedigender sind, weil sie unseren Sehnsüchten mehr entsprechen. Das erklärt auch, warum wir die Wirklichkeit häufig als enttäuschend empfinden, wenn wir sie mit unserer Vorstellung vergleichen. Wer erinnert sich nicht an die unbefriedigende Verfilmung eines Buches, das erste Treffen mit einem Brieffreund oder an eine andere Situation, bei der Wunsch und Wirklichkeit auseinanderklafften?

Wenn man nicht aufpasst, kann die Phantasie regelrecht abdriften und uns einen bösen Streich spielen. Im schlimmsten Fall wird die Wahrnehmung völlig außer Kraft gesetzt. Das ist ein Phänomen, das bei

Tagträumern, im Delirium oder bei so genannten Mythomanen (krankhaften Lügnern) auftritt, die zwanghaft Geschichten erfinden müssen.

Mein Gedächtnis
... und Geschichten

Geschichten sind enorm wichtig, um die Phantasie anzuregen. Kinder lieben Geschichten und bewegen sich häufig äußerst geschickt in ihrer eigenen Phantasiewelt. Erwachsene neigen nicht so sehr dazu, sich gegenseitig Geschichten zu erzählen, denn sie sind stärker in der Wirklichkeit verankert. Doch wer für seine Kinder oder Enkel Geschichten erfindet, absolviert ganz nebenbei ein hervorragendes Gedächtnis- und Kreativitätstraining und schult seine Phantasie.

Ein Phantasiebild

Dieses Bild erscheint auf den ersten Blick unverständlich. Was sehen Sie darin? Verfassen Sie eine etwa zehn Zeilen lange Bildbeschreibung.

Wenn der Sinn von Bildern nicht unmittelbar deutlich wird, suchen wir in unserer Phantasie nach Antworten. Was wir dann sehen, oder zu sehen glauben, hängt von unserem alltäglichen Fühlen, Denken und Handeln ab, aber auch von unserem Unterbewusstsein. Unsere Art, uns etwas vorzustellen, gibt Aufschluss über unser Wesen. Daher arbeiten Psychologen häufig mit bestimmten Bildern – Gemälden, Fotos und anderen Abbildungen –, in die jeder hineininterpretieren kann, was er zu sehen glaubt. Auf diese Weise versuchen sie, die Persönlichkeit eines Menschen zu erfassen und unter Umständen sogar sein Verhalten zu erklären. Der berühmteste Test dieser Art ist der so genannte Rorschach-Test. Dabei bekommt der Patient zehn standardisierte Tintenklecksbilder vorgelegt, die er interpretieren muss.

Der Turm auf der Insel

Sehen Sie sich das Bild rechts gut an und denken Sie sich etwa fünfzehn Sätze dazu aus. Sie können diese Übung allein oder auch zu mehreren machen.

▶ Warum erfindet jeder eine andere Geschichte? Weil jeder seine eigene Wahrnehmung der Wirklichkeit, seine eigenen Wünsche, Ängste, Empfindungen, wechselnden Stimmungslagen usw. besitzt.

Das Motiv allein führt nicht zu einer Geschichte. Man muss sich auch mit dem, was man sich ausdenkt, identifizieren können, damit das Gedächtnis genügend Assoziationen liefert.

Ri, ra, rutsch

Lesen Sie den Text dieses Volkslieds aufmerksam durch und lassen Sie dabei vor Ihrem inneren Auge die entsprechenden Bilder entstehen. Stellen Sie sich vor, wie es ist, mit der Schneckenpost zu fahren. Erwecken Sie dieses ungewöhnliche Fortbewegungsmittel mit Ihrer Phantasie zum Leben! Wie genau sieht der Omnibus aus? Gegen was mag er wohl gefahren sein? Und was um alles in der Welt ist bloß ein „Schimmelbein"? Lassen Sie Ihrer Phantasie freien Lauf. Wenn Sie möchten, können Sie die in den einzelnen Strophen beschriebenen Szenen auch zeichnen.

Ri, ra, rutsch,
wir fahren mit der Kutsch!
Wir fahren mit der Schneckenpost,
wo es keinen Pfennig kost!
Ri, ra, rutsch,
wir fahren mit der Kutsch!

Ri, ra, ritten,
wir fahren mit dem Schlitten,
wir fahren übern tiefen See,
da bricht der Schlitten ein, o weh.
Ri, ra, ritten,
wir fahren mit dem Schlitten.

Ri, ra, romnibus,
wir fahren mit dem Omnibus.
Der Kutscher schläft,
da macht es bum!
Da fällt der alte Kasten um.
Ri, ra, romnibus,
da liegt der dumme
Omnibus.

Ri, ra, russ,
jetzt gehn wir fein zu Fuß.
Da bricht uns auch kein Schimmelbein,
da bricht uns auch kein Schlitten ein.
Ri, ra, russ,
fällt um kein Omnibus.

▶ Falls die Phantasie nicht auf ein bereits im Gedächtnis gespeichertes Bild zurückgreifen kann (d. h. auf ein Element, das man schon einmal gesehen hat), gleicht die Phantasie diesen Mangel aus und erzeugt ein mentales Bild. Dies geschieht auch bei Personen und Szenen, die bekannt sind. Das Bild, das wir uns von deren Aussehen machen, hat höchstwahrscheinlich nichts mit der Realität zu tun. Fehlt der Vergleich mit der Wirklichkeit, ist die Phantasie häufig ein Quell von Fehlern und Vorurteilen.

Wer rastet, der rostet – das gilt auch für die Phantasie!

Wenn ich ein Problem lösen soll, hilft es, wenn ich mir die Aufgabe genau vorstelle.

Dass Kinder über viel Phantasie verfügen, ist bekannt. Was sie sich nicht alles für Ausreden ausdenken, um sich aus der Affäre zu ziehen! Sie erschaffen richtiggehende Phantasiewelten, in die sie Bestandteile der Wirklichkeit einbauen, die sie jedoch ganz nach Belieben verändern. Die Kinder können so sehr darin eintauchen, dass sie manchmal nicht mehr zwischen ihrer Phantasie und der wirklichen Welt unterscheiden können.

Erwachsene stehen der Phantasie häufig kritisch gegenüber, da sie uns angeblich den Blick auf die Realität verstellt und uns am Erreichen unserer Ziele hindert.

Doch damit tut man der Phantasie Unrecht: Erst mit ihrer Hilfe lassen sich die Elemente der Wirklichkeit neu kombinieren und Zukunftsprojekte entwerfen. Auch wenn uns die Phantasie zeitweise abheben lässt, hilft sie uns doch, die Realität besser zu bewältigen. **Jeder Erwachsene sollte sich seine kindliche Phantasie durch kreative Spiele bewahren.** Denn nur so entwickelt er die Fähigkeit, **originelle Antworten auf neue Fragestellungen** zu finden. Die Zukunft der Gesellschaft beruht in hohem Maß auf unserer Kreativität und Fähigkeit, Phantasie zu entwickeln.

Eine gute Methode, die Phantasie wach zu halten, ist das Aufführen von improvisierten Theaterstücken. Auf der ganzen Welt haben sich verschiedene Gruppen gebildet, die auf ein Stichwort aus dem Publikum einzelne Szenen aufführen. Aus der gegenseitigen Inspiration entstehen ganze Geschichten. Dieses so genannte „Improtheater", das von dem Briten Keith Johnstone Mitte des 20. Jahrhunderts erfunden wurde, kann man problemlos im heimischen Wohnzimmer aufführen. Lassen Sie der Phantasie freien Lauf und entdecken Sie Ihr Improvisationstalent!

Geräuschkulisse…

Alle unten genannten Gegenstände, Personen oder Tiere geben Geräusche von sich. Suchen Sie in Ihrem persönlichen Geräuschearchiv und geben Sie sich hemmungslos der Lautmalerei hin!

Piepsendes Küken – Pfanne mit heißem Öl

Aufreißen eines Briefumschlags

Galoppierendes Pferd – Elster

Gehstock auf Parkettboden – Kätzchen

Furzkissen – Diamant auf Glas

Reißendes Papier – Babyrassel

Riesenrad – Krachender Ast

Feueralarm – Ein zerbrechendes Glas

Türenschlagen – Schritte im Schnee

Elektrische Zahnbürste – Rasenmäher

Karussell – Lachende Kinder

Wasserfall – Knacken einer Schallplatte

Hundegebell – Zeitungsrascheln

Kinder lieben dieses Spiel, denn ihr Erfindungsreichtum stößt sich noch nicht an Konventionen. Auch das Urteil anderer stört sie nicht. Wer diese kindliche Spontaneität wiederfindet, dem wird es auch gelingen, seine Kreativität zu entdecken und ihr freien Lauf zu lassen.

Liebeserklärung

Verwenden Sie die folgenden Wörter für eine Liebeserklärung, die ein junger Mann seiner Angebeteten machen könnte, wenn er um ihre Hand anhält.

Herz　　**Leidenschaft**

für immer　**Familie**　**Schatz**

Glück　**TRAUM**　**treu**

Prinzessin

meine Frau

nie mehr　**RING**

▶ Jeder weiß, dass Verliebte sehr poetisch werden können, wenn es darum geht, den anderen zu verführen und ihm seine Liebe zu beweisen. Wer sich darauf versteht, mit Worten zu jonglieren, kann damit unzählige symbolische, aber auch bizarre Bilder heraufbeschwören.

Gedächtnis – was ist das eigentlich?

Mein Gedächtnis
...und Tiernamen

Wie kommen Hunde- und Katzenbesitzer auf die Namen, mit denen sie ihre Tiere bezeichnen? Dabei sind Phantasie und Gedächtnis gleichermaßen gefragt: Zwar tragen zahlreiche Haustiere die Namen berühmter Vorgänger (Lassie, Laika, Rex ...), doch bei anderen wird die Namensgebung nur auf Nachfrage verständlich. Oft verbinden Herrchen und Frauchen mit dem jeweiligen Tiernamen persönliche Erinnerungen oder bringen damit unbewusste Wünsche zum Ausdruck ...

Phantasiegespräch

Vervollständigen Sie die unten stehenden Sätze, sodass ein sinnvolles Gespräch entsteht. Sie haben zehn Minuten Zeit.

J :　Dank seines ....

M :　Kann sein, dass ....

J :　Ganz wie du meinst, aber ich ....

M :　Denk an dein .... **, sonst** ....

J :　Mit .... **klappt es bestimmt besser.**

M :　Wenn du meinst, dass ....

J :　Sie sind nach .... **gefahren und haben mir dort** ....

M :　Ja gut, trotzdem rate ich dir ....

J :　Mir gefällt .... **besser.**

Spontane Sätze

Nehmen Sie sich jeweils zehn Minuten Zeit, sich Folgendes auszudenken:

- einen Satz, **der drei Wörter enthält, die mit ver- beginnen**
- einen Satz **mit zwei Verneinungen**
- einen Satz, **der drei Wörter enthält, die mit ent- beginnen**

▶ Wer kennt sie nicht – die Angst vor dem weißen Blatt Papier? Oft sitzen wir verzweifelt davor, ohne dass uns eine geeignete Formulierung einfällt. Unser Wortschatz erscheint uns viel zu kümmerlich und banal, um unsere Gedanken und Gefühle richtig wiederzugeben. Doch je häufiger wir schreiben und dabei auf unsere Phantasie zurückgreifen, desto mehr wird unsere Kreativität geschult. Das macht sich auch beim Schreiben bemerkbar: Plötzlich sprudeln die Worte nur so aus uns hervor!

Im Museum. Betrachten Sie aufmerksam die Szenerie und suchen Sie darin die Personen, Tiere und Objekte, die außerhalb des Bildes dargestellt sind.

Spiel & Spaß 1

SPRUCHSALAT

Drei Sprichwörter wurden in ihre Einzelteile zerlegt und gemischt.
Versuchen Sie die Sprichwörter wieder zusammenzusetzen.

DIE   WUNDEN   DEN

LIEBE

WÄSCHT   HAND   HEILT

EINE

DIE   MAGEN

ZEIT

ALLE

DURCH   GEHT   ANDERE

1. ....
....
....

2. ....
....
....

3. ....
....
....

DIE GUTE ADRESSE

Schauen Sie sich die Briefe 30 Sekunden lang an.
Decken Sie die oberen Umschläge dann ab.

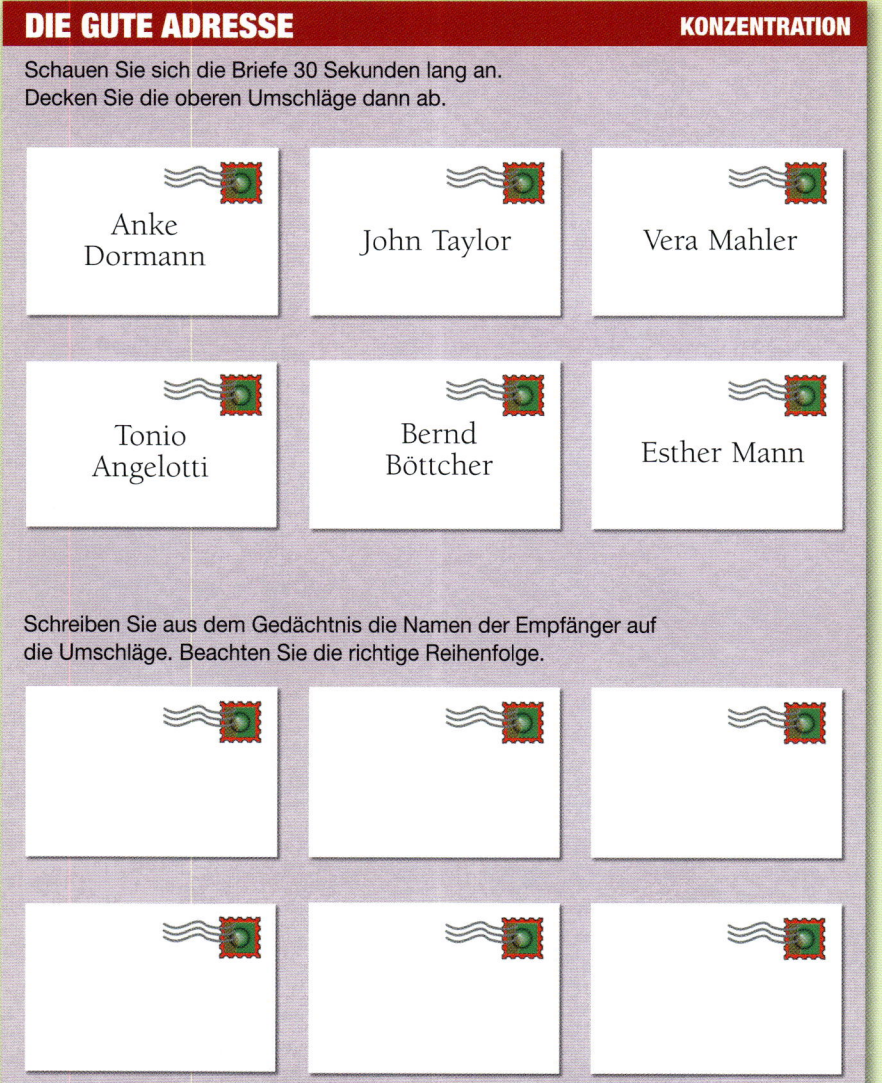

Anke Dormann

John Taylor

Vera Mahler

Tonio Angelotti

Bernd Böttcher

Esther Mann

Schreiben Sie aus dem Gedächtnis die Namen der Empfänger auf
die Umschläge. Beachten Sie die richtige Reihenfolge.

PYRAMIDE

Die Zahl in einem Kästchen ist
stets die Summe der beiden
Zahlen in den darunter liegenden
Kästchen.
Finden Sie die fehlenden Zahlen
heraus.

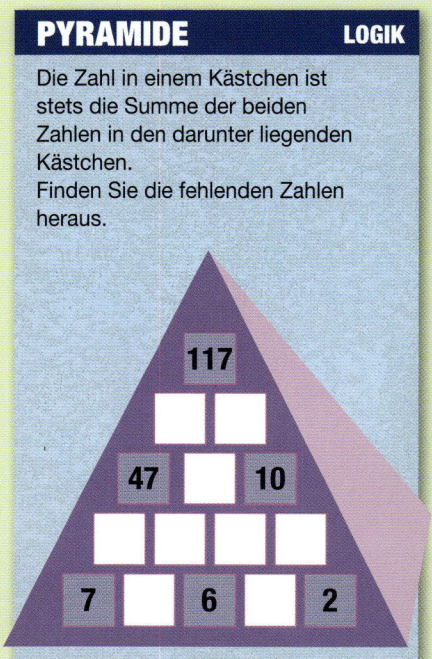

KÖPFCHEN!

Vor fünf Jahren war mein Bruder
doppelt so alt wie ich damals.
In acht Jahren werden wir beide
zusammen 50 sein.
Wie alt bin ich?

DIE KLEINEN UNTERSCHIEDE
KONZENTRATION

Sieben kleine Unterschiede können Sie entdecken,
wenn Sie die Bilder vergleichen.

BACHSTUBEN? BUCHSTABEN!
STRUKTUR

Anagramme sind Wörter, die aus den gleichen Buchstaben gebildet sind: zum Beispiel OBER und ROBE.
Bilden Sie aus den vorgegebenen Buchstaben Anagramme, die die Sätze sinnvoll ergänzen.

1. A E E K N R T

Der Kreuzer, der im Hafen ………………… , hatte zwanzig ………………… an Bord.

2. C E F H I L S

Während ihr Ehemann noch friedlich ……………………… , bereitete Elfriede schon das ……………………… für das Mittagessen vor.

3. B E G I I L L N

Obwohl seine jüngste Tochter sein ……………………… war, konnte er ihr Vorgehen nicht ……………………… .

BILDERSCHRIFT
ASSOZIATION

Die Namen von drei berühmten Künstlern sind durch jeweils eine Zeichnung bildlich dargestellt. Wer sind die Gesuchten?

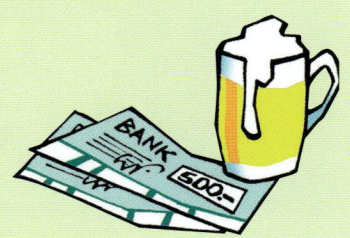

GUT IN FORM — RAUM

Welcher gespiegelte Schatten passt zu dem Clown?

1

2

3

4

5

6

WER WEISS MEER? — WISSEN

Die Fragen bei diesem Quiz werden immer schwieriger. Versuchen Sie so weit wie möglich zu kommen! Thema: **das Meer.**

1. Welches dieser Tiere ist ein Meeresbewohner – das Meerschweinchen oder die Meerspinne?

2. Wie heißt die Meerenge, die das Mittelmeer und den Atlantischen Ozean verbindet?

3. *Die kleine Meerjungfrau* ist das Wahrzeichen einer europäischen Hauptstadt. Welcher?

4. Wer schrieb den Roman *Der alte Mann und das Meer*?

5. Wo befindet sich das Meer der Stille?

6. Mit welcher Waffe ist der griechische Meeresgott Poseidon ausgerüstet?

7. Das Tote Meer liegt etwa 390 Meter unter dem Meeresspiegel – richtig oder falsch?

8. Wie heißt der Teil des Pazifischen Ozeans, der zwischen China und der koreanischen Halbinsel liegt?

9. Wie heißt das Schiff, mit dem Fridtjof Nansen das Nordpolarmeer erforschte?

10. Wie nennt man die Angst vor großen Wasserflächen?

MERKWÜRDIG — ASSOZIATION

Prägen Sie sich diese Begriffspaare gut ein. Decken Sie die Wörter dann ab und beantworten Sie die folgenden Fragen.

SCHAUER – REGEN

BOGEN – PFEIL

BRIEF – MARKE

BIBER – DAMM

HAUS – DOMIZIL

EINTOPF – SUPPE

Fragen

1. Welchem Wort ist „Marke" zugeordnet? ....

2. Steht das Wort „Regenbogen" in der Liste? ....

3. Welches Wort ist mit „Haus" verbunden? ....

4. Steht „Brief" vor oder nach „Damm"? ....

5. Welches Wort gehört zu „Eintopf"? ....

6. Welches Wort existiert auch als Verb und mit welchem anderen Wort ist es verbunden? ....

FORTSETZUNG FOLGT — LOGIK

Ergänzen Sie die beiden Reihen. Achten Sie dabei auf Abfolge und Form der Buchstaben.

1. | Y | V | R | M | .....

2. | A | E | F | H | I | K | L | M | N | T | .....

WORTVERSTECK

STRUKTUR

Die Namen der hier aufgelisteten Tiere können waagerecht, senkrecht, vorwärts, rückwärts und auch diagonal geschrieben sein. Die Begriffe können sich kreuzen und überschneiden, sodass Buchstaben mehrmals verwendet werden. Finden Sie die Begriffe und streichen Sie sie durch. Einige Buchstaben bleiben übrig. Sie ergeben, zeilenweise gelesen, ein weiteres Tier.

Liste der Tiere

AMSEL	GRAUBAER	LEOPARD	SPERBER
ANTILOPE	HASE	LUCHS	TAPIR
ELEFANT	HUND	MAUS	TIGER
ENTE	KAMEL	MEISE	UHU
ESEL	KATZE	MULI	VIPER
EULE	KAUZ	OCHSE	WAL
FUCHS	KOALA	PINGUIN	WESPE
GAZELLE	LAUS	PONY	
GIRAFFE	LEGUAN	SCHAF	

```
S L P G R E P I V K S N
D N U H A P S L A A P I
E S H C O Z E E N T E U
S C U N H O E T L Z R G
T H Y L P S I L U E B N
E A C A E L U A L M E I
F F R U O S K A L E R P
F D L P F E M A L I K R
A E E P S E W A M S O E
R T N A F E L E U E A G
I Z H N A U G E L S L I
G R A U B A E R I P A T
```

GENAU GESEHEN

LOGIK

Drei dieser Uhren gehen falsch. Eine geht vor, zwei weitere sind jeweils um 15 Minuten verstellt. Welche der Uhren geht richtig?

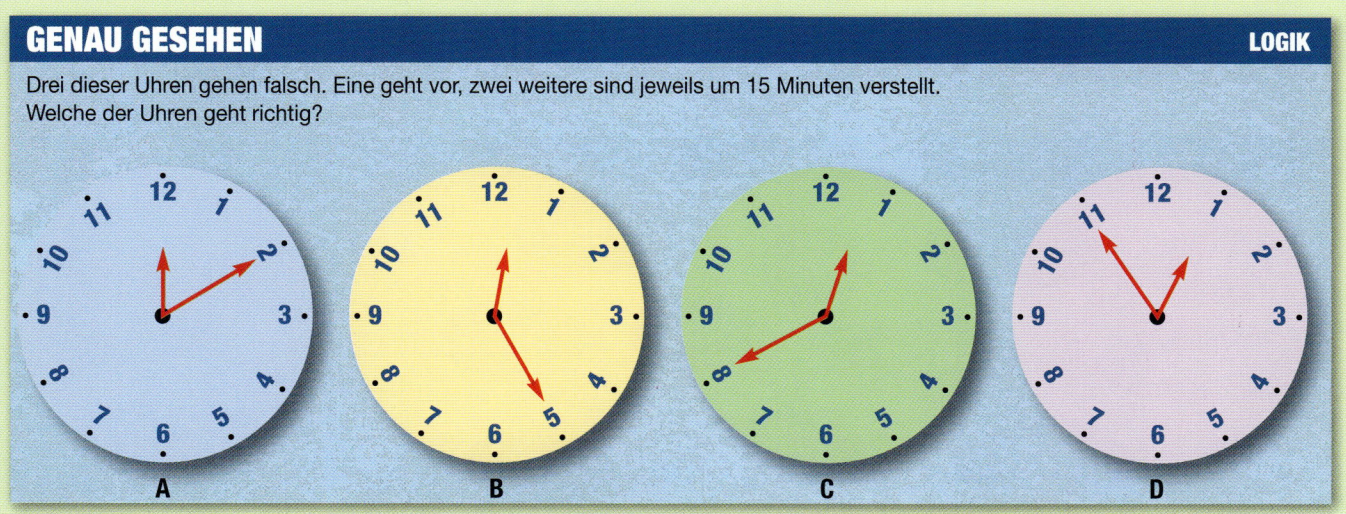

A   B   C   D

BACHSTUBEN? BUCHSTABEN!

STRUKTUR

Mischen Sie die Buchstaben dieser Anagramme neu, sodass der Name einer Blütenpflanze entsteht.

1. EROS ....

2. RASTE ....

3. PULTE ....

4. EKELN ....

5. GESTIRN ....

6. FIEDLER ....

7. AGIEREN ....

8. KURIALE ....

9. FRONDEURE ....

KÖPFCHEN!

LOGIK

Die drei oberen Waagen befinden sich im Gleichgewicht.

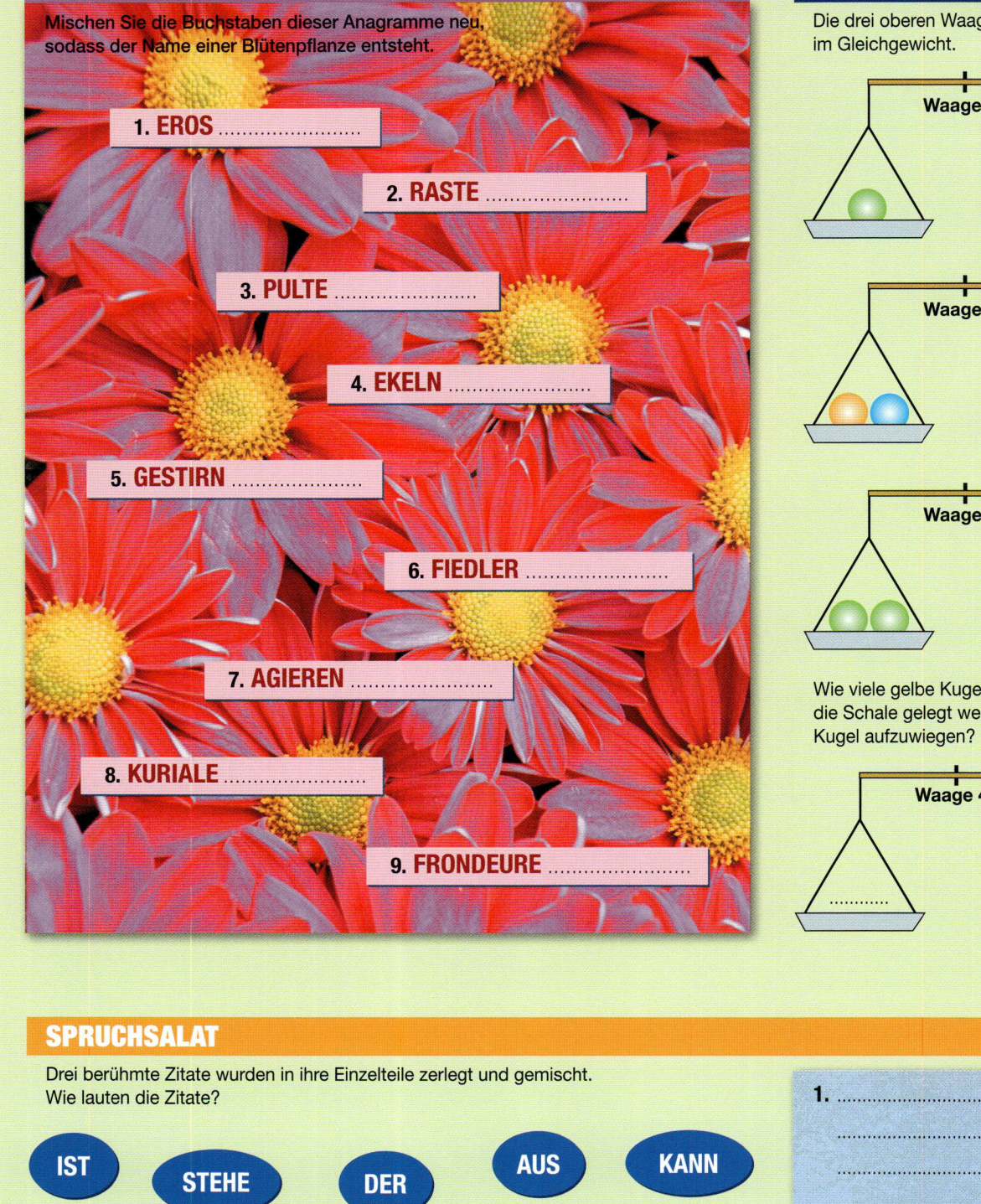

Waage 1

Waage 2

Waage 3

Wie viele gelbe Kugeln müssen auf die Schale gelegt werden, um die rote Kugel aufzuwiegen?

Waage 4

....

SPRUCHSALAT

WISSEN

Drei berühmte Zitate wurden in ihre Einzelteile zerlegt und gemischt. Wie lauten die Zitate?

IST STEHE DER AUS KANN

NICHT NICHTS ICH JEDER

NÄCHSTE SELBST WIRD HIER

ICH NICHTS ANDERS SICH

1. ....
....
....

2. ....
....
....

3. ....
....
....

IM GLEICHKLANG
SPRACHE

Homonyme (vom griechischen *homos*, „gleichartig", und *onoma*, „Name") sind Wörter, die gleich geschrieben werden, aber eine unterschiedliche Bedeutung haben. Zum Beispiel: (Park-)Bank und (Kredit-)Bank. Finden Sie Homonyme, die die Sätze sinnvoll ergänzen. Jeder Strich steht für einen Buchstaben. Umlaute zählen als ein Buchstabe.

1. Als ich ins Theater ging, hatte ich keine _ _ _ _ _ _ _ _ _ _ , was mich bei der _ _ _ _ _ _ _ _ _ _ erwartete.

2. Auf der *Reise um die Welt in 80 Tagen* benutzten Phileas Fogg und sein _ _ _ _ _ _ _ _ , der Diener Passepartout, verschiedenste _ _ _ _ _ _ _ _ .

3. Für seinen nächsten Gegner musste sich Kasparov keine Taktik _ _ _ _ _ _ _ _ _ , denn er war ihm haushoch _ _ _ _ _ _ _ _ .

4. Erst als der Wanderer ins Tal _ _ _ _ _ _ _ _ _ _ _ _ _ _ war, sah er, wie _ _ _ _ _ _ _ _ _ _ _ _ _ _ _ das armselige Dorf war.

EINER MEHR
KONZENTRATION

Betrachten Sie den oberen Stapel 30 Sekunden lang und decken Sie ihn dann ab.

Welches Buch wurde hinzugefügt?

KÖPFCHEN!
LOGIK

1. Maximilian und seine Schwester Marie bekommen die gleiche Summe Taschengeld. Wie viel von seinem Geld muss Maximilian Marie geben, damit seine Schwester einen Euro mehr hat als er?

2. Sascha erzählte mir gestern, er habe 1,20 Euro in der Hosentasche, und zwar in zwei Münzen. Eine davon sei keine Euro-Münze. Ist das möglich oder hat er mich auf den Arm genommen?

GETEILTE STAATEN
STRUKTUR

Die Namen von neun Staaten wurden zerlegt, und zwar so, dass die einzelnen Wortteile in der Aussprache sinnvolle deutsche Wörter ergeben. Um welche Staaten handelt es sich?
Achtung! Manchmal gibt es mehrere Möglichkeiten. Aber nur eine einzige führt zur vollständigen Lösung.

SKI
BOOT
KAI
PACK
AHN
WAHN
KUH
SEE
JA
NIE
TANN
WEIT
SAH
KAMM
LEE
IRR
IST
SCHELLEN
LAND
TÜR
THAI
SCHAH

STAATSAFFÄREN

Finden Sie 20 Bundesstaaten der USA anhand ihrer Lage auf der Karte
und mithilfe der unten stehenden Hinweise.

1. Die Hauptstadt der USA und ich haben etwas Gemeinsames.

2. Mein Name hat sechs Buchstaben. Die letzten vier bilden einen männlichen Vornamen, die ersten vier – rückwärts gelesen – auch.

3. Mein Name taucht in dem Titel eines Films auf, in dem River Phoenix und Keanu Reeves mitspielen: *My own private ...*

4. Meine Hauptstadt heißt Carson City, aber meine berühmteste Stadt ist Las Vegas.

5. 1967 bis 1975 wurde ich von einem ehemaligen Schauspieler regiert. Aber nicht nur damals!

6. Meine Hauptstadt trägt den Namen eines sagenumwobenen Vogels.

7. Mehr als die Hälfte meiner Einwohner sind Mormonen.

8. Ich trage den Namen eines Flusses, und in meiner Hauptstadt lebte ein berühmter Fernseh-Clan.

9. Mein Name beginnt mit zwei der letzten vier Buchstaben des Alphabets und endet mit einer chinesischen Dynastie.

10. Mein Name endet so wie der Name des kältesten Bundesstaates, der im Nordwesten des Kontinents liegt.

11. Stellt man die Buchstaben AR vor meinen Namen, dann ergeben sich ein weiterer Bundesstaat und ein Fluss, der mich durchquert.

12. Ich trage den Namen des Nebenflusses des Mississippi, der länger ist als der Mississippi selbst.

13. Ich wurde nach einem französischen König benannt. Meine Hauptstadt gilt als Wiege des Jazz.

14. Der Rio Grande bildet meine südliche Grenze, der Red River meine nördliche.

15. Drei der Großen Seen umgeben mich, einer von ihnen ist mein Namensgeber.

16. Ich trage den Namen eines Flusses und meine Hauptstadt trägt den Namen des Entdeckers der Neuen Welt.

17. Ein deutscher Fluss macht vier Fünftel meines Namens aus.

18. Memphis, Nashville und Davy Crockett machten mich berühmt.

19. In meiner Hauptstadt fanden 1996 die Olympischen Sommerspiele statt.

20. Disneyland und die Everglades machen mich zu einem einzigartigen Touristenziel.

DRUNTER UND DRÜBER

KONZENTRATION

Wie viele Quadrate sind hier abgebildet?

BILDERSCHRIFT

ASSOZIATION

Der Name eines deutschen Filmstars ist durch eine Zeichnung bildlich dargestellt. Wer ist der Gesuchte?

BACHSTUBEN?

STRUKTUR

Mischen Sie die Buchstaben der Wörter neu und finden Sie heraus, welche Tiere sich hinter diesen Anagrammen verbergen. Umlaute zählen als zwei Buchstaben.

1. **ABER** ....

2. **HOLDE** ....

3. **RAMME** ....

4. **SCHROT** ....

5. **TRATEN** ....

6. **GELEISE** ....

7. **TEENIES** ....

8. **STABREIME** ....

9. **RANDLEISTE** ....

10. **ETABLIERUNG** ....

UM DIE ECKE GESUCHT

STRUKTUR

Die im Gitter verborgenen Städte können waagerecht, senkrecht, vorwärts und rückwärts geschrieben sein, aber auch über Eck verlaufen (wie zum Beispiel PARIS). Die Wörter überschneiden sich nicht. Buchstaben werden immer nur für eine einzige Stadt verwendet. Streichen Sie die Städte durch. Zeilenweise gelesen, ergeben die verbleibenden Buchstaben den Namen einer europäischen Metropole.

ANTWERPEN	LONDON
ATHEN	MAILAND
BARCELONA	MANCHESTER
BORDEAUX	NEAPEL
BRESLAU	PALERMO
BUDAPEST	PARIS
DEN HAAG	ROTTERDAM
DORTMUND	SALONIKI
GOETEBORG	SALZBURG
HAMBURG	SEVILLA
HAMMERFEST	STOCKHOLM
KOPENHAGEN	STUTTGART
LEIPZIG	ZUERICH
LISSABON	

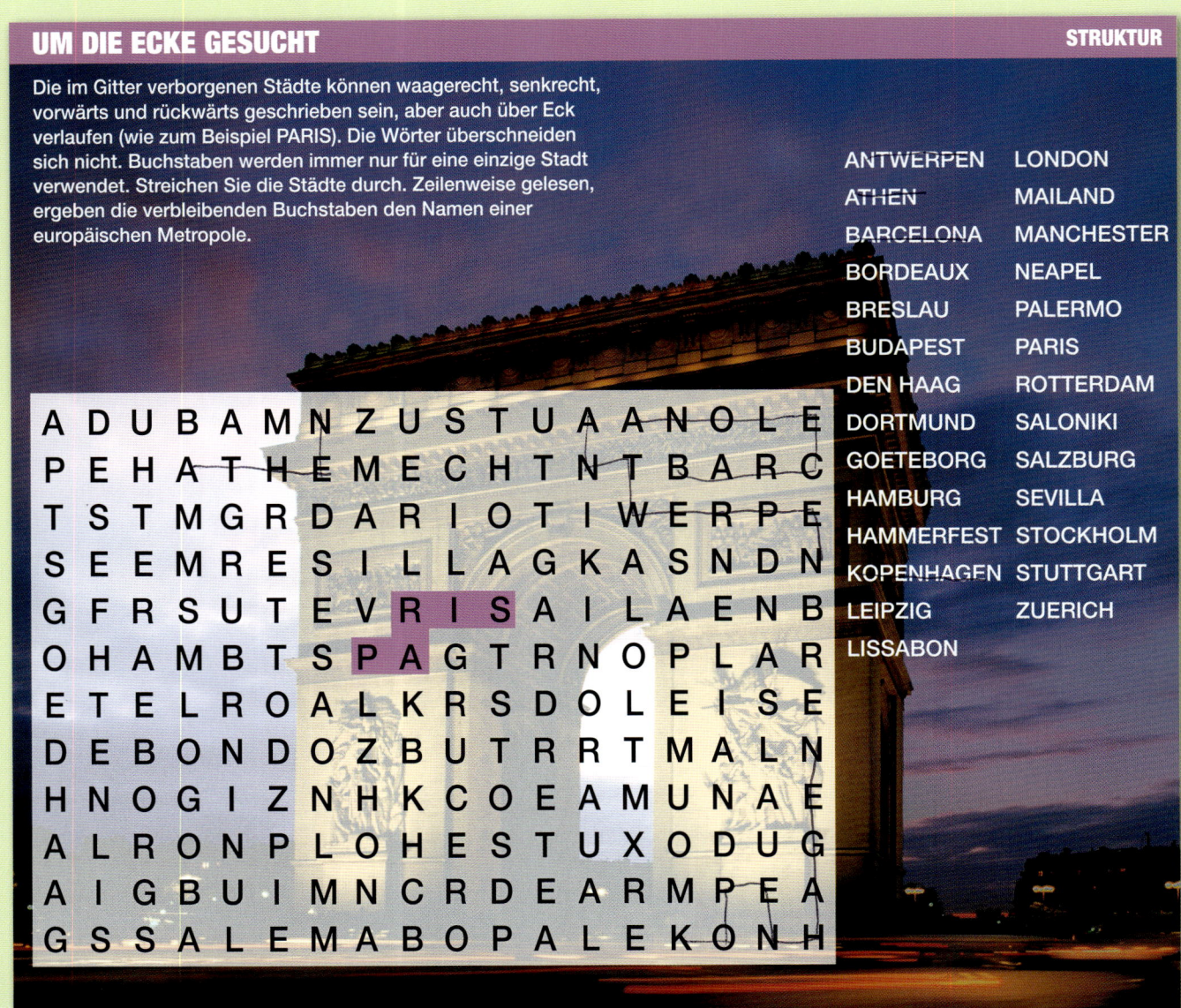

A D U B A M N Z U S T U A A N O L E
P E H A T H E M E C H T N T B A R C
T S T M G R D A R I O T I W E R P E
S E E M R E S I L L A G K A S N D N
G F R S U T E V R I S A I L A E N B
O H A M B T S P A G T R N O P L A R
E T E L R O A L K R S D O L E I S E
D E B O N D O Z B U T R R T M A L N
H N O G I Z N H K C O E A M U N A E
A L R O N P L O H E S T U X O D U G
A I G B U I M N C R D E A R M P E A
G S S A L E M A B O P A L E K O N H

ZEITFRAGEN

CHRONIK

Ordnen Sie diesen zehn geschichtlichen Ereignissen die richtigen Daten zu.

Die Schlacht von Waterloo	**A**	A.........	**1**	1580
Die Reise der *Mayflower*	**B**	B.........	**2**	1776
Der Angriff auf Pearl Harbor	**C**	C.........	**3**	1919
Darwins Galapagos-Reise	**D**	D.........	**4**	1941
Der Versailler Vertrag	**E**	E.........	**5**	1648
Ende des 30-jährigen Krieges	**F**	F.........	**6**	1831
Die Unabhängigkeit der USA	**G**	G.........	**7**	1620
Die Entdeckung des Südpols	**H**	H.........	**8**	1815
Der Ausbruch des Krakatau	**I**	I.........	**9**	1911
Drakes Weltumseglung	**J**	J.........	**10**	1883

LÜCKENFÜLLER

SPRACHE

Mit welchen Konsonanten können die Wörter vervollständigt werden? Jeder Strich steht für einen Buchstaben.

1. _ Y Ä _ E

2. _ E O _ A _ _

3. _ _ Y _ I A _

4. _ U A _ _ Ä _ E

5. A U _ O _ O _ I _

6. A _ _ O _ _ _ Ä _ E

FEHLFORM
KONZENTRATION

Betrachten Sie die obere Reihe für 30 Sekunden. Decken Sie die Formen dann ab.

Ergänzen Sie die fehlenden Formen aus dem Gedächtnis, sodass die ursprüngliche Reihe wiederhergestellt ist.

PAARWEISE
ASSOZIATION

Diese zehn Wörter wurden aus anderen Sprachen ins Deutsche übernommen. Versuchen Sie die Begriffe ihren Herkunftssprachen zuzuordnen.

Armada	**A**	A.........	**1** Arabisch
Amok	**B**	B.........	**2** Griechisch
Alarm	**C**	C.........	**3** Lateinisch
Aktie	**D**	D.........	**4** Italienisch
Agenda	**E**	E.........	**5** Malaiisch
Algebra	**F**	F.........	**6** Eskimoisch
Anorak	**G**	G.........	**7** Englisch
Architekt	**H**	H.........	**8** Französisch
Affäre	**I**	I.........	**9** Niederländisch
Ahoi	**J**	J.........	**10** Spanisch

STREICHFÄHIG
STRUKTUR

Streichen Sie einen Buchstaben in jedem Wort, sodass die verbleibenden Buchstaben immer noch ein Wort ergeben (Beispiel: SCHLAF – SCHAF). Wenn Sie die gestrichenen Buchstaben in die freien Kästchen übertragen, ergibt sich, von oben nach unten gelesen, ein Zeitvertreib. Vorsicht: Manchmal gibt es mehrere Streichmöglichkeiten. Aber nur eine führt zum Lösungswort!

B	R	A	N	D	E	N	
A	G	I	E	R	E	N	
S	T	R	E	I	C	H	
S	T	A	U	N	E	N	
S	E	I	L	Z	U	G	
G	R	A	N	A	T	E	
S	C	H	L	U	N	D	

AUFGEPASST!
KONZENTRATION

Prägen Sie sich die folgende Wortliste genau ein. Versuchen Sie dann sofort, so viele Wörter wie möglich innerhalb einer Minute aufzuschreiben. Wiederholen Sie diese Übung nach zehn Minuten, ohne die Liste erneut angeschaut zu haben. Vergleichen Sie Ihre Resultate. Normalerweise lässt die Erinnerung stark nach und es treten einige klassische Irrtümer auf (siehe Auflösung).

Karaffe	**Koffer**
Harzer	**Biskuit**
Fete	**Sessel**
Handy	**Adler**
Becher	**Kommode**
Perlenkollier	**CD-Player**

1. Nach einer Minute

....
....
....
....
....
....

2. 10 Minuten später

....
....
....
....
....
....

71

AUSGESPROCHEN SCHIEF! STRUKTUR

Zehn Nachnamen von Schriftstellern wurden zerlegt. Die Einzelteile bilden deutsche Wörter. Setzen Sie die Namen wieder zusammen. Achtung: Schreibweise und Aussprache erfordern manchmal ein Augenzwinkern! Die Bridget-Jones-Autorin Helen Fielding hieße hier zum Beispiel VIEL – DING.

ZEITFRAGEN ASSOZIATION

Ordnen Sie die zehn berühmten Persönlichkeiten ihrem Geburtsjahr zu.

A Galileo Galilei
B Alexander der Große
C Marco Polo
D Sokrates
E Christoph Kolumbus

F Richard Wagner
G Albert Einstein
H Augustus
I Isaac Newton
J Friedrich der Große

A......... F.........
B......... G.........
C......... H.........
D......... I.........
E......... J.........

1	2	3	4	5	6	7	8	9	10
470 v. Chr.	356 v. Chr.	63 v. Chr.	1254	1450	1564	1643	1712	1813	1879

AUFGEZEICHNET KONZENTRATION

Betrachten Sie diese sechs Kugeln für einige Minuten. Decken Sie sie dann ab.

Zeichnen Sie jetzt die Kugeln in der richtigen Reihenfolge auf der Schnur ein.

FORTSETZUNG FOLGT

LOGIK

Welches der drei Instrumente steht
logischerweise für das Fragezeichen?

ORTSVERÄNDERUNG

KONZENTRATION

Lesen Sie den folgenden Satz:

„ÜRBE REKISNI UDN NIBNEWNERKENUG

INFROREIMT SEI IRH AZRT

ORDE IRH AKHOPETRE"

Obwohl die Buchstaben nicht in der richtigen
Reihenfolge stehen, haben Sie bestimmt gemerkt,
dass Sie den Sinn des Satzes verstanden haben.
Beim Vertauschen der Buchstaben wurde jedoch
eine Regel beachtet. Welche?

RICHTIG GEZÄHLT

LOGIK

Platzieren Sie die Symbole mit den Zahlen an die richtige Stelle.
Bei jeder Gleichung muss sich die Summe von 49 ergeben.

WER BIN ICH?

Fünf bekannte Personen werden gesucht. Zu jeder Person gibt es sechs Hinweise, die immer offensichtlicher werden. Decken Sie die Hinweise nacheinander auf. Ziel ist es, eine Person mit so wenigen Hilfen wie möglich zu erraten!

Wer bin ich?

1. Mein Vater war ein berühmter deutscher Schauspieler.
2. Meinen ersten Spielfilm drehte ich an der Seite von Romy Schneider.
3. Für die Rolle eines Mörders bekam ich 1995 den *Coppa Volpi* beim Filmfest in Venedig.
4. Mein Vorname erinnert an eine berühmte deutsche Bühnenrolle.
5. Im Fernsehen trat ich nicht nur als Schulz auf, sondern auch als ... Schulz!
6. In meiner Paraderolle ermittelte ich in Duisburg.

A. ....

Wer bin ich?

1. Mein Arbeitsplatz ist etwa 40 Quadratmeter groß.
2. Bei meiner Arbeit greife ich nicht gern hinter mich.
3. Meine Karriere begann ich in Karlsruhe.
4. Mein erstes Länderspiel bestritt ich 1995 gegen die Schweiz.
5. Geboren bin ich in Baden-Württemberg, aber mittlerweile zähle ich zu den Bayern.
6. Auf meinem Trikot steht die Nummer 1.

B. ....

Wer bin ich?

1. Das Licht der Welt erblickte ich 1927.
2. Ursprünglich sollte ich Mortimer getauft werden, aber die Frau meines Erfinders war dagegen.
3. Anfangs lieh mein Erfinder mir seine Stimme.
4. Mein erster großer Erfolg war der Film *Steamboat Willie*.
5. Meine Traumfrau hat große Ohren und heißt Minni.
6. Walt Disney hat mich erfunden.

C. ....

VERSCHLÜSSELT   ASSOZIATION

Dechiffrieren Sie dieses Zitat von Wilhelm Busch. Jedes Symbol kann nur für diejenigen Buchstaben stehen, die in der Tabelle unter ihm aufgeführt sind. Als Ratehilfe sind einige Buchstaben schon vorgegeben.

😀	😀	😀	😀
A	E	I	O
U	C	D	F
G	H	J	K
N	R	S	T
W	Z	S	T

IM DREIERPACK   SPRACHE

Ein Wort kann mit den drei aufgelisteten Begriffen zusammengesetzt werden, sodass ein neues Wort entsteht. Versuchen Sie diese Begriffe zu finden.

Beispiel: Korb, Zeit, Herr: Brotkorb, Brotzeit, Brotherr.

1. FLOCKEN, MANN, WEISS

....

2. BISS, MARKT, ZIRKUS

....

3. HUND, JUNG, ARMUT

....

4. GRAF, STÜCK, STEIN

....

5. ZUG, SCHRIFT, ESEL

....

6. SPIEL, WAGEN, TAGE

....

WISSEN

AUF DEM HOLZWEG LOGIK

Wenn man fünf Streichhölzer umlegt, entstehen drei gleich große Quadrate.

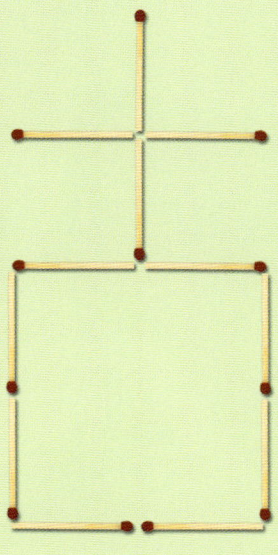

Wer bin ich?

1. Nuscheln gehört zu meinen Markenzeichen.
2. Zu Beginn meiner Karriere saß ich am Schlagzeug.
3. Seit Jahren haben mich nur wenige Menschen ohne Hut gesehen.
4. Ich wohne die meiste Zeit in einem Hamburger Hotel.
5. Mit meinem Orchester verbreite ich Panik.
6. Erich Honecker widmete ich den *Sonderzug nach Pankow*, und er schenkte mir eine Schalmei.

D. ....

Wer bin ich?

1. Ich erfand unter anderem ein von innen beleuchtetes Stopfei.
2. 1901 bestand ich mein zweites juristisches Staatsexamen mit der Note „Ausreichend".
3. Eine Zuchtrose wurde nach mir benannt.
4. Ich war Oberbürgermeister von Köln.
5. Bis zu meinem Tod im Jahre 1967 lebte ich in Rhöndorf.
6. Von meinen Nachfolgern regierte nur Helmut Kohl länger als ich.

E. ....

RUNDSCHREIBEN

STRUKTUR

Füllen Sie die Rosette mit Anagrammen der unten angegebenen Buchstabenfolgen. Schreiben Sie die Lösung immer vom Außenrand der Rosette ausgehend nach innen.
Achtung – mit einigen der Buchstabenfolgen können mehrere Anagramme gebildet werden. Aber nur eine Möglichkeit erlaubt es, das Gitter der Rosette in beiden Richtungen zu vervollständigen. In der Mitte trifft sich immer das Gleiche!

Im Uhrzeigersinn geschrieben:

A. EEILM	G. EENNP	M. ABENR
B. EELLW	H. AEPRU	N. EEHIK
C. ABELS	I. AEKPP	O. EEKRZ
D. AEEGL	J. EEGLU	P. EEORT
E. EFILM	K. EIPRS	Q. BEITT
F. EEILN	L. CEELL	R. AEIMN

Gegen den Uhrzeigersinn geschrieben:

1. AEMTT	7. EELLP	13. EEGIN
2. EEITW	8. EEIMR	14. AEHLS
3. EEINS	9. AENNK	15. EEKLR
4. AEGLL	10. AELNU	16. BEEIR
5. AEFLL	11. EPPPU	17. BEKOR
6. BEEIL	12. CEEPR	18. EEIMZ

STADTFÜHRUNG

KONZENTRATION

Schauen Sie sich diesen Stadtplan gut an. Prägen Sie sich Namen und Lage der Straßen, der Plätze und der öffentlichen Einrichtungen ein. Decken Sie die Karte dann ab und versuchen Sie die Zeichnung unten zu vervollständigen.

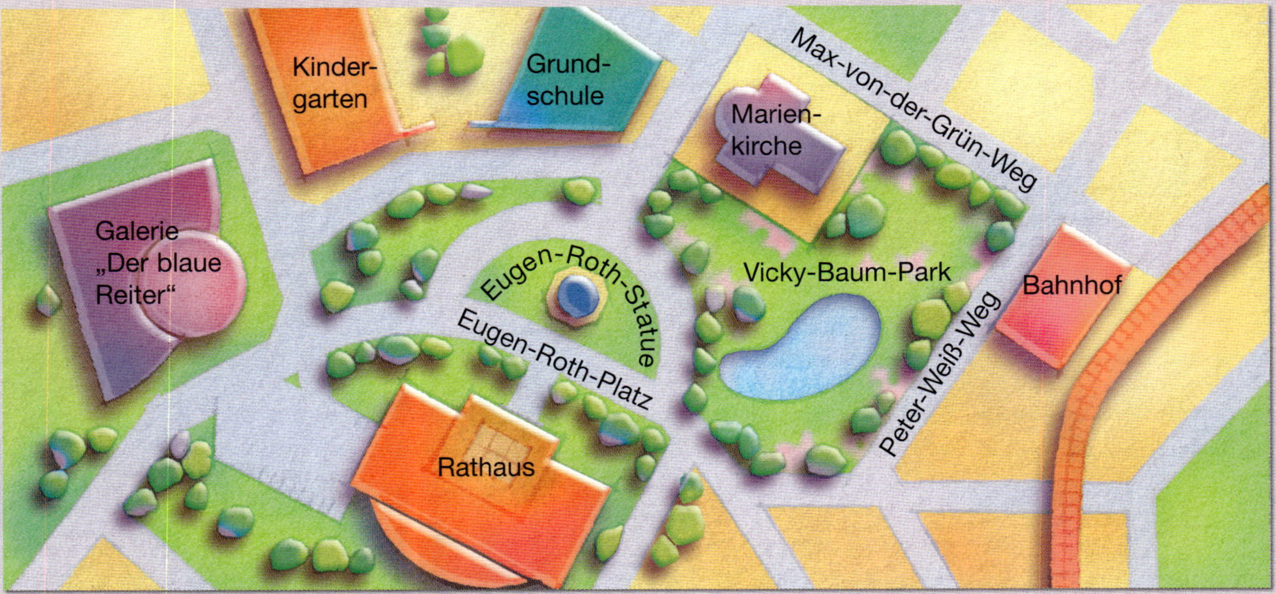
Kinder-
garten
Grund-
schule
Max-von-der-Grün-Weg
Marien-
kirche
Galerie
„Der blaue
Reiter“
Eugen-Roth-Statue
Eugen-Roth-Platz
Vicky-Baum-Park
Bahnhof
Peter-Weiß-Weg
Rathaus

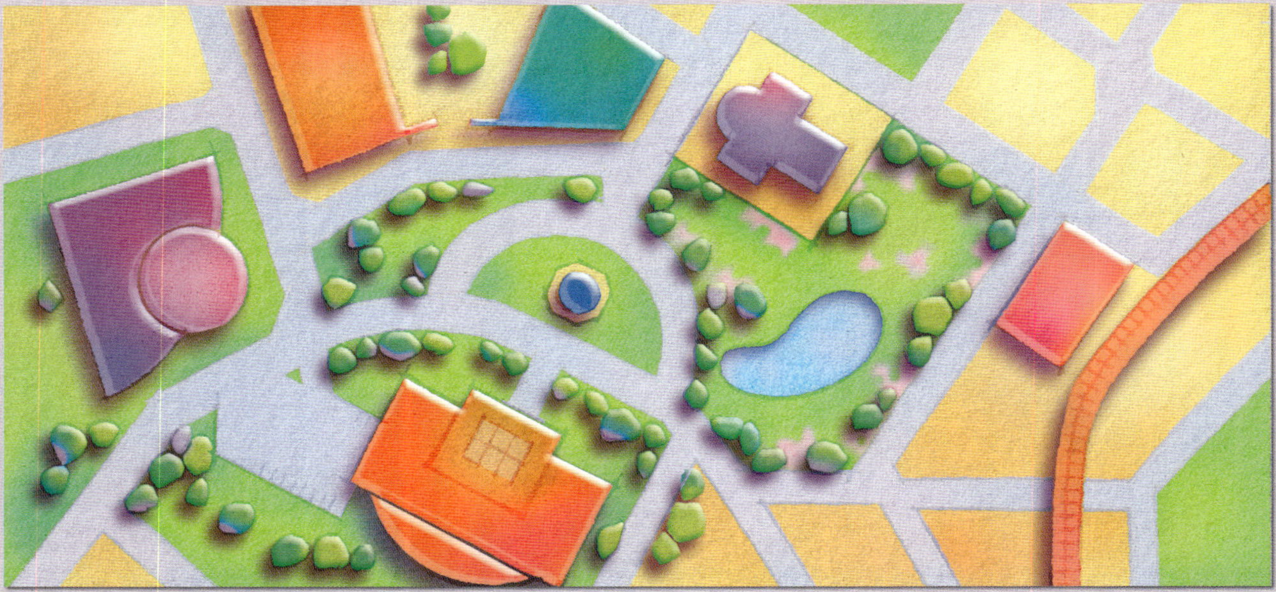

BILDERSCHRIFT

ASSOZIATION

Die Namen von vier Film- und Fernsehstars sind durch jeweils eine Zeichnung bildlich dargestellt. Wer sind die Gesuchten?

a=0

G
L

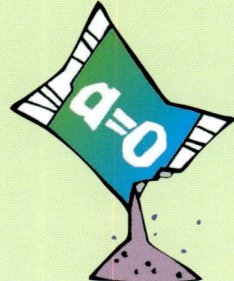

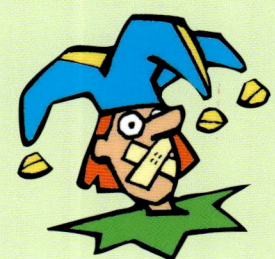

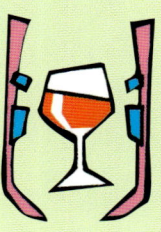

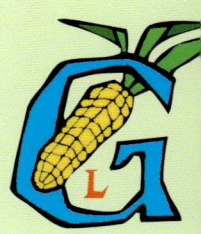

PLATZTAUSCH

Sechs Chansontitel von Udo Jürgens sind ein wenig durcheinander geraten. Entwirren Sie sie!

Der Teufel wartet mit Sahne

Ich war noch niemals im Park

Gaby hat den Schnaps gemacht

Es wird Nacht in New York

Merci, Señorita

Aber bitte, Chérie!

1. ....
2. ....
3. ....
4. ....
5. ....
6. ....

FORTSETZUNG FOLGT

Welche Spielkarte vervollständigt die unterste Kartenreihe?

LEITER

Setzen Sie die sechs kleinen Kreuze so zu einem Gitter zusammen, dass sich Begriffe aus der Medizin ergeben.

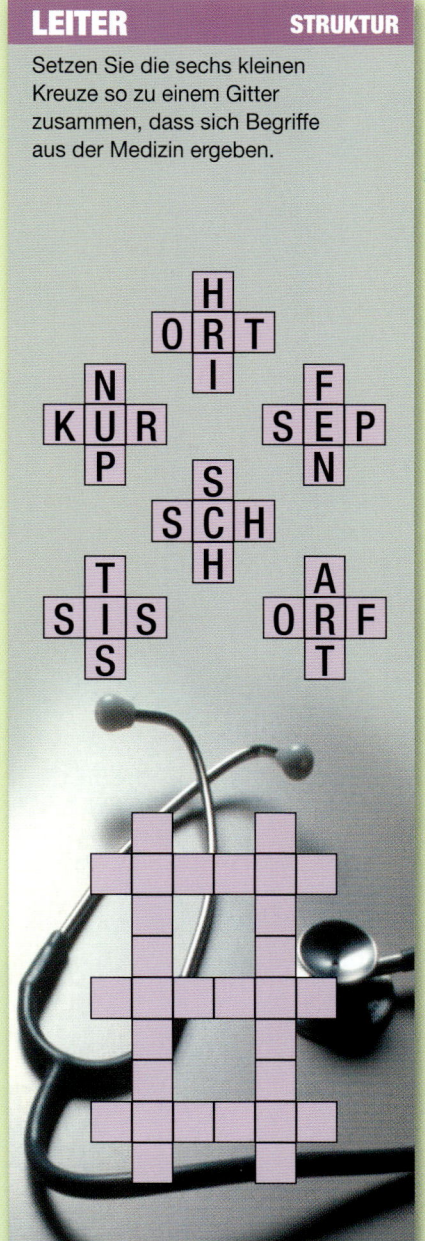

IM BILDE

Sehen Sie sich dieses Bild von Georges de la Tour genau an. Verdecken Sie es und versuchen Sie dann die zehn Fragen zu beantworten, ohne erneut auf das Gemälde zu schauen.

Fragen

1. Welche Karte hält der Mann links auf dem Bild hinter seinem Rücken?

2. Die Frau links im Bild bringt ein Glas Wein. In welcher Hand hält sie es?

3. Im Blatt einer der Personen ist Pik zu sehen – wahr oder falsch?

4. Was liegt auf dem Tisch?

5. Ist die Frau mit dem Perlenkollier im Profil oder von vorn abgebildet?

6. Mit welcher Hand hält die am Tisch sitzende Frau ihre Karten?

7. Die beiden Männer blicken sich an – wahr oder falsch?

8. Zu welcher Seite des Bildes blickt die Frau mit der roten Haube?

9. Womit sind die Kopfbedeckungen von zwei der abgebildeten Personen geschmückt?

10. Rote Bänder zieren die Kleidung des Mannes rechts auf dem Bild – wahr oder falsch?

WORTBRÜCHIG

Aus sechs Wörtern wurden eine oder mehrere Silben entfernt. Rekonstruieren Sie diese Wörter mit den rechts genannten Silben. Achtung! Manchmal gibt es mehrere Möglichkeiten. Aber nur eine erlaubt es, alle Wörter zu vervollständigen.

1. .... **GEN** ....
2. .... **SAU** ....
3. .... **KA** ....
4. .... **FAN** ....
5. **VER** .... **GEN**
6. **FUN** .... **MEN** ....

DA · IN · AN · NE · TIL · RA · TAL · DE · SA · LE · PO

LÜCKENFÜLLER

Finden Sie sechs Wörter, die mit „i" beginnen und die die vorgegebenen Buchstaben enthalten. Setzen Sie je Strich nur einen Buchstaben ein.

1. **I _ _ U**
2. **I _ M _ _ S**
3. **I _ P _ U _ _**
4. **I _ Y _ _ _**
5. **I _ S _ K _**
6. **I _ H _ _ A**

GENAU GESEHEN

LOGIK

1. Eine der vier Uhren geht sieben Stunden vor, eine zweite geht sieben Stunden nach.
Welche Uhr zeigt die richtige Zeit an?

2. Eine der vier Uhren geht fünf Stunden vor, eine zweite geht fünf Stunden nach.
Welche der Uhren zeigt nun die richtige Zeit an?

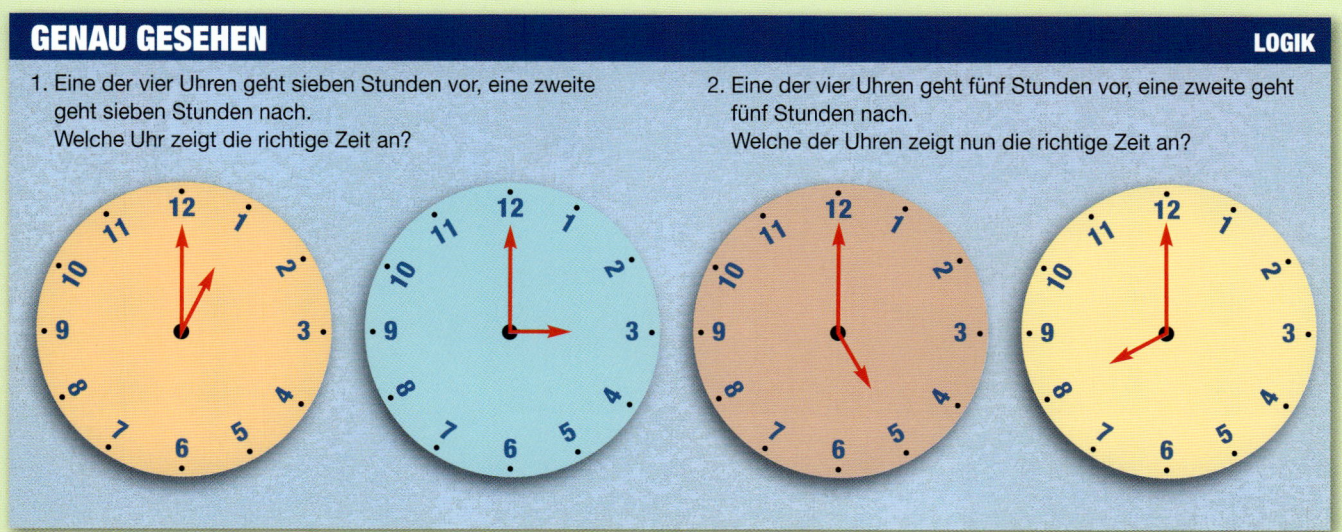

IRRLÄUFER

RAUM

Finden Sie den Weg, der den roten Pfeil oben mit dem Logo unten im Bild verbindet.

AUSTAUSCH

STRUKTUR

Versuchen Sie von BAUERN zu KOENIG zu gelangen. Bei jedem Schritt wird ein Buchstabe des Wortes ausgetauscht. Aus den Ihnen dann zur Verfügung stehenden Buchstaben müssen Sie ein neues Wort bilden.

BAUERN

- R +I _ _ _ _ _ _
- U +S _ _ _ _ _ _
- B +L _ _ _ _ _ _
- S +G _ _ _ _ _ _
- L +O _ _ _ _ _ _
- A +K KOENIG

79

STARS KREUZ UND QUER

RAUM

Setzen Sie die Namen dieser Stars aus Film und Fernsehen in das Gitter ein.

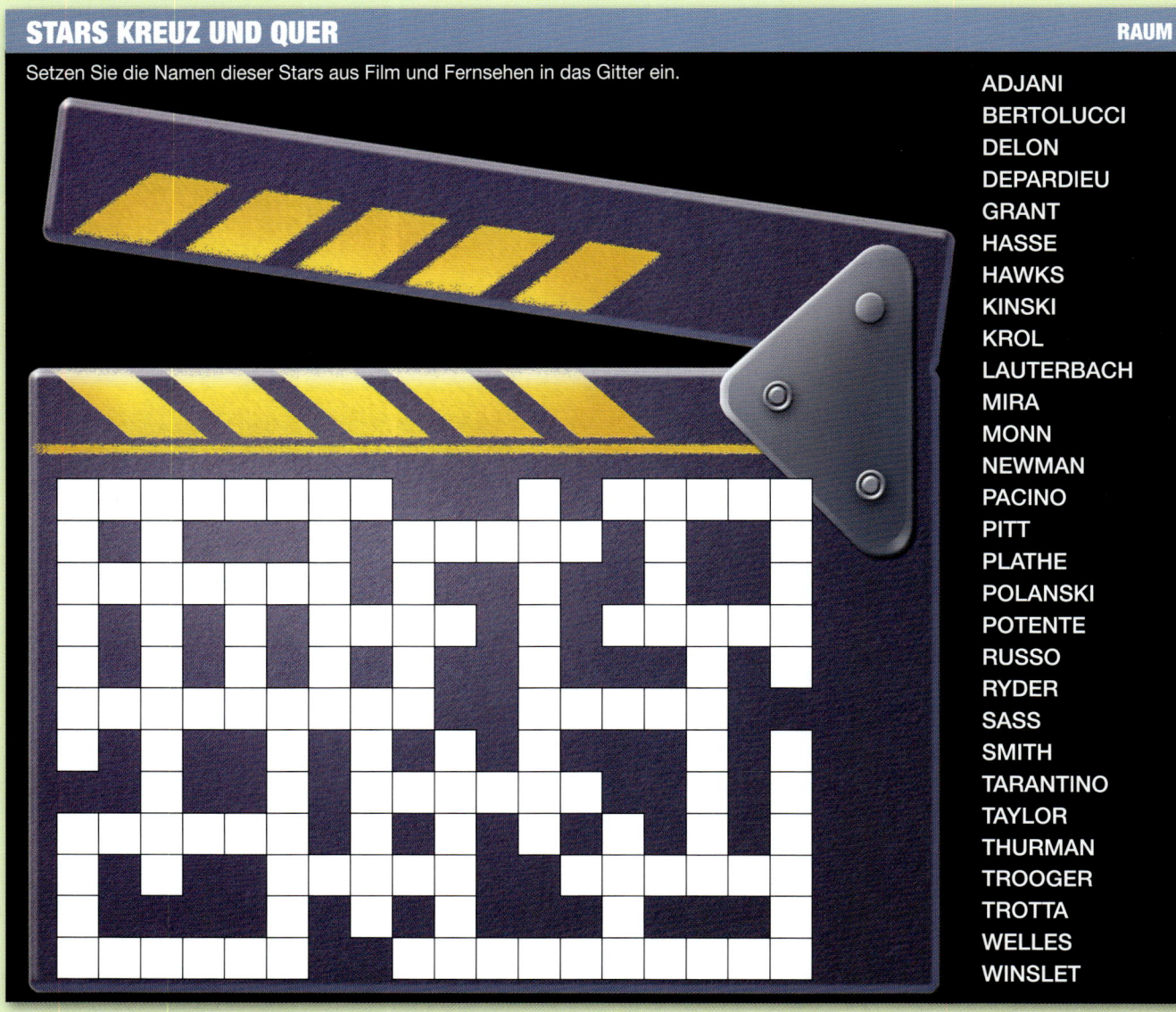

ADJANI
BERTOLUCCI
DELON
DEPARDIEU
GRANT
HASSE
HAWKS
KINSKI
KROL
LAUTERBACH
MIRA
MONN
NEWMAN
PACINO
PITT
PLATHE
POLANSKI
POTENTE
RUSSO
RYDER
SASS
SMITH
TARANTINO
TAYLOR
THURMAN
TROOGER
TROTTA
WELLES
WINSLET

IM GLEICHKLANG

SPRACHE

Homophone (vom griechischen *homophonos*, „gleich klingend") sind Wörter, die gleich ausgesprochen, aber anders geschrieben werden – wie „Leere" und „Lehre". Finden Sie Homophone, die die folgenden Sätze sinnvoll ergänzen.

1. Friedrich konnte nach den Feiertagen nur _ _ _ _ sein Gewicht einschätzen, bevor er sich auf die _ _ _ _ _ stellte.

2. Durch den missglückten _ _ _ _ im Fernsehen zog die Werbeagentur den _ _ _ _ _ der Konkurrenz auf sich.

3. Der _ _ _ _ _ alte Mann zog die _ _ _ _ _ , die er an Kindes statt bei sich aufgenommen hatte, auf seine eigene _ _ _ _ _ auf.

4. Abertausende _ _ _ _ _ schrieb Homer, aber die _ _ _ _ _ eines der größten Helden vor Troja handelte er in wenigen Worten ab.

AUFGEZEICHNET   KONZENTRATION

Prägen Sie sich die Abfolge der Geburtstagstorten ein. Decken Sie dann die Zeichnungen ab.

Zeichnen Sie aus dem Gedächtnis die richtige Anzahl an Kerzen auf jede Torte.

BONUS   STRUKTUR

Benutzen Sie die Buchstaben des Ausgangswortes und den zusätzlichen Buchstaben D. Wenn Sie diese Buchstaben neu ordnen, ergibt sich ein Wort, das zum Hinweis passt.

Hinweis

1. **NUR** + D .... **ungefähr**
2. **NENA** + D .... **Gebirge**
3. **SCHEU** + D .... **Wasser**
4. **ROSTIG** + D .... **Händler**
5. **WISCHER** + D .... **Mönch**
6. **RETUSCHE** + D .... **Europäer**

DOMINO   STRUKTUR

Sortieren Sie die Dominosteine neu. Zeilenweise gelesen, ergeben sich die Namen von zwei berühmten Seefahrern – einer von links nach rechts geschrieben, der zweite von rechts nach links.

PYRAMIDE   LOGIK

Die Zahl in einem Kästchen ist stets die Summe der beiden Zahlen in den darunter liegenden Kästchen. Finden Sie die fehlenden Zahlen heraus.

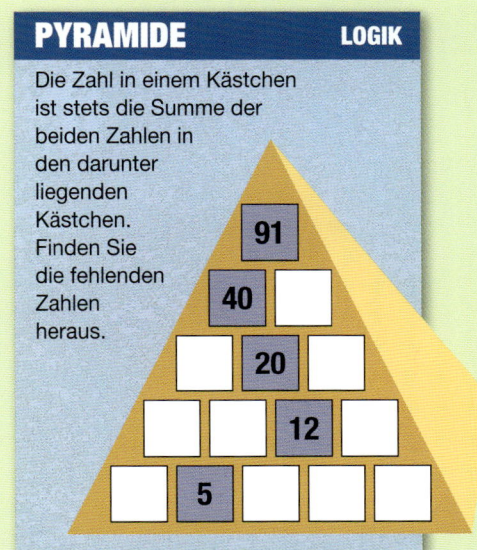

KÖPFCHEN!   LOGIK

- Ein Zug startet genau um 8.06 Uhr im Bahnhof von Nettelburg. Mit einer konstanten Geschwindigkeit von 75 km/h fährt er durch bis nach Oberbach.
- Ein zweiter Zug fährt um 8.12 Uhr in Oberbach los. Er hält für jeweils eine Minute in elf Bahnhöfen. Zwischen diesen Bahnhöfen fährt er jedoch konstant 150 km/h schnell.
- Wenn man nun in Betracht zieht, dass der in Nettelburg gestartete Zug in Mittelhausen genau ein Drittel der Strecke hinter sich hat, welcher der Züge ist dann weiter von Oberbach entfernt, wenn sie sich begegnen?

FORTSETZUNG FOLGT
LOGIK

Welche der nummerierten Figuren setzt die darüberstehende Reihe fort?

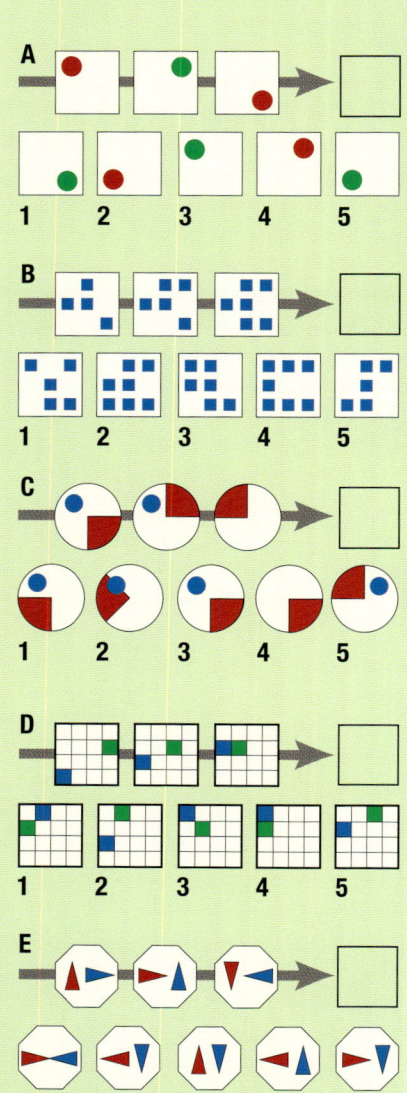

VERFLOCHTEN
STRUKTUR

Die Nachnamen von jeweils zwei deutschen Stars wurden miteinander verflochten. Wer verbirgt sich hinter den Buchstabenreihen?

FATERRZORNES
1

PRIELATMAHNEN
2

ADELSTORFNER
3

WORT FÜR WORT
STRUKTUR

Bilden Sie neue Wörter, indem Sie die angegebenen Buchstaben schrittweise hinzufügen.

S E T

+T _ _ _ _
+A _ _ _ _ _
+L _ _ _ _ _ _
+R _ _ _ _ _ _ _
+I _ _ _ _ _ _ _ _
+L _ _ _ _ _ _ _ _ _

IM DREIERPACK
SPRACHE

Ein Wort kann mit den drei aufgelisteten Begriffen zusammengesetzt werden, sodass ein neues Wort entsteht. Versuchen Sie diese Wörter zu finden.

1. **SCHLAGEN – SEITE – TRETEN** ....

2. **BURG – STANGE – WASSER** ....

3. **SELIG – ESSIG – ROT** ....

4. **BAUM – KNÜPPEL – BALL** ....

5. **BENZIN – BLATT – ZEUGE** ....

6. **AUGE – FROSCH – TOUR** ....

EINER ZU VIEL
KONZENTRATION

Betrachten Sie die Flakons für 30 Sekunden, bevor Sie sie abdecken.

Welches Flakon wurde hinzugefügt?

AM RICHTIGEN ORT KONZENTRATION

Prägen Sie sich die Akrobaten gut ein. Decken Sie dann die Pyramide ab.

Die Akrobaten sind von 1 bis 6 durchnummeriert. Tragen Sie die Nummern der Akrobaten an die richtige Stelle der Pyramide ein.

GUT AUFGELEGT KONZENTRATION

Stellen Sie sich vor, diese Scheiben seien aus Glas. Finden Sie heraus, welche drei Scheiben aufeinander gelegt werden müssen, um Abbildung A zu erhalten. Sie brauchen die Scheiben nicht zu drehen. Gleiche Farben überdecken sich.

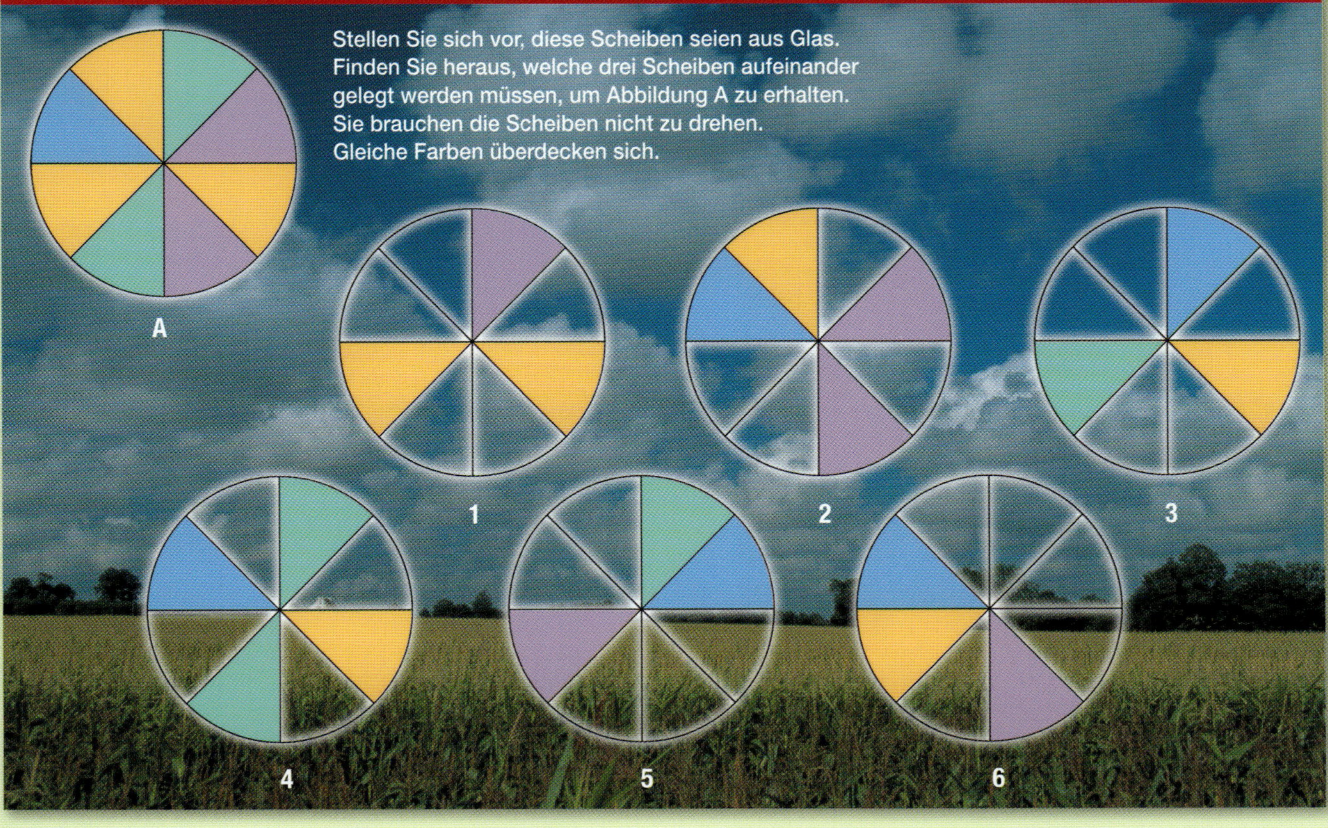

IM DREIERPACK

Ein Wort kann mit den drei angegebenen Begriffen zusammengesetzt werden, sodass sich ein neues Wort ergibt.

Beispiel:
Strand, Papier, Weiden – **KORB.**

1. WACHE, SPEISE, HAFT
....

2. KORN, PUSTE, BUTTER
....

3. BILD, SCHWEISS, ROCK
....

4. STECKEN, ZUG, HEU
....

5. BAUM, PFEFFER, ZWIEBEL
....

6. HIMMEL, WIND, SCHLOSS
....

IM BILDE

Prägen Sie sich die Bildfolge gut ein. Versuchen Sie dann die zehn Fragen zu beantworten, ohne auf die Zeichnungen zu schauen.

 1
 2
 3
 4
 5
 6
 7
 8

Fragen

1. In welchem Bild lässt der Kellner sein Handtuch zum ersten Mal fallen?

2. Was tut die blonde Frau im zweiten Bild gerade, als der Kellner einen Stuhl wegnimmt?

3. Während der Kellner sein Handtuch aufhebt, hält er ein leeres Tablett in seiner linken Hand – wahr oder falsch?

4. In welcher Farbe ist die Frau im ersten Bild gekleidet?

5. Wie viele Stühle werden insgesamt benutzt?

6. Auf wie vielen Bildern sind alle Personen zu sehen? (Sie müssen nicht vollständig gezeigt sein.)

7. Links unten sind drei Personen abgebildet. Welche von ihnen ist mit einer Figur in der Bildgeschichte identisch?

8. In einem der Bilder ist die Deckenlampe ausgeschaltet – wahr oder falsch?

9. Das rote Handtuch des Kellners ist auf sieben Bildern zu sehen – wahr oder falsch?

10. Wo befindet sich das Handtuch im letzten Bild?

FAHNENFAHNDUNG

LOGIK

Eine bestimmte Fahne wird gesucht. Gehen Sie Schritt für Schritt die acht Hinweise durch, um sie zu finden.

1. Die gesuchte Fahne ist nicht quadratisch.

2. Wenn man Schwarz und Weiß als Farben zählt, ist sie nicht fünffarbig.

3. Wenn sie eine schwarze Fläche enthält, dann ist diese Fläche nicht genauso groß wie die Fläche einer anderen Farbe.

4. Die Fahne besteht nicht aus zwei Farben, die die gleiche Fläche einnehmen.

5. Sie enthält nicht genau drei Dreiecke.

6. Die gesuchte Fahne hat kein identisch aufgebautes Gegenstück, bei dem nur die Farben vertauscht sind.

7. Die Fahne besteht nicht aus vier Vierecken.

8. Unter den verbleibenden Fahnen hat die gesuchte nur unterschiedlich große Flächen.

SANDWICH

STRUKTUR

Vervollständigen Sie die neun Wörter. Manchmal sind mehrere Begriffe möglich, aber nur einer führt zum Lösungswort in der ersten Spalte. Die Lösung ist der Titel eines berühmten Romans, dessen Autor in der mittleren Spalte genannt ist.

U	M	U	S
K	A	P	I
I	X	E	R
F	F	E	N
I	R	M	A
L	I	B	I
A	S	A	R
I	C	H	E
U	H	E	N

PAARWEISE

ASSOZIATION

Ordnen Sie den zehn afrikanischen Staaten die richtigen Hauptstädte zu.

Ägypten A	A	1 Bamako
Kenia B	B	2 Rabat
Senegal C	C	3 Tripolis
Mali D	D	4 Windhuk
Marokko E	E	5 Mogadischu
Libyen F	F	6 Lomé
Namibia G	G	7 Kampala
Togo H	H	8 Dakar
Uganda I	I	9 Kairo
Somalia J	J	10 Nairobi

WER BIN ICH?

Fünf Begriffe werden gesucht. Zu jedem gibt es sechs Hinweise, die immer offensichtlicher werden.
Decken Sie die Hinweise nacheinander auf. Ziel ist es, einen Begriff mit so wenigen Hilfen wie möglich zu erraten!

Wer bin ich?

1. Allein bin ich trocken.
2. Ich kann schwarz sein, ich kann auch weiß sein.
3. Es gibt mich als Kasten und auch als Stange.
4. Von mir kann man sich eine Scheibe abschneiden.
5. In der Küche habe ich meinen eigenen Korb.
6. Mit Wasser bin ich eine Strafe.

A. ....

Wer bin ich?

1. Manche Menschen benutzen mich mit Federn.
2. Wenn ich geschlagen werde, weine ich nicht.
3. Mich gibt es mit Kopf und mit Fuß.
4. Von ganzen Völkern werde ich gespielt.
5. Manche Menschen legen mich in die Ecke und treten mich.
6. Mal soll ich in das Netz, mal soll ich über das Netz.

B. ....

Wer bin ich?

1. Bin ich neu, bin ich weg.
2. Ich bin ein treuer Begleiter, auch wenn ich nicht zu sehen bin.
3. Hinter mir möchte niemand leben.
4. In meinen Meeren hat noch nie jemand gebadet.
5. Ich scheine, aber das ist nur Schein.
6. Ich wurde im Juli 1969 zum ersten Mal betreten.

C. ....

IM BILDE

KONZENTRATION

Betrachten Sie diese Hochzeitsszene für einige Minuten. Beantworten Sie dann die zehn Fragen, ohne auf das Bild zu sehen.

Fragen

1. Welches Tier ist links unter dem Seil zu sehen?
2. Links im Bild steht ein Mann mit roter Weste und weißem Hemd. Was schwenkt er?
3. Stimmt es, dass die Männer ganz rechts außen im Bild Musiker sind?
4. Stimmt es, dass im Hintergrund ein Storch auf seinem Nest zu sehen ist?
5. Rechts oben beobachtet jemand die Szene aus dem Fenster. Ist es ein Mann oder eine Frau?
6. Das kleine Mädchen wirft Reis auf die frisch Vermählten – richtig oder falsch?
7. Bis wohin reichen die Hosenbeine des Bräutigams?
8. Der Rocksaum der Braut ist rot – wahr oder falsch?
9. Stimmt es, dass ein Geiger auf dem Bild zu sehen ist?
10. Wo steht die Signatur des Malers?

WISSEN

Wer bin ich?

1. Ich kann eigen sein, bin deshalb aber noch lange nicht seltsam.
2. Ich kann spitz sein, aber niemals allein.
3. Ich bin mitten in Lateinamerika zu sehen.
4. Ich halte Familien zusammen.
5. Im Standesamt werde ich manchmal länger.
6. Ohne mich ist ein Pass kaum etwas wert.

D. ....

Wer bin ich?

1. Nur wenn man nachhilft, werde ich blau.
2. Ich werde von anderen Leuten geschnitten.
3. Wenn ich gespalten werde, kann dies Streit bedeuten.
4. Zu mehreren kann ich ein Pony sein.
5. In der Suppe finden mich notorische Nörgler.
6. Rapunzel ließ mich herunter.

E. ....

KÖPFCHEN! LOGIK

Es ist Mittag. Mein Freund hat sich gerade von mir verabschiedet. Wir treffen uns wieder, wenn der kleine Zeiger meiner Uhr zehn Runden gedreht hat.

Um wie viel Uhr werde ich meinen Freund wiedersehen?

SINNSUCHE SPRACHE

Synonyme (vom griechischen *syn*, „zusammen", und *onoma*, „Name") sind Wörter, die eine gleiche oder eine sehr ähnliche Bedeutung haben, zum Beispiel fröhlich und vergnügt. Finden Sie mithilfe der Hinweise acht Synonyme von „schwer".

1. **S _ _ _ _ R _ _**
(Aufgabe, Problem)

2. **E _ _ _ B _ _ _ _**
(Bedenken)

3. **H _ _ _ _ G**
(Sturm, Angriff)

4. **B _ _ _ Ü _ _ _ _ _**
(seelische Situation)

5. **B _ E _ _ _ _**
(müde Glieder)

6. **S _ Ü _ _ _ _ _**
(See)

7. **M _ _ _ _ G**
(Körper, Mann)

8. **G _ _ _ _ _ E _**
(Musik)

ZEITFRAGEN CHRONIK

Je zwei dieser berühmten Persönlichkeiten sind im gleichen Jahr geboren. Finden Sie diese Paare heraus. Ordnen Sie die Paare dann nach ihrem Alter.

Kofi Annan	Katarina Witt
Sepp Maier	Désirée Nosbusch
Michael Douglas	Richard Gere
Harald Schmidt	Romy Schneider
Mary Roos	Sabine Christiansen

AUS DER REIHE GETANZT LOGIK

Jeweils einer der Begriffe passt nicht zu den anderen, weil ihm ein bestimmtes Merkmal fehlt. Finden Sie den Begriff heraus.

1. **FASTNACHTSTRUBEL JOSEPHINE NEUROTIKER EMPFUNDEN MIKRONESIER ORDINARIUS**

2. **AGGRESSIONSLUST KNOBLAUCHPILLE FLAMINGOBLUME AUTOMINUTE PATROUILLE**

3. **KUNDENSTAMM HANDSCHLAG HAUSRAT STANDPUNKT SPIELBRETT BIERFASS**

Pferderennen

Gespannt warten die Wetter auf das Ergebnis des Rheinheimer Galoppderbys. Aber der Stadionsprecher liefert ihnen die Informationen nur häppchenweise.

Finden Sie heraus, welches Rennpferd auf welchem Platz ins Ziel einlief, welche Rennfarbe es hatte und welche Nummer es trug.

Hinweise

1. Das Zielfoto musste genau studiert werden, weil drei Pferde fast gleichauf lagen. Die Rennleitung gab bekannt, dass das Pferd mit der blauen Rennfarbe die Ziellinie knapp hinter dem Pferd mit der Nummer 10 überquerte und ebenso knapp vor einem Pferd lag, das nicht die gelbe Rennfarbe trug.

2. Alkyone mit der Nummer 15 wurde nicht Sieger des Derbys, lag aber einen Platz vor dem Pferd mit der grauen Rennfarbe.

3. Die Nummern der beiden Pferde auf dem vierten und dem fünften Platz ergeben addiert die Nummer des Siegpferdes, das nicht Polaris heißt.

4. Die Pferde, deren Namen mit dem gleichen Buchstaben beginnen, lagen beim Einlauf genau drei Plätze auseinander.

5. Das Pferd mit der Nummer 5 kam zwei Plätze hinter dem Pferd mit der roten Rennfarbe ins Ziel.

Lösungsgitter

Für jede sichere positive Aussage können Sie ein „+" im Gitter eintragen, für jede negative Aussage ein „–".

		Rennfarbe					Nummer					Platzierung				
		BLAU	GRAU	GELB	ROT	GRÜN	5	8	10	13	15	ERSTER	ZWEITER	DRITTER	VIERTER	FÜNFTER
Pferd	POLARIS															
	PICTOR															
	ALKYONE															
	ALKOR															
	CASTOR															
Platzierung	ERSTER															
	ZWEITER															
	DRITTER															
	VIERTER															
	FÜNFTER															
Nummer	5															
	8															
	10															
	13															
	15															

Lösung

PFERD	POLARIS	PICTOR	ALKYONE	ALKOR	CASTOR
PLATZ					
NUMMER					
RENNFARBE					

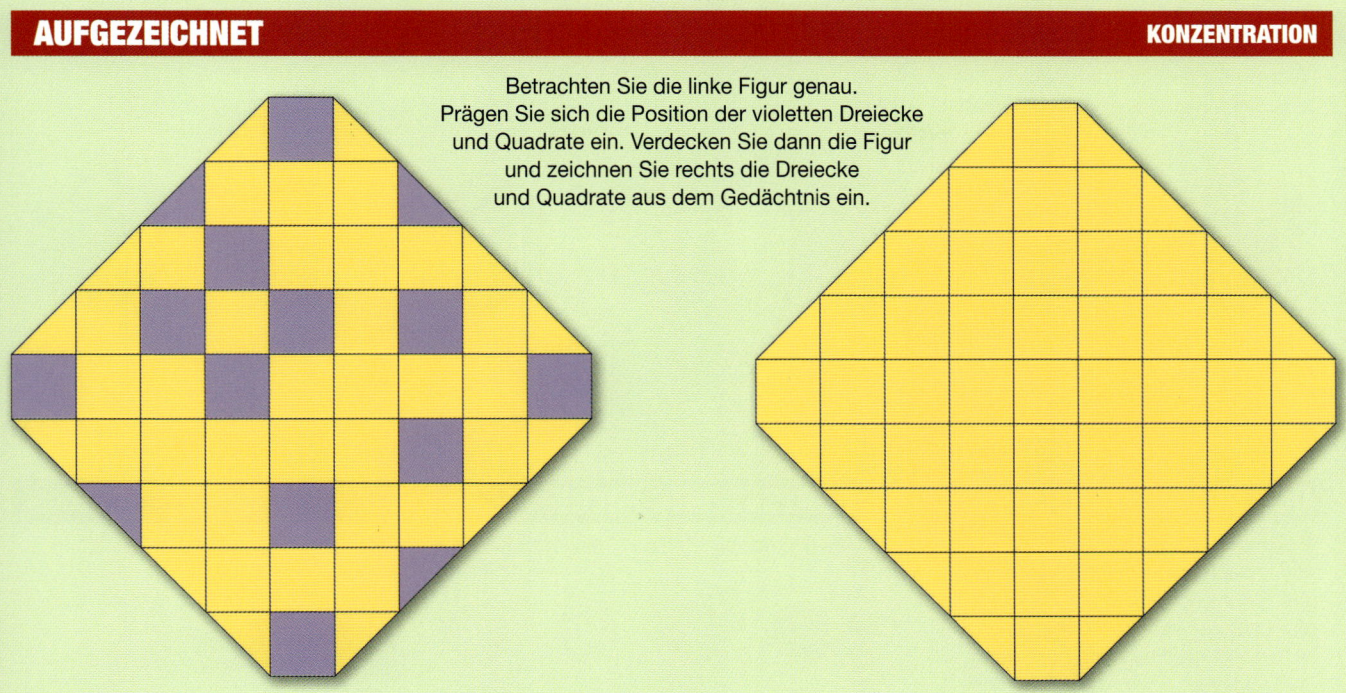

AUFGEZEICHNET — KONZENTRATION

Betrachten Sie die linke Figur genau.
Prägen Sie sich die Position der violetten Dreiecke
und Quadrate ein. Verdecken Sie dann die Figur
und zeichnen Sie rechts die Dreiecke
und Quadrate aus dem Gedächtnis ein.

VERSCHLÜSSELT — ASSOZIATION

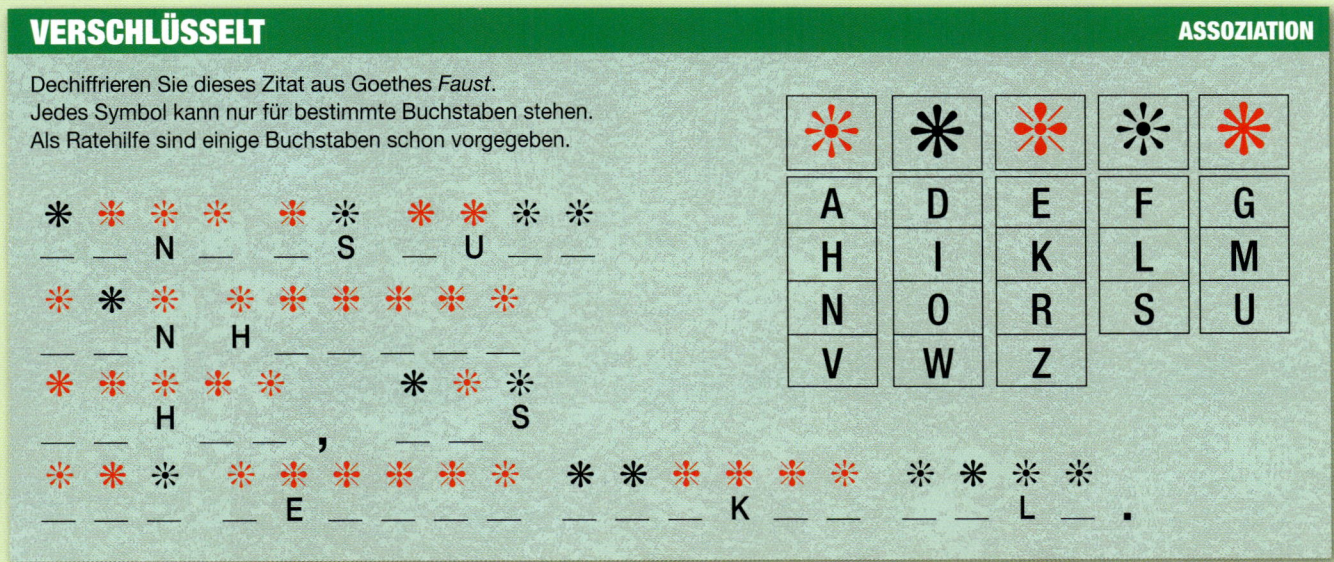

Dechiffrieren Sie dieses Zitat aus Goethes *Faust*.
Jedes Symbol kann nur für bestimmte Buchstaben stehen.
Als Ratehilfe sind einige Buchstaben schon vorgegeben.

A	D	E	F	G
H	I	K	L	M
N	O	R	S	U
V	W	Z		

UNPASSEND — LOGIK

Jeweils einer der Begriffe passt nicht zu den anderen, weil ihm ein bestimmtes Merkmal fehlt.
Welcher Begriff ist es?

1. SKONTIEREN   SLAWINNEN   SACHSEN   SEILZUG   SENDUNG   SPANIER

2. FAHREN   MENSCH   BESESSEN   CHRISTEN   EITEL   ZERRISSEN

3. KAJAK   NEBEN   REGNEN   REITTIER   LEVEL   RENTNER

GEWÜRFELT

STRUKTUR

Wählen Sie jeweils einen Buchstaben pro Würfel. Von links nach rechts gelesen, ergeben sich drei europäische Staaten.

1. .... 2. .... 3. ....

DER GUTE TON

SPRACHE

Bei manchen Wörtern ändert sich der Sinn, wenn man sie anders betont. Ein Tenor singt – aber nur wenn das Wort auf der zweiten Silbe betont wird. Liegt die Betonung beim Tenor auf der ersten Silbe, dann bezeichnet dieses Wort den grundlegenden Sinn einer Äußerung.

Ergänzen Sie bei diesen Sätzen vier Wörter, deren Bedeutung sich durch die Betonung ändert. Umlaute zählen als ein Buchstabe.

1. Mein streitsüchtiger Nachbar
_ _ _ _ _ _ _ _ _ _ _ _ mir böse
Absicht, als ich meinen Wagen
versehentlich in seiner Garage
_ _ _ _ _ _ _ _ _ _ _ _ .

2. „Ich will es nicht noch einmal
_ _ _ _ _ _ _ _ _ _ _ : Wenn ihr euch
euren Ball aus meinem Garten
_ _ _ _ _ _ _ _ _ _ _ wollt, dann
zertretet gefälligst nicht meine
Blumenbeete!", sagte Herr
Griesgram zu den spielenden
Kindern.

3. Auf dem Weg in mein
Schlafzimmer hörte ich das alte
Schlossgespenst _ _ _ _ _ _ _ .
Da ich aber dringend ins Bett
wollte, ließ es sich nicht
_ _ _ _ _ _ _ , dass ich ihm
begegnete.

4. Ich _ _ _ _ _ _ _ _ _ _ gerade
Ein Sommernachtstraum
von William Shakespeare,
als ich von Ostende nach
Dover _ _ _ _ _ _ _ _ _ _ .

FORTSETZUNG FOLGT

LOGIK

Wie werden die Zahlenreihen logisch fortgesetzt?

A 3 9 18 30 45 ?

B 2 9 23 51 107 ?

C 7 14 42 168 ?

D 7 14 8 16 10 20 14 ?

SPIEGELBILDER

RAUM

Zeichnen Sie Spiegelbilder dieser Gegenstände.

GEFIEDER IM GITTER

RAUM

Setzen Sie die Namen der folgenden Vögel ins Gitter ein.

- ARA
- BEO
- BUSSARD
- DOMPFAFF
- ELSTER
- EULE
- FINK
- GEIER
- GOLDAMMER
- HARPYIE
- IBIS
- KAKADU
- KAKAPO
- KIEBITZ
- KIWI
- KLEIBER
- KRAEHE
- MILAN
- NANDU
- PFAU
- STRAUSS
- TURMFALKE
- UHU
- ZEISIG

AM RICHTIGEN ORT

KONZENTRATION

Prägen Sie sich die Position der Kopfbedeckungen ein. Decken Sie sie dann ab.

An welche Stelle gehören die drei nummerierten Kopfbedeckungen?

AUFGEZEICHNET · KONZENTRATION

Betrachten Sie die Figurenabfolge für eine Minute. Decken Sie sie dann ab.

Zeichnen Sie die fehlenden Figuren aus dem Gedächtnis, sodass die ursprüngliche Reihenfolge wiederhergestellt ist.

FORTSETZUNG FOLGT · LOGIK

Setzen Sie die logischen Reihen fort. Beachten Sie dabei auch die Abfolge der geometrischen Symbole.

A 6 12 24 29 58 63 ?

B 8 16 61 122 221 ?

C 2 — 5 — 8 — 33 — ?

IM DREIERPACK · ASSOZIATION

Ein Wort kann mit den drei aufgelisteten Begriffen zusammengesetzt werden, sodass ein neues Wort entsteht. Versuchen Sie diese Begriffe zu finden.

1. NABEL – REDNER – DECKE ....

2. LAMPEN – REGEN – FALL ....

3. NASE – AUGEN – HORST ....

4. SÄURE – MANN – HELM ....

5. WÄSCHE – SATZ – GRIFF ....

6. PASS – DAUER – STALL ....

SPRUCHREIF · SPRACHE

Finden Sie mithilfe der Definitionen sechs bekannte Sprichwörter. In Klammern sind die Buchstaben eines Wortes aus dem Lösungssatz angegeben.

1. Bei einem positiven Ausgang verblasst das Nachteilige, was zuvor geschah. (AELLS)

....
....

2. Das Erreichen eines Zieles rechtfertigt den Einsatz auch fragwürdiger Methoden. (EGHIILT)

....
....

3. Menschen mit gemeinsamen Vorlieben neigen dazu, sich zusammenzutun. (EEGLLST)

....
....

4. Kontinuierliche Ausübung einer Tätigkeit führt zu ihrer perfekten Beherrschung. (EEIMRST)

....
....

5. Selbst mit geringem Wissen nimmt man eine herausragende Position ein, wenn man sich unter gänzlich Ahnungslosen bewegt. (BDEILNN)

....
....

6. Das Individuum selbst ist einzig und allein verantwortlich für die gelungene Entfaltung seiner Persönlichkeit. (CDEHIMS)

....
....

EINS ZUM ANDEREN

Prägen Sie sich diese zwölf Fotos ein. Bilden Sie dabei Paare, um sie besser zu behalten.
Decken Sie die Bilder dann ab und versuchen Sie sie aus dem Gedächtnis wieder aufzulisten.

1. ....
   ....
2. ....
   ....
3. ....
   ....
4. ....
   ....
5. ....
   ....
6. ....
   ....

STADT, LAND, FLUSS

Finden Sie in jeder Kategorie einen Namen oder ein Wort, das mit den beiden angegebenen Anfangsbuchstaben beginnt. Wenn Sie mindestens die Hälfte der Kästchen ausgefüllt haben, dann haben Sie diesen Test bestanden. Allerdings haben Sie nur zehn Minuten Zeit!

	BA	HE	ME	RE	SA	ST
Schauspielerin						
Kleidungsstück						
weiblicher Vorname						
vierbeiniges Tier						
historische Persönlichkeit						
Pflanze						
Fisch						
Werkzeug, Instrument						

WORTBRÜCHIG STRUKTUR

Aus sechs Wörtern wurden eine oder mehrere Silben entfernt. Rekonstruieren Sie diese Wörter mit den rechts genannten Silben.
Achtung! Manchmal gibt es mehrere Möglichkeiten. Aber nur eine erlaubt es, alle Wörter zu vervollständigen.

1. ...... KA ......
2. KA ...... TE
3. ...... BA ......
4. O ...... GA ......
5. A .... DO
6. ...... LA ...... NA

VO   DE   BEL   CA   KEL   KA   RE   NO   DON   RA   DU

ALLER ANFANG IST SCHWER ASSOZIATION

Finden Sie zehn Wörter, die mit -ETTE enden.
Die Striche geben die Anzahl der fehlenden Buchstaben an.

1. Zum Saugen ➤ _ _ _ E T T E
2. Zum Klappern ➤ _ _ _ _ _ _ _ E T T E
3. Zum Blasen ➤ _ _ _ _ _ _ E T T E
4. Mit Knopf ➤ _ _ _ _ _ _ E T T E
5. Mit Senf ➤ _ _ _ E T T E
6. Mit Tambour ➤ _ _ _ _ _ E T T E
7. Für Strippenzieher ➤ _ _ _ _ _ _ E T T E
8. Für Kranke ➤ _ _ _ _ E T T E
9. Für Leser ➤ _ _ _ E T T E
10. Für Schultern ➤ _ _ _ _ _ E T T E

GEGENÜBERSTELLUNG

Ein Dieb hat Frau Findig die Handtasche gestohlen. Kommissar Klever führt ihr nun sechs Verdächtige vor. Frau Findig hat den Dieb sofort erkannt, aber sie wagt es nicht, ihn direkt zu identifizieren.

PYRAMIDE LOGIK

Die Zahl in einem Kästchen ist stets die Summe der beiden Zahlen in den darunterliegenden Kästchen.
Finden Sie die fehlenden Zahlen heraus.

74   34   21   33   16

DOMINO STRUKTUR

Sortieren Sie die Dominosteine mit den Buchstaben. Zeilenweise gelesen, ergeben sich die Namen von zwei Alpengipfeln – einer von links nach rechts geschrieben, der zweite von rechts nach links.

O / Z   L / S   T / I   M / E   C / Z   N / U   B / P   N / T   A / G

LOGIK

Sie sagt zu Kommissar Klever: „Der lächelnde Täter weist mindestens zwei der drei folgenden Merkmale auf: Brille, Schnauzer, Backenbart – wobei sich Schnauzer und Backenbart natürlich nicht ausschließen! Außerdem trägt er einen Seitenscheitel und hat kein Armband um."
Reichen Kommissar Klever diese Angaben für eine eindeutige Identifizierung?

WAHR ODER FALSCH?   WISSEN

Entscheiden Sie, ob diese sechs Aussagen über die Malerei wahr oder falsch sind.
Wenn sie richtig sortiert werden, ergeben die Lösungsbuchstaben
den Nachnamen eines berühmten Malers.

— — — — — —

	WAHR	FALSCH
1. Vincent van Gogh schnitt sich das rechte Ohr ab.	A	E
2. Michelangelos *Mona Lisa* hängt im Pariser Louvre.	O	I
3. Marc Chagall war ein polnischer Maler.	R	N
4. Die *documenta* in Kassel findet alle vier Jahre statt.	M	T
5. Albrecht Dürer malte ein Ölbild mit dem Titel *Ritter, Tod und Teufel*.	S	I
6. Peter Paul Rubens wurde 1577 im westfälischen Siegen geboren.	Z	L

IRRLÄUFER

Finden Sie den Weg von der Euro-Münze links oben im Bild zu der Euro-Münze rechts unten.
Sie dürfen dabei nur über Euro- und Cent-Münzen gehen.

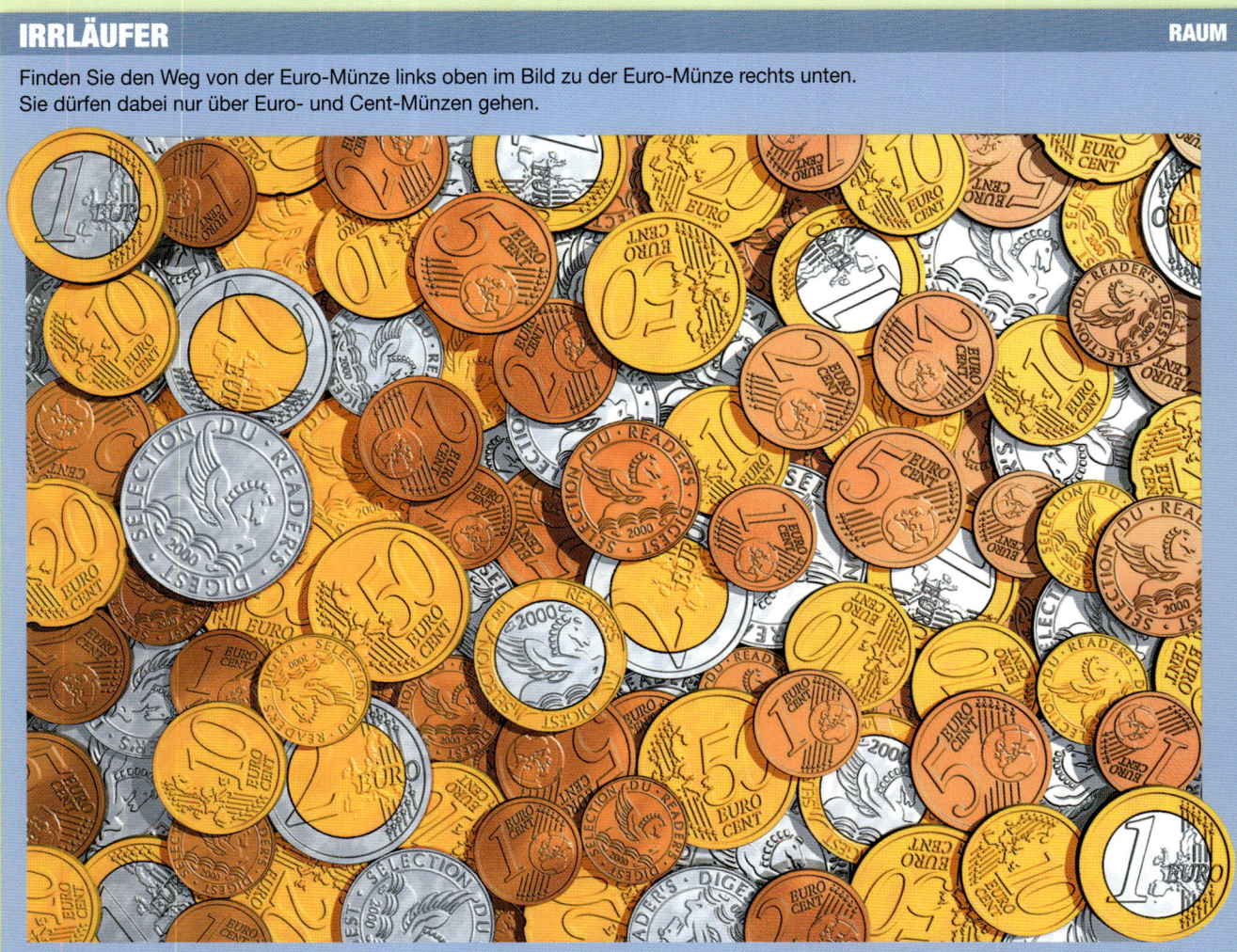

MERKWÜRDIG

Prägen Sie sich diese Wortpaare gut ein. Verdecken Sie dann die Wörter und beantworten Sie die sechs Fragen.

VENUS – URANUS

HERZOG – BARON

TRICK – KAROTTE

HIRSCH – RÖHREN

BODEN – ERDE

TICK – MAROTTE

Fragen

1. Wie viele Planeten befinden sich unter den Wörtern?

....

2. Welches Wort ist mit „Möhren" verbunden?

....

3. Wie viele Neffen von Donald Duck sind aufgelistet?

....

4. Wie viele deutsche Bundespräsidenten werden genannt?

....

5. Welches Tier befindet sich in der Liste?

....

6. Welches Wort ist mit „Marotte" verbunden?

....

GEKREUZTE HUNDE

WISSEN

Alle Begriffe, die im Rätselgitter auftauchen, bezeichnen Hunde-rassen. Können Sie dieses Gitter vollständig füllen?
Einige Schlüsselbuchstaben sind vorgegeben, um Ihnen die Aufgabe zu erleichtern.

PLANSPIEL

STRUKTUR

Sieben geographische Begriffe sind hier aufgelistet. Jedoch fehlen die Anfangs- und Endbuchstaben. Wenn Sie die Wörter richtig ergänzen, ergeben sich in den beiden äußeren Spalten zwei afrikanische Staaten.

	E	A	T	T	L	
	C	U	A	D	O	
	A	I	R	O	B	
	U	P	H	R	A	
	A	L	T	U	E	
	L	G	A	R	V	
	I	B	E	R	I	

AUFGEZEICHNET

KONZENTRATION

Betrachten Sie das linke Quadrat für einige Minuten und merken Sie sich die Position der Figuren.
Decken Sie es dann ab und tragen Sie die Symbole an der richtigen Stelle im leeren rechten Quadrat ein.

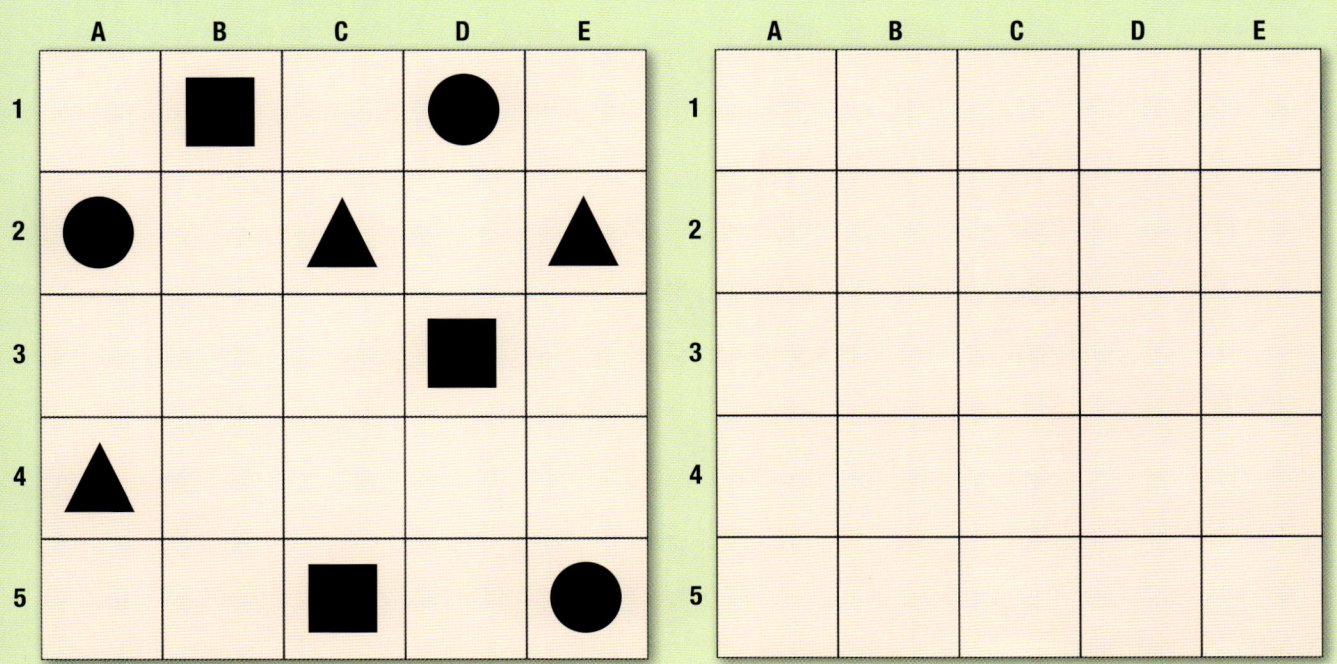

GITTER FÜRS VOLK

Tragen Sie die gesuchten Begriffe in das Gitter ein.

1. Sie ist eines der wenigen Insekten, die der Mensch als Nutztier hält.

2. Mit ihm verteidigt sie sich gegen Angreifer.

3. Ihr süßes Produkt.

4. Das Männchen, das nur der Fortpflanzung dient.

5. Sie ist für die Ernährung und die Verteidigung des Volkes zuständig.

6. Ein Betrieb, der sich ihre Fähigkeiten zunutze macht.

7. Daraus bestehen die Waben ihres Baus.

8. Ein Volk, das fliegt.

9. Über 5000 von ihnen besitzt ein Auge dieses Insekts.

10. Die Chefin – sie legt etwa 2000 Eier pro Tag.

11. Ihn trägt sie von Blüte zu Blüte.

12. Korbförmige Behausung für ein Volk.

Gitter-Einträge:
- 5 waagerecht: ARBEITERIN
- 8 waagerecht: SCHWARM
- 9 waagerecht: WACHSEN (WACHS)
- 10 waagerecht: HONIGIN (KÖNIGIN)
- 11 waagerecht: PULLEN (POLLEN)
- 12 waagerecht: STOCH (STOCK)
- 2 senkrecht: STACHEL
- 3 senkrecht: HONIG
- 4 senkrecht: DROHN (DROHNE)
- 7 senkrecht: WACHS

MAGISCHES QUADRAT

Platzieren Sie die Ziffern 1 bis 9 in den leeren Kreisen. In jeder Zeile, Spalte und Diagonale muss die Summe der Zahlen 65 ergeben.

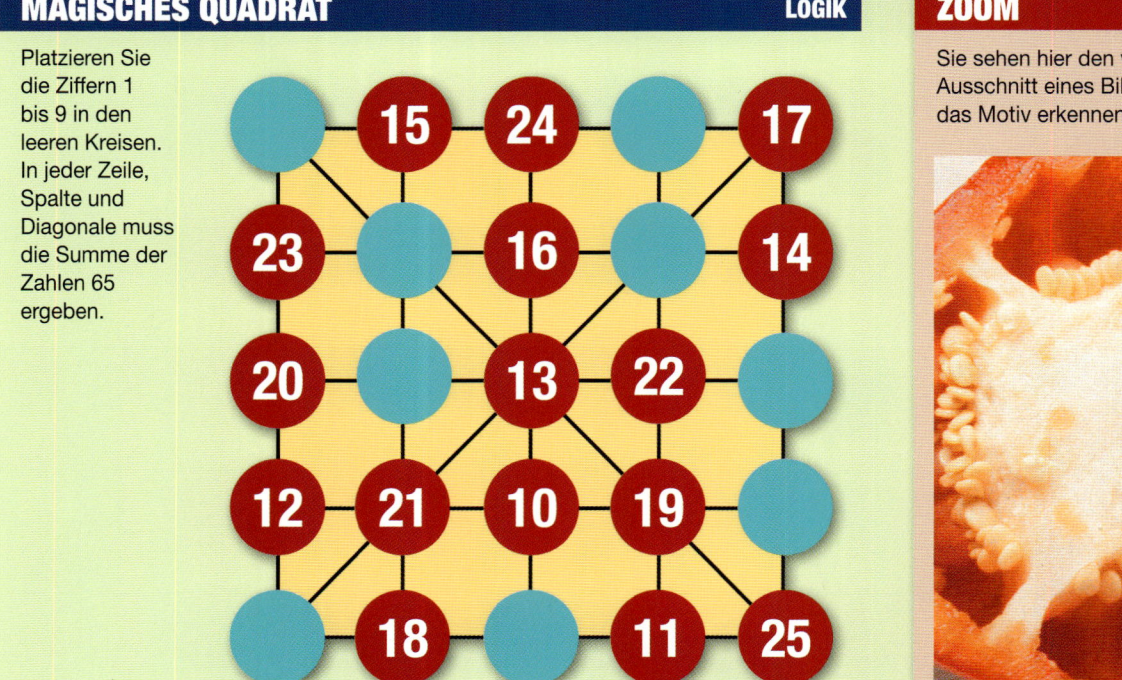

	15	24		17
23		16		14
20		13	22	
12	21	10	19	
	18		11	25

ZOOM

Sie sehen hier den vergrößerten Ausschnitt eines Bildes. Können Sie das Motiv erkennen?

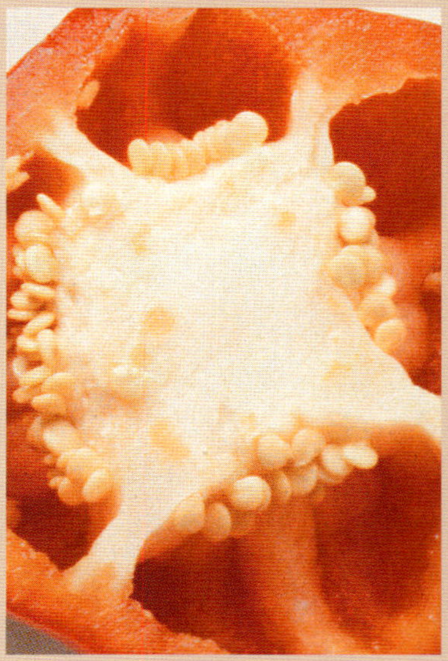

KÖPFCHEN! LOGIK

Die Kinder von Kleinleckersdorf sind von ihrem neuen Bonbonladen begeistert. Vor allem drei Süßigkeiten finden reißenden Absatz: Lilalutschlollis, Schokokokosbonbons und Stachelgummibeeren.

2 €

– Tom kaufte sich für zwei Euro vier Schokokokosbonbons, zwei Stachelgummibeeren und drei Lilalutschlollis.
– Tim zahlte für sechs Lilalutschlollis und ein Schokokokosbonbon auch zwei Euro.
– Anna kaufte sich einen Lilalutschlolli, ein Schokokokosbonbon und zehn Stachelgummibeeren. Sie zahlte ebenfalls zwei Euro.
Wie viel kosten die Süßigkeiten?

Schokokokosbonbon ....

Stachelgummibeere ....

Lilalutschlolli ....

SANDWICH STRUKTUR

Bei den Wörtern rechts fehlen jeweils zwei Buchstaben. Diese sind unten alphabetisch sortiert aufgeführt. Wenn Sie die Wörter richtig ergänzen, ergeben sich in den farbigen Spalten zwei Sportarten.

Zu platzierende Buchstaben:

A A B D E
F G I K L L M
N R S T Y

G	E		U	E		I	G
A	M		T	H	Y	S	T
O	L		T	I		E	R
S	P		L	U		K	E
B	A		T	H		A	R
R	O		I	N		O	N
K	R		W	A		T	E
B	O		I	V		E	N
T	E		E	S		O	P

PLANSPIEL STRUKTUR

Sechs geographische Begriffe sind hier aufgelistet. Jedoch fehlen die Anfangs- und Endbuchstaben. Wenn Sie die Begriffe richtig ergänzen, ergeben sich in den äußeren Spalten zwei Städte an der Ruhr.

A	R	N	O
R	R	S	E
R	I	E	S
I	L	S	I
N	N	E	P
E	C	K	A

DIE KLEINEN UNTERSCHIEDE KONZENTRATION

Sieben kleine Unterschiede können Sie entdecken, wenn Sie die Bilder vergleichen.

DRUNTER UND DRÜBER

KONZENTRATION

Betrachten Sie kurz diese Abbildung. Welche Figur ist am häufigsten zu sehen?
Sie haben nur zehn Sekunden Zeit – und zählen gilt nicht!

ZEITFRAGEN

CHRONIK

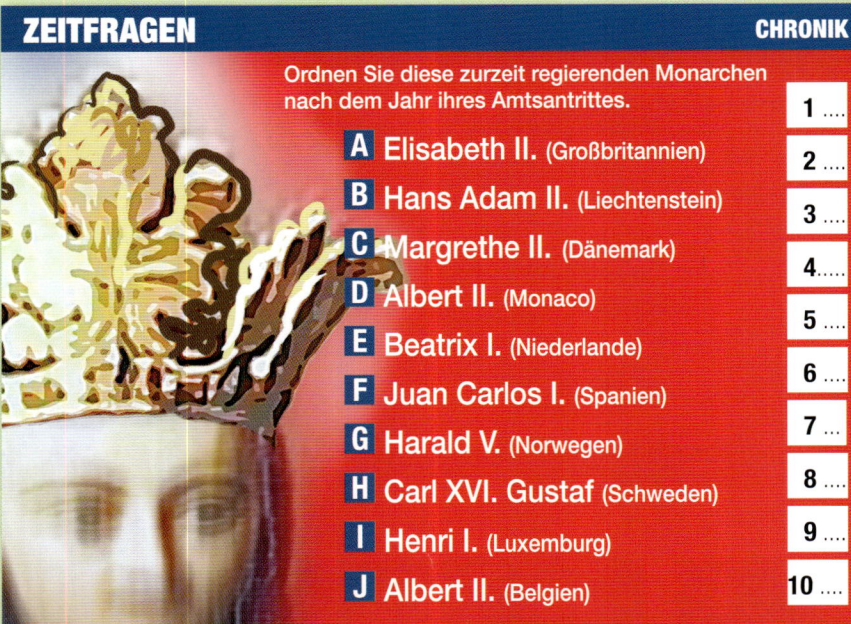

Ordnen Sie diese zurzeit regierenden Monarchen
nach dem Jahr ihres Amtsantrittes.

A	Elisabeth II. (Großbritannien)	1 ....
B	Hans Adam II. (Liechtenstein)	2 ....
C	Margrethe II. (Dänemark)	3 ....
D	Albert II. (Monaco)	4 ....
E	Beatrix I. (Niederlande)	5 ....
F	Juan Carlos I. (Spanien)	6 ....
G	Harald V. (Norwegen)	7 ....
H	Carl XVI. Gustaf (Schweden)	8 ....
I	Henri I. (Luxemburg)	9 ....
J	Albert II. (Belgien)	10 ....

BLICKPUNKT

KONZENTRATION

Prägen Sie sich die Gegenstände ein.
Decken Sie die Bilder dann ab.

GEWÜRFELT

STRUKTUR

Wählen Sie jeweils einen Buchstaben pro Würfel. Von links nach rechts gelesen,
ergeben sich drei deutsche Schauspieler.

1. ....

2. ....

3. ....

An welche Gegenstände erinnern
Sie sich? Als Hilfe haben wir die
Anfangsbuchstaben angegeben.

G ....

S ....

B ....

H ....

L ....

T ....

K ....

AUS DER REIHE GETANZT LOGIK

Alle diese Tiere verbindet eine bestimmte Eigenschaft – bis auf eines.
Welches Tier tanzt aus der Reihe?

Hornisse

Marienkäfer

Qualle

Mücke

Seeigel

Skorpion

AUF DEM HOLZWEG LOGIK

Nur ein einziges Streichholz
müssen Sie umlegen,
dann erhalten Sie eine
Figur, die aus sechs
Quadraten besteht.

KÖPFCHEN! LOGIK

Auf Rolands Dartscheibe haben
die Ringe folgende Werte:
1, 3, 7, 15 und 25 Punkte.
Mit sechs Pfeilen hat Roland
insgesamt 102 Punkte erzielt.
Wie viele Möglichkeiten gibt es,
diese Summe zu erreichen?
Welchen Ring kann Roland
auf keinen Fall getroffen haben?

ALLER ANFANG IST SCHWER ASSOZIATION

Finden Sie mithilfe der Definitionen zehn Begriffe, die auf -OR enden. Ein Strich
steht für einen fehlenden Buchstaben. Umlaute zählen als ein Buchstabe.

1. Sticht in der Arena ➤ _ _ _ _ _ O R

2. Schlägt sich in der Arena ➤ _ _ _ _ _ _ _ O R

3. Hämmert beim Verkauf ➤ _ _ _ _ _ _ _ _ _ O R

4. Kassiert für Kekse ➤ _ _ _ _ _ _ O R

5. Schützt das Kassierte ➤ _ _ _ _ O R

6. Umringt die Erde ➤ _ _ _ _ _ O R

7. Wirft die Bilder ➤ _ _ _ _ _ _ _ O R

8. Lässt Bilder strahlen ➤ _ _ _ _ _ _ _ _ _ _ O R

9. Strahlt zurück ➤ _ _ _ _ _ _ O R

10. Strahlt am Himmel ➤ _ _ _ _ O R

1 3 7 15 25

RICHTIG GEZÄHLT

Platzieren Sie die Symbole mit den Zahlen an die richtige Stelle.
Bei jeder Gleichung muss sich die Summe von 90 ergeben.

IM DREIERPACK

Ein Wort kann mit den drei aufgelisteten Begriffen zusammengesetzt werden,
sodass ein neues Wort entsteht. Versuchen Sie diese Begriffe zu finden.

1. **FUSS – GIESSEN – KRISTALL** ....

2. **ZEIT – BAHN – GEHALT** ....

3. **STICH – KESSEL – BRAUN** ....

4. **MARIE – ESEL – SCHMIED** ....

5. **FISCH – BLICK – BESTECK** ....

6. **SOLDAT – OBER – TELLER** ....

MAGISCHES QUADRAT

In diesem magischen Quadrat soll
die Summe der Zahlen in jeder
Spalte, Zeile und Diagonale 15
ergeben. Tragen Sie die Ziffern 1 bis
9 in die Kreise ein. Die 5 ist als
Ausgangszahl schon vorgegeben.

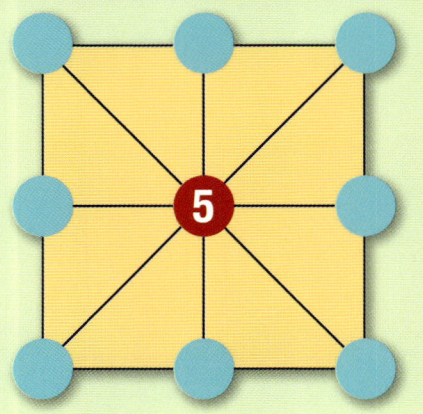

AUFGEZEICHNET
KONZENTRATION

Schauen Sie sich die Zeichnungen
genau an, um sie sich einzuprägen.
Schließen Sie die Augen und rufen
Sie sich die Bilder ins Gedächtnis.
Wenn Sie sich an eine der sechs
Zeichnungen nicht erinnern können,
dann blicken Sie erneut auf die
Abbildung.

Decken Sie die Zeichnungen ab.
Versuchen Sie dann die einzelnen
Symbole aus dem Gedächtnis an
die richtige Stelle zu malen.

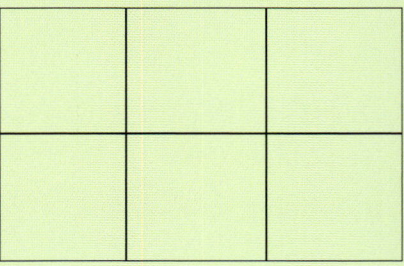

AUS DER REIHE GETANZT
LOGIK

Finden Sie heraus, welches Tier nicht zu den anderen passt.

Rochen

Krokodil

Frosch

Papagei

Kobra

Waran

Huhn

Schildkröte

Emu

Wal

DECHIFFRIERT
KONZENTRATION

Hier sehen Sie das Morsealphabet.

A .‒	I ..	Q ‒‒.‒	Y ‒.‒‒
B ‒...	J .‒‒‒	R .‒.	Z ‒‒..
C ‒.‒.	K ‒.‒	S ...	. .‒.‒.‒
D ‒..	L .‒..	T ‒	, ‒‒..‒‒
E .	M ‒‒	U ..‒	? ..‒‒..
F ..‒.	N ‒.	V ...‒	: ‒‒‒...
G ‒‒.	O ‒‒‒	W .‒‒	- ‒....‒
H	P .‒‒.	X ‒..‒	' !

1. Versuchen Sie mithilfe des Morsealphabets dieses Zitat von Wilhelm Busch zu entschlüsseln.

‒.. . ..‒. / ... ‒‒. .... .‒. . .. ‒. . ... /
. ‒. ‒‒. . / .. ... ‒ / ‒‒. . .‒. /
‒‒‒ ‒. ‒.. . ‒ / ‒ ‒. ...‒ ‒. ‒‒ ‒.‒.‒

2. Schreiben Sie folgendes Zitat aus dem Koran mit dem Morsealphabet:
Das Paradies verdient, wer seine Freunde zum Lachen bringt.

....
....
....

BACHSTUBEN? BUCHSTABEN!
STRUKTUR

Bilden Sie mit den farbigen Buchstaben Anagramme, die die Lücken in den Sätzen sinnvoll schließen.

1. C E H I N S T
Während es draußen .... , sitzen die Gäste ungeduldig an den .... und warten darauf, dass die Sonne bald wieder ....

2. A C E H I M N P S S
Der .... wurde mit italienischen Melonen und guatemaltekischen Bananen gefüttert, denn der Tierpfleger wusste, dass sein Schützling .... Gemüse nichts abgewinnen konnte.

3. A E E I K M R R S T
Ein .... Räuber macht seit geraumer Zeit die .... unsicher. Die österreichische Polizei ist ratlos!

PAARWEISE

Schauen Sie sich die fünf Bildpaare links genau an. Decken Sie sie ab, wenn Sie sich die Paare gemerkt haben.

Hier sehen Sie die Hälfte eines Bildpaares. Welches Foto fehlt?

PUZZLE

Betrachten Sie Abbildung A.

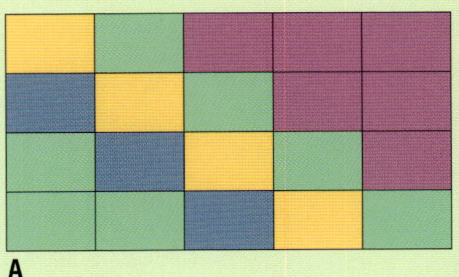

A

Mit welchen drei Puzzlestücken kann man Abbildung A zusammensetzen? Die Stücke dürfen weder gedreht noch übereinander gelegt werden.

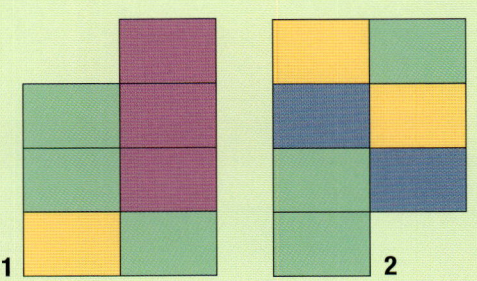

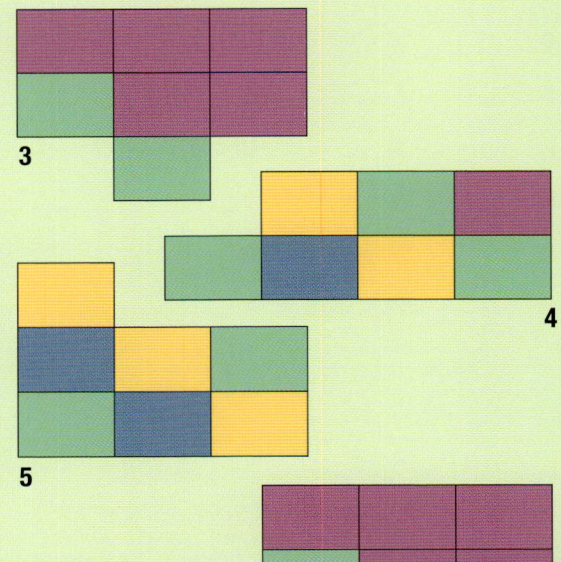

AUS DER REIHE GETANZT

Welche Zahl passt nicht in diese Reihe?

3   5   7   11   13   17   19   21   23

Lösungen der Spiele

Seiten 60–61

Seiten 62–63

SPRUCHSALAT
1. Die Zeit heilt alle Wunden.
2. Liebe geht durch den Magen.
3. Eine Hand wäscht die andere.

PYRAMIDE
Die vierte Zahl der letzten Zeile muss sehr klein sein, denn sonst erreicht man nicht die 10 in der mittleren Zeile. Setzen Sie also eine 1 zwischen die 6 und die 2. In der zweiten Zeile von unten stehen dann rechts außen 7 und 3. Um auf 117 in der Pyramidenspitze zu kommen, muss man 117 − 47 − 10 = 60 rechnen und dies durch 2 teilen: 30. Folglich steht zwischen 47 und 10 eine 30, darüber eine 77 und eine 40. Links unter der 30 muss eine 23 stehen (30 − 7), links unter der 47 muss eine 24 stehen (47 − 23). Daraus folgt, dass die letzte freie Stelle auf der untersten Zeile eine 17 sein muss.

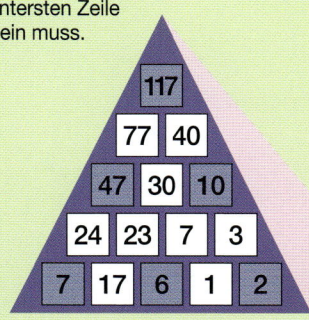

KÖPFCHEN!
Wenn x das Alter des jüngeren Bruders vor 5 Jahren angibt, dann betrug das Alter des älteren Bruders damals 2 x. Heute sind sie x + 5 und 2 x + 5 Jahre alt.
In 8 Jahren werden sie x + 13 und 2 x + 13 sein. Dies macht insgesamt 3 x + 26. Damit 3 x + 26 = 50 ist, muss x 8 sein. Das Kind ist heute also 13 (8 + 5).

DIE KLEINEN UNTERSCHIEDE

BACHSTUBEN? BUCHSTABEN!
1. ankerte, Raketen
2. schlief, Fleisch
3. Liebling, billigen

BILDERSCHRIFT
Picasso (Pik-Ass-o), Michelangelo (Michel-Angel-o), Shakespeare (Schecks-Bier)

Seiten 64–65

GUT IN FORM
Schatten 4

WER WEISS MEER?
1. Die Meerspinne (eine Krabbenart)
2. Die Straße von Gibraltar
3. Kopenhagen
4. Ernest Hemingway
5. Auf dem Mond
6. Mit einem Dreizack
7. Richtig
8. Gelbes Meer
9. Fram
10. Thalassophobie

MERKWÜRDIG
1. Brief
2. Nein
3. Domizil
4. Vor Damm
4. Suppe
4. Regen – Schauer

FORTSETZUNG FOLGT
1. G: Im Alphabet geht man drei Buchstaben zurück, dann vier, dann fünf. Der fehlende Buchstabe steht sechs Buchstaben vor M.
2. V: In alphabetischer Reihenfolge aufgelistet sind die Buchstaben, die keine Rundungen aufweisen.

WORTVERSTECK
Das gesuchte Lösungswort ist SPATZ.

GENAU GESEHEN
B zeigt die genaue Zeit an: 12.25 Uhr. Die Uhren A und C gehen um eine Viertelstunde falsch (12.10 und 12.40 Uhr). Die Uhr D geht eine halbe Stunde vor (12.55 Uhr).

Seiten 66–67

BACHSTUBEN? BUCHSTABEN!
1. Rose
2. Aster
3. Tulpe
4. Nelke
5. Ginster
6. Flieder
7. Geranie
8. Aurikel
9. Feuerdorn

KÖPFCHEN!
Eine grüne Kugel entspricht einer roten und einer gelben Kugel (Waage 1). Also wiegen drei blaue Kugeln zwei rote und zwei gelbe auf. Da eine rote Kugel einer blauen und einer gelben Kugel entspricht (Waage 2), können drei blaue Kugeln durch zwei blaue und vier gelbe Kugeln ersetzt werden. Daraus folgt, dass eine blaue Kugel durch vier gelbe Kugeln aufgewogen wird. Demnach braucht man in Waage 4 fünf gelbe Kugeln.

SPRUCHSALAT
1. „Hier stehe ich, ich kann nicht anders." (Martin Luther)
2. „Jeder ist sich selbst der Nächste." (Terenz)
3. „Aus nichts wird nichts." (Lukrez)

IM GLEICHKLANG
1. Vorstellung
2. Gefährte
3. überlegen
4. heruntergekommen

KÖPFCHEN!
1. Es genügt, wenn Maximilian 50 Cent abgibt. Er hat dann 50 Cent weniger, Marie hat 50 Cent mehr – ein Euro!
2. Das ist möglich, denn Sascha sagte, dass (nur) eine der beiden Münzen keine Euro-Münze sei. Die andere Münze kann durchaus ein Euro-Stück sein.

GETEILTE STAATEN
PACK, IST, AHN (Pakistan)
THAI, WAHN (Taiwan)
KUH, WEIT (Kuwait)
TÜR, KAI (Türkei)
SEE, SCHELLEN (Seychellen)
SKI, LEE (Chile)
TANN, SAH, NIE, JA (Tansania)
IRR, LAND (Irland)
KAMM, BOOT, SCHAH (Kambodscha)

Seiten 68–69

STAATSAFFÄREN

1. Washington
2. Oregon
3. Idaho
4. Nevada
5. Kalifornien
6. Arizona
7. Utah
8. Colorado
9. Wyoming
10. Nebraska
11. Kansas
12. Missouri
13. Louisiana
14. Texas
15. Michigan
16. Ohio
17. Maine
18. Tennessee
19. Georgia
20. Florida

DRUNTER UND DRÜBER

32 Quadrate sind zu sehen.

BILDERSCHRIFT

Armin Müller-Stahl
(Arm in Müllers Tal)

BACHSTUBEN? BUCHSTABEN!

1. Rabe, Baer
2. Dohle
3. Ammer
4. Storch
5. Natter, Ratten
6. Seeigel
7. Eisente
8. Bartmeise
9. Steinadler
10. Ringeltaube

Seiten 70–71

UM DIE ECKE GESUCHT

Die gesuchte Stadt ist MOSKAU.

ZEITFRAGEN

A8 – B7 – C4 – D6 – E3 – F5 – G2 –
H9 – I10 – J1

LÜCKENFÜLLER

1. Hyäne
2. Leopard
3. Thymian
4. Quarantäne
5. Automobil
6. Atmosphäre

PAARWEISE

A10 (Bezeichnung der alten spanischen Kriegsflotte) – B5 (von amuk: wütend) – C4 (all'arme: „Zu den Waffen!") – D9 (in den Niederlanden wurden die ersten Aktiengesellschaften gegründet) – E3 („Dinge, die zu tun sind") – F1 (von al-gabr „Einrenkung") – G6 („Schneejacke") – H2 („Baumeister") – I8 (aus (avoir) à faire: zu tun (haben)) – J7 (zu hoy: „He!")

STREICHFÄHIG

Gestrichen werden können:
R (Banden) – A (Gieren) – E (Strich) –
T (Saunen) – S (Eilzug) – E (Granat) –
L (Schund).
Der Zeitvertreib ist ein RAETSEL.

AUFGEPASST!

Sie haben nach einer Minute mehr als die Hälfte der Wörter gewusst? Hervorragend! Wenn Sie sich nach zehn Minuten mit Müh und Not nur an drei Wörter erinnern, dann ist das normal. Wundern Sie sich nicht, wenn Sie CD-Spieler statt CD-Player oder Käse statt Harzer notiert haben. Das Gedächtnis speichert den Sinn und nicht die Form.

Seiten 72–73

AUSGESPROCHEN SCHIEF!

REH, MARK (Erich Maria REMARQUE)
PUH, ZOO (Mario PUZO)
ALL, ENDE (Isabel ALLENDE)
SOLL, GENIE, ZINN (Alexander Solschenizyn)
KUH, PER (James Fenimore COOPER)
BALL, SACK (Honoré de BALZAC)
WEIL, DER (Thornton WILDER)
FLOH, BÄR (Gustave FLAUBERT)
VOLL, TEER (VOLTAIRE)
SCHAH, MISS, SO (Adelbert von CHAMISSO)

ZEITFRAGEN

A6 – B2 – C4 – D1 – E5 – F9 – G10 –
H3 – I7 – J8

FORTSETZUNG FOLGT

In umgekehrter alphabetischer Reihenfolge sind abgebildet: ein Zebra, ein Yorkshire-Terrier, ein Xylophon und eine Whiskyflasche. Das fünfte Wort muss folglich mit einem V beginnen und kann nur die Violine sein (Piano, Posaune, Violine).

ORTSVERÄNDERUNG

Der Satz lautet: „Über Risiken und Nebenwirkungen informiert Sie Ihr Arzt oder Ihr Apotheker."
Der Anfangsbuchstabe jedes Wortes steht am richtigen Platz.

RICHTIG GEZÄHLT

Seiten 74–75

WER BIN ICH?

A. Götz George
B. Oliver Kahn
C. Micky Maus
D. Udo Lindenberg
E. Konrad Adenauer

VERSCHLÜSSELT

Drei Wochen war der Frosch so krank, jetzt raucht er wieder, Gott sei Dank. (W. Busch)

IM DREIERPACK

1. Schnee
2. Floh
3. Blut
4. Mark
5. Last
6. Plan

AUF DEM HOLZWEG

Die Hölzchen mit dem roten Kopf haben ihren Platz nicht verändert.

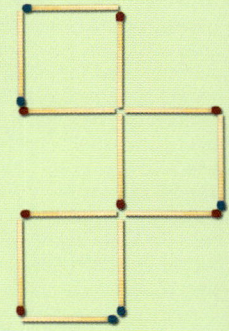

RUNDSCHREIBEN

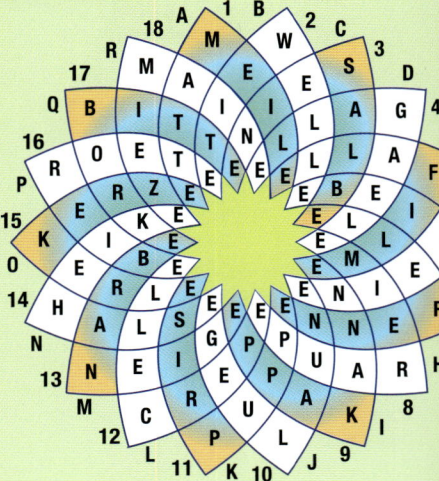

Seiten 76-77

BILDERSCHRIFT
Lilo Pulver – Til Schweiger – Uschi Glas –
Inge Meysel (in-Ge Mais-el)

PLATZTAUSCH
1. Aber bitte mit Sahne
2. Der Teufel hat den Schnaps gemacht
3. Merci Chérie
4. Es wird Nacht, Señorita
5. Gaby wartet im Park
6. Ich war noch niemals in New York

FORTSETZUNG FOLGT
Die Karo-2 vervollständigt die ausgelegten
Karten. In jeder Reihe und Spalte kommen
die vier Kartenfarben Kreuz, Pik, Herz und
Karo nur einmal vor, wobei Rot und Schwarz
sich abwechseln. Die Summe der Karten-
werte beträgt in jeder Zeile und Spalte 20
Punkte.

LEITER

```
      S       A
  S C H O R F
    H       T H
    N       H R
  K U R O R T I
    P       I T
    F       T I
  S E P S I S S
    N       S
```

Seiten 78-79

IM BILDE
1. Ein rotes Ass
2. In der rechten Hand
3. Falsch
4. Geldstücke
5. Von vorn
6. Mit der linken Hand
7. Falsch
8. Nach links
9. Federn
10. Wahr

WORTBRÜCHIG
1. Legende
2. Posaune
3. Ankara
4. infantil
5. Versagen
6. fundamental

LÜCKENFÜLLER
1. Iglu
2. immens
3. Impfung
4. Idylle
5. Insekt
6. Ithaka

GENAU GESEHEN
1. Die vierte Uhr geht richtig. Die Uhr,
die ein Uhr anzeigt, geht sieben Stunden
nach. Die Uhr, die drei (oder 15) Uhr
anzeigt, geht sieben Stunden vor.
2. Wiederum geht die vierte Uhr richtig.
Die Uhr, die ein (oder 13) Uhr anzeigt,
geht fünf Stunden vor. Die Uhr, die
drei Uhr anzeigt, geht fünf Stunden nach.

IRRLÄUFER

AUSTAUSCH

B A U E R N

E I N B A U

S A B I N E

S A L I N E

G E N I A L

A G O N I E

K O E N I G

Seiten 80-81

STARS KREUZ UND QUER

```
P O L A N S K I     D   S M I T H
O   A       I   R Y D E R   I       A
T H U R M A N   U     P   R         S
E   T   O   S A S S   A     H A W K S
N   E   N   K   S     R         I   E
E   T A R A N T I N O   D E L O N
E   B   R   E   P I       S   A   A
P A C I N O   M   A U   K   E   D J
I   T   K   G R A N T   T R O T T A N
T   E   N   E   N H       O       N
T A Y L O R   B E R T O L U C C I
```

IM GLEICHKLANG
1. vage, Waage
2. Spot, Spott
3. weise, Waise, Weise
4. Verse, Ferse

BONUS
1. rund
2. Anden
3. Dusche
4. Drogist
5. Derwisch
6. Deutscher

DOMINO

K O L U M B U S
N A L L E G A M

PYRAMIDE
Von oben nach unten gerechnet:
91 – 40 = 51
(zweite Zeile rechts).
40 – 20 = 20
(dritte Zeile links)
und so weiter.

```
        91
      40  51
    20  20  31
  12   8  12  19
 7   5   3   9  10
```

KÖPFCHEN!
Es ist kein Taschenrechner nötig, um diese
Aufgabe zu lösen! Wenn die beiden Züge
sich treffen, sind sie zwangsläufig gleich weit
von Oberbach entfernt.

Seiten 82-83

FORTSETZUNG FOLGT

A. **Symbol 5:** Der farbige Punkt wandert im Uhrzeigersinn und wechselt bei jedem Schritt seine Farbe.
B. **Symbol 2:** Zum vorigen Symbol wird immer ein Quadrat hinzugefügt.
C. **Symbol 1:** Der rote Sektor dreht gegen den Uhrzeigersinn. Der blaue Punkt bewegt sich nicht. Er wird beim dritten Schritt vom roten Sektor verdeckt.
D. **Symbol 4:** Das grüne Quadrat wandert jeweils ein Kästchen nach links. Das blaue Quadrat wandert jeweils ein Kästchen nach oben.
E. **Symbol 2:** Das rote Dreieck dreht sich bei jedem Schritt im Uhrzeigersinn um 90°. Das blaue Dreieck dreht sich bei jedem Schritt in entgegengesetzter Richtung um 90°.

VERFLOCHTEN

1. Ferres – Atzorn
2. Plathe – Riemann
3. Adorf – Elstner

WORT FÜR WORT

		S	E	T				
+ **T**		T	E	S	T			
+ **A**		T	A	S	T	E		
+ **L**		S	A	T	T	E	L	
+ **R**		S	T	A	R	L	E	T
+ **I**		L	A	S	T	T	I	E	R
+ **L**		R	E	I	T	S	T	A	L	L

IM DREIERPACK

1. breit
2. Salz
3. Wein
4. Gummi
5. Flug
6. Ochsen

EINER ZU VIEL

Jasmin

GUT AUFGELEGT

Die Scheiben 2, 4 und 6

Seiten 84-85

IM DREIERPACK

1. Leib
2. Blume
3. Band
4. Pferd
5. Kuchen
6. Hund

IM BILDE

1. Im dritten Bild
2. Sie gibt dem Mann am Nebentisch Feuer.
3. Falsch
4. In Blau
5. Fünf
6. Drei (5, 6 und 7)
7. Der Mann im mittleren Bild
8. Falsch
9. Richtig
10. Auf der Rückenlehne des Stuhls, auf dem der Kellner sitzt

FAHNENFAHNDUNG

Die gesuchte Fahne:

SANDWICH

HOMO FABER

H	U	M	U	S
H	O	K	A	P	I
M	I	X	E	R
O	F	F	E	N
F	I	R	M	A
A	L	I	B	I
B	A	S	A	R
E	I	C	H	E
R	U	H	E	N

PAARWEISE

A9 – B10 – C8 – D1 – E2 – F3 – G4 – H6 – I7 – J5

Seiten 86-87

WER BIN ICH?

A. Brot
B. Ball
C. Mond
D. Name
E. Haar

IM BILDE

1. Ein Hund
2. Eine Pistole
3. Richtig
4. Richtig
5. Eine Frau
6. Falsch
7. Bis kurz unter das Knie
8. Falsch
9. Richtig, links neben dem Trommler
10. Links unten

ZEITFRAGEN

Romy Schneider und Kofi Annan (1938) – Sepp Maier und Michael Douglas (1944) – Richard Gere und Mary Roos (1949) – Harald Schmidt und Sabine Christiansen (1957) – Désirée Nosbusch und Katarina Witt (1965)

KÖPFCHEN!

Mittags um 12. Der kleine Zeiger dreht zwei Runden pro Tag, also sehe ich meinen Freund in fünf Tagen, um die gleiche Zeit.

SINNSUCHE

1. schwierig
2. erheblich
3. heftig
4. bedrückend
5. bleiern
6. stürmisch
7. massig
8. getragen

AUS DER REIHE GETANZT

1. In jedem Wort versteckt sich eine Währung: Rubel, Euro, Pfund, Krone, Dinar. Der Peso in JOSEPHINE ist allerdings rückwärts geschrieben
2. In jedem Wort sind die fünf Vokale A, E, I, O, U einmal vorhanden. In AUTOMINUTE ist zusätzlich noch ein U.
3. Die beiden Teile dieser Wörter sind austauschbar: KUNDENSTAMM – STAMMKUNDEN. Nur bei STANDPUNKT ist dies nicht der Fall, es heißt PUNKTESTAND.

Seiten 88-89

LOGICAL

Pferderennen

Nach Hinweis 3 ist der Sieger entweder das Pferd mit der Nummer 13 (5 + 8) oder mit der Nummer 15 (5 + 10). 15 ist nicht der Sieger (Hinweis 2), also hat 13 gewonnen. 5 und 8 belegen die beiden letzten Plätze, 10 und 15 sind entweder Zweiter oder Dritter geworden. Alkyone mit der Nummer 15 hat drei Plätze Abstand zum zweiten Pferd, dessen Name mit A beginnt, also Alkor (Hinweis 4). Alkyone kann nicht auf dem dritten Platz sein, denn dann wäre Alkor Sechster oder „Nullter". Alkyone mit der 15 liegt auf dem zweiten Platz, Alkor auf dem fünften und das Pferd mit der 10 muss Dritter sein.
Aus Hinweis 1 folgt, dass das Pferd mit der blauen Rennfarbe an vierter Stelle einlief. Das Pferd mit der grauen Rennfarbe liegt direkt hinter Alkyone, ist also Dritter (Hinweis 2). Polaris und Pictor sind Erster oder Vierter (Hinweis 4), Castor Dritter. Da Polaris nicht gewonnen hat (Hinweis 3), liegt er auf dem vierten Platz. Pictor muss der Sieger sein. Das Pferd mit der grauen Rennfarbe ist Dritter, nicht das Pferd mit der roten Rennfarbe. Folglich muss das Pferd mit der Nummer 5 Vierter geworden sein. Folglich ist Nummer 8 an fünfter Stelle (Hinweis 5). Zweiter wurde das Pferd mit der roten Rennfarbe. Da das Pferd mit der gelben Rennfarbe nicht Letzter geworden sein kann

(Hinweis 1), muss es gewonnen haben. Den letzten Platz belegte das Pferd mit der grauen Rennfarbe.

PFERD	POLARIS	PICTOR	ALKYONE	ALKOR	CASTOR
PLATZ	4.	1.	2.	5.	3.
NUMMER	5	13	15	8	10
FARBE	blau	gelb	rot	grün	grau

Lösung

VERSCHLÜSSELT
Denn es muss von Herzen gehen, was auf Herzen wirken soll.

UNPASSEND
1. Bei allen Wörtern außer SLAWINNEN kann man den ersten Buchstaben auslassen. Es entsteht ein neues Wort (kontieren, Achsen, Eilzug, Endung, Panier).
2. Alle Wörter außer EITEL bilden neue Wörter mit der Nachsilbe -heit.
3. Alle Wörter außer REGNEN können vorwärts wie rückwärts gelesen werden (Palindrome).

GEFIEDER IM GITTER

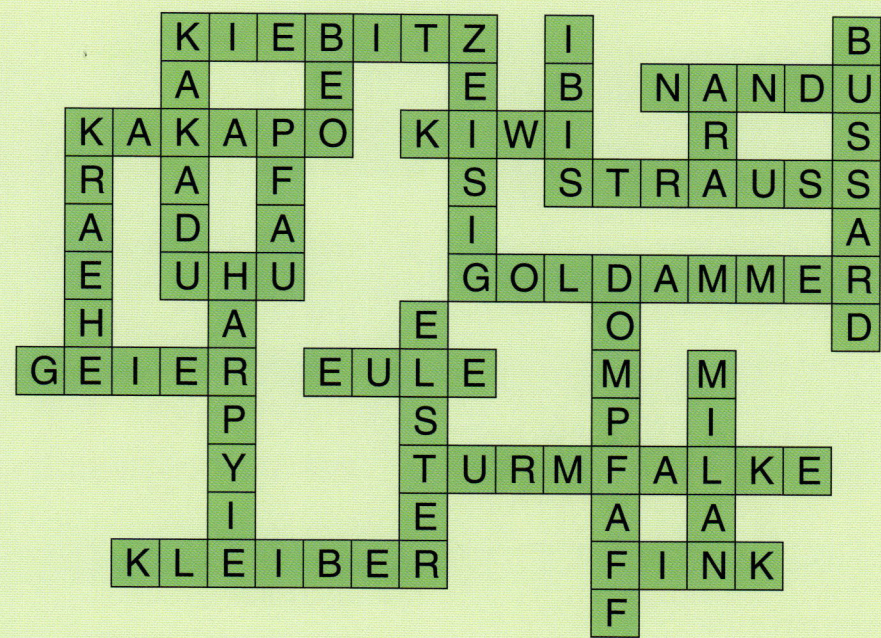

Seiten 90–91

GEWÜRFELT
Andorra – Estland – Belgien

DER GUTE TON
1. unterstellte
2. wiederholen
3. umgehen
4. übersetzte

FORTSETZUNG FOLGT
A. 63: man addiert 6, dann 9, 12, 15. Die folgende Zahl: 45 + 18.
B. 219: Die Zahl wird verdoppelt, dann wird 5 addiert. Die folgende Zahl: 107 x 2 + 5.
C. 840: Die Zahl wird verdoppelt, dann verdreifacht, vervierfacht … Die folgende Zahl: 168 x 5.
D. 28: Abwechselnd wird verdoppelt und 6 abgezogen. Die folgende Zahl: 14 x 2.

SPIEGELBILDER

Seiten 92–93

FORTSETZUNG FOLGT
A. 68: Eine Zahl im Kreis wird verdoppelt, zu einer Zahl im Quadrat wird 5 addiert. Die folgende Zahl: 63 + 5.
B. 122: Eine Zahl im Dreieck wird verdoppelt, eine Zahl im Stern wird rückwärts geschrieben. Folglich kommt man von der 221 wieder zur 122 zurück.
C. 62: Eine Zahl wird mit der Anzahl der Striche über der Linie multipliziert, dann wird die Anzahl der Striche unter der Linie abgezogen. Die folgende Zahl: 33 x 2 – 4.

IM DREIERPACK
1. Bauch
2. Schirm
3. Adler
4. Blau
5. Klammer
6. Lauf

SPRUCHREIF
1. Ende gut, alles gut.
2. Der Zweck heiligt die Mittel.
3. Gleich und gleich gesellt sich gern.
4. Übung macht den Meister.
5. Der Einäugige ist unter den Blinden König.
6. Jeder ist seines Glückes Schmied.

PAARWEISE
1. Skifahrer und Berge
2. Meer und Surfer
3. Känguru und Giraffe
4. Medikamente und Ärzte
5. Turm von Pisa und Eiffelturm
6. Brot und Käse

STADT, LAND, FLUSS
Lösungsbeispiele:
BA Bardot, Badehose, Barbara, Basset, Bach, Bartnelke, Barsch, Bandsäge
HE Hepburn, Hemd, Helga, Hengst, Heinemann, Herbstzeitlose, Hering, Hebel
ME Meysel, Melone, Melanie, Meerschweinchen, Metternich, Melisse, Merlan, Meißel
RE Redgrave, Regenmantel, Renate, Reh, Reagan, Reseda, Regenbogenforelle, Rechen
SA Sass, Sakko, Sabine, Salamander, Sachs, Salbei, Sardine, Saugpumpe
ST Stone, Strumpf, Stefanie, Stachelschwein, Stauffenberg, Stiefmütterchen, Stör, Stemmeisen

Seiten 94–95

WORTBRÜCHIG
1. Kakadu
2. Karate
3. Debakel
4. Oregano
5. Avocado
6. Belladonna

ALLER ANFANG IST SCHWER
1. Pipette
2. Kastagnette
3. Klarinette
4. Manschette
5. Bulette
6. Majorette
7. Marionette
8. Tablette
9. Gazette
10. Epaulette

DOMINO

GEGENÜBERSTELLUNG

Nur der dritte Verdächtige entspricht der Beschreibung von Frau Findig.

PYRAMIDE

Gehen Sie von der 74 aus. 74 – 34 = 40 (links von der 34). Dann 40 – 21 = 19 (rechts von der 21). Die Zahlen in der untersten Zeile sind also 21 – 16 = 5 (links außen), 19 – 16 = 3 (in der Mitte), 15 – 3 = 12 (Mitte rechts) und 33 – 12 = 21 (rechts außen).
In der dritten Zeile rechts steht 15 + 33 = 48, in der Zeile darüber 34 + 48 = 82 und an der Spitze 74 + 82 = 156.

WAHR ODER FALSCH?

1. Wahr (A)
2. Falsch: Der Maler war da Vinci (I)
3. Falsch: Chagall war Russe (N)
4. Falsch: Alle fünf Jahre (T)
5. Falsch: Das Bild ist ein Kupferstich (I)
6. Wahr (Z)

Richtig sortiert, ergeben die sechs Buchstaben TIZIAN.

MERKWÜRDIG

1. Venus, Uranus, Erde
2. Keines
3. Trick, Tick
4. Herzog
5. Hirsch
6. Tick

GEKREUZTE HUNDE

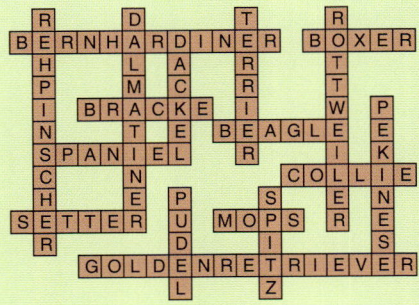

PLANSPIEL

SENEGAL – ERITREA

S	E	A	T	T	L	E
E	C	U	A	D	O	R
N	A	I	R	O	B	I
E	U	P	H	R	A	T
G	A	L	T	U	E	R
A	L	G	A	R	V	E
L	I	B	E	R	I	A

Seiten 96-97

IRRLÄUFER

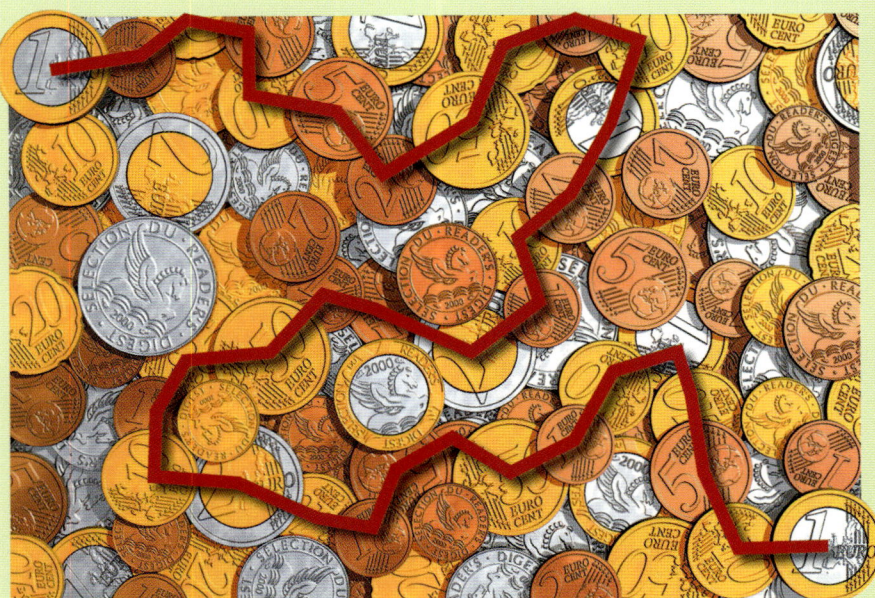

Seiten 98-99

GITTER FÜRS VOLK

MAGISCHES QUADRAT

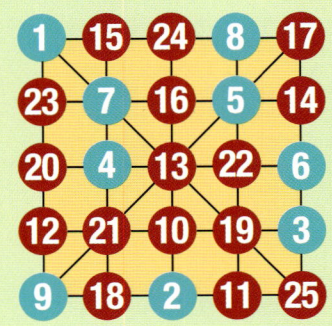

Wenn man z. B. über die fünf Zahlen 1, 7, 13, 20 und 24 ein X legt oder über die fünf Zahlen 15, 7, 4, 23 und 16 ein +, dann ergibt die Summe dieser Zahlen ebenfalls 65!

ZOOM

Eine Paprika

KÖPFCHEN!

Durch Tim und Anna wissen wir, dass 10 ST (Stachelgummibeeren) so viel wert sind wie 5 L (Lilalutschlollis). Also sind 2 ST = 1 L wert. Bei Tom haben dann 4 SCH (Schokokokosbonbons) + 4 L = 2 Euro gekostet. Folglich gilt 1 SCH + 1 L = 0,50 Euro.
Da 6 L + 1 SCH = 2 Euro kosten, kosten 5 L = 1,50 Euro. Ein Lilalutschlolli kostet 30 Cent. Daraus ergeben sich dann folgende Preise:
Stachelgummibeere: 15 Cent
Lilalutschlolli: 30 Cent
Schokokokosbonbon: 20 Cent

SANDWICH
FEDERBALL – GYMNASTIK

G	E	F	U	E	G	I	G
A	M	E	T	H	Y	S	T
O	L	D	T	I	M	E	R
S	P	E	L	U	N	K	E
B	A	R	T	H	A	A	R
R	O	B	I	N	S	O	N
K	R	A	W	A	T	T	E
B	O	L	I	V	I	E	N
T	E	L	E	S	K	O	P

PLANSPIEL
WITTEN – WETTER

W	A	R	N	O	W
I	R	R	S	E	E
T	R	I	E	S	T
T	I	L	S	I	T
E	N	N	E	P	E
N	E	C	K	A	R

DIE KLEINEN UNTERSCHIEDE

Seiten 100-101

DRUNTER UND DRÜBER
7 Quadrate, 4 Kreise, 4 Dreiecke

ZEITFRAGEN
1A. Elisabeth II. (1952)
2C. Margrethe II. (1972)
3H. Carl XVI. Gustaf (1973)
4F. Juan Carlos I. (1975)
5E. Beatrix I. (1980)
6B. Hans Adam II. (1989)
7G. Harald V. (1991)
8J. Albert II. (1993)
9I. Henri I. (2000)
10D. Albert II. (2005)

GEWÜRFELT
Borsche – Minetti – Dagover

BLICKPUNKT
Glas – Schüssel – Butterdose – Hemd – Löffel – Teekanne – Kaffeekanne

AUS DER REIHE GETANZT
Der Marienkäfer ist das einzige der abgebildeten Tiere, das nicht sticht oder brennt.

AUF DEM HOLZWEG
Vier der Quadrate in der Ausgangsfigur bleiben bestehen. Durch das Verlegen des Streichholzes mit dem blauen Kopf werden zwei neue Quadrate gebildet. Sie nehmen jeweils zwei Drittel der Gesamtfläche ein: einmal von rechts aus gesehen, einmal von links aus gesehen.

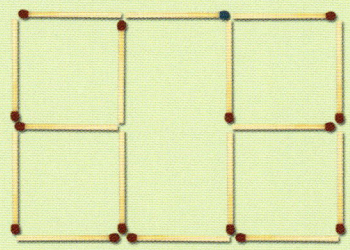

ALLER ANFANG IST SCHWER
1. Matador
2. Gladiator
3. Auktionator
4. Konditor
5. Tresor
6. Äquator
7. Projektor
8. Restaurator
9. Reflektor
10. Meteor

KÖPFCHEN!
1. Viermal die 25, einmal die 1.
2. Zweimal die 25, dreimal die 15, einmal die 7.
Der Ring mit 3 Punkten wird nicht getroffen.

Seiten 102-103

RICHTIG GEZÄHLT

6 17 28 39

29 38 7 16

37 26 19 8

18 9 36 27

IM DREIERPACK
1. Blei
2. Eisen
3. Kupfer
4. Gold
5. Silber
6. Zinn

MAGISCHES QUADRAT
Dies ist eine von mehreren Möglichkeiten.

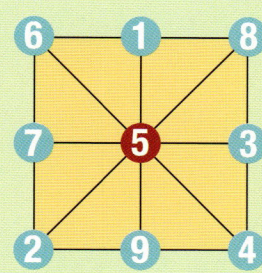

AUS DER REIHE GETANZT
Der Wal ist das einzige Säugetier unter den abgebildeten Arten. Alle anderen Tiere legen Eier.

DECHIFFRIERT
1. Des Schweines Ende ist der Wurst Anfang.
2. ... .. -.. / .... / ... .- ... . -. -..... / ... .. -... / ... . -.. / .... -.... ... . / .... .- .. .- -.. / ... . -. .... / .... -. ... -..... / ... . -. .... -...... / ... . -... . ... . -..... /

BACHSTUBEN? BUCHSTABEN!
1. schneit, Tischen, scheint
2. Schimpansen, spanischem
3. maskierter, Steiermark

Seite 104

PUZZLE
Die Puzzlestücke 2, 4 und 6.

AUS DER REIHE GETANZT
Bis auf eine Ausnahme besteht die Reihe aus Primzahlen. Die einzige Zahl, die keine Primzahl ist, ist die 21, auch teilbar durch 3 und durch 7.

111

Verschiedene Gedächtnisformen

Mehr als nur ein Gedächtnis

Die Wissenschaft konnte die wichtigsten Mechanismen des Gedächtnisses entschlüsseln und eine Art Lageplan der unterschiedlichen Gedächtnisse anfertigen. Trotzdem ist sie noch weit davon entfernt, sie in ihrer gesamten Komplexität zu verstehen.

Kurzzeit- und Langzeitgedächtnis: ein ständiges Kommen und Gehen

1 Wenn die **Sinnesorgane** neue Informationen empfangen, werden diese zunächst ganz kurz in jenen Gedächtnisarealen aufbewahrt, die den einzelnen Sinnen entsprechen und das **sensorische Gedächtnis** bilden.

2 Informationen, die unsere Aufmerksamkeit oder unser Interesse erregen, werden in das **Kurzzeitgedächtnis** weitergeleitet. Es stellt die wahrgenommenen Informationen einige Sekunden bis etwa zwei Minuten lang zur unmittelbaren Verwendung zur Verfügung.

3 Ins **Langzeitgedächtnis** weitertransportiert werden die Informationen nur, wenn ihnen ganz bewusst Aufmerksamkeit geschenkt wurde und sie häufig genug wiederholt wurden. Ohne eine solche Festigung werden sie wieder vergessen.

4 Das **Langzeitgedächtnis** sorgt dafür, dass wir uns noch an Informationen erinnern oder sie wiedererkennen können, die Minuten, Stunden oder sogar Jahre zuvor eingegangen sind. Es umfasst:
- das **episodische Gedächtnis**, das die „Episoden unseres Lebens" und somit unsere Biographie speichert (siehe S. 128)
- das **prozedurale Gedächtnis**, das Eindrücke speichert, die automatisierte Bewegungsabläufe – beispielsweise das Radfahren – ermöglicht (siehe S. 118);
- das **semantische Gedächtnis**, in dem das Wissen über die Welt gespeichert ist (siehe S. 122).

5 Dauerhaft gespeicherte Informationen wandern vom Langzeit- zurück ins Kurzzeitgedächtnis, wenn sie bei der Bewältigung einer bestimmten Aufgabe gebraucht werden. Das gilt auch für das von Ihnen erfragte Rezept eines Gerichts, das Sie ein paar Tage später zu Hause nachkochen wollen. Wenn Sie sich die Zutaten und Arbeitsschritte so lange merken konnten, müsse Sie überdurchschnittlich motiviert gewesen sein

Mein Gedächtnis
... und meine nächste Reise

Reisevorbereitungen trainieren das Gedächtnis. Wer sich für die Geographie, die Sprache und die Kultur eines Landes interessiert und sich anhand von Reiseberichten, Reiseführern und Broschüren informiert, tut mehr für sein Gedächtnis als er denkt. Während wir nach einem geeigneten Hotel suchen, Serviceangebote und Preise vergleichen, läuft unser Gedächtnis auf Hochtouren. Diese Gedächtnisstimulation, die auch noch während des Urlaubs und danach anhält, sorgt für Schwung und Lebensfreude. Viele Reisende fühlen sich wieder richtig dynamisch: Ja, Reisen hält jung!

Explizites und implizites Gedächtnis – das Speichern von Lernprozessen

Ich weiß noch gut, wo und wie ich Skilaufen gelernt habe. Aber wann habe ich bloß das Sprechen gelernt?

Alles, was Menschen im Lauf der Jahre erleben, setzt Lernprozesse in Gang, die ihr zukünftiges Verhalten beeinflussen. Ein Erwachsener verhält sich anders als ein Kind, das gerade erst laufen oder lesen gelernt hat. Doch auch sein Verhalten ändert sich wie bei einem Kind mit jeder neu gemachten Erfahrung – ganz gleich, ob es sich dabei um ein Semester an der Universität oder um eine unglückliche Liebe handelt.

Die Liste dieser Lernvorgänge ist unendlich lang. Einige davon erstrecken sich über das gesamte Leben. Dazu gehört die Fähigkeit zu lieben, aber auch die zunehmende persönliche Unabhängigkeit. Doch es gibt besonders wichtige Meilensteine auf dem Lebensweg, die jeder sofort benennen kann, etwa die erste ernsthafte Liebesbeziehung oder das Verlassen des Elternhauses. Beides sind wichtige Schritte auf unserem Weg zu einem selbstständigen Leben. Die unterschiedlichen Erfahrungen, die Menschen im Lauf ihres Lebens sammeln, lassen die Persönlichkeit reifen.

Solche wichtigen Ereignisse, die die Lernvorgänge begleiten, sind im **expliziten Gedächtnis** gespeichert. Deshalb können wir sagen: „Ich erinnere mich noch gut an den Klavierunterricht bei Frau Michaelis, damals in der sechsten Klasse. Sie war eine sehr nette Lehrerin." Mithilfe des expliziten Gedächtnisses sind wir in der Lage, bewusst solche Informationen abzurufen und uns daran zu erinnern, wo und wann wir sie uns eingeprägt haben.

Das **implizite Gedächtnis** dagegen **speichert die Lernvorgänge ohne ihren Zusammenhang.** In diesem Fall können wir uns nicht mehr an deren Rahmenbedingungen erinnern. Auch die damit verbundenen Erfahrungen sind uns entfallen. Das implizite Gedächtnis speichert **unbewusste Informationen, ohne die wir unseren Alltag nicht bewältigen könnten.** Wir handeln, ohne zu merken, dass ein Verhalten, das uns völlig natürlich vorkommt, in Wahrheit auf einer Gedächtnisleistung beruht. Dieses Gedächtnis lässt sich nicht mit Worten ausdrücken. Wir können nicht mehr sagen: „Ich erinnere mich an …" **Stattdessen handeln wir ohne weitere Überlegungen.**

Der französische Gerontologe Dr. Louis Ploton, der das Altern und seine Ursachen erforscht, erklärte 1993 in einem Vortrag, wie diese unbewusste Speicherung von Informationen die zwischenmenschlichen Beziehungen beeinflusst: „Was sich bei der Begegnung zweier Menschen abspielt, hängt nicht nur von den Worten ab, die beide wechseln. Ich weiß nicht, was ich Ihnen gerade unbewusst über mich mitteile. Und ich weiß auch nicht, was Sie mir gerade unbewusst mitteilen. Möglicherweise verwenden wir sehr viel Energie darauf, Dinge vor uns und vor anderen geheim zu halten, obwohl die anderen das längst spüren und instinktiv davon Gebrauch machen …" **Sowohl das explizite als auch das implizite Gedächtnis gehören zum Langzeitgedächtnis.**

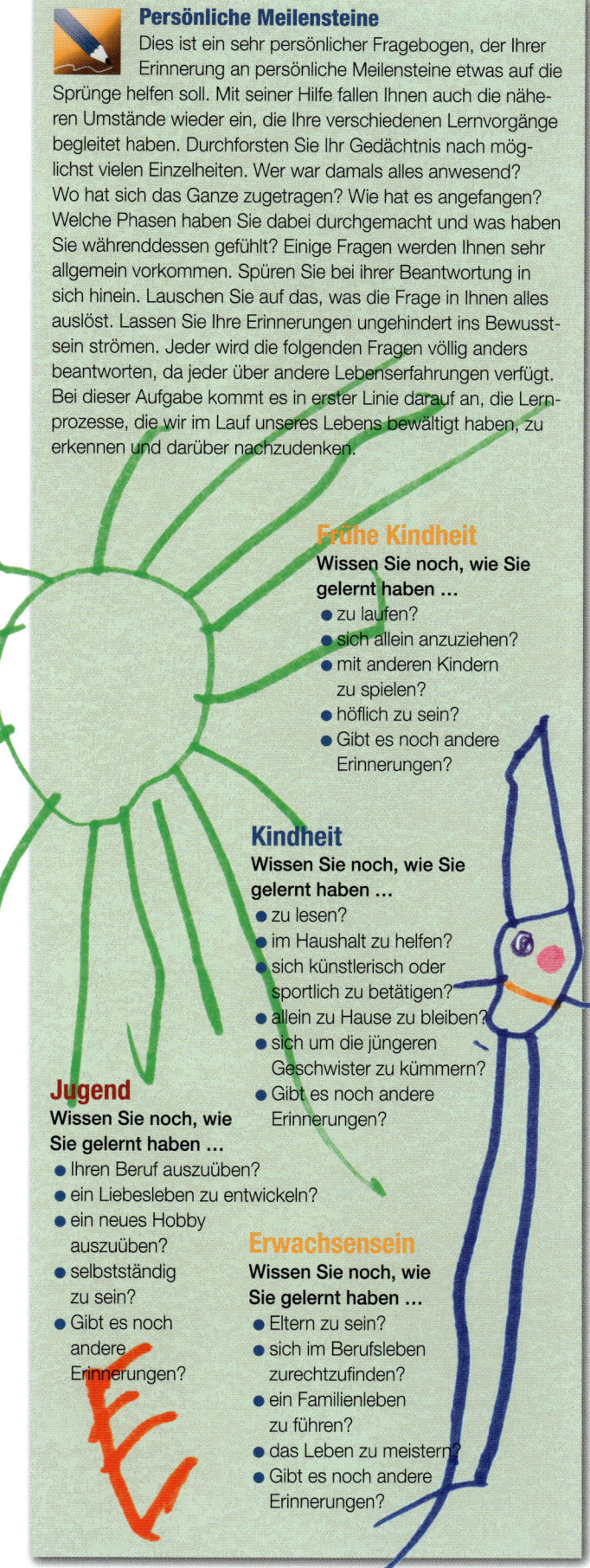

Persönliche Meilensteine

Dies ist ein sehr persönlicher Fragebogen, der Ihrer Erinnerung an persönliche Meilensteine etwas auf die Sprünge helfen soll. Mit seiner Hilfe fallen Ihnen auch die näheren Umstände wieder ein, die Ihre verschiedenen Lernvorgänge begleitet haben. Durchforsten Sie Ihr Gedächtnis nach möglichst vielen Einzelheiten. Wer war damals alles anwesend? Wo hat sich das Ganze zugetragen? Wie hat es angefangen? Welche Phasen haben Sie dabei durchgemacht und was haben Sie währenddessen gefühlt? Einige Fragen werden Ihnen sehr allgemein vorkommen. Spüren Sie bei ihrer Beantwortung in sich hinein. Lauschen Sie auf das, was die Frage in Ihnen alles auslöst. Lassen Sie Ihre Erinnerungen ungehindert ins Bewusstsein strömen. Jeder wird die folgenden Fragen völlig anders beantworten, da jeder über andere Lebenserfahrungen verfügt. Bei dieser Aufgabe kommt es in erster Linie darauf an, die Lernprozesse, die wir im Lauf unseres Lebens bewältigt haben, zu erkennen und darüber nachzudenken.

Frühe Kindheit

Wissen Sie noch, wie Sie gelernt haben …
- zu laufen?
- sich allein anzuziehen?
- mit anderen Kindern zu spielen?
- höflich zu sein?
- Gibt es noch andere Erinnerungen?

Kindheit

Wissen Sie noch, wie Sie gelernt haben …
- zu lesen?
- im Haushalt zu helfen?
- sich künstlerisch oder sportlich zu betätigen?
- allein zu Hause zu bleiben?
- sich um die jüngeren Geschwister zu kümmern?
- Gibt es noch andere Erinnerungen?

Jugend

Wissen Sie noch, wie Sie gelernt haben …
- Ihren Beruf auszuüben?
- ein Liebesleben zu entwickeln?
- ein neues Hobby auszuüben?
- selbstständig zu sein?
- Gibt es noch andere Erinnerungen?

Erwachsensein

Wissen Sie noch, wie Sie gelernt haben …
- Eltern zu sein?
- sich im Berufsleben zurechtzufinden?
- ein Familienleben zu führen?
- das Leben zu meistern?
- Gibt es noch andere Erinnerungen?

Verschiedene Gedächtnisformen

Sich etwas unbewusst einprägen
Lesen Sie aufmerksam den folgenden Textauszug aus *Der Prophet* von Khalil Gibran durch.

Dann sagte eine Frau, die ein Baby in ihren Armen hielt, zu ihm: Sprechen Sie von unseren Kindern! Und er erklärte:
Eure Kinder sind nicht eure Kinder. Sie sind die Söhne und Töchter der Sehnsucht des Lebens nach sich selbst. Sie kommen durch euch, aber nicht von euch. Und obwohl sie mit euch sind, gehören sie euch doch nicht. Ihr dürft ihnen eure Liebe geben, aber nicht eure Gedanken. Denn sie haben ihre eigenen Gedanken.
Ihr dürft ihren Körpern ein Haus geben, aber nicht ihren Seelen. Denn ihre Seelen leben im Haus von morgen. Das ihr nicht besuchen könnt, nicht einmal in euren Träumen. Ihr dürft euch bemühen, wie sie zu sein, aber versucht nicht, sie euch ähnlich zu machen. Denn das Leben läuft nicht rückwärts, noch verweilt es im Gestern.
Ihr seid die Bogen, von denen eure Kinder als lebende Pfeile ausgeschickt werden.
Der Schütze sieht das Ziel auf dem Pfad der Unendlichkeit: Er spannt euch mit seiner Macht, damit seine Pfeile schnell und weit fliegen.
Lasst euren Bogen von der Hand des Schützen auf Freude gerichtet sein. Denn so wie Er den Pfeil liebt, der fliegt, so liebt Er auch den Bogen, der fest ist.

Kreuzen Sie in der folgenden Liste jene Wörter an, die ein Gefühl oder Erinnerungen in Ihnen auslösen:

Auto	☐	Besuch	☐	Fenster	☐
Kiste	☐	Kind	☐	Bogen	☐
Baby	☐	Träume	☐	Leben	☐
Papier	☐	Sonne	☐	Bank	☐
Drucker	☐	Pfad	☐	Mofa	☐
Unendlichkeit	☐	Cassette	☐	Haus	☐

▶ Höchstwahrscheinlich sind die meisten der von Ihnen angekreuzten Wörter im Text vorgekommen. Dazu dürften insbesondere Baby – Besuch – Kind – Träume – Pfad – Bogen – Leben – Haus – Unendlichkeit zählen. Diese Aufgabe führt Ihnen eindrucksvoll vor Augen, wie das implizite Gedächtnis funktioniert. Die Speicherung erfolgt völlig unbewusst. Sie können sich nicht daran erinnern, irgendetwas Konkretes gelernt zu haben. Trotzdem: Das Ergebnis ist eindeutig. Da Sie sich Informationen eingeprägt haben, ohne es überhaupt zu merken, können Sie keine Aussage über diesen Lernprozess machen.

Rock 'n' roll
Ordnen Sie jedem der unten genannten Interpreten den passenden Song zu.

1. Beach Boys		a. Another Brick In The W...
2. Beatles		b. Blowing In The Wind
3. Chuck Berry		c. Blueberry Hill
4. Bee Gees		d. Good Vibrations
5. Frank Sinatra		e. Help!
6. Rolling Stones		f. Strangers In The Night
7. Fats Domino		g. Light My Fire
8. Doors		h. Love Me Tender
9. Elvis Presley		i. Massachusetts
10. Police		j. Mrs Robinson
11. Pink Floyd		k. Rock Around The Cloc...
12. Bob Dylan		l. Roll Over Beethoven
13. Simon and Garfunkel		m. Roxanne
14. Bill Haley		n. Satisfaction

Lösung S. 3...

Die richtige Definition
Für die folgenden mittelalterlichen Berufsbezeichnungen werden verschiedene Definitionen angeführt. Kringeln Sie diejenige ein, die Sie für richtig halten. *Lösung* S. 334

A. Büttner
1. Ein Handwerker, der Papier herstellt
2. Jemand, der lustige Reden hält
3. Ein Handwerker, der Holzgefäße herstellt

B. Meier
1. Verwaltungsbeamter
2. Milcherzeuger
3. Alte Rangbezeichnung im Heer

C. Kürschner
1. Kirchenbediensteter
2. Obstbauer
3. Ein Handwerker, der Pelzwerk herstellt

D. Plattner
1. Fliesenleger
2. Harnischschmied
3. Für die Wäschekammer zuständiger Hausbediensteter

E. Büttel
1. Gerichtsdiener
2. Kleinbauer
3. Holzgefäßmacher

F. Kauderer
1. Kerzenzieher
2. Flachshändler
3. Sprachlehrer an einer Hofschule

▶ Diese Aufgabe konfrontiert Sie mit Berufsbezeichnungen, die Sie nicht unbedingt in Ihrem Gedächtnis gespeichert haben. Mithilfe der vorhandenen Definitionen können Sie Assoziationen herstellen, die Sie eventuell auf die richtige Antwort bringen. Das Ihnen bis dahin unbekannte Wort erhält einen Platz in Ihrem semantischen Gedächtnis. Außerdem wird es dort mit anderen, bereits vorhandenen ähnlichen Informationen verknüpft. Das führt dazu, dass Sie die Bedeutung des neuen Wortes später abrufen können.

Bachstuben? Buchstaben!

Anagramme sind Wortspiele, bei denen die Buchstaben eines Wortes oder Satzes durcheinander gewürfelt und zu einem neuen Begriff oder Satz zusammengesetzt werden.

TUBAS ABSCHALTEN?
BUCHSTABENSALAT!

Die Beschäftigung mit Anagrammen ist sehr alt. Einer der ersten Anagrammatiker war der griechische Dichter Lykophron, der im 3. Jahrhundert gelebt hat. Viele Künstler haben ihren Namen hinter einem Anagramm versteckt. Seit dem 17. Jahrhundert dienen Anagramme in Europa vor allem zu kurzweiligen Wortspielereien.
Bilden Sie aus den folgenden Wörtern Anagramme. Verwenden Sie dabei alle Buchstaben!

ALT = ...   **ERFOLG** = ...   **INSEKT** = ...

BART = ...   **FEIERN** = ...   **KABELN** = ...

CRASH = ...   **GANGES** = ...   **LATEIN** = ...

DRAN = ...   **HEILEN** = ...   **MORSEN** = ...

▶ Diese Übung erfordert geistige Beweglichkeit. Informationen müssen so umstrukturiert werden, dass aus denselben Elementen andere Informationen entstehen. Dies geschieht mithilfe des semantischen Gedächtnisses, das Ihren Wortschatz enthält und zahlreiche Hinweise zur Bildung neuer Wörter liefert.

Lösung S. 334

---

1. ......   **8.** ......
2. ......   **9.** ......
3. ......   **10.** ......
4. ......   **11.** ......
5. ......   **12.** ......
6. ......   **13.** ......
7. ......   **14.** ......

▶ Bei dieser Aufgabe müssen Sie die in Ihrem Gedächtnis gespeicherten Fakten miteinander verknüpfen. Berühmte Sänger oder Gruppen verbinden wir mit zahlreichen Songtiteln, Melodien, Wörtern und manchmal auch mit Erinnerungen. Deshalb sind bei dieser Übung das semantische und das episodische Gedächtnis gefragt.

Wortschatzsuche

Finden Sie mindestens 20 Wörter, die mit den Buchstaben **Ba** beginnen und die auf dem Bild dargestellt oder angedeutet sind. Das können sichtbare Gegenstände wie Baum oder Ball sein, aber auch übergeordnete Begriffe wie Bayer oder Barde…

1. ....   **11.** ....
2. ....   **12.** ....
3. ....   **13.** ....
4. ....   **14.** ....
5. ....   **15.** ....
6. ....   **16.** ....
7. ....   **17.** ....
8. ....   **18.** ....
9. ....   **19.** ....
10. ....   **20.** ....

Lösung S. 334

▶ Die Bilddetails in der Abbildung bewirken, dass die im Langzeit- bzw. im semantischen Gedächtnis gespeicherten Wörter ins Kurzzeitgedächtnis übertragen werden.

Das prozedurale Gedächtnis

Bestimmte Bewegungsabläufe bleiben lebenslang im Gedächtnis, selbst wenn sie jahrelang nicht ausgeführt werden. Solche Verhaltensweisen laufen völlig automatisch ab. Dieser fabelhafte Speicher für Routineabläufe wird als prozedurales Gedächtnis bezeichnet. Er kann Informationen über lange Zeiträume speichern und bei Bedarf wieder abrufen.

Das Gedächtnis für automatische Bewegungsabläufe

Wer gelernt hat Rad zu fahren, verlernt es nie wieder!

Zahlreiche Bewegungsabläufe, die wir tagtäglich ausführen, funktionieren ganz automatisch, ohne dass wir darüber nachdenken oder in unserem Gedächtnis kramen müssen. Seit frühester Kindheit wissen wir, wie man sich anzieht, sich wäscht, isst usw. Wir müssen auch nur ein einziges Mal lernen, wie man Auto oder Fahrrad fährt, und werden diese Bewegungsabläufe nie mehr vergessen. Das Gleiche gilt für zahlreiche Handgriffe, die Handwerker oder Fabrikarbeiter täglich ausführen. **All diese Vorgänge laufen ganz automatisch ab: Die erlernten körperlichen Fähigkeiten sind im prozeduralen Gedächtnis verankert und zu mentalen Automatismen verknüpft.**

Das prozedurale Gedächtnis als Teil des Langzeitgedächtnisses entsteht durch so genannte Konditionierung, bei der Gesten und Bewegungen mehrfach wiederholt und dadurch eingeübt werden. **Haben sich diese reflexartigen Bewegungen erst einmal im Gedächtnis eingeprägt, bleiben sie bis an das Lebensende gespeichert.** Nur wenn bestimmte Gehirnareale durch einen Unfall oder eine Erkrankung geschädigt werden, können sie in Vergessenheit geraten. Selbst wenn jemand jahrelang nicht radelt, vergisst er die dafür erforderlichen Bewegungsabläufe nicht!

Doch das prozedurale Gedächtnis ist nicht nur für das Speichern von Bewegungsabläufen zuständig. Reaktionen der Haut sowie die Verwendung bestimmter Wörter und Redewendungen können ebenfalls zu Automatismen werden. Wem ist nicht schon einmal unwillkürlich ein Kraftausdruck herausgerutscht! Aber auch beim Auswendiglernen von Texten oder Sachverhalten kommt das prozedurale Gedächtnis zum Tragen, indem es einen mentalen Automatismus herstellt.

Mein Gedächtnis
... und die Straßenverkehrsordnung

In der Fahrschule werden Verkehrsregeln und die zum Autofahren erforderlichen Bewegungsabläufe antrainiert. Während der Fahrstunden wird das theoretische Wissen vertieft. Im Lauf der Jahre vergisst der Autofahrer die Theorie, wird aber im Straßenverkehr immer sicherer. Die beim Autofahren erforderlichen Bewegungen sind ihm in Fleisch und Blut übergegangen und müssen nur noch auf die herrschenden Verkehrsverhältnisse abgestimmt werden.

Winzige Gesten ...
Listen Sie Gesten auf, die Sie normalerweise ganz automatisch und ohne nachzudenken ausführen. Können Sie sie auch bewusst ausführen?

1. Im Haushalt
(z. B. die typischen Handbewegungen beim Bügeln)

....
....
....
....

2. Im Beruf
(z. B. die typischen Handbewegungen beim Öffnen der Post)

....
....
....
....

3. Bei einem Hobby
(z. B. Pinselstriche auf der Leinwand)

....
....
....

Schreiben mit geschlossenen Augen
Schließen Sie die Augen und schreiben Sie einen beliebigen Satz.

....
....

▶ Der Mechanismus des Schreibens ist einer der größten Lernerfolge in der Kindheit. Kaum jemand kann sich noch an die einzelnen Schritte erinnern, in denen die Handbewegungen immer automatischer abliefen. Erst malten wir unbeholfen einzelne Buchstaben, dann immer selbstverständlicher Wörter und schließlich ganze Sätze. Durch fortwährendes Üben haben sie sich immer tiefer in das prozedurale Gedächtnis eingegraben. Deshalb können wir sogar noch mit geschlossenen Augen fehlerfrei schreiben.

Das räumliche Gedächtnis

Unternehmen Sie folgenden kleinen Versuch:
– Legen Sie in Ihrer Wohnung nach Einbruch der Dunkelheit einen beliebigen Gegenstand auf ein Möbelstück oder auf den Boden.
– Stellen Sie sich vor diesem Gegenstand auf und löschen Sie das Licht, wobei der Raum absolut dunkel sein muss.
– Finden Sie den Gegenstand blind wieder.
Hatten Sie Probleme, den Gegenstand zu ertasten?
Welche Schlüsse ziehen Sie aus diesem Versuch?

Wahrscheinlich hatten Sie keine Probleme, sich in der vertrauten Umgebung zurechtzufinden, denn die Anordnung Ihrer Möbel ist perfekt in Ihrem Gedächtnis gespeichert. Auch hierfür ist das prozedurale Gedächtnis zuständig: Mit seiner Hilfe können Sie sich im Raum orientieren. Indem Sie die vertrauten Räume im Gedächtnis speichern, wird ein Nachdenken über die notwendigen Bewegungen überflüssig. Sie laufen ganz automatisch ab. Umgekehrt müssen Sie stutzen, wenn Sie ein neu eingerichtetes Zimmer betreten, ausnahmsweise einmal einen anderen Weg zur Arbeit nehmen oder andere Situationen erleben, in denen Ihre Routine durchbrochen wird.

Die Welt der Labyrinthe

Wer die folgenden drei Aufgaben innerhalb kurzer Zeit bewältigen will, muss sich optisch an bestimmten Merkmalen orientieren, um sich im Raum zurechtzufinden. Bei dieser Übung sind geübte Karten- oder Stadtplanleser klar im Vorteil, da sie ein trainiertes Orientierungsvermögen besitzen. Labyrinthe sind eine hervorragende Möglichkeit, den Orientierungssinn zu trainieren. Je schneller die Orientierung im Raum gelingt, desto automatischer und effizienter werden die Bewegungsabläufe.

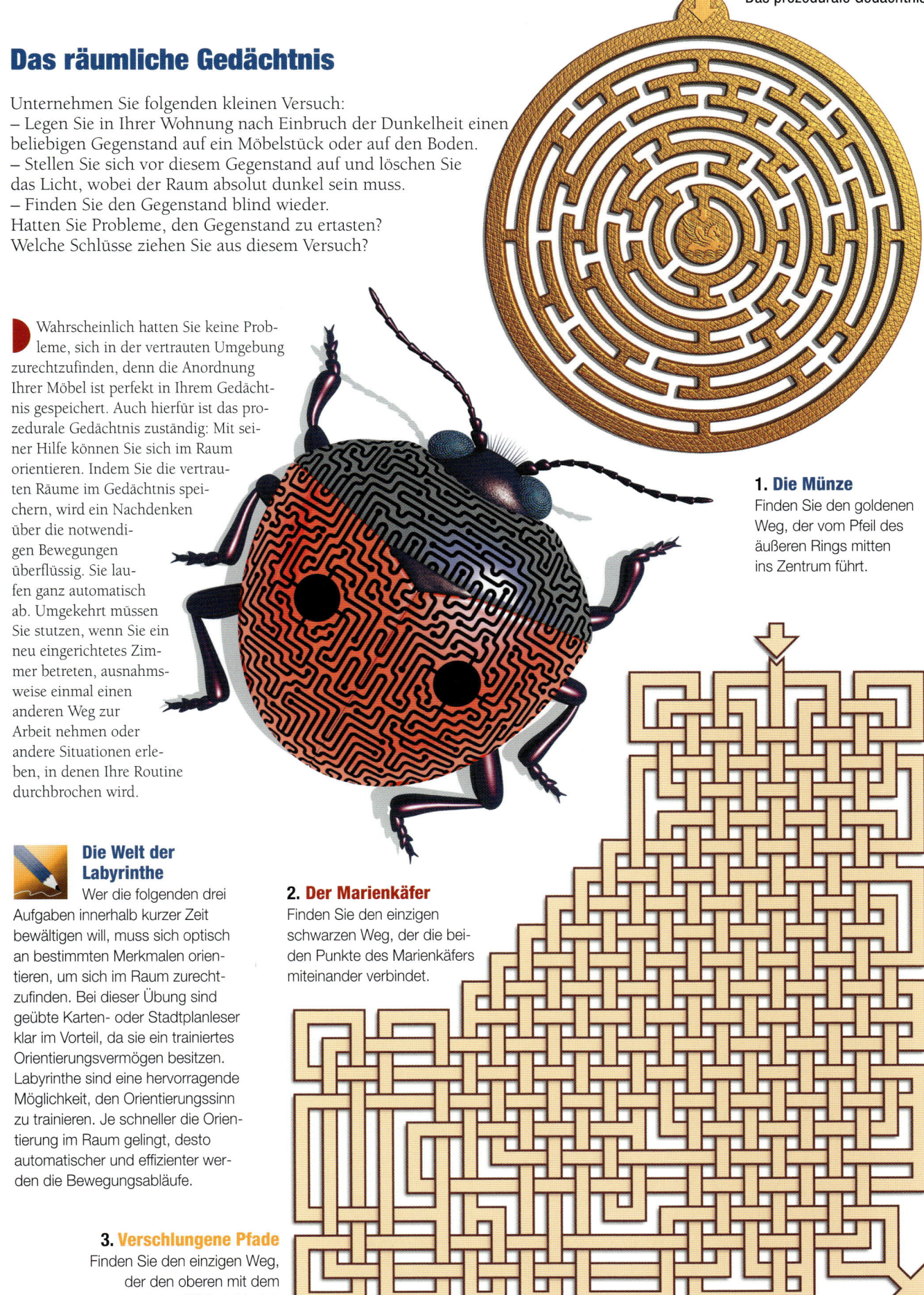

1. Die Münze

Finden Sie den goldenen Weg, der vom Pfeil des äußeren Rings mitten ins Zentrum führt.

2. Der Marienkäfer

Finden Sie den einzigen schwarzen Weg, der die beiden Punkte des Marienkäfers miteinander verbindet.

3. Verschlungene Pfade

Finden Sie den einzigen Weg, der den oberen mit dem unteren Pfeil verbindet.

Lösung S. 334

119

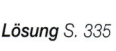

Verschiedene Gedächtnisformen

In einem Zug

Zeichnen Sie diese Figuren nach, ohne den Stift abzusetzen. Ermitteln Sie zunächst den Anfangs- und Endpunkt jeder Figur und fahren Sie die Strecke mit dem Finger nach, bevor Sie zum Stift greifen.

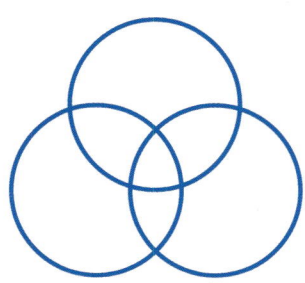

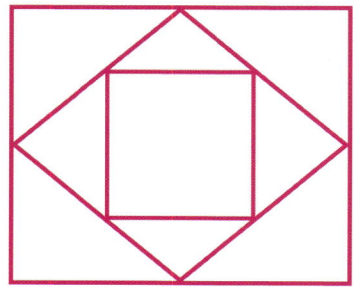

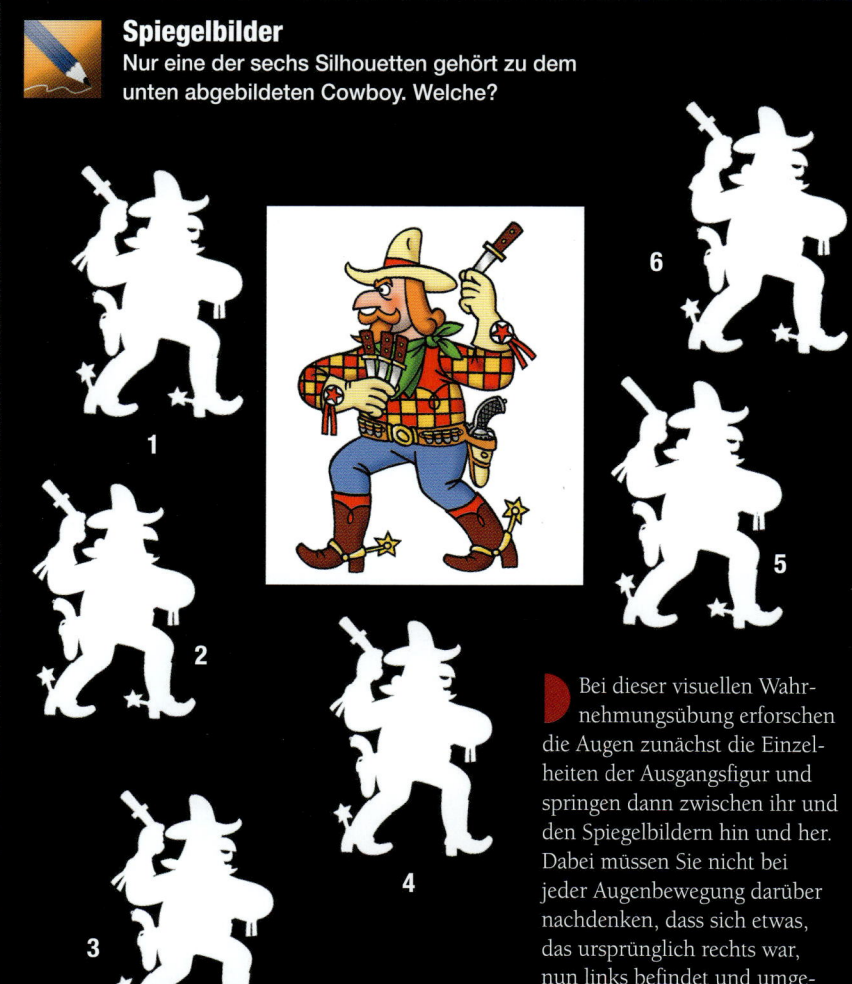

Spiegelbilder

Nur eine der sechs Silhouetten gehört zu dem unten abgebildeten Cowboy. Welche?

Bei dieser visuellen Wahrnehmungsübung erforschen die Augen zunächst die Einzelheiten der Ausgangsfigur und springen dann zwischen ihr und den Spiegelbildern hin und her. Dabei müssen Sie nicht bei jeder Augenbewegung darüber nachdenken, dass sich etwas, das ursprünglich rechts war, nun links befindet und umgekehrt. Das geschieht ganz automatisch.

Lösung S. 335

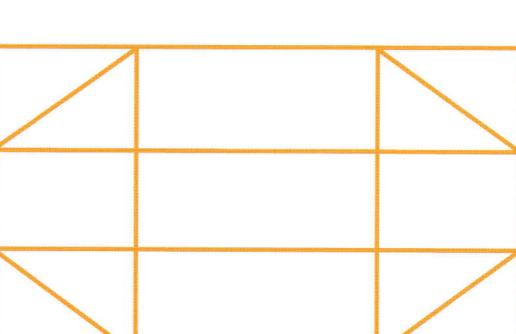

Um die Formen zu untergliedern und den Strichverlauf nachzuvollziehen, müssen Sie sorgfältig überlegen. Bei der Durchführung geht das Zeichnen jedoch schon ganz automatisch: Das Halten des Stiftes sowie das Zeichnen geometrischer Grundformen sind Handbewegungen, die Sie wie von selbst ausführen können.

Lösung S. 335

Mein Gedächtnis
… und mein Handy

Der Bedienungskomfort von Handys lässt uns faul werden. Ihre elektronischen Speicher können an die hundert Telefonnummern aufnehmen, sodass sich unser Gedächtnis keine von ihnen einprägen muss. Die individuellen Klingeltöne schaffen eine regelrechte Konditionierung und begünstigen ein konzentriertes Hören. Doch die Möglichkeit, die erhaltene Information durch einen weiteren Anruf unmittelbar an Dritte weiterzugeben, erspart uns die Mühe, sie noch im Gedächtnis zu speichern. Versuchen Sie nicht nur über das Handy zu kommunizieren, denn sonst könnte Ihr Gedächtnis darunter leiden.

Tangram

Die aus einem Quadrat ausgeschnittenen sieben Puzzleteile – zwei große Dreiecke, ein mittelgroßes Dreieck, zwei kleine Dreiecke, eine Raute und ein Quadrat – lassen sich zu einem Segelschiff und zahlreichen anderen Figuren zusammenfügen. Dieses unter dem Namen Tangram bekannte Spiel ist in China bereits seit dem 19. Jahrhundert populär. Finden Sie heraus, wie die sieben Puzzleteile zu den sechs nebenstehenden Tangrams zusammengefügt wurden und zeichnen Sie deren Umrisse ein. Oder basteln Sie sich ein solches Puzzle und legen Sie die Figuren nach.

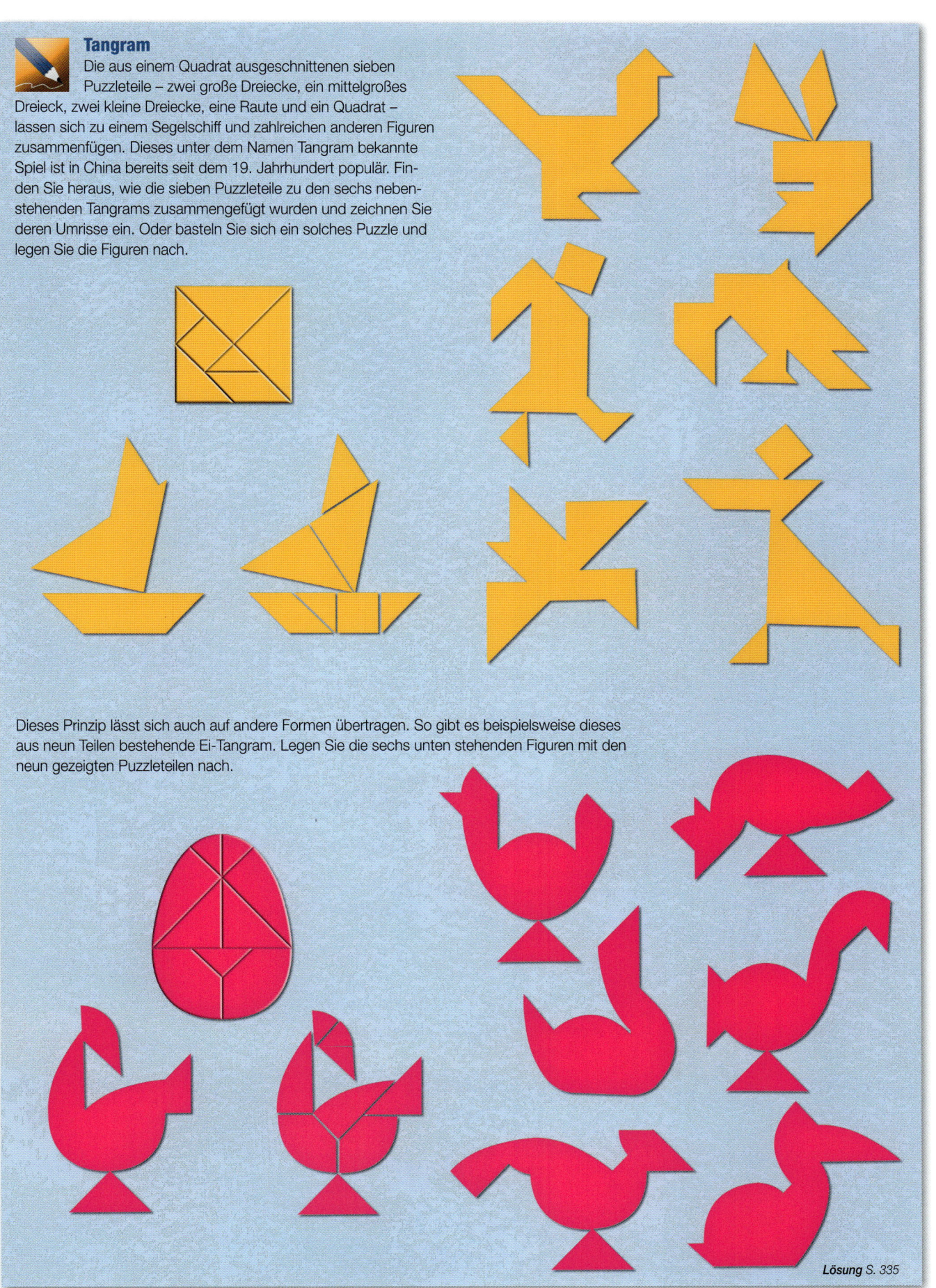

Dieses Prinzip lässt sich auch auf andere Formen übertragen. So gibt es beispielsweise dieses aus neun Teilen bestehende Ei-Tangram. Legen Sie die sechs unten stehenden Figuren mit den neun gezeigten Puzzleteilen nach.

Lösung S. 335

121

Das semantische Gedächtnis

Das semantische Gedächtnis speichert Wissen und organisiert es, um ihm einen Sinn zu geben. Was wir als Allgemeinbildung bezeichnen, ist im semantischen Gedächtnis abgelegt, und es ist verantwortlich dafür, dass Menschen die Sprache, Wörter und Begriffe sicher beherrschen.

Ein Gefäß für Wissen

Das semantische Gedächtnis ist ein gewaltiges Wissensreservoir. Hier wird alles gespeichert, was wir über die Welt gelernt haben. Mit seinen Milliarden von Verknüpfungen erinnert es an ein riesiges Spinnennetz und verknüpft die seit frühester Kindheit aufgenommenen Informationen miteinander. Jede neue Erkenntnis und jede neue Verknüpfung werden automatisch mit allen bereits vorhandenen Inhalten vernetzt.

Das große Wissensquiz
Testen Sie Ihre Allgemeinbildung und beantworten Sie die folgenden 50 Fragen.

Geschichte und Geographie

1. Welcher berühmte Feldherr aus Karthago überquerte mit seinen Elefanten die Alpen?

- **a** Attila
- **b** Alexander der Große
- **c** Hannibal
- **d** Xerxes

2. Welche Stadt wurde im Jahr 79 n. Chr. durch den Ausbruch des Vesuv vollständig zerstört?

- **a** Rom
- **b** Mailand
- **c** Pompeji
- **d** Ostia

3. Unter welchem Pseudonym lebte Martin Luther auf der Wartburg?

- **a** Junker Jörg
- **b** Pater Peter
- **c** Graf Gregor
- **d** Karl von Bora

4. Wer verfasste ein Tagebuch über seine Erlebnisse in Amsterdam zur Zeit der deutschen Besatzung?

- **a** Anna Seghers
- **b** Anne Frank
- **c** Sophie Scholl
- **d** Hannah Arendt

5. Wer war der Lehrer Alexanders des Großen?

- **a** Platon
- **b** Cicero
- **c** Sokrates
- **d** Aristoteles

6. Welche Organisation wurde 1863 von Henri Dunant gegründet?

- **a** Die Heilsarmee
- **b** Der Völkerbund
- **c** Das Rote Kreuz
- **d** Das Internationale Olympische Komitee

7. Welcher Krieg wurde mit dem Westfälischen Frieden beendet?

- **a** Der Dreißigjährige Krieg
- **b** Der Siebenjährige Krieg
- **c** Der Deutsch-Französische Krieg von 1870/71
- **d** Der Erste Weltkrieg

8. Auf welcher Insel starb Napoleon?

- **a** Elba
- **b** Sankt Helena
- **c** Jersey
- **d** Korsika

9. Am 6.8.1945 startete das Flugzeug, das die erste Atombombe auf Hiroshima werfen sollte. Wie hieß die Bombe?

- **a** *Enola Gay*
- **b** *Fat Man*
- **c** *Little Boy*
- **d** *Good Molly*

10. Wer wurde 1958 zum Präsidenten Frankreichs gewählt?

- **a** François Mitterrand
- **b** Charles de Gaulle
- **c** Georges Pompidou
- **d** Valéry Giscard d'Estaing

11. Erst hieß diese Stadt Byzanz, dann Konstantinopel. Wie lautet ihr heutiger Name?

- **a** Samarkand
- **b** Teheran
- **c** Istanbul
- **d** Smyrna

12. Wie hieß der afrikanische Staat Burkina Faso bis 1984?

- **a** Obervolta
- **b** Rhodesien
- **c** Biafra
- **d** Belgisch-Kongo

13. Wo befindet sich Waterloo?

- **a** In Dänemark
- **b** In Belgien
- **c** In Frankreich
- **d** In den Niederlanden

14. Welcher Wasserfall hat die größte Fallhöhe der Welt?

- **a** Die Angel-Fälle in Venezuela
- **b** Die Niagara-Fälle an der US-Grenze zu Kanada
- **c** Die Viktoriafälle an der Grenze zwischen Simbabwe und Sambia
- **d** Der Dettifoss in Island

15. Welches dieser vier Gebiete ist kein Schweizer Kanton?

- **a** Vorarlberg
- **b** Solothurn
- **c** Thurgau
- **d** Obwalden

Kunst und Literatur

16. Er begann in den zwanziger Jahren Filme zu drehen und galt schon bald als Meister der Spannung. Zu seinen berühmten Filmen zählen *Rebecca* und *Bei Anruf Mord.* Wie heißt er?

- **a** Orson Welles
- **b** Alfred Hitchcock
- **c** Luis Buñuel
- **d** Howard Hawks

17. Welchen Star verbindet man mit den Filmen *Moderne Zeiten*, *Goldrausch* und *Der große Diktator*?

- **a** Charlie Chaplin
- **b** Harold Lloyd
- **c** Charles Laughton
- **d** Buster Keaton

18. In welcher Stadt spielte der Filmklassiker *Der dritte Mann*?

- **a** Zürich
- **b** Wien
- **c** Berlin
- **d** New York

19. Wer schrieb die Trilogie, auf der der Kinohit *Herr der Ringe* basiert?

- **a** Joanne K. Rowling
- **b** Stanislaw Lem
- **c** J. R. R. Tolkien
- **d** John Grisham

20. Welcher deutsche Regisseur drehte *Das Boot*?

- **a** Bernd Eichinger
- **b** Helmut Dietl
- **c** Dieter Wedel
- **d** Wolfgang Petersen

21. Wie heißt das Dorf im Hunsrück, in dem Edgar Reitz' Mehrteiler *Heimat* spielt?

- **a** Schabbach
- **b** Schwabach
- **c** Schwabbach
- **d** Schwalmbach

22. Wer malte die *Kreidefelsen auf Rügen*?

- **a** Caspar David Friedrich
- **b** Carl Spitzweg
- **c** Emil Nolde
- **d** Albrecht Dürer

23. Aus welchem Land stammt Christo, der 1995 den Reichstag in Berlin verpackte?

- **a** Rumänien
- **b** Bulgarien
- **c** Ungarn
- **d** Griechenland

24. Im Auftrag des Papstes Julius II. reiste dieser Maler nach Rom und schmückte die Decke der Sixtinischen Kapelle mit Szenen aus der Schöpfungsgeschichte. Wer war es?

- **a** Raffael
- **b** Michelangelo
- **c** Botticelli
- **d** Leonardo Da Vinci

25. Johann Sebastian Bach gilt als einer der größten Komponisten Deutschlands. Wo wirkte er als Thomaskantor?

- **a** Dresden
- **b** Weimar
- **c** Leipzig
- **d** Berlin

26. Welche dieser Sinfonien stammt nicht aus der Feder Mozarts?

- **a** Die Linzer Sinfonie
- **b** Die Sinfonie mit dem Paukenschlag
- **c** Die Prager Sinfonie
- **d** Die Jupiter-Sinfonie

27. Zu Richard Wagners größten Erfolgen zählt das vierteilige Opernwerk *Der Ring des Nibelungen*. Welche Oper gehört nicht zum *Ring*?

- **a** *Das Rheingold*
- **b** *Siegfried*
- **c** *Parsifal*
- **d** *Götterdämmerung*

28. 1960 trat in Liverpool eine noch unbekannte Band auf: *The Beatles*. Einer der vier Musiker war damals noch Pete Best. Wer ersetzte ihn später?

- **a** John Lennon
- **b** Paul McCartney
- **c** Ringo Starr
- **d** George Harrison

29. *Die Dreigroschenoper* war ein großer Theatererfolg in der Weimarer Republik. Wer schrieb die Musik zu dem Brecht-Stück?

- **a** Friedrich Holländer
- **b** Kurt Weill
- **c** Nico Dostal
- **d** Paul Hindemith

30. Der Nobelpreis für Literatur ist die höchste Auszeichnung für Schriftsteller. Wer erhielt ihn im Jahre 1972?

- **a** Günter Grass
- **b** Max Frisch
- **c** Martin Walser
- **d** Heinrich Böll

31. Welcher Titelheld von Shakespeare trifft den Geist seines Vaters?

- **a** Hamlet
- **b** Othello
- **c** Macbeth
- **d** Heinrich V.

32. Wer löst den Kriminalfall in Agatha Christies Roman *Tod auf dem Nil*?

- **a** Miss Marple
- **b** Pater Brown
- **c** Hercule Poirot
- **d** Sam Spade

33. Welcher deutsche Autor verbarg sich hinter dem Pseudonym Peter Panter?

- **a** Kurt Tucholsky
- **b** Erich Kästner
- **c** Alfred Döblin
- **d** Ludwig Thoma

34. Eine Figur des modernen Theaters sagt: „Die Hölle, das sind die anderen." Wer schrieb das Stück?

- **a** Albert Camus
- **b** Samuel Beckett
- **c** Jean-Paul Sartre
- **d** Harold Pinter

35. Ihr einziger Roman machte sie weltbekannt: *Vom Winde verweht*. Wie heißt die Autorin?

- **a** Emily Brontë
- **b** Margaret Mitchell
- **c** Anaïs Nin
- **d** Virginia Woolf

36. Welches Gedicht beginnt mit der Zeile „Wer wagt es, Rittersmann oder Knapp"?

- **a** *Belsazar* von Heine
- **b** *Der König von Thule* von Goethe
- **c** *John Maynard* von Fontane
- **d** *Der Taucher* von Schiller

37. Wie heißt die Frau, in die sich Goethes *Werther* verliebt?

- **a** Charlotte
- **b** Christiane
- **c** Clara
- **d** Käthe

Wissenschaft und Technik

38. Wem gelang es 1826 die ersten Fotografien herzustellen?

- **a** Nicéphore Niépce
- **b** Louis Daguerre
- **c** George Eastman
- **d** Den Brüdern Lumière

39. Wie heißt das medizinische Untersuchungsverfahren, bei dem Bilder des Körperinneren mithilfe von Magnetfeldern und Radiowellen erstellt werden können?

- **a** Elektrokardiographie
- **b** Kernspintomographie
- **c** Radiographie
- **d** Computertomographie

40. Wer konstruierte 200 Jahre v. Chr. eine Endlosschraube, mit der Wasser gefördert werden kann?

- **a** Archimedes
- **b** Euklid
- **c** Ptolemäus
- **d** Parmenides

41. In seinem Werk *Von den Bewegungen der Himmelskörper* behauptete er 1543, die Erde drehe sich um die Sonne. Wer veränderte mit dieser These das damalige Weltbild?

- **a** Nikolaus Kopernikus
- **b** Giordano Bruno
- **c** Johannes Kepler
- **d** Galileo Galilei

42. Welcher Ingenieur konstruierte im Jahr 1897 einen Motor, bei dem sich der Kraftstoff in einem Kolben an hoch verdichteter Luft selbst entzündet?

- **a** Gottlieb Daimler
- **b** Carl Benz
- **c** Rudolf Diesel
- **d** Nikolaus August Otto

43. Am 20. Juli 1969 landeten die ersten Menschen auf dem Mond, Neil Armstrong und Edward Aldrin. Wie hieß das Mondlandeprojekt?

- **a** Apollo 10
- **b** Apollo 11
- **c** Apollo 12
- **d** Apollo 13

44. Wie heißt der Biologe und Mediziner, der 1882 den Tuberkulose-Bazillus entdeckte?

- **a** Louis Pasteur
- **b** Alexander Fleming
- **c** Robert Koch
- **d** Edward Jenner

45. Welcher berühmte Naturwissenschaftler formulierte 1687 das Gesetz der Schwerkraft?

- **a** René Descartes
- **b** Isaac Newton
- **c** Gottfried Wilhelm Leibniz
- **d** Christiaan Huygens

46. Wie viel gleich große Winkel hat ein gleichschenkliges Dreieck?

- **a** 2
- **b** 3
- **c** 0
- **d** 4

47. Aluminium kommt in der Natur nicht in reiner Form vor. Aus welchem Rohstoff wird es gewonnen?

- **a** Eisen
- **b** Bauxit
- **c** Kalkstein
- **d** Kobalt

48. Mit der Relativitätstheorie veränderte Albert Einstein unser Verständnis von Raum und Zeit. Wie lautet seine berühmte Formel über den Zusammenhang von Masse und Energie?

- **a** $E = mc$
- **b** $E = m^2c$
- **c** $E = mc^2$
- **d** $E = m^2c^2$

49. Mit welchem Mittel wurde 1844 zum ersten Mal ein Patient narkotisiert?

- **a** Äther
- **b** Lachgas
- **c** Opium
- **d** Alkohol

50. Welchem Mediziner gelang am 3. Dezember 1967 erstmals die Verpflanzung eines menschlichen Herzens?

- **a** Luc Montagnier
- **b** Christiaan Barnard
- **c** Christian Cabrol
- **d** Claude Pasteur

Lösung S. 335

Verschiedene Gedächtnisformen

Lernen – ein Leben lang

Anders als viele Menschen glauben, ist die Lernfähigkeit nicht vom Alter abhängig. Das Gedächtnis kann in jedem Lebensabschnitt neue Informationen speichern, ganz gleich ob es sich dabei um ein neues Themengebiet oder eine neue Sprache handelt.

Länder und Hauptstädte der ehemaligen UdSSR

1. Betrachten Sie die Karte rechts. Wiederholen Sie die Namen der Länder und prägen Sie sich deren Lage ein. Verfahren Sie mit den Hauptstädten ebenso. Dann verdecken Sie die Karte.

2. Tragen Sie auf der unten stehenden Karte die einzelnen Länder ein.

3. Tragen Sie auf der unten stehenden Karte die einzelnen Hauptstädte ein.

Wie haben Sie sich diese geographischen Fakten eingeprägt? Haben Sie diese zu Gruppen (Länder, Städte) zusammengefasst? Diese Methode (siehe S. 220) ist besonders interessant, da Sie Ihr Gedächtnis auf diese Weise auch noch darin schulen, die gespeicherten Informationen zu ordnen. Das semantische Gedächtnis ist nämlich mehr als eine bloße Anhäufung von Assoziationen. Neue Informationen werden nicht nach dem Zufallsprinzip mit dem bereits vorhandenen Wissen verknüpft, sondern strukturiert, hierarchisiert und kategorisiert. Sie werden zu den bereits vorhandenen Informationen hinzusortiert wie Waren in ein Supermarktregal. Mit zunehmendem Alter benötigt unser Gedächtnis bloß etwas mehr Zeit, um diese Informationen zu speichern. Die Speicherqualität ist dadurch jedoch in keinster Weise beeinträchtigt. Wer sich eine Information dauerhaft einprägen will, muss sie allerdings nach wie vor mehrfach wiederholen (siehe auch S. 234).

Wörter und ihre Bedeutung

Ich kann mir ein neues Wort nur dann einprägen, wenn ich seine Bedeutung kenne.

Jedes Wissen, jede Information stellt eine enge Verbindung zwischen Wörtern und deren Sinn dar oder zwischen Form und Inhalt. Beides gehört untrennbar zusammen. Alles, was sich auf die Form des Wortes bezieht, zählt zum so genannten lexikalischen Gedächtnis, das eine Facette des semantischen Gedächtnisses bildet. **Ein neues Wort wird stets nach seiner Form und nach seiner Bedeutung gespeichert.** Wenn Sie sich ein Wort einprägen wollen, dessen Bedeutung Sie kennen, stellt Ihr semantisches Gedächtnis automatisch einen Bezug zu anderen Wörtern mit einem vergleichbaren Sinn her. Das Wort Häuschen beispielsweise wird mit Haus und Häuslein assoziiert. Aufgrund der ähnlichen Bedeutung können Sie es sich problemlos merken. Gleichzeitig prägen Sie sich seine Form, also seine Schreibweise ein. Wollen Sie sich dagegen ein Wort mit einer unbekannten Bedeutung merken, wird Ihr lexikalisches Gedächtnis aktiv: Sie assoziieren es mit Wörtern der gleichen Form. Doch um es sich wirklich einprägen zu können, müssen Sie seine Bedeutung in einem Wörterbuch nachschlagen.

Beim Abruf von Informationen arbeitet das Gedächtnis ebenfalls parallel und sucht sowohl nach der Form als auch nach dem Inhalt: Die Form des Wortes muss einen Sinn ergeben, um ins Bewusstsein zu gelangen. Wenn Ihnen ein Wort auf der Zunge liegt, handelt es sich um eine Störung des Wortschatzes, was Ihrem lexikalischen Gedächtnis anzulasten ist. Erinnern Sie sich stattdessen an ein Wort, ohne dass Ihnen seine Bedeutung einfällt, ist Ihr Gedächtnis nicht in Bezug auf die Form, sondern auf den Inhalt gestört. In beiden Fällen wird es Ihnen sehr schwer fallen, logische Sätze zu bilden. **Ein gut funktionierendes semantisches Gedächtnis garantiert sowohl die Wort- als auch die Sprachbeherrschung.**

Mein Gedächtnis
... und Vorträge

Der Besuch von Vorträgen ist eine gute Möglichkeit, sich neue Kenntnisse anzueignen. Versuchen Sie sich vor dem Vortrag ein wenig in das Thema einzulesen. Gehen Sie zu Vorträgen, die sich an ein allgemeines Publikum richten und leicht verständlich sind. Damit sich das Gehörte gut einprägt, sollten Sie folgende Regeln beachten:

– Nehmen Sie ausreichend Kohlenhydrate zu sich, um eine konstante Glukoseversorgung des Gehirns zu gewährleisten.

– Setzen Sie sich möglichst auf einen der vorderen Plätze.

– Machen Sie sich während des Vortrags kurze Notizen zu wesentlichen Punkten.

– Fassen Sie das Gehörte zusammen und sprechen Sie mit anderen darüber.

– Besuchen Sie nicht mehr als zwei Vorträge pro Woche.

Unter-? Halb-? Klein-? Anti-?
Diese Übung trainiert hauptsächlich Ihr lexikalisches Gedächtnis. Ausgehend von einer bestimmten Form des Wortanfangs sollen neue sinnvolle Wörter gefunden werden.

Nennen Sie zehn Wörter, die mit **Unter-** beginnen	Nennen Sie zehn Wörter, die mit **Halb-** beginnen.	Nennen Sie zehn Wörter, die mit **Klein-** beginnen.	Nennen Sie zehn Wörter, die mit **Anti-** beginnen.
Unter	Halb	Klein	Anti ....
Unter	Halb	Klein	Anti ....
Unter	Halb	Klein	Anti ....
Unter	Halb	Klein	Anti ....
Unter	Halb	Klein	Anti ....
Unter	Halb	Klein	Anti ....
Unter	Halb	Klein	Anti ....
Unter	Halb	Klein	Anti ....
Unter	Halb	Klein	Anti ....
Unter	Halb	Klein	Anti ....

Lösung S. 335

Verschiedene Gedächtnisformen

Ortsveränderung

Die Namen von 16 Städten in Deutschland, Österreich und der Schweiz sind hier als Anagramme aufgelistet. Sie kennen diese Orte vermutlich schon seit Ihrer Schulzeit. In diesem Lebensabschnitt hat das semantische Gedächtnis den größten Zuwachs zu verzeichnen. Finden Sie innerhalb von fünf Minuten die korrekten Namen und zeichnen Sie die Städte dann auf der Karte ein.

1. **KEIL**
2. **WEIN**
3. **BLASE**
4. **RUNZEL**
5. **KLASSE**
6. **BEGINN**
7. **MAHLEN**
8. **PILZIGE**
9. **GENESIS**
10. **VORAHNEN**
11. **ABWEISEND**
12. **OHNEREIMS**
13. **FROSTEBORD**
14. **ABENDBANDE**
15. **HEIKELBUTZ**
16. **KULTFRAGEN**

Lösung S. 335

Synonyme

Bei dieser Übung gelangen Sie über die Bedeutung eines Wortes zu weiteren Wörtern. Allerdings müssen Sie sich auch an deren Schreibweise erinnern. Nennen Sie für jedes der aufgeführten Wörter drei bedeutungsgleiche Wörter.

Güte ....

....

....

Blütezeit ....

....

....

Kampf ....

....

....

Begeisterung ....

....

....

Anhänger ....

....

....

....

Lösung S. 335

Zusätzliche Hinweise

Beim Abrufen von Wissen kann auf **visuelle Hinweise**, also auf ein mentales Bild (siehe S. 204), zurückgegriffen werden. Mithilfe dieses Bildes kann das Wort oder die Information wieder ins Bewusstsein gelangen. In anderen Fällen dominieren **verbale Hinweise**.

Ob zum Abruf von Informationen auf visuelle oder verbale Hinweise zurückgegriffen wird, hängt von unseren individuellen Fähigkeiten und Vorlieben ab. Manche Menschen gelangen eher mit Bildern ans Ziel, andere mit Wörtern.

Wer bin ich?

Durch maximal sechs Hinweise sollen Sie herausfinden, welches Wort umschrieben wird. Die Umschreibungen können konkrete Hinweise oder Wortspiele sein. Mit jedem neuen Hinweis begibt sich Ihr Gedächtnis auf die Suche nach einer Information, die der Definition zu entsprechen scheint. Die Informationen werden verknüpft und bilden ein Netz, mit dessen Hilfe Sie den gesuchten Begriff finden.

A : Wer bin ich?

1. Männlich bin ich in einer Reihe.
2. Sächlich bin ich der Industrie förderlich.
3. Englisch ausgesprochen bin ich musikalisch.
4. Vermehrt bin ich zart oder räuberisch.
5. Mit Nudeln kann man mich essen, mit Salat nicht.
6. Ich speichere Töne und Bilder.

B : Wer bin ich?

1. Ich bin meistens am Ende.
2. Beim Lernen von Texten kann ich eine Hilfe sein.
3. Ich brauche mindestens zwei Wörter um vollständig zu sein.
4. Zum Scherz werde ich geschüttelt.
5. Beim Schlager verbinde ich Herz und Schmerz.
6. Goethe verwandte mich meisterlich.

C : Wer bin ich?

1. Mein Kopf ist rot, wenn ich unter meinesgleichen bin.
2. Wenn du mich beschädigst, ist mein Kopf weiß.
3. Ich brauche etwas, woran ich mich reiben kann.
4. Zu mehreren ausgelegt bin ich etwas für Denksportler.
5. Wenn du mich anbläst, wird mein Kopf schwarz.
6. Feuerzeuge machen mich arbeitslos.

Europäische Flaggen

Zu welchem Land gehören die jeweiligen Flaggen?
Testen Sie Ihre Allgemeinbildung allein oder zu mehreren.

1. ....
2. ....
3. ....
4. ....
5. ....
6. ....
7. ....
8. ....
9. ....
10. ....
11. ....
12. ....
13. ....
14. ....
15. ....
16. ....
17. ....
18. ....
19. ....
20. ....
21. ....
22. ....
23. ....
24. ....
25. ....

Lösung s. S. 335

Zeitgeschichte

Tragen Sie diese herausragenden historischen Ereignisse richtig in die Zeitleiste ein. Setzen Sie zunächst die Ihnen bekannten Daten ein, um sich zeitlich zu orientieren.

1. **Einführung des EURO**
2. **Erste Mondlandung**
3. **Mauerbau in Berlin**
4. **Jungfernflug des Zeppelins**
5. **Einführung des Schweizer Frauenwahlrechts**
6. **Helmut Kohl wird Kanzler**
7. **Der Mauerfall in Berlin**
8. **Österreich wird EU-Mitglied**
9. **Die ersten Olympischen Spiele in Deutschland**
10. **Deutschland wird Fußballweltmeister gegen Ungarn**

2005 ....
... .
... .
... .
... .
1950 ....
... .
... .
... .
... .
1900 ....

Lösung S. 335

Die Meilensteine, die eine solche Zeitleiste liefert, erleichtern den Abruf weniger bekannter Daten, da auf diese Weise ein zeitlicher Bezugsrahmen hergestellt wird.

...el des Spiels ist, die Lösung mit so wenig Hinweisen wie ...öglich zu finden. Sie können auch zu mehreren spielen. ...elche Punktzahl jeder erzielt, hängt davon ab, wie viele ...inweise zur Nennung der richtigen Lösung benötigt wurden.

6 Punkte nach dem ersten Hinweis.
5 Punkte nach dem zweiten Hinweis.
4 Punkte nach dem dritten Hinweis.

3 Punkte nach dem vierten Hinweis.
2 Punkte nach dem fünften Hinweis.
1 Punkt nach dem sechsten Hinweis.

D : Wer bin ich?

. Meine Mutter lernte ich nie kennen.
. Aus meiner Heimat wurde ich ausgewiesen.
. Ich war der erste Mann, den meine Frau sah.
. Über drei Ecken bin ich mit jedem verwandt.
. Das Kostüm meiner Frau ist äußerst preiswert.
. Ich bin der Erste, der das Licht der Welt erblickte.

E : Wer bin ich?

1. Mein Kind kümmert sich um sich selbst.
2. Mich will niemand verlieren.
3. Mich will niemand rasieren.
4. Mich holt man raus, um mich gleich wieder reinzustecken.
5. Mich benutzt man im Handumdrehen.
6. Ich öffne verschlossene Türen.

F : Wer bin ich?

1. Meine Lache ist nicht lustig.
2. Mein Hose hat keine Beine.
3. Meine Ader blutet nicht.
4. Mein Hahn kräht nicht.
5. Mein Bett federt nicht.
6. Meine Pistole verschießt keine Kugeln.

G : Wer bin ich?

1. Ich gehe manchmal vor und komme nie als Erster an.
2. Ich gehe, ohne dass ich mich bewege.
3. Ich bleibe stehen, ohne dass ich mich bewegt habe.
4. Ich werde getragen, während ich gehe.
5. Ich schlage, ohne dass es jemandem weh tut.
6. Ohne mich hat man keine Zeit.

H : Wer bin ich?

1. Einmal im Jahr bin ich in aller Munde.
2. Ich bin 34,3 cm groß.
3. Ich trage einen Vor-, aber keinen Nachnamen.
4. Ich werde vergeben, aber Deutsche warten meist vergeblich auf mich.
5. Ich bin vergoldet und trage ein Schwert.
6. In Hollywood bin ich der Hauptpreis.

Lösung S. 335

Das episodische Gedächtnis

Dieser Erinnerungsspeicher enthält die gesamte Lebensgeschichte eines Menschen, weshalb er bei jedem anders ausgeprägt ist. Mit seiner Hilfe bewältigen wir den Alltag und merken uns wichtige Ereignisse unseres Lebens.

Erinnerung an einen Tag, Erinnerung an ein Leben

Was mich wirklich berührt, werde ich nie mehr vergessen.

Was geschieht, wenn Sie an einen bestimmten Tag oder einen ganzen Abschnitt Ihres Lebens zurückdenken? Vor Ihrem inneren Auge ziehen unzählige Einzelheiten und Geschehnisse vorbei. **Die Summe dieser einzelnen Erinnerungsbausteine entspricht Ihrem episodischen Gedächtnis.** Welche Ereignisse gespeichert werden, hängt davon ab, ob Sie Gefühle damit verbinden. Sobald Sie etwas berührt und Vergnügen, Befriedigung, Aufregung, Missfallen, Unruhe, Unwohlsein, Nervosität, Wut oder eine andere Emotion in Ihnen auslöst, erfolgt eine automatische und unbewusste Speicherung zahlreicher Zusatzinformationen, die sozusagen den dazugehörigen Erlebnisrahmen bilden. Das sind beispielsweise die Jahreszeit, der Ort sowie weitere äußere Umstände einer Handlung oder eines Treffens (Gerüche, visuelle Details …) usw.

Wenn eine bestimmte Episode aus dem Gedächtnis abgerufen wird, passiert etwas ganz Ähnliches: Mit dem Ereignis und dem damit verbundenen Gefühl – „Ich erinnere mich an das Gesicht meines Lateinlehrers, der immer so streng zu mir war" – fällt gleichzeitig automatisch auch der Zusammenhang wieder ein, in dem die Episode stand. Das versetzt Sie in die Lage, ganze Gespräche oder die Inhalte einer Fernsehsendung zu speichern und bei Bedarf nahezu vollständig wiederzugeben.

Die Aufgabe des episodischen Gedächtnisses besteht darin, **einen bestimmten Augenblick, der sich auf besondere Weise von anderen Momenten unterscheidet, auszuwählen und abzuspeichern.** Die so entstandenen Erinnerungen ermöglichen erst einen reibungslosen Tagesablauf. Mit ihrer Hilfe denken sie an all die Dinge, die Sie zu erledigen haben und vergessen beispielsweise nicht, den Topf vom Herd zu nehmen.

Auf das ganze Leben bezogen, läuft genau dasselbe ab, nur in einem größeren Maßstab. **Die im episodischen Gedächtnis gespeicherten Erlebnisse ziehen sich wie ein roter Faden durchs ganze Leben, geben ihm einen Rahmen und damit einen Sinn.** Jeder Mensch verfügt über seine ganz private Erinnerungsabfolge.

Das episodische Gedächtnis versetzt Personen in die Lage, Geschehnisse zeitlich einzuordnen, auch wenn ihnen das genaue Datum, an dem sie sich abgespielt haben, entfallen ist – ganz einfach, weil die Ereignisse in chronologischer Reihenfolge gespeichert werden. Es gibt also immer ein „Davor" und ein „Danach". Im Lauf des Lebens nimmt der Umfang des episodischen Gedächtnisses beträchtlich zu. Die in ihm gespeicherten Informationen bereichern das individuelle Wissen über die Welt und perfektionieren das semantische Gedächtnis (siehe S. 122).

Das war wichtig

Im Lauf eines Tages geschehen so viele Dinge! Ihre Erinnerung speist sich aus einer Fülle unterschiedlicher Ereignisse … Werfen Sie mithilfe dieses Fragebogens einen Blick auf besondere Erlebnisse aus der Vergangenheit.

1. Wer hat Sie gestern und heute angerufen? Worüber haben Sie gesprochen?

2. Wo und wann haben Sie Ihren letzten Urlaub verbracht? Wie ist er verlaufen? Welche Orte haben Sie besucht? An welche Dinge erinnern Sie sich am besten?

3. Was haben Sie am 1. Mai 2005, am vorletzten Silvesterabend, am 11. September 2001 und am 11. August 1999 (Sonnenfinsternis) gemacht?

4. Manche Dinge haben Sie einmal gemocht, ein andermal verabscheut. Welche? Beispiel: Ein Schulfach, das Sie bei einem Lehrer liebten und das Ihnen bei einem anderen Lehrer verhasst war.

5. Ein Geburtstag ist in den meisten Fällen ein herausragendes Ereignis. Mit welchen besonderen Erlebnissen sind die Geburtstage Ihrer Kindheit verbunden?

6. Ein anderes bedeutendes Ereignis ist das Weihnachtsfest. Wodurch waren die Weihnachtsfeste Ihrer Kindheit geprägt? Wo und wie haben Sie gefeiert? Wer war alles anwesend?

7. Denken Sie an die Sommerferien Ihrer Kindheit. An welche Begebenheiten erinnern Sie sich?

Mein Gedächtnis
… und Medikamente

Wenn Sie mehrmals täglich Medikamente einnehmen müssen, speichert Ihr episodisches Gedächtnis die Einnahme in Ihrem Tagesplan, sodass Sie Ihnen in Fleisch und Blut übergeht. Sollten Sie doch einmal vergessen, Ihre Medikamente einzunehmen, liegt dies vermutlich an einem ungewöhnlichen Tagesablauf oder daran, dass Sie abgelenkt wurden. Machen Sie sich deshalb keine Sorgen – am nächsten Tag denken Sie bestimmt wieder daran, die Medikamente einzunehmen.

Schulen Sie Ihr episodisches Gedächtnis

● **Am Abend:**
– Nehmen Sie sich die Zeit, sich die wichtigsten Momente des Tages noch einmal ins Gedächtnis zu rufen;
– Wie sahen die äußeren Umstände aus – Ort, Uhrzeit, anwesende Personen, Atmosphäre (gespannt, entspannt …)
– Wie war es um Ihre Beziehung zu anderen Personen bestellt (Angst, Freude am Gespräch, Gereiztheit usw.). Es kann hilfreich sein, die Erinnerungen in einem Tagebuch festzuhalten.

● **Bei Treffen im Familien- oder Freundeskreis:**
– Sprechen Sie über gemeinsam erlebte Momente.
– Ordnen Sie Ihre Erinnerungen präzise ein. (Wann? Wo?)
– Versuchen Sie sich an so viele Einzelheiten wie möglich zu erinnern.

● **Begeben Sie sich an einen Ort, den Sie normalerweise nicht aufsuchen, zum Beispiel in ein neues Café:**
– Lernen Sie dort ein kleines Gedicht auswendig.
– Begeben Sie sich zwei Tage später an einen vertrauten Ort. Führen Sie sich die Situation im Café vor Augen, um sich die auswendig gelernten Worte ins Gedächtnis zu rufen. Auch dieser so genannte freie Abruf zählt zu den Funktionen des episodischen Gedächtnisses.

Fernsehen in Serie

Die unten aufgeführten Serien haben Fernsehgeschichte geschrieben. Keine von ihnen dürfte Sie gleichgültig gelassen haben, und dabei ist es völlig unerheblich, ob Sie die Sendung interessant, amüsant, ärgerlich oder scheußlich fanden. Wegen der Gefühle, die sie in Ihnen wachrief, Ihrer Reaktion und den zahlreichen Zusatzinformationen wurde sie unweigerlich in Ihrem episodischen Gedächtnis gespeichert. Was haben Sie gemacht, als die Sendung zum ersten Mal ausgestrahlt wurde? Wo waren Sie? War dies vor oder nach einem bestimmten Abschnitt Ihres Lebens? Überlegen Sie, in welchem Zusammenhang die Sendungen mit Ihrem Leben stehen, damit Sie sie chronologisch einordnen und in der Reihenfolge Ihrer Erstausstrahlung sortieren können.

1. Lindenstraße
2. Die Hesselbachs
3. Ein Herz und eine Seele
4. Denver-Clan
5. Dalli, Dalli
6. emergency room
7. Dallas
8. Die Schwarzwaldklinik
9. Das Traumschiff
10. Der Kommissar
11. Wetten, dass …?
12. Was bin ich?
13. Derrick
14. Wer wird Millionär?
15. Der große Preis
16. Golden Girls
17. Raumschiff Enterprise
18. Am laufenden Band

Lösung S. 336

Heinz und Heinz

Erinnern Sie sich an Heinz Erhardt und Heinz Rühmann? Ihr episodisches Gedächtnis dürfte die Handlung vieler Filme und Szenen, aber auch eine Menge zusätzlicher Informationen wie Musik oder Dialoge gespeichert haben. Wie alt waren Sie, als Sie die unten genannten Filme gesehen haben? Waren Sie amüsiert, interessiert oder nachdenklich? Verwenden Sie diese Zusatzinformationen, um die Filme dem richtigen Schauspieler zuzuordnen.

1. Natürlich die Autofahrer
2. Quax, der Bruchpilot
3. Immer die Radfahrer
4. Dreizehn Stühle
5. Unser Willy ist der Beste
6. Mein Mann, das Wirtschaftswunder
7. Max, der Taschendieb
8. Die Feuerzangenbowle
9. Die Drei von der Tankstelle
10. So ein Millionär hat's schwer

	Heinz Ehrhardt	Heinz Rühmann
1.	☐	☐
2.	☐	☐
3.	☐	☐
4.	☐	☐
5.	☐	☐
6.	☐	☐
7.	☐	☐
8.	☐	☐
9.	☐	☐
10.	☐	☐

Lösung S. 336

Kleider machen Leute

Jede Epoche wird von einer bestimmten Mode und den dazugehörigen Accessoires und Erfindungen geprägt. Sortieren Sie die folgenden fünfzehn Gegenstände nach deren Alter und beginnen Sie mit dem ältesten.

a. Minirock

b. Brille

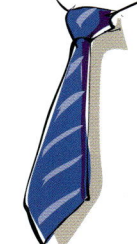

c. Krawatte

d. Pfennigabsatz

e. Armbanduhr

f. Gummistiefel

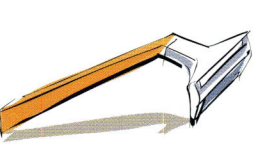

g. Einwegrasierer

h. Kostüm

i. Nagellack

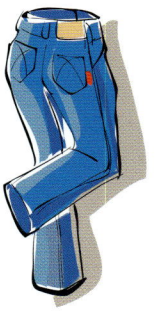

j. Jeans

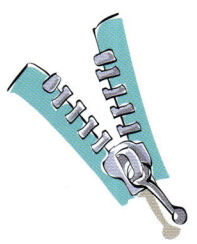

k. Reißverschluss

l. Trenchcoat

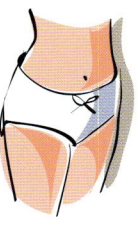

m. Slip

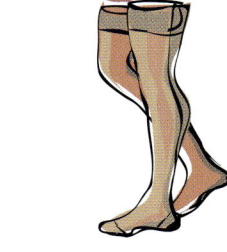

n. Nylonstrümpfe

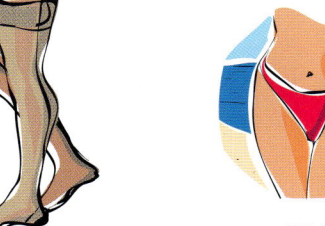

o. Bikini

Lösung S. 336

1.	6.	11. ....
2.	7.	12. ....
3.	8.	13. ....
4.	9.	14. ....
5.	10.	15. ....

Mein Gedächtnis
... und die tägliche Routine

Erscheint Ihnen an manchen Tagen das Leben schrecklich eintönig? Ihre Denkfähigkeit erlahmt, nichts kann Sie noch motivieren. Damit Sie sich lebendig fühlen, brauchen Sie immer wieder neue Anregungen und müssen Pläne schmieden können. Hüten Sie sich vor allzu viel Routine, denn das führt aufgrund der mangelnden Stimulation schnell zu geistigem Stillstand. Denken Sie daran, sich jeden Tag eine kleine Freude zu bereiten. Versuchen Sie immer wieder etwas Neues zu unternehmen. Denn unter einem langweiligen Alltag leidet nicht nur Ihre Stimmung, sondern auf Dauer auch Ihr Gedächtnis.

Gehört und gesehen

Suchen Sie sich einen oder mehrere Mitspieler. Nennen Sie nacheinander einen Radio- oder Fernsehsender, und zwar so lange, bis keinem Mitspieler mehr einer einfällt. Der letzte, der einen Sender aufzählen kann, hat gewonnen.

▶ Warum Ihnen ausgerechnet diese Sender einfallen, hat unterschiedliche Gründe. Vielleicht ist er gerade in Mode oder kommt Ihren Vorlieben entgegen, was die Art der Berichterstattung, die behandelten Themen, die gesendete Musik usw. angeht. Im Lauf des Lebens ändern sich persönliche Interessen, sodass sich häufig ein Zusammenhang zwischen einem Radiosender und einem Lebensabschnitt ergibt.

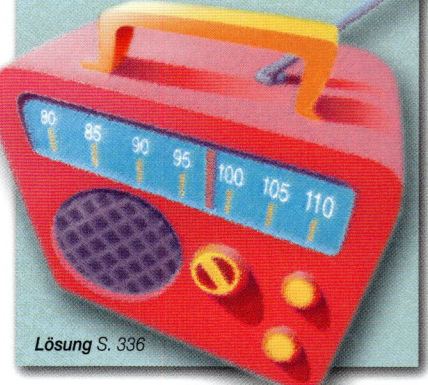

Lösung S. 336

Erinnerungen bilden: Drei Zeitspannen

Je nachdem, wie lange eine Information abrufbar bleibt, befindet sie sich in verschiedenen Gedächtnisspeichern – im sensorischen Gedächtnis, im Kurzzeit- oder im Langzeitgedächtnis. Erinnerungen an die Kindheit sind im Langzeitgedächtnis, Ereignisse von vor wenigen Minuten im Kurzzeitgedächtnis gespeichert. Diese Einteilung ist jedoch rein theoretisch, denn das Zeitempfinden ist prinzipiell subjektiv.

Das sensorische Gedächtnis

Wie ein großes Radargerät fängt der Körper über die Sinneskanäle alle von außen auf ihn einwirkenden Signale auf. Das Nervensystem liefert dem Gehirn die entsprechenden Informationen und überträgt sie in dessen Sprache. Zum ersten Mal registriert werden diese Informationen im sensorischen Gedächtnis. Seine Stimulation **durch Bilder, Geräusche, Gerüche, Geschmack und Berührungen** ist von großer Bedeutung, da die meisten Informationen sonst gar nicht ins Kurzzeitgedächtnis gelangen.

Schulen Sie Ihre aktive Wahrnehmung

1. Machen Sie es sich zu Hause bequem.
– Lauschen Sie aufmerksam auf alle Geräusche in Ihrer Umgebung. Versuchen Sie sie zu identifizieren und hören Sie ihnen gezielt zu.
– Betrachten Sie die Gegenstände, die Sie umgeben, je fünf Minuten lang, und zwar einen nach dem anderen. Achten Sie auf Einzelheiten wie Größe, Form, Farbe, Muster usw.
2. Führen Sie diese Übung zwei Wochen lang an unterschiedlichen Orten durch und wählen Sie dabei einen günstigen Moment, in dem Sie über genügend Aufmerksamkeit verfügen.
3. Wiederholen Sie diese Übung auch auf Spaziergängen.

Des Apfels Kern …

1. Betrachten Sie aufmerksam einen Apfel. Welche Farbe hat er? Ist er gelb, rot, grün?
2. Nehmen Sie ihn in Ihre Hände und betasten und streicheln Sie ihn. Wie fühlt er sich an? Glatt, runzelig, schrumpelig …?
3. Führen Sie ihn an die Nase, riechen Sie an ihm. Welchen Duft nehmen Sie wahr? Den Geruch nach Obstgarten, Unterholz …?
4. Führen Sie ihn zum Mund und beißen Sie kräftig hinein, dann kauen Sie langsam. Ist er fest, mehlig, saftig …? Wie schmeckt er? Süß, nach Honig …?
5. Lauschen Sie … Welches Geräusch hören Sie, wenn Sie in das Obst beißen, wenn Sie ein Stück Apfel kauen?

▶ Anfangs fällt es Ihnen noch schwer, die einzelnen Wahrnehmungen voneinander zu unterscheiden. Das liegt daran, dass sich der Mensch während der Evolution so an seine Umwelt angepasst hat, dass er seine Umgebung als Ganzes wahrnimmt, um so besser auf eventuelle Gefahren reagieren zu können. Und das geht nur, wenn viele Informationen gleich wieder vergessen werden. Um dieses reflexartige Verhalten zu überwinden und eine **selektive Wahrnehmung** auszubilden, müssen Sie Ihre Aufmerksamkeit bewusst schärfen. Erst dann werden Gegenstände, Farben, Formen und Gerüche intensiv wahrgenommen und nehmen in unserem Kopf greifbar Gestalt an. Jetzt läuft das sensorische Gedächtnis auf Hochtouren. Wenn Sie Sinneswahrnehmungen trainieren, lassen sich erstaunliche Erfolge erzielen. Während z. B. ein ungeschultes Ohr im Wald lediglich vier Vogelrufe unterscheiden kann, nimmt ein geübter Vogelkundler mehr als zehn verschiedene wahr.

Ihre Wahrnehmung kann also durch regelmäßige Beanspruchung stimuliert werden. Je feiner die Wahrnehmungen werden, desto mehr Informationen nehmen die Sinne auf.

Doch das sensorische Gedächtnis reagiert äußerst empfindlich auf Störungen. Häufig unterbrechen wir unsere Tätigkeit, weil unsere Aufmerksamkeit abgelenkt wird. Schon nach wenigen Sekunden werden dann wichtige Informationen gelöscht. Weil wir sie nicht mehr wiederholen können, um sie uns einzuprägen, gehen sie unwiederbringlich verloren. Ebenso rasch verschwinden sie, wenn wir ihre Speicherung als nutzlos betrachten. Umgekehrt sind wir manchmal erstaunt, wie gut wir uns Dinge eingeprägt haben, die wir nur wenige Sekunden wahrgenommen haben. Man könnte meinen, wir hätten sie fotografisch festgehalten. Das verdanken wir dem sensorischen Gedächtnis, das den Speicherprozess in Gang setzt. Es sorgt dafür, dass Informationen, die aufmerksam wahrgenommen wurden, rasch ins Kurzzeit- und von dort aus vielleicht auch ins Langzeitgedächtnis gelangen.

Was stimmt hier nicht?

Schulen Sie Ihre visuelle Wahrnehmung, indem Sie dieses Bild aufmerksam betrachten. Das dargestellte Zimmer erscheint nur auf den ersten Blick realistisch, denn hier haben sich 16 Fehler eingeschlichen wie unrealistische Formen, unmögliche Arrangements und andere Merkwürdigkeiten ...

Lösung S. 336

Das Kurzzeitgedächtnis

Geometrische Figuren

Betrachten Sie 30 Sekunden lang aufmerksam diese Zeichnung. Verdecken Sie sie anschließend und geben Sie sie aus dem Gedächtnis wieder.

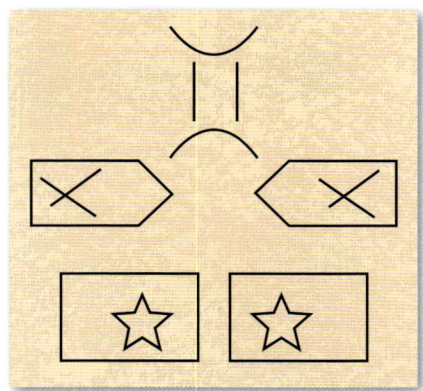

Bei dem Versuch, bestimmte Formen zu visualisieren, haben Sie gerade Ihr Kurzzeitgedächtnis beansprucht. Hierher gelangen in einem zweiten Speicherschritt die Informationen aus dem sensorischen Gedächtnis. Das Kurzzeitgedächtnis **funktioniert ganz praktisch** und unmittelbar und wird bei allen alltäglichen Verrichtungen aktiv. Nachdem Sie ein Kochrezept gelesen haben, erinnern Sie sich unmittelbar danach an die Zutaten und können mit der Zubereitung des Gerichts beginnen. Sie merken sich eine Nummer aus dem Telefonbuch genau so lange, wie Sie brauchen, sie zu wählen. Auch eine soeben gehörte Adresse speichern Sie gerade lange genug, um sie rasch notieren zu können usw.

Das grundlegende Merkmal dieses Gedächtnisses besteht darin, dass seine Erinnerungen sehr flüchtig sind. **Es soll uns die unmittelbare Durchführung bestimmter Handlungen ermöglichen,** die rasch wieder vergessen werden. Im Kurzzeitgedächtnis zerfallen die Informationen nach wenigen Minuten (maximal drei), manchmal schon nach Sekunden. Die Kapazitäten des Kurzzeitgedächtnisses sind gering. Es kann im Durchschnitt nur sieben Informationen auf einmal speichern. Dieser Wert wird als **Gedächtnisspanne** (siehe S. 34) bezeichnet. Insofern funktioniert das Kurzzeitgedächtnis wie ein Filter, der alle für die Durchführung einer bestimmten Aufgabe notwendigen Informationen passieren lässt und alle überflüssigen Informationen zurückhält. Das verhindert, dass wir von den unablässig auf uns einströmenden Signalen überwältigt werden. Unnötige Informationen werden gleich gelöscht.

Verschlüsselt

1. Entschlüsseln Sie die beiden folgenden Sprichwörter. Jedes Symbol steht für einen Buchstaben. Wenn Sie die Lösung gefunden haben, warten Sie zwei Minuten, bevor Sie die nebenstehende zweite Aufgabe angehen.

$$C = \ast \qquad G = \ast \qquad I = \times$$

Erstes Sprichwort

....

....

Zweites Sprichwort

....

....

....

Lösung S. 336

2. Verdecken Sie den linken Teil und notieren Sie aus dem Gedächtnis, welches Symbol für welchen Buchstaben steht.

Diese knifflige Übung zeigt, wie schwer es für unser Kurzzeitgedächtnis ist, mehr als sieben Informationseinheiten auf einmal wahrzunehmen und diese länger als ein paar Minuten zu speichern.

Vier Frauen

Betrachten Sie 30 Sekunden lang aufmerksam diese vier Frauen und prägen Sie sich auch deren Vornamen ein. Nun decken Sie das Bild zu und beantworten folgende Fragen.

1. Wie lautet der Vorname der Schwangeren? ....

2. Weche der Frauen trägt ein langärmeliges Kleid? ....

3. Wer trägt eine Kette? ....

4. Haben alle gezeigten Frauen einen Haarknoten? ....

5. Was hält Vera in der Hand? ....

6. Sind alle hier abgebildeten Frauen blond? ....

7. Zwei Frauen schauen nach rechts, zwei nach links. Können Sie sagen, wer in welche Richtung blickt? ....

133

Das Arbeitsgedächtnis

Das Arbeitsgedächtnis ist eine Sonderform des Kurzzeitgedächtnisses und wird aktiv, **sobald wir uns rasch abstrakte Informationen einprägen müssen** (Kopfrechnen, Ideen, Begriffe …), um eine bestimmte Aufgabe zu bewältigen.

Kopfrechnen
Rechnen Sie folgende Aufgaben aus.

769 + 586 = ….....…...........…

698 + 524 = ….....…...........…

587 + 269 + 874 = …..........

356 + 587 + 214 = …...........

1005 + 33 + 646 = …...........

994 + 136 + 428 = …...........

650 + 123 + 541 = …...........

421 + 789 + 666 = …...........

Lösung S. 336

▶ Bei jeder Addition bleiben die Zwischenschritte so lange im Arbeitsgedächtnis gespeichert, bis Sie das Gesamtergebnis ausgerechnet haben. Anschließend verblassen sie rasch wieder.
Beim Kopfrechnen müssen Sie außerdem wissen, wie richtig addiert wird. Auch das ist eine Funktion des Arbeitsgedächtnisses: Es ruft Kenntnisse ins Bewusstsein, die zu einem früheren Zeitpunkt im Langzeitgedächtnis gespeichert wurden und nun für die Ausführung einer bestimmten Aufgabe benötigt werden. Wenn Schüler neuen Stoff für eine Prüfung lernen, sind sie wegen des ständigen Wechselspiels zwischen Kurz- und Langzeitgedächtnis in der Lage, am Tag X die passenden Antworten zu liefern. Einige Monate später wird ihnen das nicht mehr ohne Weiteres möglich sein.

Das Langzeitgedächtnis

Im Langzeitgedächtnis ist eine Fülle von Informationen gespeichert, die sich im Lauf des Lebens angesammelt haben. **Aufgrund seiner praktisch unbegrenzten Speichermöglichkeiten** sind dort sowohl Lernprozesse aus der Kindheit gespeichert als auch das Wissen, das später erworben wurde.

Seit Jahrzehnten erforschen Wissenschaftler die Organisation und Funktion dieses erstaunlichen Wissensreservoirs, das von grundlegender Bedeutung ist. Dabei haben sie die folgenden „Untergedächtnisse" ermittelt:
– episodisches Gedächtnis (siehe S. 128),
– semantisches Gedächtnis (siehe S. 122),
– prozedurales Gedächtnis (siehe S. 118),
– **implizites und explizites Gedächtnis** (siehe S. 115).

Klassenfoto
1. Suchen Sie eines Ihrer Klassenfotos heraus und versuchen Sie sich dann, ohne das Foto zu betrachten, an die Gesichter und Namen Ihrer Mitschüler zu erinnern. Notieren Sie die Namen, an die Sie sich erinnern können, auf einen Zettel.

2. Betrachten Sie nun das Foto. Können Sie jetzt weitere Namen nennen? Schreiben Sie alle Namen, an die Sie sich erinnern können, in die Weißräume dieser Abbildung.

3. An wie viele Namen konnten Sie sich erinnern?
Ohne Foto: …...........
Mit Foto: …...........

Verschiedene Gedächtnisformen

Die Lorelei …

Den Text dieses Volkslieds, der von dem berühmten deutschen Dichter Heinrich Heine (1797–1856) stammt, kennen Sie bestimmt noch aus Ihrer Schulzeit, oder haben ihn später zumindest schon einmal gehört. Versuchen Sie die Zeilen des bekannten Lieds zu ergänzen.

Lösung S. 336

Ich weiß nicht, was soll es …,
dass ich so traurig bin;
ein Märchen aus uralten Zeiten,
das kommt mir nicht aus dem …

Die Luft ist kühl und es dunkelt
und ruhig fließt der …
Der Gipfel des Berges funkelt
im Abendsonnenschein.

Die schönste Jungfrau sitzet
dort oben wunderbar,
ihr goldnes … blitzet,
sie kämmt ihr goldenes Haar.

Sie kämmt es mit … Kamme
und singt ein Lied dabei!
Das hat eine wundersame,
gewaltige Melodei.

Den … im kleinen Schiffe
ergreift es mit wildem Weh;
er schaut nicht die Felsenriffe,
er schaut hinauf in die …

Ich glaube, die … verschlingen
am Ende Schiffer und …,
und das hat mit ihrem Singen
die … getan.

Mein Gedächtnis
… und die Neugier

Obwohl viele Menschen Neugier als einen unschönen Charakterzug betrachten, stellt sie für die Speicherung von Informationen einen echten Glücksfall dar. Neugierig zu sein heißt vor allem, vielfältige Interessen zu besitzen. Es gibt keine bessere Methode, sein Gedächtnis fit zu halten. Wer sich nur für ein oder zwei Themengebiete begeistern kann, muss Einbußen beim Gedächtnis in Kauf nehmen. Bewahren Sie sich Ihre Begeisterungsfähigkeit!

Wie kommt es, dass Sie noch heute weite Teile dieses Liedes kennen? Haben Sie es vielleicht im Musikunterricht gesungen? Vielleicht wurden Sie für Ihren Vortrag gelobt oder getadelt. Wenn das Lied Sie an keinen bestimmten Moment erinnert, hinterlässt es vielleicht trotzdem ein diffuses Gefühl von Vergnügen oder Nostalgie …

Und wie war es um Ihre Erinnerung an Ihre Klassenkameraden bestellt? Konnten Sie sich mithilfe des Klassenfotos weitere Namen ins Gedächtnis rufen? Sind Ihnen vielleicht sogar noch ein paar Anekdoten aus der gemeinsam verbrachten Schulzeit eingefallen? Zwei Menschen, die eine gemeinsame Erinnerung verbindet, prägen sich nicht die gleichen Dinge ein. Egal, ob es sich um ein Buch oder ein bestimmtes Ereignis im Leben handelt: **Die Art, sich etwas einzuprägen, ist ebenso individuell wie der Vorgang des Erinnerns.** Wenn das Gedächtnis Informationen langfristig speichern soll, müssen diese geordnet werden. **Eine bewusste Strukturierung der Fakten** begünstigt den Übergang vom sensorischen ins Kurzzeit- und schließlich ins Langzeitgedächtnis, wo sie gefestigt werden. **Dann lassen sich die Fakten auch später noch mühelos abrufen.** Doch die Speicherung im Langzeitgedächtnis wird nicht ausschließlich von unserem Willen gesteuert. Eine langfristige Speicherung wird vielmehr **durch die positive oder negative emotionale Färbung des Erlebten** ausgelöst. Natürlich müssen noch ein spezielles **Interesse** und die nötige **Aufmerksamkeit** hinzukommen. All diese Faktoren haben großen Einfluss darauf, wie schnell Erinnerungen wieder in das Bewusstsein gelangen. Das erklärt auch, warum Erinnerungen, die Sie bereits vergessen geglaubt haben, durch bestimmte Sinnesreize wie Geräusche, Geschmäcker, Bilder, bestimmte Wörter, Stimmungen usw. zurück ins Bewusstsein gelangen.

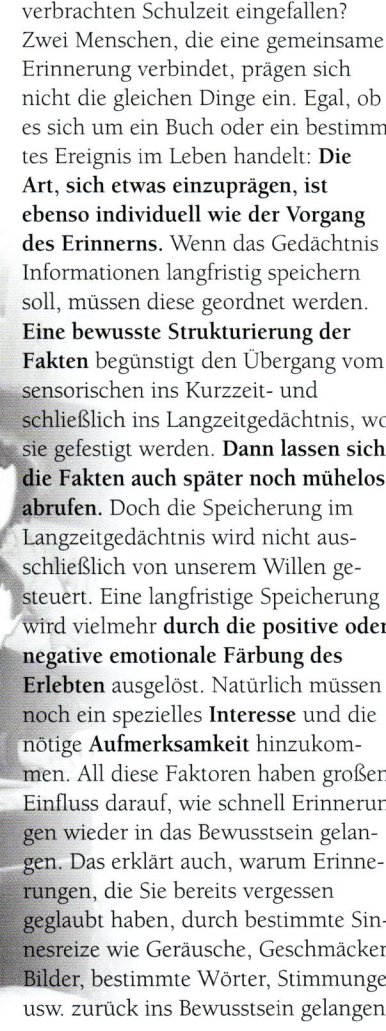

135

Verschiedene Gedächtnisformen

Lieder und Begriffe

Nennen Sie Liedzeilen oder Liedtitel, die die folgenden Begriffe oder Themen enthalten.

Der Begriff **Nacht** findet sich beispielsweise in Stille **Nacht**, heilige **Nacht**; Guten Abend, gute **Nacht**; die **Nacht** ist nicht allein zum Schlafen da und in Adé zur guten **Nacht** wieder.

Sonne

....

....

....

Liebe

....

....

....

Farben

....

....

....

Städtenamen

....

....

....

....

> Da Lieder häufig in angenehmer Atmosphäre gehört werden, prägt sich ein Teil des Liedtextes unbewusst ein.

Lösung S. 336

Terrier, Polyp, Elefant und Krokodil

Die Wörter, aus denen der Wortschatz gebildet wird, sind langfristig im Gedächtnis gespeichert. Finden Sie in maximal acht Minuten je fünf Wörter, die mit den Buchstaben **Terr-**, **Poly-**, **Ele-** und **Kro-** beginnen.

Terr	....	Poly	....
Terr	....	Poly	....
Terr	....	Poly	....
Terr	....	Poly	....
Terr	....	Poly	....

Ele	....	Kro	....
Ele	....	Kro	....
Ele	....	Kro	....
Ele	....	Kro	....
Ele	....	Kro	....

Lösung S. 337

Beim Schopf gepackt

Manche Erinnerungen prägen sich aufgrund unserer visuellen Wahrnehmung tief in unser Gedächtnis ein. Die Haarfarbe ist beispielsweise so ein Merkmal, mit dem man sich Personen, denen man einmal begegnet ist, merken kann. Nennen Sie fünf Prominente oder Figuren mit eindeutig blonden, roten oder schwarzen Haaren.

Blonde Haare	Rote Haare	Schwarze Haare
1.	1.	1. ....
2.	2.	2. ....
3.	3.	3. ....
4.	4.	4. ....
5.	5.	5. ....

Lösung S. 337

Zeigt her eure Füße

Für Sprache ist das semantische Gedächtnis zuständig, das zum Langzeitgedächtnis zählt. Deshalb vergessen wir nur sehr selten die Bedeutung gängiger Wörter oder Redewendungen. Nennen Sie möglichst viele, die das Wort Fuß beinhalten.

1.	10. ....
2.	11. ....
3.	12. ....
4.	13. ....
5.	14. ....
6.	15. ....
7.	
8.	
9.	

Lösung S. 337

Das Vergessen

Paradoxerweise zählt zum Vorgang der Speicherung auch das aktive Vergessen von Informationen. Wollten wir nämlich alle Informationen im Gedächtnis behalten, die täglich auf uns einströmen, würden wir unser Gedächtnis hoffnungslos überfordern. Trotzdem können wir das Erinnerungsvermögen mithilfe sinnvoller Merkhilfen trainieren. Manchmal allerdings sabotiert das Unterbewusstsein den Abruf von Informationen, obwohl diese gespeichert bleiben.

Vergessen schafft Platz

Wenn ich mir alles merken würde, würde ich irgendwann verrückt!

Warum sollten wir uns die Anzahl roter Ampeln merken, an denen wir auf dem Weg zur Arbeit halten mussten? Wir haben sie natürlich gesehen und diese Information gespeichert – aber nur zu dem Zweck, diese Daten sofort zu verwenden und anschließend wieder zu löschen.

Ein normales Gedächtnis löscht 90–95 % der im Lauf eines Tages wahrgenommenen Informationen. Dieses aktive Vergessen wird häufig auch als selektives Gedächtnis bezeichnet und erlaubt es, aus der täglichen Informationsflut das Wesentliche herauszufiltern. Ohne diese Fähigkeit wären die menschlichen Gedächtniskapazitäten eines Tages erschöpft.

Dieses aktive Vergessen funktioniert bei jedem Menschen anders. Die einen erinnern sich an tausend Einzelheiten und können haarklein beschreiben, wie ihr Gesprächspartner bei der letzten Begegnung gekleidet und frisiert war. Das muss kein Zeichen für ein außergewöhnlich gutes Gedächtnis sein, sondern bedeutet unter Umständen nur, dass diese Person besonders empfänglich für visuelle Informationen ist. Da viel Energie auf die Speicherung des äußeren Erscheinungsbilds verwendet wird, wissen solche Menschen dafür oft nicht mehr, worüber sie sich unterhalten haben.

Bei anderen ist das genaue Gegenteil der Fall. Sie vergessen die näheren Umstände bestimmter Situationen, weshalb sie häufig als zerstreut gelten. Sie konzentrieren sich in der Regel stärker auf ihr Empfinden als auf äußere Details.

Europäische Währungen

Bis auf drei Mitgliedsstaaten haben im Jahr 2002 alle damaligen EU-Länder eine einheitliche Währung eingeführt. Nennen Sie die früheren nationalen Währungen dieser Länder und benennen Sie die drei, in denen nicht mit Euro gezahlt wird.

1. **Belgien** ....
2. **Dänemark** ....
3. **Deutschland** ....
4. **Finnland** ....
5. **Frankreich** ....
6. **Griechenland** ....
7. **Großbritannien** ....
8. **Irland** ....
9. **Italien** ....
10. **Luxemburg** ....
11. **Niederlande** ....
12. **Österreich** ....
13. **Portugal** ....
14. **Schweden** ....
15. **Spanien** ....

Nach Einführung des Euro haben Sie vermutlich begonnen, diese Währungen zu vergessen. Das ist normal, denn sobald Informationen nicht mehr benötigt werden, vergessen wir sie. In etwa 20 Jahren werden die meisten Menschen nicht mehr in der Lage sein, sich an diese Währungen zu erinnern.

Lösung S. 337

Große Ströme der Welt

Ordnen Sie folgende acht Ströme vom längsten zum kürzesten.
Lösung S. 337

a. **Ganges** 1. ......
b. **Mississippi-Missouri** 2. ......
c. **Amazonas** 3. ......
d. **Ob** 4. ......
e. **Amur** 5. ......
f. **Rhein** 6. ......
g. **Jangtsekiang** 7. ......
h. **St.-Lorenz-Strom** 8. ......

Sie kennen die Namen dieser Wasserläufe und mussten während Ihrer Schulzeit gewiss auch einmal lernen, wie lang sie sind. Die meisten von Ihnen haben diese Fakten inzwischen wieder vergessen, da ihre langfristige Speicherung nutzlos erschien. Sie behalten solche Daten nur, wenn sie von einem besonderen Interesse für Sie sind, d. h., wenn Sie sie beruflich brauchen oder Geographie Ihr Hobby ist.

Wörter auf -sel, Wörter auf -fel

Finden Sie innerhalb von drei Minuten so viele Wörter wie möglich, die auf -sel enden und wiederholen Sie die Übung mit Wörtern auf -fel. Sie werden merken, dass Ihnen einfache, häufig verwendete Wörter rasch einfallen, während Sie nach Wörtern, die nicht im täglichen Sprachgebrauch vorkommen, länger suchen müssen.

Wörter auf -sel

....
....
....
....
....
....
....
....

Wörter auf -fel

....
....
....
....
....
....
....

▶ Um auf einen möglichst großen Wortschatz zurückgreifen zu können, muss man ihn regelmäßig trainieren. Zu diesem Zweck lässt sich die vorliegende Übung hervorragend abwandeln. Suchen Sie nach Wörtern, die auf -el, -ung, -ion, -gie usw. enden oder mit den Silben Ver-, Ab- usw. beginnen.

Lösung S. 337

Mein Gedächtnis ...
und das Wort auf der Zunge

Sie kennen die Situation: Das Wort ist Ihnen bekannt, will Ihnen aber dennoch nicht einfallen. Ihnen wird unbehaglich und Sie kommen sich lächerlich vor. Geraten Sie nicht in Panik! Es ist nämlich völlig normal, dass uns Wörter langsamer zufließen als Gedanken. Gewöhnen Sie sich an, nach Synonymen, also nach bedeutungsgleichen Wörtern zu suchen, um Ihren Wortschatz zu erweitern. Sie sollten vermeiden, dass sich die Gedanken in Ihrem Kopf überschlagen. Versuchen Sie stets ruhig und ohne Hast zu sprechen.

Wenn Erinnerungen überflüssig werden

1. **Erinnern Sie sich noch ...** an Ihre erste Telefonnummer?
2. **Erinnern Sie sich noch ...** an Ihr erstes Autokennzeichen?
3. **Erinnern Sie sich noch ...** an die Telefonnummer des Kinderarztes?
4. **Erinnern Sie sich noch ...** an die Geheimzahl Ihrer ersten EC-Karte?
5. **Erinnern Sie sich noch ...** an Ihren ersten Theater- oder Opernbesuch?
6. **Erinnern Sie sich noch ...** an das Datum Ihres ersten Arbeitstags?

▶ Wetten, dass Sie Schwierigkeiten hatten, die ersten vier Fragen zu beantworten? Doch keine Sorge – das ist völlig normal! Worin sollte auch der Nutzen bestehen, das Autokennzeichen Ihres ersten Wagens in Erinnerung zu behalten? Das Gedächtnis dient zur Speicherung von Fakten, die Sie ganz konkret im täglichen Leben brauchen.

Von diesen Daten werden rund 90 % wieder gelöscht, weil Sie Ihren Alltag nicht bewältigen können, wenn Sie Ihren „Erinnerungsapparat" überfrachten. An das Datum Ihres ersten Arbeitstags oder den ersten Theaterabend haben Sie sich vielleicht trotzdem erinnert, da diese Ereignisse mit Sicherheit besondere Momente in Ihrem Leben darstellten.

Geeignete und ungeeignete Merkhilfen

Mein Kühlschrank ist mit Merkzetteln übersät! Sind die wirklich alle notwendig?

Stellen Sie sich vor, Sie müssen Ihre Wocheneinkäufe erledigen! Versuchen Sie in Gedanken alle Produkte aufzulisten, die Sie zu besorgen haben. Diese Gedächtnisübung ist unser tägliches Los. Wie gehen Sie anschließend vor? Schreiben Sie sich einen Einkaufszettel?

Angesichts der vielen verschiedenen Aufgaben, die wir täglich zu erledigen haben, neigen wir dazu, auf verschiedene Merkhilfen zurückzugreifen (Zettel, Notizblöcke …). Leisten solche Hilfsmittel dem Gedächtnis gute Dienste oder schaden sie ihm letztlich sogar? Sollte man lernen, ohne sie auszukommen?

Mithilfe einer sinnvollen Merkhilfe können wir unseren Alltag gut organisieren. Der Vorsatz, uns den gesamten Inhalt unseres Terminkalenders oder unseres Adressbuchs merken zu wollen ist weder sinnvoll noch realistisch, sondern stellt eine klare Überschätzung unserer Gedächtniskapazitäten dar. Einkaufslisten, Terminkalender und Adressbuch sind hervorragende Hilfsmittel, um den Alltag zu meistern ohne das Gedächtnis zu überlasten.

Verhindert eine Merkhilfe jedoch, dass wir unsere Gedächtniskapazitäten voll ausschöpfen, kann das verhängnisvolle Folgen haben. Wer automatisch zum Adressbuch greift, um eine häufig gewählte Telefonnummer nachzuschlagen, strengt sein Gedächtnis nicht mehr genügend an. Das fördert eine Art von Trägheit, die schließlich zu einer Verschlechterung der Gedächtnisleistungen führen kann.

Test Welche Merkhilfen verwenden Sie? Beantworten Sie die folgenden Fragen mit JA oder NEIN.

JA NEIN

1. Ich verwende die in meinem Handy gespeicherten Nummern und kann häufig gebrauchte Nummern nicht auswendig.

2. Ich gehe systematisch nach Adressbuch vor, wenn ich Ansichtskarten an Verwandte und Bekannte verschicke.

3. Ich mache mir eine Einkaufsliste, auch wenn ich weniger als sieben Artikel aus dem Supermarkt benötige.

4. Ich muss meine verschiedenen PIN-Codes für EC-Karte, Handy usw. auf einem Zettel notieren.

5. Ich muss meine Ideen aufschreiben, um sie nicht zu vergessen.

6. Da ich häufig meine Wohnungstür zuziehe, ohne den Schlüssel mitzunehmen, habe ich schon mehrmals beim Nachbarn klingeln müssen, der einen Ersatzschlüssel hat.

7. Ich schaue regelmäßig in meinen Terminkalender, um zu sehen, was ich noch erledigen muss.

8. Ich schaue mehr als zweimal täglich auf den Kalender, um zu sehen, welches Datum wir haben.

9. Vor jedem Telefongespräch notiere ich, was ich sagen will.

10. Ich mache regelmäßig Knoten in mein Taschentuch.

11. Ich schreibe alles, was ich nicht vergessen möchte, auf die Hand.

12. In meiner Küche hängt eine kleine Tafel für Notizen.

Wenn Sie häufiger mit JA geantwortet haben, brauchen Sie kein schlechtes Gewissen zu haben. Jeder von uns greift im Alltag auf Merkhilfen zurück und das muss nicht immer ein Zeichen für geistige Trägheit sein. Sie haben einfach nicht genügend Vertrauen in Ihr Gedächtnis, weshalb Sie es sich angewöhnt haben, es zu unterstützen. Wichtig ist nur, dass Sie Ihr Gedächtnis immer wieder damit beauftragen, Informationen zu speichern.

Wenn Sie häufiger mit NEIN geantwortet haben, haben Sie vollstes Vertrauen in Ihr Gedächtnis, weil es Sie nur selten im Stich lässt. Weiter so!

Wer bin ich?

Welche berühmten Persönlichkeiten sind hier abgebildet? Ein Hinweis, der die Persönlichkeit oder deren Werk usw. kennzeichnet, hilft Ihrer Erinnerung auf die Sprünge.

Lösung S. 337

Figaros Hochzeit

....

Fluggerät

....

Ende der Apartheid

....

Romeo und Julia

....

Radium

....

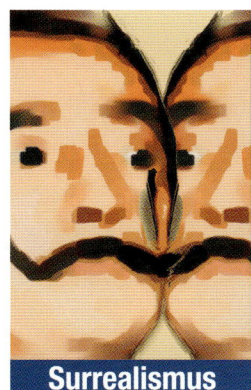

Surrealismus

....

Ende der Sklaverei

....

Sonnenblumen

....

Mazurka

....

Der Kalender als Merkhilfe

Der Kalender wird häufig als Merkhilfe für Geburtstage oder Termine benutzt. Tragen Sie die folgenden Feiertage in den nebenstehenden Kalender ein:

Heiligabend

Tag der Arbeit

Reformationstag

Silvester

Tag der deutschen Einheit

Bundesfeier (Schweiz)

Totensonntag

Allerheiligen

Allerseelen

Neujahr

Nikolaus

Mariä Himmelfahrt

Volkstrauertag

Heilige Drei Könige

Mariä Empfängnis

Österreichischer Nationalfeiertag

Buß- und Bettag

St. Martin

Valentinstag

Tragen Sie anschließend die Geburtstage von zehn Verwandten und Freunden ein. Mithilfe dieser Übung schaffen Sie Orientierungspunkte und müssen nicht mehr so häufig auf Ihren Kalender zurückgreifen.

Januar

1
2
3
4
5
6
7
8
9
10
11
12
13
14
15
16
17
18
19
20
21
22
23
24
25
26
27
28
29
30
31

Febr

1
2
3
4
5
6
7
8
9
10
11
12
13
14
15
16
17
18
19
20
21
22
23
24
25
26
27
28
29

Juli

1
2
3
4
5
6
7
8
9
10
11
12
13
14
15
16
17
18
19
20
21
22
23
24
25
26
27
28
29
30
31

Aug

1
2
3
4
5
6
7
8
9
10
11
12
13
14
15
16
17
18
19
20
21
22
23
24
25
26
27
28
29
30

Ern

Frohe Ostern

März
1
2
3
4
5
6
7
8
9
10
11
12
13
14
15
16
17
18
19
20
21
22
23
24
25
26
27
28
29
30
31

April
1
2
3
4
5
6
7
8
9
10
11
12
13
14
15
16
17
18
19
20
21
22
23
24
25
26
27
28
29
30

Mai
1
2
3
4
5
6
7
8
9
10
11
12
13
14
15
16
17
18
19
20
21
22
23
24
25
26
27
28
29
30
31

Juni
1
2
3
4
5
6
7
8
9
10
11
12
13
14
15
16
17
18
19
20
21
22
23
24
25
26
27
28
29
30

September
1
2
3
4
5
6
7
8
9
10
11
12
13
14
15
16
17
18
19
20
21
22
23
24
25
26
27
28
29
30

Oktober
1
2
3
4
5
6
7
8
9
10
11
12
13
14
15
16
17
18
19
20
21
22
23
24
25
26
27
28
29
30
31

November
1
2
3
4
5
6
7
8
9
10
11
12
13
14
15
16
17
18
19
20
21
22
23
24
25
26
27
28
29
30

Dezember
1
2
3
4
5
6
7
8
9
10
11
12
13
14
15
16
17
18
19
20
21
22
23
24
25
26
27
28
29
30
31

ankfest

Lösung S. 337

Störfaktoren und Multitasking

Wenn ich angesprochen werde, vergesse ich, was ich gerade tun wollte!

Während Sie mit etwas beschäftigt sind, können unzählige Störfaktoren dazu führen, dass Sie den Faden verlieren. Die Arbeit Ihres Kurzzeitgedächtnisses, die ein hohes Aufmerksamkeitsniveau erfordert, wird behindert, sodass Informationen verloren gehen. **Dabei handelt es sich nicht um ein Vergessen im eigentlichen Sinn: Aufgrund der momentanen Ablenkung erfolgt einfach nur keine Speicherung.**

Der Speicherprozess wird auch gestört, wenn Sie Ihre Arbeit unterbrechen, um gleichzeitig etwas anderes zu erledigen. Die Fähigkeit, mehrere Dinge auf einmal zu tun, nennt man Multitasking – aber nur wenige Menschen besitzen sie. Wer kennt folgende Situation nicht? Sie sind gerade auf dem Weg in ein anderes Zimmer, um dort etwas zu holen. Sie behalten dieses Vorhaben etwa dreißig bis neunzig Sekunden im Gedächtnis, also genau so lange, wie Sie zur Erledigung Ihres Vorhabens brauchen. Wenn Sie in diesem Zeitraum einen Telefonanruf entgegennehmen oder eine Frage beantworten müssen – was ebenfalls in den Aufgabenbereich des Kurzzeitgedächtnisses fällt – werden Sie sich vermutlich in dem betreffenden Zimmer wiederfinden und sich fragen „Was wollte ich hier eigentlich?". Sie sind in eine Situation geraten, in der Sie zwei Dinge gleichzeitig erledigen mussten.

Selbst wenn es sich um Nichtigkeiten handelt, **sollten Sie versuchen, stets eines nach dem anderen zu erledigen. Das verringert das Risiko, etwas zu vergessen.**

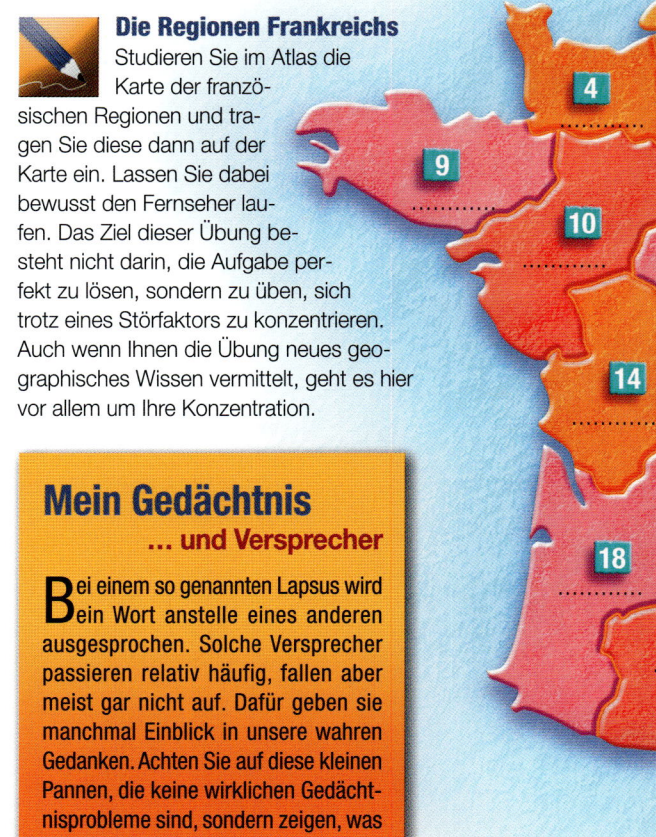

Die Regionen Frankreichs

Studieren Sie im Atlas die Karte der französischen Regionen und tragen Sie diese dann auf der Karte ein. Lassen Sie dabei bewusst den Fernseher laufen. Das Ziel dieser Übung besteht nicht darin, die Aufgabe perfekt zu lösen, sondern zu üben, sich trotz eines Störfaktors zu konzentrieren. Auch wenn Ihnen die Übung neues geographisches Wissen vermittelt, geht es hier vor allem um Ihre Konzentration.

Mein Gedächtnis
… und Versprecher

Bei einem so genannten Lapsus wird ein Wort anstelle eines anderen ausgesprochen. Solche Versprecher passieren relativ häufig, fallen aber meist gar nicht auf. Dafür geben sie manchmal Einblick in unsere wahren Gedanken. Achten Sie auf diese kleinen Pannen, die keine wirklichen Gedächtnisprobleme sind, sondern zeigen, was in Ihrem Kopf vorgeht.

Gleichzeitig lesen und zählen

Lesen Sie diesen Text (ein Auszug aus Voltaires *Candide*) durch und zählen Sie gleichzeitig still von eins bis hundert. Beantworten Sie dann die nebenstehenden Fragen, ohne den Text erneut anzusehen.

Die ganze kleine Gesellschaft beteiligte sich an diesem lobenswerten Plan. Jeder tat das, wozu er die größte Begabung besaß. Das kleine Land war sehr fruchtbar. **Kunegunde** war, um der Wahrheit die Ehre zu geben, recht hässlich. Doch wurde sie eine hervorragende Konditorin. **Paquette** stickte. Die Alte kümmerte sich um die Wäsche. Sogar Bruder **Goldlack** machte sich nützlich. Er war ein sehr guter Schreiner und wurde sogar ein ehrenhafter Mann. Und **Pangloss** sagte zu **Candide**: „Alle Ereignisse sind in der besten aller möglichen Welten miteinander verknüpft: Denn wärt Ihr schließlich nicht der Liebe zu Fräulein Kunegunde wegen mit Fußtritten in den Hintern aus einem schönen Schloss davongejagt worden, wärt Ihr nicht der Inquisition in die Hände gefallen, hättet Ihr Amerika nicht zu Fuß durchquert, hättet Ihr dem Baron keinen Schwerthieb versetzt, hättet Ihr nicht all Eure Schafe aus dem guten Land **Eldorado** verloren, so würdet Ihr hier keine **kandierten Zitronen und Pistazien** essen." – „Das ist wohl gesprochen", antwortete Candide, „aber wir müssen unseren Garten bestellen."

Fragen

1. Wie heißen die im Text genannten Personen? ....

2. Wo hat Candide seine ganzen Schafe verloren? ....

3. Bis zu welcher Zahl hatten Sie am Ende des Textes gezählt? ....

4. Was isst Candide? ....

Wenn Sie während des Lesens gleichzeitig gezählt haben, konnten Sie vermutlich keine der Fragen beantworten. Das liegt daran, dass Sie zwei Aufgaben gleichzeitig ausführen mussten. Doch nur wenige Menschen sind in der Lage, wirklich mehrere Dinge auf einmal zu erledigen. Und wenn, lässt das Ergebnis der verschiedenen, gleichzeitig ausgeführten Tätigkeiten oft zu wünschen übrig. Sie sollten sich lieber nur auf eine Sache konzentrieren und diese ordentlich zu Ende führen.

Lösung S. 337

Bilder im Bild

In diesem berühmten Gemälde, der *Mona Lisa* von Leonardo da Vinci, wurden zehn Menschen- und Tierköpfe versteckt. Um sie zu finden, müssen Sie das Gemälde aus allen möglichen Blickwinkeln betrachten.

Lösung S. 337

Auf der Jagd nach Wörtern

Sie haben drei Minuten Zeit, um aus jedem der unten genannten Themengebiete so viele Wörter wie möglich zu notieren. Sie können allein oder zu mehreren spielen und dabei reihum antworten.

1. **Ländernamen in alphabetischer Reihenfolge**
2. **Supermarktketten**
3. **Exotische Gerichte**
4. **Maler**
5. **Musikinstrumente**
6. **Hunderassen**

▶ Je weniger Störfaktoren vorhanden sind, desto erfolgreicher können Sie diese Übung absolvieren. Wenn Sie die Übung allein machen, sollten Sie das Radio ausschalten. Spielen Sie zu mehreren, dann werden Ihre Gedankengänge durch die Antworten der anderen Mitspieler automatisch gestört. Lassen Sie sich leicht ablenken? Das merken Sie daran, dass Sie eine bereits von einem anderen Mitspieler gegebene Antwort erneut nennen oder Ihnen eine Antwort wieder entfällt.

▶ Die Art der Darstellung ist nicht das Einzige, was das Auffinden der genannten Motive erschwert. Denn zunächst sehen Sie das Bild als Ganzes, ohne Details wahrzunehmen. Erst in einem zweiten Schritt können Sie die gesuchten Motive erkennen. Das ist die ganz normale Funktion Ihres Gedächtnisses. Sie müssen sich schon bewusst anstrengen, um die Wahrnehmung des Bildes als Ganzes zu unterdrücken. Erst dann können Sie andere Formen erkennen, die nicht damit in Zusammenhang stehen.

Verdrängung

*Ich vergesse ständig meine Zahnarzttermine …
das kann doch kein Zufall sein!*

Wird ein Mädchen von seiner Mutter dazu gezwungen, Tanzunterricht zu nehmen und vergisst mehrfach, dort hinzugehen, drängt sich die Vermutung auf, dass es sich hierbei nicht um reine Zerstreutheit handelt. Wahrscheinlich ist das eher eine unbewusste Strategie, um einer ungeliebten Tätigkeit zu entgehen. Auf diese Weise kann sich das Mädchen dem Willen der Mutter widersetzen, ohne es auf eine offene Konfrontation ankommen zu lassen. Die Tochter leidet bestimmt nicht unter einer Gedächtnisstörung: Hier handelt es sich eher um eine klassische Form der Verdrängung.

Aus den Schriften Sigmund Freuds wissen wir, dass ein Teil unseres Ich Dinge vergessen will, die uns Unbehagen einflößen. Dieses Vergessen wird vom Unterbewusstsein gewünscht **und dient in der Regel dazu, einer unangenehmen Situation auszuweichen oder eine Bewusstwerdung zu vermeiden.** Die Verdrängung garantiert ein gesundes Seelenleben. Ohne sie wären wir oft unlösbaren Konflikten ausgesetzt.

Manchmal stellen wir überrascht fest, dass wir einen „sehr wichtigen" Termin vergessen haben – etwas, das auf den ersten Blick unfassbar erscheint. Meist gehen wir der Sache nicht weiter nach und haben ein schlechtes Gewissen … In solchen Fällen können wir davon ausgehen, dass immer auch ein Stück weit Verdrängung mit im Spiel ist.

Möglicherweise haben wir eine Abneigung gegen ganz bestimmte Tätigkeiten oder bringen gewisse Wörter nur schwer über die Lippen. Solche Phänomene sind nur die Spitze eines Eisbergs, der aus tief in uns begrabenen, kollektiven und persönlichen Ängsten besteht. Diese Ängste beruhen wahrscheinlich auf einer negativen oder traumatischen Erfahrung, die wir früher einmal gemacht und dann verdrängt haben.

Warum habe ich das vergessen?

Sie haben bestimmt auch schon einmal verwundert festgestellt, dass Sie etwas Offensichtliches oder Wichtiges vergessen haben, beispielsweise einen Arzttermin oder eine Gefälligkeit, die Sie einem guten Freund erweisen wollten. Rufen Sie sich zunächst die näheren Zusammenhänge des Vergessensvorgangs ins Gedächtnis und beantworten Sie dann folgende Fragen:

1. **War mir das, was ich vergessen habe, lästig?**

2. **Hatte ich wirklich Lust dazu, diese Aufgabe zu erledigen?**

3. **Hat dieses Vergessen nicht letztlich dazu geführt, dass ich einer unerwünschten Situation oder einem Streit aus dem Weg gehen konnte?**

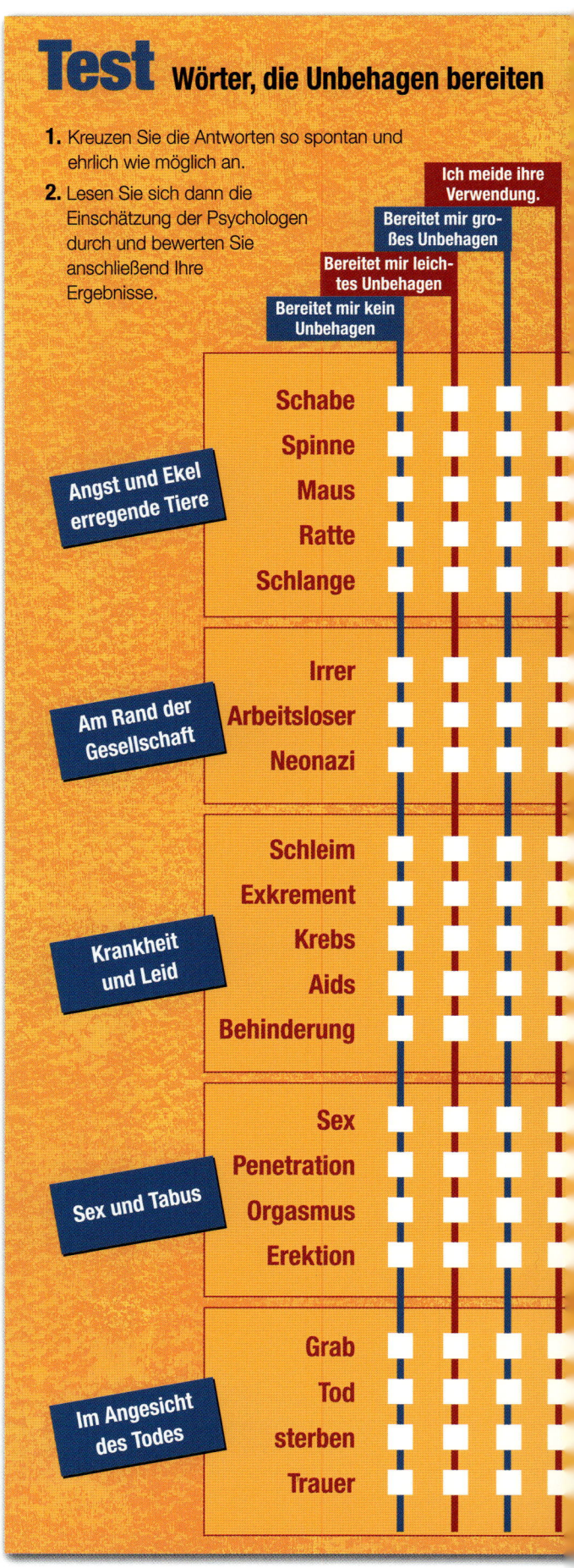

Test Wörter, die Unbehagen bereiten

1. Kreuzen Sie die Antworten so spontan und ehrlich wie möglich an.

2. Lesen Sie sich dann die Einschätzung der Psychologen durch und bewerten Sie anschließend Ihre Ergebnisse.

	Bereitet mir kein Unbehagen	Bereitet mir leichtes Unbehagen	Bereitet mir großes Unbehagen	Ich meide ihre Verwendung.
Angst und Ekel erregende Tiere				
Schabe	☐	☐	☐	☐
Spinne	☐	☐	☐	☐
Maus	☐	☐	☐	☐
Ratte	☐	☐	☐	☐
Schlange	☐	☐	☐	☐
Am Rand der Gesellschaft				
Irrer	☐	☐	☐	☐
Arbeitsloser	☐	☐	☐	☐
Neonazi	☐	☐	☐	☐
Krankheit und Leid				
Schleim	☐	☐	☐	☐
Exkrement	☐	☐	☐	☐
Krebs	☐	☐	☐	☐
Aids	☐	☐	☐	☐
Behinderung	☐	☐	☐	☐
Sex und Tabus				
Sex	☐	☐	☐	☐
Penetration	☐	☐	☐	☐
Orgasmus	☐	☐	☐	☐
Erektion	☐	☐	☐	☐
Im Angesicht des Todes				
Grab	☐	☐	☐	☐
Tod	☐	☐	☐	☐
sterben	☐	☐	☐	☐
Trauer	☐	☐	☐	☐

Einige Wörter, die das Tierreich, die Gesellschaft, den Körper, Krankheiten oder den Tod betreffen, können uns Unbehagen bereiten. In einigen Fällen kommen sie uns sogar nur mit äußerster Mühe über die Lippen.

Und was sagen die Psychologen dazu?

Einigen Wörtern aus dem Tierreich haften nach wie vor Angst und falsche Vorstellungen an. Schaben und Spinnen sind sehr kleine Tiere, die bei Dunkelheit aktiv werden und häufig an schmutzigen Orten leben, wo es von Mikroben wimmelt. Sie verkörpern eine unsichtbare Gefahr. Mäuse und Ratten werden ebenfalls mit Elend und mangelnder Sauberkeit in Verbindung gebracht. Schlangen sind traditionell ein Sexsymbol, verkörpern aber auch das Böse oder die Sünde. All diese Bedeutungen machen in der Regel Angst. Manchmal reicht schon ihre Erwähnung, um Unbehagen auszulösen. Umso mehr, wenn diese Begriffe mit unangenehmen Erfahrungen verbunden sind, die diese Tiere in unserer Kindheit bei uns ausgelöst haben.

Der Irre oder Geisteskranke wird ausgegrenzt. Nazis werden einstimmig verurteilt. Was den Arbeitslosen anbelangt, wird er noch immer häufig als Versager betrachtet. Diese Wörter sind sehr verletzend und stehen für gesellschaftliche Missbilligung, ja sogar Zurückweisung. In dem Unbehagen, das sie auslösen, kommt die unbewusste Angst zum Ausdruck, eines Tages selbst am Rand der Gesellschaft zu stehen.

Krankheit und das damit verbundene Leid lassen niemanden gleichgültig, denn beides erinnert uns an unsere Sterblichkeit. Die unter dieser Rubrik aufgeführten Wörter wecken existenzielle Ängste. Sie konfrontieren den Menschen mit der Tatsache, dass er eines Tages zu Staub zerfallen wird. Das wird nur allzu gern verdrängt und kann bei der Erwähnung der Wörter in Form eines unbestimmten Unbehagens wieder ins Bewusstsein gelangen.

Obwohl sich die westlichen Gesellschaften in dieser Hinsicht inzwischen sehr offen geben, ist es immer noch ein Tabu, über Sex zu sprechen. Hierbei spielen religiöse Verbote und unser natürliches Schamgefühl eine Rolle. Wenn es uns schwer fällt, Wörter aus dem sexuellen Bereich auszusprechen, zeigt das nur, dass wir sowohl Angst vor den eigenen als auch vor den Empfindungen der anderen haben.

In den westlichen Gesellschaften wird der Tod immer stärker ausgegrenzt und gilt nicht mehr als natürlicher Bestandteil des Lebens. Der Tod macht uns Angst. Diese Angst wird in den links genannten Wörtern so gegenwärtig, dass diese verdrängt werden müssen, und zwar in einem so hohen Maß, dass immer mehr Menschen dazu übergehen, Umschreibungen dafür zu verwenden. Sie sagen: Er ist von uns gegangen, er ist verschieden, er hat uns verlassen ...

Testauswertung
Notieren Sie die Anzahl der Kreuze pro Spalte

Anzahl Kreuze

Bereitet mir kein Unbehagen ....

Bereitet mir leichtes Unbehagen ....

Bereitet mir großes Unbehagen ....

Ich vermeide ihre Verwendung. ....

Wenn Sie die meisten Kreuze in der Spalte „Bereitet mir kein Unbehagen" gemacht haben, haben Sie mit diesem Vokabular keinerlei Probleme. Sie sollten aber darauf achten, Ihre Gefühle nicht zu sehr auf Abstand zu halten.

Wenn Sie die meisten Kreuze in der Spalte „Bereitet mir leichtes Unbehagen" gemacht haben, wissen Sie, dass Sie manche Wörter stören, können sie aber trotzdem verwenden. Sie sind seelisch ausgeglichen und akzeptieren die Wirklichkeit so wie sie ist.

Wenn Sie die meisten Kreuze in der Spalte „Bereitet mir großes Unbehagen" gemacht haben, sollten Sie in sich gehen und lernen, Ihre Gefühle besser in Worte zu kleiden. Zögern Sie nicht, sich anderen anzuvertrauen.

Wenn Sie die meisten Kreuze in der Spalte „Ich vermeide ihre Verwendung" gemacht haben, sperren Sie sich regelrecht gegen einige Wörter. Vielleicht ist das nur ein vorübergehendes Phänomen. Wahrscheinlich müssen Sie sich auf diese Weise schützen, um Ihr geistiges Gleichgewicht zu bewahren.

Wenn Sie in jeder Spalte gleich viele Kreuze gemacht haben, sollten Sie sich die nebenstehenden Bemerkungen gut durchlesen. Versuchen Sie die Wörter zu analysieren, die Sie am meisten stören.

Wie schätzen Sie die Gefahr im Straßen-verkehr ein?

Die hier abgebildeten 20 Verkehrsschilder warnen vor Gefahren und mahnen zur Vorsicht. Ordnen Sie die hier dargestellten Gefahren nach ihrer Gefährlichkeit und zwar von der Gefährlichsten bis hin zur Harmlosesten. Diese Übung kann zu mehreren gemacht werden. Sie werden erstaunt sein, wie unterschiedlich die Ergebnisse ausfallen.

1. ....
2. ....
3. ....
4. ....
5. ....
6. ....
7. ....
8. ....
9. ....
10. ....
11. ....
12. ....
13. ....
14. ....
15. ....
16. ....
17. ....
18. ....
19. ....
20. ....

Haben Sie eine deutliche Vorstellung von der Gefahr, vor der diese Schilder warnen? Halten Sie sich an die Verkehrsschilder? Passiert es Ihnen gelegentlich auch, dass Sie trotz der Beschilderung ausgesprochen waghalsig oder im Gegenteil übermäßig vorsichtig fahren? Jeder von uns ertappt sich manchmal bei einer so genannten Verweigerungshaltung, mit der wir uns gegen die Realität sträuben. Diese Haltung kann dazu führen, dass wir die Augen vor einer drohenden Gefahr verschließen oder diese verharmlosen. Viele Autofahrer, die sich nicht an bestehende Geschwindigkeits-beschränkungen halten, leugnen die Gefahr, die ihnen oder anderen dadurch droht. Viele von uns fühlen sich in einem Auto sicher und beziehen daraus ein Gefühl der Macht. Übermäßige Angst vor Gefahr zu haben oder zu behaupten, dass es sie nicht gibt, ist im Grunde nichts anderes als das Eingeständnis einer unterschwelligen Angst, die Kontrolle zu verlieren.

Wenn ein Vergessen unmöglich ist

Obwohl kurzfristige Erinnerungen ausgelöscht werden, gibt es Informationen, die das Gedächtnis ohne unser Zutun dauerhaft speichert.

Die richtige Rechtschreibung

In einige der unten aufgeführten Wörter haben sich Rechtschreibfehler eingeschlichen. Können Sie sie korrigieren?

1. **Dinamit** ....
2. **Apoteke** ....
3. **Damfwalze** ....
4. **Synthese** ....
5. **Architeckt** ....
6. **Goldschmid** ....
7. **Bitzeps** ....
8. **Rallye** ....
9. **Prozesion** ....
10. **Artzt** ....
11. **Apostroph** ....
12. **Kallorien** ....

Lösung S. 337

Mein Gedächtnis
… und mein Einkaufszettel

Sich einen Einkaufszettel zu schreiben, ist kein Zeichen für Gedächtnisträgheit – vorausgesetzt, dass Sie sich im Supermarkt nicht ständig an diesen Zettel klammern müssen. Zunächst einmal dient er der Bestandsaufnahme der benötigten Dinge. Wer die benötigten Produkte beim Schreiben des Einkaufszettels in der Reihenfolge notiert, wie sie im Supermarkt in den Regalen stehen, wird ihn sich leichter einprägen können. Lesen Sie Ihre Liste ruhig mehrmals laut durch. Nach einigen Wochen werden Sie mehr als 30 Artikel kaufen können, ohne ständig auf Ihren Zettel sehen zu müssen. Mitnehmen schadet trotzdem nichts!

Verschiedene Gedächtnisformen

Diese kleine Übung dürfte Ihnen keine großen Schwierigkeiten bereitet haben. Selbst wenn Ihnen die genaue Rechtschreibung momentan nicht einfällt, spüren Sie instinktiv, wenn ein Wort falsch geschrieben ist – die richtige Rechtschreibung werden Sie so schnell nicht vergessen. Menschen verinnerlichen von klein auf ihre Beziehung zur Außenwelt, indem sie sie in Worte kleiden. Die Sprache (Sinn der Wörter, Rechtschreibung, mit Wörtern verknüpfte Bilder) hat sich unauslöschlich in das Gedächtnis eingebrannt und die Persönlichkeit geformt. **Aber es gibt noch andere Erlebnisse, die unter Umständen nicht mehr vergessen werden können. Dazu zählen große Einschnitte im Leben** – Trennung, Verlust des Arbeitsplatzes, der Tod eines geliebten Menschen … Wenn Menschen etwas verlieren, wissen sie oft nicht, was an seine Stelle treten wird, und empfinden eine Leere. In solchen Fällen leistet das Gedächtnis **Trauerarbeit**. Dieser persönliche, aktive und äußerst intensive Prozess macht die Erinnerung an den Verlust weniger schmerzhaft. Er besteht aus **fünf Phasen**, in deren Verlauf sich die Betroffenen von ihrem Verlust lösen und wieder neuen Mut fassen.

● **Schock.** Er tritt ein, sobald der Betroffene von dem Verlust erfährt, und legt dessen gesamtes Seelen- und Gefühlsleben lahm. In einigen Fällen kann es sogar zu einer Verleugnung der Realität kommen – „Nein, das ist nicht wahr!"

● **Bewusstwerdung und geistige Verarbeitung.** Die Erinnerungen an den Verlust sind ständig präsent. Der Betroffene begreift, dass sich das Ereignis nicht mehr rückgängig machen lässt, und versucht es zu begreifen. „Warum musste das geschehen?", fragt er sich immer wieder.

● **Anpassung.** Nun wird das Verlorene idealisiert. Schuldgefühle und Aggressionen flauen ab. Manchmal kommt es zu einer Depression, wodurch sich der Betroffene von seinem Verlust lösen kann.

● **Die erneute Zuwendung zum Leben.** Wenn sich der Betroffene mit dem Verlust ausgesöhnt hat, kann er sich wieder der Gegenwart und seinen Mitmenschen zuwenden.

● **Wiedererlangung des seelischen Gleichgewichts und neuer Lebensmut.** Wenn die seelischen Wunden vernarbt sind, ist wieder Kraft vorhanden, sich dem Leben zuzuwenden. Trauerarbeit erfordert jede Menge Energie, worunter unter Umständen auch das Gedächtnis leiden kann. Doch mithilfe der Trauerarbeit wird der Verlust schrittweise verinnerlicht und somit erträglicher. Erst das ermöglicht ein Weiterleben nach schweren Schicksalsschlägen.

Im Theater. Betrachten Sie aufmerksam die Szenerie und suchen Sie darin die Personen, Tiere und Objekte, die außerhalb des Bildes dargestellt sind.

Spiel & Spaß 2

SPRUCHSALAT

Drei Sprichwörter wurden in ihre Einzelteile zerlegt und gemischt.
Versuchen Sie die Sprichwörter wieder zusammenzusetzen.

HUNDE   DAS   SPECK   DIE   NICHT

LETZTEN   MAUSEN   MIT   LÄSST

MAN   DIE   DEN   MÄUSE

KATZE   FÄNGT   BEISSEN

1. ....
....
....

2. ....
....
....

3. ....
....
....

AM RICHTIGEN PLATZ

Prägen Sie sich die Abfolge der Tage auf den Lätzchen genau ein. Verdecken Sie sie dann.

Sonntag   Dienstag   Mittwoch   Sonntag   Montag   Samstag   Freitag   Dienstag

Schreiben Sie die Tage in der richtigen Reihenfolge auf die Lätzchen.

DIE GUTE ADRESSE

Auf den Schildern ist oben die Hausnummer und unten der Straßenname notiert.
Finden Sie mithilfe der sechs Hinweise die gesuchte Adresse heraus.

7	14	16	8	23
Pfalz-Straße	Klaus-Mann-Straße	Bella-Block-Allee	Salzburger Chaussee	Golo-Mann-Gasse
10	9	12	11	15
Rosa-Roth-Weg	Max-Frisch-Allee	Franken-straße	Jean-Paul-Weg	Bayern-gasse
18	4	14	12	8
Linzer Straße	Rubel-straße	Dürrenmatt-Weg	Friesen-gasse	Thomas-Mann-Weg

Hinweise

1. Die Hausnummer ist keine Primzahl.
2. Die Straße ist nicht nach einer Frau benannt.
3. Niemand aus der Familie Mann ist Namensgeber der Straße.
4. Auf dem Schild werden die letzten drei Buchstaben des Alphabets nicht benutzt.
5. Der Name der Straße enthält keine Währung.
6. Die Buchstabenanzahl des Straßennamens und die Hausnummer stimmen nicht überein.

BACHSTUBEN?
STRUKTUR

Sortieren Sie die Buchstaben dieser Wörter neu, dann ergeben sich zehn Musikinstrumente.

1. **TAUB** ....
....

2. **HAFER** ....
....

3. **ERLASS** ....
....

4. **GOCKEL** ....
....

5. **INTEGRAL** ....
....

6. **MICHAELS** ....
....

7. **NILDAEMON** ....
....

8. **OHRGELDER** ....
....

9. **GAGSCHULZE** ....
....

10. **LEITKARTEN** ....
....

ZEITFRAGEN
CHRONIK

Jeweils zwei dieser Ereignisse geschahen im gleichen Jahr. Versuchen Sie diese Paare herauszufinden.

A Schwarzer Freitag an der Börse

B Zum ersten Mal wird eine Frau deutsche Bundesministerin

C Premiere von Cole Porters Kiss Me Kate

D Boxsieg von Max Schmeling über Joe Louis

E Ausbürgerung Wolf Biermanns aus der DDR

F Premiere von Casablanca

G Die BRD wird NATO-Mitglied

H Olympische Spiele in Montreal

I Charlie Chaplins Moderne Zeiten hat Premiere

J Amtsantritt von Willy Brandt als Bundeskanzler

K Veröffentlichung Remarques Im Westen nichts Neues

L Erste documenta in Kassel

M Berliner Luftbrücke

N Filmpremiere von Easy Rider

O Beginn der Schlacht um Stalingrad

P Bau der Berliner Mauer

.... / ....

.... / ....

.... / ....

.... / ....

.... / ....

.... / ....

.... / ....

.... / ....

AUFGEZEICHNET
KONZENTRATION

Prägen Sie sich die Lage der farbigen Elemente in der Zielscheibe ein. Decken Sie die Scheibe dann ab. Zeichnen Sie die farbigen Elemente an der richtigen Stelle ein.

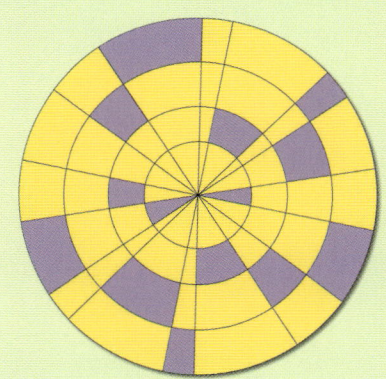
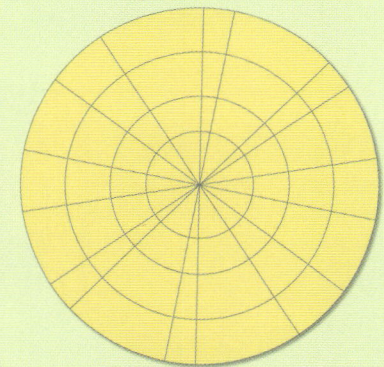

DIE KLEINEN UNTERSCHIEDE
KONZENTRATION

Sieben kleine Unterschiede können Sie entdecken, wenn Sie die Fotos vergleichen.

ES WAR EINMAL ... EIN QUIZ! — WISSEN

Beantworten Sie die Fragen zum Thema Märchen. Vorsicht: steigende Schwierigkeit!

1. Der Storch heißt in Tierfabeln oft Adebar, der Wolf Isegrimm. Welchen Namen trägt der Fuchs?

2. Was fragt die Stiefmutter von *Schneewittchen* ihren Zauberspiegel?

3. Welcher Fisch erfüllt in *Der Fischer und seine Frau* die Wünsche der unersättlichen Fischersgattin?

4. In welchem Märchen steht „Heute back ich, morgen brau ich, übermorgen hol ich der Königin ihr Kind"?

5. Welche beiden Dinge steckt das *tapfere Schneiderlein* ein, als es in die Welt hinauszieht?

6. Wie entzaubert die Prinzessin den *Froschkönig*, der ihre goldene Kugel aus dem Brunnen rettete?

7. Welche Dinge tauscht *Hans im Glück* nacheinander gegen seinen Arbeitslohn ein?

8. Mit welchem Zauberwort verwandelt sich der *Kalif Storch* in einen Menschen zurück?

9. In welchem Märchen der Brüder Grimm wird der Bart eines Zwerges zweimal gestutzt?

10. Welches Tier hat zwei Augen „so groß wie der Runde Turm in Kopenhagen"?

PUZZLE — RAUM

Setzen Sie jeweils drei der Puzzleteile zu einem Kreis zusammen.

1.

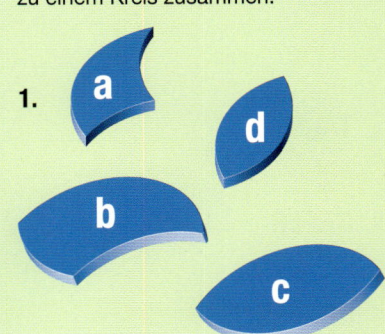

2.

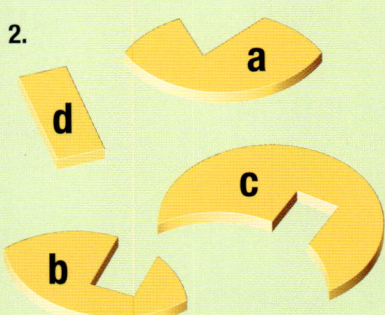

AUSGESPROCHEN LUSTIG — STRUKTUR

Die Namen von acht Städten wurden zerlegt – und zwar so, dass die einzelnen Wortteile in der Aussprache sinnvolle deutsche Wörter ergeben. Versuchen Sie herauszufinden, um welche Städte es sich handelt.

WAHL • BUH • DANN
SCHAU • DAMM • DA
ASS • REH • ROH
RUTH • KAI • KUSS
TEE • DIE • BEI
PEST • WAHR • HERAN

PYRAMIDE — LOGIK

Die Zahl in einem oberen Kästchen ist stets die Summe der Zahlen in zwei direkt darunterliegenden Kästchen.

Frage
Welche jeweils gleiche Zahl muss in die Kästchen der untersten Zeile eingesetzt werden, um auf 320 im obersten Kästchen zu kommen?

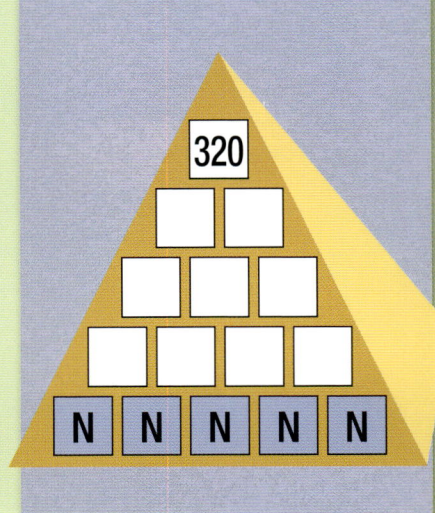

320

N N N N N

EIN IDEALES PAAR ASSOZIATION

Prägen Sie sich die Paare auf den Fotos gut ein und decken Sie diese dann ab.

Können Sie die Fotos einander zuordnen?

Antworten

...... und ......
...... und ......
...... und ......
...... und ......
...... und ......

SCHATTENSPIEL RAUM

Welcher der Schatten ist das Spiegelbild der *Bremer Stadtmusikanten*?

1 2 3
4 5 6

SANDWICH STRUKTUR

Ergänzen Sie bei diesen Wörtern den fehlenden Buchstaben. Von oben nach unten gelesen, ergibt sich ein Sprichwort, das auf den griechischen Philosophen Platon zurückgeht.

P I		L E
L E		S E
A G		N T
T O		E N
O P		R N
N A		E N
S T		D T
W U		H S
E C		S E
I N		I M
S A		R E
H A		M A
E L		T E
I N		E N
T A		E L

153

KUCKUCKSEI

Betrachten Sie die Kalender, bis Sie glauben, sich an jeden erinnern zu können. Verdecken Sie dann die Abbildungen.

Welcher Kalender wurde hinzugefügt?

AM RICHTIGEN PLATZ

Prägen Sie sich die Autos ein. Decken Sie sie ab.

Stellen Sie die Autos auf ihren Platz.

1 2 3 4 5 6 7 8

UM DIE ECKE GESUCHT

Die im Gitter verborgenen Komponisten können waagerecht, senkrecht, vorwärts und rückwärts geschrieben sein, aber auch über Eck verlaufen (wie zum Beispiel WAGNER). Die Wörter überschneiden sich nicht. Buchstaben werden immer nur für einen einzigen Namen verwendet. Streichen Sie die gefundenen Wörter durch. Zeilenweise gelesen, ergeben die verbleibenden Buchstaben den Namen eines weiteren Komponisten.

BACH	CHOPIN	HINDEMITH
BEETHOVEN	DEBUSSY	HUMPERDINCK
BERLIOZ	EISLER	LISZT
BIZET	HAENDEL	LORTZING
BRAHMS	HAYDN	MAHLER
		MENDELSSOHN
		MOZART
		ORFF
		PUCCINI
		RAVEL
		ROSSINI
		SCHUMANN
		SCHOENBERG
		SCHUBERT
		SMETANA
		STRAUSS
		TELEMANN
		VERDI
		VIVALDI
		WAGNER

```
B O H O H C S N D E M I T H S S B I
E E T V U F H I T Z S I L A U T E Z
R A N E M V G R T R E S T R B R A H
T Z O M A E N O S S B U E I S L E M
E O H F N R I L E I E H N C A B R S
N A C S N D Z N V N S C I H O R F F
B N C U P I T M A I W C P B Z N H O
E A C I L O R A R G A H O N O L S S
R T I N A E L H E N H M A N I E D N
G E S S Y R L D R C A E H B L H M E
S M U V I V A I L D Y L U E R K C N
D E B H A E N D E N T E M P E R D I
```

IM DREIERPACK

Ein Wort kann mit den drei aufgelisteten Begriffen zusammengesetzt werden, sodass jeweils ein neues Wort entsteht. Versuchen Sie diese Wörter zu finden.

1. FEUER
   BREMSE
   FELL
   ....

2. KATZEN
   MARSCH
   FILM
   ....

3. FUSS
   DUFT
   TRAUM
   ....

4. QUER
   ZAUBER
   BLOCK
   ....

5. SCHLAF
   KINDER
   KIRCHEN
   ....

6. KAMMER
   LAUB
   SCHLAGER
   ....

WORTBRÜCHIG

Aus sechs Wörtern wurden eine oder mehrere Silben entfernt. Rekonstruieren Sie diese Wörter mit den rechts genannten Silben. Achtung! Manchmal gibt es mehrere Möglichkeiten. Aber nur eine erlaubt es, alle Wörter zu vervollständigen.

1. .... FO ....

2. .... TE

3. KA ....

4. .... CAL

5. .... MEN ....

6. .... RE .... DE

KAN   SIN   CO   SE   TA   NA   PEL   NIE   FLA   MU   LE   SI

ZEUS & CO
RAUM

Setzen Sie diese Figuren aus der griechischen Mythologie in das Gitter ein.

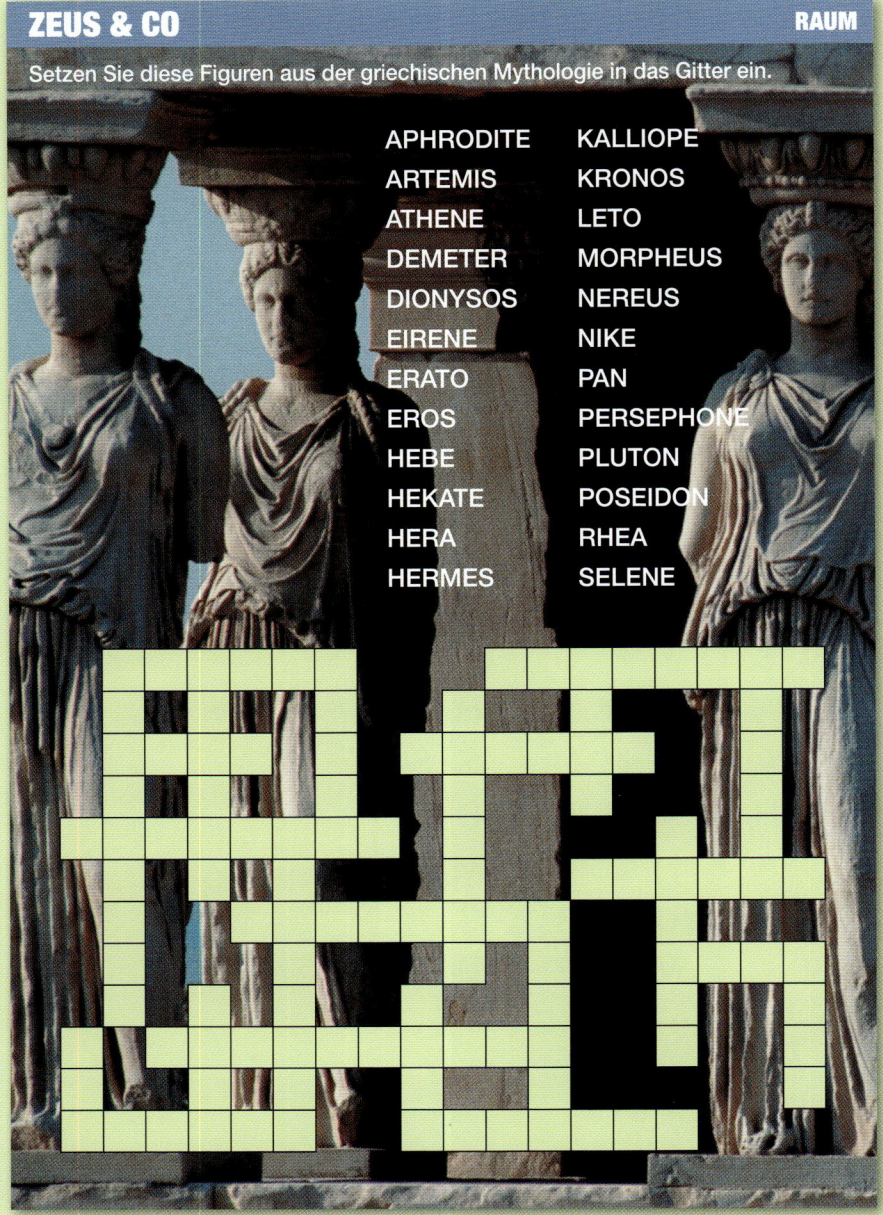

APHRODITE	KALLIOPE
ARTEMIS	KRONOS
ATHENE	LETO
DEMETER	MORPHEUS
DIONYSOS	NEREUS
EIRENE	NIKE
ERATO	PAN
EROS	PERSEPHONE
HEBE	PLUTON
HEKATE	POSEIDON
HERA	RHEA
HERMES	SELENE

WORT FÜR WORT
STRUKTUR

Bilden Sie aus den Buchstaben des ersten Wortes und dem Zusatzbuchstaben ein neues Wort. Vermeiden Sie abgeleitete Formen eines Wortes.

B E I

+ R _ _ _ _
+ T _ _ _ _ _
+ E _ _ _ _ _ _
+ N _ _ _ _ _ _
+ E _ _ _ _ _ _ _
+ T _ _ _ _ _ _ _

AUSTAUSCH
STRUKTUR

Versuchen Sie die VAMPIRE zur ARTERIE zu bringen. In jeder Zeile wird ein Buchstabe des Wortes ausgetauscht. Aus den Ihnen dann zur Verfügung stehenden Buchstaben müssen Sie ein neues Wort bilden. Umlaute gelten als zwei Buchstaben.

V A M P I R E

– V + R _ _ _ _ _ _ _
– P + F _ _ _ _ _ _ _
– M + N _ _ _ _ _ _ _
– F + N _ _ _ _ _ _ _
– N + T _ _ _ _ _ _ _
– N + E A R T E R I E

WORTBRÜCHIG
STRUKTUR

Aus sechs Wörtern wurden eine oder mehrere Silben entfernt. Rekonstruieren Sie diese Wörter mit den rechts genannten Silben. Achtung! Manchmal gibt es mehrere Möglichkeiten. Aber nur eine erlaubt es, alle Wörter zu vervollständigen.

1. .... LO ....
2. .... GE
3. .... RI .... RI
4. .... DER ....
5. SCHAR ....
6. .... RI ....

ME   SCHU   WELSCH
FA   GELN   ZELN
SCHUG   KAU   LA
MA   WEN   CHER

FARBENSPIEL — STRUKTUR

Die 30 Farben in diesem Rätselgitter können vorwärts und rückwärts geschrieben sein, waagerecht, senkrecht und auch diagonal. Die Wörter können sich auch überschneiden. Einige Buchstaben bleiben übrig. Zeilenweise gelesen, ergeben sie eine weitere Farbe.

```
K N I P A M O N T G R E
S S I E W H A G S O U V
S I O M A H C G I L B U
G E K G R A U B E D I A
R R P R O A A E N N N M
N U U I E C K I A I T I
U P U E A U K G S Z T A
A R A I N T T E L O I V
R U L T R A M A R I N G
B P B U L R O R A N G E
M T Z I A S I L B E R L
U A L K S C H W A R Z B
```

AZUR	GRUEN	ORANGE	SILBER
BEIGE	INDIGO	PINK	TUERKIS
BLAU	KARMESIN	PURPUR	ULTRAMARIN
BRAUN	KARMIN	ROT	UMBRA
CHAMOIS	LILA	RUBIN	VIOLETT
GELB	MAGENTA	SCHWARZ	WEISS
GOLD	MAUVE	SEPIA	
GRAU	OCKER	SIENA	

PAARWEISE — ASSOZIATION

Ordnen Sie den links aufgelisteten Krimiautoren ihre Helden zu.

Autor			Held
Leon **A**	A......	**1**	Wallander
Doyle **B**	B......	**2**	Brown
Hammett **C**	C......	**3**	Holmes
Gardner **D**	D......	**4**	Spade
Chandler **E**	E......	**5**	Maigret
Simenon **F**	F......	**6**	Marlowe
George **G**	G......	**7**	Studer
Chesterton **H**	H......	**8**	Lynley
Mankell **I**	I.....	**9**	Brunetti
Glauser **J**	J......	**10**	Mason

VERFLOCHTEN — STRUKTUR

Die Nachnamen von sechs Komikern wurden paarweise verflochten. Finden Sie die Namen heraus.

DRALALAB 1

BOBANCHING 2

EHENGERBILGKE 3

AUS DER REIHE GETANZT — LOGIK

Jeweils einer der Begriffe passt nicht zu den anderen, weil ihm ein bestimmtes Merkmal fehlt. Welcher Begriff ist es?

1. SEE PLANE IGEL LAKE MOST TASTE

2. ZEHNAGEL ELFENBEIN ZWIEBEL ACHTUNG DREISTIGKEIT EINSENDEN

3. BIZARR SAALORDNER AGRAFFE LASTKAHN PEKING DISCOUNTER

SEITENANSICHT
RAUM

1. Welcher Würfel entsteht, wenn Sie die Figur zusammenfalten?

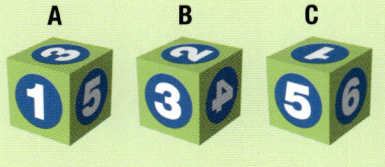

2. Welche beiden Würfel stimmen mit der Figur überein, wenn Sie sie zusammenfalten?

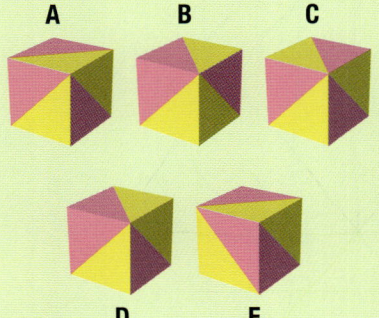

3. Welche beiden Würfel stimmen mit der Figur überein, wenn Sie sie zusammenfalten?

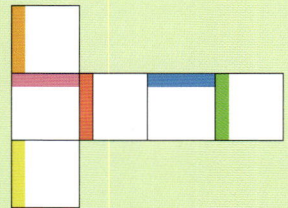

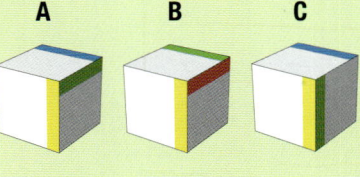

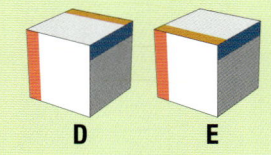

BACHSTUBEN?
STRUKTUR

Welche zehn Inseln oder Inselgruppen verbergen sich hinter diesen Anagrammen? Umlaute gelten als zwei Buchstaben.

1. **BAKU**

2. **ABEL**

3. **HOFER**

4. **GRUENE**

5. **OBERON**

6. **MANDELA**

7. **BLUTARM**

8. **LAEUTEN**

9. **DOLLHAGEN**

10. **LOSSTIEREN**

GENAU GESEHEN
LOGIK

In Berlin ist es 13 Uhr. Die vier Uhren zeigen die Zeit zu dieser Stunde in Los Angeles, Peking, Rio de Janeiro und Sydney an. Welche Uhr gehört zu welcher Stadt?

RICHTIG GEZÄHLT
LOGIK

Platzieren Sie die Symbole mit den Zahlen an die richtige Stelle. Jede Gleichung muss die Summe 49 ergeben, ebenfalls die Zahlen im markierten Quadrat.

LÜCKENFÜLLER
SPRACHE

Verwandeln Sie die sechs Zahlen in neue Wörter. Jeder Strich steht für einen Buchstaben.

1. D _ R E _ _ I _ _
2. _ _ _ V I E R _ _
3. F Ü _ _ _ _ N _ F
4. S E _ _ _ C H S
5. S _ _ I E _ B E _ N
6. A _ _ C H _ _ _ T

SANDWICH
STRUKTUR

Bei den Wörtern fehlen zwei Buchstaben. Diese sind unten aufgeführt. Wenn Sie die Wörter richtig ergänzen, ergeben sich in den farbigen Spalten zwei deutsche Dichter.

		D		N	
E	W		N	F	E
		O			T
A	A		I	N	L

U	M		E	R		E	N
Z	E		T	Z		N	E
K	L		M	P		E	R
S	P		I	T		E	R
D	I		G	R		M	M
T	A		G	E		T	E
E	R		B	E		R	E

PAARWEISE
ASSOZIATION

Ordnen Sie jedem Herrscher den Beinamen zu. Es gibt mehrere Möglichkeiten. Nur eine erlaubt die vollständige Zuordnung.

Karl	A	A	1	Der Kleine
Iwan	B	B	2	Der Große
Peter	C	C	3	Der Kahle
Pippin	D	D	4	Der Schöne
Johann	E	E	5	Der Fromme
Ludwig	F	F	6	Der Eroberer
Philipp	G	G	7	Der Schreckliche
Richard	H	H	8	Barbarossa
Wilhelm	I	I	9	Ohneland
Friedrich	J	J	10	Löwenherz

PUZZLE
RAUM

Welche Puzzlestücke ergänzen Teil 1 und Teil 2 zu Quadraten?

1.   a   b   c   d   e

2.   a   b   c   d   e

SPIELEND GERATEN

Lösen Sie das Gitterrätsel über Spiele mithilfe der angegebenen Definitionen.

1. Das Spiel mit Häusern und Hotels
2. Alter Name des Schachspringers und zusätzliche Karte bei 30
3. Immobilie ist beim Schach mobil
4. Als Wissensspiel nicht trivial
5. Die Völkerwanderung von Sternzacke zu Sternzacke
6. Der Bauer erliegt, damit man den Läufer kriegt – schachtaktisch gesagt
7. Wenn man sich zusammensetzt, um etwas zusammenzusetzen
8. Kreuz im deutschen Spiel – kann auch vom Baum fallen
9. Wird very British zu viert gespielt
10. Buchstäblich das bekannteste Spiel
11. Das thront bei vielen Spielen noch über dem König

12. Spiel für Anleger – kommt hier im Buch mit Buchstaben vor
13. Der Würfelzwilling in puncto Augen
14. Die Spielkarte wird beim Schach verteidigt
15. Mit Land zur Orientierung, mit Spiel zum Spaß
16. Wenn Sammler spielerisch Vierlinge suchen
17. Würfeln mit Bechern oder Raten mit Köpfchen
18. Auf und zu: verzwicktes Spiel
19. Glücksspiel mit Jack
20. Hier Skatspielziel: leer ausgehen
21. Beim Roulette gesetzt und beim Spielen gefuttert
22. Spielkarte ist selbst ein Spiel

23. ... wird beim Skat – wie schlechte Verlierer reagieren!
24. Tipp-Fehler, wenn man dabei keinen Sechser hat?
25. Schwarz will ihn beim Spiel niemand
26. Schachstellung bringt kein siegreiches Ende
27. Kartenspiel für An- und Ausleger
28. Wenn man nicht bedienen muss – entscheidet Reitturniere!
29. Bestimmt der Solist beim Skat
30. Altes Spiel – klingt nach Kartenlegen
31. Fragestunde, spielerisch gesehen
32. Dabei mit Geduld und Strategie die Karten sortiert
33. Deutsche Spielkarte – kann auch professionell bedienen

VERSCHLÜSSELT — ASSOZIATION

Dechiffrieren Sie dieses Zitat von Erich Kästner. Jedes Symbol kann nur für diejenigen Buchstaben stehen, die in der Tabelle unter ihm aufgeführt sind. Als Ratehilfe sind einige Buchstaben schon vorgegeben.

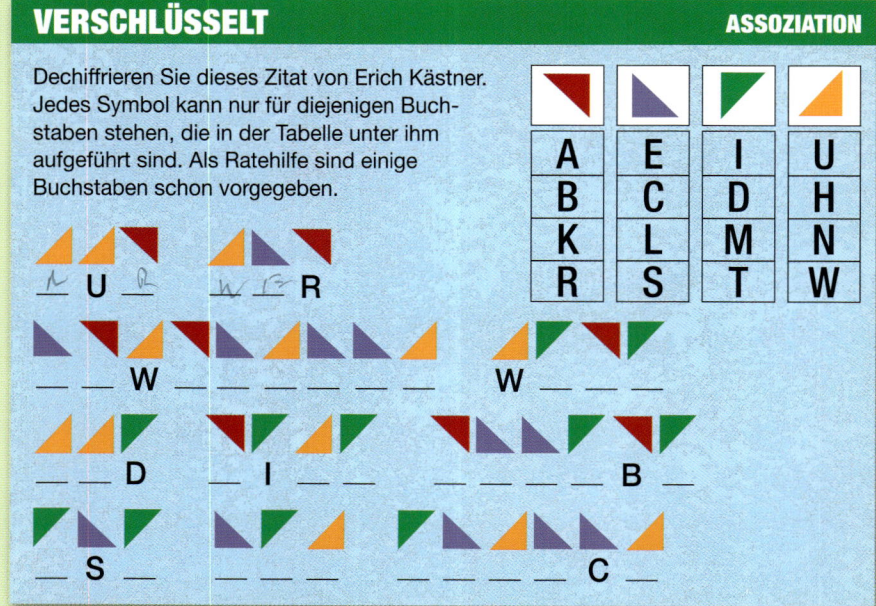

KÖPFCHEN — LOGIK

Toms Nachbarn sind im Urlaub. Sie haben ihn gebeten, ihre Hunde und Katzen zu füttern. Auf seiner täglichen Runde verteilt Tom 76 Leckerbissen an die insgesamt 14 Tiere. Die Hunde bekommen jeweils zwei Leckerbissen mehr als die Katzen. Wie viele Hunde und wie viele Katzen gibt es? Finden Sie beide Möglichkeiten heraus!

AUFGEZEICHNET — KONZENTRATION

Betrachten Sie diese sechs Kugeln für einige Minuten. Decken Sie sie dann ab.

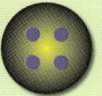

Versuchen Sie die Kugeln in der richtigen Reihenfolge auf der Schnur einzuzeichnen.

WISSEN

IM DREIERPACK
ASSOZIATION

Welches Wort kann mit den drei aufgelisteten Begriffen zusammengesetzt werden?

1. ZAUN
FROSCH
SCHNEE
....

2. VOGEL
GEIGEN
BRUNNEN
....

3. FUNK
ZWIEBEL
ELFENBEIN
....

4. RITTER
GANG
FAHRT
....

5. BLATT
SCHLAG
KLAPPE
....

6. PROBE
WUNDE
WORT
....

RUNDSCHREIBEN
STRUKTUR

Füllen Sie die Rosette mit Anagrammen der unten angegebenen Buchstabenfolgen. Schreiben Sie die Lösung immer vom Außenrand der Rosette ausgehend nach innen. Achtung – mit einigen der Buchstabenfolgen können mehrere Anagramme gebildet werden. Aber nur eine Möglichkeit erlaubt es, das Gitter in beiden Richtungen zu vervollständigen. Einige Flüsse und Ströme sind in der Lösung des Rätsels zu finden.

Im Uhrzeigersinn geschrieben:

A. MORRU	G. BEEIL	M. AGLOW
B. AERRW	H. ELLSW	N. DEELN
C. AERST	I. AERSU	O. ABEFL
D. ESTTU	J. EEEGL	P. ESTUW
E. AAELS	K. AABRS	Q. FLSSU
F. EEILN	L. DEEIW	R. EIKLM

Gegen den Uhrzeigersinn geschrieben:

1. EERSU	7. ABEET	13. EERSW
2. LSTUW	8. EEILW	14. EILOR
3. EIMSS	9. EEINS	15. ADEFL
4. MORST	10. AEGLL	16. AEGNW
5. ARRST	11. BEELU	17. ADFLU
6. AALRU	12. AELSW	18. BEELK

PAARWEISE

Zehn Filmtitel – zehn Paare aus Film und Fernsehen. Allerdings sind die Partner ein wenig durcheinander geraten. Sortieren Sie ...

Tom und Thelma

Clyde und Louise

Bonnie und Bianca

Leo und Alexander

Sally und Jerry

Jim und Jakob

Harry und Fanny

Maude und Jules

Claire und Harold

Bernhard und Adele

1. ....
2. ....
3. ....
4. ....
5. ....
6. ....
7. ....
8. ....
9. ....
10. ....

MAGISCHES QUADRAT LOGIK

Es gibt eine einfache Methode, magische Quadrate zu erstellen, die eine ungerade Anzahl von Zahlen in jeder Zeile und Spalte enthalten. In der Mitte der obersten Zeile setzt man eine 1. Die folgenden Zahlen schreibt man diagonal nach oben weiter. Dabei muss Folgendes beachtet werden:

- Am oberen Rand des Quadrats wird die folgende Zahl in der nächsten Spalte unten eingetragen, am rechten Rand in der nächsthöheren Zeile links.
- Wenn ein Kästchen schon belegt ist, dann trägt man die nächste Zahl in das Kästchen direkt unter der zuletzt eingetragenen Zahl ein. Dann geht man wieder dazu über, die Zahlen diagonal nach oben fortzuschreiben. Wenn Sie das Eckkästchen rechts oben erreichen, dann kommt die nächste Zahl in das direkt darunterliegende Kästchen.

Können Sie das magische Quadrat vervollständigen?
Die Summe der Zahlen in jeder Zeile, Spalte und Diagonale ergibt 175.

Im Quadrat eingetragen: 2, 11 / 1, 10 / 7, 9 / 6, 8 / 5, 14, 16 / 5 / 13, 15 / 4, 13 / 3, 12 / 2, 11

FUNDGRUBE KONZENTRATION

Sechs Dinge muss der Ritter für seine Prinzessin suchen: einen Schlüssel, einen Schuh, eine Säge, eine Flasche, einen Hammer und eine Armbanduhr.

AUS DER REIHE GETANZT LOGIK

Welcher Vogel passt nicht in die Reihe?

Emu **Pinguin** **Kasuar** **Strauß** **Alk**

OBSTGITTER

RAUM

Tragen Sie die folgenden 26 Früchte in das Rätselgitter ein.

ANANAS	GURKE	NEKTARINE
APFEL	KIRSCHE	OLIVE
APRIKOSE	KIWANO	ORANGE
BANANE	KIWI	PAPAYA
BERGAMOTTE	KUERBIS	QUITTE
BIRNE	LIMONE	TRAUBE
DATTEL	MANGO	
ERDBEERE	MARACUJA	
FEIGE	MARONE	
GUAVE	MELONE	

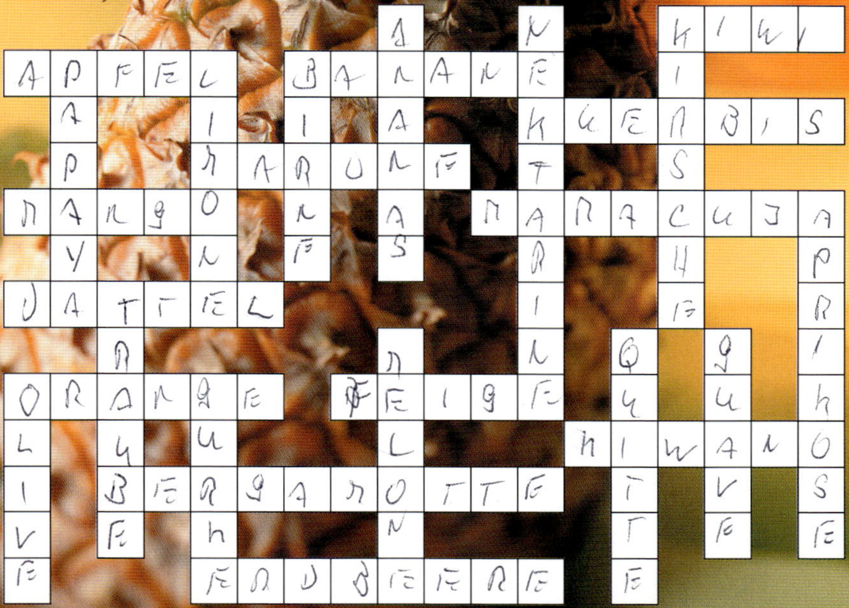

DIE KLEINEN UNTERSCHIEDE

KONZENTRATION

Sieben kleine Unterschiede können Sie entdecken, wenn Sie die Bilder vergleichen.

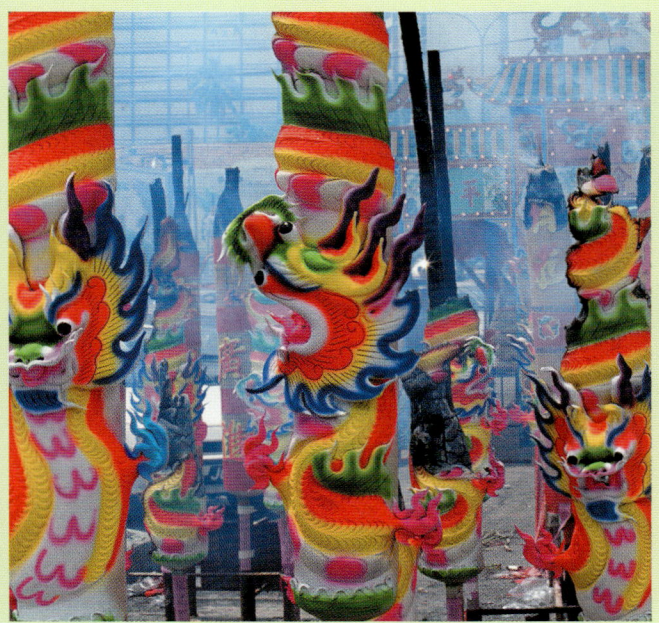

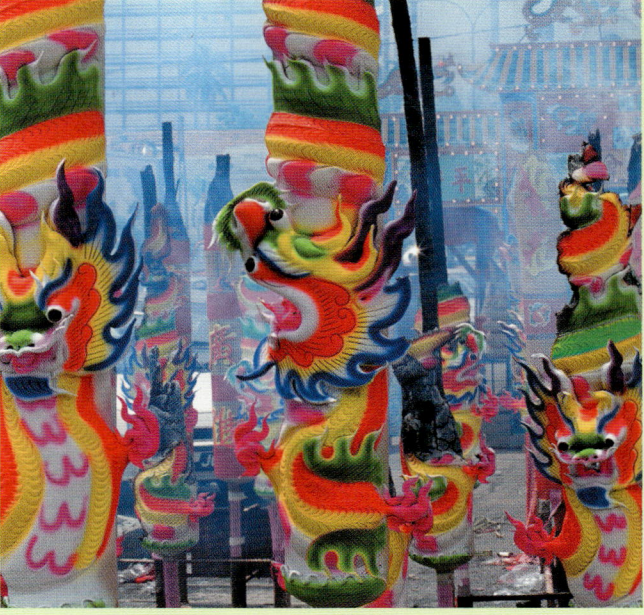

MERKMAHL

Prägen Sie sich die vier Menüs gut ein. Verdecken Sie sie dann.

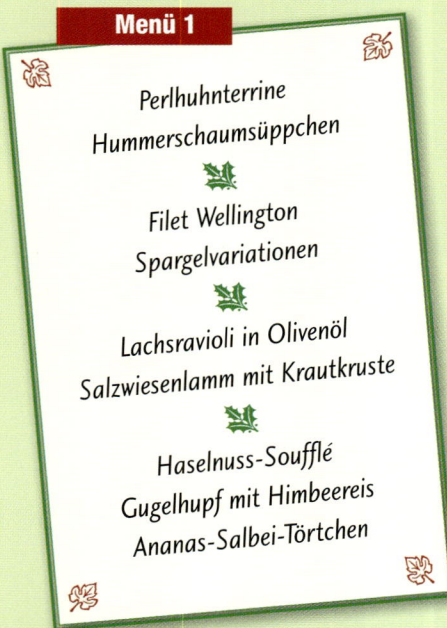

Menü 1

Perlhuhnterrine
Hummerschaumsüppchen

Filet Wellington
Spargelvariationen

Lachsravioli in Olivenöl
Salzwiesenlamm mit Krautkruste

Haselnuss-Soufflé
Gugelhupf mit Himbeereis
Ananas-Salbei-Törtchen

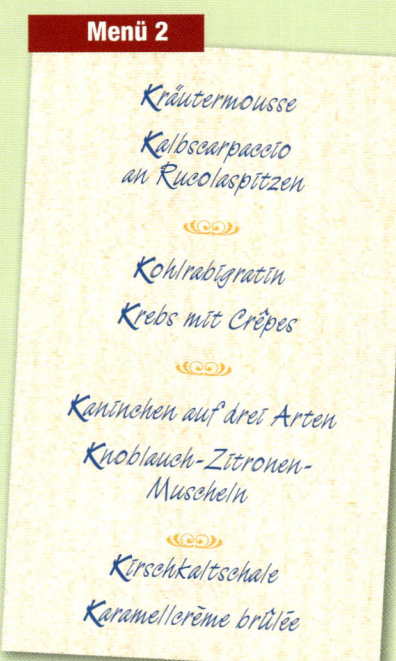

Menü 2

Kräutermousse
Kalbscarpaccio
an Rucolaspitzen

Kohlrabigratin
Krebs mit Crêpes

Kaninchen auf drei Arten
Knoblauch-Zitronen-
Muscheln

Kirschkaltschale
Karamellcrème brûlée

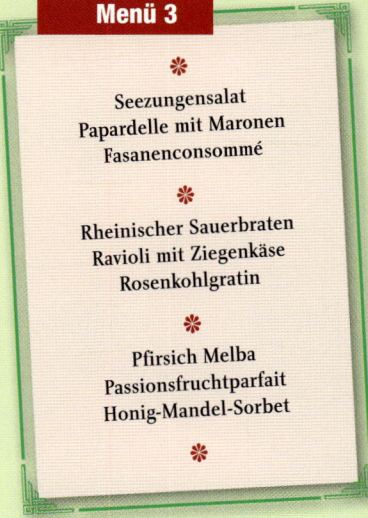

Menü 3

Seezungensalat
Papardelle mit Maronen
Fasanenconsommé

Rheinischer Sauerbraten
Ravioli mit Ziegenkäse
Rosenkohlgratin

Pfirsich Melba
Passionsfruchtparfait
Honig-Mandel-Sorbet

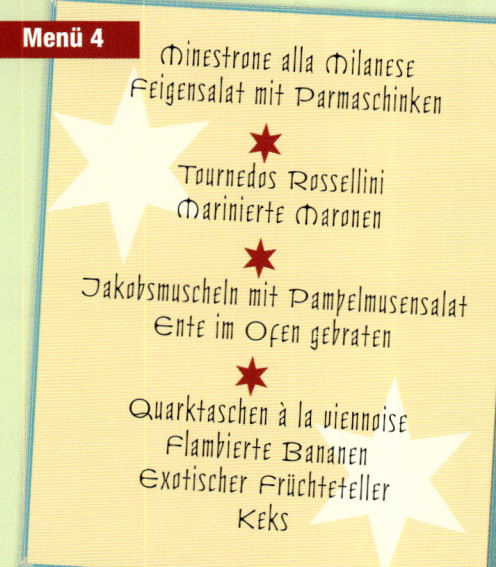

Menü 4

Minestrone alla Milanese
Feigensalat mit Parmaschinken

Tournedos Rossellini
Marinierte Maronen

Jakobsmuscheln mit Pampelmusensalat
Ente im Ofen gebraten

Quarktaschen à la viennoise
Flambierte Bananen
Exotischer Früchteteller
Keks

Fragen

1. Mit welchem Buchstaben beginnen sämtliche Gerichte des zweiten Menüs?
2. Wie werden die Maronen im vierten Menü zubereitet?
3. Welches Würzkraut verfeinert die Ananas-törtchen im ersten Menü?
4. Was wird zu dem Kalbs-carpaccio im zweiten Menü serviert?
5. Welches Parfait wird im dritten Menü angeboten?
6. Welche beiden Gemüse werden in zwei der vier Menüs als Gratin aufgeführt?
7. Welcher Salat wird mit Parmaschinken serviert?
8. Auf wie viele Arten wird das Kaninchen im zweiten Menü zubereitet?
9. Welches Symbol steht im vierten Menü zwischen den Gerichten?
10. In welchem Menü wird ein Soufflé angeboten?
11. Welche von allen ange-botenen Speisen hat den kürzesten Namen?

PLATZTAUSCH

LASTZUG – ZUGLAST: Die Wortteile haben die Plätze getauscht. Finden Sie solche Wortpaare, die die Sätze sinnvoll ergänzen.

1. Der Lehrer hob den _____ und sagte: „Erwartet von mir keine _____ zur Lösung dieser Aufgabe."

2. Lange Jahre hatte Christian eine Dienstwohnung im _____ . Als er pensioniert wurde, zog er mit seinem gesamten _____ in die Villa seiner Kinder.

3. Dass er auf seinen Pullover _____ kleckerte, machte nichts, denn der Pullover war _____ .

4. Die Zuschauer beim Boxkampf vertraten unterschiedliche _____ , wie wohl der _____ nach der zehnten Runde aussehen würde.

DRUNTER UND DRÜBER — KONZENTRATION

Wie viele Kreise sind hier abgebildet?

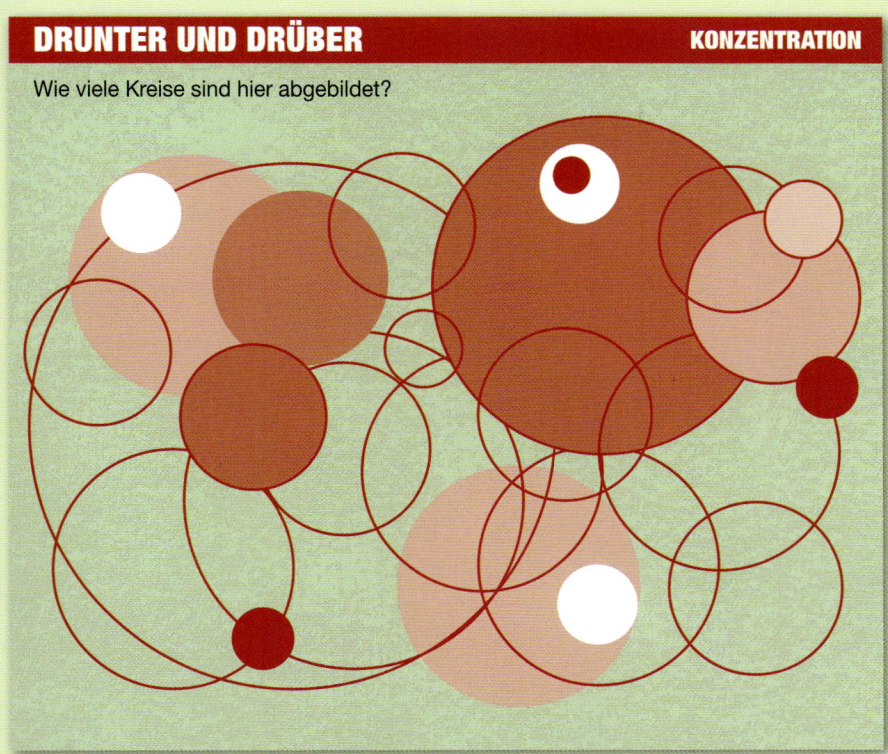

BACHSTUBEN? — STRUKTUR

Bilden Sie aus den vorgegebenen Buchstaben Anagramme, die die Sätze sinnvoll vervollständigen. Umlaute gelten als zwei Buchstaben.

1. EEENRSTTU

Immer noch _ _ _ _ _ _ _ _ ich mich darüber, dass bei der Regatta die beiden schlechtesten Segler die _ _ _ _ _ _ _ _ Jachten _ _ _ _ _ _ _ _ .

2. ABELRSTU

Sein _ _ _ _ _ _ _ _ Verhalten deprimierte mich so, dass ich zwei Wochen lang _ _ _ _ _ _ _ blies.

3. EEGGILNNSTU

Die Grafen konnten sich ihre taktlose _ _ _ _ _ _ _ _ _ _ gegenüber der Königin erlauben, denn sie waren _ _ _ _ _ _ _ _ _ _ des Königs.

SEITENANSICHT — RAUM

1. Alle drei Abbildungen gehören zum gleichen Würfel. Welche Farbe hat die Seite, die der roten gegenüberliegt?

2. Alle drei Abbildungen gehören zum gleichen Würfel. Welche Farben hat die Seite, die der gelb und grün gestreiften gegenüberliegt?

DOMINO — STRUKTUR

Sortieren Sie die Dominosteine neu. Zeilenweise gelesen, ergeben sich die Namen von zwei Arzneipflanzen: einer von links nach rechts, der zweite von rechts nach links geschrieben.

ZEITFRAGEN — CHRONIK

Sind die folgenden Aussagen wahr oder falsch?

1. Die Ägypter benutzten Papyrus schon weit vor dem Beginn der Eisenzeit im Nahen Osten. .... Wahr Falsch

2. Der griechische Mathematiker Pythagoras war ein Zeitgenosse von Jesus. .... Wahr Falsch

3. Schon im dritten Jahrhundert vor Christi Geburt behauptete der Astronom Aristarchos, die Erde drehe sich um die Sonne. .... Wahr Falsch

4. Hunde werden als Haustiere seit etwa 200 v. Chr. gehalten. .... Wahr Falsch

5. Das Zeitalter der Antike begann 600 Jahre v. Chr. .... Wahr Falsch

6. Das einzige noch erhaltene Weltwunder der Antike sind die Pyramiden von Gizeh. .... Wahr Falsch

STADTFÜHRUNG KONZENTRATION

Betrachten Sie den
Stadtplan genau.
Decken Sie ihn dann ab.

Tragen Sie die Sehenswürdigkeiten in den Plan ein.

1. Die Verbotene Stadt
2. Südkirche
3. Nordkirche
4. Tempel der Weißen Pagode
5. Denkmal der Volkshelden
6. Platz des Himmlischen Friedens
7. Große Halle des Volkes
8. Beihai-Park
9. Glockenturm
10. Trommelturm
11. Konfuziustempel
12. Lamatempel

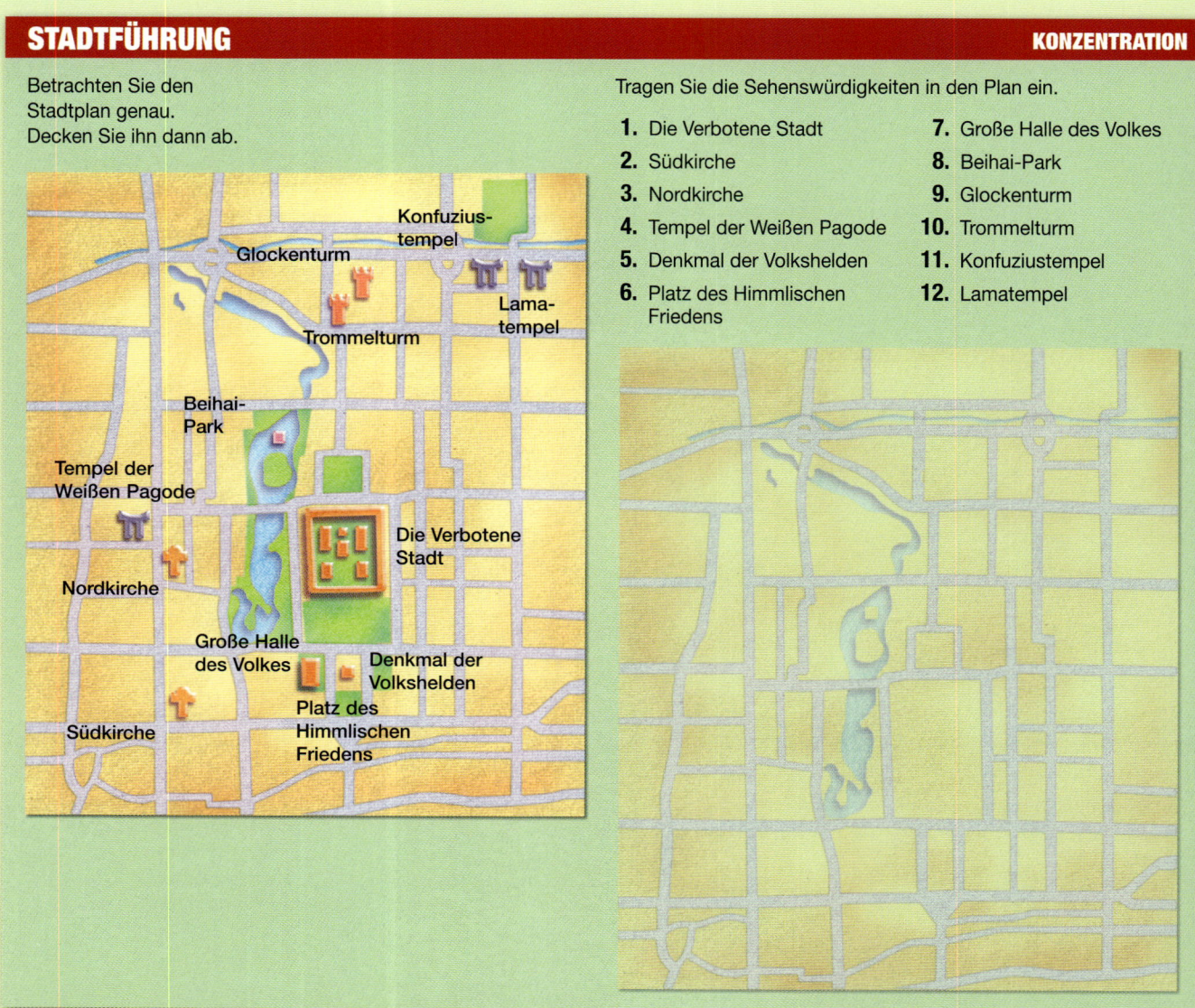

AUFGEPASST! KONZENTRATION

Prägen Sie sich die folgende Wortliste genau ein. Versuchen Sie dann sofort, so viele Wörter wie möglich innerhalb
einer Minute aufzuschreiben. Wiederholen Sie diese Übung nach zehn Minuten, ohne die Liste erneut angeschaut zu haben.

Werk
Erzählung
Novelle

Etikett
Rosette
Plakette

Homepage
Booklet
Jogging

Luchs
Schaf
Dackel

Brokat
Unikat
Muskat

1. Nach einer Minute ....

2. 10 Minuten später ....

....

....

....

....

....

....

FEHLFORM

Betrachten Sie die obere Reihe. Decken Sie die Formen dann ab.

Ergänzen Sie die fehlenden Formen aus dem Gedächtnis, sodass die ursprüngliche Reihe wieder hergestellt ist.

AUF DEM HOLZWEG LOGIK

Auf der kleinen Streichholzschaufel liegt Kehricht. Verlegen Sie zwei Streichhölzer, sodass die Schaufel ihre Form behält, der Schmutz aber neben ihr liegt.

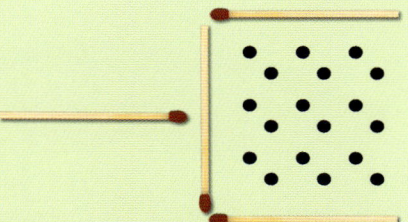

BACHSTUBEN? STRUKTUR

Finden Sie die zehn Körperteile, deren Anagramme hier aufgelistet sind. Umlaute gelten als zwei Buchstaben.

1. STEILE
2. KEGELN
3. ERITREA
4. SPRITZE
5. LUTSCHER
6. KOECHELN
7. FAELSCHEN
8. BADENWEIN
9. LAEDIERUNG
10. MAERCHENLAND

DREHMOMENT RAUM

Links oben an dem Räderwerk befindet sich eine Kurbel. In welche Richtung wandert der Zeiger rechts unten, wenn man die Kurbel in Pfeilrichtung dreht?

167

LOGICAL LOGIK

Plaudertaschen

Fünf Teenager verbringen Stunde um Stunde am Telefon. Ihre Eltern wollen einschreiten. Mit der Stoppuhr nehmen sie genau die Zeit, die die Gespräche mit den besten Freundinnen dauern. Sofort nachdem sie aufgelegt haben, bekommen die Backfische dann die Telefonrechnung serviert.
Finden Sie heraus, mit welcher Freundin Claudia, Charlotte, Isabelle, Laura und Marie telefonieren, über was sie sprechen und wie lange die Gespräche dauern.

Hinweise

1. Zwei der Freundinnen, die miteinander telefonieren, tragen einen Vornamen, der mit dem gleichen Buchstaben beginnt. Ihr Telefonat dauerte nur halb so lang wie Verenas Gespräch über Mode.
2. Normalerweise telefoniert Charlotte mindestens eine Stunde mit ihrer besten Freundin, die übrigens den kürzesten Namen von allen hat. Dieses eine Mal schafften es die beiden aber, sich kürzer als eine halbe Stunde zu fassen.
3. Lauras Unterhaltung über die neuesten Kinofilme nahm weniger Zeit in Anspruch als das Gespräch über Pferde, das Susanne mit ihrer besten Freundin führte.
4. Marie und ihre beste Freundin unterhielten sich ausgiebig. Ihr Telefonat dauerte aber nicht am längsten.
5. Das Mathe-Beratungsgespräch, das länger als 45 Minuten dauerte, wurde von den Eltern natürlich nicht in Rechnung gestellt.

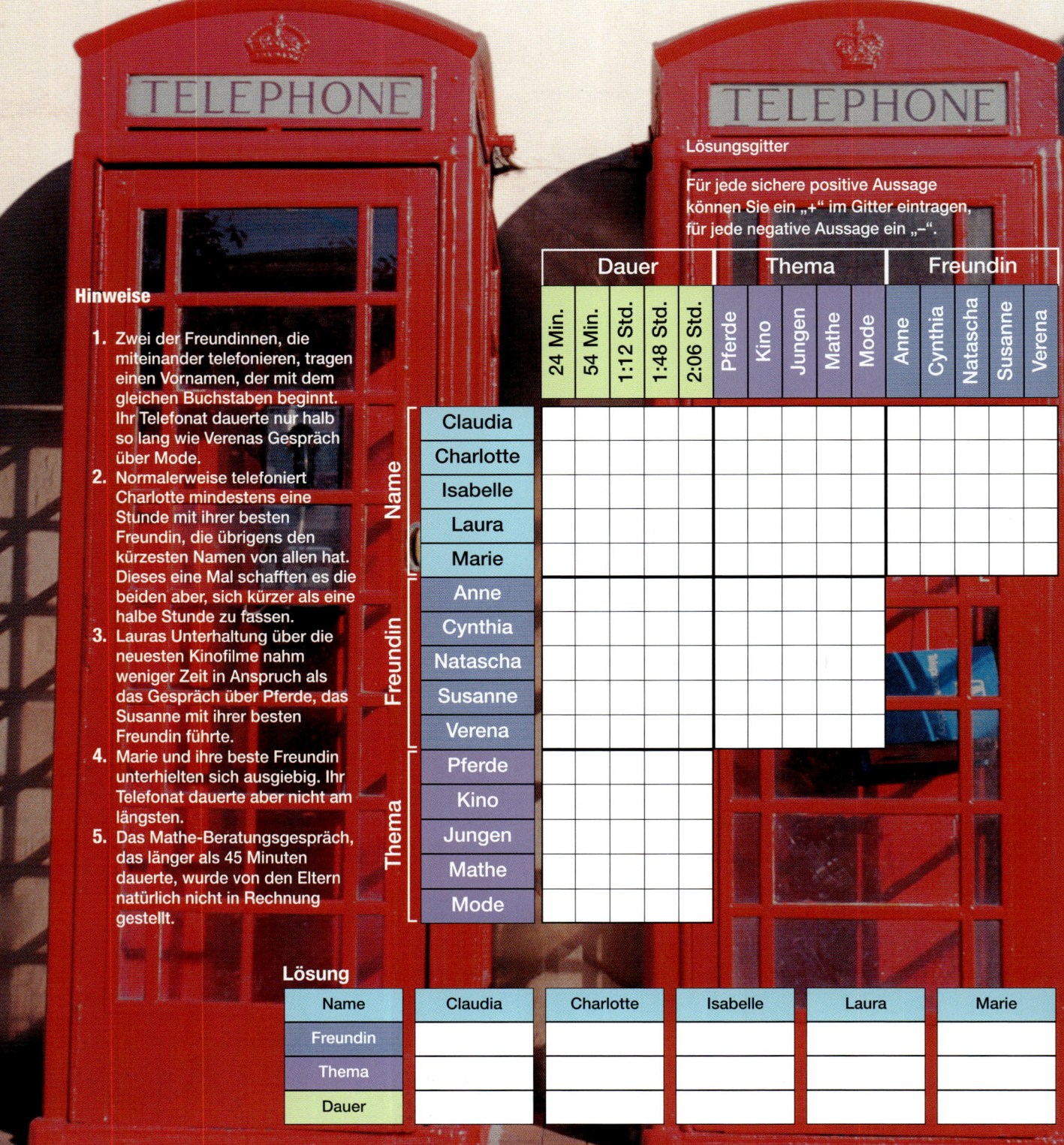

Lösungsgitter

Für jede sichere positive Aussage können Sie ein „+" im Gitter eintragen, für jede negative Aussage ein „–".

	Dauer					Thema					Freundin				
	24 Min.	54 Min.	1:12 Std.	1:48 Std.	2:06 Std.	Pferde	Kino	Jungen	Mathe	Mode	Anne	Cynthia	Natascha	Susanne	Verena
Name Claudia															
Charlotte															
Isabelle															
Laura															
Marie															
Freundin Anne															
Cynthia															
Natascha															
Susanne															
Verena															
Thema Pferde															
Kino															
Jungen															
Mathe															
Mode															

Lösung

Name	Claudia	Charlotte	Isabelle	Laura	Marie
Freundin					
Thema					
Dauer					

FEHLFORM KONZENTRATION

Betrachten Sie die obere Reihe. Decken Sie die Formen dann ab.

Ergänzen Sie die fehlenden Formen aus dem Gedächtnis, sodass die ursprüngliche Reihe wiederhergestellt ist.

PUZZLE RAUM

Setzen Sie drei der vier Puzzlestücke zu einem Quadrat zusammen.

1.

d
c
b a

2.

c d
b a

BONUS STRUKTUR

Benutzen Sie die Buchstaben des Ausgangswortes und zusätzlich das P. Wenn Sie diese Buchstaben neu ordnen, ergibt sich ein Wort, das zum Hinweis passt.

Hinweis

1. **URS** + P _SPUR_ — verfolgt
2. **INKA** + P _PAKIN_ — geflüchtet
3. **SONAR** + P _SOPRAN_ — gesungen
4. **RADIAL** + P _LAPIDAR_ — festgestellt
5. **AUFLAGE** + P _AUGAPFEL_ — gehütet
6. **UNSICHER** + P _EINSPRUCH_ — eingelegt

DOMINO STRUKTUR

Sortieren Sie die Dominosteine mit den Buchstaben. Zeilenweise gelesen, ergeben sich die Namen von zwei Schiffstypen – einer von links nach rechts geschrieben, der zweite von rechts nach links.

VERSCHLÜSSELT ASSOZIATION

Dechiffrieren Sie dieses Zitat von Heinz Erhardt. Jedes Symbol kann nur für bestimmte Buchstaben stehen. Als Ratehilfe sind einige Buchstaben schon vorgegeben.

🌸 (rot)	🌼 (orange)	🌼 (grau)
A	E	I
O	B	C
D	G	H
L	M	N
R	S	T

_ _ O _ _ _ G _ _ _ S _ H _ _ _ _

_ , _ _ _ _ G _ _ _ C _ _ E _

 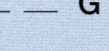  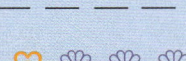 

_ H _ _ I _ _ _ B _ _ .

169

BACHSTUBEN?
STRUKTUR

Bilden Sie mit den farbigen Buchstaben Anagramme, die die Lücken in den Sätzen sinnvoll schließen. Umlaute gelten als zwei Buchstaben.

1. CEEHNORTT

Zum Geburtstag servierte Frau Kleinschmidt ihren
_ _ _ _ _ _ _ _ _ drei kleine
_ _ _ _ _ _ _ _ _ mit frischen
Erdbeeren und Schlagsahne.

2. BEEEFINRT

Als die Kriminalpolizisten
die Geiseln _ _ _ _ _ _ _ _ _,
_ _ _ _ _ _ _ _ _ Millionen
Zuschauer zu Hause an
den Bildschirmen mit.

3. CEEGHIRST

Weil die Spuren schlecht
_ _ _ _ _ _ _ _ _ waren und der
Zeuge sich _ _ _ _ _ _ _ _ _
schlecht merken konnte, stand
das Urteil des _ _ _ _ _ _ _ _ _
schnell fest: Freispruch.

STREICHFÄHIG
STRUKTUR

Streichen Sie einen Buchstaben in jedem dieser Wörter, sodass die verbleibenden Buchstaben immer noch ein Wort ergeben. Wenn Sie die gestrichenen Buchstaben in die freien Kästchen übertragen, ergibt sich, von oben nach unten gelesen, ein Fahrzeug. Vorsicht: Manchmal gibt es mehrere Streichmöglichkeiten. Aber nur eine führt zum Lösungswort!

Z	A	P	P	E	L	N	
R	E	I	C	H	E	N	
M	A	H	N	U	N	G	
O	R	A	N	G	E	N	
A	U	K	T	I	O	N	
R	A	S	T	L	O	S	
T	U	R	N	I	E	R	
H	Y	D	R	A	N	T	
E	I	N	H	A	L	T	

FORTSETZUNG FOLGT
LOGIK

Setzen Sie die logischen Reihen fort. Beachten Sie dabei auch die Abfolge der geometrischen Symbole.

1.

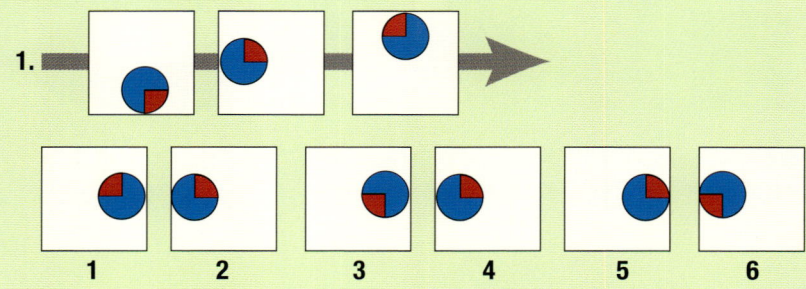

2.

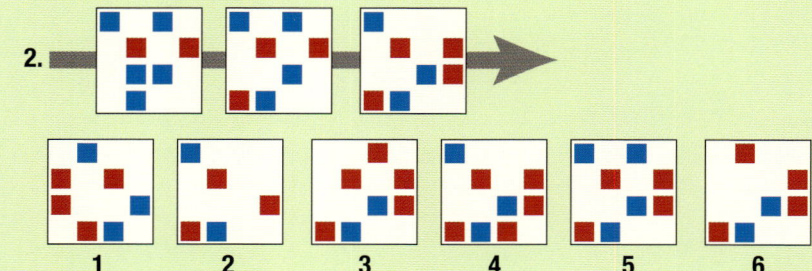

3.

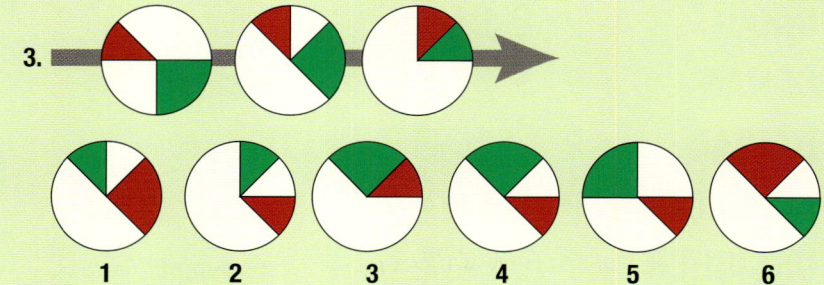

4.

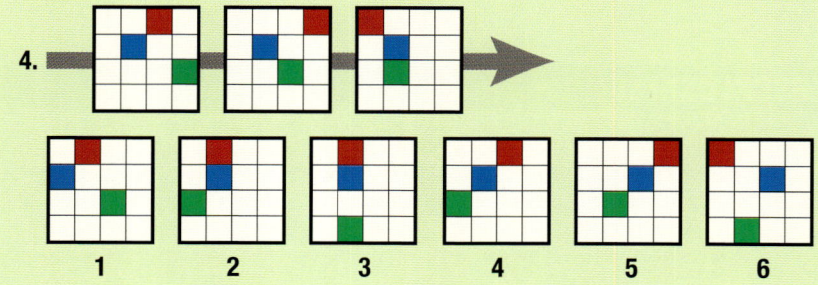

5.

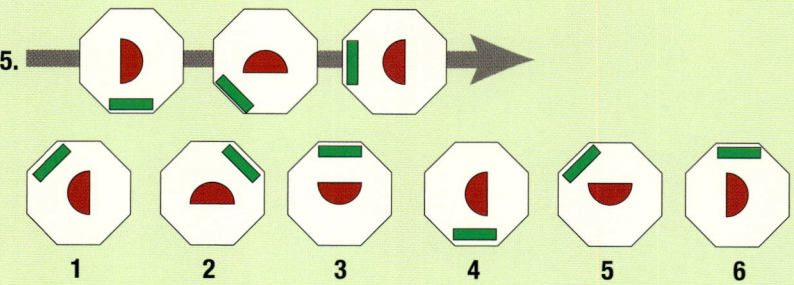

WORTSCHATZSUCHE — SPRACHE

Finden Sie mindestens 20 Wörter, die mit den Buchstaben KA beginnen und die auf dem Bild dargestellt oder angedeutet sind.

ZEITFRAGEN — CHRONIK

Ordnen Sie diese Bauwerke nach dem Zeitpunkt ihrer Entstehung.

A	Empire State Building	1	
B	Holstentor in Lübeck	2	
C	Tower Bridge in London	3	
D	Schiefer Turm von Pisa	4	
E	Tadsch Mahal in Agra	5	
F	Petersdom in Rom	6	
G	Schloss Neuschwanstein	7	
H	Kolosseum in Rom	8	
I	Tempel von Luxor	9	
J	Akropolis von Athen	10	

IM DREIERPACK — ASSOZIATION

Welches Wort kann mit den drei aufgelisteten Begriffen zusammengesetzt werden?

1. KREIS
   LAUB
   NERVEN
   ....

2. FEST
   WURF
   KLAVIER
   ....

3. DAUMEN
   SCHRECK
   PREIS
   ....

4. BEINBRUCH
   BRETT
   BLUME
   ....

5. ESEL
   SEIL
   SIEB
   ....

6. WASSER
   BRIEF
   FEDER
   ....

WER BIN ICH?

Fünf Begriffe werden gesucht. Zu jedem gibt es sechs Hinweise, die immer offensichtlicher werden. Decken Sie die Hinweise nacheinander auf. Ziel ist es, einen Begriff mit so wenigen Hilfen wie möglich zu erraten!

Wer bin ich?

1. Ich spiele Baseball.
2. Ich bin ein weltberühmter Eistanztrainer.
3. Ich bin das Fliegerass des Ersten Weltkriegs.
4. Mein Zeichner hat einen typisch deutschen Namen.
5. Mein bester Freund ist ein Vogel, mein Herrchen ein Pechvogel.
6. Ich bin ein Beagle.

A. ....

Wer bin ich?

1. Ich wurde 1946 in Cincinnati geboren.
2. Mit einem Fisch wurde ich international berühmt.
3. In den Titeln zweier meiner Filme spielen Farben eine Rolle.
4. Als Regisseur und Produzent bleibe ich hinter der Kamera.
5. Ich habe eine Abenteuertrilogie über einen Archäologieprofessor gedreht.
6. Ich sorgte dafür, dass *E.T.* heil nach Hause kam.

B. ....

Wer bin ich?

1. Ich spielte gern Flöte.
2. Im Vergleich zu mir waren meine Namensvettern klein.
3. Von 1945 bis 1991 lag mein Sarg nicht da, wo er hingehörte.
4. Zu meinen Freunden zählte der französische Philosoph Voltaire.
5. Mein Wahlspruch war: *Ich bin der erste Diener meines Staates.*
6. Meine Sommerresidenz war Schloss Sanssouci.

C. ....

IM BILDE   KONZENTRATION

Betrachten Sie dieses Bild genau. Decken Sie es dann ab und beantworten Sie die sieben Fragen.

Fragen

1. Welche Rechengleichungen stehen an der Tafel?
2. Gibt es ein Waschbecken im Klassenzimmer?
3. Trägt die Lehrerin einen Rock oder eine Hose?
4. An wie vielen Tischen sitzen die Schüler?
5. Wie viele Mäntel und Mützen hängen an der Garderobe rechts im Bild?
6. Auf einer der Zeichnungen, die links an der Wand hängen, ist eine Sonne – wahr oder falsch?
7. Das Kind rechts unten weint beim Betrachten seiner Zeichnung – wahr oder falsch?

WISSEN

Wer bin ich?

1. Meine weniger bekannten Vornamen lauten Johannes Chrysostomus Theophilus.
2. Ich hatte als Kind keine Probleme mit den Noten.
3. Als Siebenjähriger spielte ich am Hof des französischen Königs.
4. Mein Rivale war der Komponist Antonio Salieri.
5. Ich wurde 1756 in Salzburg geboren.
6. Eine meiner berühmten Kompositionen heißt *Eine Kleine Nachtmusik*.

D. ....

Wer bin ich?

1. Auf einer Reise nach Rhodos geriet ich in die Hände von Piraten.
2. Ich schrieb ein Buch, in dessen Titel das Wort *Bello* vorkommt.
3. Meine Sprache ist Amtssprache im kleinsten Staat Europas.
4. Ein Monat wurde nach mir benannt.
5. Ich bin ein Zeitgenosse von Asterix und Obelix.
6. Mit Kleopatra hatte ich einen Sohn.

E. ....

SINNSUCHE — SPRACHE

Finden Sie acht Synonyme für das Wort „klein", die zu den Hinweisen passen.

1. **J _ _ G**
(Kind)

2. **K _ _ Z**
(Pause)

3. **L _ _ _ E**
(Geräusch)

4. **S _ _ _ _ L**
(Straße)

5. **G _ _ _ _ G**
(Unterschied)

6. **L _ _ _ _ T**
(Schock)

7. **N _ _ _ _ _ G**
(Kosten, Ausgaben)

8. **B _ _ _ _ _ _ _ _ N**
(Ansprüche, Verhältnisse)

ZEITFRAGEN — CHRONIK

Ordnen Sie die Personen ihren Plätzen auf dem Zeitstrahl zu.

A Alexander der Große
B Attila
C Buddha
D Cäsar
E Karl der Große
F Theoderich der Große
G Konfuzius
H Friedrich Barbarossa
I Dschingis Khan
J Hildegard von Bingen
K Katharina von Medici
L Johanna von Orléans
M Machiavelli
N Mohammed
O Nebukadnezar II.
P Nero
Q Ramses II.
R Wallenstein
S Salomo
T Sokrates

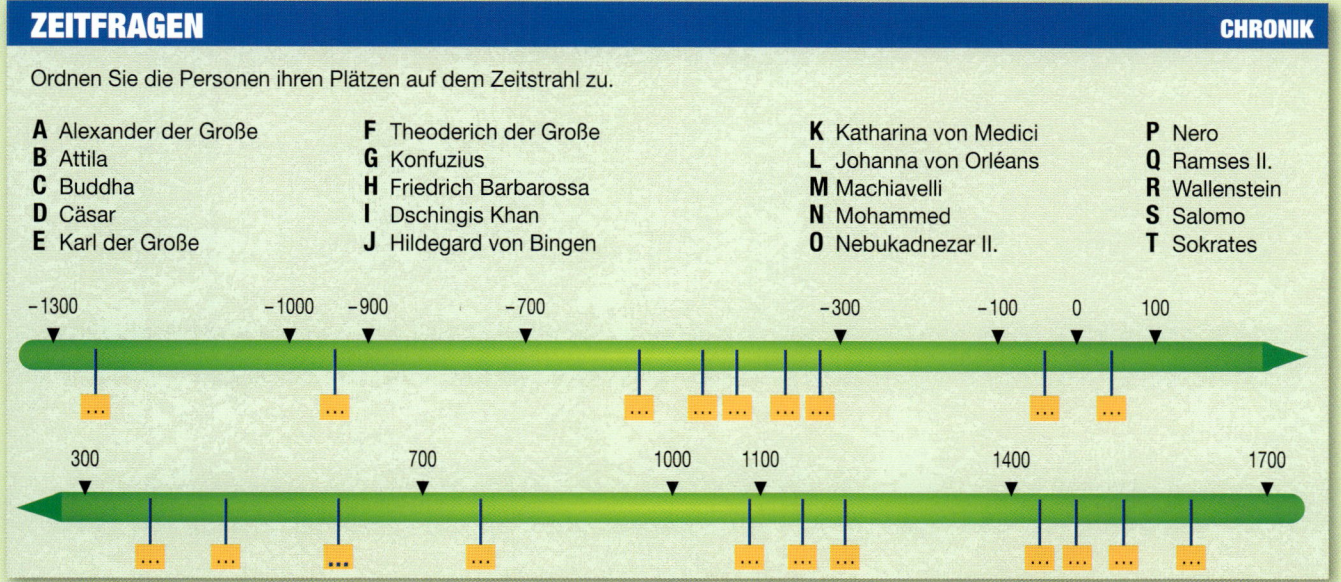

AUS DER REIHE GETANZT — LOGIK

Streichen Sie jeweils das Wort, das nicht zu den anderen passt.
Achten Sie besonders auf die Buchstaben und mögliche Zusätze am Beginn oder am Ende eines Wortes.

1. **VERTRACKT VERSTAND VERSEHEN VERBOTEN VERGEBLICH VERKEHRUNG**

2. **FINALE INSEL HERZIG SCHATTEN VATER LEITER**

3. **PUBLIK OPA TALK QUANT ALB POLITIK**

FRAGEKARTE

Finden Sie mithilfe der Hinweise zwanzig Städte, Länder und Gewässer in Mittel- und Osteuropa.

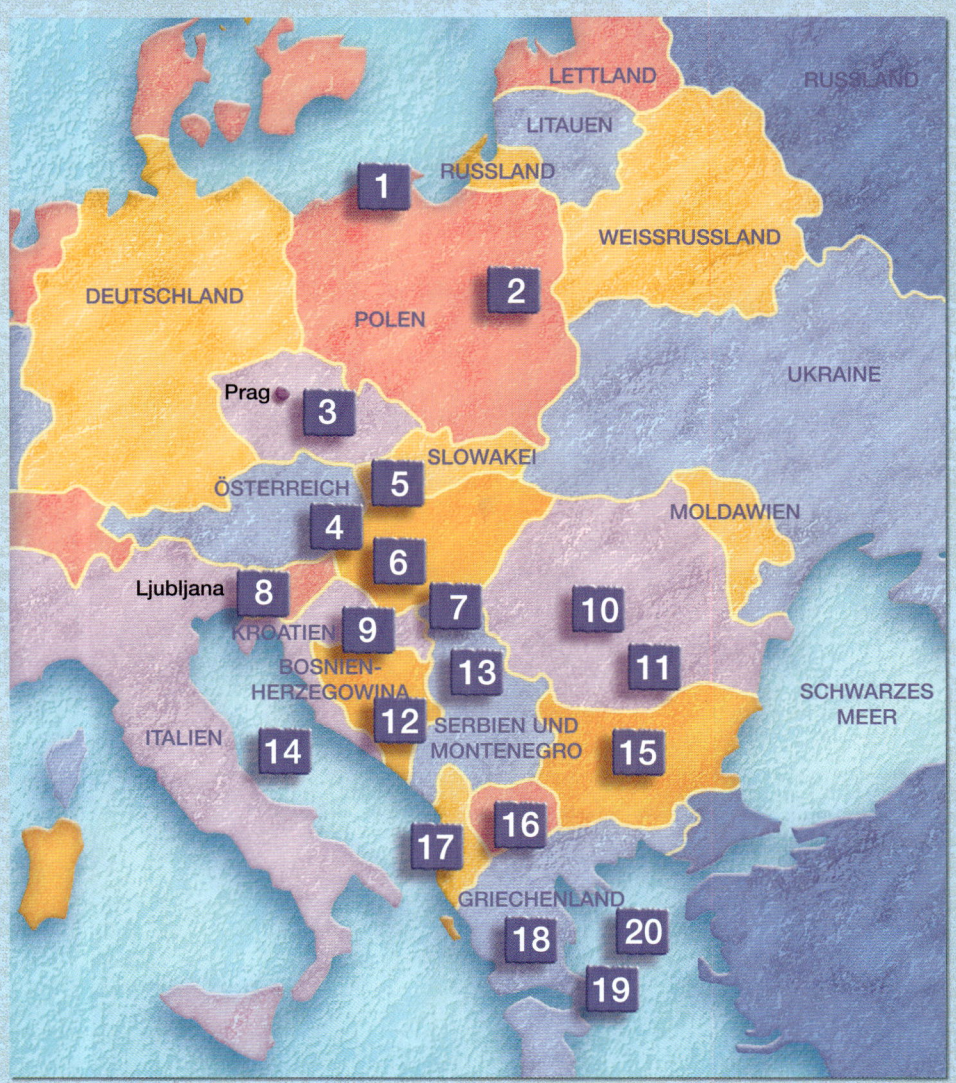

1. Ich bin eine alte Hansestadt: der Geburtsort von Günter Grass und Darius Michalczewski, dem Tiger.

2. Ich bin die größte Stadt meines Landes und gab meinen Namen einem militärischen Pakt, der 1955 geschlossen wurde.

3. Ich habe 10 Millionen Einwohner. Das Erzgebirge, das Riesengebirge und der Böhmerwald bilden meine Grenzen.

4. In einem großen Bogen erstrecke ich mich bis nach Rumänien. Mit 2655 m ist die Gerlsdorfer Spitze mein höchster Berg.

5. Ich bin die Hauptstadt der Slowakei.

6. Meine Fahne hat die gleichen Farben wie die italienische. Meine Währung heißt Forint.

7. Nach 2850 Kilometern erreiche ich das Schwarze Meer.

8. Meine Hauptstadt heißt Ljubljana und mein Name ähnelt dem eines anderen europäischen Staates.

9. Ich bin die Hauptstadt Kroatiens und mein Name beginnt mit den beiden Buchstaben des Alphabets, die am weitesten voneinander entfernt liegen.

10. Ich bin 237 000 km² groß. Wer in die Walachei will, muss mich besuchen.

11. Ich bin die Hauptstadt dieses Staates und werde oft mit der Hauptstadt meines Nachbarstaats verwechselt.

12. 1914 wurde in meinen Mauern ein Attentat verübt, das der Auslöser des Ersten Weltkriegs war. Im Winter 1984 war ich Olympiastadt.

13. Ich bin die Hauptstadt meines Staates. Die ersten vier Buchstaben meines Namens sind auch die ersten eines Nachbarstaats von Deutschland.

14. Meinen Namen bekam ich von einer kleinen Stadt am Podelta. An meinem Ostrand liegen über 1000 Inseln.

15. Meine Bevölkerung ist überwiegend slawisch und orthodox. Der Name meiner Hauptstadt klingt sehr weiblich.

16. Meine Hauptstadt heißt Skopje. Etwa ein Viertel meiner Einwohner sind Albaner.

17. Man nennt mich auch *Land der Skipetaren*. Auf meiner roten Fahne ist ein schwarzer Doppeladler.

18. Ich bin fast 3000 Meter hoch. Mein Gipfel war früher den Göttern vorbehalten.

19. Ich bin der drittgrößte Hafen des Mittelmeers. Man bezeichnet mich auch als Hafen von Athen.

20. Ich trage den Namen eines Mannes. Er glaubte, sein Sohn Theseus sei vom Minotaurus getötet worden.

IM GLEICHKLANG SPRACHE

Homophone sind Wörter, die gleich ausgesprochen, aber unterschiedlich geschrieben werden, z. B. Lehre und Leere. Finden Sie Homophone, die die folgenden Sätze sinnvoll ergänzen. Jeder Strich steht für einen Buchstaben. Umlaute gelten als ein Buchstabe.

1. „Meine Anweisung ist _ _ _ _ _ _ ", sagte der Lehrer.

„Wer im Unterricht _ _ _ _ _ _ _ , fliegt raus – auch wenn die Socken für mich sind!"

2. „Ich wiederhole in aller _ _ _ _ _ _ _ ", betonte der Lehrer.

„Wer sich im Unterricht mit Handarbeiten beschäftigt, schlägt in meinen Augen über die _ _ _ _ _ _ _ !"

3. „Sie wollen mich schon wieder vertrösten?", meinte der Kürschner zu seinem Lieferanten.

„Ich sagte doch, dass ich die _ _ _ _ _

_ _ _ _ _ brauche!"

4. „Tut mir leid", entgegnete der Lieferant. „Aber auf alle _ _ _ _ _ kriegen Sie die _ _ _ _ _ morgen."

ZEITFRAGEN CHRONIK

Ordnen Sie diese Erfindungen ihrem Alter nach von der ältesten bis zur jüngsten.

Morsealphabet

Bügeleisen

Sonnenuhr

Fallschirm

Rechenmaschine

Mikrowellenherd

künstliches Herz

Strichcode

0 123 479 4

1. ....
2. ....
3. ....
4. ....
5. ....
6. ....
7. ....
8. ....

AUFGEZEICHNET KONZENTRATION

Schauen Sie sich die Zeichnungen genau an, um sie sich einzuprägen. Schließen Sie die Augen und rufen Sie sich die Bilder ins Gedächtnis. Wenn Sie sich an eine der Zeichnungen nicht erinnern können, dann blicken Sie erneut auf die Abbildung.

Decken Sie die Zeichnungen ab. Versuchen Sie dann die einzelnen Symbole aus dem Gedächtnis in der richtigen Reihenfolge zu malen.

KÖPFCHEN LOGIK

1. Wie viele Monate des Jahres haben 31 Tage, wie viele 28?

2. Frau Seltsam schreibt eine Postkarte an eine Person, deren Schwester sie ist. Diese Person ist aber nicht die Schwester von Frau Seltsam. Ist dies möglich?

3. Kann in den USA jemand der Erbe seiner Witwe sein?

VERGLEICHSWEISE

Welche beiden Rezepte sind genau gleich?

A

Polenta

In einem breiten Topf 1 l Wasser mit 1 TL Salz aufkochen. Den Herd auf kleine Hitze zurückschalten, unter Rühren 250 g Maisgrieß zugeben. Den Topf abdecken, die Polenta 10 Minuten köcheln lassen. Den Herd ausschalten, 50 g frisch geriebenen Parmesan einrühren und weitere fünfzehn Minuten ziehen lassen.

B

Polenta

In einem breiten Topf 1 l Wasser mit 1 TL Salz aufkochen. Den Herd auf kleine Hitze zurückschalten, unter Rühren 250 g Maisgrieß zugeben. Den Topf abdecken, die Polenta zehn Minuten kochen lassen. Den Herd ausschalten, 50 g frisch geriebenen Parmesan einrühren und weitere fünfzehn Minuten ziehen lassen.

C

Polenta

In einem breiten Topf 1 l Wasser mit 1 TL Salz aufkochen. Den Herd auf kleine Hitze zurückschalten, unter Rühren 250 g Maisgrieß zugeben. Den Topf abdecken, die Polenta zehn Minuten köcheln lassen. Den Herd ausschalten, 50 g frisch geriebenen Parmesan einrühren und weitere fünfzehn Minuten ziehen lassen.

STECKBRIEF — LOGIK

Bringt die 7 Glück? Jedenfalls nicht den drei Frauen, die das Kasino von Glücksdorf ausrauben wollten. Eine von ihnen war sogar bewaffnet.
Sieben Verdächtige wurden im Kasino fotografiert. Unter ihnen befinden sich die Räuberinnen.

Finden Sie heraus, wer sie sind und welche Frau eine Waffe trug. Drei Zeugenaussagen liegen Ihnen vor:
„Die beiden Täterinnen, die Ohrringe trugen, sind blond."
„Diejenige von den dreien, die den Colt hatte, hatte braunes Haar."
„Die einzige Räuberin, die eine Halskette trug, hatte auch Ohrringe."

1

2

3

4

5

6

7

IM DREIERPACK — SPRACHE

Ein Wort kann mit den drei aufgelisteten Begriffen zusammengesetzt werden, sodass ein neues Wort entsteht. Versuchen Sie diese Begriffe zu finden.
Beispiel: Korb, Zeit, Herr: Brotkorb, Brotzeit, Brotherr.

1. **HUNGER, FINDER, STÜCK**
....

2. **KNOCHEN, MASS, SCHICHT**
....

3. **SCHUB, MENGEN, IRR**
....

4. **BAUM, TANZ, GESAMT**
....

5. **SPIESS, JUNG, SCHNEIDER**
....

6. **HAUS, KELLER, SCHATZ**
....

D

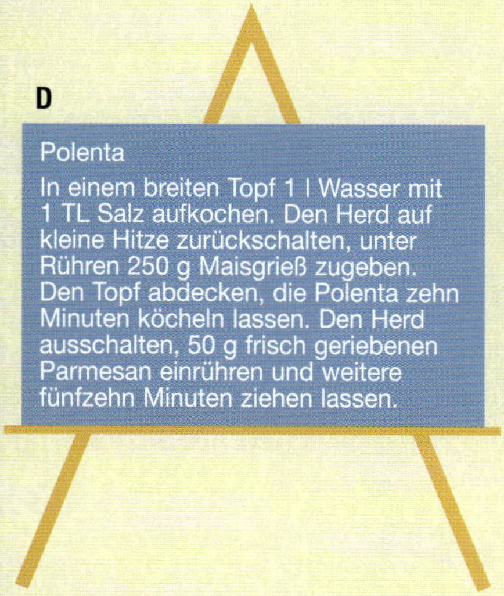

Polenta

In einem breiten Topf 1 l Wasser mit 1 TL Salz aufkochen. Den Herd auf kleine Hitze zurückschalten, unter Rühren 250 g Maisgrieß zugeben. Den Topf abdecken, die Polenta zehn Minuten köcheln lassen. Den Herd ausschalten, 50 g frisch geriebenen Parmesan einrühren und weitere fünfzehn Minuten ziehen lassen.

E

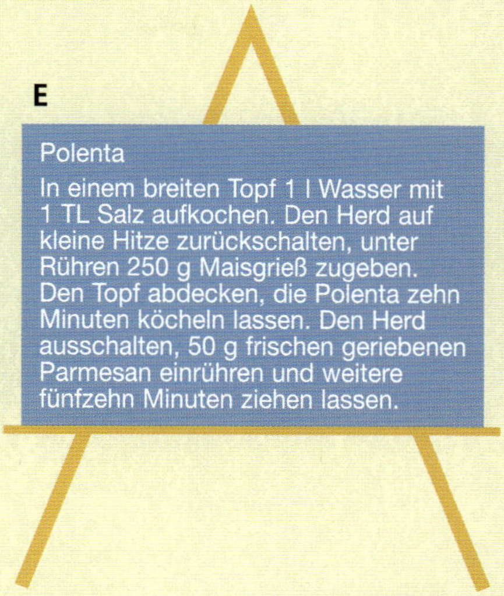

Polenta

In einem breiten Topf 1 l Wasser mit 1 TL Salz aufkochen. Den Herd auf kleine Hitze zurückschalten, unter Rühren 250 g Maisgrieß zugeben. Den Topf abdecken, die Polenta zehn Minuten köcheln lassen. Den Herd ausschalten, 50 g frischen geriebenen Parmesan einrühren und weitere fünfzehn Minuten ziehen lassen.

F

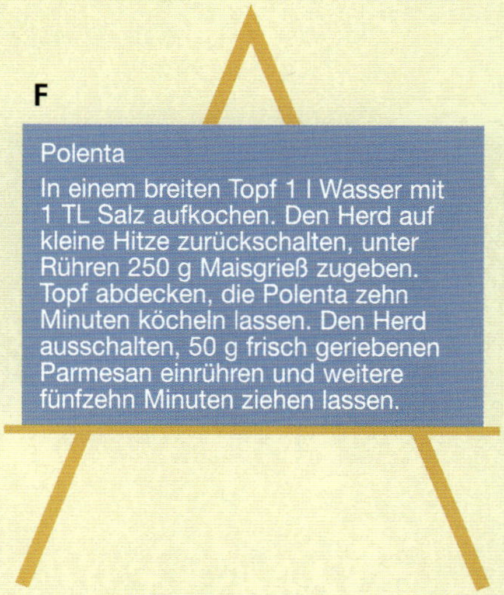

Polenta

In einem breiten Topf 1 l Wasser mit 1 TL Salz aufkochen. Den Herd auf kleine Hitze zurückschalten, unter Rühren 250 g Maisgrieß zugeben. Topf abdecken, die Polenta zehn Minuten köcheln lassen. Den Herd ausschalten, 50 g frisch geriebenen Parmesan einrühren und weitere fünfzehn Minuten ziehen lassen.

RUNDSCHREIBEN

Füllen Sie die Rosette mit Anagrammen der unten angegebenen Buchstabenfolgen. Schreiben Sie die Lösung immer vom Außenrand der Rosette ausgehend nach innen. Achtung – mit einigen der Buchstabenfolgen können mehrere Anagramme gebildet werden. Aber nur eine Möglichkeit erlaubt es, das Gitter in beiden Richtungen zu vervollständigen. Im Rätsel kommen mehrere Begriffe vor, die etwas mit Asien zu tun haben.

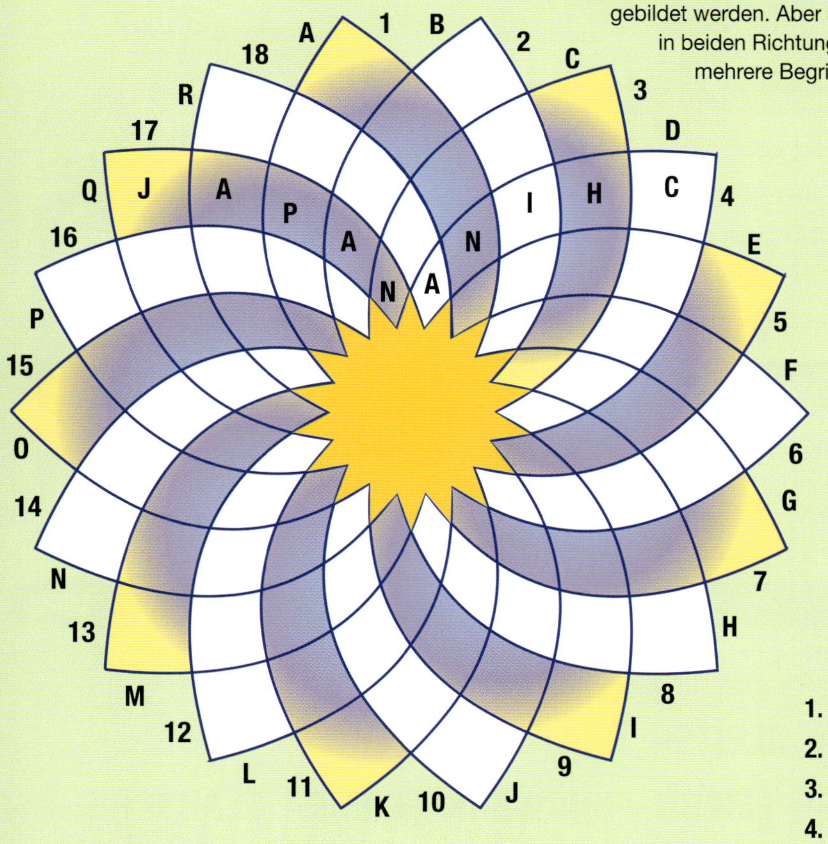

Im Uhrzeigersinn geschrieben:

A. **AANSU**	J. **AAPRT**
B. **EIKRS**	K. **CEIKM**
C. **AAGHN**	L. **ACHTW**
D. **CEHIL**	M. **AELMN**
E. **ABILL**	N. **BEELN**
F. **AEIMN**	O. **DEMTU**
G. **ENNOT**	P. **BEGOT**
H. **EEGNR**	Q. **AAJNP**
I. **AKKOS**	R. **AEKOR**

Gegen den Uhrzeigersinn geschrieben:

1. **OOPST**	7. **AABLT**	13. **AACMO**
2. **AAKRT**	8. **EEGIN**	14. **ACKNT**
3. **EGNRU**	9. **EILNS**	15. **DEHIL**
4. **ACHIN**	10. **AENNP**	16. **BEEGT**
5. **AAHLS**	11. **AKMOR**	17. **EEJMN**
6. **AEIMN**	12. **EEKRW**	18. **ABKLU**

GUT AUFGELEGT

Welche der nummerierten Teile ergeben Figur A, wenn sie übereinander gelegt werden?
Die Teile müssen nicht gedreht werden.

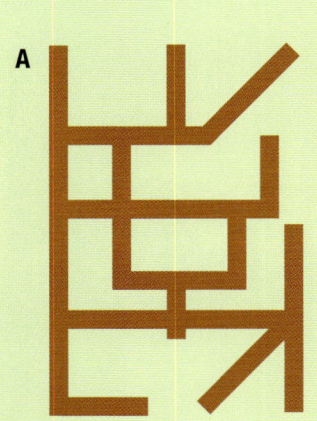
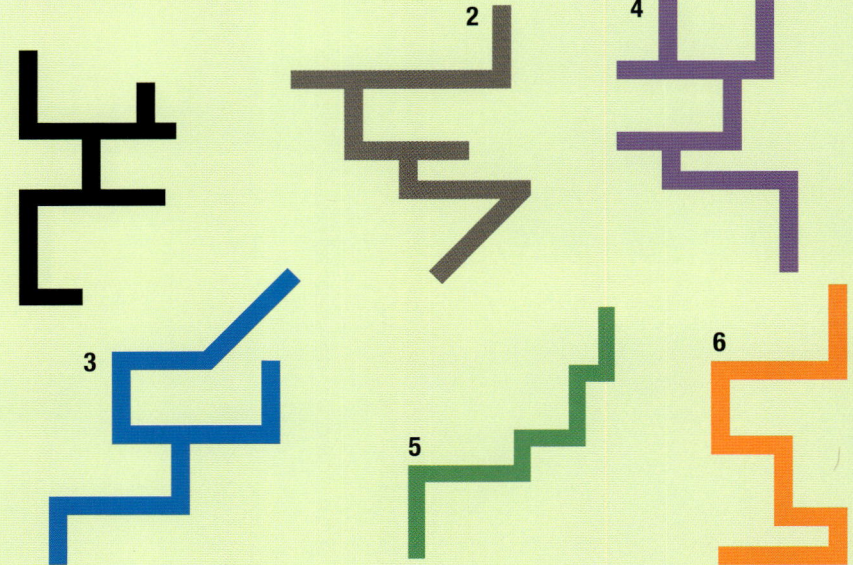

ZEITFRAGEN

Acht Jahre, acht Filme, acht Schauspieler. Finden Sie heraus, welcher Film und
welcher Schauspieler wann einen Oskar bekam. Achtung: Die Schauspieler agieren
nicht immer in den prämierten Filmen!

Filme			Schauspieler		
1. *Rain Man*	1972	......	A. Nicole Kidman	1972	......
2. *Gandhi*	1973	......	B. Dustin Hoffman	1973	......
3. *Schweigen der Lämmer*	1975	......	C. Ben Kingsley	1975	......
4. *Chicago*	1982	......	D. Jack Lemmon	1982	......
5. *Einer flog übers Kuckucksnest*	1988	......	E. Marlon Brando	1988	......
6. *Der Clou*	1991	......	F. Helen Hunt	1991	......
7. *Der Pate*	1997	......	G. Jack Nicholson	1997	......
8. *Titanic*	2002	......	H. Jodie Foster	2002	......

ZOOM

Sie sehen hier den vergrößerten
Ausschnitt eines Bildes. Können Sie
das Motiv erkennen?

AUS DER REIHE GETANZT

Streichen Sie jeweils das Wort, das nicht zu den anderen passt.
Achten Sie besonders auf die Buchstaben eines Wortes und mögliche Zusätze sowie Streichungen.

1. BRATEN BLEIBEN BRINGEN GLEITEN GRÄTE GRIPPE

2. FROSTSCHUTZ FLACHZANGE FEIERN FUHRWERK FLIEDER FLAUSCHIG

3. ABGOTT BEIKOST CHIPS DEKOR PROTZ WURMIG

SPRUCHSALAT — WISSEN

Drei Sprichwörter wurden in ihre Einzelteile zerlegt und gemischt. Wie lauten die Sprichwörter?

ES · ALTE · ICH · GOLD · SO · WAS · NICHT · LIEBE · DIR · DU · WIE · GLÄNZT · NICHT · IST · ALLES · ROSTET · MIR

1. ....
2. ....
3. ....

AUFGELEGT — KONZENTRATION

Stellen Sie sich vor, dass die unten abgebildeten Formen aus Pappe sind. Welche drei Formen müssen Sie in welcher Reihenfolge übereinander legen, damit Sie Figur A erhalten?

ZUWACHS RATEN — KONZENTRATION

Betrachten Sie die Figuren 30 Sekunden lang, bevor Sie sie abdecken.

Welche Figur wurde hinzugefügt?

LOGICAL

SPORTLICH IM URLAUB

Fünf Sportfans mit Fernweh haben beschlossen, nach Asien zu fahren. Dort wollen sie ihrem Hobby nachgehen. Finden Sie heraus, wohin Alexander, Alice, Anna, Martina und Oliver gereist sind, welche Sportarten sie ausüben und wie viel ihr Urlaub kostet.

Hinweise

1. Einer der drei Urlauber, deren Namen mit den gleichen Buchstaben beginnen, ist nach Taiwan gefahren. Sein Urlaub kostet genauso viel wie die Reise der beiden anderen zusammen. Keiner von ihnen segelt.

2. Die beiden Skifans zahlen genauso viel wie Oliver und die Person, die in Indien Urlaub macht. Von den vier Touristen, die in diesem Hinweis genannt werden, hat Oliver das größte Budget.

3. Die Person, die surft, gibt weniger aus als die Person, die Vietnam bereist, aber mehr als die Frau, die zum Tauchen gefahren ist.

4. Martinas Reiseziel sind nicht die Philippinen. Annas Trip nach Malaysia ist billiger als die Reise Alexanders, der nicht Wasserski fährt.

Lösungsgitter

Für jede sichere positive Aussage können Sie ein „+" im Gitter eintragen, für jede negative Aussage ein „–".

		Preis					Sport					Reiseziel				
		1.400 €	1.600 €	2.600 €	3.000 €	4.200 €	Segeln	Jetski	Surfen	Tauchen	Wasserski	Indien	Malaysia	Philippinen	Taiwan	Vietnam
Urlauber	Alexander															
	Alice															
	Anna															
	Martina															
	Oliver															
Reiseziel	Indien															
	Malaysia															
	Philippinen															
	Taiwan															
	Vietnam															
Sport	Segeln															
	Jetski															
	Surfen															
	Tauchen															
	Wasserski															

Lösung

Urlauber	Alexander	Alice	Anna	Martina	Oliver
Reiseziel					
Sport					
Preis					

ALLER ANFANG IST SCHWER
ASSOZIATION

Finden Sie mithilfe der Definitionen zehn Begriffe, die auf -RIE enden.
Ein Strich steht für einen fehlenden Buchstaben.

1. Fürs Brot   ➤ _ R I E
2. Fürs Blut   ➤ _ _ _ _ R I E
3. Für Bilder   ➤ _ _ _ _ R I E
4. Für Wissenschaftler   ➤ _ _ _ _ R I E
5. Für Strom   ➤ _ _ _ _ _ R I E
6. Für Gewinner   ➤ _ _ _ _ _ R I E
7. Für Arbeiter   ➤ _ _ _ _ _ _ R I E
8. Für Seeräuber   ➤ _ _ _ _ _ _ R I E
9. Für Zucker   ➤ _ _ _ _ _ _ _ R I E
10. Für Reiter   ➤ _ _ _ _ _ _ _ R I E

LÜCKENFÜLLER
SPRACHE

Finden Sie sechs Wörter, die die vorgegebenen Buchstaben enthalten. Setzen Sie je Strich nur einen Buchstaben ein.

1. _ R O S _ L O S
2. B _ _ R E M _ E N
3. _ A T _ _ H E _ N
4. B _ _ E _ R _ N
5. B A u S _ E L L E
6. W I E _ _ _ N

ZOOM
KONZENTRATION

Sie sehen hier den vergrößerten Ausschnitt eines Bildes. Können Sie das Motiv erkennen?

SPIEGELBILDER
RAUM

Zeichnen Sie Spiegelbilder dieser Gegenstände.

IRRLÄUFER
RAUM

Diese beiden Flächen bilden zusammen ein Labyrinth. Bei dem orange gefärbten Teil laufen Sie zwischen den Linien, beim blauen Teil auf ihnen. Dort, wo die Flächen sich treffen, kann man vom orangefarbenen zum blauen Teil wechseln. Die Partien im Hintergrund spielen keine Rolle. Finden Sie den Weg durchs Labyrinth?

RUND UMS RAD
WISSEN

19 Begriffe rund ums Radfahren gehören in dieses Gitter. Finden Sie die Wörter! Einige Buchstaben sind als Starthilfe vorgegeben.

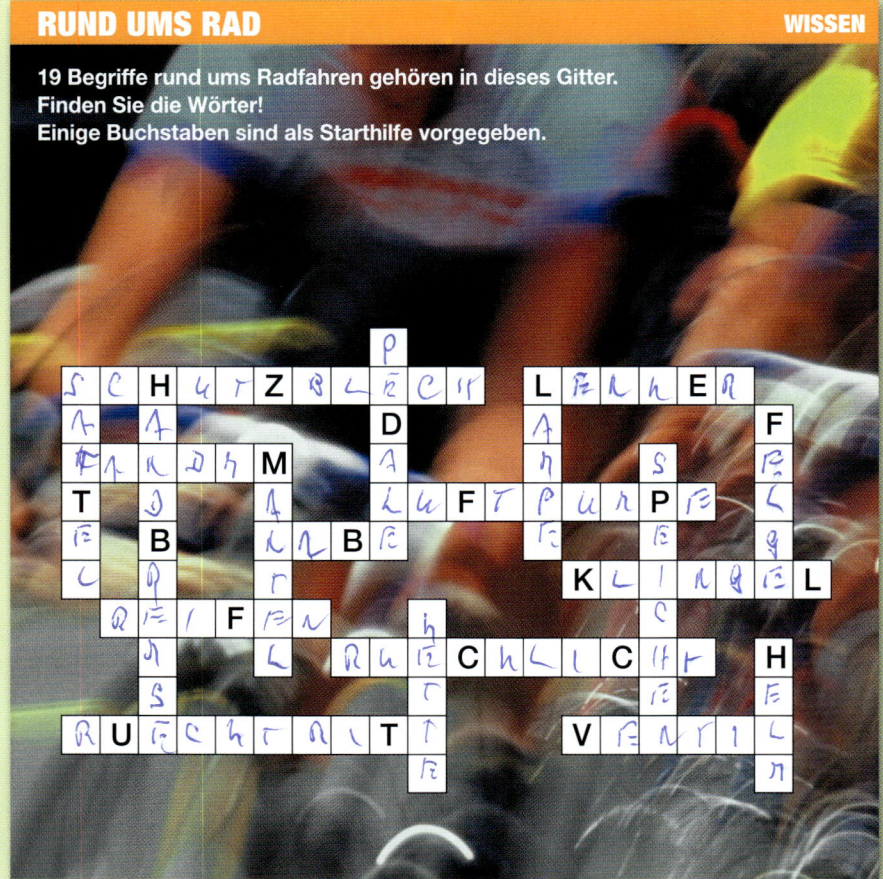

AUFGELEGT   KONZENTRATION

Stellen Sie sich vor, die Figuren seien Glasscheiben. Welche drei müssen Sie übereinander legen, um Figur A zu erhalten?

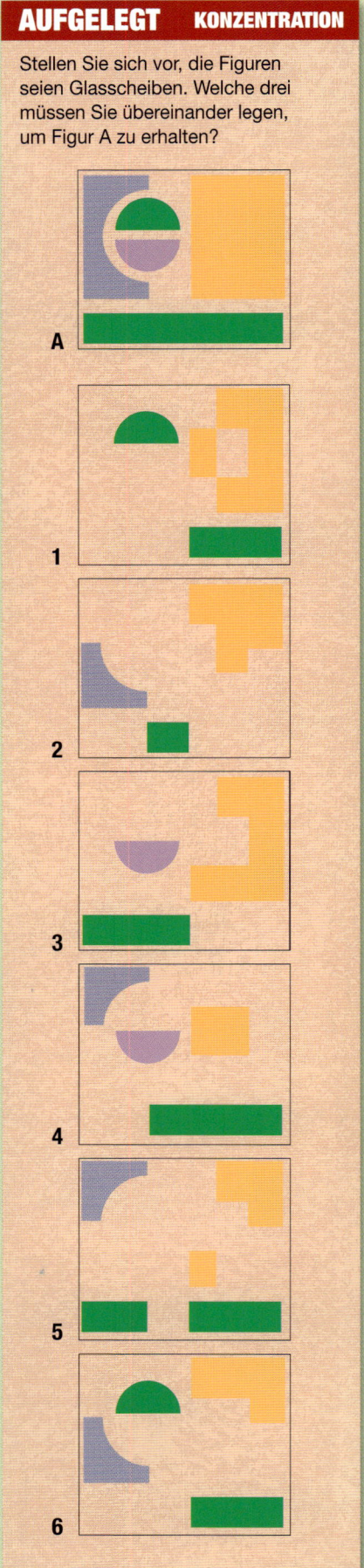

A

1

2

3

4

5

6

VERGLEICHSWEISE
KONZENTRATION

Welche beiden Abbildungen sind genau identisch?

A   B   C   D   E   F

LITE...RATEN!
WISSEN

Bei diesem Kreuzworträtsel geht es bei vielen Fragen um Schriftsteller und ihre Werke.

Waagerecht:

I Hauptwerk von Thomas Mann: *Die ...*

II Kassenzettel – Thriller von Stephen King – Halbton über A

III Romanfigur von James Fenimore Cooper

IV Vorname der Lyrikerin Lasker-Schüler – Fluss durch Braunschweig

V Herausgeber von *Des Knaben Wunderhorn*: ... Brentano – Roman von Maupassant, der mit Heesters verfilmt wurde

VI Schweizer Schriftsteller (Claude) – englisch: es

VII englisch: zu – *Queen of Hearts*: Lady ... – Autor von *Draußen vor der Tür*: Wolfgang ...

VIII Roman von Daphne du Maurier, der von Alfred Hitchcock verfilmt wurde – Dorfrichter in Heinrich von Kleists *Der zerbrochene Krug*

IX feierliche Gedichte – Satzzeichen (Mehrzahl)

X Autor von *Moby Dick*: Herman ... – Opernhaus in New York (kurz)

XI Erbanlage – Kapitän in Jules Vernes *20.000 Meilen unter dem Meer*

XII Stadt im europäischen Teil der Türkei – literarische Prosawerke

XIII Autorin von *Wer die Nachtigall stört*: Nelle Harper ... – Homers Epos über den trojanischen Krieg – männliches Schwein

XIV Versroman von Alexander Puschkin: *Eugen ...* – Novelle von Thomas Mann: *... Kröger*

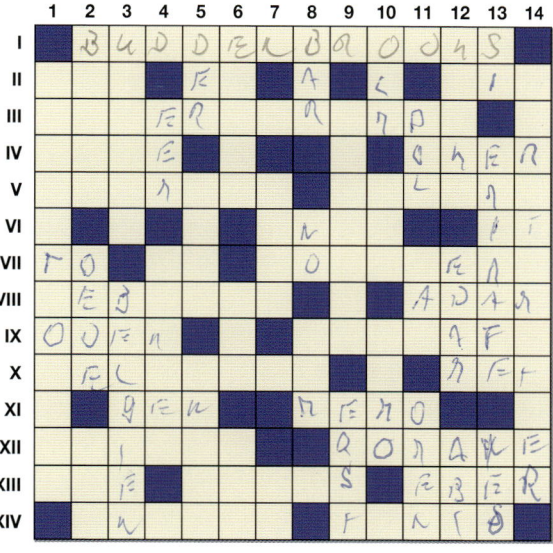

Senkrecht:

1. Hauptwerk von Günter Grass: *Die ...*

2. Autor von *Gruppenbild mit Dame*: Heinrich ... – trostlos, trist – Hygieneartikel

3. norwegische Schriftstellerin: Sigrid ... (Nobelpreis für Literatur 1928) – Heimatland des Kriminalschriftstellers Simenon

4. Fluss in den Niederlanden – Hauptstadt von Colorado

5. männlicher Artikel – Autor von *Morgens um sieben ist die Welt noch in Ordnung*: ... Malpass – eng, vertraut

6. Geburtsstadt der Schriftstellerin Brigitte Kronauer – Abkürzung für Kalorie – biblischer Hohepriester

7. antikes Königreich im heutigen Jemen – modern, aktuell

8. kleines Lokal – englische Verneinung – Autor von *Die Säulen der Erde*: ... Follett

9. Autor von *Der Name der Rose*: ... Eco – zuvor

10. Grottenmolch – lateinische Kurzform: und so weiter – Romanfigur von Michael Ende

11. Endpunkt der Erdachse – Sohn Noahs – Vorzeichen, Vorbedeutung

12. Autor von *Das Schloss*: Franz ... – Stadt in den Niederlanden – Reifeprüfung

13. italienisch: ja – arabische Fürstentümer – Vorsilbe: neu

14. Autor der Romantrilogie *Der Laden*: Erwin ...

WER BIN ICH?

Lesen Sie die Hinweise nacheinander durch. Ziel ist es, die gesuchten Wörter so schnell wie möglich zu erraten.

Wer bin ich?

1. Meinen Namen benutzen Unwissende.
2. Alt bin ich routiniert.
3. Wie ich laufe, wissen die Experten.
4. Falsch komme ich aus dem Topf.
5. Gegen zwei Igel hatte ich keine Chance.
6. Mit Eiern komme ich schon kurz nach Weihnachten in den Supermarkt.

A. *Hase* ....

Wer bin ich?

1. Aufs Herz – schwöre ich.
2. Angelegt helfe ich.
3. Gebunden bin ich machtlos.
4. Aufgehalten will ich auch etwas.
5. Ausgerutscht bin ich schmerzhaft.
6. Ins Feuer gelegt beweise ich Vertrauen.

B. ....

Wer bin ich?

1. Als Foto kann ich ein Zwilling sein.
2. Einnahmen befreie ich von den Unkosten.
3. Soldaten lasse ich verschwinden.
4. In der Mehrzahl senke ich Löhne.
5. Rauch weise ich den Weg.
6. Es knallt, wenn man an mir den Finger krümmt.

C. ....

MERKWÜRDIG ASSOZIATION

Merken Sie sich diese Begriffspaare. Benutzen Sie die Ihnen bekannten Mnemotechniken. Decken Sie dann die Wörter ab und beantworten Sie die Fragen.

Passagier – Stil

Bahn – blättern

Liege – Wagen

Ast – Paradies

Stiel – Reisender

Auto – Schlaf

Wagon – Parade

Sitz – Blüten

Fragen

1. Welches Wort gehört zu Paradies? ....
2. Wie viele Wörter beginnen mit S? ....
3. Ist das Wort Zug mit einem Fahrzeug verbunden? ....
4. Zu welchem Wort gehört der einzige dreibuchstabige Begriff? ....
5. Wie viele Wörter bezeichnen Teile von Pflanzen? ....
6. Welches Wort ist Passagier zugeordnet und welches Reisender? ....

AUFGEZEICHNET KONZENTRATION

Betrachten Sie das linke Quadrat für einige Minuten und merken Sie sich die Position der Figuren. Decken Sie es dann ab und tragen Sie die Symbole an der richtigen Stelle im leeren rechten Quadrat ein.

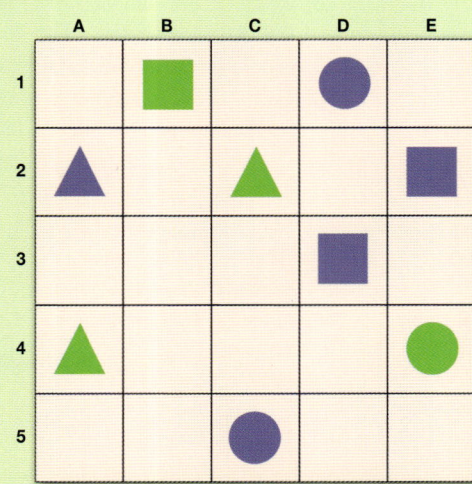

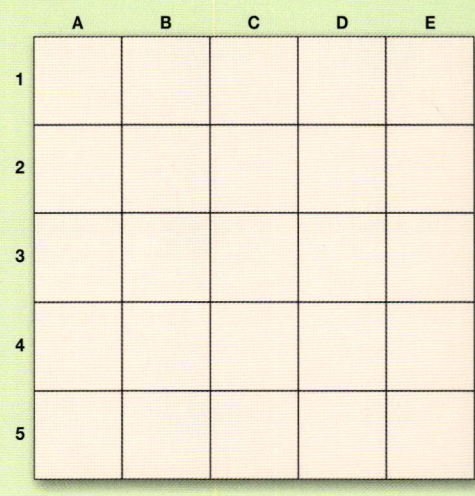

WISSEN

Wer bin ich?

1. Wenn ich ehrlich bin, bin ich ein Mensch.
2. Wenn ich faul bin, legt man sich auf mich.
3. Aus mir kommt keiner heraus.
4. Unter mich geht an die Nieren.
5. Gegner kriegen mich so teuer wie möglich.
6. Aus mir fahren Wütende.

D. ....

Wer bin ich?

1. Mal bin ich vorn, mal bin ich hinten.
2. Mal bin ich links, mal bin ich rechts.
3. Im Mittelpunkt stehe ich nie.
4. Gelb bin ich voller Firmen.
5. Jede Sache hat mindestens zwei.
6. Sie schauen gerade drauf.

E. ....

KÖPFCHEN — LOGIK

Auf dem Planeten Multipes wohnen zwei Arten von Lebewesen: Die Hinkeln und die Humpen. Sie veranstalten regelmäßig Wettläufe gegeneinander. Die Hinkeln und die Humpen besitzen die gleiche Anzahl von Beinen. Aber die Anzahl der Vorder- und Hinterbeine unterscheidet sich!
Wenn ein Hinkel gegen drei Humpen um die Wette läuft, dann sind so viele Vorderbeine wie Hinterbeine am Start. Ein Hump hat doppelt so viele Hinterbeine wie ein Hinkel.
Wie viele Vorder- und Hinterbeine haben die Hinkeln und die Humpen mindestens?

BASTELN MIT GOETHE — WISSEN

Goethes Faust hat seinen ersten Auftritt. Was sagte er noch gleich?
Rekonstruieren Sie seine Worte – oder basteln Sie Ihre eigene Version!

Nacht In einem hochgewölbten, engen gotischen Zimmer Faust, unruhig auf seinem Sessel am Pulte.

	a.	b.	c.
Habe nun ach	Astrologie	Biochemie	Philosophie
Juristerei und	deutsche Sprach	Medizin	Redekunst
und leider auch, ...	Pharmazie	Theologie	Ökonomie
durchaus studiert	mit Gottes Gunst	mit Ach und Krach	mit heißem Bemühn
da steh ich nun	ich armer Tor	betrübt statt froh	den Kopf voll Rauch
und bin so klug	wie Bohnenstroh	als wie zuvor	wie vorher auch
Heiße Magister	trage Titel	heiße Studienrat	heiße Doktor gar
und ziehe schon	an die zehen Jahr	von früh bis spat	ein Lebensdrittel
herauf, herab	durchs ganze Land	und quer und krumm	von dort nach hier
Meine Schüler	immer hinter mir	stets am Gängelband	an der Nase herum
und sehe, dass wir	nur im Dunkeln walten	nichts wissen können	im Trüben angeln
Das will mir schier	an Geist ermangeln	das Hirn zerspalten	das Herz verbrennen

Johann Wolfgang von Goethe

FORTSETZUNG FOLGT — LOGIK

Finden Sie heraus, welche nummerierte Figur die Serie jeweils logisch fortsetzt.

A

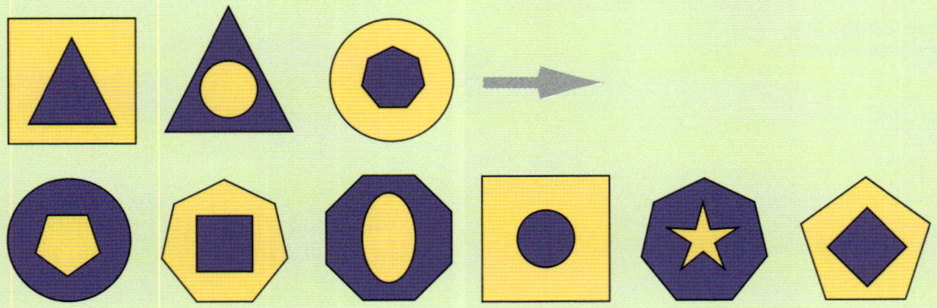

1 2 3 4 5 6

B

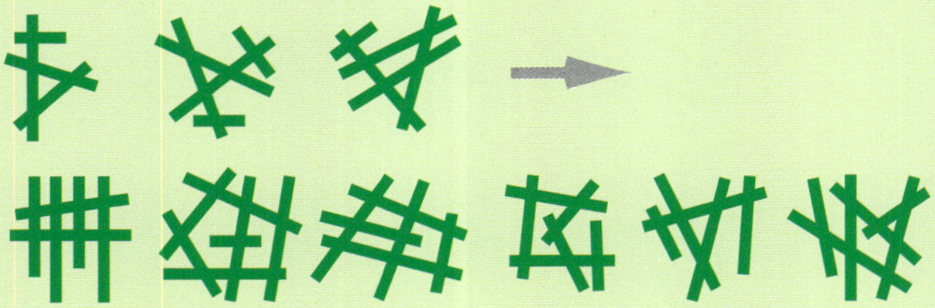

1 2 3 4 5 6

C

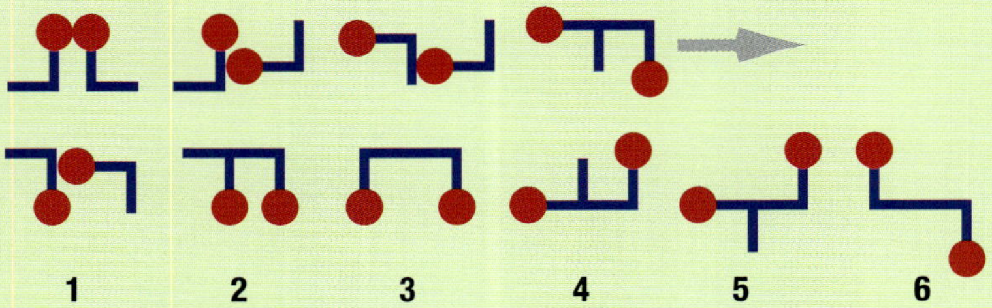

1 2 3 4 5 6

D

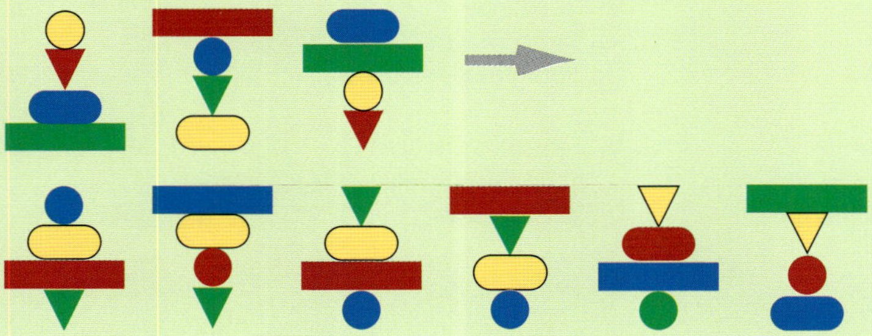

1 2 3 4 5 6

E

1 2 3 4 5 6

LEITER — STRUKTUR

Setzen Sie die Kreuze so zusammen, dass sich Begriffe zum Thema Sport ergeben.

GENAU GESEHEN — LOGIK

Ein Flug von Newtown nach Neuville dauert eine Stunde. Man startet und landet genau zur selben Zeit, da eine Stunde Zeitunterschied herrscht. Julia hat ihren Anrufbeantworter mit ihrem Videorekorder gekoppelt, sodass sie ihn von Neuville aus programmieren kann. Aber die Uhr des Rekorders geht eine Stunde nach. Die Uhr in Julias Hotel in Neuville zeigt 22.00 Uhr an. Sie will nun einen Film aufnehmen, der in Newtown von 1.00 bis 2.30 Uhr gesendet wird. Ihr Anrufbeantworter fragt sie, in wie vielen Minuten der Film beginnt und wie lange er dauert.

Mit welcher der vier angegebenen Antworten kann Julia den Film aufzeichnen?

	Beginn in …	Dauer
A.	60	90
B.	120	90
C.	90	120
D.	180	120

PAARWEISE

Zehn Kinoklassiker – zehn Stars. Wer spielte in welchem Film mit?

A. Heiner Lauterbach: ....

B. Humphrey Bogart: ....

C. Götz George: ....

D. Omar Sharif: ....

E. Dustin Hoffman: ....

F. James Dean: ....

G. Liza Minnelli: ....

H. Bruno Ganz: ....

I. Orson Welles: ....

J. Tom Hanks: ....

1

2

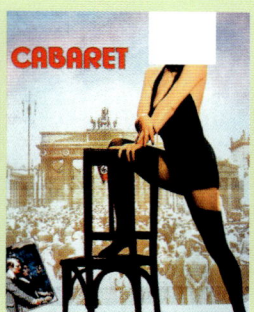
3

4

5

6

7

8

9

10

WAHR ODER FALSCH?

Entscheiden Sie, ob diese sechs Aussagen über Dinosaurier wahr oder falsch sind. Wenn Sie richtig getippt haben, ergeben die Lösungsbuchstaben den Namen eines berühmten Forschers.

1. Auf den Galapagos-Inseln leben noch zwei Dinosaurierarten.

2. Die Neandertaler machten Jagd auf Dinosaurier.

3. Dinosaurier sind Eier legende Tiere.

4. Die Farbe ihrer Haut ist unbekannt.

5. Heute kennt man etwa 30 Dinosaurierarten.

6. Von Dinosauriern ist schon in der Bibel die Rede.

Wahr	Falsch
N	D
E	A
R	W
W	T
O	I
V	N

KÖPFCHEN

1. Wie viele Tiere von jeder Art nahm Moses mit auf seine Arche?

2. An einem Schiff ist eine Leiter angebracht. Die unterste Sprosse ist auf Wasserhöhe. Die Sprossen liegen 30 cm auseinander. Bei Flut steigt das Wasser 20 cm in der Stunde. Wann erreicht das Wasser die dritte Sprosse?

3. Ein sparsamer Raucher sammelt seine Zigarettenkippen. Aus den Tabakresten von vier Kippen dreht er sich eine neue Zigarette. Wie viele Zigaretten kann er aus 15 Zigarettenkippen drehen und wie viele Kippen hat er übrig?

4. Zeigen Sie, dass neunzehn weniger eins zwanzig ist.

GEFRAGTE SÄNGERINNEN

Die Fragen bei diesem Quiz zum Thema Sängerinnen werden immer schwieriger. Versuchen Sie so weit wie möglich zu kommen!

1. Wie hieß die Sängerin, die mit Bert ein Duo bildete?
2. Wer wollte 1963 *Einen Cowboy als Mann*?
3. Welche Sängerin spielt in Ottos Film *Die sieben Zwerge* die böse Schwiegermutter?
4. Mireille Mathieus Spitzname ist *Der Spatz von …*?
5. Welche Sängerin und Schauspielerin veröffentlichte ihre Memoiren unter dem Titel *Der geschenkte Gaul*?
6. Wie heißt der Komponist von Nicoles Grand-Prix-Hit *Ein bisschen Frieden*?
7. Unter welchem Künstlernamen trat die 1968 verunglückte Sängerin Doris Nefedov auf?
8. Welche in Deutschland lebende Sängerin gewann 1972 den *Grand Prix d' Eurovision de la Chanson* für Luxemburg?
9. Wer ist die einzige deutsche Künstlerin, die zu einem Gastauftritt in die *Muppet Show* eingeladen wurde?
10. Unter welchem Namen ist Sara Stina Hedberg bekannt?

HALBE-HALBE

Bilden Sie aus den 20 fünfbuchstabigen Wörtern zehn zehnbuchstabige.

FISCH   FALLS   UNTER   TISCH
EINST   ANGEL
PILOT   SANKT
AROMA   SPEZI
WACHS   BARON
ESSEN   DISCO
ERNTE   TRICK
TUBEN   REUEN
INNEN   IONEN

1. .... / ....
2. .... / ....
3. .... / ....
4. .... / ....
5. .... / ....
6. .... / ....
7. .... / ....
8. .... / ....
9. .... / ....
10. .... / ....

KÖPFCHEN

Paul, Peter und Patrick haben jeder einen Hund: einen Pinscher, einen Pudel und einen Pitbull. Um Diebe zu verschrecken – und zwar ohne zu lügen – hat jeder von ihnen ein Schild an seiner Tür angebracht:

Nur der Pitbull-besitzer sagt die Wahrheit.

Und jeder hat einen persönlichen Satz auf seinem Schild hinzugefügt: Paul schrieb:

Patrick hat einen Pinscher.

Peter schrieb:

Paul hat einen Pinscher.

Patrick schrieb:

Peter hat einen Pudel.

Wer hat den Pitbull?

....

FORTSETZUNG FOLGT

Finden Sie die Zahl, die die Folge jeweils sinnvoll ergänzt.

1. 1 2 5 10 20 50 100 200 ?
2. 18 63 621 2 421 2 484 ?
3. 2 6 12 20 30 42 56 ?
4. III 3 XII 4 XIV 5 XXII 6 XXVII ?*

* Vorsicht, die Lösung ist nicht 7!

EIN IDEALES PAAR

Betrachten Sie die zehn gezeichneten Paare genau. Decken Sie die Bilder dann ab.

Nennen Sie das fehlende Bild zu jeder Zeichnung.

   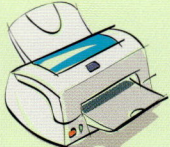

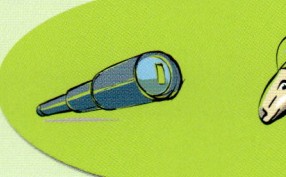    
  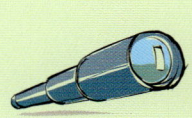 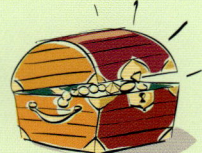
  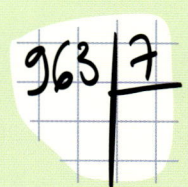 

PLANSPIEL · STRUKTUR

Acht geographische Begriffe sind hier aufgelistet. Jedoch fehlen die Anfangs- und Endbuchstaben. Wenn Sie die Wörter richtig ergänzen, ergeben sich zwei deutsche Städte.

	A	S	C	H	S	E	
	E	Q	U	A	T	O	
	I	E	B	U	E	L	
	D	J	A	M	E	N	
	E	B	R	I	D	E	
	D	I	N	B	U	R	
	N	A	R	I	S	E	
	U	E	N	C	H	E	

AUS DER REIHE GETANZT · LOGIK

Welche der fünf Figuren passt nicht zu den anderen?

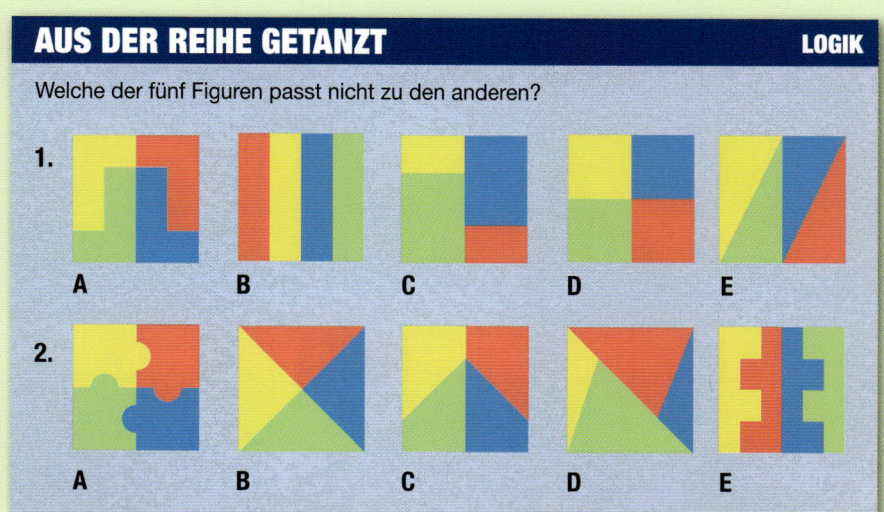

1. A B C D E
2. A B C D E

RICHTIG GEZÄHLT
LOGIK

Platzieren Sie die Symbole mit den Zahlen an die richtige Stelle. Die Summe in jeder Zeile, Spalte und Diagonalen ergibt 90.

STADT, LAND, FLUSS

Finden Sie in jeder Kategorie einen Namen oder ein Wort, das mit den beiden angegebenen Anfangs-buchstaben beginnt. Wenn Sie mindestens die Hälfte der Kästchen ausgefüllt haben, dann haben Sie diesen Test bestanden. Allerdings haben Sie nur zehn Minuten Zeit!

ALLER ANFANG IST SCHWER
ASSOZIATION

Finden Sie mithilfe der Definitionen zehn Begriffe, die auf -TIK enden.

1. Fürs Sehen ➤ _ _ T I K
2. Fürs Hören ➤ _ _ _ _ T I K
3. Für gelungene Sätze ➤ _ _ _ _ _ _ T I K
4. Für gelungene Sprünge ➤ _ _ _ _ _ T I K
5. Harte Worte ➤ _ _ _ T I K
6. Harte Fakten ➤ _ _ _ _ _ _ T I K
7. Kunst oder Kunststoff ➤ _ _ _ _ T I K
8. Stoffkunst ➤ _ _ T I K
9. Fürs Rechnen mit dem Kopf ➤ _ _ _ _ _ _ _ T I K
10. Fürs Rechnen mit der Maschine ➤ _ _ _ _ _ _ _ T I K

FORTSETZUNG FOLGT
LOGIK

Welche Zahl ergänzt jeweils die folgenden Reihen?

1. 3 4 5 12 21 38 71 ?
2. 4 3 8 5 ?
3. 5 9 14 19 26 23 5 9 4 18 5 ?
   Diese Reihe enthält keine Zahl über 26.
4. 9 7 2 5 3 2 1 1 ?

PYRAMIDE
LOGIK

Die Zahl in einem oberen Kästchen ist stets die Summe der Zahlen in zwei direkt darunter-liegenden Käst-chen. Vervoll-ständigen Sie die Pyramide.

249
143
58
54
7

WISSEN

	HA	RO	MO	DO	BR	TR
Stadt außerhalb Deutschlands						
Buchtitel (ohne Artikel)						
Vogel						
Spiel						
Sportler						
Historische Persönlichkeit						
Fluss						
Gericht, Speise						

IM GLEICHKLANG
SPRACHE

Homophone (vom griechischen homophonos, „gleich klingend") sind Wörter, die gleich ausgesprochen, aber unterschiedlich geschrieben werden – wie „Leere" und „Lehre". Finden Sie Homophone, die die folgenden Sätze sinnvoll ergänzen. Jeder Strich steht für einen Buchstaben. Umlaute zählen als ein Buchstabe.

1. Die Sendung wurde per _ _ _ _ _ _ _ _ geschickt, kam aber zurück, weil der _ _ _ _ _ _ _ auf dem Paket unleserlich war.

2. Die _ _ _ _ _ _ der alten Griechen verschwiegen, wie sehr sich die einfachen Leute _ _ _ _ _ _ , über die Runden zu kommen.

3. Die Wachsoldaten wollten der aufgebrachten Menge keinen Zutritt _ _ _ _ _ _ _ _ , deshalb drängten sie die Menschen mit ihren _ _ _ _ _ _ _ _ zurück.

4. Wir hatten es _ _ _ _ _ _ hören, dass allen _ _ _ _ _ _ , die um Mitternacht 100 Kniebeugen vor dem Finanzamt machen würden, die Steuerschulden erlassen würden.

KÖPFCHEN
LOGIK

In Abstrusien gibt es Münzen von einem Abstru, sechs Abstrus und 17 Abstrus. Scheine gibt es im Wert von drei, elf und 25 Abstrus. Ein amerikanischer Tourist wechselt 50 Dollar und erhält 173 Abstrus.

Fragen

1. Der Tourist möchte entweder nur Scheine oder nur Münzen – und zwar so wenige wie möglich. Soll er sich Scheine oder Münzen auszahlen lassen?

2. Auf wie viele Arten kann ihm die Wechselstube 173 Abstrus in Scheinen auszahlen?

3. Auf wie viele Arten kann ihm die Wechselstube 173 Abstrus mit 23 Scheinen geben?

WORT FÜR WORT
STRUKTUR

Bilden Sie neue Wörter, indem Sie die angegebenen Buchstaben schrittweise hinzufügen.

N E U

+N _ _ _ _

+D _ _ _ _ _

+G _ _ _ _ _ _

+E _ _ _ _ _ _ _

+R _ _ _ _ _ _ _ _

+A _ _ _ _ _ _ _ _ _

AUF DEM HOLZWEG
LOGIK

Wie kann man mit drei zusätzlichen Hölzchen auf 11 kommen? (Alle Rechenarten sind erlaubt!)

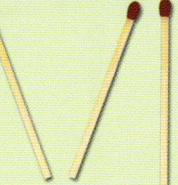

GEWÜRFELT
STRUKTUR

Wählen Sie jeweils einen Buchstaben pro Würfel. Von links nach rechts gelesen, ergeben sich drei Städte in den USA.

1. ....
2. ....
3. ....

GEWÜRFELT
STRUKTUR

Wählen Sie jeweils einen Buchstaben pro Würfel. Von links nach rechts gelesen, ergeben sich die Namen von drei Präsidenten der USA.

1. .... 2. .... 3. ....

WAHR ODER FALSCH?
WISSEN

Entscheiden Sie, ob diese sechs Aussagen über Ernährung wahr oder falsch sind. Wenn Sie richtig getippt haben, ergeben die Lösungsbuchstaben neu sortiert ein Nahrungsmittel, das die Verdauung fördert.

	Wahr	Falsch
1. Honig ist kalorienreicher als Zucker.	L	R
2. Fisch hat im Durchschnitt ebenso viel Eiweiß wie Fleisch.	G	C
3. Margarine ist fettärmer als Butter.	K	U
4. Brauner Zucker ist gesünder als weißer.	A	O
5. Petersilie enthält viel Eisen.	T	M
6. Zu viel Zitrone schadet den Knochen.	N	J

IM DREIERPACK
SPRACHE

Welches Wort kann mit den drei aufgelisteten Begriffen zusammengesetzt werden?

1. **KARTOFFEL, STÜCK, SPORT**
....

2. **GELENK, TURM, TUCH**
....

3. **STREIK, FLEISCH, RIESE**
....

4. **WELLEN, KUNST, PRINZIPIEN**
....

5. **ZÜNDER, GEBURT, MITTELALTER**
....

6. **RICHTER, MUT, TAKT**
....

LAGEPLAN
STRUKTUR

Sechs geographische Begriffe sind hier aufgelistet. Wenn Sie sie richtig ergänzen, ergeben sich zwei europäische Hauptstädte.

R	E	S
B	O	L
U	W	E
E	U	N
R	I	A
I	Z	Z

STADT, LAND, FLUSS
WISSEN

Finden Sie in jeder Kategorie einen Namen oder ein Wort, das mit den beiden angegebenen Anfangsbuchstaben beginnt. Wenn Sie mindestens die Hälfte der Kästchen ausgefüllt haben, dann haben Sie diesen Test bestanden. Allerdings haben Sie nur zehn Minuten Zeit!

	PR	WE	MI	GE	GR	KL
Sänger oder Sängerin						
Schriftsteller oder Schriftstellerin						
Komponist						
Gebäck						
Wort mit der Endung -tion						
Vierbeiner						
essbare Pflanze, Frucht						
Sagen- oder Märchenfigur						

FORTSETZUNG FOLGT
LOGIK

Figur a verhält sich zu Figur b wie Figur c zu einer der durchnummerierten Figuren.
Entscheiden Sie, welche Figur die richtige ist.

A

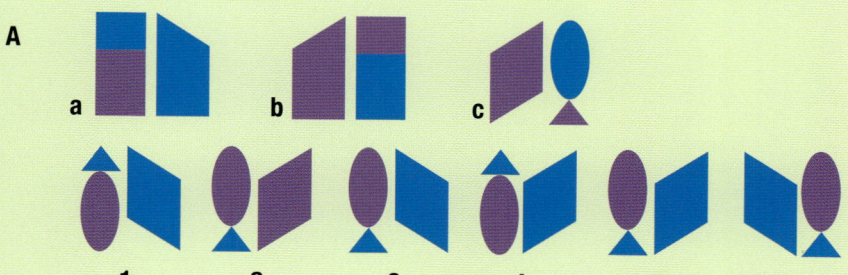

B

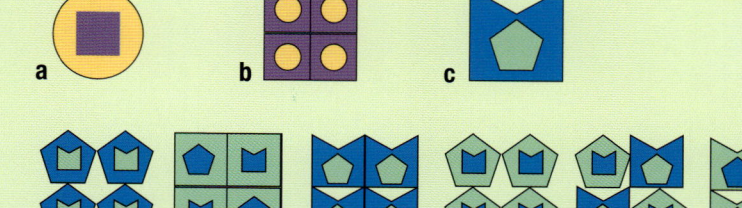

C

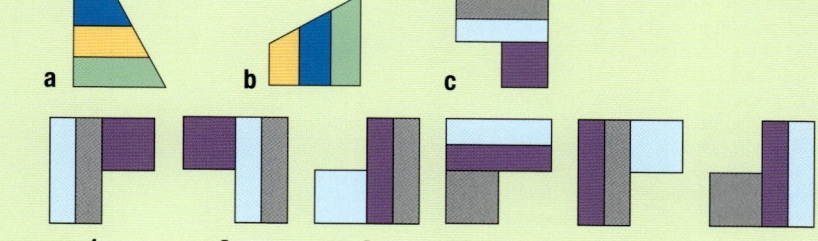

D

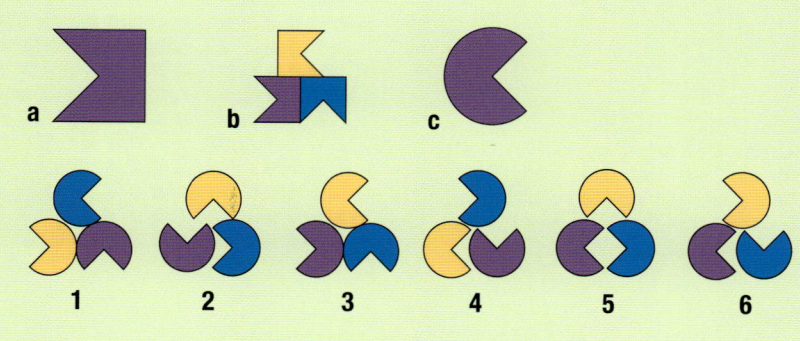

E

STREICHFÄHIG
STRUKTUR

Streichen Sie einen Buchstaben in jedem Wort, sodass die verbleibenden Buchstaben ein Wort ergeben. Die gestrichenen Buchstaben ergeben, von oben nach unten gelesen, einen Friedensnobelpreisträger. Manchmal gibt es mehrere Möglichkeiten. Aber nur eine führt zur Lösung!

S	C	H	W	A	N	K	
O	S	T	R	A	N	D	
B	E	F	U	G	E	N	
Z	E	I	C	H	E	N	
R	U	A	N	D	E	R	
K	N	I	C	K	E	N	
B	R	A	N	C	H	E	
M	O	D	E	R	A	T	
S	C	H	N	U	R	Z	

AUSTAUSCH
STRUKTUR

Versuchen Sie von TIPPELN zu SPURTEN zu gelangen. Bei jedem Schritt wird ein Buchstabe des Wortes ausgetauscht. Aus den Ihnen dann zur Verfügung stehenden Buchstaben müssen Sie ein neues Wort bilden. Umlaute gelten als zwei Buchstaben.

TIPPELN

−P +A PLATINE
−I +S SPALTEN
−N +L PASTELL
−P +R STELLAR
−L +I REALIST
−L +N INSERAT
−I +U AUSTERN
−A +P **SPURTEN**

Lösungen der Spiele

Seiten 148-149

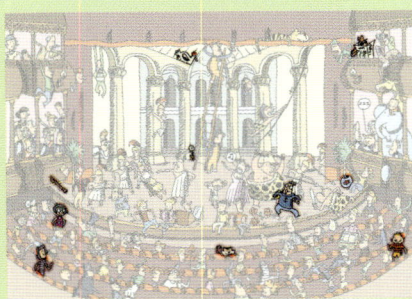

Seiten 150-151

SPRUCHSALAT
1. Die Katze lässt das Mausen nicht.
2. Den Letzten beißen die Hunde.
3. Mit Speck fängt man Mäuse.

DIE GUTE ADRESSE
Der erste Hinweis schließt die Pfalzstraße, die Golo-Mann-Gasse und den Jean-Paul-Weg aus, weil 7, 11 und 23 Primzahlen sind. Durch den zweiten Hinweis scheiden die Bella-Block-Allee und der Rosa-Roth-Weg aus.
Durch den dritten Hinweis kann man den Thomas-Mann-Weg und die Klaus-Mann-Straße streichen.
In folgenden noch möglichen Straßen kommt neben dem Hausnummer mit der letzten drei Buchstaben des Alphabets vor: Linzer Straße, Max-Frisch-Allee, Salzburger Chaussee und Bayerngasse. Sie werden also durch den vierten Hinweis ausgeschlossen. Sowohl die Rubelstraße als auch die Frankenstraße scheiden durch den fünften Hinweis aus.
Es verbleiben noch der Dürrenmatt-Weg (13 Buchstaben) mit der Hausnummer 14 und die Friesengasse (12 Buchstaben) mit der Hausnummer 12. Erstere ist die gesuchte Adresse.

BACHSTUBEN? BUCHSTABEN!
1. TUBA
2. HARFE
3. RASSEL
4. GLOCKE
5. TRIANGEL
6. SCHALMEI
7. MANDOLINE
8. DREHORGEL
9. SCHLAGZEUG
10. KLARINETTE

ZEITFRAGEN
1929 : A/K (Schwarzer Freitag / Remarque)
1936 : D/I (Schmeling / Chaplin)
1942 : F/O (*Casablanca* / Stalingrad)
1948 : C/M (*Kiss me Kate* / Luftbrücke)
1955 : L/G (*documenta* / NATO-Beitritt)
1960 : B/P (Bundesministerin / Mauerbau)
1969 : J/N (Brandt / *Easy Rider*)
1976 : H/E (Montreal / Biermann)

DIE KLEINEN UNTERSCHIEDE

Seiten 152-153

ES WAR EINMAL ... EIN QUIZ!
1. Reineke
2. Spieglein, Spieglein an der Wand, wer ist die Schönste im ganzen Land?
3. Ein Butt
4. Rumpelstilzchen
5. Einen Vogel und einen Käse
6. Sie wirft ihn gegen die Wand.
7. Den Goldklumpen tauscht er gegen ein Pferd, eine Kuh, ein Schwein, eine Gans, einen Wetzstein
8. Mutabor
9. *Schneeweißchen und Rosenrot*
10. Ein Wachhund in Andersens *Das Feuerzeug*

PUZZLE

1 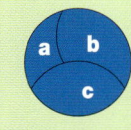 2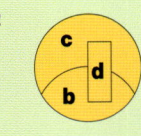

AUSGESPROCHEN LUSTIG
Reh, Wahl (Reval) – Dann, die (Dundee) – buh, da, Pest (Budapest) – wahr, Schau (Warschau) – Damm, Ass, Kuss (Damaskus) – Kai, roh (Kairo) – bei, Ruth (Beirut) – Tee, heran (Teheran).

PYRAMIDE
Die Zahlen N in der unteren Zeile sind gleich. Sie verdoppeln sich jeweils. Wenn 16 N = 320 sein soll, dann muss N 20 sein.

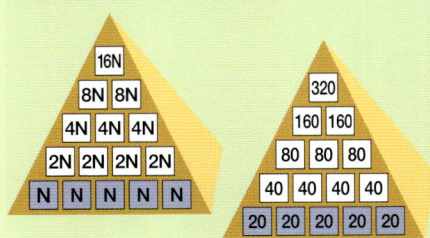

SCHATTENSPIEL
Der Schatten Nummer 5 ist das Spiegelbild der Stadtmusikanten.

SANDWICH
Liebe macht blind.

P	I	L	L	E
L	E	I	S	E
A	G	E	N	T
T	O	B	E	N
O	P	E	R	N
N	A	M	E	N
S	T	A	D	T
W	U	C	H	S
E	C	H	S	E
I	N	T	I	M
S	A	B	R	E
H	A	L	M	A
E	L	I	T	E
I	N	N	E	N
T	A	D	E	L

Seiten 154-155

UM DIE ECKE GESUCHT
Offenbach

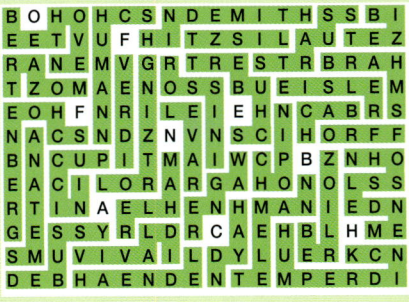

IM DREIERPACK
1. Trommel
2. Musik
3. Note
4. Flöte
5. Lied
6. Sänger

WORTBRÜCHIG
1. Sinfonie
2. Kantate
3. Kapelle
4. Musical
5. Flamenco
6. Serenade

Seiten 156-157

ZEUS & CO

```
A T H E N E       K A L L I O P E
P E           D           L
H E R A   H E K A T E     U
R   M       M     O       T
P O S E I D O N   E   K   O
D   S I     M     T   O
I   M O R P H E U S   R   E I R E N E
T   E   H     R       E   N I K E
E   H Y     R     L     R
P   P E R S E P H O N E   O   E
A       B O         S   S
N E R E U S     A R T E M I S
```

WORT FÜR WORT

	B E I
+R	B R E I
+T	B R I T E
+E	B R E I T E
+N	T R E I B E N
+E	B E R E I T E N
+T	B E I T R E T E N

WORTBRÜCHIG

1. Malocher
2. meschugge
3. Larifari
4. Kauderwelsch
5. scharwenzeln
6. schurigeln

AUSTAUSCH

```
V A M P I R E
P R I M A E R
A R M R E I F
R E F R A I N
N A E R R I N
T R A I N E R
A R T E R I E
```

FARBENSPIEL

Das Lösungswort ist *anthrazit*.

PAARWEISE

A9 – B3 – C4 – D10 – E6 – F5 –
G8 – H2 – I1 – J7

VERFLOCHTEN

1. Dall, Raab
2. Boning, Bach
3. Engelke, Herbig

AUS DER REIHE GETANZT

1. Igel ist der einzige Begriff, der nicht auch im Englischen existiert.
2. Zwiebel ist der einzige Begriff, der nicht mit einer Zahl anfängt (ZEHN-agel).
3. Lastkahn enthält als einziger Begriff keine Buchstabenfolge, die einen Herrschertitel ergibt (Dis-COUNT-er).

Seiten 158-159

SEITENANSICHT

1. C
2. B und D
3. A und D

BACHSTUBEN! BUCHSTABEN!

1. Kuba
2. Elba
3. Foehr
4. Ruegen
5. Borneo
6. Ameland
7. Baltrum
8. Aleuten
9. Helgoland
10. Osterinsel

GENAU GESEHEN

Es ist 4 Uhr in Los Angeles, 9 Uhr in Rio de Janeiro, 20 Uhr in Peking und 22 Uhr in Sydney.

RICHTIG GEZÄHLT

LÜCKENFÜLLER

1. Direktion, Direktive
2. servieren, gravieren
3. Fürstenhof
4. Seelachs
5. Schienbein
6. Anschrift, Abschrift, Abschnitt, Anachoret

PAARWEISE

A3 – B7 – C2 – D1 – E9 – F5 –
G4 – H10 – I6 – J8

SANDWICH

Wieland und *Fontane*

```
U M W E R F E N
Z E I T Z O N E
K L E M P N E R
S P L I T T E R
D I A G R A M M
T A N G E N T E
E R D B E E R E
```

PUZZLE

1.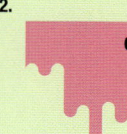
2.

Seiten 160-161

SPIELEND GERATEN

```
 M O N O P O L Y     R E I T E R       P
 U   U       O         R       Q       A
 E   L   D   T U R M   U R S U I T   I
 H A L M A   T         M         I     I
 E I C H E L         O P F E R   P U Z Z L E
     H       E               F       N     C
 B R I D G E         E       T     G       O
 L   P       E       S C R A B B L E       B
 A S S       R       E   T     D O M I N O   B
 C   E       E               C         I     E
 K O E N I G         P A S C H   K A R T E R
     Z               H     A           N
 Q U A R T E T T     K N O B E L N
```

VERSCHLÜSSELT

Nur wer erwachsen wird und Kind bleibt, ist ein Mensch.

Erich Kästner

KÖPFCHEN

X ist die Anzahl der Katzen, y die Anzahl der Hunde und n die Anzahl der Leckerbissen, die jede Katze isst.

Bekannt ist, dass $x + y = 14$ und dass $n x + (n + 2) y = 76$.

$x = 14 - y$ und $n (14 - y) + (n + 2) y = 76$. Daraus folgt, dass $2 y = 76 - 14 n$, also $y = 38 - 7 n$.

Für $n = 1$, 2 oder 3 ist y größer als 14, was unmöglich ist.

Für $n = 4$ ergibt sich $y = 10$ und $x = 4$. Für $n = 5$ ergibt sich $y = 3$ und $x = 11$. Entweder haben zehn Hunde jeweils sechs Leckerbissen und vier Katzen jeweils vier Leckerbissen bekommen, oder elf Katzen haben jeweils fünf Leckerbissen und drei Hunde sieben Leckerbissen bekommen.

IM DREIERPACK

1. König
2. Bauer
3. Turm
4. Kreuz
5. Herz
6. Stich

RUNDSCHREIBEN

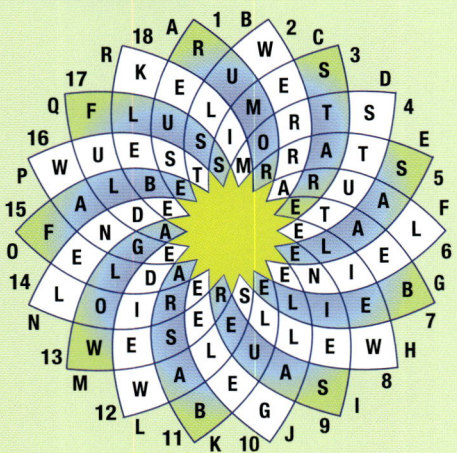

Seiten 162-163

PÄRCHENWEISE

1. *Bonnie und Clyde*, 2. *Thelma und Louise*,
3. *Jules und Jim*, 4. *Fanny und Alexander*,
5. *Harold und Maude*, 6. *Jakob und Adele*,
7. *Harry und Sally*, 8. *Bernhard und Bianca*,
9. *Tom und Jerry*, 10. *Leo und Claire*

MAGISCHES QUADRAT

31	40	49	2	11	20	
30	39	48	1	10	19	28	30
38	47	7	9	18	27	29	38
46	6	8	17	26	35	37	46
5	14	16	25	34	36	45	5
13	15	24	33	42	44	4	13
21	23	32	41	43	3	12	21
22	31	40	49	2	11	20	

FUNDGRUBE

AUS DER REIHE GETANZT

Von den abgebildeten Vögeln kann nur der Alk fliegen.

OBSTGITTER

DIE KLEINEN UNTERSCHIEDE

Seiten 164-165

PLATZTAUSCH

1. Zeigefinger, Fingerzeige
2. Rathaus, Hausrat
3. Rotwein, weinrot
4. Standpunkte, Punktestand

DRUNTER UND DRÜBER

Es sind 26 Kreise.

BACHSTUBEN? BUCHSTABEN!

1. entrueste, teuersten, steuerten
2. brutales, Truebsal
3. Entgleisung, Guenstlinge

SEITENANSICHT

1. Es ist die gelbe Seite.
2. Es ist die orange-grüne Seite.

DOMINO

ZEITFRAGEN

1. Wahr: Ab 3000 v. Chr. wurde Papyrus benutzt, 1200 v. Chr. begann die Eisenzeit.
2. Falsch: Pythagoras lebte im 6. Jh. v. Chr.
3. Wahr: Aristarchos berechnete damals schon die Größe des Mondes.
4. Falsch: Hunde werden als Haustiere schon seit ca. 14 000 Jahren v. Chr. gehalten.
5. Falsch: Die Antike begann 3000 Jahre vor Christi Geburt.
6. Wahr: Die anderen klassischen Weltwunder (Koloss von Rhodos, Leuchtturm von Alexandria, Artemistempel, Mausoleum von Halikarnassos, Gärten der Semiramis, Zeus-Statue in Olympia) sind zerstört.

Seiten 166-167

AUFGEPASST!

Sie haben nach einer Minute mehr als die Hälfte der Wörter gewusst? Prima! Wenn Sie sich nach zehn Minuten nur noch an wenige Wörter erinnern, dann ist das normal. Eventuell haben Sie Buch statt Werk notiert. Das Gedächtnis speichert den Sinn und nicht die Form. Es erinnert sich leichter an die geläufigste Bezeichnung einer Sache.

AUF DEM HOLZWEG

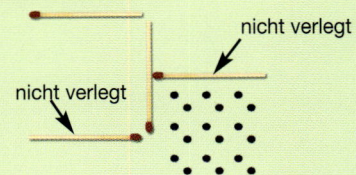

nicht verlegt

nicht verlegt

BACHSTUBEN? BUCHSTABEN!

1. LEISTE
2. GELENK
3. ARTERIE
4. TRIZEPS
5. SCHULTER
6. KNOECHEL
7. SCHLAEFEN
8. WADENBEIN
9. AUGENLIDER
10. RACHENMANDEL

DREHMOMENT

Seiten 168-169

LOGICAL

Hinweis 1: Entweder Claudia oder Charlotte hatte mit Cynthia telefoniert. Cynthias Telefonat dauerte 54 Minuten, Verenas Gespräch über Mode dauerte 2 x 54 = 108 Minuten.
Hinweis 2: Anne hat den kürzesten Namen. Ihr Gespräch mit Charlotte dauerte 24 Minuten. Mit Cynthia muss folglich Claudia gesprochen haben.
Hinweis 3: Laura (Thema: Kinofilme) telefonierte weder mit Cynthia noch mit Anne (Hinweise 1 und 2), auch nicht mit Susanne (Thema: Pferde) oder Verena (Thema: Mode). Laura unterhielt sich folglich mit Natascha über Kinofilme. Das Telefonat hat entweder 1:12 Stunden oder 2:06 Stunden gedauert. Lauras Telefonat war kürzer als Susannes Gespräch. Daraus folgt, dass Laura 1:12 Stunden telefonierte, Susanne führte mit 2:06 Stunden das längste Gespräch.
Hinweis 4: Marie sprach nicht am längsten, sie muss also 1:48 Stunden telefoniert haben, und zwar mit Verena. Ihr Thema war Mode. Isabelle muss also mit Susanne das längste Gespräch geführt haben, Thema: Pferde.
Hinweis 5: Das Gespräch über Mathematik kann nur noch 54 Minuten gedauert haben; Claudia und Cynthia führten es.
Das 24-minütige Telefonat über Jungen hatten Charlotte und Anne.

Lösung

Name	Claudia	Charlotte	Isabelle	Laura	Marie
Freundin	Cynthia	Anne	Susanne	Natascha	Verena
Thema	Mathe	Jungen	Pferde	Kino	Mode
Dauer	54 Minuten	24 Minuten	2:06 Std.	1:12 Std.	1:48 Std.

PUZZLE

1.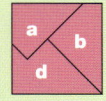
2.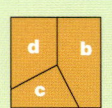

BONUS

1. SPUR
2. PANIK
3. SOPRAN
4. LAPIDAR
5. AUGAPFEL
6. EINSPRUCH

DOMINO

VERSCHLÜSSELT

Solange es Haare gibt, liegen sich die Menschen in denselben.

Heinz Erhardt

Seiten 170-171

BACHSTUBEN? BUCHSTABEN!

1. Toechtern, Toertchen
2. befreiten, fieberten
3. gesichert, Gesichter, Gerichtes

FORTSETZUNG FOLGT

1. **Figur 3:** Der Kreis wandert im Uhrzeigersinn von einer Innenseite zur nächsten. Er macht bei jedem Schritt eine Vierteldrehung gegen den Uhrzeigersinn.
2. **Figur 3:** Jede Figur gleicht der vorherigen, jedoch wird ein rotes Quadrat hinzugefügt und ein blaues Quadrat entfernt.
3. **Figur 3:** Der rote Sektor macht bei jedem Schritt eine Achteldrehung im Uhrzeigersinn. Der grüne Sektor macht ebenfalls eine Achteldrehung, allerdings gegen den Uhrzeigersinn. Wenn die beiden Sektoren sich treffen, dann überdeckt der rote den grünen Sektor.
4. **Figur 2:** Die kleinen roten und grünen Quadrate wandern jeweils einen Schritt weiter. Stehen sie am Rand, tauchen sie beim nächsten Schritt auf der gegenüberliegenden Seite wieder auf. Die roten Quadrate bewegen sich horizontal nach rechts, die grünen Quadrate horizontal nach links. Das blaue Quadrat bewegt sich nicht.
5. **Figur 5:** Das grüne Rechteck wandert im Uhrzeigersinn einen Schritt weiter. Die rote Figur dreht sich jeweils um 90° gegen den Uhrzeigersinn.

STREICHFÄHIG

Streichen kann man:
L (zappen) – I (Rechen) – M (Ahnung) – O (Rangen) – U (Aktion) – S (ratlos) – I (Turner) – N (Hydrat) – E (Inhalt): LIMOUSINE.

WORTSCHATZSUCHE

Einige der dargestellten Wörter: Kapitän, Kahlkopf, Kajüte, Katze, Karos, Kanada (Flagge), Kalender, Karawane, Kamel, Kaktus, Kassette, Kabel, Kante, Kaffeelöffel, Kaffeetasse, Karaffe, Karotte, Kartoffel, Kanister, Kanu, Karpfen, Kanone, Kaninchen, Kappe, Kamm.

ZEITFRAGEN

1. Tempel von Luxor (um 1380 v. Chr.)
2. Akropolis von Athen (5. Jh. v. Chr.)
3. Kolosseum in Rom (ca. 80)
4. Schiefer Turm von Pisa (ca. 1173 – 1372)
5. Holstentor in Lübeck (1478)
6. Petersdom in Rom (ca. 1506 – 1623)
7. Tadsch Mahal in Agra (um 1650)
8. Schloss Neuschwanstein (1869 – 1886)
9. Tower Bridge in London (1886 – 1894)
10. Empire State Building (1930 – 1931)

IM DREIERPACK

1. Säge
2. Hammer
3. Schraube
4. Schlüssel
5. Draht
6. Waage

Seiten 172-173

WER BIN ICH?

A. Snoopy, Charlie Browns Hund bei den Peanuts. Snoopys Zeichner war Charles M. Schulz († 2000).
B. Steven Spielberg.
C. Friedrich der Große.
D. Wolfgang Amadeus Mozart.
E. Julius Cäsar

SINNSUCHE

1. jung
2. kurz
3. leise
4. schmal
5. gering
6. leicht
7. niedrig
8. bescheiden

ZEITFRAGEN

In der Abfolge auf dem Zeitstrahl:
Q Ramses II. (1304 – 1236 v. Chr.)
S Salomo (970 – 931 v. Chr.)
O Nebukadnezar II. (605 – 562 v. Chr.)
C Buddha (560 – 480 v. Chr.)
G Konfuzius (552 – 479 v. Chr.)
T Sokrates (470 – 399 v. Chr.)
A Alexander der Große (356 – 323 v. Chr.)
D Cäsar (100 – 44 v. Chr.)
P Nero (37 – 68)
B Attila (395 – 453)
F Theoderich der Große (455 – 526)
N Mohammed (570 – 632)
E Karl der Große (742 – 814)
J Hildegard von Bingen (1098 – 1179)
H Friedrich Barbarossa (1122 – 1190)
I Dschingis Khan (1167 – 1227)
L Johanna von Orléans (1412 – 1431)
M Machiavelli (1469 – 1527)
K Katharina von Medici (1519 – 1589)
R Wallenstein (1583 – 1634)

AUS DER REIHE GETANZT

1. Es entstehen neue Wörter, wenn das "e" in der Vorsilbe durch ein "o" ersetzt wird: Vorstand, vorgeblich, vorsehen, Vorboten und Vorkehrung. Bei "vertrackt" ist dies nicht der Fall.
2. Bei jedem Wort kann "Halb" vorangestellt werden: Halbfinale, Halbinsel, halbherzig, Halbschatten und Halbleiter. Einen "Halbvater" kennt der Duden nicht.
3. Es entstehen neue Wörter, wenn "um" angehängt wird: Publikum, Talkum, Album, Quantum und Politikum. Bei Opi wäre dies möglich, bei Opa jedoch nicht.

Seiten 174-175

FRAGEKARTE

1. Danzig
2. Warschau
3. Tschechien
4. Karpaten
5. Bratislava
6. Ungarn
7. Donau
8. Slowenien
9. Zagreb
10. Rumänien
11. Bukarest
12. Sarajevo
13. Belgrad (Belgien)
14. Adria
15. Bulgarien
16. Mazedonien
17. Albanien
18. Olymp
19. Piräus
20. Ägäis

IM GLEICHKLANG

1. strikt – strickt
2. Strenge – Stränge
3. Häute – heute
4. Fälle – Felle

ZEITFRAGEN

1. Sonnenuhr (Ägypten, 1500 v. Chr.)
2. Bügeleisen (China, 4. Jh.)
3. Rechenmaschine (Pascal, 1639)
4. Fallschirm (Lenormand, 1783)
5. Morsealphabet (Morse, 1840)
6. Künstliches Herz (Demikhov, 1937)
7. Mikrowellenherd (Spencer, 1945)
8. Strichcode (USA, 1970)

KÖPFCHEN

1. Sieben Monate haben 31 Tage, aber alle zwölf Monate haben 28 Tage – mindestens!
2. Ja, wenn es ihr Bruder ist!
3. Nein, der Mann einer Witwe ist verstorben.

Seiten 176-177

VERGLEICHSWEISE

C und D

STECKBRIEF

Zwei der Räuberinnen sind Nr. 2 und Nr. 7, denn sie sind blond und tragen Ohrringe. Nr. 2 trägt auch eine Halskette. Also hat die dritte Räuberin dunkle Haare, trägt weder Ohrringe noch eine Halskette. Die Frau auf Bild 1 ist die bewaffnete dritte Räuberin.

IM DREIERPACK

1. Lohn
2. Arbeit
3. Lehre
4. Schule
5. Geselle
6. Meister

RUNDSCHREIBEN

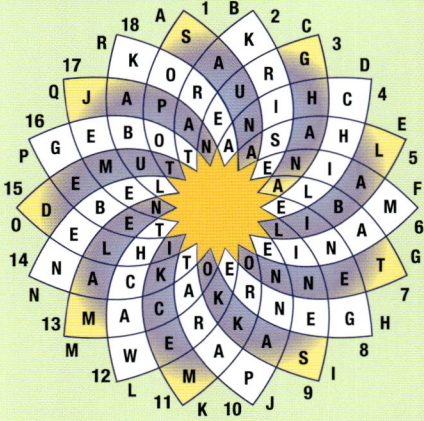

Seiten 178-179

AUFGELEGT

Die Teile 1, 2, 5 und 6

ZEITFRAGEN

1972 **(7, E)** : *Der Pate*, Marlon Brando.

1973 **(6, D)** : *Der Clou*, Jack Lemmon.

1975 **(5, G)** : *Einer flog übers Kuckucksnest*, Jack Nicholson.

1982 **(2, C)** : *Gandhi*, Ben Kingsley.

1988 **(1, B)** : *Rain Man*, Dustin Hoffman.

1991 **(3, H)** : *Schweigen der Lämmer*, Jodie Foster.

1997 **(8, F)** : *Titanic*, Helen Hunt.

2002 **(4, A)** : *Chicago*, Nicole Kidman.

ZOOM

AUS DER REIHE GETANZT

1. Wenn man ein „e" nach dem ersten Buchstaben einfügt, ergibt sich ein neues Wort: beraten, beringen, geleiten, Geräte, Gerippe. Es existiert zwar das Wort „beleibt", aber nicht das Verb „beleiben".
2. Bei fünf Wörtern kann der erste Buchstabe entfallen. Es entstehen neue Wörter: Rostschutz, eiern, Uhrwerk, Lieder, lauschig. Eine Lachzange gibt es nicht.
3. Bei den ersten fünf Wörtern stehen die Buchstaben in alphabetischer Sortierung: A – B – G – O – T – T. Bei „wurmig" sind die Buchstaben rückwärts sortiert.

SPRUCHSALAT

1. Wie du mir, so ich dir.
2. Es ist nicht alles Gold, was glänzt.
3. Alte Liebe rostet nicht.

GUT AUFGELEGT

Ganz unten liegt Nr. 6, darauf Nr. 2, ganz oben liegt Nr. 5.

Seiten 180-181

LOGICAL

Sportlich im Urlaub

Hinweis 1:
Dieser Hinweis bezieht sich auf Alexander, Alice und Anna. Sie gaben entweder 1400 + 1600 = 3000 € oder 1600 + 2600 = 4200 € aus. In Taiwan war derjenige mit den höchsten Ausgaben. Martina oder Oliver segelten.

Hinweis 2:
Die einzige passende Gleichung ist 1400 + 4200 = 2600 + 3000 (= 5600 €). Oliver gab am meisten aus, also 4200 €. Folglich hat die Person, die nach Indien fuhr, 1400 € ausgegeben. Da Oliver nicht mit A beginnt, betragen die Ausgaben von Alice, Alexander und Anna (ohne dass man genau weiß, zu wem welche Summe gehört) 1400, 1600 und 3000 € (3000 € für Taiwan). Es folgt, dass Martina 2600 € ausgab. Die beiden Skifans (Wasserski und Jetski) haben entweder 2600 oder 3000 € bezahlt. Daraus resultiert, dass nicht Martina segelte (sie fuhr Wasser- oder Jetski), sondern Oliver, der 4200 € ausgab.

Hinweis 3:
Kombiniert mit dem, was bisher bekannt ist, ergibt sich aus diesem Hinweis, dass der Surferurlaub 1600 € kostete und dass die Frau (Alice oder Anna) nur 1400 € ausgab, also in Indien war.

Hinweis 4:

Aus dem letzten Hinweis folgt, dass Martina (2600 €) weder auf den Philippinen noch in Indien (1400 €) oder in Taiwan (3000 €) oder in Malaysia (Anna) war. Martina war folglich in Vietnam. Die Touristin, deren Name mit A beginnt und die 1400 € in Indien ausgab, ist Alice. Anna bezahlte 1600 € für ihren Urlaub in Malaysia und Alexander 3000 € für seine Ferien in Taiwan. Oliver war auf den Philippinen. Des Weiteren folgt aus diesem Hinweis, dass Martina Wasserski und Alexander Jetski fuhr.

Lösung

Urlauber	Alexander	Alice	Anna	Martina	Oliver
Land	Taiwan	Indien	Malaysia	Vietnam	Philippinen
Sport	Jetski	Tauchen	Surfen	Wasserski	Segeln
Preis	3000 €	1400 €	1600 €	2600 €	4200 €

ALLER ANFANG IST SCHWER

1. Brie
2. Arterie
3. Galerie
4. Theorie
5. Batterie
6. Lotterie
7. Industrie
8. Piraterie
9. Raffinerie
10. Kavallerie

LÜCKENFÜLLER

1. trostlos
2. Befremden
3. watscheln
4. Balearen
5. Baustelle
6. Wiehern

ZOOM

SPIEGELBILDER

Seiten 182-183

IRRLÄUFER

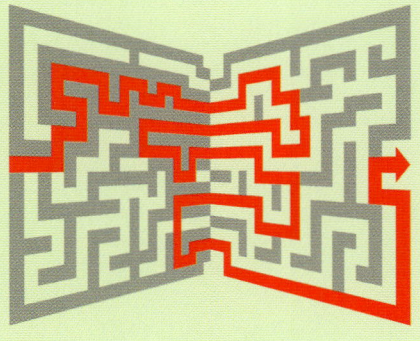

AUFGELEGT

Scheiben 3, 4 und 6

RUND UMS RAD

					P							
SCHUTZBLECH					LENKER		
A	A		D		A		F
TANDEM		M		A		S	E
T	D	A	LUFTPUMPE		L
E	B	NABE		E		E	G
L	R					KLINGEL	
REIFEN	K			C	E
M		L	RUECKLICHT	H
S		T		E
RUECKTRITT		VENTIL	M
E		M

VERGLEICHSWEISE

B und E

A   C

D   F

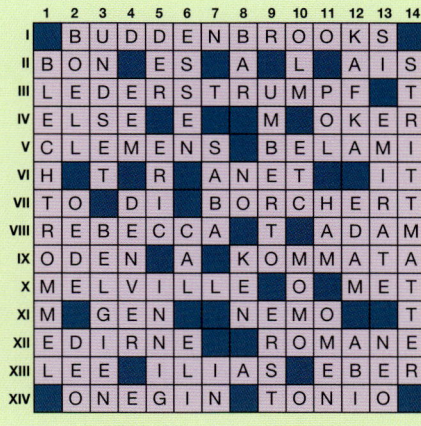

	1	2	3	4	5	6	7	8	9	10	11	12	13	14
I	B	U	D	D	E	N	B	R	O	O	K	S		
II	B	O	N		E	S		A		L		A	I	S
III	L	E	D	E	R	S	T	R	U	M	P	F		T
IV	E	L	S	E		E		M		O	K	E	R	
V	C	L	E	M	E	N	S		B	E	L	A	M	I
VI	H		T		R		A	N	E	T			I	T
VII	T	O		D	I		B	O	R	C	H	E	R	T
VIII	R	E	B	E	C	C	A		T		A	D	A	M
IX	O	D	E	N		A		K	O	M	M	A	T	A
X	M	E	L	V	I	L	L	E		O		M	E	T
XI	M		G	E	N			N	E	M	O			T
XII	E	D	I	R	N	E			R	O	M	A	N	E
XIII	L	E	E		I	L	I	A	S		E	B	E	R
XIV		O	N	E	G	I	N		T	O	N	I	O	

Seiten 184-185

WER BIN ICH?

A. Hase
B. Hand
C. Abzug
D. Haut
E. Seite

MERKWÜRDIG

Schauen Sie auf die Wortliste, um die richtigen Lösungen zu finden. Achtung: Frage 3 stellt eine Falle, denn das Wort „Zug" befindet sich nicht in der Liste.

KÖPFCHEN

A ist die Anzahl der Vorderbeine bei Hinkeln und B die Anzahl der Hinterbeine, C die Anzahl der Vorderbeine bei Humpen und D die Anzahl der Hinterbeine. Dann ist erstens $A + B = C + D$ (gleiche Gesamtzahl der Beine), zweitens $A + 3C = B + 3D$ (gleiche Anzahl von Beinen, wenn ein Hinkel gegen 3 Humpen antritt) und drittens $D = 2B$ (doppelte Anzahl der Hinterbeine bei Humpen). Die kleinste Lösung $B = 1$ führt dazu, dass ein Hump eine nicht ganze Zahl von Vorderbeinen hat (1,5 !). Setzt man $B = 2$, dann kommt man schnell zu $D = 4$, $C = 3$ und $A = 5$. Also hat ein Hinkel fünf Vorder- und zwei Hinterbeine, ein Hump hat drei Vorder- und vier Hinterbeine.

BASTELN MIT GOETHE

c: Philosophie – **b:** Medizin –
b: Theologie – **c:** mit heißem Bemühn –
a: ich armer Tor – **b:** als wie zuvor –
c: heiße Doktor gar – **a:** an die zehen Jahr –
b: und quer und krumm –
c: an der Nase herum –
b: nichts wissen können –
c: das Herz verbrennen

Seiten 186-187

FORTSETZUNG FOLGT

A **Figur 5:** Die innere Form bei der ersten Figur wird zur äußeren Form bei der zweiten Figur.

B **Figur 6:** Die Anzahl der Kreuzungen erhöht sich bei der nächsten Figur um eine (4, 5, 6, dann 7).

C **Figur 3:** Die Figur besteht aus zwei Teilen mit jeweils einem roten Punkt und einer blauen, angewinkelten Linie. Die Teile werden abwechselnd um 90° gegen den Uhrzeigersinn gedreht.

D **Figur 3:** Die ganz unten liegende Form wandert nach oben, die anderen Formen rücken nach unten. Die obere Farbe wandert nach unten, die anderen Farben rücken um einen Platz nach oben.

E **Figur 5:** Das Kreuzsymbol wandert im Uhrzeigersinn jeweils eine Stelle weiter. Das Symbol, das bei diesem Schritt vom Kreuz verdrängt wird, nimmt den frei gewordenen Platz ein.

LEITER

	S			S		
R	E	N	N	E	N	
	I			G		
	T			E		
S	P	I	E	L	E	
	F			B		
	E			O		
T	R	I	K	O	T	
	D			T		

GENAU GESEHEN

Wenn es 22 Uhr in Neuville ist, dann ist es 23 Uhr in Newtown. Also zeigt Julias Videorekorder 22 Uhr an. Er soll eine Sendung aufnehmen, die von 1.00 Uhr bis 2.30 Uhr dauert, nach seiner Anzeige also von 0.00 bis 1.30 Uhr. B ist also die ideale Programmierung. Aber auch C erlaubt es, die Sendung vollständig aufzunehmen.

PAARWEISE

A6 – B1 – C9 – D8 – E4 – F7 –
G3 – H2 – I10 – J5

WAHR ODER FALSCH ?

1. Falsch (D), Dinosaurier sind ausgestorben.
2. Falsch (A), Dinosaurier waren zur Zeit der Neandertaler schon lange ausgestorben.
3. Wahr (R), Dinosaurier legten Eier.
4. Wahr (W), man nimmt nur an, dass die Haut der Dinosaurier der Haut heute lebender Reptilien ähnelt.
5. Falsch (I), mehr als 600.
6. Falsch (N), das Wort Dinosaurier gibt es erst seit 1842.

Der Wissenschaftler ist Charles DARWIN.

KÖPFCHEN

1. Kein einziges – es war Noah, der die Arche baute, nicht Moses.
2. Niemals, denn das Schiff steigt mit der Flut nach oben.
3. Er nimmt zwölf Zigarettenreste, macht daraus drei neue Zigaretten und raucht sie. Er hatte zuvor drei Kippen übrig. Mit den drei neuen Resten hat er nun sechs. Er kann sich wieder eine neue Zigarette fabrizieren und rauchen. Er hat also vier Zigaretten geraucht und es bleiben ihm drei Kippen (zwei hatte er übrig, eine von der letzten Zigarette kommt hinzu).
4. Benutzen Sie die römische Zahl : XIX. Entfernen Sie I, es bleiben XX.

Seiten 188-189

GEFRAGTE SÄNGERINNEN

1. Cindy
2. Gitte
3. Nina Hagen
4. Avignon
5. Hildegard Knef
6. Ralph Siegel
7. Alexandra
8. Vicky Leandros
9. Mary Roos
10. Zarah Leander

HALBE-HALBE

Angel-ernte – Aroma-tisch – Wachs-tuben – Baron-essen – Sankt-ionen – Pilot-innen – einst-reuen – Falls-trick – Disco-unter – spezi-fisch.

FORTSETZUNG FOLGT

1. Aufgelistet sind die einzelnen Werte der Euromünzen und -scheine. Als nächstes folgt 500 €.
2. Die Ausgangszahl wird verdoppelt und dann umgedreht (2 x 18 = 36, also 63, 2 x 63 = 126, also 621…). Die nächste Zahl ist 2 x 2484 = 4968, also rückwärts gelesen 8694.
3. Die Reihe besteht aus den Zahlen 1 x 2, 2 x 3, 3 x 4, 4 x 5, 5 x 6, 6 x 7, 7 x 8. Es folgt 8 x 9 = 72.
4. Die Zahl nach der römischen Zahl gibt an, wie viele Striche benötigt werden, um sie darzustellen. Für XXVII braucht man 8.

KÖPFCHEN

Wenn Paul einen Pitbull hat, dann hat Patrick einen Pinscher und Peter einen Pudel; folglich würde Patrick die Wahrheit sagen, was unmöglich ist.
Wenn Patrick einen Pitbull besitzt, dann hat Peter einen Pudel und Paul einen Pinscher; also würde Peter die Wahrheit sagen, was ebenfalls unmöglich ist. Also besitzt Peter den Pitbull, Paul den Pinscher und Patrick den Pudel.
Klingeln Sie nicht bei Peter!

PLANSPIEL

Mannheim – Erlangen

M	A	S	C	H	S	E	E
A	E	Q	U	A	T	O	R
N	I	E	B	U	E	L	L
N	D	J	A	M	E	N	A
H	E	B	R	I	D	E	N
E	D	I	N	B	U	R	G
I	N	A	R	I	S	E	E
M	U	E	N	C	H	E	N

AUS DER REIHE GETANZT

1. C ; 2. D
In beiden Fällen besteht die Figur, die nicht zu den anderen passt, nicht aus vier gleich großen Bestandteilen.

Seiten 190-191

RICHTIG GEZÄHLT

15 28 18 29
22 25 19 24
27 16 30 17
26 21 23 20

ALLER ANFANG IST SCHWER

1. Optik
2. Akustik
3. Grammatik
4. Artistik
5. Kritik
6. Statistik
7. Plastik
8. Batik
9. Mathematik
10. Informatik

FORTSETZUNG FOLGT

1. Die Zahlen ergeben sich aus der Summe der Zahlen, die in den drei vorangehenden Figuren stehen (71 = 12 + 21 + 38). Die gesuchte Zahl ist 21 + 38 + 71 = 130. Die geometrischen Formen stehen immer in der Folge Kreis, Quadrat, Dreieck. Die 130 steht also in einem Quadrat.
2. Jede Figur enthält eine Zahl, die die Anzahl ihrer Seiten angibt. Der Stern hat 10 Seiten.
3. Jede Zahl im Quadrat entspricht einem Buchstaben. Die Zahl steht für die Stellung des Buchstabens im Alphabet (A = 1, B = 2). Es ergibt sich dann E I N S Z W E I D R E . Es folgt 9 für I.
4. In der Welle steht immer die Differenz der beiden vorhergehenden Zahlen. Also erhält man 0 (Differenz zwischen 1 und 1) als letzte Zahl.

PYRAMIDE

Gehen Sie von 143 aus. 143 − 58 = 85 rechts neben 58. Dann 85 − 54 = 31 links neben 54, 58 − 31 = 27 links neben 31. Die Zahlen in der untersten Zeile sind folglich nach der 7: 27 − 7 = 20, 31 − 20 = 11 und 54 − 11 = 43 rechts außen. Gehen Sie dann von der Spitze aus, um die restlichen Zahlen zu ermitteln: in der zweiten Zeile 249 − 143 = 106, in der dritten 106 − 58 = 48, in der vierten 48 − 27 = 21. Die Zahl unten links ist 21 − 7 = 14.

```
            249
        106     143
      48    58    85
    21   27   31    54
  14    7   20   11   43
```

STADT, LAND, FLUSS

HA Hanoi, *Haus ohne Hüter* (Böll), Habicht, Halma, Georg Hackl, Otto Hahn, Havel, Haschee

RO Rom, *Rot und Schwarz* (Stendhal), Rotschwänzchen, Roulette, Heide Rosendahl, Maximilien de Robespierre, Rott, Roastbeef

MO Montreal, *Momo* (Ende), Moorente, Monopoly, Stirling Moss, Graf Moltke, Moldau, Mousse au chocolat

DO Dover, *Doktor Schiwago* (Pasternak), Dohle, Doppelkopf, Thomas Doll, Fjodor Dostojewskij, Donau, Dorschfilet

BR Bristol, *Brüder Karamasow* (Dostojewskij), Brieftaube, Bridge, Andreas Brehme, Willy Brandt, Breg, Braten

TR Trondheim, *Traumnovelle* (Schnitzler), Trauerschnäpper, Tricktrack, Giovanni Trapattoni, Trajan, Traun, Truthahn amerikanisch

IM GLEICHKLANG

1. Nachnahme, Nachname
2. Mythen, mühten
3. gewähren, Gewehren
4. läuten, Leuten

KÖPFCHEN

1. Der Tourist bekommt 11 Scheine (6 x 25, 1 x 11 und 4 x 3) oder 14 Münzen (9 x 17, 3 x 6 und 2 x 1). Er sollte Scheine wählen.
2. X seien die 25-Abstru-Scheine, y die 11-Abstru-Scheine, z die 3-Abstru-Scheine. Die 21 möglichen Dreiergruppen werden wie folgt notiert: (x; y; z). (6; 1; 4), (5; 3; 5), (5; 0; 16), (4; 5; 6), (4; 2; 17), (3; 7; 7), (3; 4; 18), (3; 1; 29), (2; 9; 8), (2; 6; 19), (2; 3; 30), (2; 0; 41), (1; 11; 9), (1; 8; 20), (1; 5; 31), (1; 2; 42), (0; 13; 10), (0; 10; 21), (0; 7; 32), (0; 4; 43), (0; 1; 54).
3. Auf zwei Arten: (4; 2; 17) und (0; 13; 10).

WORT FÜR WORT

```
    N E U
+N  N E U N
+D  D U E N N
+G  E N D U N G
+E  D U E N G E N
+R  G R U E N D E N
+A  A E N D E R U N G
```

AUF DEM HOLZWEG

Wenn man die drei neuen Hölzchen nach unten gespiegelt anlegt, erhält man eine römische XI.

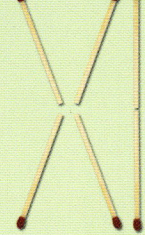

GEWÜRFELT

Chicago – Detroit – Houston

Seiten 192-193

GEWÜRFELT

Carter – Truman – Monroe

WAHR ODER FALSCH?

1. Falsch (R), obwohl er stärker süßt als Zucker.
2. Wahr (G), etwa 20 g pro 100 g.
3. Falsch (U), beide haben 83 % Fettgehalt.
4. Falsch (O), die Farbe ist auf Verunreinigungen zurückzuführen.
5. Wahr (T), sechs Mal mehr als Spinat!
6. Falsch (J), sie ist kalziumreich.
Das verdauungsfördernde Nahrungsmittel ist der JOGURT.

IM DREIERPACK

1. früh
2. Sprung
3. Sitz
4. Reiter
5. Spät
6. Gleich

PLANSPIEL

Berlin – Tirana

B	R	E	S	T
E	B	O	L	I
R	U	W	E	R
L	E	U	N	A
I	R	I	A	N
N	I	Z	Z	A

STADT, LAND, FLUSS

PR Elvis Presley, Ottfried Preußler, Sergej Prokofjew, Printe, Proportion, Präriehund, Preiselbeere, Prinz

WE Juliane Werding, H. G. Wells, Kurt Weill, Weißbrot, Weltraumstation, Welpe, Weißkohl, Werwolf

MI Milva, Arthur Miller, Karl Millöcker, Milchbrötchen, Migration, Mississippi-Alligator, Mirabelle, Minotaurus

GE Bob Geldof, Doris Gercke, George Gershwin, Gewürzlebkuchen, Generation, Gepard, Gerste, Gespenst

GR Herbert Grönemeyer, John Grisham, Edvard Grieg, Graubrot, Gratulation, Grizzly, Granatapfel, Gretel

KL Klaus (von Klaus und Klaus!), Heinrich von Kleist, Otto Klemperer, Kleiebrot, Klassifikation, Klammeraffe, Klementine, Klabautermann

FORTSETZUNG FOLGT

A **Figur 3:** Die gesamte Figur ist horizontal gespiegelt, die Farben sind vertauscht.

B **Figur 4:** Die äußere Figur wird zur inneren, die innere zur äußeren. Die gesamte Figur wird verkleinert und vervierfacht.

C **Figur 1:** Die Figur wird um 90° gegen den Uhrzeigersinn gedreht. Die unterste Farbe bleibt, die beiden anderen werden vertauscht.

D **Figur 6:** Die Figur wird verkleinert und verdreifacht. Die erste kleine Figur bleibt gleich, die zweite wird blau und um 90° gegen den Uhrzeigersinn gedreht, die dritte Figur oben wird gelb und um 180° gedreht.

E **Figur 3:** Formen und Farben werden vertauscht (die Rauten werden zu Sanduhren, die Sanduhr wird zur Raute, grün wird blau, blau wird grün).

STREICHFÄHIG

Streichen kann man:
K (Schwan) – O (Strand) – F (beugen) – I (zechen) – A (runder) – N (kicken) – N (Brache) – A (modert) – N (Schurz).
Die Lösung: Kofi Annan.

AUSTAUSCH

```
T I P P E L N
P L A T I N E
S P A L T E N
P A S T E L L
S T E L L A R
R E A L I S T
I N S E R A T
A U S T E R N
S P U R T E N
```

Gedächtnistraining

Mentale Bilder

Die Informationen, die wir über unsere Sinne aufnehmen, werden im Gehirn zu Bildern verarbeitet. Auf diese Weise schaffen wir Erinnerungen. Wenn wir trainieren, vor unserem inneren Auge mentale Bilder entstehen zu lassen, können wir unsere Gedächtnisleistung steigern.

Bilder und Wörter

Mir schwirrt der Kopf vor lauter Eindrücken!

Was geschieht, wenn wir eine Information empfangen? Wir machen uns sofort ein inneres Bild davon. Eine Information lässt sich außer durch Bilder, auch durch Wörter darstellen. Beides spielt bei der Erschaffung eines mentalen Bildes eine Rolle. Aufgenommen und erkannt wird eine Information in der Regel **in ihrer bildlichen Form**. Gleichzeitig **über-setzt das Gehirn sie in Worte**, denn der sprachbegabte Mensch gibt allen Dingen einen Namen. Wird eine Wahrnehmung jedoch von einem starken Gefühl begleitet, lassen sich die Bilder nicht sofort in Worte umwandeln. Das ist vor allem dann der Fall, wenn jemand ein traumatisches Erlebnis hat. Der Betroffene sieht und durchlebt die damit verbundenen Bilder und Emotionen immer wieder, ohne die schreckliche Erfahrung in Worte fassen zu können.

Bilder und Worte – welch ein Unterschied!

Schritt eins

1. Sehen Sie sich die folgenden Bilder zwei M⁹ lang aufmerksam an und decken Sie sie zu.

Bekannte Persönlichkeiten
Notieren Sie alles, was Ihnen zu den folgenden berühmten Persönlichkeiten an charakteristischen Dingen einfällt.

Beispiel Weihnachtsmann: weißer Bart, roter Mantel mit weißem Pelzbesatz, dicker Bauch, schwarze Stiefel, Rentierschlitten, Glöckchen, Sack voller Geschenke, Kamin usw.

1. Ludwig XIV.
....
....
....
....

2. Marilyn Monroe
....
....
....
....

3. Tutanchamun
....
....
....
....

4. Albert Einstein
....
....
....
....

5. Rotkäppchen
....
....
....
....

6. Luciano Pavarotti
....
....
....
....

7. Alfred Hitchcock
....
....
....
....

8. Julius Cäsar
....
....
....
....

D Bei dieser Übung haben Sie automatisch auch die Namen der genannten Personen vor sich gesehen. Hätten Sie sie nicht in gedruckter Form vor sich gehabt, hätten Sie sie einfach ihrem Klang nach visualisiert, ohne dass sie der korrekten Schreibweise entsprechen. Anschließend haben Sie die Personen anhand der für sie charakteristischen Merkmale vor Ihrem inneren Auge heraufbeschworen. Die so entstandenen Bilder enthielten also verbale, aber auch visuelle Elemente. Ihre Vorstellungskraft hat es Ihnen ermöglicht, Objekte wahrzunehmen, die eigentlich gar nicht anwesend sind. Je nachdem, über welche Detailkenntnisse Sie verfügen, waren entweder die visuellen oder die verbalen Aspekte stärker ausgeprägt. Beim Namen Tutanchamun ist sicherlich der verbale Eindruck stärker, weil Sie nicht viel über ihn wissen. Im Fall des Weihnachtsmanns dagegen überwiegt der visuelle Eindruck.

2. Zeichnen Sie sie nun in die unten stehenden Felder ein. Fahren Sie mit Schritt zwei fort, ohne etwas zu korrigieren.

Schritt zwei

1. Betrachten Sie die Bilder mit dem dazugehörigen Wort eine Minute lang und decken Sie sie anschließend zu.

2. Zeichnen Sie die Bilder in die unten stehenden leeren Felder ein.

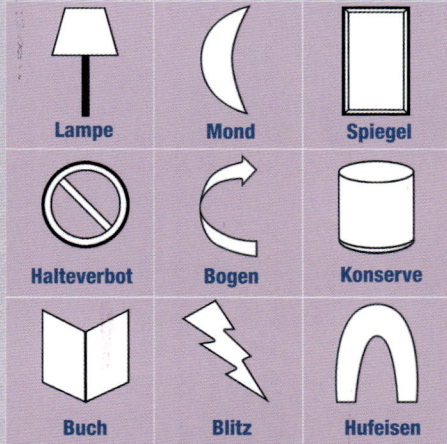

Lampe — Mond — Spiegel

Halteverbot — Bogen — Konserve

Buch — Blitz — Hufeisen

▶ Im ersten Teil der Übung erhalten Sie rein visuelle Informationen – Bildsymbole, die Sie sich einprägen sollen. Im zweiten Teil werden die Gegenstände zusätzlich beschriftet, sodass Sie sowohl auf eine visuelle als auch auf eine verbale Information zurückgreifen können. In diesem Fall fiel Ihnen das Einprägen sicherlich leichter.

Mentale Bilder, Gedächtnis und Erinnerungen

Erinnerungen sind Puzzles aus mentalen Bildern, die mit der Zeit Patina ansetzen …

Wenn Sie sich Ihren Erinnerungen überlassen, ziehen diese wie Fotografien an Ihrem inneren Auge vorbei. Immer, wenn Sie sich Informationen einprägen wollen, greifen Sie auf Ihre Sinne zurück. Sind Sie aufmerksam genug, wird im Gedächtnis nicht nur ein visuelles Bild gespeichert, sondern auch auditive und taktile Informationen. Treffen Interesse, Aufmerksamkeit und der Wille, etwas im Gedächtnis zu behalten, zusammen, entstehen im Gehirn mentale Bilder und der Vorgang des Einprägens beginnt. Lesen Sie dagegen lustlos einen Text, der Sie nicht sonderlich interessiert und den Sie sich nicht merken müssen, werden keinerlei mentale Bilder erstellt. Deshalb prägt sich auch nichts davon im Gedächtnis ein.

Je phantasievoller Sie die mentalen Bilder ausschmücken, desto stärker werden sie im Gedächtnis verankert. Die Bilder bleiben jedoch nicht wie Fotografien in ihrer ursprünglichen Form erhalten, sondern verändern sich im Lauf der Zeit. Sobald Sie sich an eine Information erinnern, werden die einzelnen Elemente zu einem neuen Bild zusammengesetzt, das dem ursprünglich abgespeicherten Bild manchmal mehr, manchmal aber auch weniger entspricht. So entstehen Erinnerungen.

Mein Gedächtnis

… und Déjà-vu-Erlebnisse

Woher kommt der Eindruck, dass man einen Ort schon einmal gesehen hat, obwohl man nie zuvor dort war? Dabei handelt es sich weder um eine Fehlfunktion des Gedächtnisses noch um geistige Verwirrung, sondern nur darum, dass das Gesehene eine gewisse Ähnlichkeit mit anderen Orten besitzt, deren Bild im Gehirn gespeichert ist. Besonders Landschaften sind nicht so einzigartig, dass ihre mentalen Abbilder nicht etwas verschwimmen könnten. Meist werden die alten Bilder jedoch rasch von neuen Eindrücken verdrängt und das Gefühl des Déjà-vu legt sich wieder.

Den Kopf voller Bilder

Stellen Sie sich die folgenden Gegenstände vor:

1. Tasse	8. Spiel
2. Klavier	9. Flasche
3. Dose	10. Topf
4. Koffer	11. Kissen
5. Uhr	12. Kommode
6. Gemälde	13. Krawatte
7. Bett	14. Schuh

Schreiben Sie nun alle Wörter auf, an die Sie sich erinnern. Nehmen Sie dabei die zuvor visualisierten Bilder zu Hilfe.

1.	6.	11. ....
2.	7.	12. ....
3.	8.	13. ....
4.	9.	14. ....
5.	10.	

▶ Je detailgetreuer und kreativer Sie die Wörter visualisieren, desto leichter prägen Sie sich Ihnen ein. Sie können Ihre Vorstellungen mit den verschiedensten Sinneseindrücken ausschmücken (Geruch, Form, Gewicht …).

Im Dreierpack

Zwei Wörter mit ganz verschiedener Bedeutung haben manchmal trotzdem einen gemeinsamen Nenner. Um das Wort zu finden, das die folgenden Wortpaare miteinander verbindet, müssen Sie diese genau visualisieren.

Beispiel: Stellen Sie sich die Begriffe Kiefer und Schneiderei vor. Ihr gemeinsamer Nenner ist die Nadel. Je mehr Sie die mentalen Bilder ausschmücken, desto eher werden Sie die Gemeinsamkeit erkennen. Überlegen Sie, aus welchen Details sich ein Gegenstand zusammensetzt. Denken Sie an seine Form, seine Verwendung, an mögliche Synonyme usw. …

Individuelle und allgemeine Vorstellungen

Welches Bild erscheint spontan vor Ihrem inneren Auge, wenn Sie die folgenden Begriffe hören? Führen Sie diese Übung am besten zu mehreren durch. Vergleichen Sie Ihr mentalen Bilder und halten Sie die jeweiligen Gemeinsamkeiten und Unterschiede fest.

Hund
Wille
Arbeit
Freundschaft

Schwierigkeitsgrad 1

Füller – Krake = Tinte

Schuh – Stehlampe = ...

Windmühle – Schiff = ...

Gitarre – Mensch = ...

Schrift – Vogel = ...

Toilette – Weitsichtigkeit = ...

Haar – Baum = ...

Theater – Geld = ...

Tür – Königin = ...

Schwierigkeitsgrad 3

Buch – Säule = Kapitel(l)

Informatik – Getreide = ...

Weide – Einladung = ...

Auto – Insekt = ...

Limonade – Schwächling = ...

Ohr – Tischler = ...

Kind – Schmetterling = ...

Kalorien – Einmaleins = ...

Schwierigkeitsgrad 2

Gefängnis – Foto = Zelle

Desinfektionsmittel – Aperitif = ...

Journalismus – Teich = ...

Flusskrebs – Friseur = ...

Fahrrad – Garten = ...

Hahn – Gebirge = ...

Schuh – Steak = ...

Zirkus – Sack = ...

Kater – Italien = ...

Mein Gedächtnis
... und die Orientierung

Lassen Sie sich an unbekannten Orten nicht verunsichern, sondern studieren Sie aufmerksam Stadtplan oder Straßenkarte. Verschaffen Sie sich zunächst einen Überblick und achten Sie auf markante Orientierungspunkte. Das können große Durchgangsstraßen sein, Kreuzungen, aber auch Einbahnstraßen. Versuchen Sie diese zu visualisieren. Erst dann sollten Sie sich mit Details befassen. Denn ohne eine gewisse Ordnung und Struktur kann Ihr Gedächtnis nicht optimal funktionieren.

Lösung S. 337

Kraft **Gebäude**
Kommunikation
Blume
Zug
Hand
Auto

Konkrete Begriffe rufen sofort Bilder hervor, die bei jedem Menschen anders aussehen. Beim Wort Blume visualisiert der eine eine Rose, der andere eine Tulpe und wieder ein anderer ein Kaninchen von hinten. Bei manchen Wörtern unterscheiden sich die mentalen Bilder von Person zu Person dagegen nur geringfügig voneinander. Bei dem Wort Gallier haben die meisten Menschen sofort das Bild von Asterix vor Augen. Mentale Bilder können also individuell und kollektiv sein. Im Vergleich dazu sind abstrakte Begriffe viel schwerer zu visualisieren. Deshalb greifen wir dabei häufig auf kollektive Bilder mit starker Symbolwirkung zurück. So steht die Waage beispielsweise für Gerechtigkeit bzw. die Justiz, die Taube für den Frieden und das Herz für die Liebe.

Buchstabenwirrwarr

Betrachten Sie aufmerksam die folgenden Buchstaben. Die gleichfarbigen Buchstaben ergeben jeweils ein Wort. Visualisieren Sie es und decken Sie die Buchstaben anschließend zu.

C F T K R O E

A N R S G E

I G A H A

R S P M S E F

E E N T C E

Beantworten Sie nun die folgenden Fragen:

1. Welches Wort war in welcher Farbe geschrieben?

2. Wie lautet der gemeinsame Oberbegriff der fünf Wörter?

ROT ....
GRÜN ....
ROSA ....
GELB ....
BLAU ....

Lösung S. 337

Farbassoziationen

Farben sind häufig Grundlage mentaler Bilder von Gegenständen und manchmal auch von Redewendungen. Denken Sie sich innerhalb von fünf Minuten zu jeder Farbe sieben Objekte und drei Redewendungen aus.

	Gegenstände	Redewendungen
Weiß	....	....
Rot	....	....
Gelb	....	....
Grün	....	....
Schwarz	....	....
Blau	....	....

Lösung S. 338

Wortpaare

Unten finden Sie acht willkürlich zusammengestellte Wortpaare, die Sie sich bitte in drei Schritten einprägen:

1. Schritt: Bilden Sie jeweils einen Satz, in dem die beiden Wörter vorkommen, und stellen Sie sich dazu ein Bild vor.
Beispiel: MANAGER/COMPUTER: „Ein Manager arbeitet an seinem Computer."

Kanone/Insel

Markt/Plane

Erdnuss/Makrone

Veilchen/Hut

Lied/Hammer

Schaukel/Angelhaken

Deckel/Bibel

Telefon/Tafel

2. Schritt: Ergänzen Sie die Wortpaare und decken Sie sie anschließend zu.

.... /Insel

Markt/.................

.... /Makrone

Veilchen/.................

.... /Hammer

Schaukel/.................

.... /Bibel

Telefon/.................

3. Schritt: Schreiben Sie alle Wortpaare in der richtigen Reihenfolge auf.

.... / ....

.... / ....

.... / ....

.... / ....

.... / ....

.... / ....

.... / ....

.... / ....

Die Routen-Methode

Zur Steigerung der Merkfähigkeit wurden zahlreiche Methoden, so genannte Mnemotechniken, erfunden. Eine dieser Mnemotechniken besteht darin, dass Begriffe mit ganz bestimmten Orten, die einem sehr vertraut sind, assoziiert, also verknüpft werden. Und das geht nur mithilfe mentaler Bilder.

Diese Methode stammt aus der Antike; sie wird auch als **Loci-Methode** bezeichnet (von lateinisch *locus*, der Ort). Ihre Erfindung wird dem Dichter Simonides von Keos zugeschrieben. Weil er als Einziger den Einsturz eines Gebäudes, in dem ein Bankett stattgefunden hatte, überlebte, bat man ihn, sich zur Identifizierung der Leichen an die Sitzordnung aller Gäste zu erinnern. Als er feststellte, wie sehr

ihm die Sitzordnung dabei half, sich an die einzelnen Personen zu erinnern, entwickelte er daraus eine Methode, mit der sich die Merkfähigkeit steigern lässt.

Auch Cicero nutzte verschiedene Orte des römischen Forums, um dort verschiedene Teile seiner Rede „abzulegen". Während seines Vortrags ließ er dann seine Blicke über das Forum schweifen und erinnerte sich mithilfe der einzelnen Orte an die verschiedenen Teile seiner Rede. Anhand des nebenstehenden Beispiels können Sie diese Technik auf Ihre eigene Wohnung übertragen und dazu nutzen, Ihr Gedächtnis zu schulen.

Erster Schritt: Legen Sie die Route fest

● Wählen Sie mehrere unveränderliche Gegenstände in Ihrer Wohnung aus und nummerieren Sie diese. In der Abbildung ist die Vase auf dem Tisch im Flur der Ort Nr. 1, als Ort Nr. 2 ist der Wohnzimmertisch mit dem Teller markiert usw.
● Legen Sie die Reihenfolge Ihrer Route genau fest.
● Gehen Sie die Route mental mehrmals durch, bis Sie sie wie im Schlaf beherrschen.

Mein Gedächtnis
... und Gegenstände

Die Routen-Methode hilft Ihnen auch, sich zu erinnern, wo Sie bestimmte Sachen hingelegt haben. Falls Sie häufig Ihren Autoschlüssel verlegen, sollten Sie ihm einen bestimmten Ort zuweisen, an dem Sie ihn immer ablegen. Oder Sie bauen sich Eselsbrücken, indem Sie z. B. den Regenschirm immer neben dem Garderobenschrank abstellen und ihn damit zum „Schirmschrank" machen.

Zweiter Schritt: Weisen Sie jedem Ort einen Begriff zu.

Jetzt assoziieren Sie mit jedem gemerkten Gegenstand auf Ihrer Route einen Begriff, den Sie sich einprägen wollen. Achten Sie dabei auf eine logische Verknüpfung zwischen den beiden Begriffen. In dem hier abgebildeten Beispiel wird dem ersten Ort (der Vase im Flur) eine Flasche Mineralwasser zugeordnet. Die beiden verbindet das gemeinsame Element Wasser. Mit dem zweiten Ort (Porzellanteller) werden die Äpfel assoziiert („Ich lege die Äpfel auf den Obstteller.") usw. Je phantasievoller die gedankliche Verknüpfung ausfällt, desto stärker wird Ihr mentales Bild im Gedächtnis verankert. Visualisieren Sie dieses Bild bis ins Detail. So verfahren Sie mit sämtlichen

Orten und Begriffen. Wenn Sie sich eine Einkaufsliste einprägen wollen, ordnen Sie jedem Ort eine bestimmte Ware zu. Wenn Sie dann im Supermarkt stehen und die Route in Ihrer Wohnung mental erneut entlanglaufen, werden Sie nichts auf der Liste vergessen.

Aller Anfang ist schwer, aber beherrschen Sie die Route erst einmal, können Sie sich mehr Dinge merken als jemals zuvor. Sie können die Route beliebig oft verwenden, um sich Wörter, Bücher, Einkäufe, zu erledigende Aufgaben usw. einzuprägen.

Zimmer/ Gegenstand	Meine Einkaufsliste
1. Flur/Vase	Mineralwasser
2. Wohnzimmertisch/ Teller	Äpfel
3. Wohnzimmer/Sofa	Butter
4. Wohnzimmer/Sessel	Tomaten
5. Wohnzimmer/ Schreibtisch	Briefumschläge
6. Küche/Spüle	Schwamm
7. Küche/Tisch	Küchenpapier
8. Küche/Kühlschrank	Eier
9. Schlafzimmer/Bett	Milch
10. Schlafzimmer/Teppich	Schinken
11. Bad/Radio	Batterien
12. Wäsche- kammer/ Wasch- maschine	Waschpulver

Das Loft

1. Betrachten Sie die nebenstehende Abbildung und prägen Sie sich die Wohnung mithilfe der Routenmethode ein. Beschreiben Sie das Loft präzise und mit lauter Stimme, erkunden Sie alle Gegenstände, assoziieren Sie sie mit unveränderlichen Elementen – sollten Ihnen die Elemente ausgehen, denken Sie sich neue aus – und bilden Sie mentale Bilder zu jeder dieser Assoziationen. Lassen Sie vor Ihrem inneren Auge einen detailgetreuen Lageplan entstehen und arbeiten Sie eine Route aus.

2. Schließen Sie die Augen und visualisieren Sie das Loft mit allen seinen Elementen.

3. Decken Sie die Abbildung zu und betrachten Sie sofort die untere Zeichnung.

4. Welche fünf Gegenstände wurden umgestellt, welche sind neu und welche fehlen?

1. Umgestellt

....
....
....
....
....

2. Neu

....
....
....
....
....

3. Fehlt

....
....
....
....
....

Lösung S. 338

20 Namen – ein Champion
Für dieses Spiel brauchen Sie
zwei oder drei Mitspieler.

1. Jeder Spieler überlegt sich fünf berühmte Persönlichkeiten.
2. Der Erste nennt langsam und deutlich seine fünf Namen. Die anderen Teilnehmer haben drei Minuten lang Zeit, sich die Namen durch eine Assoziation mit Orten einzuprägen. Sie müssen sich anhand der im Zimmer befindlichen Gegenstände eine Route zurechtlegen und jeden mit einem der genannten Namen verknüpfen. Alle Teilnehmer behalten die ersten fünf Namen im Gedächtnis. Danach zählen die anderen Teilnehmer ihre Namen auf.

3. Wenn diese erste Runde des Aufzählens und Einprägens beendet ist, schreibt jeder Teilnehmer alle Namen, an die er sich erinnert, auf ein Blatt Papier (bei vier Teilnehmern sind es 20 Namen). Für jeden richtigen Namen gibt es einen Punkt. Außerdem bekommt jeder Teilnehmer, der die Namen in der richtigen Reihenfolge wiedergibt, zehn Bonuspunkte. Der Teilnehmer mit den meisten Punkten gewinnt.

Tipp: Bei der Ausarbeitung der mnemotechnischen Route können Sie bei jeder Namensserie das gesamte Zimmer ablaufen. Oder aber Sie entscheiden sich dafür, sich nur auf einen ganz bestimmten Bereich des Zimmers zu konzentrieren, den Sie dann immer mehr ausweiten.

Ein Streifzug durch Ihr Wohnviertel
Bilden Sie zwei Listen mit je zehn Wörtern. Legen Sie sich nun eine Route in Ihrem Wohnviertel zurecht, auf der Sie an zehn markanten Orten vorbeikommen. Weisen Sie jedem ein Wort aus beiden Listen zu, um sich die Wörter einzuprägen. Lesen Sie sich die Listen noch einmal durch und gehen Sie einer anderen Beschäftigung nach.

Liste 1 / **Liste 2** (1.–10.)

Vierundzwanzig Stunden später …
Versuchen Sie erneut, die beiden Listen aus dem Gedächtnis wiederzugeben. Wie viele Wörter haben Sie behalten?

Liste 1 / **Liste 2** (1.–10.)

Drei bis vier Stunden später …
Versuchen Sie, die beiden Listen aus dem Gedächtnis niederzuschreiben. Wie viele Wörter konnten Sie wiedergeben?

Liste 1 / **Liste 2** (1.–10.)

Eine Woche später …
Nehmen Sie sich erneut Zeit, um sich an die beiden Listen zu erinnern. Wie viele Wörter konnten Sie wiedergeben?

Liste 1 / **Liste 2** (1.–10.)

Anzahl der behaltenen Wörter	Liste 1	Liste 2
Am selben Tag		
Am nächsten Tag		
Eine Woche später		

Durch die Assoziation mit bestimmten Orten konnten Sie sich sicherlich viele Wörter einprägen. Die markanten Punkte auf Ihrer Route, mit denen Sie die Wörter der Listen verknüpft haben, bilden den roten Faden, mit dessen Hilfe Sie die Informationen ordnen und abrufen konnten. Sie sollten diese Methode selbst dann ausprobieren, wenn sie Ihnen nicht besonders zusagt, da sie Ihre Assoziations- und Visualisierungsfähigkeit trainiert.

Logik und Struktur

Nicht jeder Mensch denkt logisch, und nicht alle verstehen dasselbe unter diesem Begriff. Doch das Gedächtnis profitiert sehr von der Logik, mit deren Hilfe wir Zusammenhänge zwischen Wörtern, Zahlen und Bildern erkennen. Indem wir die zu speichernden Informationen strukturieren, verschaffen wir dem Gedächtnis das, was es am dringendsten braucht: Ordnung.

Test Funktioniert Ihr Gehirn logisch oder intuitiv?

Kreuzen Sie bei den folgenden Fragen die Antwort an, die Ihnen am meisten entspricht.

1. Wenn Sie einer Person zum ersten Mal begegnen …
a. … achten Sie bewusst auf Ihre Gefühle, seien sie nun positiv oder negativ.
b. … wollen Sie sie zuerst einmal näher kennen lernen, bevor Sie sich ein Urteil bilden.

2. Welches Spiel gefällt Ihnen besser?
a. Monopoly
b. Scrabble

3. Bei der Betrachtung eines Kunstwerks …
a. … genügen Ihnen Ihre Eindrücke.
b. … haben Sie das Bedürfnis, es zu verstehen.

4. Welche Bücher kaufen Sie lieber?
a. Romane
b. Sachbücher

5. Sie sollen ein Gericht zubereiten.
a. Sie improvisieren ein wenig.
b. Sie halten sich genau an das Rezept.

6. Im Supermarkt sehen Sie eine Reihe von Sonderangeboten.
a. Sie gehen unbeeindruckt daran vorbei.
b. Sie geraten in Versuchung.

7. Sie spazieren durch eine Ihnen völlig fremde Stadt.
a. Sie besorgen sich zunächst einen Stadtplan.
b. Sie lassen sich einfach treiben.

Zählen Sie nun, wie oft Sie a und b angekreuzt haben.

* Sie haben mindestens fünf a-Antworten.
Sie gehören zu den Menschen, die bei wichtigen Entscheidungen hauptsächlich auf ihre Intuition vertrauen. Es bleibt zu hoffen, dass diese Sie auch in Zukunft nicht im Stich lässt. Trotzdem sollten Sie immer die Vor- und Nachteile einer Sache abwägen, denn Gefühle können trügen!

* Sie haben mindestens fünf b-Antworten.
Im Gegensatz zu den gefühlsbetonten Menschen haben Sie das Bedürfnis, vor jeder Entscheidung alles genau zu analysieren und zu durchdenken, denn Sie wollen nichts überstürzen. Sie sind eher vernunftbetont und weniger kreativ. Sie sollten versuchen, nicht jede Situation kontrollieren zu wollen. Sie müssen akzeptieren, dass es auch unvorhersehbare Ereignisse gibt. Das Gehirn muss flexibel bleiben, um optimal zu funktionieren.

* Sie haben gleich viele a- und b-Antworten
Sie tun sich leichter, wenn Sie Ihre Umgebung verstandesmäßig erfassen, haben sich aber die Freude an unvorhergesehenen Ereignissen bewahrt. Wenn es die Umstände erlauben, lassen Sie sich gelegentlich einmal gehen. Das führt manchmal zu inneren Konflikten, doch die Mühe lohnt sich!

Gibt es nur eine Logik?

Meine Gedankengänge unterscheiden sich von denen anderer, selbst wenn wir zur selben Lösung gelangen!

Logik bedeutet, **beim Denken bestimmte Regeln zu befolgen.** Entweder wird aus mehreren bekannten Annahmen eine neue bestimmte Schlussfolgerung abgeleitet (Deduktion) oder ausgehend von Einzelfällen wird ein allgemein gültiges Prinzip aufgestellt (Induktion) – auf beide Weise lassen sich für zahlreiche Probleme angemessene Lösungen finden. Als sich in der ersten Hälfte des 20. Jh. die Psychologie verstärkt der Erforschung und Messung der Intelligenz zuwandte, wurden Tests zur Ermittlung des Intelligenzquotienten entwickelt, in denen Logik und Struktur von Anfang an eine große Rolle spielten. Vor allem in der **Mathematik** ist **logisches Denken** wichtig. Zahlreiche Studien haben ergeben, dass die Menschen auf diesem Gebiet mit sehr unterschiedlichen Begabungen ausgestattet sind: Nicht jeder ist ein Mathe-Genie.

Die Grundlagen für das logische Denken werden im Lauf der Kindheit erworben und können durch bestimmte Lernvorgänge wie das

Passgenau
Welche der folgenden drei Figuren passt deckungsgleich auf einen Teil der rosa Figur rechts?

1

Mein Gedächtnis
... und schwierige Begriffe

Komplizierte Wörter oder schwierige Fachbegriffe behält man nur deshalb so schlecht im Gedächtnis, weil man sie so selten hört. Schlagen Sie die Bedeutung nach und fassen Sie sie in eigene, einfache Worte. Sie werden feststellen, dass Sie sich die Begriffe so wesentlich leichter einprägen können. Außerdem sollten Sie immer wieder versuchen, die Wörter im Gespräch zu verwenden.

Sprechen, Lesen und Rechnen, aber auch durch den Einsatz von Baukästen usw. gefördert werden. Eltern, Erzieher und Lehrer spielen dabei eine wichtige Rolle. Das Kind orientiert sich an ihrer Denkweise und entwickelt dabei eigene Gedankengänge. Sie alle beruhen auf bestimmten allgemein gültigen Regeln, die eine Logik begründen – die Logik der Sprache, die Logik der Statik, die Logik des Zahlensystems usw. Je nachdem, wie uns diese Dinge vermittelt werden, lernen wir damit umzugehen.

Diese logischen Grundlagen werden im Lauf unseres Lebens um neue Regeln und Methoden erweitert. Wenn wir vor eine Aufgabe gestellt werden, wenden wir das Erlernte an, **um unsere eigene Logik und Struktur zu finden**. Im Alltag gelangen die Menschen oft mithilfe verschiedener Methoden zum selben Ergebnis. So entwickelt ein jeder seine eigene Art, Probleme zu lösen. Jedem erscheint der eigene Lösungsweg absolut schlüssig, während andere ihn eventuell nicht nachvollziehen können.

Anhand der folgenden Übungen können Sie die verschiedenen Arten von Logik anwenden, trainieren und weiterentwickeln.

Gut aufgelegt
Welche der folgenden Scheiben ergeben übereinander gelegt die Scheibe in der Mitte?

Lösung S. 338

Diese beiden Übungen trainieren das Wiedererkennen von Formen. Sie müssen die Grundformen visualisieren, sie in Gedanken drehen und richtige Elemente erkennen bzw. falsche ausschließen. Diese Fähigkeiten werden im Kindesalter erworben. Wenn ein Kind lernt, einen Würfel durch ein quadratisches Loch zu stecken, erwirbt es geometrische Grundkenntnisse. Die richtige Wahrnehmung von Formen ist wiederum Voraussetzung für die Logik der Statik, der sich das Kind zuwendet, wenn es mit Bauklötzen experimentiert.

Lösung S. 338

Würfelparade

Im Folgenden sehen Sie mehrere aus Würfeln gebaute Figuren. Geben Sie bei jeder Figur an, aus wie vielen Würfeln sie besteht. Achtung: Manche Würfel sind versteckt!

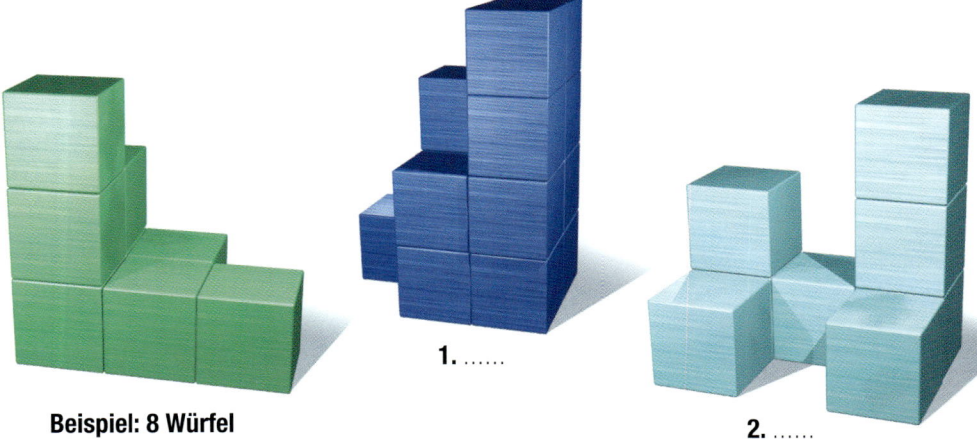

Beispiel: 8 Würfel

1. ......

2. ......

▶ Zur Lösung dieser Aufgabe muss das Gehirn eine bestimmte Entwicklungsstufe erreicht haben, damit es sich ein dreidimensionales Objekt vorstellen kann. Kinder unter acht Jahren sind dazu noch nicht in der Lage. Wenn wir im Hintergrund einen Würfel sehen, können wir daraus schließen, dass sich unter ihm noch ein versteckter Würfel befinden muss. Personen, die viel mit dreidimensionalen Objekten arbeiten wie Architekten, haben sicher keine Schwierigkeiten mit dieser Übung. Aber auch jeder andere kann auf diesem Gebiet sehr schnell Fortschritte erzielen.

3. ......

4. ......

Tanzende Buchstaben

1. Wenn Sie von links nach rechts je einen Buchstaben pro Würfel auswählen, ergeben sich drei deutsche Städte aus acht Buchstaben.

2. . Wenn Sie die folgenden Buchstaben richtig umstellen, ergeben sich je zwei Früchte.

1. **f b p a a n e e a n l** ....

2. **k c r i o r s a e k h p e i s** ....

3. **s n i p h i f b r e r i c** ....

4. **d o m e n a r e a i g n a n r** ....

Lösung S. 338

▶ Das Buchstabieren von Wörtern wird ab den ersten Lese- und Schreibversuchen immer wieder geübt. Gleichzeitig wird dabei der Satzbau verinnerlicht. Zum Erlernen einer Fremdsprache gehört auch das Verinnerlichen einer neuen Satzbaulogik.

Die Welt der Tiere

Sechs Tierfreunde wollen zusammen einen Zoo gründen. Jeder von ihnen hat ein Lieblingstier, das am Tag der Eröffnung zu sehen sein wird. Finden Sie heraus, wer welches Lieblingstier hat!

Die Zahlen am linken Tabellenrand geben an, wie viele Lieblingstiere in der jeweiligen Zeile genannt werden. Die Zahlen am rechten Tabellenrand geben an, wie viele Lieblingstiere dieser Zeile jeweils unter dem Namen der richtigen Person stehen.
Ein Tipp zu Beginn: Die Tiere aus der fünften Zeile können Sie streichen, weil sich unter ihnen kein Lieblingstier befindet. Danach ist logisches Denken gefragt ...

▶ Dies ist eine klassische Logikaufgabe, bei der Assoziation und Deduktion trainiert werden. Schließen Sie immer mehr Tiere aus, bis die richtige Lösung übrig bleibt.

Lösung S. 338

5. ......

6. ......

Lösung S. 338

Fortsetzung folgt

In einer logischen Reihe geht es darum, einen Zusammenhang zwischen den Elementen zu finden, daraus eine Regel abzuleiten und mit ihrer Hilfe das fehlende Element zu ermitteln.

Lösung S. 338

1. Vervollständigen Sie die Reihe und zeichnen Sie die Figuren in Quadrat **D** ein.

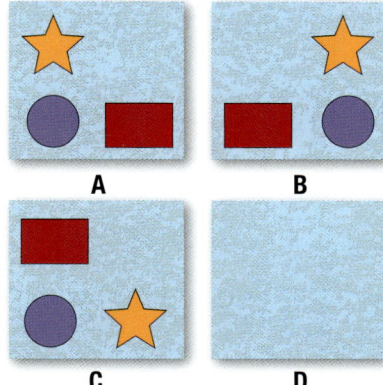

A   B

C   D

2. Sechs dieser sieben Zahlen besitzen eine Gemeinsamkeit. Welche?

5 – 2 – 7 – 14 – 28 – 52 – 56

3. Welcher Buchstabe fehlt jeweils in den folgenden Reihen?

Beispiel: M - K - I - ...... - E

Hier fehlt der Buchstabe **G**: Man buchstabiert das Alphabet rückwärts und überspringt jeweils einen Buchstaben: M (L) K (J) I (H) G (F) E

1. A - D - B - E - ......

2. O - P - R - ...... - U

3. T - ...... - R - Q - P

4. A - E - ...... - M - Q

5. A - E - B - F - C - G - ...... - H

6. A - E - C - F - J - H - K - ...... - M - P - T - R

Wie leicht Sie das jeweilige Ordnungsprinzip herausfinden, hängt von der persönlichen Veranlagung ab. Visuell geschulten Personen erschließt sich die Logik der Formen schneller, während für Ziffern- und Buchstabenreihen ein gutes Zahlenverständnis erforderlich ist.

	ERICH	LEA	MAX	LISA	MARKUS	JULIANE	
2	WOLF	PINGUIN	FLAMINGO	DROMEDAR	EISBÄR	VOGEL STRAUSS	2
1	ZEBRA	ELEFANT	PAPAGEI	TIGER	AFFE	LAMA	1
3	WOLF	LÖWE	DROMEDAR	FLAMINGO	VOGEL STRAUSS	ROBBE	2
1	GIRAFFE	ZEBRA	VOGEL STRAUSS	AFFE	LAMA	FLAMINGO	0
0	PAPAGEI	PINGUIN	NASHORN	DROMEDAR	AFFE	TIGER	0
2	ZEBRA	TIGER	LÖWE	FLAMINGO	LAMA	GIRAFFE	1
1	PINGUIN	PAPAGEI	AFFE	GIRAFFE	NASHORN	TIGER	1
3	LÖWE	GIRAFFE	ZEBRA	AFFE	ROBBE	LAMA	0

215

Logik, Struktur und Gedächtnis

Wer gut überlegt und ein Ordnungsprinzip findet, kann sich Informationen auch dauerhaft merken!

Niemand bestreitet, dass logisches Denken ein Kriterium für Intelligenz ist. Aber ist es auch für ein gutes Gedächtnis notwendig?

Die Übungen in diesem Teil des Buches fordern Sie auf, Zusammenhänge zu erkennen, um zu einer logischen Lösung zu gelangen. Sie trainieren eher Ihr Abstraktionsvermögens als Ihr Gedächtnis. Trotzdem gibt es Menschen mit einem hohen Abstraktionsvermögen und einem guten Zahlenverständnis, die sich Informationen aus anderen Bereichen nur sehr schlecht merken können. Andere haben dagegen ein gutes Gedächtnis für alle möglichen Informationen, können aber nicht logisch denken. Auch hier sind die Begabungen völlig unterschiedlich verteilt.

Dennoch gilt: Je mehr Sie nachdenken, desto mehr begreifen Sie. **Und sobald Sie eine Sache wirklich begriffen haben, können Sie die damit verbundenen Informationen auch gut im Gedächtnis behalten.** Gleichzeitig trainieren Sie durch das Nachdenken auch die Konzentration. Beides hält das Gehirn in Schwung.

Logisches Denken hilft Informationen zu strukturieren, diese also nach gewissen Regeln zu ordnen und zu deuten. Und Ordnung ist eine Grundvoraussetzung für die Fähigkeit, sich zu erinnern. Wenn von Ihnen verlangt würde, die Lage dieser Striche in Erinnerung zu behalten, würden Sie sich bestimmt schwer tun …

… es sei denn, Sie ordnen sie zu der folgenden Abbildung:

Das gleiche Prinzip gilt für Wörter, Bilder und Listen. Sie müssen erst eine Ordnung, eine logische Reihenfolge finden, um die Daten zu strukturieren und ihnen einen Sinn zu verleihen. Auf diese Weise behalten Sie sie leichter in Erinnerung. Sobald die Kenntnisse nach einem bestimmten logischen Prinzip geordnet sind, können Sie problemlos auf diese im Gedächtnis gespeicherten Daten zurückgreifen, wann immer es die Situation

Bilder-Drehbuch
Eine Folge von Bildern lässt sich sinnvoll ordnen, wenn Sie dazu ein Drehbuch erfinden. Machen Sie aus den folgenden 15 Bildern einen kurzen Film.

1. Schreiben Sie zunächst die Regieanweisungen.

....
....
....
....
....
....
....
....
....
....
....

erfordert. Wer sein logisches Denkvermögen schult, hält sein Gehirn in Form und tut sich nicht nur bei der Bewältigung intellektueller Herausforderungen, sondern auch im täglichen Leben leichter. Und Ihr Gedächtnis profitiert ebenfalls!

Sätze bilden
Bilden Sie aus der völlig ungeordneten Ansammlung von Wörtern einen logischen Satz.

dessen — gesamte — an — sicherlich — Horizont — Zinnen — Wind — alte — zum — der — aus — und — sich — vom — hier — sich — das — überschauen — Schloss — sich — Dorf — ständig — der — lässt — das — Umkreis — schmiegt — bis — schützende — befestigte — uralter — von — weht — ein — erhebt — riesiger — dem — unbeeindruckt — Wachturm

Lösung S. 338

▶ Sie können bei dieser Übung auch einen ganz anderen Satz bilden als den, der in der Lösung vorgeschlagen wird. Zu welchem Satz Sie gelangen, spielt für das Gedächtnis keine Rolle. Es genügt, die Wörter zu einem sinnvollen Satz zu ordnen, um sie dauerhaft im Gedächtnis zu speichern.

1.	....	9.	....
2.	....	10.	....
3.	....	11.	....
4.	....	12.	....
5.	....	13.	....
6.	....	14.	....
7.	....	15.	....
8.	....		

2. Decken Sie Bilder und Regieanweisungen ab und rufen Sie sich die 15 verschiedenen Objekte in der richtigen Reihenfolge ins Gedächtnis.

Puzzle

Suchen Sie aus den folgenden zehn Puzzleteilen die neun Teile heraus, aus denen das abgebildete Puzzle besteht, und setzen Sie sie richtig zusammen.

Lösung S. 338

217

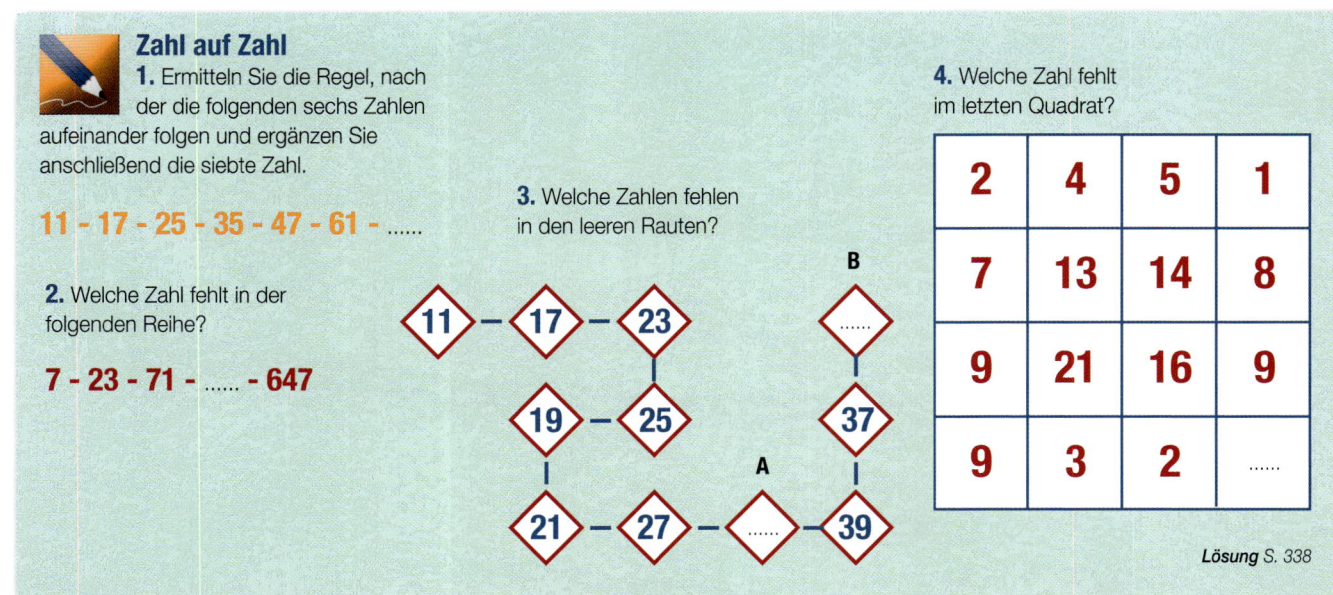

Zahl auf Zahl

1. Ermitteln Sie die Regel, nach der die folgenden sechs Zahlen aufeinander folgen und ergänzen Sie anschließend die siebte Zahl.

11 - 17 - 25 - 35 - 47 - 61 - ......

2. Welche Zahl fehlt in der folgenden Reihe?

7 - 23 - 71 - ...... - 647

3. Welche Zahlen fehlen in den leeren Rauten?

4. Welche Zahl fehlt im letzten Quadrat?

2	4	5	1
7	13	14	8
9	21	16	9
9	3	2	......

Lösung S. 338

Figur gewusst

1. Ermitteln Sie die Regel, nach der die Figuren verändert werden, und zeichnen Sie anschließend die fehlenden Figuren ein.

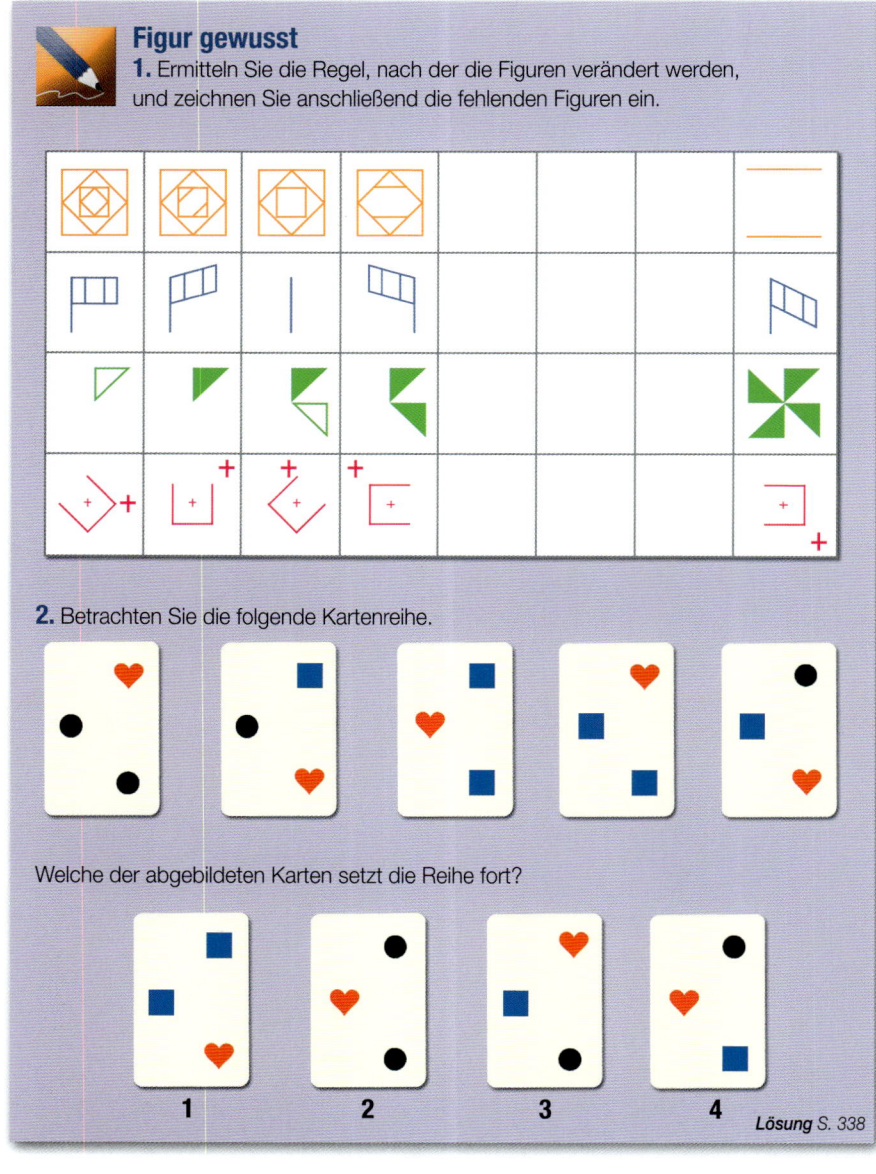

2. Betrachten Sie die folgende Kartenreihe.

Welche der abgebildeten Karten setzt die Reihe fort?

1 2 3 4

Lösung S. 338

Palindrome

Ein Palindrom ist ein Wort, eine Verszeile, ein Satz oder eine Folge von Zahlen, die man vorwärts und rückwärts lesen kann. Bei der Bildung von Palindromen werden Akzente, Satzzeichen und die Leerstellen zwischen den Wörtern grundsätzlich nicht beachtet.

Beispiele:
Nomen = Rentner
Verb = nennen
Vorname = Otto
Abkürzung = SOS
Satz = Erika feuert nur untreue Fakire.
Datum = 10.02.2001

Bilden Sie nun je zwei Palindrome in jeder Kategorie:

Nomen ....

Verben ....

Vornamen ....

Abkürzungen ....

Sätze ....

Daten ....

Lösung S. 338

Großes Kino

Ermitteln Sie ausgehend von den angegebenen Buchstaben die Titel von zehn berühmten Kinofilmen. Welcher von ihnen ist der einzige deutsche Film? Rufen Sie sich die Titel großer Filmklassiker ins Gedächtnis, bevor Sie beginnen.

Beispiel:

D_ _ _ _ _ _cke

a_ K_ _ _

= **Die Brücke**

am Kwai

Lösung S. 338

Musikalische Vergangenheit

In seiner Jugend spielte Eddy Trompete in vier verschiedenen Bands. Helfen Sie ihm zu rekonstruieren, in welcher Reihenfolge diese Bands gegründet wurden und wie viele Mitglieder sie hatten (4, 5, 6 oder 7).

Hinweise:

- Die **JACOBS** waren die größte Band und tauchten zuerst in der Musikszene auf.
- Die vierte Band nannte sich **CATS** und bestand aus sechs Musikern.

- Eddy kann sich erinnern, dass er in die Gruppe **CATS** aufgenommen wurde, nachdem er die Gruppe **FUNNY** verlassen hatte, die zwei Musiker weniger umfasste als die erste Band.

Tipp: Achten Sie auf die Hinweise. Formulieren Sie Hypothesen, indem Sie Kreuze in die möglichen Felder eintragen. Im Verlauf Ihrer Schlussfolgerungen können Sie Kreuze, die sich als falsch herausstellen, wieder ausradieren, bis nur noch die richtige Lösung übrig bleibt.

Lösung S. 338

	Band 1	Band 2	Band 3	Band 4	4 Musiker	5 Musiker	6 Musiker	7 Musiker
FUNNY								
JACOBS								
ROCKERS								
CATS								

Ordnung ist das halbe Gedächtnis

Die Fähigkeit des semantischen Gedächtnisses, sich selbst zu organisieren, führt dazu, dass wir Wissen bewahren und gleichzeitig neue Informationen aufnehmen und einordnen können. Wenn wir uns neue Informationen einprägen wollen, wenden wir bewährte Strategien an: Wir ordnen und bilden Kategorien.

Ordnung in die Datenflut bringen

Alle Informationen, die im Gedächtnis gespeichert werden sollen, müssen nach einem bestimmten System sortiert werden. Nur so lassen sie sich in den bereits vorhandenen Wissensablagen einordnen. Angesichts einer wirren Datenflut geht es darum, **dort Ordnung herzustellen, wo eigentlich gar keine ist**.

Ein solches Ordnungsprinzip ist das Bilden von **Gruppen.** Betrachten Sie z. B. die folgende aus zehn Ziffern bestehende Telefonnummer: 0-1-8-5-9-6-3-2-8-7. Wenn Sie die Ziffern zu Paaren zusammenfassen, brauchen Sie sich nur noch fünf Elemente zu merken, also 01-85-96-32-87. Oder Sie könnten die Nummer zu Gruppen mit zwei und drei Ziffern zusammenfassen. Dann müssen Sie sich nur noch vier Elemente einprägen, nämlich 01-85-963-287. Auch andere Informationen können Sie sich besser merken, wenn Sie sie in Gruppen einteilen. Wenn Sie beispielsweise die Knochen des menschlichen Skeletts aufzählen sollen, tun Sie sich leichter, wenn Sie zunächst die Schädelknochen, dann die Knochen des Brustkorbs und anschließend die der Arme und Hände nennen und sich auf diese Weise bis zu den Füßen vorarbeiten. Das ist erfolgversprechender, als die Knochen völlig ohne System herunterzubeten.

Eine schöne Bescherung!

Eigentlich wollte Herr X einfach nur in Urlaub fliegen, doch was dann passierte, ist einfach unglaublich! Seine Geschichte wird hier in völlig unzusammenhängenden Bildern dargestellt. Sie sollen sie nun in die richtige Reihenfolge bringen, damit Sie seiner Schwester erzählen können, was passiert ist. Achten Sie auf alle Details! Dann wird es Ihnen sicherlich gelingen, die verschiedenen Stationen seiner Irrfahrt logisch zu ordnen.

Ordnung ist das halbe Gedächtnis

Bei dieser Aufgabe mussten Sie die einzelnen Episoden der Geschichte logisch umgruppieren. Dazu benutzten Sie hauptsächlich Ihren gesunden Menschenverstand. Auf die gleiche Weise gehen Sie vor, wenn Sie ein Abendessen für Freunde planen. Auch hier müssen die einzelnen Aufgaben in Gruppen eingeteilt und in eine zeitliche Reihenfolge gebracht werden. Denn bevor Sie nicht wissen, was es geben soll, brauchen Sie auch nicht den Tisch zu decken!

Lösung S. 339

Gekreuzte Tiere

Tragen Sie die unten aufgelisteten Tiere in das Gitter ein.

Ordnen Sie die Tiernamen nach der Anzahl ihrer Buchstaben. Setzen Sie zuerst die kürzesten Namen ein. Dies spart Zeit und hilft, Fehler zu vermeiden. Versuchen Sie dann, die übrigen Begriffe hinzuzufügen.

Albatros	Specht	Waran
Antilope	Termite	Wiesel
Baer	Trappe	Wolf
Bueffel		
Dachs		
Ente		
Hamster		
Hermelin		
Hund		
Marder		
Maus		
Meerkatze		
Meise		
Mufflon		
Pinguin		
Ralle		
Rebhuhn		
Rochen		
Schneeeule		
Schwalbe		

Lösung S. 339

221

Gedächtnistraining

Rund ums Auto

Ziel dieser Übung ist es, sich das umfangreiche Autovokabular in Erinnerung zu rufen. Legen Sie zuerst größere Teilbereiche fest. Sehen Sie für jeden im Geiste ein eigenes Regalfach vor, das Sie anschließend mit den zugehörigen Teilen füllen. Für diese Übung brauchen Sie kein Automechaniker zu sein! Sie müssen sich nichts einprägen, sondern sollen sich nur bereits gespeicherte Informationen wieder ins Gedächtnis rufen. Drei oder vier übergeordnete Gruppen sind genug.

Lösung S. 339

Stadtführung

Sie sollen dieses Stadtviertel einem Freund zeigen. Betrachten Sie aufmerksam den unten stehenden Plan und prägen Sie ihn sich gut ein.

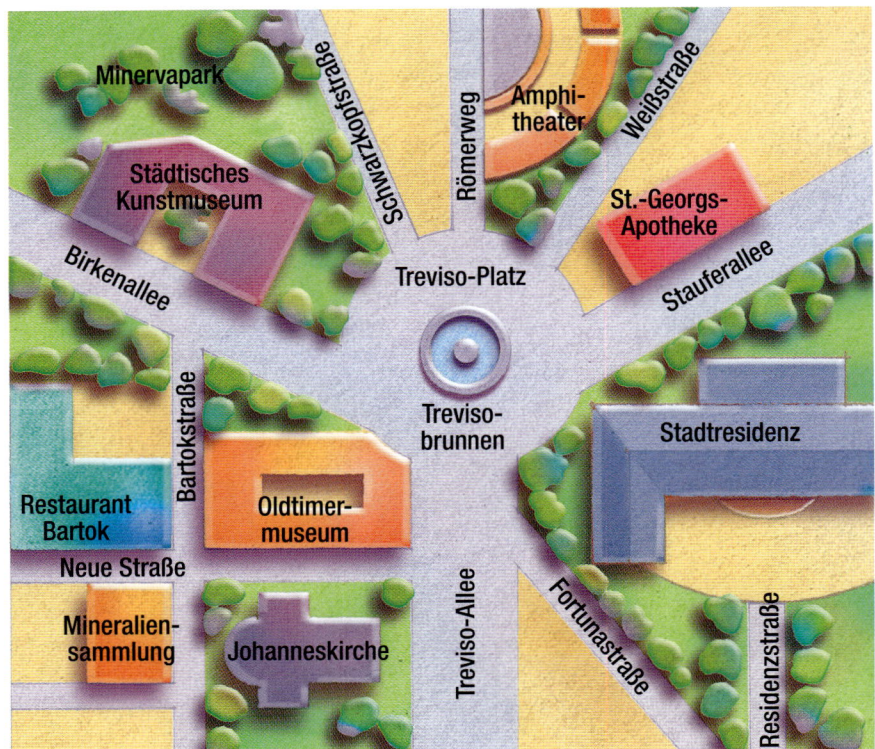

Decken Sie den Plan zu und tragen Sie folgende Sehenswürdigkeiten ein: **Minervapark – Städtisches Kunstmuseum – Amphitheater – St.-Georgs-Apotheke Treviso-Platz – Stadtresidenz – Mineraliensammlung – Oldtimer-Museum**

Am besten, Sie arbeiten eine sinnvolle Route aus, um die Informationen zu ordnen. Visualisieren Sie die Strecke; so können Sie sie leichter im Kopf behalten.

Mein Gedächtnis
... und meine Sammlung

Sammlungen machen Lust, Nachforschungen anzustellen, fesseln die Aufmerksamkeit und nähren das Interesse für ein bestimmtes Thema. Jeder Sammler will seine Sammlung immer weiter vervollständigen. Das motiviert ihn, Kontakt zu Gleichgesinnten aufzunehmen und laufend neue Menschen kennen zu lernen. Die meisten Sammler haben ein hervorragendes Gedächtnis. Es hat also viele Vorteile, wenn man von einer Sammelleidenschaft gepackt wird. Wichtig ist nur, dass ihr nicht das gesamte Leben untergeordnet wird.

Die richtigen Kriterien

Beim Ordnen von Informationen, die man sich einprägen will, kommt es vor allem darauf an, die richtigen Kriterien auszuwählen. Wenn Sie beim Einkaufen nichts vergessen wollen, sollten Sie die Einkaufsliste so anfertigen, dass Sie die Waren entsprechend der Reihenfolge der Regale im Supermarkt ordnen. Auch bestimmte gemeinsame Merkmale sind geeignete Ordnungskriterien. Fällt Ihnen kein geeignetes Merkmal ein, müssen Sie auf andere mnemotechnische Strategien zurückgreifen.

Je nach Art der Informationen können Sie die Kategorien enger oder weiter fassen. Erfahrungsgemäß ist es jedoch am besten, nicht mehr als sieben verschiedene Kategorien festzulegen. Sonst besteht die Gefahr, dass Sie den Überblick verlieren.

30 Wörter

Lesen Sie die folgenden 30 Wörter aufmerksam durch. Versuchen Sie Regeln aufzustellen, nach denen sich die Wörter ordnen lassen.

Brot	Schafstall	Brust	Höhle
Bau	Finger	Suppe	Weide
Salat	Hundehütte	Ellbogen	Hüften
Hühnerstall	Croissant	Käse	Tomate
Forelle	Nest	Apfel	Nase
Kopf	Bauch	Steak	Gurke
Orange	Pferdebox	Fuß	
Hals	Bein	Mehl	

Decken Sie die Liste und Ihre Notizen zu. Schreiben Sie nun aus dem Gedächtnis möglichst viele der 30 Wörter auf.

....
....
....
....
....
....
....
....
....
....

Sie sind sicherlich erstaunt, wie viele Wörter Sie sich gemerkt haben. Da Ihnen beim Lesen die Gemeinsamkeiten verschiedener Begriffe aufgefallen sind, konnten Sie sie bestimmten Kategorien, nämlich Nahrungsmittel, Tierbehausungen und Teile des menschlichen Körpers zuordnen. Die Einordnung in diese drei Hauptkategorien erleichtert das Einprägen. Mithilfe dieser Methode lassen sich im Allgemeinen 16 bis 20 Wörter merken – manchmal sogar 50. Stellen Sie allerdings nie mehr als sieben Kategorien auf. Wenn Sie Wörter notiert haben, die nicht in der ursprünglichen Liste enthalten waren, sollten Sie sich folgende Fragen stellen:

● Haben Sie die Wörter wirklich aufmerksam gelesen und sich jedes einzelne Objekt bildlich vorgestellt?
● Haben die Wörter, die von Ihnen hinzugefügt oder weggelassen wurden, eine besondere gefühlsmäßige Bedeutung für Sie? Wenn ja, welche?

Was gehört zusammen?

1. Betrachten Sie die folgenden 28 Abbildungen. Bilden Sie sieben Gruppen aus je vier Bildern, die durch ein gemeinsames Thema miteinander verbunden sind.

THEMA	1	2	3	4	5	6	7
	....	....	....	....	....	....	....

2. Teil der Aufgabe S. 224

223

Ordnung ist das halbe Gedächtnis

2. Betrachten Sie nun die folgenden 50 Bilder und kringeln Sie innerhalb von einer Minute alle Objekte ein, die auf der vorhergehenden Seite abgebildet waren.

Lösung S. 339

Sätze bilden

Bilden Sie aus Wörtern, die mit den unten angegebenen Buchstaben beginnen, zusammenhängende Sätze. Sie dürfen auch Satzzeichen verwenden.

Lösung S.339

Beispiel:

A............. C............. J............. D............. F.............   D............. T............. E............. R............. S.............

Am Chiemsee jodelt der Fred.
Alle Chamäleons jagen demnächst Fliegen.
Andrea chartert jeden Dienstag Flugzeuge.

L............. P............. V............. S............. M.............   D............. , M............. L............. N............. K.............

M............. G............. E............. D............. R.............

> Der Umgang mit Sprache beruht ebenfalls auf einem logischen Ordnungsprinzip. Die Wörter müssen so ausgewählt werden, dass sie einen grammatikalischen Sinn ergeben.

Fieber – Berlin

Bilden Sie aus der links angegebenen Silbe ein zweisilbiges Wort. Anschließend nehmen Sie die zweite Silbe und bilden damit ein weiteres Wort.
Sobald Sie das erste Wort gefunden haben, werden Ihnen automatisch Wörter einfallen, die mit der zweiten Silbe des Wortes beginnen. Sie bilden also Kategorien anhand eines phonetischen Kriteriums.

Beispiel:

SCHICK	SAL	➤➤➤	SAL	PETER
KAR	....	➤➤➤	....	....
AUS	....	➤➤➤	....	....
POST	....	➤➤➤	....	....
ENG	....	➤➤➤	....	....
NACH	....	➤➤➤	....	....
PA	....	➤➤➤	....	....
BO	....	➤➤➤	....	....
BAU	....	➤➤➤	....	....
MUS	....	➤➤➤	....	....
YE	....	➤➤➤	....	....
NE	....	➤➤➤	....	....
KA	....	➤➤➤	....	....
MAL	....	➤➤➤	....	....
PU	....	➤➤➤	....	....
TA	....	➤➤➤	....	....
IM	....	➤➤➤	....	....
PRO	....	➤➤➤	....	....
VOLL	....	➤➤➤	....	....

> Je öfter Sie solche Übungen machen, desto umfangreicher wird Ihr Vokabular und desto besser können Sie sich ausdrücken.

Lösung S. 339

Hierarchien schaffen Ordnung

Wenn eine Gruppe zu unterschiedliche oder zu viele Elemente umfasst, kann eine zweite Ordnungs- oder Hierarchieebene erforderlich werden. Auf diese Weise lassen sich die Elemente einer Gruppe erneut in mehr oder weniger komplexe **Untergruppen** einteilen. Oft ist es gar nicht so einfach, dafür geeignete Kriterien zu finden. Innerhalb einer sehr allgemein gefassten Kategorie lassen sich die Elemente beispielsweise alphabetisch ordnen. Oder aber man überlegt sich Kriterien, die die zuerst gewählte Gruppeneinteilung logisch fortführen. **Diese Art der Organisation gewinnt zusätzlich an Klarheit, wenn sie grafisch wie eine Art Stammbaum dargestellt wird, der sich nach unten hin immer weiter verzweigt.**

Solche Organigramme werden unter anderem in der Zoologie und Botanik verwendet, um die verschiedenen Tier- und Pflanzenarten zu klassifizieren.

Das unten abgebildete Schema ist ein Beispiel für eine ganz einfache hierarchische Struktur, die für folgende Wörter erstellt wurde: Hund – Kanarienvogel – Rothirsch – Elster – Kaninchen – Sittich – Rotkehlchen – Esel – Schaf – Papagei – Damhirsch – Geier.

Tiere

Haus-/Nutztiere — **Wild lebende Tiere**

Säugetiere — **Vögel** — **Säugetiere** — **Vögel**

Hund
Kaninchen
Esel
Schaf

Papagei
Kanarienvogel
Sittich

Damhirsch
Rothirsch

Geier
Rotkehlchen
Elster

Weltreise

Nehmen Sie ein Blatt Papier zur Hand und entwickeln Sie ein Organigramm für folgende 36 Begriffe.

Zürich · Berlin · Boston · Yukon · Vancouver · Stoiber · Dallas · Vranitzky · Salvador · Inn · Rio de Janeiro · Seattle · Limmat · München · Missouri · Basel · Genf · Traun · Montreal · St.-Lorenz-Strom · Wien · Dreifuss · Salzburg · Trudeau · Aare · Kainach · Kennedy · Main · Lula · Mississippi · Amazonas · Ottawa · São Paulo · Mainz · Klagenfurt · Rio Negro

Decken Sie nun diese Liste und Ihre Notizen zu und geben Sie möglichst viele der Namen auswendig wieder. *Lösung S. 339*

....
....
....
....
....
....
....

Nachdem Sie die Namen hierarchisch geordnet haben, lassen sie sich wesentlich besser einprägen. Diese Strategie lässt sich allerdings nicht für alle Informationen anwenden, denn für ein logisches Organogramm muss man erst einmal passende Kriterien finden.

Je besser Sie sich auf einem Gebiet auskennen, desto leichter können Sie die Informationen bestimmten Kategorien zuordnen.

Mein Gedächtnis
... und der Euro

Viele Menschen rechnen den Euro immer noch in D-Mark oder Schilling um, um die Preise einschätzen zu können. Besonders bei höheren Summen geschieht das fast automatisch. Erstens leben wir immer noch in der Sorge, durch die neue Währung Geld zu verlieren, und zweitens ist die Macht der Gewohnheit sehr stark. Machen Sie Ihrem Gedächtnis keine Vorwürfe, denn es wird auch mit der neuen Währung auf altbewährte Weise funktionieren. Je mehr Sie sich anstrengen, desto schneller geht es.

Texte exzerpieren

Ein Text lässt sich besser einprägen, wenn Sie daraus einen Auszug oder ein so genanntes Exzerpt erstellen, **in dem die wichtigsten Punkte zusammengefasst sind**. Dazu müssen Sie sich den Text zunächst aufmerksam durchlesen, ohne Notizen zu machen. Anschließend **unterstreichen Sie die wichtigsten Aussagen**. Auf diese Weise heben Sie die Struktur des Textes hervor. Zuletzt **unterstreichen Sie noch bestimmte Schlüsselbegriffe**, die die wichtigsten Gedankengänge zusammenfassen, ja oft sogar erst vervollständigen. Diese Methode erfordert einiges an Konzentration, aber ihr Erfolg rechtfertigt dies.

Wenn Sie sich die Grundzüge eines Werkes einprägen wollen, können Sie sich mithilfe des Inhaltsverzeichnisses einen Überblick verschaffen. Anhand dieser Gliederung lässt sich nachvollziehen, wie der Autor seine Gedankengänge entwickelt und miteinander verknüpft.

Die Schaubühne als eine moralische Anstalt betrachtet

Lesen Sie den folgenden Textauszug von Friedrich Schiller aus dem Jahr 1784 aufmerksam durch. Anschließend nehmen Sie Stift und Lineal zur Hand und exzerpieren Sie den Text wie auf der linken Seite angegeben.

„Die Schaubühne ist der gemeinschaftliche Kanal, in welchen von dem denkenden, bessern Theile des Volks das Licht der Weisheit herunterströmt und von da aus in mildern Strahlen durch den ganzen Staat sich verbreitet. Richtigere Begriffe, geläuterte Grundsätze, reinere Gefühle fließen von hier durch alle Adern des Volkes; der Nebel der Barbarei, des finstern Aberglaubens verschwindet, die Nacht weicht dem siegenden Licht. Unter so vielen herrlichen Früchten der bessern Bühne will ich nur zwei auszeichnen. Wie allgemein ist uns seit wenigen Jahren die Duldung der Religion und Sekten geworden? – Noch ehe uns Nathan der Jude und Saladin der Saracene beschämten (...) – ehe noch Joseph der Zweite die fürchterliche Hyder des frommen Hasses bekämpfte, pflanzte die Schaubühne Menschlichkeit und Sanftmut in unser Herz, die abscheulichen Gemälde heidnischer Pfaffenwuth lehrten uns Religionshaß vermeiden – in diesem schrecklichen Spiegel wusch das Christenthum seine Flecken ab. Mit eben so glücklichem Erfolge würden sich von der Schaubühne Irrtümer der Erziehung bekämpfen lassen (...) Nur die Schaubühne könnte die unglücklichen Schlachtopfer vernachlässigter Erziehung in rührenden, erschütternden Gemälden an ihm vorüberführen; hier könnten Väter eigensinnigen Maximen entsagen, unsre Mütter vernünftiger lieben lernen."

Der exzerpierte Text

„Die Schaubühne ist der gemeinschaftliche Kanal, in welchen von dem denkenden, bessern Theile des Volks das Licht der Weisheit herunterströmt und von da aus in mildern Strahlen durch den ganzen Staat sich verbreitet. Richtigere Begriffe, geläuterte Grundsätze, reinere Gefühle fließen von hier durch alle Adern des Volkes; der Nebel der Barbarei, des finstern Aberglaubens verschwindet, die Nacht weicht dem siegenden Licht. Unter so vielen herrlichen Früchten der bessern Bühne will ich nur zwei auszeichnen. Wie allgemein ist uns seit wenigen Jahren die Duldung der Religion und Sekten geworden? – Noch ehe uns Nathan der Jude und Saladin der Saracene beschämten (...) – ehe noch Joseph der Zweite die fürchterliche Hyder des frommen Hasses bekämpfte, pflanzte die Schaubühne Menschlichkeit und Sanftmut in unser Herz, die abscheulichen Gemälde heidnischer Pfaffenwuth lehrten uns Religionshaß vermeiden – in diesem schrecklichen Spiegel wusch das Christenthum seine Flecken ab. Mit eben so glücklichem Erfolge würden sich von der Schaubühne Irrtümer der Erziehung bekämpfen lassen (...) Nur die Schaubühne könnte die unglücklichen Schlachtopfer vernachlässigter Erziehung in rührenden, erschütternden Gemälden an ihm vorüberführen; hier könnten Väter eigensinnigen Maximen entsagen, unsre Mütter vernünftiger lieben lernen."

„Die Schaubühne ist der gemeinschaftliche Kanal, in welchen (...) das Licht der Weisheit herunterströmt und von da aus in mildern Strahlen durch den ganzen Staat sich verbreitet." Gleich im ersten Satz fasst Schiller den Hauptgedankengang seines Textes zusammen, nämlich dass die „Schaubühne", also das Theater, im Dienste der Aufklärung das „Licht der Weisheit" bei den Bürgern eines Staates verbreiten kann. Diese Überzeugung formuliert er in den darauf folgenden zwei Sätzen noch einmal, indem er sagt, das Theater sei in der Lage, den „Nebel der Barbarei" verschwinden zu lassen. In der zweiten Hälfte des Textes nennt er zwei Beispiele für eine moralische Läuterung, die das Theater bewirken kann: Zunächst lobt er „die Duldung der Religion und Sekten", also die religiöse Toleranz, für die sich das Theater schon lange vor der Politik stark gemacht habe. Außerdem will er mit dem Theater Väter und Mütter ansprechen, um „Irrtümer der Erziehung" zu bekämpfen.

Informationen verknüpfen – Assoziationen bilden

Jede neue Information wird im Gehirn automatisch mit einer bereits im Gedächtnis gespeicherten Information verknüpft. Diese natürliche Fähigkeit zur Assoziation können Sie trainieren und damit Ihr Erinnerungsvermögen verbessern. Damit das funktioniert, müssen Sie Ihrer Kreativität freien Lauf lassen.

Gedächtnis und Assoziation

Ich assoziiere ebenso unbewusst wie ich atme.

Jeder Erinnerungsvorgang läuft in drei Phasen ab: verschlüsseln – fixieren – abrufen (s. S. 28). Damit eine neue Information wirklich fixiert werden kann, muss sie zunächst in die Sprache des Gehirns übertragen werden. Sie wird mit allen bereits vorhandenen Informationen verglichen um festzustellen, ob es sich dabei wirklich um eine neue Information handelt. Das funktioniert so ähnlich wie bei einem Computer, der seine Dateien untereinander abgleicht, um sie auf den neuesten Stand zu bringen. Handelt es sich tatsächlich um eine neue Information, versucht sie das Gehirn mit einer bereits vorhandenen zu assoziieren. Diesen Vorgang, der bei jedem anders abläuft, weil wir alle eine andere Lebensgeschichte haben, nennt man Verschlüsselung. Immer wenn eine neue Information erscheint, verbindet das Gehirn diese unwillkürlich mit etwas, das es bereits kennt. **Das Assoziieren erfolgt völlig automatisch.**

Oft sehen wir uns allerdings mit Fragen konfrontiert, auf die wir keine Antwort wissen. Doch wenn wir nachdenken und die verschiedenen bereits gespeicherten Informationen miteinander verknüpfen, finden wir sehr wahrscheinlich doch noch eine Lösung. Menschen, die besonders geschickt von ihrem Wissen Gebrauch machen, tun sich besonders leicht, neue Informationen mit bereits vorhandenen in einen logischen Zusammenhang zu bringen. Ihre Assoziationsfähigkeit ist außergewöhnlich gut entwickelt.

Nah und fern

Ordnen Sie die Entfernungsangaben innerhalb Deutschlands, Europas bzw. der Welt von der kürzesten bis zur längsten an. Dazu müssen Sie in Ihrem Gedächtnis stöbern wie in einer Datenbank. Selbst wenn Sie nur einige der Entfernungen kennen, können Sie diese mit Erinnerungen aus der Schulzeit, geographischem Wissen oder einer Ihnen bekannten Fahrt- bzw. Flugdauer usw. assoziieren. Auf diese Weise dürfte es Ihnen nicht schwer fallen, die richtige Reihenfolge zu ermitteln.

Deutschland		Europa		weltweit	
a - Berlin–Hamburg	1	a - Berlin–Athen	1	a - Berlin–Kalkutta	1 .....
b - Berlin–Düsseldorf	2	b - Berlin–Brüssel	2	b - Berlin–Washington	2 .....
c - Berlin–München	3	c - Berlin–Paris	3	c - Berlin–Moskau	3 .....
d - Berlin–Frankfurt/M.	4	d - Berlin–Wien	4	d - Berlin–Singapur	4 .....
e - Berlin–Köln	5	e - Berlin–London	5	e - Berlin–Istanbul	5 .....
f - Berlin–Leipzig	6	f - Berlin–Madrid	6	f - Berlin–Dakar	6 .....
g - Berlin–Stuttgart	7	g - Berlin–Prag	7	g - Berlin–Kapstadt	7 .....
h - Berlin–Dresden	8	h - Berlin–Rom	8	h - Berlin–Rio de Janeiro	8 .....
		i - Berlin–Helsinki	9	i - Berlin–Bagdad	9 .....
		j - Berlin–Stockholm	10	j - Berlin–Peking	10 .....
		k - Berlin–Zürich	11	k - Berlin–Kairo	11 .....
Lösung S. 339		l - Berlin–Kopenhagen	12	l - Berlin–Sydney	12 .....

Überlegte und spontane Assoziationen

Je nach meinen Vorlieben, meinem Wissen und meiner Lebensgeschichte bilde ich andere Assoziationen.

Das Assoziieren ist ein psychischer Vorgang, bei dem Sie **Personen, Gegenstände, Vorstellungen, Gedanken usw. miteinander verbinden**, die irgendeine Gemeinsamkeit besitzen. Wenn A in mir die Erinnerung an B wachruft, stelle ich eine Verbindung zwischen beiden Elementen her. Und wenn mich A und B auf C bringen, müssen sie bestimmte Eigenschaften besitzen, die denen von C ähneln. Viele solcher Verknüpfungen sind für jedermann nachvollziehbar, aber manche ergeben nur für die betreffende Person selbst einen Sinn. Allgemein nachvollziehbare Assoziationen sind:

Phonetische Assoziation: In diesem Fall ähnelt sich die Aussprache der Wörter. Beispiel: Tomate – Kemenate.

Semantische Assoziation: Die Assoziation erfolgt aufgrund der Bedeutung eines Wortes und unserer Kenntnisse darüber. Beispiel: Tomate – Gemüse.

Metaphorische Assoziation: B wird mit A assoziiert, weil sich eines seiner charakteristischen Merkmale im übertragenen Sinn auch auf A anwenden lässt, obwohl die Wörter ansonsten nichts miteinander zu tun haben. Beispiel: Tomate – Scham. (Menschen, die vor Scham rot wie eine Tomate werden.)

Logische Assoziation: Zwei Elemente, die thematisch etwas miteinander zu tun haben, werden in Verbindung gebracht. Beispiel: Tomate – Sauce.

Assoziation aufgrund gemeinsamer Eigenschaften: Zwei Elemente besitzen ein gemeinsames Merkmal (Form, Gewicht, Größe, Farbe, Geruch usw.). Beispiel: Tomate und Paprika (Form und Farbe der Frucht und des Strauchs).

Gedankliche Assoziation: Zwei Elemente werden auf einer abstrakten Ebene in Verbindung gebracht. Beispiel: Tomate – Sonne.

Subjektive Assoziation: Bezüge aufgrund von persönlichen Erlebnissen und Erinnerungen, die nur die Person versteht, die die Assoziation bildet. Beispiel: Jemand assoziiert die See mit Halsentzündung, weil er das letzte Mal, als er am Meer war, eine Halsentzündung bekam.

Unbewusste Assoziation: Die Assoziationen entstehen ohne die Beteiligung des Bewusstseins. Woher sie kommen, weiß nicht einmal die betreffende Person selbst.

Mein Gedächtnis
... und Telefonnummern

Hier ein paar Tricks, wie Sie sich eine zehnstellige Zahl merken können:

1. Bilden Sie Dreier- oder Vierergruppen. Anstatt sich 08 00 40 32 29 zu merken, versuchen Sie lieber, sich 0 800 403 229 einzuprägen.

2. Assoziieren Sie die Zahlengruppen mit Größen oder Maßen, persönlichen Daten, bekannten Zahlen usw.

3. Schreiben Sie die Nummer mehrmals auf.

4. Sagen Sie sich die Zahl immer wieder laut vor.

Telefonnummern, die Sie häufig wählen, werden Sie sich ganz von selbst dauerhaft merken.

Ausgesprochen gut

In dieser Übung wird die phonetische Assoziationsfähigkeit trainiert. Wenn Sie von der Aussprache her die Wörter INN, SEE und RAT verbinden, ergibt sich das Wort INSERAT. Bilden Sie aus den angegebenen 26 Begriffen auf diese Art 12 neue Wörter. Die Begriffe dürfen nur einmal verwendet werden.

CHOR   MAI   TEE   FÖHR   WETTE   KAHL   MATT   COUP   NASS   ANNA   LEE   PASS   AAL   BANN   AFFE   BISS   MUSS   DIE   GIER   SCHAH   FUSS   TOR   HAI   GEN   SHOW   SCHALL

1. ....   8. ....
2. ....   9. ....
3. ....   10. ....
4. ....   11. ....
5. ....   12. ....
6. ....   13. ....
7. ....   14. ....

Lösung S. 340

Gedächtnistraining

Wortwahl

Suchen Sie zu jedem der aufgelisteten Wörter ein zweites Wort, das mit **-in** endet (phonetische Assoziation). Die beiden Wörter müssen in einem sinnvollen Zusammenhang stehen. So können Sie mit dem Wort „Wasser" das Wort „Bassin" assoziieren, aber nicht „Satin". Versuchen Sie, ohne die weibliche Endung **-in** auszukommen.

Flipper ....

Motor ....

Pleite ....

Rot ....

Wärme ....

Moschee ....

Schweiz ....

Luftschiff ....

Springen ....

Mauer ....

Frack ....

Malaria ....

Kalender ....

Patrone ....

Arznei ....

Grad ....

Reformation ....

Pelz ....

C ....

Clown ....

Evolution ....

Indianer ....

Lösung S. 340

Das verbindende Element

Betrachten Sie aufmerksam die folgenden zwölf Bilderpaare. Zwischen den Bildern existiert jeweils ein Zusammenhang – sei es nun ein gemeinsames Merkmal, eine ähnliche Bedeutung oder eine logische Verknüpfung. Dieser Zusammenhang wird durch ein Wort verkörpert, das Sie herausfinden sollen.

1

Zahn

König

2

3

4

5

6

7

8

9

10

11

12

1. **Krone**

Lösung S. 340

2. ....

3. ....

4. ....

5. ....

6. ....

7. ....

8. ....

9. ....

10. ....

11. ....

12. ....

Mein Gedächtnis
... und Familiennamen

Achten Sie auf besondere Merkmale einer Person, z. B. auf markante Gesichtszüge, ausgefallene Kleidung oder bestimmte Charaktereigenschaften. Anschließend stellen Sie eine Verbindung zwischen diesem Merkmal und dem Namen her. Vielleicht hat Herr Gasteig ja einen langen Hals mit einem hervortretenden Adamsapfel, der wie ein Steig vom Körper zum Kopf hinaufführt. Und wenn Ihnen Frau Norgelein pedantisch vorkommt, können Sie ihren Namen mit „nörgeln" assoziieren.

Die Assoziationen sind frei ...

Manche assoziierten Wortpaare sind auf Anhieb verständlich, da sie auf konkreten Ähnlichkeiten basieren, wie bei Panther – Hauskatze (Assoziation aufgrund ähnlicher Eigenschaften). Oder aber die beiden Wörter sind durch ihre Bedeutung miteinander verbunden wie bei Erdbeere – Obst (semantische Assoziation). Andere Wortpaare sind komplizierter, da wir dazu ein bestimmtes Vorwissen benötigen: Der Panther ließe sich aufgrund des bekannten Films und der Zeichentrickserie auch mit der Farbe Rosa assoziieren. Doch jetzt sind Sie an der Reihe, einfache und komplizierte Assoziationen zu bilden:

Wort	Einfache Assoziation	Komplizierte Assoziation
Tomate	Gemüse, Saft, Salat, Sauce	Demonstration (mit faulen Tomaten werfen), Grüne Tomaten (Film von Jon Avnet) ...
Taxi	....	....
	....	....
Nase	....	....
	....	....
Fahrrad	....	....
	....	....
Gespenst	....	....
	....	....
Sonne	....	....
	....	....
Gold	....	....
	....	....
Maus	....	....
	....	....
Nacht	....	....
	....	....
Flugzeug	....	....
	....	....

Lösung S. 340

231

Gedächtnistraining

Die Phantasie lässt Flügel wachsen

Bei dem Wort „Wiese" denke ich an Riese … und warum auch nicht?
Jeder von uns assoziiert auf seine Weise.

Wenn Sie mehrere Dinge miteinander assoziieren, werden Sie sie so schnell nicht wieder vergessen. Regelmäßiges Training erleichtert die Bildung solcher Wortpaare. Und denken Sie daran: **Je kreativer Ihre Assoziationen sind, desto besser prägen sie sich in Ihrem Gedächtnis ein.** Am besten, Sie lassen Ihrer Phantasie freien Lauf. Sie werden staunen, wie viele Bilder, Wörter und Gefühle Ihnen ganz spontan in den Sinn kommen, wenn Sie sie nicht zensieren. **Achten Sie darauf, dass die von Ihnen geknüpfte Assoziation wirklich einen Sinn ergibt bzw. ein Gefühl in Ihnen wach ruft.**

Gedankensprünge

Diese Übung hilft Ihren gedanklichen Assoziationen auf die Sprünge, denn Sie sollen versuchen, in mehreren Schritten eine Assoziationsbrücke von einem Wort zum nächsten zu bauen. Wenn Sie beispielsweise in zwei Schritten von „Katze" zu „Sport" gelangen sollen, könnten Sie zuerst „Katze" mit „Gelenkigkeit" und „Gelenkigkeit" mit einem „Turner" assoziieren, der Sie schließlich zu „Sport" führt. Von „Buch" zu „Wissenschaft" gelangen Sie z. B. über die beiden Schritte „Professor" und „Akademie".
Während der Übung steigert sich die Zahl der Assoziationsschritte von zwei Begriffen auf fünf.
Die vorgeschlagenen Lösungen sind nur Beispiele. Lassen Sie Ihrer Phantasie freien Lauf und entdecken Sie Ihre eigenen, persönlichen Assoziationen! Ein besseres Training gibt es nicht.

Definitionen einprägen

Sie sehen hier eine Liste selten gebrauchter Wörter, deren Bedeutung Sie herausfinden und sich einprägen sollen. Gehen Sie dabei in drei Schritten vor:
1. Überlegen Sie, welches Wort Sie spontan damit assoziieren.
2. Stellen Sie sich Ihre eigene Definition des unbekannten Wortes vor und formulieren Sie sie in einem Satz.
3. Schlagen Sie nun die genaue Bedeutung des Wortes nach.
Beispiel: das Wort **Brimsen.**
Ihre Assoziation: **Bremsen.**
Ihre Definition: verwitterte Felsstufen.
Die richtige Definition: ein aus Schafsmilch hergestellter Weichkäse.

Ferman   ....

Gleve   ....

Juxta   ....

Knagge   ....

Ombrograph   ....

Proskynese   ....

Rodomontade   ....

Schlaube   ....

Seneszenz   ....

Zimier   ....

Diese auf Assoziationen beruhende Methode eignet sich hervorragend zum Erlernen neuer bzw. schwieriger Wörter. Sobald Sie dem unbekannten Wort erneut begegnen, fällt Ihnen ganz von selbst das Wort ein, mit dem Sie es zunächst assoziierten. Daraufhin absolviert Ihr Gedächtnis alle Schritte bis zur tatsächlichen Bedeutung des Wortes, die unter Umständen eine ganz andere sein kann. *Lösung S. 340*

Mein Gedächtnis
… und Datumsangaben

Ein Datum lässt sich viel schwieriger behalten als ein Wort, weil Ziffern an und für sich keine Bedeutung haben. Wenn Sie sich z. B. historische Daten besser merken wollen, müssen Sie sie mit persönlichen Daten in Verbindung bringen oder Parallelen zu ähnlichen Zahlen suchen (Geburtsdatum, Körpergewicht usw.). Eine andere Möglichkeit besteht darin, das Datum zu zerpflücken und die Elemente mit bereits bekannten Informationen zu assoziieren. Beispiel: der 31. März 1970. Letztes Drittel des 20. Jh., sieben Jahre nach der Ermordung John F. Kennedys (1963), erster Frühlingsmonat, letzter Tag des Monats, Tag, bevor man jemanden in den April schicken kann.

In 3 Schritte

	Rauch
Zigarette	Rauch
Teleskop	....
Friseurin	....
Toilette	....
Computer	....

In 2 Schritten

Buch	Deckel	Karton	Umzug
Tee	....	....	Lokomotive
Auto	....	....	Jahrmarkt
Telefon	....	....	Chirurgie
Kaffee	....	....	Strand

Gedächtnistraining

In 5 Schritten

Kette	Gefängnis	Gitterstäbe	Eisen	Waffen	Beil	Schaft
Ball	....	....	....	....	....	Küche
Tür	....	....	....	....	....	Feder
Kreis	....	....	....	....	....	Seemann
Tier	....	....	....	....	....	Selbstporträt

In 4 Schritten

Gewicht	Waage	Tierkreis	Astrologie	Himmel	Stern
Savanne	....	....	....	....	Silhouette
Handgelenk	....	....	....	....	Klima
Vogel	....	....	....	....	Meer
Nachrichten	....	....	....	....	Versprechen

Lösung S. 340

Brand	Feuerwehrmann	Helm
....	....	Sekt
....	....	Gartenarbeit
....	....	Oper
....	....	Kirschbaum

Auswendig lernen

Jeder von uns musste schon einmal etwas auswendig lernen. Über den Sinn und Zweck dieser Lernmethode wird viel gestritten – meist sind diejenigen, die dieses Talent nicht besitzen, die größten Kritiker. Dabei ist Auswendiglernen keine Hexerei: Jeder kann einmal Gelerntes durch Wiederholung im Gedächtnis fixieren.

Die richtige Methode

Meist waren wir noch Schüler oder Studenten, als wir öfter etwas auswendig lernen mussten. In späteren Jahren sind wir dann so aus der Übung, dass es uns relativ schwer fällt. Wer älter als 40 Jahre ist, muss die Methode erst wieder erlernen: Am besten, Sie setzen sich dazu an einen ruhigen Ort, an dem Sie nicht gestört werden können, und wiederholen die Informationen mehrmals hintereinander im gleichen Rhythmus.

Frisch ans Werk

Lernen Sie das folgende Gedicht von Rainer Maria Rilke auswendig. Natürlich können Sie auch ein anderes Gedicht auswählen – Hauptsache, es gefällt Ihnen und Sie wollen es gern im Kopf behalten. Anschließend sehen Sie es die nächsten zwei bis drei Wochen nicht mehr an.

Schwarze Katze

**Ein Gespenst ist noch wie eine Stelle,
dran dein Blick mit einem Klange stößt;
aber da, an diesem schwarzen Felle
wird dein stärkstes Schauen aufgelöst:**

**Wie ein Tobender, wenn er in vollster
Raserei ins Schwarze stampft,
jählings am benehmenden Gepolster
einer Zelle aufhört und verdampft.**

**Alle Blicke, die sie jemals trafen,
scheint sie also an sich zu verhehlen,
um darüber drohend und verdrossen
zuzuschauern und damit zu schlafen.
Doch auf einmal kehrt sie, wie geweckt,
ihr Gesicht und mitten in das deine:
und da triffst du deinen Blick im geelen
Amber ihrer runden Augensteine
unerwartet wieder: eingeschlossen
wie ein ausgestorbenes Insekt.**

Zwei bis drei Wochen später geben Sie mündlich oder schriftlich wieder, was Sie von dem Gedicht behalten haben.

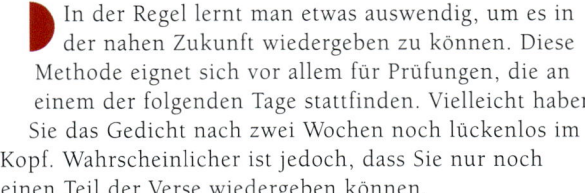

In der Regel lernt man etwas auswendig, um es in der nahen Zukunft wiedergeben zu können. Diese Methode eignet sich vor allem für Prüfungen, die an einem der folgenden Tage stattfinden. Vielleicht haben Sie das Gedicht nach zwei Wochen noch lückenlos im Kopf. Wahrscheinlicher ist jedoch, dass Sie nur noch einen Teil der Verse wiedergeben können.

Wie gut etwas auswendig gelernt wird, ist individuell verschieden. Doch um sich Informationen langfristig einzuprägen, ist das Auswendiglernen nicht geeignet. Erstens bleibt das Gelernte selten dauerhaft von Interesse, und zweitens macht sich kaum jemand die Mühe, das einmal Gelernte öfter zu wiederholen. Nur selten lernt man etwas auswendig, damit man es zwanzig Jahre später immer noch aus dem Gedächtnis zitieren kann.

Die Kurve des Vergessens

Die meisten Menschen halten das Vergessen für einen kontinuierlichen Vorgang. Sie nehmen an, dass das Gedächtnis das Gelernte im Lauf der Zeit wieder verliert wie ein leck geschlagener Wassertank. Diese Vorstellung ist jedoch völlig falsch.

Der Psychologe Hermann Ebbinghaus (1850–1909) war der Erste, der den Mechanismus des Vergessens experimentell erforschte. Er lernte beispielsweise eine Reihe sinnloser Silben auswendig und notierte, wie viele davon er nach einigen Augenblicken, Stunden und Tagen noch wusste. Seine Ergebnisse hielt er in einer Grafik fest, der so genannten **Ebbinghaus-Kurve**, die den tatsächlichen Ablauf des Vergessens darstellt.

Wie die Grafik zeigt, weicht die von den meisten Menschen angenommene **Kurve des Vergessens** deutlich von der tatsächlichen ab: Das Vergessen läuft nämlich nicht linear ab, sondern lässt sich in einer logarithmischen Kurve darstellen, die zunächst rapide abfällt, mit der Zeit

Deutschlandreise

Lernen Sie die folgende Liste mit deutschen und schweizerischen Großstädten sowie den öster-

reichischen Statuarstädten auswendig und ergänzen Sie in der unten stehenden Liste die Städtenamen.

Deutschland

01	Aachen	33	Hannover	67	Schwerin
02	Augsburg	34	Heidelberg	68	Solingen
03	Bergisch-Gladbach	35	Heilbronn	69	Stuttgart
04	Berlin	36	Hildesheim	70	Trier
05	Bielefeld	37	Ingolstadt	71	Ulm
06	Bochum	38	Jena	72	Wiesbaden
07	Bonn	39	Kaiserslautern	73	Witten
08	Bottrop	40	Karlsruhe	74	Wolfsburg
09	Braunschweig	41	Kassel	75	Wuppertal
10	Bremen	42	Kiel	76	Würzburg
11	Chemnitz	43	Koblenz	77	Zwickau
12	Cottbus	44	Köln		
13	Darmstadt	45	Krefeld	**Österreich**	
14	Dortmund	46	Leipzig	01	Eisenstadt
15	Dresden	47	Leverkusen	02	Graz
16	Duisburg	48	Lübeck	03	Innsbruck
17	Düsseldorf	49	Magdeburg	04	Klagenfurt
18	Erfurt	50	Mainz	05	Krems
19	Erlangen	51	Mannheim	06	Linz
20	Essen	52	Moers	07	Rust
21	Flensburg	53	Mühlheim a. d. Ruhr	08	Salzburg
22	Frankfurt a. M.	54	München	09	St. Pölten
23	Freiburg im Breisgau	55	Münster	10	Steyr
24	Fürth	56	Neuss	11	Villach
25	Gelsenkirchen	57	Nürnberg	12	Waidhofen a. d. Ybbs
26	Gera	58	Oberhausen	13	Wels
27	Görlitz	59	Oldenburg	14	Wien
28	Göttingen	60	Osnabrück		
29	Hagen	61	Paderborn	**Schweiz**	
30	Halle a. d. Saale	62	Plauen	01	Basel
31	Hamburg	63	Potsdam	02	Bern
32	Hamm	64	Recklinghausen	03	Genf
		65	Regensburg	04	Lausanne
		66	Rostock	05	Zürich

Deutschland

01	....	33	....	67	....
02	....	34	....	68	....
03	....	35	....	69	....
		36	....	70	....
		37	....	71	....
04	....	38	....	72	....
05	....	39	....	73	....
06	....	40	....	74	....
07	....	41	....	75	....
08	....	42	....	76	....
09	....	43	....	77	....
10	....	44	....		
11	....	45	....	**Österreich**	
12	....	46	....	01	....
13	....	47	....	02	....
14	....	48	....	03	....
15	....	49	....	04	....
16	....	50	....	05	....
17	....	51	....	06	....
18	....	52	....	07	**Rust**
19	....	53	**Mühlheim a. d. Ruhr**	08	....
20	....	54	**München**	09	....
21	....	55	....	10	....
22	....	56	....	11	....
23	....	57	**Nürnberg**	12	....
24	....	58	....	13	....
25	....	59	....	14	....
26	....	60	**Osnabrück**		
27	....	61	....	**Schweiz**	
28	....	62	....	01	....
29	....	63	....	02	....
30	....	64	....	03	....
31	....	65	....	04	....
32	....	66	....	05	....

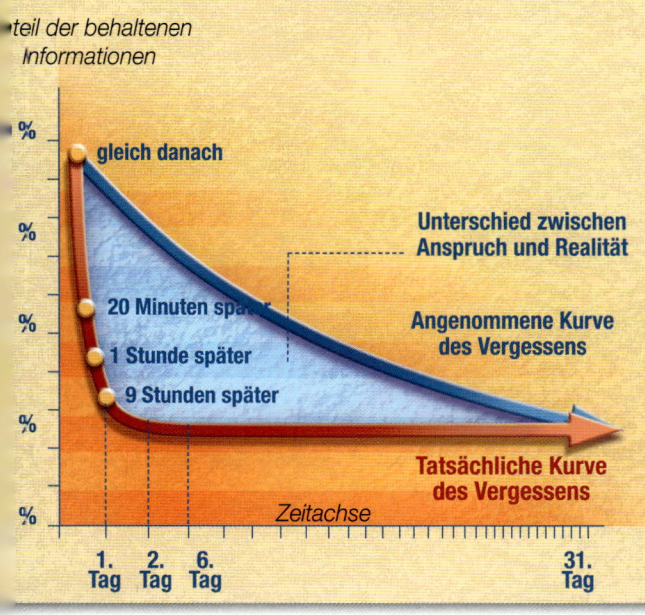

Anteil der behaltenen Informationen

% gleich danach

% Unterschied zwischen Anspruch und Realität

% 20 Minuten später

1 Stunde später

Angenommene Kurve des Vergessens

9 Stunden später

% Tatsächliche Kurve des Vergessens

% Zeitachse

1. Tag 2. Tag 6. Tag 31. Tag

jedoch einen fast horizontalen Verlauf annimmt. **Sie zeigt eindrucksvoll, dass man Gelerntes sehr schnell wieder vergisst:** Schon nach wenigen Stunden lassen sich 70–80 % der Informationen nicht mehr abrufen. Der blaue Bereich zeigt, **wie weit Anspruch und Realität auseinander klaffen. Da wir nicht wissen, wie der Mechanismus des Vergessens abläuft, können wir darauf auch keinen Einfluss nehmen.**

Wenn Sie sich bestimmte Informationen dauerhaft einprägen wollen, darf das Vergessen eigentlich gar nicht erst einsetzen. **Deshalb sollten Sie schon wenige Stunden nach dem Auswendiglernen mit den Wiederholungen beginnen.** Diese Phase bezeichnen Wissenschaftler als **Phase der Verstärkung**.

Ebbinghaus erkannte jedoch auch, dass es bestimmte Faktoren gibt, die sowohl das Erinnern als auch das Vergessen beeinflussen: Eine Reihe sinnloser Silben wird nicht so leicht gelernt wie ein Gedicht. Wie gut wir etwas im Gedächtnis behalten können, hängt immer auch davon ab, ob die jeweilige Information Gefühle in uns weckt und ob wir uns während des Einprägens bestimmter Mnemotechniken bedienen.

Wiederholen, bis es sitzt

Damit eine verschlüsselte Information auch wirklich langfristig gespeichert wird, muss sie mithilfe eines starken mentalen Bildes fest im Gedächtnis verankert werden. **Diese so genannte Konsolidierung** (siehe auch S. 31) **lässt sich auf verschiedene Weise erreichen:**

Die neuen Informationen können durch Assoziation mit bereits vorhandenen verknüpft (siehe S. 228–233), geordnet und in Kategorien eingeteilt (siehe S. 220–227) oder in logischer Reihenfolge angeordnet werden (siehe S. 212–219). In allen Fällen wird die Konsolidierung noch begünstigt, wenn die Informationen starke Gefühle auslösen.

Bei einfachen Informationen wird die Konsolidierung in der Regel durch Wiederholung erzielt. **Jede Wiederholung bedeutet eine Verstärkung, denn die bereits gelernte Information wird erneut aufgefrischt.** Darüber hinaus signalisiert sie, dass die Information so interessant und wichtig ist, dass sie behalten werden muss.

Werden Informationen kurz **vor dem Einschlafen** wiederholt, lassen sich die Kapazitäten des Gehirns während der Nacht nutzen, sodass sie langfristig im Gedächtnis bleiben. Allerdings muss man sie sich beim Aufwachen sofort wieder in Erinnerung rufen, bevor andere Gedanken und Sorgen sie verdrängen.

Mein Gedächtnis
... und das Rollen lernen

Das Auswendiglernen einer Theaterrolle ist für die einen ein Alptraum und für die anderen ein Vergnügen. Auch wenn das Auswendiglernen anstrengend sein mag, ist es wichtig, den Text genau zu kennen. Nur so können Sie die Rolle wirklich verkörpern. Machen Sie sich jedes Wort zu Eigen, indem Sie die Sätze langsam artikulieren. Die Gesten nicht vergessen: Der Körper muss den Text begleiten. Üben Sie zu zweit, das erhöht die Motivation. Lesen Sie das, was Sie tagsüber gelernt haben, vor dem Einschlafen noch einmal durch. Im Schlaf wird es dann dauerhaft im Gedächtnis verankert.

Stille Nacht, Heilige Nacht

Den Anfang dieses berühmten Weihnachtslieds kennen Sie bestimmt, aber können Sie es auch von Anfang bis Ende auswendig?

Lernen Sie jeden Tag eine der insgesamt sechs Strophen auswendig. Wiederholen Sie täglich das zuvor Gelernte, bevor Sie eine neue Strophe hinzunehmen. Fahren Sie so lange fort, bis Sie das ganze Lied auswendig können. Daraufhin wiederholen Sie es einen ganzen Monat lang Tag für Tag.

Parallel dazu sollen Sie versuchen, die folgenden Fragen durch eigene Recherchen zu beantworten.

1. Aus welchem Land stammt das Lied?

2. Wer hat den Text des Liedes verfasst?

3. Wer hat die Musik dazu geschrieben?

4. Wo wird es noch gesungen?

5. In wie viele Sprachen und Dialekte wurde es bislang übersetzt?

Erfolg auf der ganzen Linie

Wenn Sie in einer Großstadt wohnen, fahren Sie sicherlich oft mit der U-Bahn. Dann kennen Sie die Stationen der Linie, mit der Sie immer nach Hause fahren, bestimmt auswendig. Doch jetzt sollen Sie sich die Stationen einer U-Bahn-Linie aus drei Abschnitten merken und diese anschließend in die unteren Pläne eintragen. Bei Strecke 3 werden Sie feststellen, dass Sie die Namen aus den beiden vorhergehenden Abschnitten schon ziemlich gut im Kopf haben. Lassen Sie sich ruhig Zeit. Wenn Sie wollen, können Sie die Übung auch mehrmals in der gleichen Reihenfolge durcharbeiten, bis Sie keinen einzigen Fehler mehr machen.

 U Strecke 1

Betrachten Sie die Stationen dieser Linie aufmerksam und prägen Sie sie sich ein. Decken Sie dann den oberen Plan ab und tragen Sie in den unteren Plan die fehlenden Stationsnamen ein.

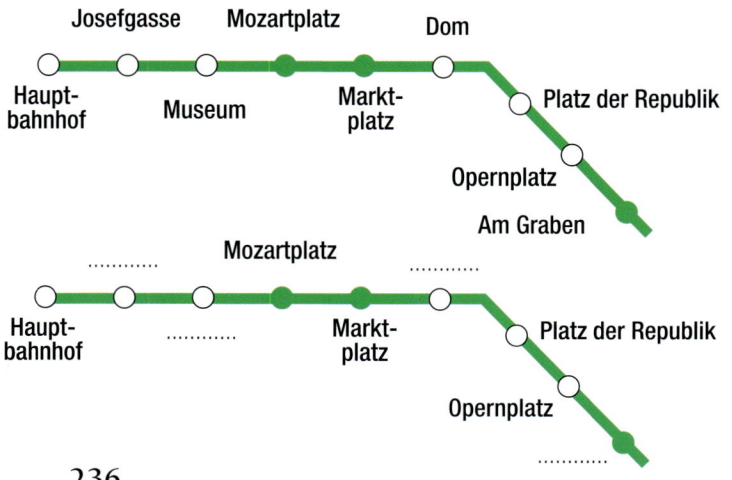

 U Strecke 2

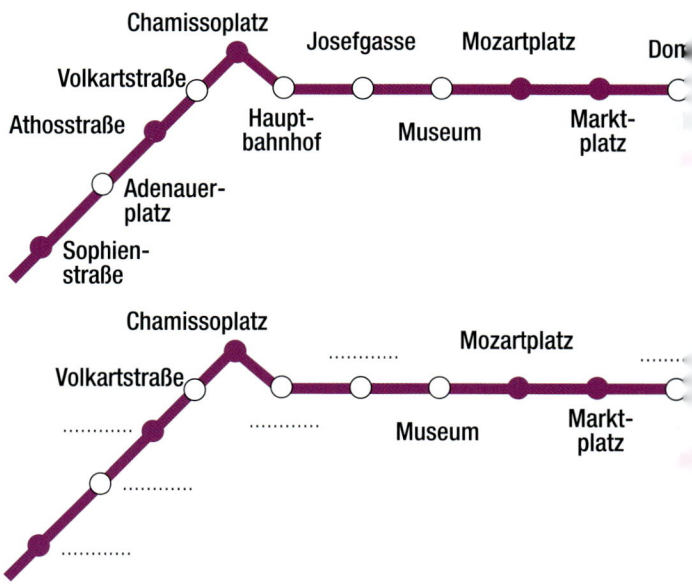

1
Stille Nacht! Heilige Nacht!
Alles schläft; einsam wacht
Nur das traute heilige Paar.
Holder Knab im lockigen Haar,
Schlafe in himmlischer Ruh!
Schlafe in himmlischer Ruh!

2
Stille Nacht! Heilige Nacht!
Gottes Sohn! O wie lacht
Lieb aus deinem göttlichen Mund,
Da schlägt uns die rettende Stund.
Jesus in deiner Geburt!
Jesus in deiner Geburt!

3
Stille Nacht! Heilige Nacht!
Die der Welt Heil gebracht,
Aus des Himmels goldenen Höhn
Uns der Gnaden Fülle lässt sehn
Jesum in Menschengestalt,
Jesum in Menschengestalt.

4
Stille Nacht! Heilige Nacht!
Wo sich heut alle Macht
Väterlicher Liebe ergoss
Und als Bruder huldvoll umschloss
Jesus die Völker der Welt,
Jesus die Völker der Welt.

5
Stille Nacht! Heilige Nacht!
Lange schon uns bedacht,
Als der Herr vom Grimme befreit,
In der Väter urgrauer Zeit
Aller Welt Schonung verhieß,
Aller Welt Schonung verhieß.

6
Stille Nacht! Heilige Nacht!
Hirten erst kundgemacht
Durch der Engel Alleluja,
Tönt es laut bei Ferne und Nah:
Jesus der Retter ist da!
Jesus der Retter ist da!

Wenn Sie sich beim Auswendiglernen dieses Textes gleichzeitig mit seiner Entstehungsgeschichte befassen und sich ernsthaft damit auseinander setzen, wird Ihnen das Lernen leichter fallen.

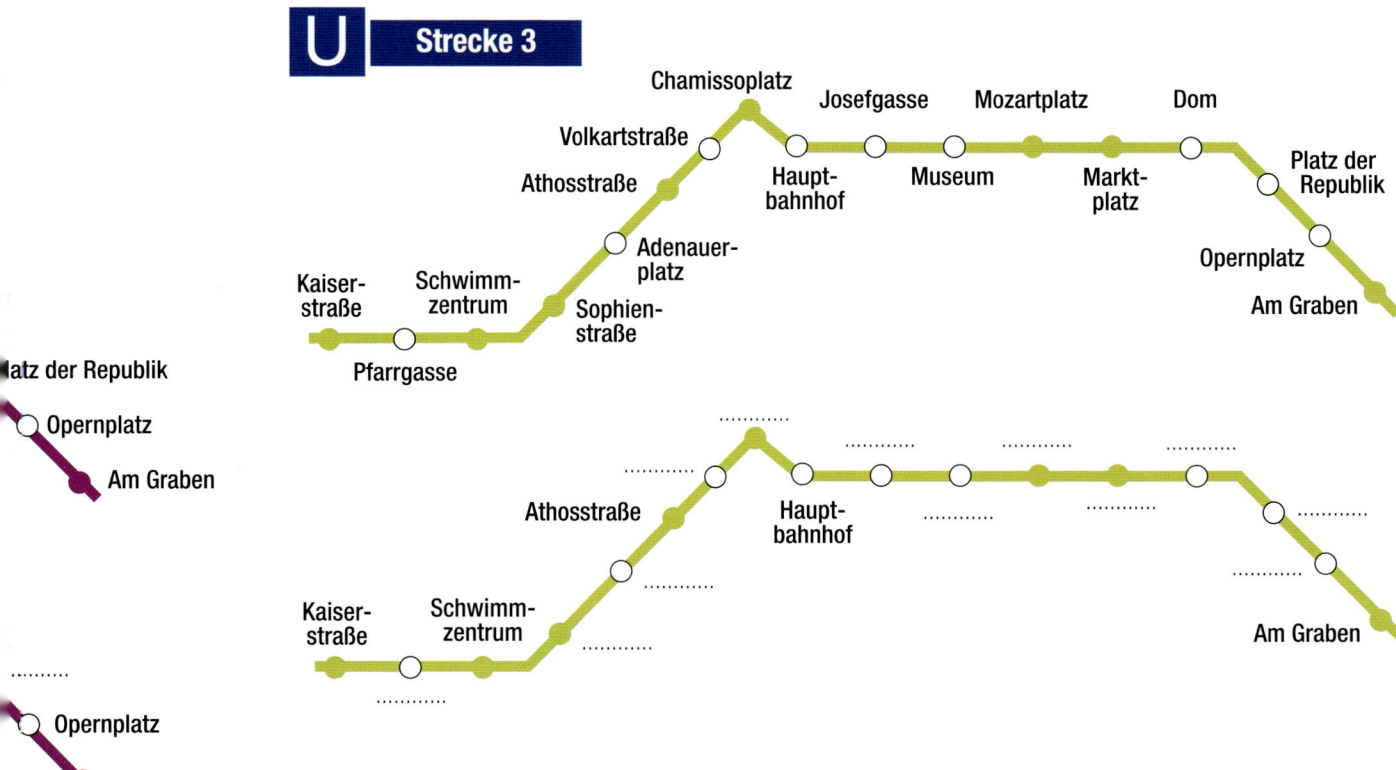

Fischers Fritz

1. Im Folgenden sehen Sie 15 Zungenbrecher, bei denen es darauf ankommt, sie fehlerfrei nachzusprechen. Versuchen Sie allein oder mit Freunden, sie laut und schnell vorzulesen. Sie werden merken, dass das gar nicht so leicht ist wie es aussieht!

2. Versuchen Sie dann, aus dem Gedächtnis möglichst viele dieser Sätze aufzuschreiben.

**Ein Speckbröckel und zwei Speckbröckel
sind drei Speckbröckel.**

●

**Der Potsdamer Postkutscher putzt den
Potsdamer Postkutschkarren.**

●

**Wenige wissen, wie viel man wissen muss,
um zu wissen, wie wenig man weiß.**

●

**Zwischen zwei Zwetschgenbäumen
sitzen zwitschernd zwei Schwalben.**

●

**Zwanzig Zwerge zeigen Handstand,
zehn im Wandschrank, zehn am Sandstrand.**

●

**Bürsten mit schwarzen Borsten bürsten besser
als Bürsten mit weißen Borsten bürsten.**

●

**Brautkleid bleibt Brautkleid
und Blaukraut bleibt Blaukraut.**

●

Esel essen Nesseln nicht, Nesseln essen Esel nicht.

●

**Der dicke Dachdecker deckt dir dein Dach, drum dank dem
dicken Dachdecker, dass der dicke Dachdecker
dir dein Dach deckte.**

●

Hinter dichtem Fichtendickicht picken dicke Finken tüchtig.

●

**Es klapperten die Klapperschlangen,
bis ihre Klappern schlapper klangen.**

●

Wenn der Benz bremst, brennt das Benz-Bremslicht.

**Drei tropfnasse traurige
Trogträger trugen
triefende Tröge treppauf
und treppab.**

●

**Auf dem Flugplatz nahm
der Flugplatzspatz Platz.**

●

**Schuster schnall schnell
die Schnallen an die
schönen Schuh'!**

▶ Die häufige Wiederholung, aber natürlich auch die Komik, die beim lauten Lesen entsteht, tragen dazu bei, dass es leicht fällt, sich diese Sätze mit ihrer schwierigen Aussprache zu merken. Der Beweis: Wer hat den berühmten Fischers Fritz vergessen?

Hallo!

Es gibt ein paar Telefonnummern, die jeder unbedingt auswendig können sollte. Mit den folgenden Fragen können Sie testen, ob Sie sie alle im Kopf haben. Achtung: Bei dieser Übung kommt es darauf an, dass Sie so schnell und spontan wie möglich antworten. Lassen Sie sich nicht dabei helfen.

1. **Polizei**

   ....

2. **Feuerwehr**

   ....

3. **Notarzt**

   ....

4. **Hausarzt**

   ....

5. **Giftnotruf**

   ....

6. **Inlandsauskunft**

   ....

7. **Auslandsauskunft**

   ....

8. **Die Telefonnummern von zwei Personen aus Ihrem Umkreis, die Ihnen im Notfall helfen können.**

   ....

   ....

Lösung S. 340

Die sieben W-Fragen

Schon in der Grundschule lernen die Kinder, dass gute Aufsätze dem Leser die wichtigsten W-Fragen beantworten sollten. Umgekehrt lassen sich Texte anhand dieser Fragen hervorragend strukturieren, sodass der Inhalt leichter behalten wird. Die Fragen sind ganz einfach und lauten:

Wer? Der oder die Handelnde(n)

Was? Die Handlung

Wo? Der Handlungsort

Wann? Die Zeit oder Epoche

Wie? Die Art und Weise

Wozu? Sinn und Zweck

Warum? Die Ursache

Stellen Sie sich in Zukunft bei jeder Lektüre die oben genannten sieben Fragen. Sie werden feststellen, dass diese Methode sowohl das Verständnis als auch die Erinnerung vertieft. Verwenden Sie dieses System, um einen Bericht zu schreiben oder um einen Film bzw. ein Erlebnis nachzuerzählen.

Die Gründe für den Krieg von Zion

Strukturieren Sie den folgenden Text mithilfe der sieben W-Fragen.

> Man schreibt das Jahr 9600. Zion ist eine riesige Stadt auf dem Planeten Rana im Sternbild des Großen Bären. Ihre Einwohner wollen eine große Schmach rächen, die ihrem König Taramac von einem Bewohner der Stadt Olys vom Nachbarplaneten Mirvalum angetan wurde. Ein paar Worte zur Vorgeschichte:
>
> Während eines Festes warf die Fee Zizanie einen goldenen Ring in die Mitte des Saales und erklärte vor allen Gästen, dass ihn nur die schönste aller Göttinnen besitzen solle. Klugerweise wollten die geladenen Gäste keine Wahl treffen, doch dies erzürnte die anwesenden Göttinnen. Zarma, die eifersüchtige und intrigante Ehefrau des obersten Gottes Ervane, Irisa, die Göttin der Weisheit und des Sieges, und auch Amoria, die Göttin der Schönheit und der Liebe, wetteiferten darum, den Ring tragen zu dürfen.
>
> Schließlich forderte der Gott Ervane den Prinzen Orus auf, die Wahl zu treffen. Alle drei Göttinnen versuchten, Orus mit Geschenken zu bestechen. Orus entschied sich für Amoria, denn sie hatte ihm die Liebe der schönsten Frau der Welt, Persephone von Zion, versprochen.
>
> Orus begab sich sofort nach Zion, wo ihn König Taramac mit aller gebotenen Höflichkeit empfing. Doch der Prinz entführte die Königin und brachte sie in seinen Palast in Olys.
>
> Taramac entsandte Botschafter zu Orus' Vater, dem alten König Orulys. Doch der junge Mann wollte Persephone nicht aufgeben, und die Bewohner von Olys glaubten, sich gegen die Soldaten von Zion wehren zu können.
>
> Weil die Mission der Botschafter erfolglos blieb, ließ sich der Krieg nicht mehr verhindern.

Beantworten Sie nun die folgenden sieben W-Fragen.

Wer? ....

Was? ....

Wo? ....

Wann? ....

Wie? ....

Wozu? ....

Warum? ....

Lösung S. 340

239

Dinge weitergeben, um sie zu bewahren

Wenn Sie den Inhalt eines Films, eines Buches oder einer Geschichte mit eigenen Worten formulieren, können Sie ihn sich wesentlich besser merken. Auch indem Sie Ihre Lebensgeschichte erzählen, stellen Sie die vielen losen Ereignisse in einen Zusammenhang, der sich nicht nur in ihr eigenes Gedächtnis eingräbt, sondern auch anderen Menschen in Erinnerung bleibt.

Mitteilen bedeutet sich merken

Gleich nach dem Kinobesuch von Titanic *erzählte ich meinen Kindern den Inhalt dieses Films. Drei Jahre später kann ich mich immer noch genau daran erinnern.*

Manchmal sehen wir abends einen Film im Fernsehen, an den wir uns schon am nächsten Tag nicht mehr erinnern können. Dann beginnen wir ernsthaft an unserem Gedächtnis zu zweifeln.

Doch meist ist der Gedächtnisverlust längst nicht so dramatisch wie es scheint. Fragen Sie sich, ob Sie der Film wirklich interessiert bzw. Ihnen gefallen hat. Schließlich ist der Vorsatz, etwas zu behalten, eine der Hauptvoraussetzungen für eine dauerhafte Speicherung. Wenn Sie also einen Film nur zur Entspannung und ohne große Aufmerksamkeit ansehen, ist es nur natürlich, dass Sie ihn schnell wieder vergessen. Dasselbe gilt für diejenigen, die sich beklagen, dass sie am Morgen nicht mehr wissen, was sie am Abend zuvor gelesen haben. Wenn das Lesen zu einem reinen Einschlafritual wird, reicht die Aufmerksamkeit eben nicht mehr aus, um das Gelesene im Gedächtnis zu speichern.

Wer sich den Inhalt eines Films oder Buches länger einprägen will, sollte ihn einfach innerhalb kurzer Zeit weitererzählen. Denn dann sind Sie gezwungen, die verschiedenen Personen und Ereignisse **zu ordnen und zu gewichten**. **Sie müssen die wesentlichen Elemente herausfiltern**, damit die Geschichte für den Zuhörer verständlich wird. Indem Sie die Informationen im Lauf des Erzählens verarbeiten, erleichtern Sie ihre Verschlüsselung. **Der Wunsch sich mitzuteilen bewirkt, dass die Informationen optimal und somit wirksam im Gedächtnis gespeichert werden.** Außerdem konzentrieren Sie sich besser, wenn Sie wissen, dass Sie anschließend etwas weitergeben sollen. Sie werden dadurch automatisch zum aktiven Zuhörer.

Wenn Sie sich über eine kulturelle Veranstaltung austauschen, wird Ihr Gedächtnis gleich in mehrfacher Hinsicht gefordert: Zum einen, weil es die Informationen zur Verfügung stellen muss, und zum anderen, weil dabei eine ganze Palette an Eindrücken und Empfindungen wachgerufen wird. Merke: **Ohne echten Austausch gibt es keine lebendige Kommunikation.**

Mein Gedächtnis
... und witzige Anekdoten

Es ist gar nicht so leicht, witzige Geschichten zu erzählen: Sie müssen sich nicht nur genau an sie erinnern, sondern sie auch noch überzeugend vortragen. Nur wenn Sie ganz darin aufgehen, können Sie Ihre Zuhörer fesseln. Hier einige Ratschläge für gelungene Auftritte:
1. Hören Sie sich die Geschichte mehrfach an, damit Ihnen nichts entgeht.
2. Merken Sie sich die Personen und alle Einzelheiten der Pointe, denn danach können Sie die Informationen ordnen.
3. Üben Sie das Erzählen zunächst allein und schmücken Sie die Anekdote mit eigenen Worten aus. Nur so erwecken Sie den Eindruck, Sie hätten sich die Geschichte selbst ausgedacht.

Rotkäppchen

Wer kennt es nicht, das Märchen *Rotkäppchen* der Brüder Grimm? Aber können Sie sich wirklich an den genauen Ablauf der Geschichte erinnern?

1. Decken Sie die gegenüberliegende Seite zu und versuchen Sie, das Märchen so aufzuschreiben, als ob Sie es einem Kind erzählen wollten. Beschreiben Sie die Abfolge der Ereignisse möglichst genau und detailgetreu.

▶ Sicher haben Sie festgestellt, dass Ihnen das Aufschreiben der Geschichte viele Einzelheiten wieder ins Gedächtnis gebracht hat, die Ihnen sonst nicht eingefallen wären. Das Schreiben zwang Sie zu anhaltender Aufmerksamkeit und Konzentration. Außerdem mussten Sie sich die Mühe machen, die einzelnen Geschehnisse der Reihe nach zu ordnen und sie in eine logische Abfolge zu bringen. Währenddessen sind Ihnen dann immer neue Einzelheiten eingefallen. Nun prüfen wir, wie gut Sie das berühmte Märchen wiedergegeben haben: Wie lässt sich das Rotkäppchen beschreiben? Warum soll sie ihre Großmutter besuchen und was soll sie ihr bringen? Wo trifft sie auf den Wolf? Warum frisst er sie nicht gleich? Welchen Weg nimmt Rotkäppchen, nachdem es den Wolf getroffen hat? Wie schafft es der Wolf, ins Haus der Großmutter einzudringen? Wo versteckt er sich? Was sagt Rotkäppchen zum Wolf und was antwortet er ihr? Wie geht die Geschichte aus?

2. Lesen Sie nun den Originaltext auf der folgenden Seite.

Es war einmal eine kleine süße Dirne, die hatte jedermann lieb, der sie nur ansah, am allerliebsten aber ihre Großmutter. Einmal schenkte sie ihm ein Käppchen von rotem Sammet, und weil ihm das so wohl stand und es nichts anderes mehr tragen wollte, hieß es nur noch das Rotkäppchen.

Eines Tages sprach seine Mutter zu ihm: „Komm, Rotkäppchen, da hast du ein Stück Kuchen und eine Flasche Wein, bring das der Großmutter hinaus; sie ist krank und schwach und wird sich daran laben. Geh hübsch sittsam und lauf nicht vom Weg ab. Und wenn du in ihre Stube kommst, so vergiss nicht, guten Morgen zu sagen, und guck nicht erst in alle Ecken herum."

„Ich will schon alles gut machen", sagte Rotkäppchen zur Mutter. Die Großmutter aber wohnte draußen im Wald, eine halbe Stunde vom Dorf. Wie nun Rotkäppchen in den Wald kam, begegnete ihm der Wolf. „Guten Tag", sprach er. „Wo hinaus so früh, Rotkäppchen?"

„Zur Großmutter."

„Was trägst du unter der Schürze?"

„Kuchen und Wein, da soll sich die kranke und schwache Großmutter etwas zugut tun und sich stärken."

„Rotkäppchen, wo wohnt deine Großmutter?"

„Noch eine gute Viertelstunde weiter im Wald, unter den drei großen Eichbäumen", sagte Rotkäppchen. Der Wolf dachte bei sich: „Das junge zarte Ding, das ist ein fetter Bissen, der wird noch besser schmecken als die Alte: Du musst es listig anfangen, damit du beide erschnappst." Da ging er ein Weilchen neben Rotkäppchen her, dann sprach er: „Rotkäppchen, sieh einmal die schönen Blumen, die ringsumher stehen, warum guckst du dich nicht um? Ich glaube, du hörst gar nicht, wie die Vöglein singen? Du gehst ja für dich hin, als wenn du zur Schule gingst." Rotkäppchen schlug die Augen auf, und als es sah, wie die Sonnenstrah-

len durch die Bäume hin und her tanzten und alles voll schöner Blumen stand, dachte es: „Wenn ich der Großmutter einen frischen Strauß mitbringe, der wird ihr auch Freude machen; es ist so früh am Tag, dass ich doch zu rechter Zeit ankomme", lief vom Wege ab in den Wald hinein und suchte Blumen. Der Wolf aber ging geradeswegs nach dem Haus der Großmutter und klopfte an die Türe. „Wer ist draußen?"

„Rotkäppchen, das bringt Kuchen und Wein, mach auf."

„Drück nur auf die Klinke", rief die Großmutter, „ich bin zu schwach und kann nicht aufstehen." Der Wolf drückte auf die Klinke, ging, ohne ein Wort zu sprechen, gerade zum Bett der Großmutter und verschluckte sie. Dann tat er ihre Kleider an, setzte ihre Haube auf, legte sich in ihr Bett und zog die Vorhänge vor.

Rotkäppchen aber war nach den Blumen herumgelaufen, und als es so viel zusammen hatte, dass es keine mehr tragen konnte, fiel ihm die Großmutter ein, und es machte sich auf den Weg zu ihr. Es wunderte sich, dass die Türe aufstand, und rief „Guten Morgen", bekam aber keine Antwort. Darauf ging es zum Bett und zog die Vorhänge zurück: Da lag die Großmutter und hatte die Haube tief ins Gesicht gesetzt und sah so wunderlich

aus. „Ei, Großmutter, was hast du für große Ohren!"

„Dass ich dich besser hören kann."

„Ei, Großmutter, was hast du für große Augen!"

„Dass ich dich besser sehen kann."

„Ei, Großmutter, was hast du für große Hände!"

„Dass ich dich besser packen kann."

„Aber, Großmutter, was hast du für ein entsetzlich großes Maul!"

„Dass ich dich besser fressen kann." Kaum hatte der Wolf das gesagt, so tat er einen Satz aus dem Bette und verschlang das arme Rotkäppchen. Wie der Wolf sein Gelüsten gestillt hatte, legte er sich wieder ins Bett und fing

an, überlaut zu schnarchen. Der Jäger ging eben an dem Haus vorbei und dachte: „Wie die alte Frau schnarcht, du musst doch sehen, ob ihr etwas fehlt." Wie er vor das Bette kam, so sah er, dass der Wolf darin lag. Nun wollte er seine Büchse anlegen, da fiel ihm ein, der Wolf könnte die Großmutter gefressen haben und sie wäre noch zu retten: Er nahm eine Schere und fing an, dem schlafenden Wolf den Bauch aufzuschneiden. Wie er ein paar Schnitte getan hatte, da sah er das rote Käppchen leuchten, und noch ein paar Schnitte, da sprang das Mädchen heraus und rief: „Ach, wie war ich erschrocken, wie war's so dunkel in dem Wolf seinem Leib!" Und dann kam die alte Großmutter auch noch lebendig heraus. Rotkäppchen aber holte geschwind große Steine, damit füllten sie dem Wolf den Leib, und wie er aufwachte, wollte er fortspringen, aber die Steine waren so schwer, dass er sich gleich totfiel. Da waren alle drei vergnügt; der Jäger zog dem Wolf den Pelz ab und ging damit heim, die Großmutter aß den Kuchen und trank den Wein, den Rotkäppchen gebracht hatte, und Rotkäppchen dachte: „Du willst nie wieder vom Wege ab in den Wald laufen."

Rotkäppchen symbolisiert ein junges, recht naives Mädchen, das sich von einem „freundlichen und sanften Wolf" vom rechten Weg abbringen lässt. Die mit dem Märchen verbundene moralisch-sexuelle Anspielung erkennen Kinder im Alter von sechs bis acht Jahren – und auch ältere Kinder – noch gar nicht. Der Gedanke, dass man „nicht auf den bösen Wolf hören" darf, fällt dagegen gleich auf fruchtbaren Boden, denn in diesem Alter haben Kinder ein starkes Bedürfnis nach Sicherheit und sind von sich aus misstrauisch gegenüber Fremden. Dieser Gedanke bleibt im Gedächtnis haften und hilft dabei, die logische Abfolge der Geschichte zu rekonstruieren. Hinzu kommen noch die sprachlichen und visuellen Eindrücke, wie das wiederholte „Ei, Großmutter …", das rote Käppchen, der als Großmutter verkleidete Wolf usw. Diese markanten Bilder prägen sich tief in das Gedächtnis ein.

Dinge weitergeben, um sie zu bewahren

Ein ganz neues Kinoerlebnis …

● Wenn Sie das nächste Mal ins Kino gehen, erzählen Sie anschließend einem Bekannten den Inhalt des Films. Versuchen Sie, das Wesentliche, aber auch alle dramatischen und komischen Verwicklungen der Geschichte zu erfassen. Noch besser ist es, wenn es Ihnen gelingt, für Spannung zu sorgen und den Zuhörer wirklich zu fesseln. Sie werden staunen, wie gut der Film in Ihrem Gedächtnis haften bleibt!

● Sehen Sie sich mit Ihrer ganzen Familie einen Film an. Anschließend soll jeder eine schriftliche Inhaltsangabe anfertigen. Nun können Sie Ihre Notizen vergleichen und staunen, wie unterschiedlich die Geschichte wahrgenommen wurde bzw. wo die einzelnen Interessensschwerpunkte lagen.

Bla, bla, bla …

Die Buchstaben von elf Verben sind durcheinander geraten. Alle diese Wörter bezeichnen Arten, wie etwas geäußert werden kann. Finden Sie die richtigen Verben heraus.

Beispiel : **D I E P G E R N = PREDIGEN**

1. **P R E S C H E N** ....
2. **L U N S C H E N** ....
3. **A L B E R N** ....
4. **R I E C H S E N** ....
5. **Z W A T S C H E N** ....
6. **R A C H E B R E D E N** ....
7. **P A U S C H E L N** ....
8. **L U T S C H E N** ....
9. **R U M M E L N** ....
10. **G A F E R N** ....
11. **V E R B A L A U T E R N** ....

Lösung S. 341

Sie und Ihre Familie

Wenn Sie Ihre Lebensgeschichte erzählen, ist es, als ob Sie selbst im Buch Ihres Lebens lesen. **Sie wählen aus Ihren Erinnerungen aus, was Ihnen wesentlich erscheint.** Indem eigene Erfahrungen und Erlebnisse wie einst bei unseren Vorfahren weitergegeben werden, entsteht Kontinuität – und das in einer Gesellschaft, in der hauptsächlich die Gegenwart im Vordergrund zu stehen scheint. Die Hektik des modernen Lebens gibt uns häufig das Gefühl, dass wir von unserer Vergangenheit abgeschnitten sind. Viele Menschen fühlen sich deshalb unsicher und orientierungslos. Auch wenn es nicht hilft, die Vergangenheit zu verherrlichen – nicht alles war früher besser –, kann jeder einen Gewinn daraus ziehen, **wenn er die Erinnerungen an sein Leben und seine Familie aufschreibt.** Denn ein Stück weit stimmt das Sprichwort, dass man nicht entscheiden kann, wohin man gehen will, wenn man nicht weiß, woher man kommt.

Ein Teil des eigenen Erbes wird mit Worten überliefert. Man gibt weiter, was man weiß, erlebt und gefühlt hat. **Der andere Teil liegt in den Genen.** Man braucht nur die eigenen Familienmitglieder zu beobachten, um zu sehen, dass bestimmte körperliche Merkmale und Charakterzüge über mehrere Generationen weitergegeben werden. **Und dann sind da noch die Eigenschaften, die völlig unbewusst weitergegeben werden** wie eine bestimmte Mimik, Sprech- oder Verhaltensweise im Umgang mit Unvorhergesehenem. Auch hier ist Kontinuität am Werk.

Mein Gedächtnis
… und mein Tagebuch

Zahlreiche Jugendliche schreiben Tagebuch. Sie vertrauen ihm ihre Ängste und Sorgen an, die sie mit niemandem sonst besprechen wollen oder können. Das hilft ihnen dabei, seelisch ausgeglichen zu bleiben. Erwachsene nutzen ein Tagebuch hauptsächlich dazu, ihre Erlebnisse festzuhalten. Sie beginnen mit ein paar kurzen Eintragungen im Terminkalender, die sie zum Nachdenken über ihr Leben anregen. Bald füllen sie Seite um Seite und erhalten so ein Tagebuch, das sie kommenden Generationen hinterlassen können.

Bitte zu Tisch!

Keine andere Gelegenheit eignet sich besser für gute Gespräche als eine Mahlzeit. Doch damit wir uns wirklich unterhalten können, müssen wir die Tischgenossen schnell kennen lernen. Wir versuchen uns die Namen aller Umsitzenden einzuprägen und folgen ihren Gesprächen …
Die Unterhaltung wird lockerer, sobald wir alle Beteiligten identifizieren und zuordnen können. Rechts sehen Sie einen Tisch mit mehreren Gästen und sollen sich nun die Familiennamen und den Sitzplatz eines jeden einprägen. Lassen Sie sich genügend Zeit, decken Sie anschließend die Abbildung zu und beantworten Sie die folgenden Fragen:

Paul Deg

Was ich weitergebe

● Spüren Sie in Ihrer Familie je ein körperliches Merkmal auf, das sich von der Mutter bzw. vom Vater auf die Kinder vererbt hat. Suchen Sie auch nach einem Charakterzug, der von Ihnen oder Ihren Vorfahren stammt.

● Denken Sie anschließend darüber nach, welche Erinnerungen Sie am häufigsten erzählen und was Sie damit über sich selbst aussagen wollen. Überlegen Sie in diesem Zusammenhang auch, was Sie vielleicht unbewusst vermitteln. Alle diese Spuren, die Sie im Gedächtnis anderer hinterlassen, sind ein Teil Ihrer Selbstwahrnehmung und Ihrer Geschichte.

Schreibweisen

Bilden Sie aus den unten angegebenen Buchstaben 15 Begriffe, die etwas mit Papier und Schreiben zu tun haben. Tragen Sie sie dann in das Gitter ein.

AKNORT
EEFLLRU
BBEEEFIILRS
FISTT
AEEGMNPRT
ABCEGHTU
ADEGIIMMRRU
EEIST
AEIPPR
BEENTTU
ABLMU
EFFGILR
IKLU
ABLTT
AEPPPO

Lösung S. 341

Barbara Bartels

Karl Lodendorf

Laura Degen

Christoph Bonder

Julia Fuchs

ibylle Geiger

Edgar Mader

Annette Gerhard

Lukas Geiger

1. Wer sitzt rechts von Paul Degen?

2. Wer sitzt gegenüber von Annette Gerhard?

3. Wer sitzt rechts von Christoph Bonder?

4. Wer sitzt links von Laura Degen?

5. Wer sitzt neben Julia Fuchs?

6. Sitzen sich irgendwo zwei Männer gegenüber?

7. Wie viele Gäste sitzen insgesamt um den Tisch? Geben Sie alle Namen an.

◗ Wenn man sich Namen einprägen will, sind Assoziationen äußerst hilfreich, beispielsweise mit körperlichen Merkmalen (Julia Fuchs, Christoph Bonder) oder mit Informationen über die betreffende Person (Lukas Geiger ist Musiker).

243

Im Hafen. Betrachten Sie aufmerksam die Szenerie und suchen Sie darin die Personen, Tiere und Objekte, die außerhalb des Bildes dargestellt sind.

Spiel & Spaß 3

SPRUCHSALAT

Drei Sprichwörter wurden in ihre Einzelteile zerlegt und gemischt.
Versuchen Sie die Sprichwörter wieder zusammenzusetzen.

AUGEN   HEISST   ALLER   ALS   SIND   MEHR   VIER   SEIN   DREI   GLEICH   DINGE   GUTEN   SEIN   ZWEI   NICHT   EINS   SEHEN

1. ....
....
....

2. ....
....
....

3. ....
....
....

FAMILIENBANDE
LOGIK

Bastian, Beate, Edith, Erwin, Franziska und Frank sind drei Ehepaare.

1   2   3   4   5   6

Finden Sie heraus, wer die Personen auf dem Bild sind und wer mit wem verheiratet ist.

• Ehepartner tragen Kleidung in unterschiedlicher Farbe.
• Die Namen der Ehepartner beginnen nicht mit dem gleichen Buchstaben.
• Franziskas Mann trägt ein rotes Hemd.
• Erwins Frau trägt ein grünes Kleidungsstück.
• Frank und Beate sind nicht miteinander verheiratet, sie tragen auch kein Lila.

AUSTAUSCH
STRUKTUR

Machen Sie eine Seereise – nach Schwerin! Bei jeder Etappe wird vom Ausgangswort ein Buchstabe entfernt und ein neuer hinzugefügt. Dann werden die Buchstaben neu gemischt, sodass ein neues Wort entsteht.

SEEREISE

- E + L   _ _ _ _ _ _ _

- S + L   _ _ _ _ _ _ _

- S + K   _ _ _ _ _ _ _

- L + C   _ _ _ _ _ _ _

- L + N   _ _ _ _ _ _ _

- E + H   _ _ _ _ _ _ _

- E + S   _ _ _ _ _ _ _

- K + W   **SCHWERIN**

MAGISCHES QUADRAT — LOGIK

In diesem magischen Quadrat fehlen einige Zahlen. In die gelben Kreise müssen die Vielfachen von 7 (7, 14, 21, …) eingesetzt werden, in die blauen Kreise die Vielfachen von 8 (8, 16, 24, …). Vervollständigen Sie das Quadrat. Sollte Ihnen der Beginn zu schwierig sein, lesen Sie die Starthilfe.

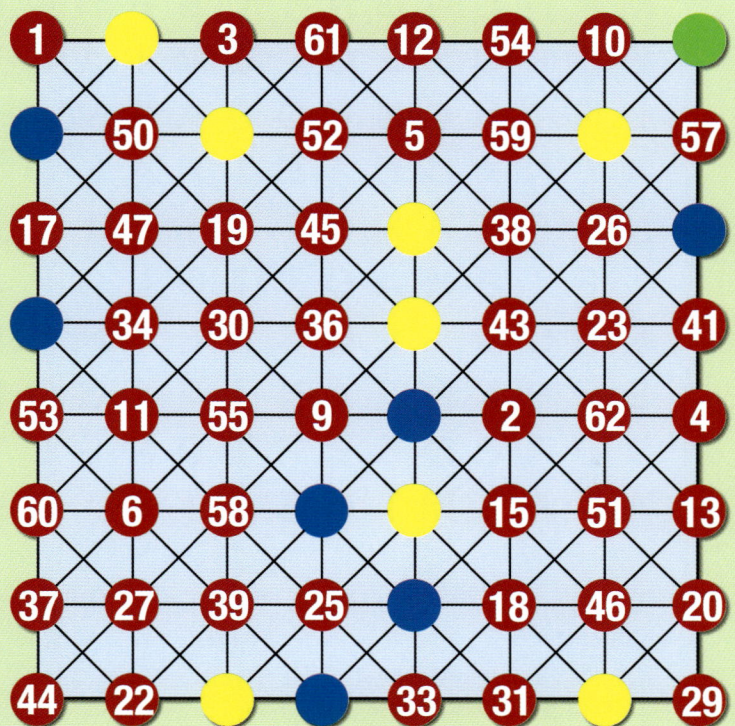

Starthilfe: Bei diesem magischen Quadrat ergeben nicht nur die Zahlen jeder Zeile, Spalte und Diagonale die gleiche Summe. Jedes aus vier direkt beieinander stehenden Zahlen gebildete Quadrat weist ebenfalls die gleiche Summe auf.

SINNSUCHE — SPRACHE

Finden Sie acht Synonyme des Wortes *böse*.

1. B _ _ _ G (Tier)
2. G _ _ _ G (Bemerkung)
3. G _ _ _ N (hinterhältig)
4. S _ _ _ _ _ M (Verletzung, Wunde)
5. S _ _ _ _ _ _ T (Charakter)
6. Ä _ _ _ _ _ _ _ H (wütend, aufgebracht)
7. U _ _ _ _ _ _ N (Kind)
8. V _ _ _ _ _ _ _ _ _ H (unmoralisch)

MAGISCHES DREIECK — LOGIK

Versuchen Sie die Zahlen 1 bis 9 auf den Seiten des Dreiecks zu platzieren, sodass sich bei jeder Seite die Summe von 20 ergibt. Versuchen Sie dann die Zahlen so anzuordnen, dass ihre Quadrate bei jeder Seite die Summe von 126 ergeben. Gehen Sie logisch vor!

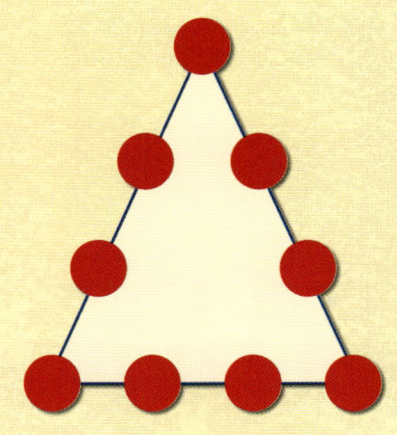

ZEITFRAGEN — CHRONIK

George W. Bush ist der 43. US-Präsident. Aufgelistet sind seine zehn Vorgänger. Ordnen Sie die Präsidenten chronologisch.

A	George Bush	1	....
B	James Carter	2	....
C	Bill Clinton	3	....
D	Dwight D. Eisenhower	4	....
E	Gerald Ford	5	....
F	Lyndon B. Johnson	6	....
G	John F. Kennedy	7	....
H	Richard Nixon	8	....
I	Ronald Reagan	9	....
J	Harry S. Truman	10	....

NAME GESUCHT

Die 68 Vornamen in diesem Rätselgitter können vorwärts und rückwärts geschrieben sein, waagerecht, senkrecht und auch diagonal. Die Wörter können sich auch überschneiden. Einige Buchstaben bleiben übrig. Zeilenweise gelesen ergeben sie einen weiteren Vornamen.

```
P E T E R H A R D B H A N S
A I L A E A R H O O J F I L
M K H L N G N I L B R R C E
E E E O E E O L O M I A K V
L N I R E N E D G A R N I I
A F N A U U I E T R A K O O
N D R K A R L T Y I T I L L
I F I S K A O T T O L G P A
E R C O I L N S R E I M A R
E E H L N F A N I T A G O U
V D A G O B E R T D N S L T
A I R A M T H E A I E I A H
```

ADAM	GITTE	LOTTA	OLGA	RAHEL	ROSE	VIKTOR
AFRA	GOLO	MARIA	OSKAR	RALF	RUTH	VIOLA
ANITA	HAGEN	MARIO	OTTO	REIMAR	THEA	
ANKE	HANS	MELANIE	PAMELA	RENEE	TILL	
ARNO	HEINRICH	MONIKA	PAOLA	RITA	TIM	
BASTIAN	HELENA	NICKI	PETER	ROBIN	ULI	
BOB	HILDE					
DAGOBERT	HOLLE					
DIRK	ILONA					
DORA	INGA					
EDGAR	IRENE					
EIKE	IRIS					
ELKE	KAI					
ELLEN	KARL					
ERHARD	KAROLA					
ERIK	KLARA					
ERNST	KUNO					
EVA	LAILA					
FIONA	LIANE					
FRANK	LEVI					
FRED	LONI					

PLATZTAUSCH

Vier Kinderlieder sind ein wenig durcheinander geraten. Sortieren Sie die Bruchstücke wieder!

DREI · CHINESEN · IM · WALDE

BRÜDERCHEN · SASS · MIT · MIR · EIN

EIN · KONTRABASS · STEHT · AUF · EINEM · BAUM

KOMM , · MÄNNLEIN , · TANZ · MIT · DEM · KUCKUCK

ZEITFRAGEN

Sind diese Behauptungen wahr oder falsch?

1. Die erste Lutherbibel wurde von Johannes Gutenberg gedruckt. .... **Wahr** **Falsch**

2. Bismarck war bis 1898 Kanzler. .... **Wahr** **Falsch**

3. Maria Theresia wurde 1745 zur österreichischen Kaiserin gekrönt. .... **Wahr** **Falsch**

4. Die Hanse wurde offiziell 1356 gegründet. .... **Wahr** **Falsch**

5. Die Brüder Grimm korrespondierten mit Friedrich dem Großen. .... **Wahr** **Falsch**

6. Wallenstein starb während des Dreißigjährigen Krieges. .... **Wahr** **Falsch**

WORTBRÜCHIG — STRUKTUR

Aus sechs Wörtern wurden eine oder mehrere Silben entfernt. Rekonstruieren Sie diese Wörter mit den rechts genannten Silben. Achtung! Manchmal gibt es mehrere Möglichkeiten. Aber nur eine erlaubt es, alle Wörter zu vervollständigen.

1. .... RA ....
2. KA ....
3. VE ....
4. .... BIS ....
5. .... TA ....
6. .... DAR

HI · KOM · ME · DRO · BE · KUS · TE · NIS · MI · RAN · TER · KA · KEL

ZOOM — KONZENTRATION

Sie sehen hier den vergrößerten Ausschnitt eines Bildes. Können Sie das Motiv erkennen?

GUT BEHÜTET — LOGIK

Finden Sie durch die Hinweise heraus, welche der vier Kopfbedeckungen Richard, Viktor, Markus und Stefan gehört.

1. Viktor trägt entweder den Cowboyhut oder die Mütze.
2. Wenn die Kappe nicht Richard gehört, dann hat Markus den Cowboyhut.
3. Wenn Markus eine Melone aufhat, trägt Richard die Mütze.
4. Wenn die Kappe nicht Viktor gehört, besitzt Stefan nicht die Melone.
5. Wenn Richard oder Markus die Mütze besitzt, trägt Stefan die Melone.

EUROPA-RAT! — WISSEN

Ein Quiz über die europäische Einigung – versuchen Sie bei den immer schwieriger werdenden Fragen so weit wie möglich zu kommen.

1. In welcher Stadt hat die EU-Kommission ihren Sitz?
2. In welcher Stadt tagt das Europäische Parlament?
3. In welchem Jahr führte Großbritannien den Euro als Währung ein?
4. Nach welchem Ort wurde das Abkommen benannt, das die Kontrollen an innereuropäischen Grenzen regelt?
5. Wie viele Staaten gründeten 1957 die EWG?
6. Wie heißt der EWG-Vorläufer, der die Produktion von Kohle und Stahl regulierte?
7. In welcher Stadt tagt der Europäische Gerichtshof?
8. Wie heißt das Vertragswerk, mit dem die EWG gegründet wurde?
9. In welchem Jahr wurde das Europäische Parlament zum ersten Mal direkt gewählt?
10. Welcher 1946 vorgelegte Plan regte die europäische Einigung an?

WAHR ODER FALSCH? — WISSEN

Entscheiden Sie, ob diese sechs Aussagen über Kerzen aller Art wahr oder falsch sind. Wenn Sie richtig getippt haben, ergeben die richtig sortierten Lösungsbuchstaben fleißige Helfer.

	Wahr	Falsch
1. Kerzen gibt es schon seit 200 Jahren vor Christi Geburt.	D	I
2. Der Schmelzpunkt von Bienenwachs liegt bei 95°C.	A	E
3. Die ersten Kerzen aus Stearin wurden 1818 hergestellt.	N	U
4. Früher wurden Kerzen geschnäuzt: Schmutzreste im Wachs wurden abgeschöpft.	S	N
5. Nachtkerzen öffnen ihre Blüten erst in der Dämmerung.	E	O
6. Eine Kerze beim Fußball ist ein scharfer Schuss direkt aufs Tor.	R	B

BACHSTUBEN? BUCHSTABEN! — STRUKTUR

Finden Sie zu diesen zehn Begriffen Anagramme aus dem Bereich der Chemie. Umlaute gelten als zwei Buchstaben.

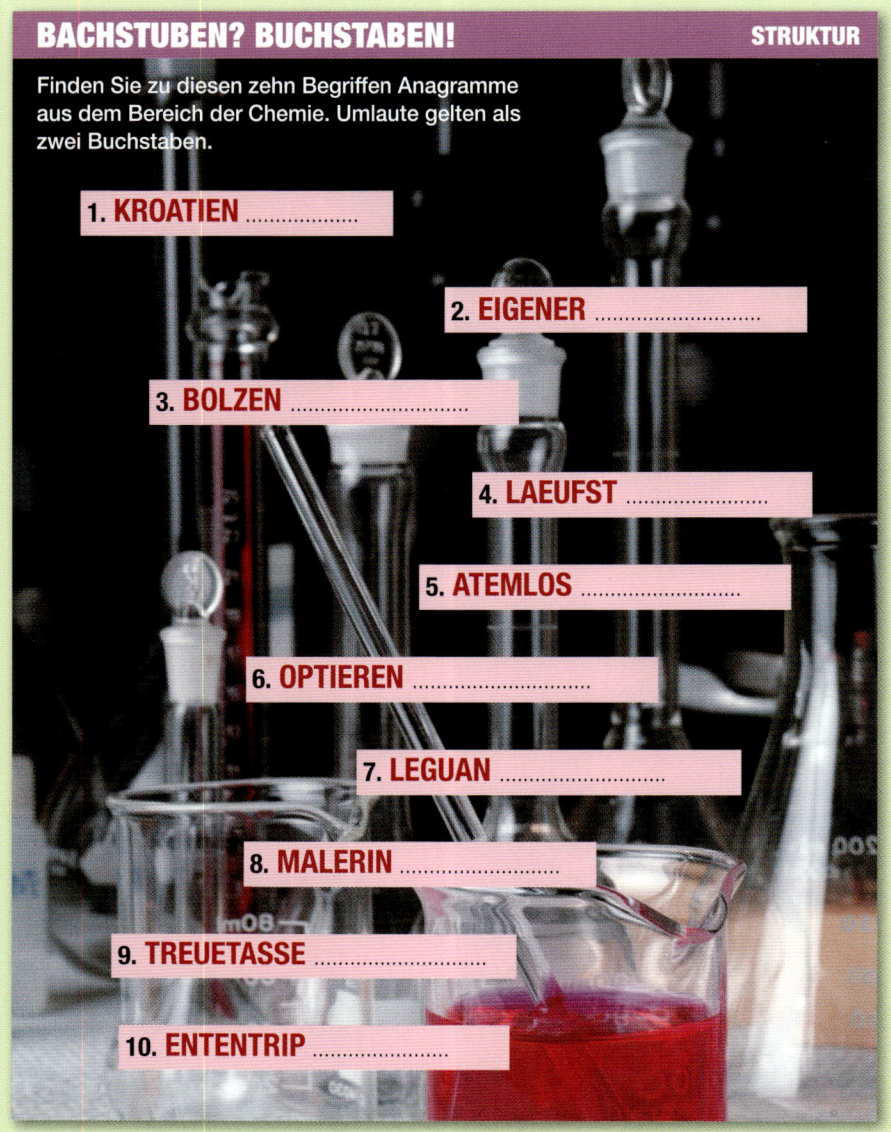

1. KROATIEN ....
2. EIGENER ....
3. BOLZEN ....
4. LAEUFST ....
5. ATEMLOS ....
6. OPTIEREN ....
7. LEGUAN ....
8. MALERIN ....
9. TREUETASSE ....
10. ENTENTRIP ....

AUFGEPASST — KONZENTRATION

Prägen Sie sich die 20 zusammengesetzten Wörter gut ein. Versuchen Sie dann innerhalb einer Minute so viele Begriffe wie möglich aufzuschreiben. Sie trainieren damit Ihr Langzeitgedächtnis.

Wortliste

Zweibeiner	Dreispitz
Hobelspan	Fußbett
Viereck	Himmelfahrt
Nagelfeile	Sägeblatt
Nebelbank	Zugreise
Flugbahn	Hagelkorn
Eiszeit	Ankertonne
Graupelschauer	Wasserfass
Windhose	Regenrinne
Rauchwolke	Schneesturm

....

....

....

....

....

....

....

....

....

....

FORTSETZUNG FOLGT — LOGIK

Die Spielkarten sind nach einem bestimmten Prinzip ausgelegt. Die letzte Karte wurde durch den Joker ersetzt.

Für welche Karte steht der Joker?

DOMINO — STRUKTUR

Sortieren Sie die Dominosteine neu, sodass sich zwei Bauwerke ergeben – eines von rechts nach links gelesen, das zweite von links nach rechts. Achtung! Um die Aufgabe etwas zu erschweren, wurden bei zwei Steinen die Buchstaben vertauscht.

A I W K B U I L
R T A A M S C H

BACHSTUBEN? BUCHSTABEN! STRUKTUR

Bilden Sie aus den Buchstaben Anagramme, die die Sätze sinnvoll vervollständigen. Umlaute gelten als zwei Buchstaben.

1. C E E H I N R S T

„Unsere Gegner .... sich einen großen Vorsprung", sagte der Trainer eines Teams beim Entenjagdturnier. „Aber wir dürfen die Segel nicht .... ! Um das .... zu vermeiden, müssen wir energisch zur Tat .... Sobald auch nur der Hauch des Bürzels eines .... am Horizont .... , müssen wir uns auf ihn stürzen! Gewinnen wir, dann warten die .... Belohnungen auf uns."

2. C E E H I N N S

Die drei .... waren bass erstaunt, als es plötzlich zu .... begann. Sie .... sich zu wünschen, dass bald die Sonne wieder .... würde.

3. A B E E N R T T

Tom und Tina .... die Kanzlei, um dem Anwalt zu erklären, dass sie alles Geld, das sie von ihrer .... bekommen hatten, an eine gemeinnützige Stiftung .... wollten.

BUCH GESUCHT ASSOZIATION

Ordnen Sie die zehn literarischen Figuren ihren Werken zu.

Figur				Nr.	Werk
Jim Hawkins	A	A.........		1	*Der Graf von Monte Christo*
Edmond Dantès	B	B.........		2	*Eine Weihnachtsgeschichte*
Phileas Fogg	C	C.........		3	*Der Medicus*
Kara Ben Nemsi	D	D.........		4	*Die Schatzinsel*
D'Artagnan	E	E.........		5	*Der Name der Rose*
Ebenezer Scrooge	F	F.........		6	*Dracula*
Humphrey van Weyden	G	G.........		7	*Durchs wilde Kurdistan*
Dr. van Helsing	H	H.........		8	*Der Seewolf*
William von Baskerville	I	I.........		9	*Die drei Musketiere*
Rob Jeremy Cole	J	J.........		10	*In 80 Tagen um die Welt*

KÖPFCHEN LOGIK

Ich besichtigte gerade eine kleine, einsame Kapelle. Plötzlich ging die Tür auf und drei Männer traten ein. Jeder wurde von drei Frauen begleitet. Jede Frau trug drei Körbe. In jedem dieser Körbe schliefen drei kleine Kätzchen. Wie viele Lebewesen befanden sich nun in der Kirche?

PLATZTAUSCH WISSEN

Die Titel von fünf Edgar-Wallace-Filmen sind durcheinander geraten. Finden Sie die Originaltitel heraus!

DER FROSCH MIT DEM GLASAUGE

DIE TOTE VON BLACKWOOD CASTLE

DER FÄLSCHER MIT DER MASKE

DER HUND AUS DER THEMSE

DER MANN VON LONDON

STADT, LAND, FLUSS

Finden Sie in jeder Kategorie einen Namen oder ein Wort, das mit den beiden angegebenen Anfangsbuchstaben beginnt.
Wenn Sie mindestens die Hälfte der Kästchen ausgefüllt haben, dann haben Sie diesen Test bestanden.
Allerdings haben Sie nur zehn Minuten Zeit!

	RE	KA	TI	HE	MO	BE
Hauptstadt						
Farbe / Farbton						
Zierpflanze						
Gestalt aus der Bibel						
europäische Region (kein Staat!)						
Maler						
Beruf						

AUSTAUSCH

Finden Sie den Weg vom STIER zum KAMPF. Bei jedem Schritt wird ein Buchstabe des Wortes ausgetauscht. Aus den Ihnen dann zur Verfügung stehenden Buchstaben müssen Sie ein neues Wort bilden.

S T I E R

- S +N _ _ _ _ _
- I +A _ _ _ _ _
- R +D _ _ _ _ _
- T +F _ _ _ _ _
- N +P _ _ _ _ _
- E +M _ _ _ _ _
- D +K KAMPF

JEDER GEGEN JEDEN

Fünf Fechter traten zu einem Turnier an. Jeder musste gegen jeden kämpfen.
Mögliche Resultate eines Duells waren Sieg, Niederlage oder Remis.
Finden Sie mithilfe der unten stehenden Ergebnistabelle heraus, wie die einzelnen Kämpfe endeten.

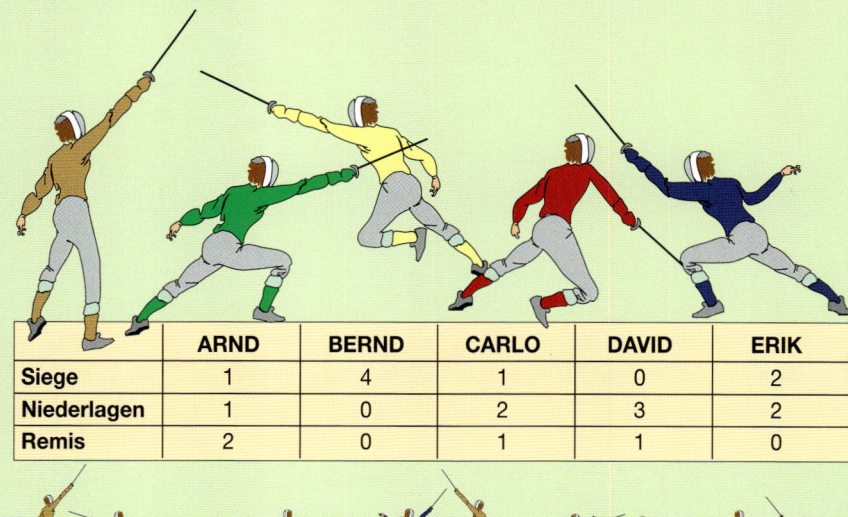

	ARND	BERND	CARLO	DAVID	ERIK
Siege	1	4	1	0	2
Niederlagen	1	0	2	3	2
Remis	2	0	1	1	0

ARND	BERND		CARLO	DAVID		ERIK	ARND		BERND	CARLO		DAVID	ERIK

ARND	CARLO		BERND	DAVID		CARLO	ERIK		ARND	DAVID		BERND	ERIK

SPRUCHSALAT

Drei Sprichwörter wurden in ihre Einzelteile zerlegt und gemischt.
Versuchen Sie die Sprichwörter wieder zusammenzusetzen.

ALLEIN · SÄT · BROT · GIBT'S · STURM · WER · DER · SCHLAFE · LEBT · IM · ERNTEN · DER · DEM · MENSCH · NICHT · WIRD · VOM · GERECHTEN · HERR · WIND

1. ....
2. ....
3. ....

PLANSPIEL · STRUKTUR

Ergänzen Sie in der Waagerechten die zwei Buchstaben, die den fünf geographischen Namen fehlen.
In den äußeren Spalten ergeben sich ein Rhein- und ein Weser-zufluss.

I	G
R	A
E	R
L	B
U	H

GEWÜRFELT · STRUKTUR

Wählen Sie jeweils einen Buchstaben pro Würfel. Von links nach rechts gelesen, ergeben sich die Namen von drei berühmten Tieren.

1. .... 2. .... 3. ....

RICHTIG GEZÄHLT · LOGIK

Setzen Sie die Symbole mit den Zahlen in das Gleichungsschema ein. Die Summen in den Zeilen, Spalten und den Diagonalen müssen jeweils 130 ergeben.

31, 40, 26, 29, 33, 25, 35, 39, 36, 28, 38, 34, 30, 32, 37, 27

MAGISCHES QUADRAT · LOGIK

Bei diesem magischen Quadrat ergeben die Zahlen in jeder Zeile, Spalte und Diagonalen die gleiche Summe. Ergänzen Sie die fehlenden Zahlen.

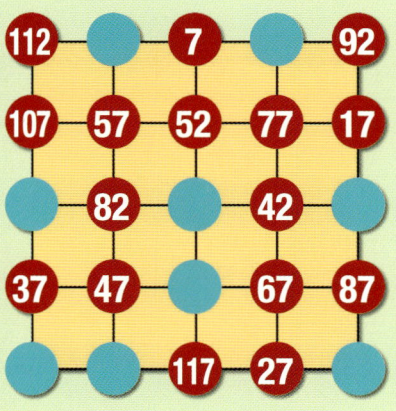

UM DIE ECKE GESUCHT

Die Filme in diesem Gitter können waagerecht, senkrecht, vorwärts und rückwärts geschrieben sein, aber auch über Eck verlaufen. Die Wörter überschneiden sich nicht. Buchstaben werden immer nur für einen einzigen Namen verwendet. Streichen Sie die gefundenen Wörter durch. Zeilenweise gelesen, ergeben die verbleibenden Buchstaben den Namen eines Filmstars.

```
S O H G N I D I P S H O K E R C A G
T B U J A H E O R G C R A C H I O O
E R S O T C R T D L Y N O V E T S I
K H T W I A M A D A S P O M R T R Z
S S E N T N I N I D S C H U N I O X
U S R A E R M E A A S I L O G G O E
E D A M I N I N T I M A B P E L B U
T E D N A I L S O H B I F O R T E C
I R I C L S M O R P T A R Z A N M H
T A N G H S E R G L N O D N A M E T
I N H I R O N I E E L A D E M U N A
N G S S M A R L F D A B I G O L A P
I P O I D H S A K N L I N A W T A C
H S C R A X I A N O T H N M R A T O
O B O A N E R M T A H P A R R A M B
R S O L C E T A M B C S H N E I L A
```

ALIEN
AMADEUS
ARMAGEDDON
BAMBI
BATMAN
CATWOMAN
CHICAGO
CHINATOWN
DSCHUNGELBUCH
EXORZIST
FLASHDANCE
GHOSTBUSTERS
GLADIATOR
GREMLINS
HANNIBAL

HIGHLANDER
MARNIE
MATRIX
METROPOLIS
MOONRAKER
MULAN
PATE

PHILADELPHIA
PSYCHO
RAMBO
ROBOCOP
ROSSINI
SCHTONK
SHINING

SHREK
SOLARIS
SPIDERMAN
TARZAN
TERMINATOR
TITANIC
VERTIGO

KÖPFCHEN

Die ersten beiden Waagen befinden sich im Gleichgewicht. Gleichfarbige Würfel sind gleich schwer. Schlägt die dritte Waage nach rechts oder nach links aus, oder sind die Würfel auf beiden Seiten gleich schwer?

WORTWAHL ASSOZIATION

Finden Sie mithilfe der Definitionen zehn Begriffe, die die Buchstabengruppe MOR enthalten. Jeder Strich steht für einen fehlenden Buchstaben.

1. Edler Stein, aber kein Edelstein ➤ _ _ _ _ _ _
2. Mit Zeter gezetert ➤ _ _ _ _ _ _
3. Trainiert das Gedächtnis spielerisch ➤ _ _ _ _ _ _
4. Bringt Namen um die Ecke ➤ _ _ _ _ _ _ _
5. Im eigenen Saft ➤ _ _ _ _ _ _ _ _ _
6. Sündig wie Sodom ➤ _ _ _ _ _ _ _ _
7. Die dicksten Sportler ➤ _ _ _ _ _ _ _ _ _
8. Ist uns Wurst ➤ _ _ _ _ _ _ _ _ _ _
9. Wo die Sonne aufgeht ➤ _ _ _ _ _ _ _ _ _
10. Scherz im größten Schmerz ➤ _ _ _ _ _ _ _ _ _ _

AUF DEM HOLZWEG LOGIK

Legen Sie vier der Streichhölzer an eine andere Stelle, sodass sich sechs Dreiecke ergeben.

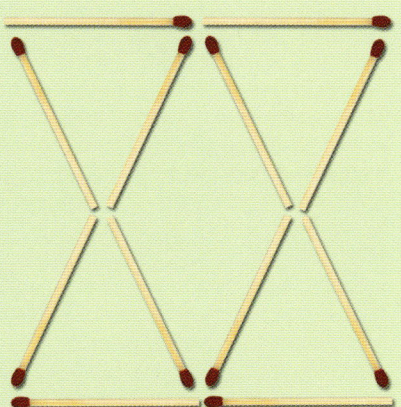

BACHSTUBEN? BUCHSTABEN! STRUKTUR

Finden Sie zu jedem der zehn Wörter ein Anagramm, das mit einer bestimmten Kunstgattung zu tun hat.

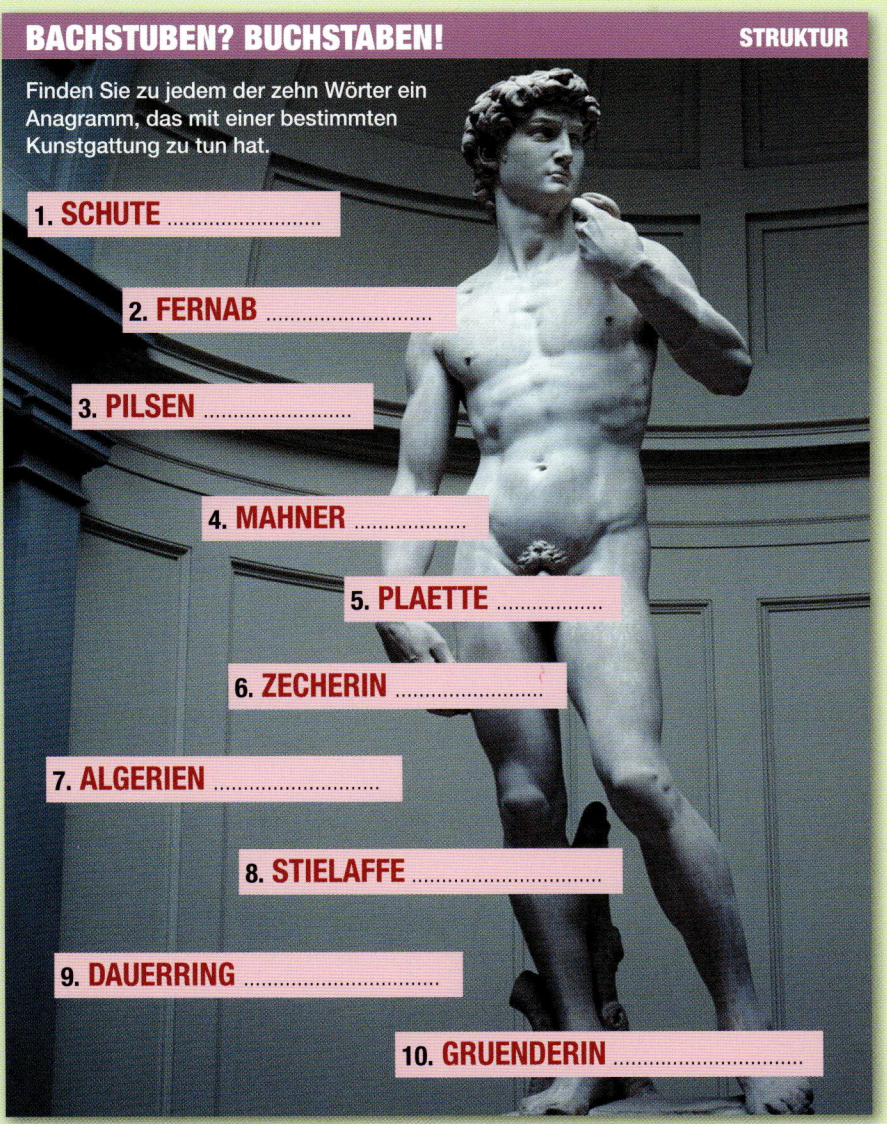

1. SCHUTE ....
2. FERNAB ....
3. PILSEN ....
4. MAHNER ....
5. PLAETTE ....
6. ZECHERIN ....
7. ALGERIEN ....
8. STIELAFFE ....
9. DAUERRING ....
10. GRUENDERIN ....

IM GLEICHKLANG SPRACHE

Finden Sie Paare von Homonymen (Wörter mit gleicher Schreibung und unterschiedlicher Bedeutung), die die vier Sätze sinnvoll vervollständigen. Jeder Strich steht für einen Buchstaben. Umlaute zählen als ein Buchstabe.

1. Die Goldsucher _ _ _ _ _ _ _ täglich zwei Tonnen Sand. Erst am _ _ _ _ _ _ _ Tag wurde einer von ihnen fündig.

2. Herr Schmidt erklärte mir, er _ _ _ _ _ _ _ _ drei Restaurants, zwei Brauereien und zwei Saft produzierende _ _ _ _ _ _ _ _ .

3. „Du musst noch ein wenig _ _ _ _ _ _ _ ", sagte Herr Müller zu seinem vier Jahre alten Sohn. „Nächstes Jahr darfst du dann deine Skier selbst _ _ _ _ _ _ _ .

4. Im Gegensatz zu _ _ _ _ _ _ lassen sich Seesterne durch laute Rockmusik unter Wasser nicht _ _ _ _ _ _ .

255

LOGICAL

TIERISCHE NACHBARN

Die Herren Boa, Krokodil, Tarantel und Waran sind Mitglieder im Klub unkonventioneller Haustierbesitzer (KUH). Um Besucher vor ihren ungewöhnlichen Tieren zu warnen, hat jeder von ihnen ein Schild an seiner Gartentür angebracht. Auf jedem Schild steht ein Satz aus vier Wörtern. Herr Kuckuck, ein stadtbekannter Scherzbold, hat die Aufschriften durcheinander gebracht. Seine beiden Töchter Marie und Anna finden das unverantwortlich. Sie wollen die Schilder rekonstruieren, können sich aber nicht genau an die Texte erinnern. Sie wissen nur Folgendes:

16 Wörter werden benutzt:
1. Wort: Boa, Krokodil, Tarantel, Waran
2. Wort: beherbergt, hält, besitzt, verkauft
3. Wort: drei, vier, sechs, acht
4. Wort: Boas, Krokodile, Taranteln, Warane

Hinweise von Kuckucks Kindern

1. Tarantel verkauft nicht.
2. Boa und vier stehen im selben Satz.
3. Taranteln und beherbergt stehen auf demselben Schild.
4. Besitzt und Krokodile stehen nicht im selben Satz.
5. Taranteln und Krokodil stehen nicht im selben Satz.
6. Sechs und Warane stehen im selben Satz.
7. Acht und Krokodile stehen auf demselben Schild.
8. Weder Boa noch Tarantel beherbergt oder hält.

Lösung

	Satz 1	Satz 2	Satz 3	Satz 4
Wort 1				
Wort 2				
Wort 3				
Wort 4				

BACHSTUBEN? BUCHSTABEN!

Bilden Sie aus den angegebenen Buchstaben Anagramme, die die Sätze sinnvoll ergänzen. Umlaute gelten als zwei Buchstaben.

1. A E E L R S T T U

Auch .... Protest brachte bei dem starrsinnigen Chef keine .... – er stellte sich einfach taub.

2. E E E I L N O R R T V

Der Despot hatte nicht erwartet, dass die Bevölkerung .... würde und er .... auf Gegenwehr stoßen würde.

3. C E F H I O R R S S T

Nachdem Norbert seine Rosenbeete .... abgedeckt hatte, machte er sich erst einmal Kaffee – .... !

WORTWAHL

Finden Sie mithilfe der Definitionen zehn Begriffe, die die Buchstabengruppe RME enthalten. Jeder Strich steht für einen fehlenden Buchstaben.

1. Aufs Brot ➤ _ _ _ _ _ _ _ _
2. Auf Nudeln ➤ _ _ _ _ _ _ _
3. Ums Schnitzel ➤ _ _ _ _ _ _ _ _ _
4. Trägt ein teures Fell ➤ _ _ _ _ _ _ _ _ _
5. Schläft tief und fest ➤ _ _ _ _ _ _ _ _ _
6. Fest fürs Volk ➤ _ _ _ _ _ _
7. Haarscharf für Männer ➤ _ _ _ _ _ _ _ _ _ _
8. Truppe, die nicht schießt ➤ _ _ _ _ _ _ _ _ _
9. Die Schrecken der Räuber ➤ _ _ _ _ _ _ _ _ _
10. Heim für Habenichtse ➤ _ _ _ _ _ _ _ _ _

MAGISCHE ZAHL

Wählen Sie eine beliebige Zahl mit vier Stellen. Sie muss mindestens zwei unterschiedliche Ziffern haben, also nicht 2222. Gehen Sie dann wie im folgenden Beispiel mit der Zahl 7584 vor. Schreiben Sie zuerst die Ziffern von der größten zur kleinsten: Sie erhalten a = 8754. Schreiben Sie die Ziffern dann von der kleinsten zur größten: b = 4578. Ziehen Sie b von a ab. Nehmen Sie das Ergebnis und führen Sie die gleiche Operation noch einige Male durch.

Versuchen Sie dies mit anderen vierstelligen Zahlen. Sie werden dann ein Phänomen entdecken, das schon viele Generationen von Mathematikern fasziniert hat.

TUTEN UND BLASEN! — STRUKTUR

Die 56 Begriffe aus der Welt der Musik in diesem Rätselgitter können vorwärts und rückwärts geschrieben sein, waagerecht, senkrecht und sogar diagonal. Die Wörter können sich auch überschneiden. Einige Buchstaben bleiben übrig. Zeilenweise gelesen, ergeben sie ein Musikinstrument.

Trompete

ADAGIO
AIS
ALT
BANDONEON
BASS
BOGEN
BOSSANOVA
CELLO
CIS
COOL
DACAPO
DOLCE
DRUM
DUO
ETUEDE

FAGOTT
FUGE
GESANG
GONG
KLANG
LAUTE
MESSE
NONETT
NOTE
OBOE
OKTAVE
OLDIE
OPERETTE
OPUS
ORGEL

PHRASE
PRIM
RAGA
RASSEL
ROCK
ROHR
RONDO
SAITE
SALSA
SERENADE
SEXT
SINFONIE
SOLO
SONG
SPINETT

STEG
TENOR
TERZ
THEMA

TRIOLE
TUBA
TUTE
TUTTI

WIEGENLIED
XYLOPHON
ZITHER

MERKWÜRDIG — ASSOZIATION

Prägen Sie sich die Begriffspaare ein. Gebrauchen Sie dabei alle Mnemotechniken, die Sie kennen. Decken Sie die Wörter ab und beantworten Sie die sechs Fragen.

Superstar – Direktor

Regentin – Dirigentin

Champion – Entertainment

Pseudonym – Synthese

Antithese – Prominenz

VIP – Quizmaster

Prothese – Berühmtheit

Hieroglyphen – Unterhaltung

Direktrice – Starkult

Ägypter – Talkshow

Fragen

1. Welches Wort gehört zu dem kürzesten Begriff?

2. Mit welchem Wort ist Entertainment verbunden?

3. Mit welchem von These abgeleiteten Wort ist Pseudonym verbunden?

4. Welches Wort ist mit der Schrift der Ägypter verbunden?

5. Welches Wort steht direkt vor Quizshow?

6. Ist die weibliche Form von Direktor mit einem weiblichen Hauptwort verbunden?

IM DREIERPACK — ASSOZIATION

Welches Wort kann den drei aufgelisteten Begriffen vor- oder nachgestellt werden?

1. FUNZEL
   SPORT
   TÜTE

2. BRUCH
   HALTEN
   FREIHEIT

3. WUNDER
   WEIN
   BAR

4. FAHRER
   TIER
   SARDE

5. TECHNIK
   PHOTO
   DARM

6. GLAUBEN
   KENNEN
   WITZ

ZEITFRAGEN CHRONIK

Bringen Sie diese geschichtlichen Ereignisse in die richtige Reihenfolge.

A Zur Zeit Neros wird Rom durch einen Brand zerstört.

B Trojanischer Krieg.

C Phönizische Siedler gründen Karthago in Nordafrika.

D Romulus und Remus gründen der Sage nach Rom.

E Julius Caesar wird ermordet.

F Hannibal überquert mit seiner Armee die Alpen.

G Kleopatra wird geboren.

H Der griechische Philosoph Sokrates wird hingerichtet.

1 ....
2 ....
3 ....
4 ....
5 ....
6 ....
7 ....
8 ....

KÖPFCHEN LOGIK

Benno schlägt Paul ein Spiel vor. Wenn Paul mit seiner Luftpistole die Scheibe A trifft, gewinnt er einen Euro. Trifft er Scheibe B, bekommt er drei Euro. Trifft er daneben, muss er Benno zwei Euro zahlen. Nach 70 Schuss hat Paul eine Summe gewonnen, die zwischen 30 und 40 Euro liegt. Er traf Scheibe A zehnmal mehr, als dass er beide Scheiben verfehlte.

A = 1 €   B = 3 €

Wie oft traf Paul A und B, wie oft schoss er daneben? Wie viele Euro hat er genau gewonnen?

IM DREIERPACK ASSOZIATION

Welches Wort kann den drei aufgelisteten Begriffen vor- oder nachgestellt werden?

1. TOLERANT – LOS – QUELLE ....

2. AMEN – EIGEN – HEREIN ....

3. SAME – ZONE – SCHLEIER ....

4. WEGEN – ORDERN – STELLEN ....

5. KÜR – LANG – WALDI ....

6. POL – POLAR – SEE ....

AUSTAUSCH STRUKTUR

Bringen Sie den SAENGER zum CHANSON. In jeder Zeile wird ein Buchstabe ausgetauscht und ein neues Wort gebildet. Erlaubt sind auch abgeleitete Formen von Verben und Hauptwörtern!

S A E N G E R

- E + T _ _ _ _ _ _

- G + P _ _ _ _ _ _

- R + L _ _ _ _ _ _

- T + H _ _ _ _ _ _

- L + C _ _ _ _ _ _

- E + S _ _ _ _ _ _

- P + E _ _ _ _ _ _

- S + N _ _ _ _ _ _

- E + O C H A N S O N

WORTBRÜCHIG STRUKTUR

Aus sechs Wörtern wurden eine oder mehrere Silben entfernt. Rekonstruieren Sie diese Wörter mit den rechts genannten Silben. Achtung! Manchmal gibt es mehrere Möglichkeiten. Aber nur eine erlaubt es, alle Wörter zu vervollständigen.

1. .... DE

2. PAS *S A B E*

3. .... TE

4. .... TI

5. AU ....

6. .... VIE ....

BEL   HI   KA
SIE   RA   LA
REN   TA   NU   KE
MAS   TOP   SA

FORTSETZUNG FOLGT LOGIK

Finden Sie die Figur, die die Reihen sinnvoll ergänzt.

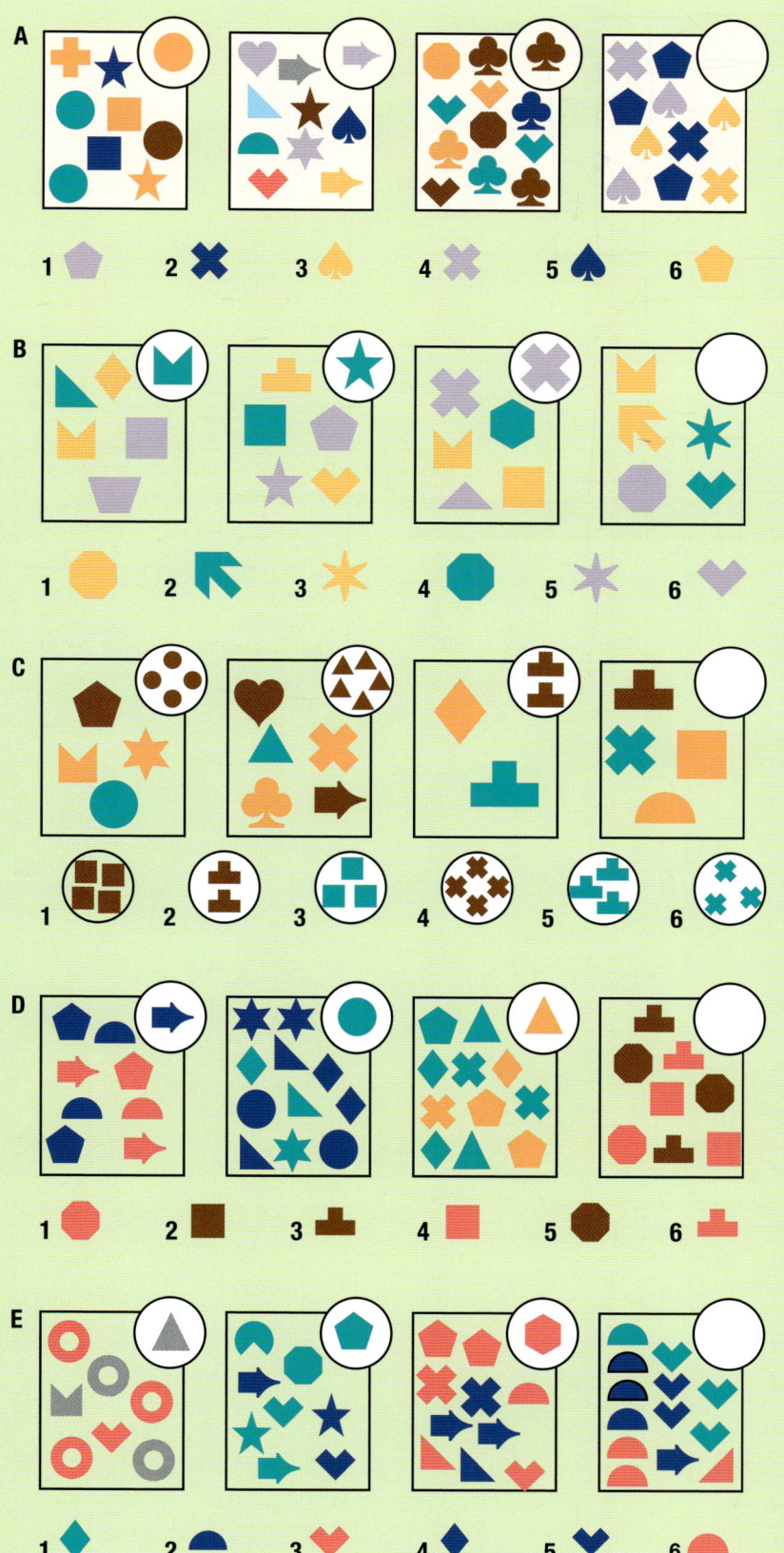

A
1 2 3 4 5 6

B
1 2 3 4 5 6

C
1 2 3 4 5 6

D
1 2 3 4 5 6

E
1 2 3 4 5 6

SANDWICH STRUKTUR

Ergänzen Sie jeweils den dritten Buchstaben der Wörter. In der mittleren Spalte ergibt sich der Lösungsspruch. Manchmal gibt es mehrere Möglichkeiten, aber nur eine führt zum Lösungsspruch.

S	O	D	O	M
P	R		I	S
R	U		D	E
I	R		I	N
C	H		M	P
H	E		R	E
W	O		M	S
O	D		U	R
R	T		N	E
T	A		E	L
U	N		A	T
E	K		L	N
B	R		S	T
E	I		I	G
R	U		E	M
E	B		N	E
C	H		O	M
H	A		E	N
T	R		F	F
E	R		S	T
K	A		N	E
A	N		I	K
M	T		E	N
E	A		G	E
R	A		K	E
A	S		A	T
D	A		K	E
S	U		A	N
C	H		C	K
H	O		S	T
A	H		N	T
F	R		S	T
T	O		A	L

SPRUCHSALAT

Vier Zitate von Shakespeare wurden in ihre Einzelteile zerlegt und gemischt. Versuchen Sie die Zitate wieder zusammenzusetzen.

IST · KÜRZE · VATER · GANZE · IST · SEELE · WITZES · DER · IST · DES · WUNSCH · REST · SCHWEIGEN · DES · DER · DIE · IST · DER · THEATER · WELT · GEDANKENS

1. ....

2. ....

3. ....

4. ....

FORTSETZUNG FOLGT

1. Nach welchem Prinzip ist diese Reihe aufgebaut?

1 · 4 · 1 · 5 · 9 · 2 · 6 · 5 · 3 · 5

2. Finden Sie die Zahl, die diese Reihe logisch fortsetzt.

25 · 29 · 85 · 89 · 145 · 42 · 20 · ?

3. Welche Zahl ergänzt diese Reihe?

60 · 60 · 24 · ? · 52 · 100 · 10

4. Finden Sie den Buchstaben, der diese abgeschlossene Reihe sinnvoll ergänzt.

S · A · N · Z · B · D · ? · A

IM DREIERPACK

Welches Wort kann den drei aufgelisteten Begriffen vor- oder nachgestellt werden?

Beispiel: Pass, Konfekt, Eros: **ION** (Passion, Konfektion, Erosion).

1. **BÄR, HEU, SCHAR**
....
2. **ARBEIT, ALLE, BEZIRK**
....
3. **RAN, FUN, PUR**
....
4. **BAST, HERB, WEBER**
....
5. **ACHT, ASS, EHRSAM**
....
6. **DRILL, EINST, KRAN**
....

PLANSPIEL

Bei diesen sieben geographischen Begriffen fehlen die Anfangs- und Endbuchstaben. Richtig ergänzt, ergeben sich zwei Staaten in Europa.

U	T	E	T	I	
i	T	A	L	I	E	N
A	L	L	A	R	
J	A	C	C	I	
G	A	N	D	E	
M	S	C	H	E	
N	I	A	G	A	R	A

WORT FÜR WORT

Bilden Sie neue Wörter, indem Sie die angegebenen Buchstaben schrittweise hinzufügen.

B A D

+ N _ _ _ _
+ E _ _ _ _ _
+ R _ _ _ _ _ _
+ N _ _ _ _ _ _ _
+ U _ _ _ _ _ _ _ _
+ K _ _ _ _ _ _ _ _ _

HALBE-HALBE

Bilden Sie aus den 24 Wörtern mit fünf Buchstaben zwölf Wörter mit zehn Buchstaben.

MARIO REIHE MEERE
SACHT NATUR
RUHEN FRIES
TORTE
SERIE
ZUBER
INNEN ZWEIT
AKTER
NETTE
KAROS ALIEN LETTE
WINDE SEILE
EITER
REICH
STIER
KÜHLT RENTE

1. ....
2. ....
3. ....
4. ....
5. ....
6. ....
7. ....
8. ....
9. ....
10. ....
11. ....
12. ....

PYRAMIDE

Jede Zahl ist die Summe der Zahlen aus den beiden direkt darunterliegenden Kästchen. Berücksichtigen Sie beim Ausfüllen der Kästchen folgende Bedingungen:

- **a**, **b**, **c**, **d** und **e** sind ganze, positive Zahlen; **b** ist größer als **a**
- $a = e$
- $d = b - 1$
- $c = b + 1$

Im obersten Kästchen (S) steht 89, 90 oder 91.

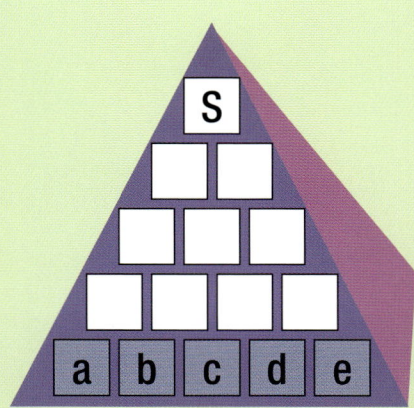

SINGSPIEL

Setzen Sie diese Stars aus der Welt der Musik und des Showbiz in das Gitter ein.

ADAMO	BORG	GLAS	NENA	SIEGEL
ANDERSEN	CARPENDALE	LAGE	NICKI	TRIO
ANKA	CORDALIS	LINDENBERG	NICOLE	WERDING
BERT	DREWS	LINDNER	ROSENBERG	WHITTAKER
	EBSTEIN	MAFFAY	RUBIN	
	GABRIEL	MILVA	SHEER	

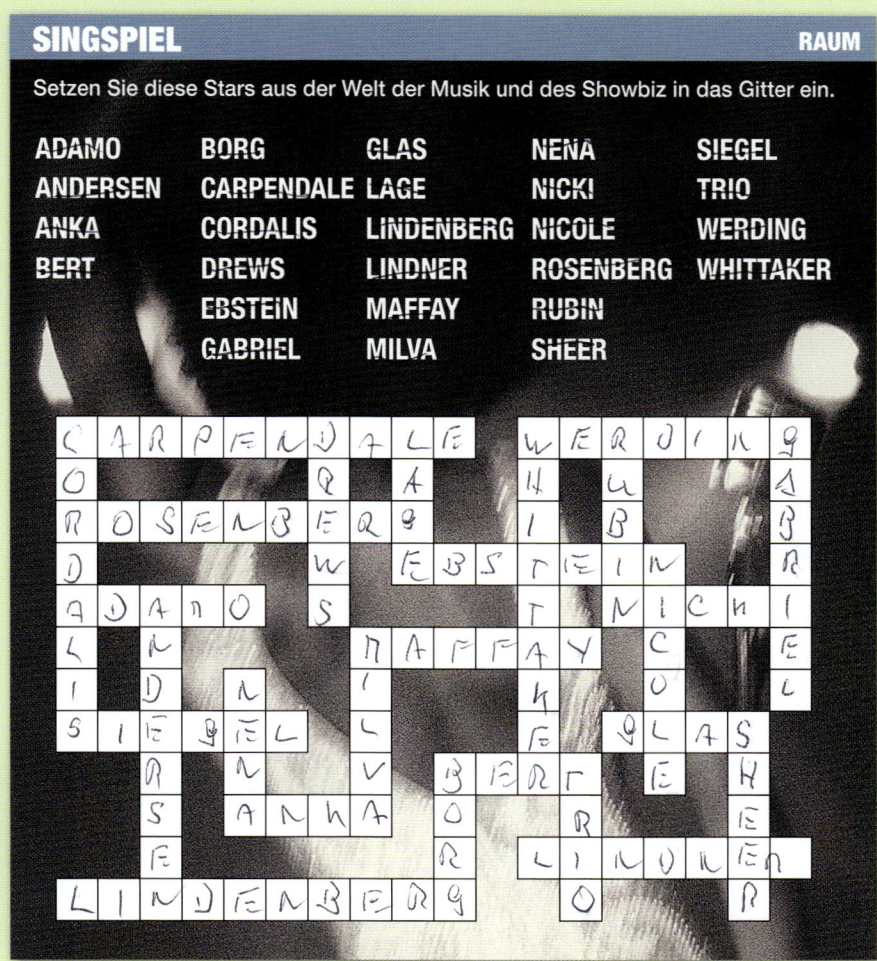

KREUZSPORTRÄTSEL

Füllen Sie das Kreuzworträtsel zum Thema Sport mithilfe der angegebenen Definitionen aus.

Waagerecht

  I. jährliches Sportereignis
 II. Strom in Afrika – Raum hinter der Spielfeldgrenze – US-Tennisspieler
III. Irrfahrt – Sportgefährt
 IV. Spiel ohne Sieger – erster Generalsekretär der UNO – Initialen Dürers
  V. Gedicht – italienischer Formel-1-Fahrer
 VI. Europäerin – direkt errungene Punkte beim Tennis – französisch: Sommer
VII. US-Geheimdienst – Opernlied – Rasenfläche um das Golfloch
VIII. englisch: wir – extremer Ausdauersport
 IX. diplomierter Landwirt – wirtschaftlich unabhängig
  X. Inhalt entnehmen – Frauensingstimme – spanischer Artikel
 XI. Behörde – in einem Stück gefilmte Sequenz
XII. Mailänder Fußballclub – asiatischer Strom – Buch der Bibel
XIII. traditionell starkes Land beim Eisschnelllauf – Skatansage
XIV. äußerst intelligenter Mensch – Fußball-Weltmeister 1966

Senkrecht

 1. Freizeitsport
 2. Wechsel der Gezeiten – Turnabteilung – zu keiner Zeit
 3. antike Sportstätte – Sportart
 4. Stadt in der Schweiz – Sporttreffer – Mainzelmännchen
 5. Kategorie der Tierzucht – Vorname des Fußballers Friedrich – Wendekommando beim Segeln
 6. italienisch: zwei – US-Leichtathletin: … Jones
 7. Lasttier – alter Name Thailands – Räucherfische
 8. Tennissatz – Hauptstadt von Jordanien
 9. Flugkörper – wird beim Skisprung benotet
10. alter türkischer Titel – glimmendes Feuer – Abkürzung: Deziliter
11. Straußenvogel – Kartenfarbe bei Spielausschluss – Frauenname
12. deutsche Partei – Stadt an der Saale – Faultier
13. sächliches Fürwort – Betagte – sportliche Höchstleistung
14. traditionelles Hockeyland – Haftmittel

VERGLEICHSWEISE   KONZENTRATION

Welche beiden Karten sind genau gleich?

A

B

C

D

E

F

WISSEN

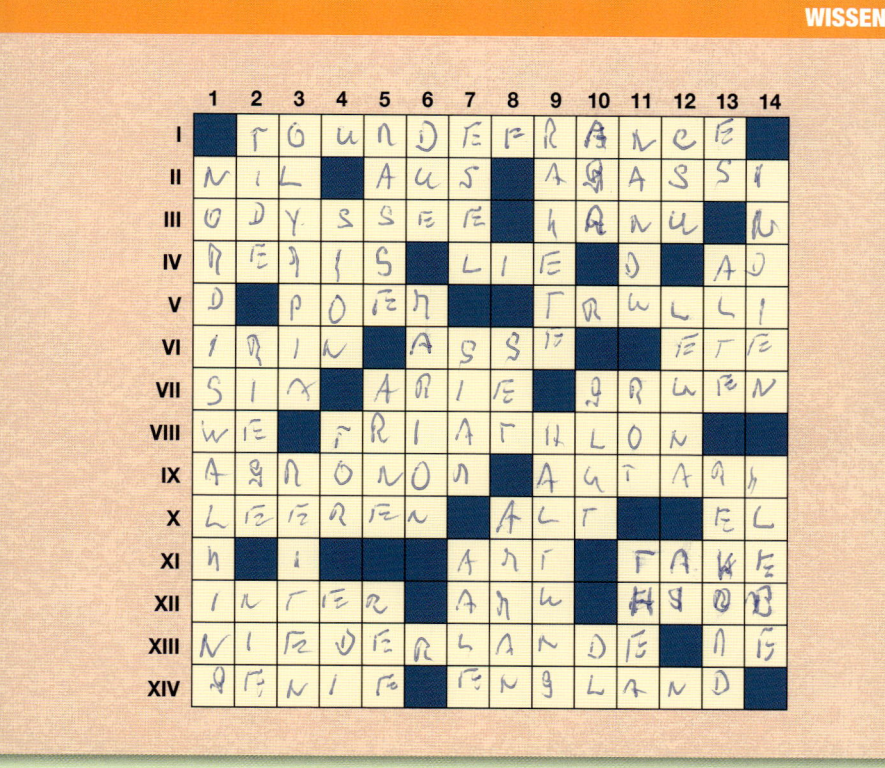

	1	2	3	4	5	6	7	8	9	10	11	12	13	14
I		T	O	U	N	D	E	R	F	R	A	N	C	E
II	N	I	L		A	U	S		A	G	A	S	S	I
III	O	D	Y	S	S	E	E		H	A	N	U		N
IV	M	E	D	I	S		L	I	E		D		A	D
V	D		P	O	E	H		T	R	U	L	L	I	
VI	I	R	I	N		A	G	S			E	T	E	
VII	S	I		A	R	I	E		G	R	U	E	N	
VIII	W	E		T	R	I	A	T	H	L	O	N		
IX	A	G	N	O	M	O	N		A	U	T	A		
X	L	I	E	R	E	N		A	L	T		E	L	
XI	H		I			A	R	I		F	A	K	E	
XII	I	N	T	E	R		A	H		H	J	O		
XIII	N	I	E	D	E	R	L	A	N	D	E		S	
XIV	G	N	I		E	N	G	L	A	N	D			

KÖPFCHEN — LOGIK

Frau Schlau ist es leid, ständig ihr Alter offenbaren zu müssen. Als sie neulich wieder gefragt wurde, stellte sie folgende Aufgabe:

> „Ich bin zwischen 50 und 80 Jahre alt. Jedes meiner Kinder hat so viele Kinder wie Geschwister. Wenn Sie mein Alter wissen wollen – ganz einfach: Es ist die Summe meiner Kinder und Enkelkinder."

Wie viele Kinder und Enkelkinder hat Frau Schlau und wie viele Kerzen werden ihre nächste Geburtstagstorte zieren?

GEWÜRFELT — STRUKTUR

Wählen Sie jeweils einen Buchstaben pro Würfel. Von links nach rechts gelesen, ergeben sich drei Kleidungsstücke.

1. ....
2. ....
3. ....

IM GLEICHKLANG — SPRACHE

Finden Sie Paare von Homophonen – Wörter, die gleich klingen, aber anders geschrieben werden. Sie müssen die vier Sätze sinnvoll ergänzen. Jeder Strich steht für einen Buchstaben. Umlaute gelten als ein Buchstabe.

1. Die Buchmacher _ _ _ _ _ _ _ _ mich verständnislos an, weil ich darauf wetten wollte, dass Schumi in der letzten Reihe _ _ _ _ _ _ _ würde.

2. Am Ende _ _ _ _ _ _ der Redner zusammen: Man _ _ _ _ _ regelmäßig, um Körper und Geist zu stärken.

3. Die Verteidiger verschanzten sich hinter dicken _ _ _ _ _ _ , doch gegen die _ _ _ _ _ _ der Angreifer waren sie chancenlos.

4. Kapitän Flints Leute _ _ _ _ _ _ _ ihn in den höchsten Tönen, denn die _ _ _ _ _ _ der letzten Monate hatten sie zu reichen Männern gemacht.

BACHSTUBEN? — STRUKTUR

Finden Sie zu jedem der zehn Wörter ein Anagramm, das eine Maßeinheit ist. Umlaute gelten als zwei Buchstaben.

1. UZEN ....
2. EMILE ....
3. TENNO ....
4. KONTEN ....
5. VIERTES ....
6. LOESCHE ....
7. URMAUER ....
8. KOHLERITTE ....
9. ULMEN ....
10. DIENER ....

LÄNDERSPIEL

Finden Sie mithilfe der Hinweise und der Karte heraus, welche Länder, Städte und Gewässer beschrieben werden.

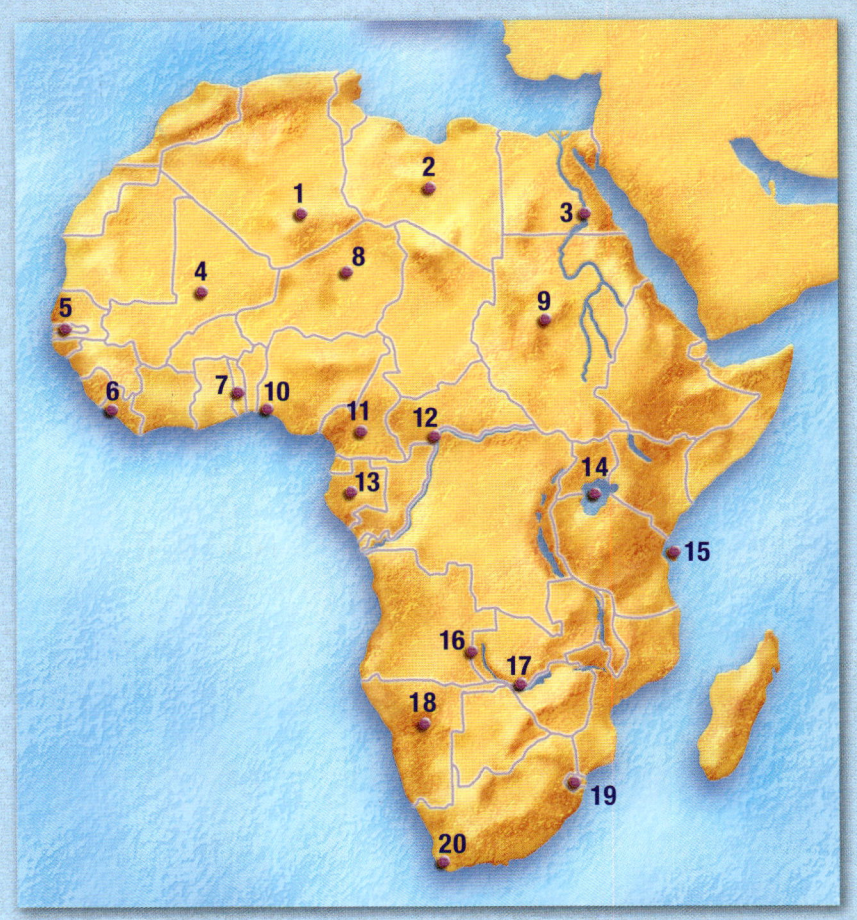

1. Bevor ich 1962 ein unabhängiger Staat wurde, gehörte ich zu Frankreich. Der Name meiner Hauptstadt ähnelt meinem Namen.

2. Meine wichtigsten Regionen sind die Cyrenaika, Fessan und Tripolitanien. Die Wüste nimmt 90 % meiner Fläche ein.

3. Ich bin eine Stadt am Nil. Berühmt bin ich durch einen Damm, der 1971 eingeweiht wurde. Er staut den 400 km langen Nasser-See.

4. Viele halten mich für einen weltentlegenen Ort. Aber ich habe eine über 1000-jährige Geschichte und war eines der Zentren der islamischen Kultur.

5. Ich bin der kleinste Staat in Westafrika und – bis auf meine Küste – völlig vom Senegal umgeben. Meine Hauptstadt heißt Banjul.

6. Ich bin schon seit 1847 ein unabhängiger Staat. Viele ehemalige Sklaven kamen damals aus den USA, um hier zu wohnen. Meine Hauptstadt wurde zu Ehren eines US-Präsidenten benannt.

7. Bis 1918 war ich eine deutsche Kolonie. Aus meinem kurzen Namen kann man zwei englische Wörter bilden. Meine Nachbarstaaten im Westen und im Osten sind Ghana und Benin.

8. Ich bin einer der ärmsten Staaten Afrikas. Ein großer Fluss gab mir seinen Namen, obwohl ich durch Trockenheit geprägt bin. Meine Hauptstadt heißt Niamey.

9. Ich bin der größte Staat Afrikas. Meine Hauptstadt liegt an der Stelle, wo der Weiße und der Blaue Nil zusammenfließen.

10. Ich bin das Wirtschaftszentrum meines Staates und seine alte Hauptstadt. Abgelöst wurde ich 1991 von Abuja im Landesinneren. 1950 hatte ich etwa 290.000 Einwohner, bald werde ich über zehn Millionen haben!

11. 1884 wurde ich deutsches Schutzgebiet. Nach dem Ersten Weltkrieg teilte man mich zwischen Frankreich und Großbritannien auf. Aus diesem Grund bin ich ein Staat mit zwei Amtssprachen: Englisch und Französisch.

12. Ich bin einer der Hauptzuflüsse des Kongo. An meinem Ufer liegt Bangui, die Hauptstadt der Zentralafrikanischen Republik. Diesem Namen ähnelt mein Name sehr.

13. Ich bin eine Stadt in Gabun. 1913 gründete Albert Schweitzer hier sein berühmtes Urwaldkrankenhaus.

14. Ich bin der größte afrikanische See – etwa so groß wie Irland! Der Weiße Nil fließt aus mir heraus.

15. Ich bin eine Insel im Indischen Ozean. 1964 vereinigte ich mich mit Tanganjika zu einem neuen Staat, der meine ersten drei Buchstaben im Namen trägt.

16. Ich bin die Grenze zwischen zwei Staaten. Der östliche Staat beginnt mit A, der westliche endet mit A.

17. Livingston war der erste Europäer, der mich sah. Ich bin ein Teil des Sambesi, des längsten Flusses in Afrikas Süden. Einheimische nennen mich *Donnernder Rauch* wegen des Sprühnebels und des Lärms, den meine herabstürzenden Wassermassen verursachen.

18. Meine Hauptstadt heißt Windhuk. Der Oranje bildet meine südliche Grenze. Ich wurde erst 1990 unabhängig.

19. Ich bin ein 17 000 km² großer Staat. Meine Hauptstadt heißt Mbabane, meine Währung Lilangeni.

20. Ich bin ein Kap an der Südspitze von Afrika, aber nicht sein südlichster Punkt. Der Portugiese Diaz entdeckte mich 1488.

SPRUCHSALAT WISSEN

Drei Zitate aus der Bibel wurden in ihre Einzelteile zerlegt und gemischt. Versuchen Sie die Zitate wieder zusammenzusetzen.

GEGEBEN   SEID   FINDEN
SO   MEHRET   IHR
WERDET   FRUCHTBAR
EUCH   WIRD   SO
UND
GEBET
EUCH   SUCHET

1. ....
....
....
....
2. ....
....
....
....
3. ....
....
....
....

WORT FÜR WORT STRUKTUR

Bilden Sie neue Wörter, indem Sie die angegebenen Buchstaben schrittweise hinzufügen.

GAS

+ E _ _ _ _
+ N _ _ _ _ _
+ R _ _ _ _ _ _
+ U _ _ _ _ _ _
+ F _ _ _ _ _ _ _
+ A _ _ _ _ _ _ _ _

PAARWEISE ASSOZIATION

Zehn Berühmtheiten – zehn bekannte Aussprüche. Versuchen Sie die Zitate zuzuordnen.

John F. Kennedy	A	A.........	1 Störe meine Kreise nicht!
Winston Churchill	B	B.........	2 Ich denke, also bin ich.
René Descartes	C	C.........	3 Geh mir aus der Sonne.
Graf Moltke	D	D.........	4 Politik ist die Kunst des Möglichen.
Otto von Bismarck	E	E.........	5 Nach uns die Sintflut.
Friedrich der Große	F	F.........	6 Ich bin ein Berliner.
Madame de Pompadour	G	G.........	7 Ich kam, sah und siegte.
Caesar	H	H.........	8 Getrennt marschieren, vereint schlagen.
Archimedes	I	I.........	9 Ich bin es müde, über Sklaven zu herrschen.
Diogenes	J	J.........	10 Ich habe nichts zu bieten als Blut, Schweiß und Tränen.

UNPASSEND LOGIK

Jeweils einer der Begriffe passt nicht zu den anderen, weil ihm ein bestimmtes Merkmal fehlt. Welcher Begriff ist es?

1. BAUFORM – TRISTAN – PIASTER – DIADEME – STROMAB – BEAMTIN

2. AUFTAUCHEN – CHARME – STIEFTOCHTER – LÖSCHEN – SCHINKEN – BISSCHEN

3. HEKTOPASCAL – SPRACHATLAS – GRANULAT – PLEJADEN – SAGOPALME

SPRUCHSALAT

Drei Zitate von Heinrich Heine wurden in ihre Einzelteile zerlegt und gemischt. Versuchen Sie die Zitate wieder zusammenzusetzen.

WEISE UND VERBREITEN BLUMEN SIE
ROLLT GEDANKEN BILDUNG GEFÜHLE WEG
IST DER ERDENKEN
SIND DIE
UND
BLEIBT NARREN DÜFTE
NEUEN GELD ABER RUND DIE

1. ....
   ....
   ....

2. ....
   ....
   ....

3. ....
   ....

ZEITFRAGEN

Jeweils zwei dieser Schauspieler sind im gleichen Jahr geboren. Versuchen Sie diese Pärchen zu finden. Sortieren Sie sie dann nach ihrem Alter.

Al Pacino **A**
Heiner Lauterbach **B**
Dustin Hoffman **C**
Tom Selleck **D**
Ottfried Fischer **E**
Marie-Luise Marjan **F**
Katja Flint **G**
Manfred Krug **H**
Hugh Grant **I**
Uwe Ochsenknecht **J**
Christine Kaufmann **K**
Anja Kruse **L**

1. .... und ....
2. .... und ....
3. .... und ....
4. .... und ....
5. .... und ....
6. .... und ....

ZOOM

Sie sehen hier den vergrößerten Ausschnitt eines Bildes. Können Sie das Motiv erkennen?

KÖPFCHEN

Roland hat im letzten Jahr viel Geld beim Poker verloren. Er muss jetzt die Schulden bei seinen Freunden bezahlen. Ob er nun die Summe durch 2, 3, 4, 5, 6, 7, 8 oder 9 teilt, er kommt nie auf den richtigen Betrag. Es bleibt immer ein Euro übrig. Roland sieht darin einen Wink des Schicksals: Er spielt mit diesem einen Euro im Kasino und gewinnt alles, was er verloren hat, auf einen Schlag zurück!

Wie hoch waren Rolands Spielschulden mindestens?

GEWÜRFELT

Wählen Sie jeweils einen Buchstaben pro Würfel. Von links nach rechts gelesen, ergeben sich die Namen von drei alkoholischen Getränken.

1. ....
2. ....
3. ....

UNPASSEND — LOGIK

Eine der Figuren bei diesen Serien besitzt eine Eigenschaft, die sie von den anderen unterscheidet. Finden Sie heraus, welche.

A
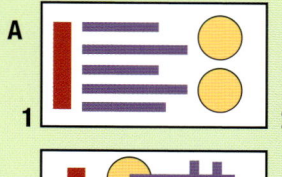 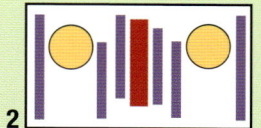 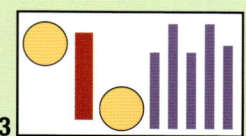
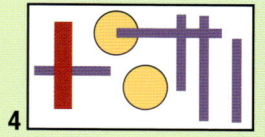  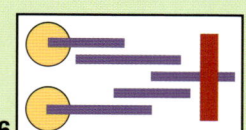

B

  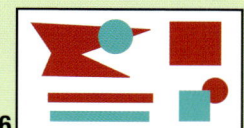

C

D
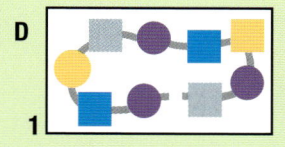 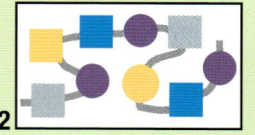 

E
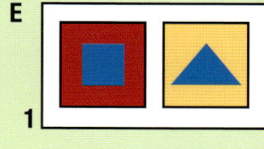  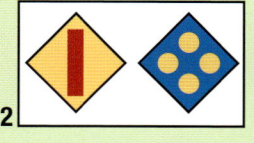
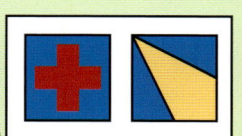 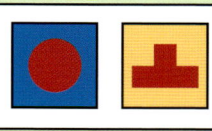 

IM GLEICHKLANG — SPRACHE

Finden Sie Paare von Homophonen. Sie müssen die vier Sätze sinnvoll ergänzen. Jeder Strich steht für einen Buchstaben. Umlaute gelten als ein Buchstabe.
Achtung: hier klingt jeweils ein Wort so wie mehrere Wörter, Beispiel: *unterboten* und *unter Booten*.

1. In seinem ereignisreichen Bergsteigerleben bezwang Augusto schon mehrere

_____,
aber __ ___ _____ des
Aconcagua hatte er sich noch nicht gewagt.

2. Als Linksaußen war Christian sehr

_____.
Typisch für ihn: in seine Frau hat er sich auf einem

____ _____.

3. Der Kassenwart meinte:

" ___ _____ Sportlern muss man besonders Acht geben, oft sind sie mit ihren

_____ im Rückstand."

4. Bei Christians Geburts-tagsessen wurde als Hauptgang ___

_____; alle Gäste waren hellauf begeistert, nur die wenigen Vegetarier unter ihnen reagierten

_____.

RICHTIG GEZÄHLT · LOGIK

Setzen Sie die Symbole mit den Zahlen in das Gleichungsschema ein. Die Summen in den Zeilen, Spalten und Diagonalen müssen jeweils 90 ergeben.

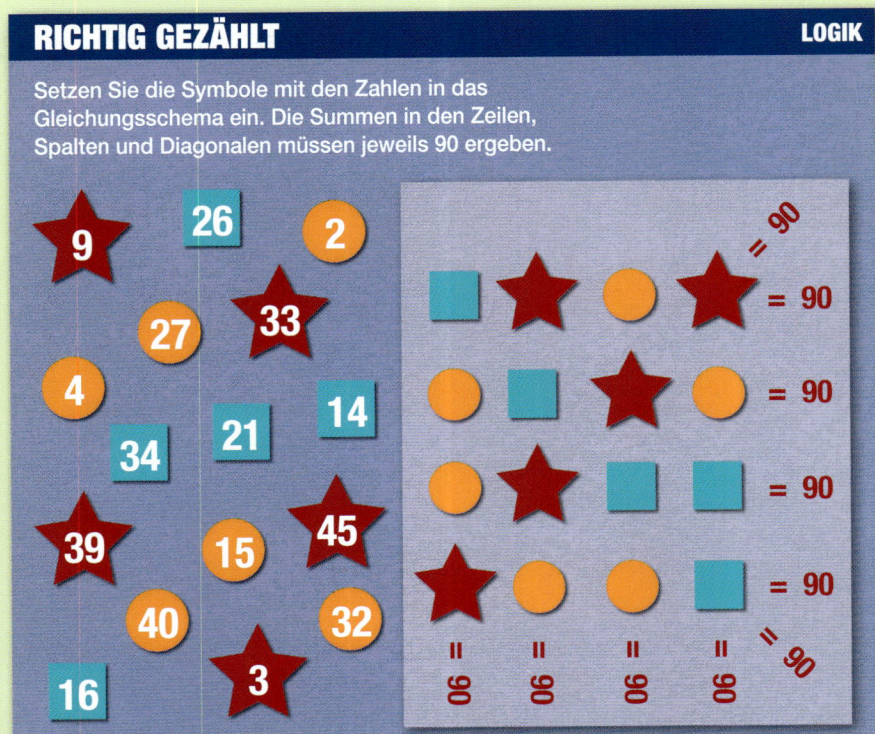

LÜCKENFÜLLER · SPRACHE

Verwandeln Sie die sechs Vornamen in Wörter. Jeder Strich muss durch einen Buchstaben ersetzt werden.

1. _ E R _ ICH

2. _ E R N _ S T

3. _ A N _ T _ O N

4. M A _ _ R I A _

5. P _ A U _ _ _ _ L

6. A U _ G _ _ U _ _ S T

PUZZLE · RAUM

Schauen Sie sich die Figur genau an.

Aus welchen der vier nummerierten Puzzlestücken lässt sich Figur A zusammensetzen? Die Teile werden weder gedreht noch aufeinander gelegt.

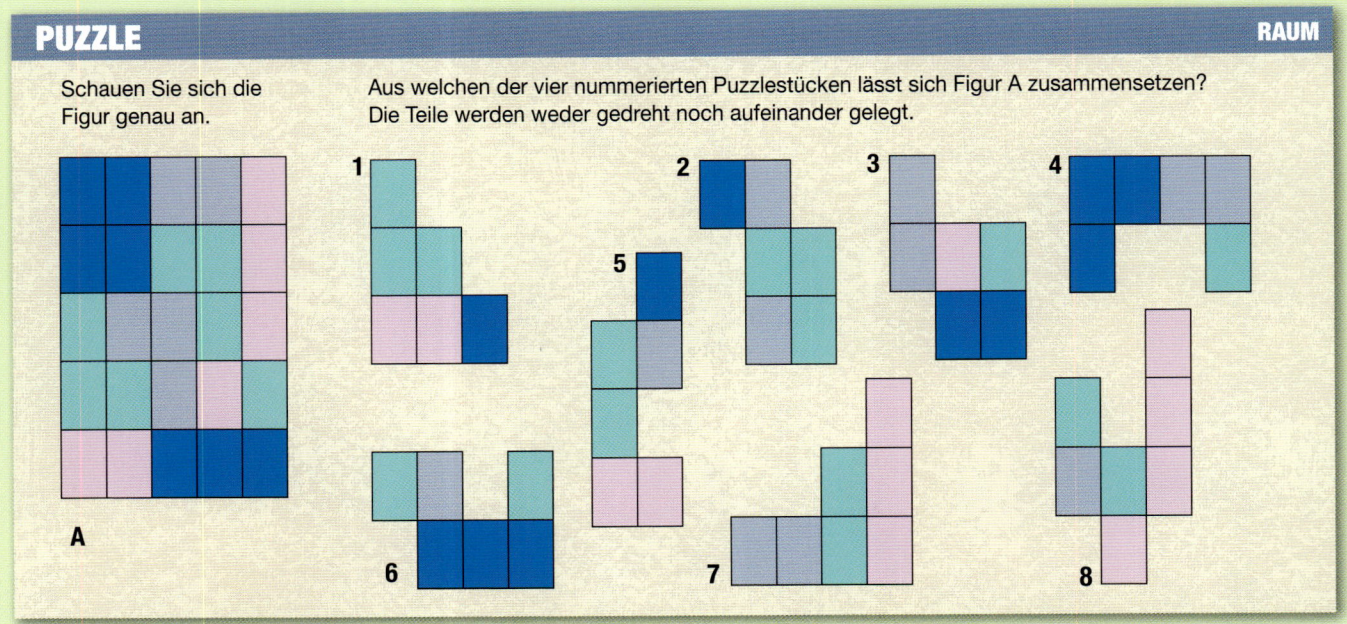

UNPASSEND · LOGIK

Jeweils einer der Begriffe passt nicht zu den anderen, weil ihm ein bestimmtes Merkmal fehlt. Welcher Begriff ist es?

1. BITTER – TEXTILIEN – TRACHTEN – STATUEN – TEINT – TATSCHEN

2. SCHNARREN – DÜRRE – BARREN – KORREKTIV – VERHARREN – HERR

3. BASRA – KOLUMBINE – DROHEN – BEREITS – MÄHER – STOCKTAUB

FORTSETZUNG FOLGT — LOGIK

1. Welche Zahl führt die Reihe logisch fort?

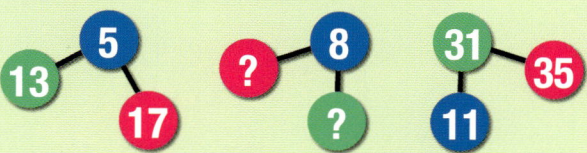

| 17727 | 44 | 14 | 8 | ? |

2. Ergänzen Sie die Zahlen im mittleren Molekül.

- 13 – 5 – 17
- ? – 8 – ?
- 31 – 35 / 11

3. Welche Zahlen setzen diese Reihen logisch fort?

```
1
1 1
2 1
1 2 1 1
1 1 1 2 2 1
3 1 2 2 1 1
1 3 1 1 2 2 2 1
1 1 1 3 2 1 3 2 1 1
? ? ? ? ? ? ? ? ? ? ? ? ? ?
```

4. Welche Zahlen setzen diese beiden Reihen logisch fort?

- 13 17 25 32 31 29 ?
- 12 24 48 96 84 60 ?

LEITER — STRUKTUR

Setzen Sie aus den acht Elementen ein Gitter zusammen. Waagerecht und senkrecht ergeben sich sechs Tiere. Einige Buchstaben wurden weggelassen. Ergänzen Sie sie!

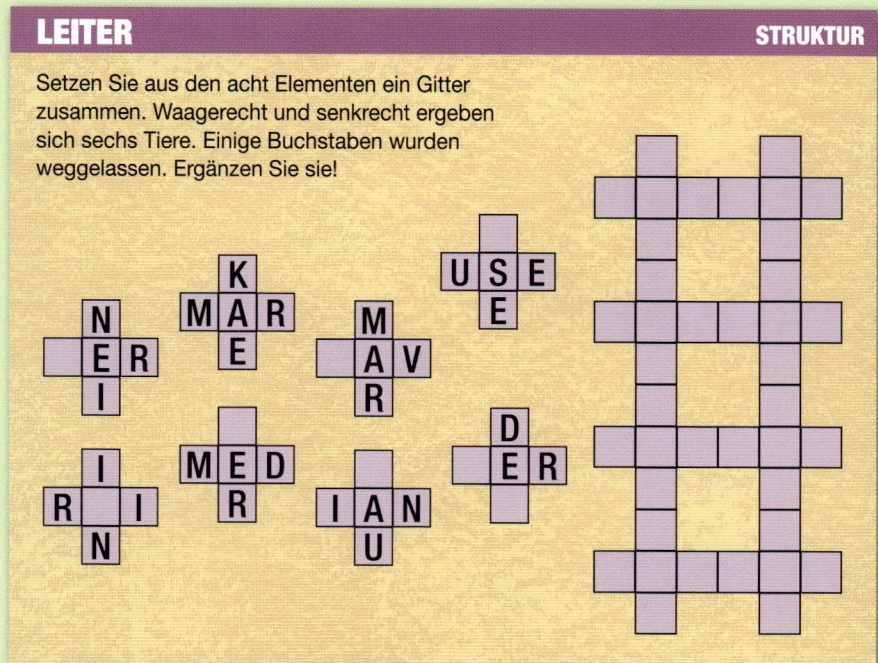

SANDWICH — STRUKTUR

Samuel Langhorne Clemens ist für seine spitze Feder bekannt, allerdings nicht unter diesem Namen. Als Schriftsteller versteckte er sich hinter dem Pseudonym Mark Twain. Seine Figuren *Tom Sawyer* und *Huckleberry Finn* gehören zur Weltliteratur.

Vervollständigen Sie die fünfbuchstabigen Wörter. In der mittleren Spalte ergibt sich ein geistreicher Rat Mark Twains, wie man manche heikle Situation vermeiden kann.

		(Mitte)		
M	E	i	S	T
A	R	n	E	E
R	I	z	I	S
K	I	w	S	E
T	H	ß	S	E
W	E	i	S	S
A	P	f	E	L
D	R	a	A	L
Y	O	l	O	N
S	O	ß	S	E
A	F	f	I	G
N	A	a	D	E
T	O	l	L	E
U	S	l	A	R
E	H	f	R	N
B	A	p	T	A
E	M	p	O	R
R	A	s	E	S
A	S	i	E	N
U	S	c	H	I
F	A	h	N	E
R	U	o	E	R
I	R	n	N	A
C	H	e	F	S
H	I	w	I	S
T	R	a	U	T
I	A	h	E	N
G	A	n	B	E
K	U	r	L	E
E	B	e	N	E
I	B	f	Z	A
T	O	e	E	M

PREISRÄTSEL WISSEN

Literaturnobelpreisträger gesucht! Füllen Sie das Gitter mithilfe der Hinweise aus.

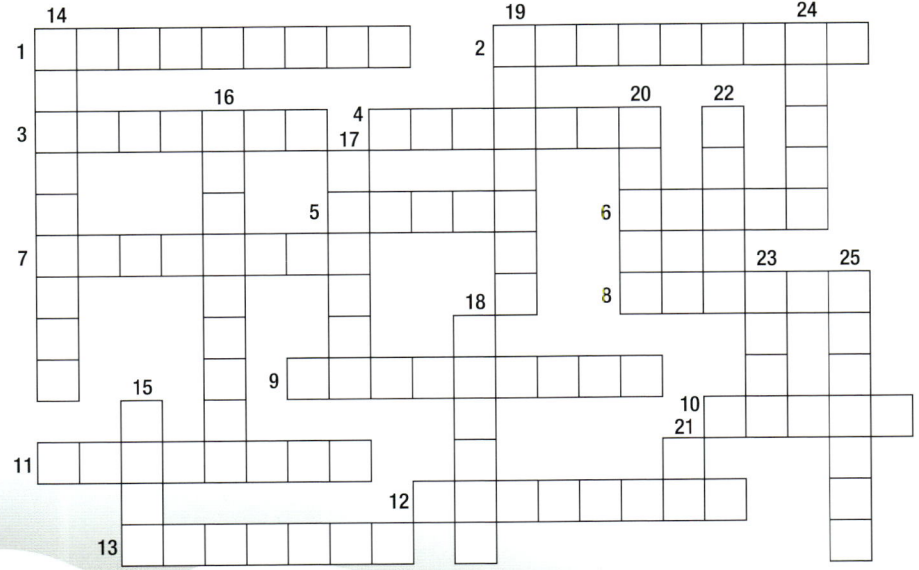

Hinweise

1. Deutscher Preisträger 1912, *Die Weber*
2. Englischer Staatsmann, Literaturnobelpreis 1953
3. Deutscher Historiker, Literaturnobelpreis 1902
4. Isländischer Autor, Preisträger 1955, *Die Islandglocke*
5. Englischer Preisträger 1948, *Das wüste Land*
6. Französischer Preisträger 1957, *Die Pest*
7. Südafrikanische Preisträgerin 1991, *Der Ehrengast*
8. US-Preisträger 1978, *Die Familie Moschkat*
9. Russischer Preisträger 1958, *Doktor Schiwago*
10. Deutsch-schweizerischer Preisträger 1946, *Der Steppenwolf*
11. US-Preisträger 1949, *Absalom, Absalom!*
12. US-Preisträgerin 1993, *Menschenkind*

13. Englischer Preisträger 1907, *Dschungelbuch*
14. US-Preisträger 1954, *Wem die Stunde schlägt*
15. US-Preisträgerin 1938, *Ostwind – Westwind*
16. US-Preisträger 1962, *Jenseits von Eden*
17. Chilenischer Preisträger 1971, *Canto General*
18. US-Preisträger 1976, *Humboldts Vermächtnis*

19. Englischer Preisträger 1981, *Masse und Macht*
20. Deutsche Lyrikerin, Preisträgerin 1966
21. Italienischer Dramatiker, Preisträger 1997
22. Französischer Preisträger 1985, *Georgica*
23. Französischer Preisträger 1947, *Der Immoralist*
24. US-Preisträger 1930, *Babbit*
25. Englischer Philosoph, Preisträger 1950

BAUSÄTZE FÜR DICHTER WISSEN

Finden Sie heraus, wie die Zeilen in Mörikes berühmtem Frühlingsgedicht enden.

Frühling ...

Frühling lässt	a. aus vollen Kehlen	b. sein blaues Band	c. den Schnee vergehen
Wieder flattern	a. durch die Lüfte	b. laue Sänge	c. Schmetterlinge
Süße, wohlbekannte	a. Dinge	b. Düfte	c. Klänge
Streifen ahnungsvoll	a. die Seen	b. die Seelen	c. das Land
Veilchen	a. träumen schon	b. weit und breit	c. duften lind
Wollen balde	a. aufgehen	b. kommen	c. sprossen
Horch, von fern	a. ein Kuckuck schreit	b. ein lauer Wind	c. ein leiser Harfenton
Frühling, ja du bist's!			
Dich hab ich	a. genossen	b. vernommen	c. gesehen

Eduard Mörike

IM DREIERPACK ASSOZIATION

Welches Wort kann jeweils den drei aufgelisteten Begriffen vor- oder nachgestellt werden?

1. **ART – STIL – HORN** ....
2. **STAAT – AUSSEN – RUM** ....
3. **PATSCHEN – KREUZ – KÜR** ....
4. **KOPF – VOR – GEGEN** ....
5. **AUS – NIEREN – ZEIT** ....
6. **EINS – POESIE – FOTO** ....

DOMINO STRUKTUR

Sortieren Sie die Dominosteine neu, sodass sich zwei europäische Städte ergeben – eine von rechts nach links gelesen, die zweite von links nach rechts. Achtung! Um die Aufgabe etwas zu erschweren, wurden bei zwei Steinen die Buchstaben vertauscht.

ZUWACHS RATEN KONZENTRATION

Prägen Sie sich die Fische im Aquarium gut ein, decken Sie sie dann ab.

Welcher Fisch ist neu hinzugekommen?

RICHTIG GEZÄHLT LOGIK

Setzen Sie die Symbole mit den Zahlen in das Gleichungsschema ein. Die Summen in den Zeilen, Spalten und Diagonalen müssen jeweils 49 ergeben.

WER BIN ICH?

Finden Sie anhand der Hinweise heraus, welche fünf Orte oder Regionen gesucht werden. Je weniger Hinweise Sie benötigen, desto besser.

Hinweis 1

1. Goethe nannte mich Biberrepublik.
2. Für besonders schöne Streifen gibt es bei mir einen Löwen.
3. Ich bestehe aus weit über hundert Inseln.
4. Ich habe über 150 Kanäle ...
5. ... und über 400 Brücken.
6. Die berühmteste von ihnen heißt *Ponte di Rialto*.

Hinweis 2

1. Meine Fahne ziert ein roter Drache.
2. Offizielle Schilder sind bei mir zweisprachig.
3. Ich habe eine eigene Rugby-Nationalmannschaft.
4. Ich bin die Heimat von Richard Burton.
5. Mein Prinz heißt Charles.
6. Ich bin ein Teil Großbritanniens.

Hinweis 3

1. Ich war eine englische Kolonie.
2. Ich bin 1,7 km² groß.
3. In der Antike hieß ich *Abalus* oder *Basileia*.
4. Mein heutiger Name bedeutet *Heiliges Land*.
5. Ich bin hauptsächlich aus rotem Buntsandstein.
6. Ich gehöre zum Landkreis Pinneberg.

A. VENEDIG

B. WALES

C. Helgoland

WORTSCHATZSUCHE SPRACHE

Finden Sie mindestens 20 Wörter, die mit den Buchstaben ST beginnen und die auf dem Bild dargestellt oder angedeutet sind.

WISSEN

Hinweis 4

1. Über eine Million Menschen besuchen mich jährlich.
2. Meine Küche war nur zwei Jahre lang in Betrieb.
3. Der Goldschatz der Reichsbank wurde am Ende des Zweiten Weltkriegs bei mir versteckt.
4. 1869 wurde mit meinem Bau begonnen.
5. Meine Wände schmücken Bilder von *Lohengrin* und *Parzival*.
6. Mein Bauherr, Ludwig II., erlebte meine Fertigstellung nicht.

Hinweis 5

1. Mein Name bedeutet *wilde Zwiebeln* – oder *Stinktier*.
2. Ich liege an einem großen See.
3. Ich gelte als zweitgrößte polnische Stadt.
4. Mein Beiname ist *windy city*.
5. Ich bin ein Mekka für Bluesfans.
6. Al Capone machte meine Straßen unsicher.

D. NEUSCHWANSTEIN

E. CHICAGO

PYRAMIDE — LOGIK

Die Zahl in einem Kästchen ist die Summe der Zahlen in den beiden darunterliegenden Kästchen. Vervollständigen Sie die Pyramide mithilfe folgender Hinweise:
• Alle Zahlen in der untersten Zeile sind ganze, positive Zahlen.
• a ist ein Vielfaches von 7, c ist ein Vielfaches von 5, e ist ein Vielfaches von 11.

```
        176
      [  ][  ]
    46 [  ][  ]
  26 [  ][  ][  ]
  a   b   c   d   e
```

RUNDSCHREIBEN — STRUKTUR

Füllen Sie die Rosette mit Anagrammen der unten angegebenen Buchstabenfolgen. Schreiben Sie die Lösung immer vom Außenrand der Rosette ausgehend nach innen. Achtung – mit einigen der Buchstabenfolgen können mehrere Anagramme gebildet werden. Aber nur eine Möglichkeit erlaubt es, das Gitter in beiden Richtungen zu vervollständigen.

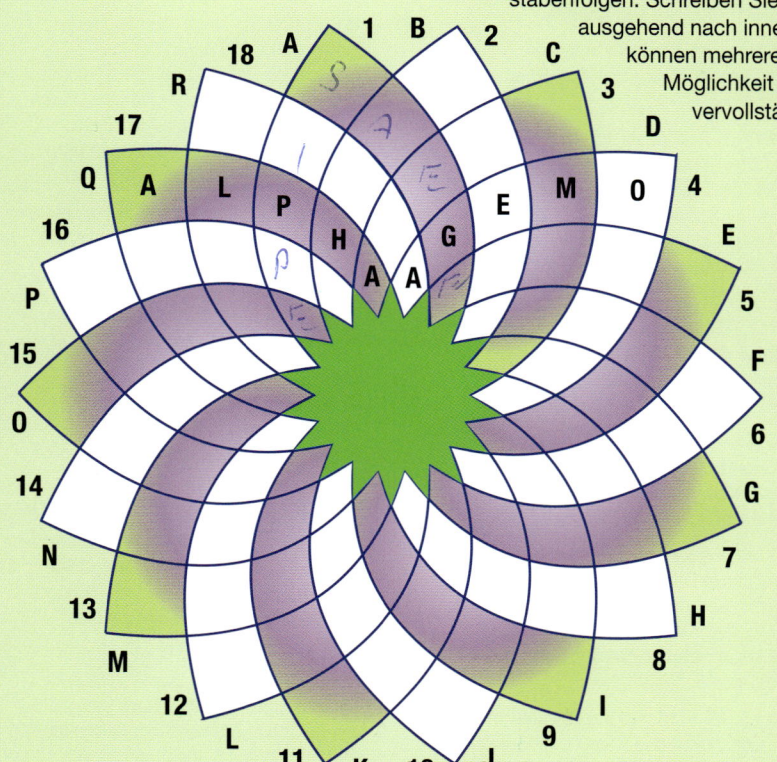

Im Uhrzeigersinn geschrieben:

A. AEEGS	G. AERTW	M. EKLNO
B. EFRTT	H. AKMNO	N. AELRS
C. AELMS	I. DEGIN	O. AELMP
D. AENOS	J. AADNP	P. AEPRU
E. EENPS	K. ADRST	Q. AAHLP
F. EEGIR	L. EFIRU	R. AEINS

Gegen den Uhrzeigersinn geschrieben:

1. EIPPS	7. EELSW	13. DEKRU
2. AEEFH	8. AEGMN	14. AAORT
3. AAENR	9. ADINR	15. EIPRS
4. AEGMO	10. EINPT	16. AELLR
5. AEPST	11. ADEKN	17. AAELN
6. EERST	12. AFGNO	18. LMSSU

AUSBRECHER GESUCHT!

Finden Sie mit den Hinweisen und der Karte heraus, welche Vulkane beschrieben werden.
Als Hilfe sind die Buchstaben des Namens in alphabetischer Reihenfolge angegeben.

1. **(BEERSU)** Der südlichste aktive Vulkan befindet sich auf der Ross-Insel, etwa 1380 km vom Südpol entfernt. Er ist 3794 Meter hoch.

2. **(ABINOPTU)** Vor seinem Ausbruch 1991 war der Vulkan 1745 Meter hoch, danach nur noch knapp 1500 Meter. Er liegt auf der philippinischen Insel Luzon.

3. **(EELMNOPT)** Dieser Vulkan liegt im Norden der Karibikinsel Martinique. Bei einem verheerenden Ausbruch 1902 kamen knapp 30 000 Menschen ums Leben. Die Stadt St. Pierre wurde durch eine heiße Wolke aus Asche und Gas völlig zerstört.

4. **(EEFIORRSU)** Der Ausbruch des Vulkans auf der Karibikinsel Guadeloupe im Jahr 1696 war der erste, der von Europäern in der Karibik beobachtet wurde.

5. **(FIJU)** Mit 3776 m ist dieser Vulkan der höchste Berg Japans. Er ist einer der schönsten Berge der Welt und gilt in der Shinto-Religion als heilig. Vor etwa 300 Jahren brach er zum letzten Mal aus.

6. **(ACEELOOPPPTT)** Der letzte Ausbruch des 5452 m hohen Vulkans war 2004. Sein Name *Rauchender Berg* stammt aus der Sprache der Azteken.

7. **(AAAKKRTU)** Bei einem Ausbruch 1883 wurde die Vulkaninsel in die Luft gesprengt. Durch haushohe Flutwellen kamen 36 000 Menschen ums Leben. Infolge vulkanischer Aktivität entstand mittlerweile eine neue, hochaktive Vulkaninsel an der alten Stelle.

8. **(AINNORST)** Diese Vulkaninsel gehört zu den griechischen Kykladen. Eine gewaltige Eruption um 1650 v. Chr. löste eine riesige Flutwelle aus. Viele Menschen verbinden diese Katastrophe mit dem Untergang von Atlantis.

9. **(AÄNT)** Der größte aktive Vulkan in Europa liegt im Osten Siziliens. Er ist 3323 m hoch.

10. **(AABMORT)** Sein Ausbruch 1815 ist der größte, über den es Aufzeichnungen gibt. Vor der Eruption war der Berg etwa 4000 m hoch, danach nur noch 2850 m. Etwa 60 000 Menschen starben. Er liegt auf der indonesischen Insel Sumbawa, östlich von Java.

11. **(BILMOORST)** Schon Homer beschrieb die kleine italienische Vulkaninsel. Der Vulkan ist ständig aktiv. Sein letzter Ausbruch fand im Dezember 2002 statt.

12. **(ESUVV)** Sein Ausbruch im Jahr 79 zerstörte Pompeji und Herculaneum. Plinius der Jüngere berichtete als Augenzeuge von dem Ausbruch.

13. **(AAALMNOU)** Dieser Berg macht etwa die Hälfte der Fläche der Insel Hawaii aus. Er ist der größte Vulkan der Erde. Vom Meeresgrund aus gemessen ist er höher als der Mount Everest. Seit 1834 ist er 33-mal ausgebrochen.

14. **(AAILLM)** Der 3125 m hohe Vulkan liegt im chilenischen Conguillio-Nationalpark. Der Vulkan ist aktiv, seine Ausbrüche sind zur Zeit aber wenig gefährlich.

15. **(ABEIMNNYYZ)** Nach einer tausendjährigen Ruheperiode wurde der Vulkan auf Kamtschatka 1955 wieder aktiv. Sein Ausbruch 1956 war der heftigste im 20. Jahrhundert.

16. **(AEEHILNNSST)** Nach über hundertjähriger Inaktivität brach der im US-Staat Washington gelegene Vulkan 1980 wieder aus. Asche und Gaswolken wurden bis in eine Höhe von 18 km geschleudert. Der Berg war nach dem Ausbruch 400 m niedriger als zuvor.

17. **(ADDEEILNORUVZ)** Der kolumbianische Vulkan ist über 5000 m hoch. Vulkanologen sahen seinen Ausbruch 1985 voraus. Dennoch fanden rund 25 000 Menschen den Tod. Die kleine Stadt Armero wurde völlig zerstört.

18. **(AAAMS)** Er ist der aktivste Vulkan auf der japanischen Insel Honshu. 1783 kamen etwa 1500 Menschen bei einem Ausbruch durch Schlammlawinen und eine heiße Gas- und Aschewolke um.

19. **(CCEHHILNO)** Zwei Ausbrüche dieses mexikanischen Vulkans kosteten 1982 Tausende das Leben. Man verzeichnete bei diesen Ausbrüchen den größten Ascheausstoß seit 1912.

20. **(AACDHIIKLMNORS)** Dieser Vulkan ist mit 5895 m der höchste Gebirgszug Afrikas. Er ist seit Menschengedenken nicht mehr aktiv. Seinen Schnee verewigte Hemingway in einem Roman.

PÄRCHENWEISE — ASSOZIATION

Ordnen Sie diesen zehn Schlagerstars ihre wahren Namen zu.

Roy Black	A	A.........	1	Udo Jürgen Bockelmann
Rex Gildo	B	B.........	2	Eulalia Bunnenberg
Lale Andersen	C	C.........	3	Günther Caspelherr
Peter Alexander	D	D.........	4	Gerhard Höllerich
Udo Jürgens	E	E.........	5	Karin Witkiewicz
Michael Holm	F	F.........	6	Peter Alexander Neumeier
Gottlieb Wendehals	G	G.........	7	Ronald Keiler
Gunter Gabriel	H	H.........	8	Lothar Walter
Roland Kaiser	I	I.........	9	Ludwig Alexander Hirtreiter
Katja Ebstein	J	J.........	10	Werner Böhm

BILDERSCHRIFT — SPRACHE

Der Name eines Showstars ist durch die Zeichnungen bildlich dargestellt. Wer ist die Gesuchte?

GUT AUFGELEGT — KONZENTRATION

Welche der nummerierten Puzzlestücke passen zum Gitter A? Achtung: Sie machen dieses Gitter nicht vollständig! Die Teile werden nicht gedreht.

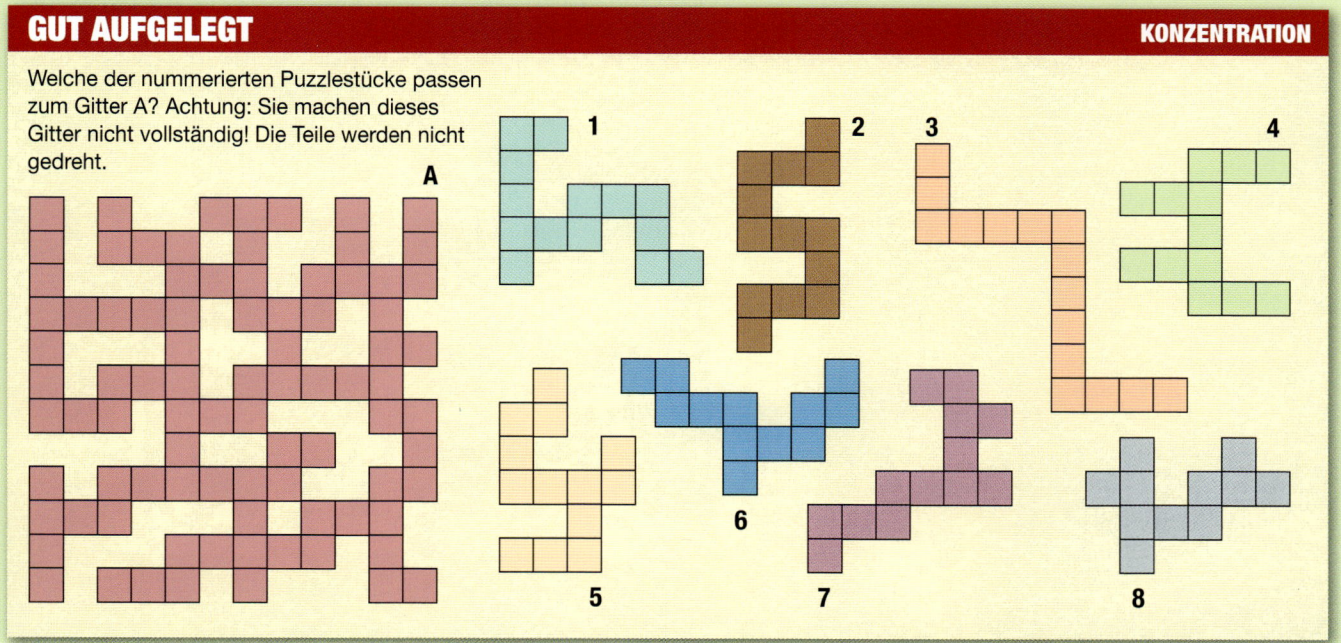

AUF DEM HOLZWEG — LOGIK

Verlegen Sie drei Streichhölzer dieses Häuschens so, dass sich acht Dreiecke ergeben.

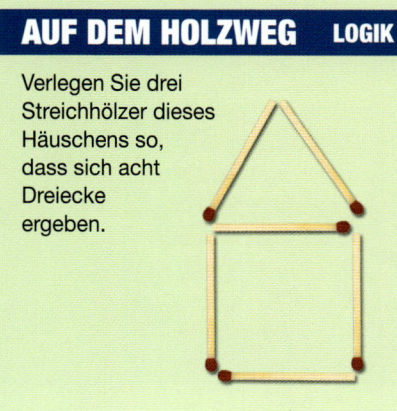

KÖPFCHEN — LOGIK

Herr Adam möchte ein neues Auto kaufen. Er weiß, dass ein Porsche 102 000 Euro kostet. Er geht zu einem Autohändler, der ihm folgende Rechnung aufmacht: „Für elf Lada und fünf BMW bekommen Sie zwei Porsche. Ein Porsche ist so viel wert wie vier BMW und zwei Lada."

Wie viel kostet ein BMW, wie viel ein Lada?

Porsche:
102 000 Euro

BMW:
.... Euro

Lada:
.... Euro

SPRUCHSALAT

Drei Zitate von Goethe wurden in ihre Einzelteile zerlegt und gemischt.
Versuchen Sie die Zitate wieder zusammenzusetzen.

HILFREICH · VIEL · NUR · STARKER · DER · MAN · DER · EINMAL · IST · UND · WO · WELT · IST · SEI · GUT · LICHT · LEBT · EDEL · SCHATTEN · MENSCH · IN

1. ....
....
....

2. ....
....
....

3. ....
....
....

ZEICHENTRICKS

Füllen Sie dieses Gitter zum Thema Comics anhand der unten aufgelisteten Fragen aus.

Schepper, Schepper!

Boing!

Blabla

Haha

Knutsch!

Definitionen

1. der Vorname der reichsten Ente der Welt
2. ewiger Glückspilz und Rivale von Donald
3. sprechendes Pferd von Lucky Luke
4. amerikanische Comic-Katze, 1930 das erste Zeichentrick-Tier im Fernsehen
5. Comic-Schweinchen
6. Hund von Micky Maus
7. Schlange in Kiplings Dschungelbuch
8. der Nachname der vier Gangster-brüder bei Lucky Luke
9. kleiner Clownfisch, der im Aquarium eines Zahnarztes landet
10. gallischer Comic-Held, der 1961 zum ersten Mal auftrat
11. die ewige Freundin von Micky Maus
12. US-Cartoon-Figur, Freund von Comic-Tiger Hobbes
13. Gegenspieler von Micky Maus: Kater …
14. verschlafener Hund bei Lucky Luke

15. Held vom Planeten Krypton alias Clark Kent
16. Verbrechergang, die es auf gut gefüllte Geldspeicher abgesehen hat
17. Comic-Tier von Waalkes – zierte schon Ottos erste Langspielplatte von 1972
18. französischer Comic-Zeichner, Partner von René Goscinny
19. bärenstarker Gallier und Herrchen von Idefix
20. arbeitsscheuer Comic-Wolf, Freund von Fix und Foxi

21. Frau von Fred Feuerstein
22. tyrannische Kratzbürste bei den *Peanuts*
23. weißer Comic-Foxterrier, treuer Begleiter von Tim
24. Schmusedecken-Träger bei den *Peanuts*
25. von Onkeln und Neffen bevölkerte Comic-Stadt
26. brave Spanielhündin, die sich in einen Streuner verliebt
27. die große Liebe des Comic-Seemanns Popeye

MÄRCHENHAFTE FRAGEN
WISSEN

Lösen Sie das Kreuzworträtsel zum Thema Märchen mithilfe der Hinweise.

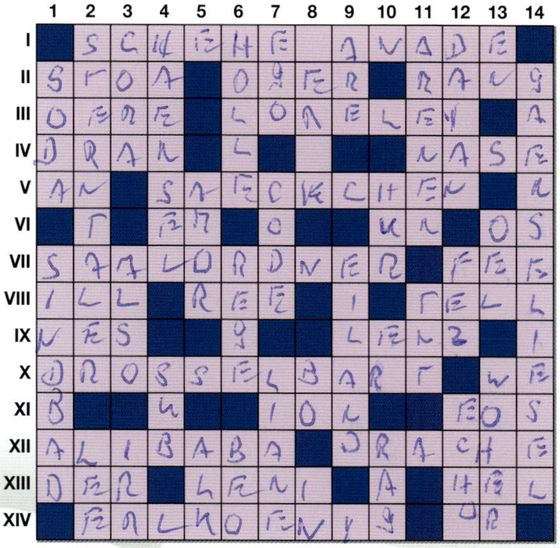

Waagerecht

I. orientalische Märchenerzählerin

II. griechische Philosophenschule – Märchenriese – Dienstgrad

III. nordische Münze – deutsche Sagengestalt

IV. an der Reihe – Märchenfigur von Hauff: Zwerg …

V. eingeschaltet – kleiner Beutel

VI. Sportereignis (kurz) – Vereinte Nationen – lateinisch: Knochen

VII. Wachpersonal bei Veranstaltungen – gute Märchenfrau

VIII. Fluss durch Straßburg – Segelkommando – Schweizer Sagenheld

IX. Ort auf Ameland – Frühling

X. Märchenkönig bei Grimm – englisch: wir

XI. elektrisch geladenes Teilchen – Göttin der Morgenröte

XII. orientalische Märchenfigur – Furcht einflößendes Fabelwesen

XIII. Artikel – Kurzform von Helene – nordisches Totenreich

XIV. deutsche Sagenfigur – englisch: oder

Senkrecht

1. Mineralwasser – orientalischer Märchenseefahrer

2. Märchen der Gebrüder Grimm – Windschattenseite des Schiffs

3. Frauenname – folglich – konfus

4. Märchenfigur, die eingesperrt wurde – Vorsilbe: unter

5. Liebesgott – Schwimmvogel

6. Märchenfigur bei Grimm: Frau … – aktiv, munter – Tropenvogel

7. lateinisch: ich – Zahlenschlüssel – Schlingpflanze

8. Ostseebad bei Rostock – Vorname der Schauspielerin Derek – modern

9. Schweizer Flächenmaß – poetisch: Insel

10. römischer Roman- und Filmheld: Ben … – Fürwort – Klavierjazz (kurz)

11. Wettkampfstätten – Sprengstoff

12. israelischer General und Politiker † (Moshe) – Freude, Spaß – Widerhall

13. französisch: in – Salatzutat – von welchem Ort

14. Märchenfigur, Wahrzeichen Göttingens

Crossword grid (handwritten answers):

	1	2	3	4	5	6	7	8	9	10	11	12	13	14
I		S	C	H	E	H	E		A	V	A	D	E	
II	B	R	O	A		O	R	E	R		R	A	U	G
III	O	R	E		L	O	R	E	L	E	Y			A
IV	D	R	A	L			L			N	A	S	E	R
V	A	N		S	Ä	C	K	L	I	H	E			R
VI		T			M	O				K	R	O	S	
VII	S	A	L	O	R	D	N	E	R		F	E	E	
VIII	I	L	L		R	E	E		I		T	E	L	L
IX	N	E	S						L	I	E	N	Z	
X	D	R	O	S	S	E	L	B	A	R	T		W	E
XI	B			U			I	O	L		E	O	S	
XII	A	L	I	B	A	B	A		D	R	A	C	H	E
XIII	D	E	R		L	E	N	I				H		L
XIV		R	A	L	N	O	F	E	N	Y				R

PUZZLE
RAUM

Betrachten Sie das Bild genau.

A

Die Zeichnung A kann mit zwölf dieser 13 Puzzlestücke vollständig zusammengesetzt werden. Welches Teil ist überflüssig? (Die Puzzleteile sind vergrößert.)

WER BIN ICH?

Finden Sie anhand der Hinweise heraus, welche berühmten Personen gesucht werden.

Hinweis 1

1. Ich arbeitete für einige Jahre in Dresden.
2. Ich bin ein hervorragender Judoka.
3. Ich habe in St. Petersburg Jura studiert.
4. Mein Deckname war *Platow*.
5. Von 1975 bis 1995 war ich Offizier beim KGB.
6. 1999 wurde ich zum russischen Premierminister ernannt.

Hinweis 2

1. Mein erster Vorname ist Marion.
2. Mein zweiter Vorname ist Michael.
3. Mein Pseudonym als Schauspieler besteht aus zwei Vornamen.
4. Ich verschoss Tausende von Platzpatronen.
5. In einem meiner Filme heiße ich *Ringo*.
6. Ich bin der Westernheld par excellence.

Hinweis 3

1. In Finnland lautet mein Nachname *Pitkätossu*, in Griechenland *Phakidomyte*.
2. Mein Vater ist ein Seemann.
3. Ich bin stärker als Arnold Schwarzenegger.
4. Ich bin meistens im Kinderzimmer zu finden.
5. Herr Nilsson ist einer meiner beiden ständigen Begleiter.
6. Meine Villa ist kunterbunt.

A. ....

B. ....

C. ....

PUZZLEWÖRTER STRUKTUR

Bilden Sie aus den 36 vierbuchstabigen Wörtern 12 neue Wörter mit jeweils 12 Buchstaben. Beispiel: KESS – ELAN – LAGE: KESSELANLAGE.

BOSS, KEHR, HERB, TEIG, WEHR, FORT, BALL, BENZ, REIS, IMME, ENGE, TEIN, GANG, MATE, ERIN, TWEN, GRAB, RUCH, SCHI, ADEN, FANG, SEIT, DUNG, FRON, STAN, BAHN, RIAL, EBEN, ESST, SATZ, STER, HAFT, ENDE, BILD, INGE, EINS

1. ....
2. ....
3. ....
4. ....
5. ....
6. ....
7. ....
8. ....
9. ....
10. ....
11. ....
12. ....

KÖPFCHEN LOGIK

„Pass gut auf mein Aquarium auf", sagte Peter zu Paul. „Perikles, mein Purpurprachtbarsch, ist auf Diät. Er braucht genau sechs Gramm Wasserflöhe pro Tag, nicht mehr, nicht weniger! Benutze die Messbecher!" Als Paul zum Füttern kam, fand er einen Messbecher zu fünf Gramm, einen zu sieben Gramm und einen Behälter mit zwölf Gramm Wasserflöhen.

Wie kann Paul genau zwei Mahlzeiten à sechs Gramm abmessen, damit Perikles seine Diät einhält?

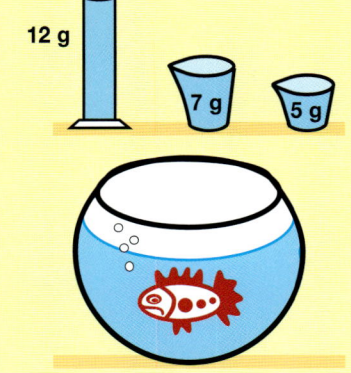

12 g

7 g

5 g

278

WISSEN

Hinweis 4

1. Ich wurde 26 Jahre alt.
2. Mein Vater arbeitete als Knecht bei einem Abdecker.
3. Ich stamme aus dem Hunsrück.
4. Meine Braut bekam unseren Sohn im Gefängnis.
5. Zuckmayer dichtete über mich: *der Galgenstrick der Lumpenhund, der Schrecken jedes Mannes … .*
6. Mit 19 Kumpanen wurde ich am 21. November 1803 hingerichtet.

D. ....

Hinweis 5

1. Ich besitze den höchsten Karate-Grad … ehrenhalber.
2. Mit 80 Jahren heiratete ich zum dritten Mal.
3. 1962 wurde ich zu fünf Jahren Haft verurteilt, 1964 zu lebenslänglich.
4. Meine Strafe saß ich auf der Gefängnisinsel Robben Island ab.
5. Der Vorname meiner zweiten Frau ist Winnie.
6. 1993 erhielt ich den Friedensnobelpreis zusammen mit Frederik Willem de Klerk.

E. ....

LÜCKENFÜLLER SPRACHE

Verwandeln Sie die sechs Kleidungsstücke in andere Wörter. Jeder Strich muss durch einen Buchstaben ersetzt werden. Achtung – manchmal gibt es mehrere Lösungen!

1. _ R O _ C _ K _

2. W E _ _ S T E _ _

3. S _ O C K _ _ E _ _

4. A N _ O R A K _ _ _ _

5. B _ L _ U S _ _ E _

6. H E _ _ _ _ M _ _ D

ZEITFRAGEN CHRONIK

Jeweils zwei dieser Ereignisse geschahen im gleichen Jahr. Finden Sie die Paare heraus.

A Hoffmanns *Struwwelpeter* erscheint.

B Eduard heiratet Wallis Simpson.

C Die *Titanic* läuft vom Stapel.

D Fontanes *Effi Briest* wird veröffentlicht.

E Der US-Kongress stimmt für die Abschaffung der Sklaverei.

F Louis Braille entwickelt die Blindenschrift.

G Chaplins *The Kid* kommt in die Kinos.

H Der Planet Uranus wird entdeckt.

I Die Röntgenstrahlen werden entdeckt.

J Irland wird unabhängig.

K Wagners *Tannhäuser* wird uraufgeführt.

L Die Zugspitze wird zum ersten Mal bestiegen.

M Kant veröffentlicht *Die Kritik der reinen Vernunft*.

N Marie Curie erhält den Nobelpreis für Chemie.

O Lewis Carroll veröffentlicht *Alice im Wunderland*.

P Das Luftschiff *Hindenburg* explodiert in Lakehurst.

.... und ....
.... und ....
.... und ....
.... und ....
.... und ....
.... und ....
.... und ....
.... und ....

RUNDSCHREIBEN

Füllen Sie die Rosette mit Anagrammen der unten angegebenen Buchstabenfolgen. Schreiben Sie die Lösung immer vom Außenrand der Rosette ausgehend nach innen. Achtung – mit einigen der Buchstabenfolgen können mehrere Anagramme gebildet werden. Aber nur eine Möglichkeit erlaubt es, das Gitter in beiden Richtungen zu vervollständigen.

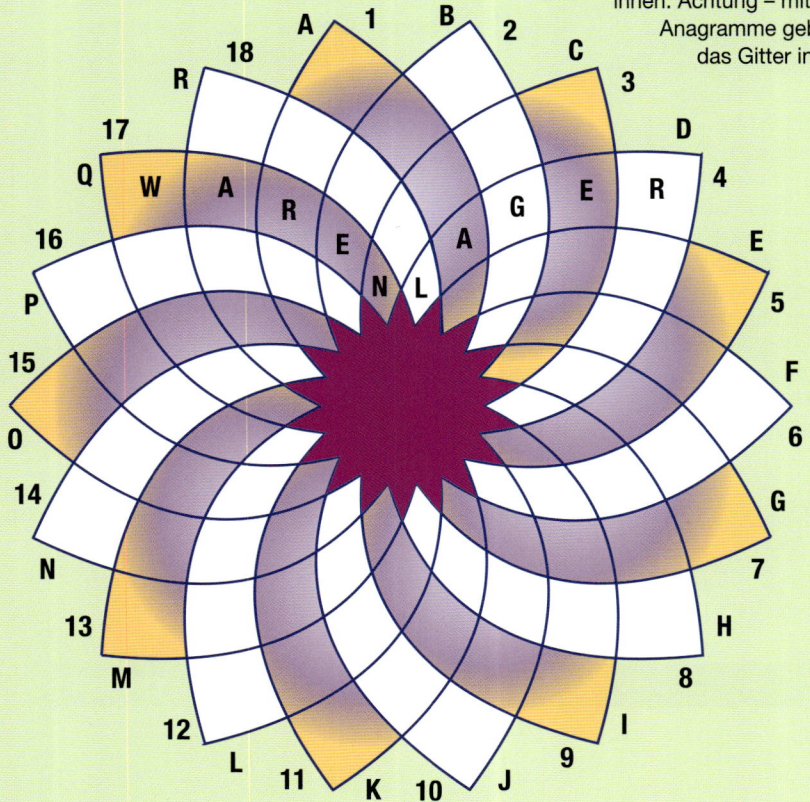

Im Uhrzeigersinn geschrieben:

A. AENST	G. EEKNT	M. EEELS
B. AEGLL	H. AAMOR	N. DGIOU
C. EJNOT	I. AEKRT	O. DEIMN
D. BINRU	J. AENTT	P. FRTUU
E. EORSZ	K. AEHNN	Q. AENRW
F. ACDIZ	L. AEMNR	R. EEGLP

Gegen den Uhrzeigersinn geschrieben:

1. EMRSU	7. AIKNR	13. AANST
2. EEGLR	8. ADENN	14. EEGNR
3. EEJNN	9. EIKRS	15. DEENU
4. AEGLR	10. ORTTZ	16. EEFIL
5. ATTUZ	11. AEEHM	17. DENUW
6. BCLOO	12. AAMNT	18. AIOPT

KÖPFCHEN

LOGIK

Finden Sie anhand der Hinweise heraus, was in den Kisten ist.

- Die Kiste mit den Krampen berührt nur eine andere Kiste: die mit den Muttern.
- Die Box mit den Dübeln berührt zwei andere: die Kiste mit den Zwecken und die mit den Haken.
- Die Kiste mit den Schrauben liegt ganz unten und berührt nicht die Kiste mit den Haken.
- Die Kiste mit den Nägeln und die Kiste mit den Muttern berühren sich.
- Die Kiste mit den Muttern berührt die Kiste mit den Zwecken und noch zwei andere.
- Eine Kiste ist leer.

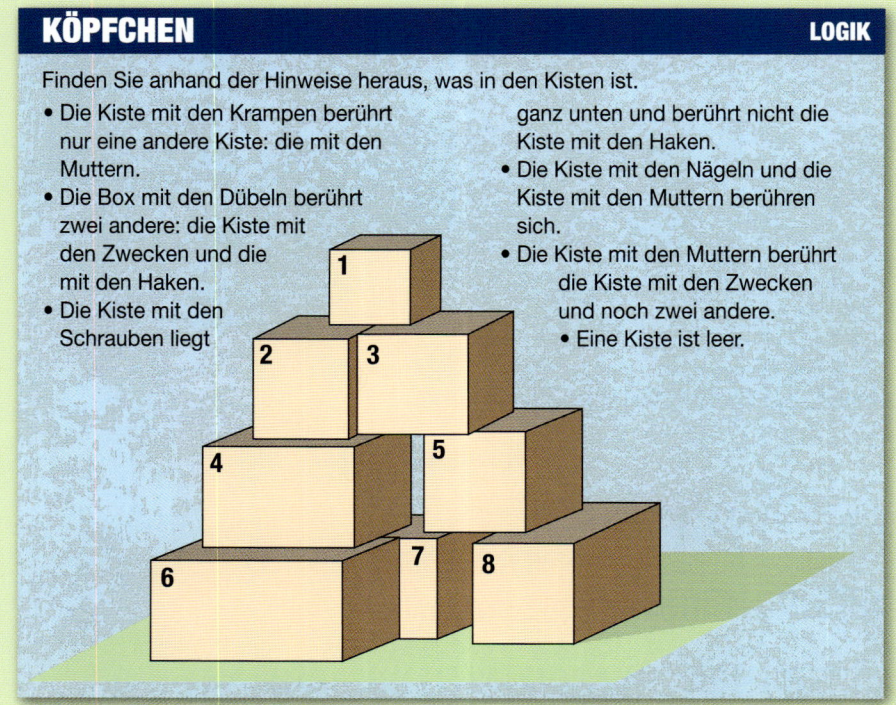

NETZGITTER

Tragen Sie die Namen der 24 Tennisstars in das Gitter ein.

BECKER	NAVRATILOVA
BUNGERT	NOAH
CRAMM	PRINOSIL
CURREN	RITTNER
DAVENPORT	SABATINI
EVERT	SAFIN
FEDERER	SELES
HINGIS	STEEB
LENDL	STICH
MECIR	WILANDER
MOYA	WILLIAMS
MUSTER	WOODFORDE

PYRAMIDE — LOGIK

Die Zahl in einem Kästchen ist die Summe der Zahlen in den beiden darunterliegenden Kästchen. Füllen Sie die Pyramide aus. Beachten Sie dabei folgende Bedingungen:

- **a**, **b**, **c**, **d** und **e** sind ganze, positive Zahlen
- $a + b = c + d = e$.
- $b + c = d$.

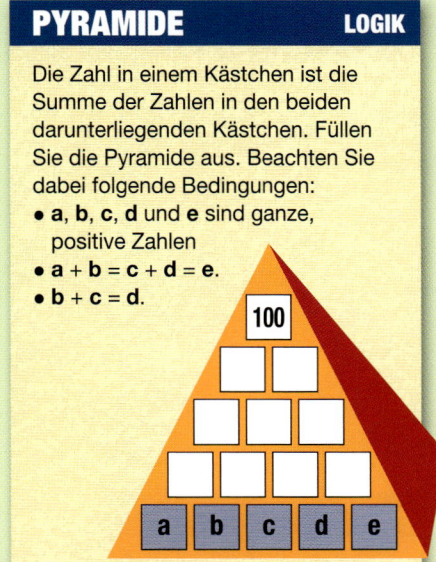

WAHR ODER FALSCH — WISSEN

Überlegen Sie, ob die sechs Behauptungen über berühmte Schiffe und Seefahrer wahr oder falsch sind. Wenn Sie richtig entschieden haben, ergeben die Buchstaben in der Lösungsspalte einen Schiffstyp.

	Wahr	Falsch
1. Die Atlantiküberfahrt der *Mayflower* im Jahre 1620 dauerte vier Monate.	A	S
2. Das Schiff von *Seewolf* Larsen heißt Ghost.	C	L
3. Die Meuterei auf der *Bounty* brach am 3. Mai 1675 aus.	K	H
4. Kolumbus' Entdeckerflotte bestand aus drei Schiffen.	U	R
5. Jim Hawkins fuhr auf der *Hispaniola* zur *Schatzinsel*.	T	E
6. Klaus Störtebeker war Kapitän der *Bunten Kuh*.	R	E

REINRASSIG — LOGIK

Von diesen Vierbeinern sind drei preisgekrönte Rassehunde. Die anderen drei sind Promenadenmischungen, mit denen es sich natürlich auch hervorragend promenieren lässt.

Finden Sie heraus, welche die Rassehunde sind. Die Hinweise:
– Zwei der Rassehunde tragen ein Schleifchen.
– Zwei der Rassehunde tragen ein Halsband.
– Zwei der Rassehunde haben einen roten Mantel an.

RAUM

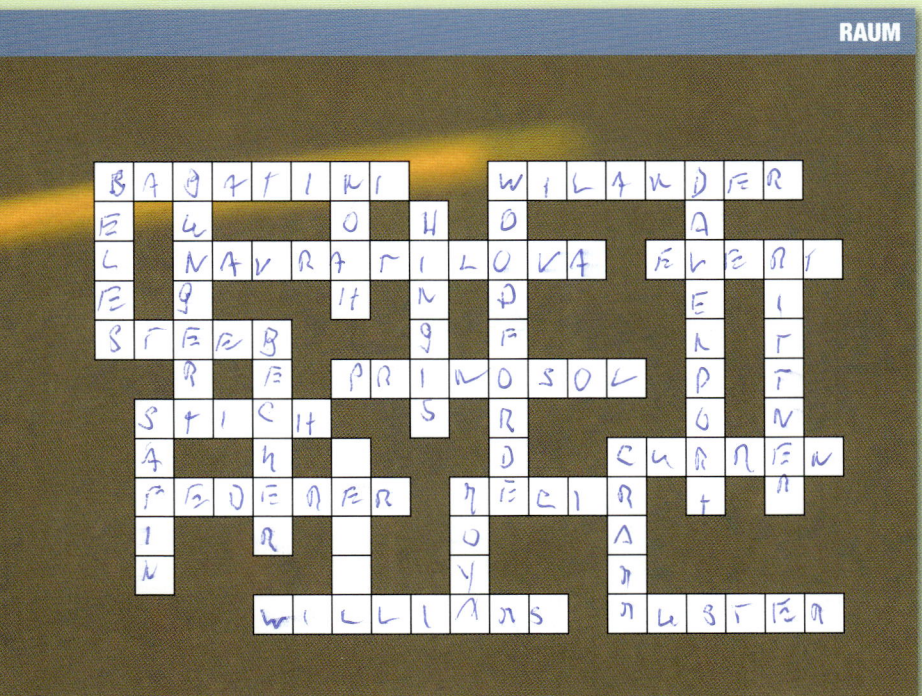

VERFLOCHTEN — STRUKTUR

Entwirren Sie die sechs US-amerikanischen Schriftsteller, die paarweise verflochten wurden.

GIERVORINGGE
1

UMPIDILKLEER
2

SAMLAINIGELRER
3

WORTSCHATZSUCHE SPRACHE

Finden Sie mindestens 20 Wörter, die mit den Buchstaben KO beginnen und die auf dem Bild dargestellt oder angedeutet sind.

PLANSPIEL — STRUKTUR

Ergänzen Sie in der Waagerechten die zwei Buchstaben, die den sechs geographischen Namen fehlen. In den beiden farbigen Spalten ergeben sich zwei asiatische Ströme.

T	O	N	K	I	N	O
I	N	D	I	A	N	Z
G	I	E	S	S	E	N
R	E	A	D	I	N	G
I	T	Z	E	H	O	E
S	Y	R	A	K	U	S

BONUS — STRUKTUR

Benutzen Sie die Buchstaben des Ausgangswortes und zusätzlich das Z. Wenn Sie diese Buchstaben neu ordnen, ergibt sich ein Wort, das zum Hinweis passt.

Ausgangswort	+ Z	Neues Wort	Hinweis
1. RAU	+ Z	AZUR	am Himmel
2. RANK	+ Z	KRANZ	aus Blumen
3. BRAUE	+ Z	ZAUBER	vom Trank
4. INGWER	+ Z	ZWINGER	für Hunde
5. ERBTEIL	+ Z	Bierzelt	fürs Volksfest
6. TREIBEIS	+ Z	VERSITZER	für Urteile

UM DIE ECKE GESUCHT — STRUKTUR

Die im Gitter verborgenen französischen Städte können waagerecht, senkrecht, vorwärts und rückwärts geschrieben sein, aber auch über Eck verlaufen. Die Wörter überschneiden sich nicht. Buchstaben werden immer nur für einen einzigen Namen verwendet. Streichen Sie die gefundenen Wörter durch. Zeilenweise gelesen, ergeben die verbleibenden Buchstaben den Namen einer Stadt in Südfrankreich.

ANGERS	CAEN	DIJON	MARSEILLE	ORLEANS	TOULOUSE
AVIGNON	CALAIS	DUENKIRCHEN	METZ	PERPIGNAN	TOURS
BAYEUX	CANNES	GRENOBLE	MONTPELLIER	POITIERS	TROYES
BIARRITZ	CARCASSONNE	LILLE	NANCY	RENNES	VERDUN
BORDEAUX	CHARTRES	LIMOGES	NANTES	SAINT MALO	VICHY
BOULOGNE	CHERBOURG	LOURDES	NIMES	STRASSBURG	
BREST	COLMAR	LYON	NIZZA	TOULON	

PROVENCE (handschriftlich)

```
G N A N M E N E A C G R N O J E O R
I A P R A S B I O N S E N O I N X L
P R E S T U O R L N E N C B D G A E
L L I E S O L D U N A A Y L E O N L
E N O N E E U E O T C N B O U L S I
M G I V R T O A U X V H C I V G O M
O N T A B G R U B S E Y E R S E G T
Z Z P E L L I E R S R C H B O U R R
A I N I O P S T R A D U O N N E Y O
R E I T C H N L O U P N S N R S E Z
S C S O C A R S E R D E S O Y L E T
L A E L O L T R N N E S A C B T M O
A I M I V M A E S A R E N R A O S L
I N N L S E R D U N G S E A Y U R A
S I R L E T N A E C E R H C E N T M
Z T R A I B E N N K I R C X U I A S
```

PLANSPIEL — STRUKTUR

Ergänzen Sie in der Waagerechten die zwei Buchstaben, die den sechs geographischen Namen fehlen. In den beiden farbigen Spalten ergeben sich zwei asiatische Städte.

	E	R	U	E
T	H	A	K	A
U	E	R	T	
U	G	A	N	
N	S	T	E	
S	K	O	P	J

BILDERSCHRIFT — SPRACHE

Der Name eines US-Kinostars ist durch die Zeichnungen bildlich dargestellt. Wer ist der Gesuchte?

283

PYRAMIDE

LOGIK

Die Zahl in einem Kästchen ist die Summe der Zahlen in den beiden darunterliegenden Kästchen. Vervollständigen Sie die Pyramide. Alle Zahlen sind positive Dezimalzahlen. Die als aa,bb geschriebene Zahl hat die Eigenschaft $b = a + 1$, also zum Beispiel 11,22 oder 33,44.

101,46

aa,bb

25,29

8,78

7,44

QUASI QUADRATISCH

Alle Worte in diesem Gitter enthalten den Buchstaben Q, der stets angegeben ist. Als zusätzliche Hilfe wurden noch einige andere Buchstaben vorgegeben. Gelingt es Ihnen, das Gitter zu vervollständigen?

LOGICAL

LOGIK

AKROBATIK FÜR DEN KOPF

Charles Schussel organisiert eine Galavorstellung, bei der der Zirkuskünstler des Jahres gewählt werden soll. Vier russische Stars will er einladen: Igor, Pjotr, Sascha und Wladimir. Sie arbeiten bei vier italienischen Zirkusunternehmen: Gigiolio, Castanova, Cicosbeo und Papogalli. Schussel macht seinem Namen alle Ehre – er hat vergessen, wer wo arbeitet und welche Nummer er präsentiert.
Schussel erinnert sich nur an die sechs Hinweise. Können Sie Herrn Schussel auf die Sprünge helfen?

Lösungsgitter
Für jede sichere positive Aussage können Sie ein „+" im Gitter eintragen, für jede negative Aussage ein „–".

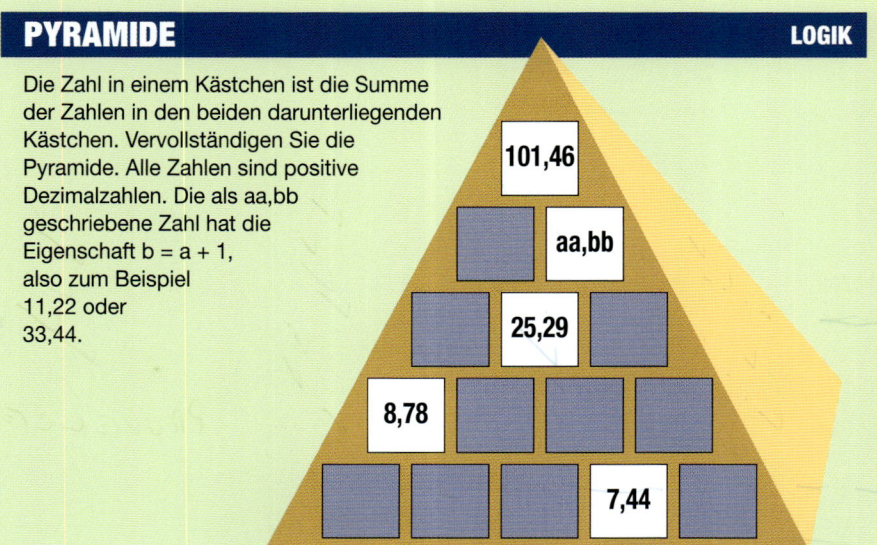

Hinweise

1. Der Dompteur heißt nicht Pjotr und arbeitet nicht bei Papogalli.
2. Weder Gigiolio noch Papogalli beschäftigt den Akrobaten.
3. Weder Igor noch Wladimir treten bei Castanova auf. Keiner der beiden ist Clown.
4. Pjotr ist weder Akrobat noch Clown.
5. Der Dompteur heißt nicht Igor.
6. Sascha tritt nicht bei Papogalli auf.

	Zirkus				Beruf			
	Gigiolio	Castanova	Cicosbeo	Papogalli	Akrobat	Clown	Dompteur	Jongleur
Igor								
Pjotr								
Sascha								
Wladimir								
Akrobat								
Clown								
Dompteur								
Jongleur								

Lösungen

Artist	Igor	Pjotr	Sascha	Wladimir
Beruf				
Zirkus				

WISSEN

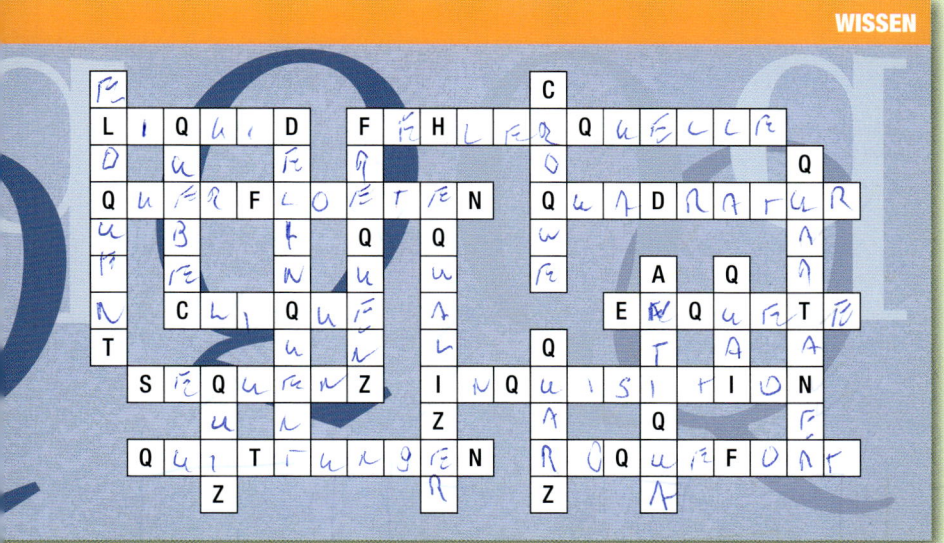

VERFLOCHTEN — STRUKTUR

Entwirren Sie die sechs berühmten Forscher, die paarweise verflochten wurden.

MELINDEBIEGL
1

SEIDEMIESNONS
2

HUPMABOSTELDURT
3

PUZZLE — RAUM

Die Figur A soll zu einem Würfel vervollständigt werden, der aus 4 x 4 x 4 kleinen Würfeln besteht. Welcher der nummerierten Stapel hat genau die fehlende Anzahl kleiner Würfel? Gibt es mehrere Stapel, die diese Anforderung erfüllen?

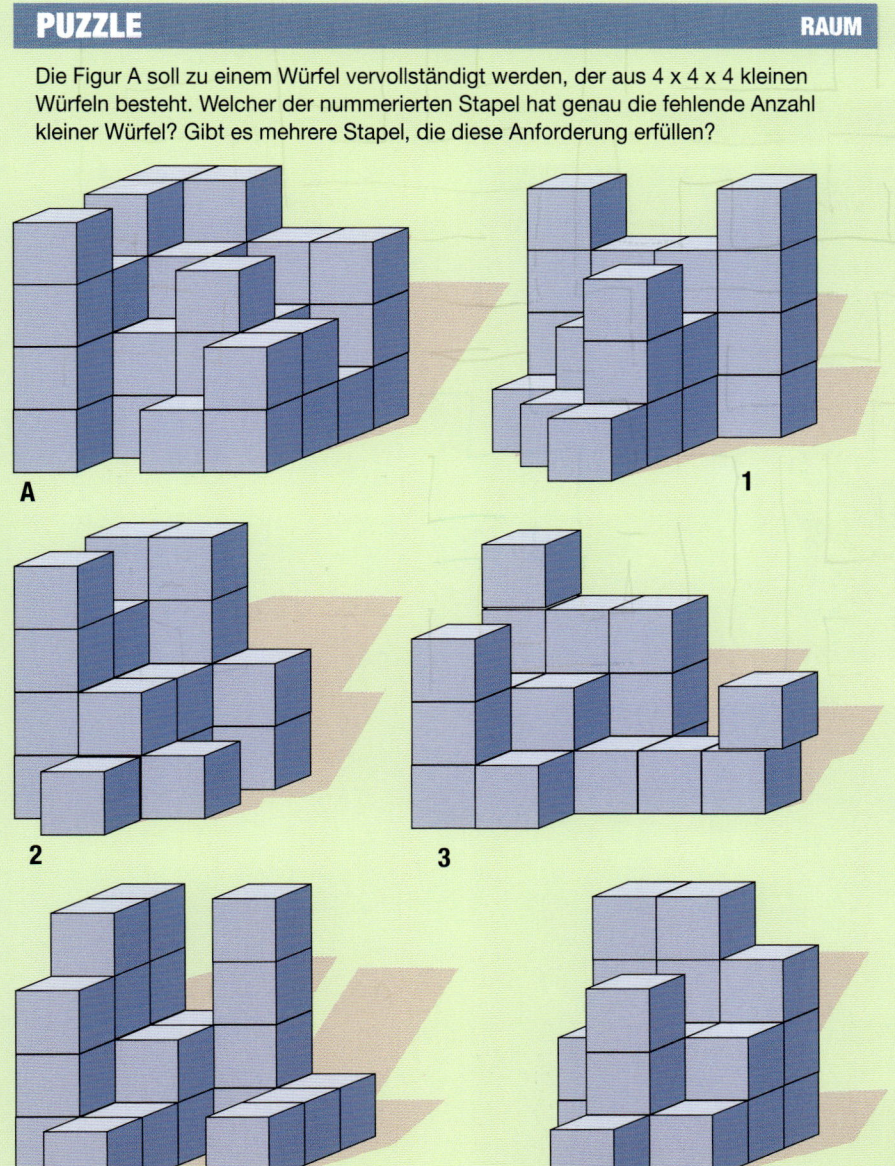

A

1

2

3

4

5

AUSTAUSCH — STRUKTUR

Verwandeln Sie die Trompete in eine Triangel. Bei jedem Schritt wird ein Buchstabe entfernt und ein neuer hinzugefügt, sodass ein neues Wort entsteht. Umlaute gelten als zwei Buchstaben.

TROMPETE

- P + A _ _ _ _ _ _ _ _
- T + N _ _ _ _ _ _ _ _
- O + I _ _ _ _ _ _ _ _
- M + T _ _ _ _ _ _ _ _
- E + S _ _ _ _ _ _ _ _
- T + K _ _ _ _ _ _ _ _
- S + L _ _ _ _ _ _ _ _
- K + G **TRIANGEL**

DOMINO — STRUKTUR

Sortieren Sie die Dominosteine neu, sodass sich zwei Begriffe aus der Musik ergeben – einer von rechts nach links gelesen, der zweite von links nach rechts. Achtung! Um die Aufgabe etwas zu erschweren, wurden bei zwei Steinen die Buchstaben vertauscht.

| A | L | E | I | N | A | D | G |
| D | S | M | E | R | E | A | R |

WER BIN ICH?

Finden Sie anhand der Hinweise heraus, welche fünf Begriffe gesucht werden. Je weniger Hinweise Sie benötigen, desto besser.

Hinweis 1

1. Im Wasser messe ich.
2. Bin ich rot, verbinde ich.
3. Konfuse Menschen verlieren mich.
4. Theseus bekam mich von Ariadne, bevor er das Labyrinth betrat.
5. Bin ich aus Seide, sollte nichts an mir hängen.
6. Sieht man jemanden, der mich macht, sagt man: „Der spinnt wohl!"

A. Faden

Hinweis 2

1. Mein Auge leuchtet im Dunkeln.
2. Mein Tisch steht abseits.
3. Meine Wäsche macht nicht sauber.
4. Meine Musik klingt schrecklich.
5. Meine Zunge kann man naschen.
6. Im Sack will mich niemand kaufen.

B. Katze

Hinweis 3

1. Ohne mich kann man mich nicht schreiben.
2. Bin ich groß, bestehe ich aus einem Teil.
3. Bin ich klein, bestehe ich aus zwei Teilen.
4. Kurze Sätze beende ich im Kopfstand.
5. Klein und auf der Seite liegend bin ich ein A oder ein N.
6. In diesem Satz komme ich viermal vor.

C. i

DIE KLEINEN UNTERSCHIEDE — KONZENTRATION

Sieben kleine Unterschiede können Sie entdecken, wenn Sie die Bilder vergleichen.

LEITER — STRUKTUR

Setzen Sie die einzelnen Bausteine zu einer Leiter zusammen. Die beiden senkrechten Begriffe stammen aus der Welt des Lesens. Ergänzen Sie die ausgelassenen Buchstaben!

WISSEN

Hinweis 4

1. Im All bin ich schwarz.
2. In Schottland bin ich nass.
3. In der Luft entstehe ich, wenn man starrt.
4. Im Bauch entstehe ich, wenn man fragt.
5. Im Rasen bin ich eines Spielers Ziel.
6. Eigentlich bin ich nichts mit Rahmen.

D. *Loch*

Hinweis 5

1. Am Himmel bin ich groß und klein.
2. Bin ich los, ist was los.
3. Im Eis bin ich weiß.
4. Bin ich aus Stoff, heiße ich nach Roosevelt.
5. Mein Hunger ist groß.
6. Ich bin ebenso wenig ein Koala wie der Wal ein Fisch.

E. *Bär*

IM DREIERPACK — SPRACHE

Welches Wort kann den drei aufgelisteten Begriffen vor- oder nachgestellt werden?

1. **PARAT, VISION, POL**
....

2. **ITALIEN, STADT, UZEN**
....

3. **OUT, TOP, PRO**
....

4. **SEILE, TROPEN, FALL**
....

5. **EILE, RITT, RENNEN**
....

6. **PALMA, JAMAIKA, LINKS**
....

X-WORTGITTER — WISSEN

Alle Worte in diesem Gitter enthalten den Buchstaben X, der stets angegeben ist. Als zusätzliche Hilfe wurden noch einige andere Buchstaben vorgegeben. Gelingt es Ihnen, das Gitter zu vervollständigen?

KÖPFCHEN — LOGIK

Jeden Abend sammelt der kleine Nick sämtliche 50-Cent-Stücke, die er zu Hause findet, und steckt sie in sein Sparschwein. Am 1. Januar fing er damit an. Jeden Monat konnte er elf Münzen mehr ergattern als im Vormonat. Am Jahresende hat er 543 Euro.

Wie viele Münzen bekam er im Dezember zusammen?

WORT FÜR WORT — STRUKTUR

Bilden Sie neue Wörter, indem Sie die angegebenen Buchstaben schrittweise hinzufügen. Umlaute gelten als zwei Buchstaben.

I N S

+ A _ _ _ _
+ E _ _ _ _
+ L _ _ _ _ _
+ G _ _ _ _ _
+ R _ _ _ _ _ _
+ U _ _ _ _ _ _

STREICHFÄHIG — STRUKTUR

Streichen Sie einen Buchstaben in jedem Wort, sodass die verbleibenden Buchstaben ein neues Wort bilden. Die gestrichenen Buchstaben ergeben, von oben nach unten gelesen, etwas, das im Zirkus Spannung bringt. Manchmal gibt es mehrere Möglichkeiten. Aber nur eine führt zur Lösung!

P	O	L	S	T	E	R	N
E	I	N	S	T	A	N	D
B	E	I	L	E	G	E	N
G	E	S	I	N	D	E	L
A	M	N	E	S	T	I	E
B	A	U	S	C	H	I	G
T	R	A	U	R	I	N	G
S	C	H	E	R	Z	E	N

287

Lösungen der Spiele

Seiten 244-245

Seiten 246-247

SPRUCHSALAT
1. Vier Augen sehen mehr als zwei.
2. Aller guten Dinge sind drei.
3. Gleich sein heißt nicht eins sein.

FAMILIENBANDE
1 und 5 : Bastian mit Franziska
4 und 6 : Erwin mit Beate
2 und 3 : Frank mit Edith

AUSTAUSCH

```
S  E  E  R  E  I  S  E
L  E  I  S  E  R  E  S
S  E  L  L  E  R  I  E
K  E  L  L  E  R  E  I
L  E  C  K  E  R  E  I
N  E  C  K  E  R  E  I
K  R  I  E  C  H  E  N
K  I  R  S  C  H  E  N
S  C  H  W  E  R  I  N
```

ZEITFRAGEN
1. **J:** Harry S. Truman (1945–1953)
2. **D:** Dwight D. Eisenhower (1953–1961)
3. **G:** John F. Kennedy (1961–1963)
4. **F:** Lyndon B. Johnson (1963–1969)
5. **H:** Richard Nixon (1969–1974)
6. **E:** Gerald Ford (1974–1977)
7. **B:** James Carter (1977–1981)
8. **I:** Ronald Reagan (1981–1989)
9. **A:** George Bush (1989–1993)
10. **C:** Bill Clinton (1993–2001)

SINNSUCHE
1. bissig
2. giftig
3. gemein
4. schlimm
5. schlecht
6. ärgerlich
7. ungezogen
8. verwerflich

MAGISCHES QUADRAT
Die Summe in den Zeilen, Spalten und Diagonalen beträgt 260. Die Summe bei den zusammenhängenden Quadraten beträgt 130.

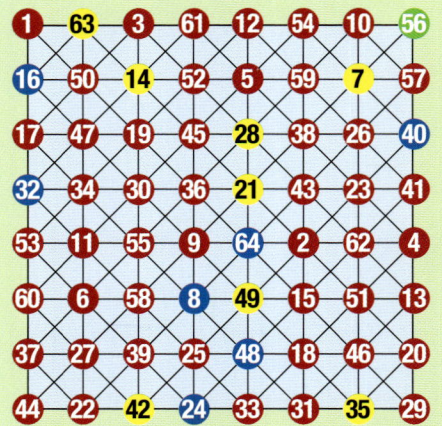

MAGISCHES DREIECK
Gesucht werden mögliche Kombinationen von vier Zahlen zwischen 1 und 9, deren Summe 20 beträgt: (1, 2, 8, 9), (1, 3, 7, 9), (1, 4, 6, 9), (1, 4, 7, 8), (1, 5, 6, 8), (2, 3, 6, 9), (2, 3, 7, 8), (2, 4, 5, 9), (2, 4, 6, 8) und (2, 5, 6, 7). Überprüft man die Summe der Quadratzahlen, so bemerkt man, dass nur mit (1, 5, 6, 8), (2, 3, 7, 8) und (2, 4, 5, 9) 126 erreicht werden (Beispiel: 1 x 1 + 5 x 5 + 6 x 6 + 8 x 8 = 126). Bei den drei Vierergruppen tauchen 2, 5 und 8 zweimal auf. Diese Zahlen müssen an die Spitzen des Dreiecks gestellt werden.

Seiten 248-249

NAME GESUCHT
Der gesuchte Vorname ist JUDY.

PLATZTAUSCH
1. *Drei Chinesen mit dem Kontrabass*
2. *Ein Männlein steht im Walde*
3. *Brüderchen komm tanz mit mir*
4. *Auf einem Baum ein Kuckuck saß*

WORTBRÜCHIG
Mirakel – Kanister – Veteran – Hibiskus – Katakombe – Dromedar

ZEITFRAGEN
1. Falsch: Gutenberg starb vor Luthers Geburt.
2. Falsch: Bismarck starb 1898, Reichskanzler war er bis 1890.
3. Falsch: Gekrönt wurde ihr Mann Franz I. Maria-Theresia war selbst nie Kaiserin.
4. Wahr.
5. Falsch: Friedrich der Große starb 1786, die Brüder Grimm wurden 1785 bzw. 1786 geboren.
6. Wahr.

ZOOM
Ein Seestern

GUT BEHÜTET
Richard: Melone, Viktor: Mütze, Markus: Cowboyhut, Stefan: Kappe.
Da die Kappe nicht Viktor gehört (1), hat Stefan keine Melone (4). Also gehört die Mütze weder Richard noch Markus (5), die Melone gehört nicht Markus (3). Nur Richard kann die Melone besitzen. Da Richard keine Kappe hat, gehört Markus der Cowboyhut (2). Die Kappe besitzt weder Richard noch Markus noch Viktor (1). Folglich besitzt Stefan sie. Viktor muss somit die Mütze tragen.

WAHR ODER FALSCH
1. Falsch: Der Gebrauch von Kerzen ist schon ca. 3000 Jahre v. Chr. bei den Ägyptern belegt (I).
2. Falsch: Der Schmelzpunkt liegt bei 62 – 65 °C (E).
3. Wahr (N).
4. Falsch: Das Schnäuzen bestand im Abschneiden des verbrannten Dochts (N).
5. Wahr (E).
6. Falsch: Eine Kerze ist ein (unfreiwilliger) Schuss senkrecht nach oben (B).
Die fleißigen Helfer sind die BIENEN.

EUROPA-RAT!
1. Brüssel
2. Straßburg
3. Fangfrage: Großbritannien hat den Euro noch nicht eingeführt!
4. Schengen
5. Sechs Staaten
6. Montanunion (Europäische Gemeinschaft für Kohle und Stahl)
7. Luxemburg
8. Römische Verträge
9. 1979
10. Schuman-Plan

Seiten 250-251

BACHSTUBEN? BUCHSTABEN!

1. Reaktion		6. Proteine
2. Energie		7. Laugen
3. Benzol		8. Mineral
4. Sulfate		9. Saeuretest
5. Maltose		10. Terpentin

FORTSETZUNG FOLGT

Die Karo-9.
Karten eines Skatblatts (7 bis Ass) sind im Kreis ausgelegt. Jeweils zwei Kartenwerte werden übersprungen. Gegenüberliegende Karten gehören der gleichen Farbe an.

AUFGEPASST

Wenn Sie sich nach einer Minute an mehr als die Hälfte der Wörter erinnert haben, ist Ihr Ergebnis exzellent. Wenn Sie weniger als fünf Begriffe notiert haben, dann sollten Sie mit kürzeren und weniger komplexen Listen üben.

DOMINO

Vertauscht man W-A und U-S, dann ergeben sich BASILIKA und WACHTURM.

BACHSTUBEN? BUCHSTABEN!

1. sicherten, streichen, Scheitern, schreiten, Enterichs, erscheint, reichsten
2. Chinesen, schneien, schienen, scheinen
3. betraten, Erbtante, abtreten

BUCH GESUCHT

A4 – B1 – C10 – D7 – E9 – F2 – G8 – H6 – I5 – J3

KÖPFCHEN

In die Kirche kamen drei Männer, neun Frauen, 81 Katzen (neun je Frau), also 93 Lebewesen. Hinzu kommt der Erzähler. Die Lösung: 94.

PLATZTAUSCH

1. *Der Frosch mit der Maske*
2. *Der Fälscher von London*
3. *Die Tote aus der Themse*
4. *Der Mann mit dem Glasauge*
5. *Der Hund von Blackwood Castle*

Seiten 252-253

STADT, LAND, FLUSS

RE Reval, rehbraun, Reseda, Rebekka, Reinhardswald, Rembrandt, Regisseur

KA Kairo, karminrot, Kaktus, Kain, Katalonien, Kandinsky, Kameramann
TI Tirana, tizianrot, Tigerlilie, Timotheus, Tirol, Tintoretto, Tischler
HE Helsinki, hellblau, Heideröschen, Hesekiel, Hessen, Heckel, Hebamme
MO Montevideo, moosgrün, Mohn, Moses, Morava, Mondrian, Modedesigner
BE Beirut, beige, Begonie, Benjamin, Bergisches Land, Beckmann, Berufsberater

AUSTAUSCH

```
S T I E R
R I T E N
R A T E N
D A T E N
F A D E N
P F A D E
D A M P F
K A M P F
```

JEDER GEGEN JEDEN

ARND	BERND		CARLO	DAVID		ERIK	ARND
N	S		S	N		N	S

BERND	CARLO		DAVID	ERIK		ARND	CARLO
S	N		N	S		R	R

BERND	DAVID		CARLO	ERIK
S	N		N	S

ARND	DAVID		BERND	ERIK
R	R		S	N

Bernd gewann alle Kämpfe. Arnd, Carlo, David und Erik wurden folglich von Bernd besiegt. Erik erzielte kein Remis, David siegte nie, also gewann Erik den Kampf gegen David, und so weiter.

SPRUCHSALAT

1. Wer Wind sät, wird Sturm ernten.
2. Der Mensch lebt nicht vom Brot allein.
3. Dem Gerechten gibt's der Herr im Schlafe.

PLANSPIEL

Ruwer – Aller

GEWÜRFELT

Baghira – Flipper – Cheetah

RICHTIG GEZÄHLT

MAGISCHES QUADRAT

Jede Zeile, Spalte und Diagonale ergibt 310.

Seiten 254-255

UM DIE ECKE GESUCHT

Jodie Foster

KÖPFCHEN

Die dritte Waage ist ebenfalls im Gleichgewicht. Ein grüner Würfel = zwei rosa Würfel, ein lila Würfel = drei rosa Würfel. Auf jeder Seite sind umgerechnet sechs rosa Würfel.

WORTWAHL

1. Marmor		6. Gomorrha
2. Mordio		7. Sumoringer
3. Memory		8. Mortadella
4. Rufmord		9. Morgenland
5. Schmoren		10. Galgenhumor

AUF DEM HOLZWEG

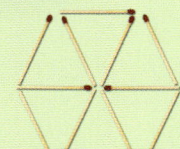

BACHSTUBEN? BUCHSTABEN!

1. Tusche		6. Zeichner
2. Farben		7. Galerien
3. Pinsel		8. Staffelei
4. Rahmen		9. Radierung
5. Palette		10. Grundieren

IM GLEICHKLANG

1. siebten 2. betriebe, Betriebe;
3. wachsen; 4. Stören, stören

Seiten 256-257

LOGICAL

Boa oder Tarantel verkauft oder besitzt Tiere (Hinweis 8). Laut Hinweis 1 verkauft Tarantel nicht. Also besitzt Tarantel und Boa verkauft. Gemäß Hinweis 2 verkauft Boa vier Tiere. Dies sind weder Taranteln (Hinweis 3: sie werden beherbergt), noch Krokodile (Hinweis 7: acht), noch Warane (Hinweis 6: sechs). Es folgt: **Boa verkauft vier Boas**. Welche Tiere besitzt Tarantel? Keine Krokodile (Hinweis 4), keine Taranteln (Hinweis 3). Tarantel besitzt Warane – und zwar sechs (Hinweis 6). **Tarantel besitzt sechs Warane**. Krokodil kommt weder im selben Satz wie Boas vor (Boa verkauft vier Boas), noch zusammen mit den Waranen (da Tarantel sechs Warane besitzt), noch mit der Tarantel (Hinweis 5). Folglich gehören Krokodil und die Krokodile zusammen, die acht Exemplare zählen (Hinweis 7). Waran muss mit den Taranteln zu tun haben, laut Hinweis 3 beherbergt er sie. Es folgen logisch die beiden letzten Sätze: **Waran beherbergt drei Taranteln** und **Krokodil hält acht Krokodile**.

Lösung

	Satz 1	Satz 2	Satz 3	Satz 4
Wort 1	Boa	Krokodil	Tarantel	Waran
Wort 2	verkauft	hält	besitzt	beherbergt
Wort 3	vier	acht	sechs	drei
Wort 4	Boas	Krokodile	Warane	Taranteln

BACHSTUBEN? BUCHSTABEN!

1. lautester, Resultate
2. revoltieren, vielerorten
3. frostsicher, roestfrisch

WORTWAHL

1. Marmelade
2. Parmesan
3. Paniermehl
4. Hermelin
5. Murmeltier
6. Kirmes
7. Rasiermesser
8. Heilsarmee
9. Gendarmen
10. Armenhaus

MAGISCHE ZAHL

Egal mit welcher Ausgangszahl Sie rechnen, Sie kommen nach einigen Schritten auf 6174! Beispiel 8493. 9843 – 3489 = 6354; 6543 – 3456 = 3087; 8730 – 0378 = 8352; 8532 – 2358 = 6174 …

TUTEN UND BLASEN!

Das gesuchte Instrument ist die TROMPETE.

MERKWÜRDIG

1. Quizmaster, 2. Champion, 3. Synthese, 4. Unterhaltung, 5. Keines, Quizshow steht nicht in der Liste, 6. Nein (der Starkult).

IM DREIERPACK

1. Tran; 2. Bein; 3. Bar; 4. Bus; 5. Gen; 6. aber

Seiten 258-259

ZEITFRAGEN

B (1250 v. Chr.), **C** (814 v. Chr.), **D** (753 v. Chr.), **H** (339 v. Chr.), **F** (218 v. Chr.), **G** (ca. 69 v. Chr.), **E** (44 v. Chr.), **A** (64 n. Chr.)

KÖPFCHEN

Wenn Paul nur einmal die Scheiben verfehlt, dann trifft er die Scheibe A elfmal und die Scheibe B 58-mal (insgesamt 70 Schüsse). Er hätte (58 x 3) + (11 x 1) – (1 x 2) = 183 Euro. Mit einem zweiten Fehlschuss hätte er (56 x 3) + (12 x 1) – (2 x 2) = 176 Euro. Jeder Fehlschuss kostet folglich 7 Euro. Zwanzig Fehlschüsse mehr ergeben ein Plus von 36 Euro (176 – 7 x 20) für Benno. Er verfehlte 22-mal die Scheiben, traf 32-mal Scheibe A und 16-mal (70 – 22 – 32) Scheibe B.

IM DREIERPACK

1. Fehler
2. vorn
3. grau
4. herbe
5. bis
6. Stern

WORTBRÜCHIG

1. Maskerade
2. passabel
3. Kanute
4. Tahiti
5. Autopsie
6. lavieren

AUSTAUSCH

```
S A E N G E R
G A R T E N S
S P A R T E N
S T A P E L N
H A S P E L N
P A N S C H E
S C H N A P S
S A C H S E N
N A S C H E N
C H A N S O N
```

FORTSETZUNG FOLGT

A. **Figur 5:** Die am häufigsten auftretende Form mit der am häufigsten auftretenden Farbe.

B. **Figur 3:** Die Form mit den meisten Kanten mit der Farbe der Form, die die wenigsten Kanten hat.

C. **Figur 4:** Die grüne Form wird verkleinert und braun, die Zahl richtet sich nach der Gesamtzahl der vorhandenen Formen.

D. **Figur 2:** Die Form, die fehlt, damit alle Formen dreimal auftreten – und zwar zweimal in derselben Farbe, einmal in einer anderen.

E. **Figur 1:** Die Form, die so viele Kanten hat, wie es unterschiedliche abgebildete Formen gibt. Die Farbe, die so oft auftaucht, wie die Form Kanten hat.

SANDWICH

Den wahren Freund erkennt man in der Not.

```
S O D O M
P R E I S
R U N D E
I R W I N
C H A M P
H E H R E
W O R M S
O D E U R
R I N N E
T A F E L
U N R A T
E K E L N
B R U S T
E I N I G
R U D E R
E B E N E
C H R O M
H A K E N
T R E F F
E R N S T
K A N N E
A N T I K
M I M E N
E T A G E
R A N K E
A S I A T
D A N K E
S U D A N
C H E C K
H O R S T
A H N E N
F R O S T
T O T A L
```

Seiten 260-261

SPRUCHSALAT

1. Der Rest ist Schweigen.
2. Kürze ist des Witzes Seele.
3. Der Wunsch ist der Vater des Gedankens.
4. Die ganze Welt ist Theater.

FORTSETZUNG FOLGT

1. Es handelt sich um die ersten Stellen nach dem Komma bei der Kreiszahl π.

2. Jede Zahl ist die Summe der quadrierten Ziffern der vorausgehenden Zahl: 2 x 2 + 5 x 5 = 29; 2 x 2 + 9 x 9 = 85 … Die letzte Zahl ist folglich 2 x 2 + 0 x 0 = 4.

3. Es handelt sich um Zeitunterteilungen: 60 Sekunden in einer Minute, 60 Minuten in einer Stunde, 24 Stunden pro Tag. Es fehlt also die 7 für sieben Tage pro Woche. Es folgen 52 Wochen pro Jahr, 100 Jahre für ein Jahrhundert, zehn Jahrhunderte in einem Jahrtausend.

4. Aufgelistet sind die Anfangsbuchstaben der Spielkarten beim Skat: Sieben, Acht, Neun, Zehn, Bube, Dame, Ass. Es fehlt das K für König.

PLANSPIEL

Litauen – Andorra

L	U	T	E	T	I	A	
I	T	A	L	I	E	N	
T	A	L	L	A	R	D	
A	J	A	C	C	I	O	
U	G	A	N	D	E	R	
E	M	S	C	H	E	R	
N	I	A	G	A	R	A	

WORT FÜR WORT

		B	A	D						
+	**N**	B	A	N	D					
+	**E**	B	A	N	D	E				
+	**R**	D	A	R	B	E	N			
+	**N**	B	R	A	N	D	E	N		
+	**U**	B	R	A	N	D	N	E	U	
+	**K**	U	N	D	E	N	K	B	A	R

IM DREIERPACK

1. Tiger
2. Samt
3. gieren
4. Ei
5. Gel
6. ich

HALBE-HALBE

Marionette – Friesinnen – Naturalien – Kühltruhen – Karosserie – Meerestier – Tortelette – Reiherente – Reichsacht – Zweitakter – Zubereiter – Windeseile

PYRAMIDE

Das S an der Spitze ist a + 4b + 6c + 4d + e. Durch die Vorgaben erhält man:
S = a + 4b + 6 (b + 1) + 4 (b – 1) + a = 2a + 14b + 2.
S ist die Summe aus geraden Zahlen, also selbst eine gerade Zahl. Also ist S = 90.
2a + 14b + 2 = 90, also a + 7b = 44 (oder a = 44 – 7b).
Man weiß ebenfalls, dass b > a. Folglich ist b > 44 – 7b oder 8b > 44, also b > 5,5.
Da alle Zahlen ganze positive Zahlen sind, ist die einzig mögliche Lösung b = 6 und a = 44 – 7 x 6 = 2.

		90		
	46		44	
21		25		19
8	13		12	7
2	6	7	5	2

SINGSPIEL

C	A	R	P	E	N	D	A	L	E		W	E	R	D	I	N	G
O			R		A			H		U				A			
R	O	S	E	N	B	E	R	G		B				B			
D			W	E	B	S	T	E	I	N		T	N	I	C	K	I
A	D	A	M	O		S						C		E			
L		N		M	A	F	F	A	Y			K		L			
I		D	N		L		K				G	L	A	S			
S	I	E	G	E	L		E					E					
		R	N		V		B	E	R	T		H					
		S	A	N	K	A		O		R							
		E				V		R		L	I	N	D	N	E	R	
L	I	N	D	E	N	B	E	R	G								

Seiten 262-263

KREUZSPORTRÄTSEL

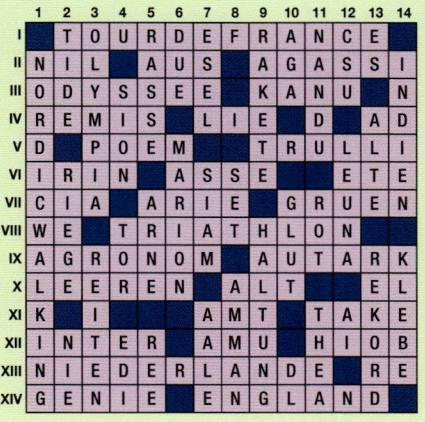

	1	2	3	4	5	6	7	8	9	10	11	12	13	14
I	T	O	U	R	D	E	F	R	A	N	C	E		
II	N	I	L		A	U	S		A	G	A	S	S	I
III	O	D	Y	S	S	E	E		K	A	N	U		N
IV	R	E	M	I	S		L	I	E		D		A	D
V	D		P	O	E	M		T	R	U	L	L	I	
VI	I	R	I	N		A	S	S	E		E	T	E	
VII	C	I	A		A	R	I	E		G	R	U	E	N
VIII	W	E		T	R	I	A	T	H	L	O	N		
IX	A	G	R	O	N	O	M		A	U	T	A	R	K
X	L	E	E	R	E	N		A	L	T		E	L	
XI	K		I		A	M	T		T	A	K	E		
XII	I	N	T	E	R		A	M	U		H	I	O	B
XIII	N	I	E	D	E	R	L	A	N	D	E		R	E
XIV	G	E	N	I	E		E	N	G	L	A	N	D	

VERGLEICHSWEISE

B und D

GEWÜRFELT

Overall – Filzhut – Smoking

IM GLEICHKLANG

1. starrten, starten
2. fasste, faste
3. Wällen, Wellen
4. priesen, Prisen

KÖPFCHEN

N ist die Anzahl der Kinder von Frau Schlau. Jedes von ihnen hat N – 1 Kinder. Die gesamte Nachkommenschaft ist N Kinder + N x (N – 1) Enkelkinder, also N + N² – N = N², das Alter von Frau Schlau. Sie ist 8 x 8 = 64 (7 x 7 = 49 < 50 und 9 x 9 = 81 > 80). Sie hat 8 Kinder, 56 Enkel und auf ihrer nächsten Geburtstagstorte stehen 65 Kerzen.

BACHSTUBEN? BUCHSTABEN!

1. Unze
2. Meile
3. Tonne
4. Knoten
5. Sievert
6. Oechsle
7. Reaumur
8. Hektoliter
9. Lumen
10. Denier

Seiten 264-265

LÄNDERSPIEL

1. Algerien
2. Libyen
3. Assuan (Ägypten)
4. Timbuktu (Mali)
5. Gambia
6. Liberia mit der Hauptstadt Monrovia, benannt nach James Monroe
7. Togo; *to go* (gehen)
8. Niger
9. Sudan
10. Lagos (Nigeria)
11. Kamerun
12. Ubangi
13. Lambarene
14. Viktoriasee
15. Sansibar (Tansania: Tan für Tanganjika, San für Sansibar)
16. Angola und Sambia
17. Viktoriafälle
18. Namibia
19. Swasiland
20. Kap der Guten Hoffnung

SPRUCHSALAT

1. Suchet, so werdet ihr finden.
2. Seid fruchtbar und mehret euch.
3. Gebet, so wird euch gegeben.

WORT FÜR WORT

		G	A	S				
+	**E**	S	A	G	E			
+	**N**	A	G	N	E	S		
+	**R**	G	R	A	S	E	N	
+	**U**	G	R	A	U	S	E	N
+	**F**	F	A	S	E	R	U	N	G
+	**A**	A	U	S	F	R	A	G	E	N

PAARWEISE

A6 – B10 – C2 – D8 – E4 – F9 – G5 – H7 – I1 – J3

UNPASSEND

1. Bei jedem Wort bilden die Buchstaben 1, 2, 6 und 7 ein Wort, die Buchstaben 3, 4 und 5 ein weiteres Wort. Dies ist bei BAUFORM nicht der Fall.
2. Bei allen Wörtern kann CH entfallen. Es verbleibt ein neues Wort. Bei der STIEFTOCHTER verbleibt ein Stieftoter, der im Wörterbuch nicht zu finden ist.
3. In jedem der Begriffe ist ein Schmuckstein versteckt: Topas in Hektopascal, Achat in Sprachatlas, Jade in Plejaden. Nur in GRANULAT verbirgt sich kein Schmuckstein.

Seiten 266-267

SPRUCHSALAT

1. Weise erdenken die neuen Gedanken und Narren verbreiten sie.
2. Geld ist rund und rollt weg, aber Bildung bleibt.
3. Düfte sind die Gefühle der Blumen.

ZEITFRAGEN

1. C und H: Hoffman und Krug (1937)
2. F und A: Marjan und Pacino (1940)
3. K und D: Kaufmann und Selleck (1945)
4. B und E: Lauterbach und Fischer (1953)
5. J und L: Ochsenknecht und Kruse (1956)
6. G und I: Flint und Grant (1960)

ZOOM
Eine
Windmühle

GEWÜRFELT
Madeira – Aquavit – Pilsner

KÖPFCHEN
P ist der Betrag, den Roland verloren hat.
P – 1 ist ein Vielfaches von 2, 3, 4, 5, 6, 7, 8
und 9. Das kleinste gemeinsame Vielfache
ist: 8 x 9 x 7 x 5 = 2520 Euro. Roland hatte
folglich 2521 Euro Schulden – oder jedes
Vielfache von 2520 und einen Euro.

UNPASSEND
A. **Abbildung 2:** Jede Abbildung enthält fünf
   lila Linien, eine dicke rote Linie und zwei
   gelbe Kreise – außer Figur 2, die sechs
   lila Linien enthält.
B. **Abbildung 5:** In jeder Abbildung liegt
   ein grünes Element über einem roten.
   In Abbildung 5 liegt ein rotes Element
   über einem grünen.
C. **Abbildung 1:** Alle Abbildungen enthalten
   Formen, die die gleiche Anzahl von Kanten
   haben. In Abbildung 1 sind Formen mit
   vier, fünf und sechs Kanten.
D. **Abbildung 6:** Die auf der Schnur aufge-
   reihte Abfolge von Formen und Farben ist
   immer gleich. In Abbildung 6 sind der lila
   Kreis und das gelbe Quadrat vertauscht.
E. **Abbildung 2:** Jedes Rechteck enthält
   zwei Figuren: Die erste hat mehrere
   Symmetrieachsen, die zweite nur eine.
   Die Ausnahme von dieser Regel ist
   Abbildung 2, wo beide Figuren mehrere
   Symmetrieachsen haben.

IM GLEICHKLANG
1. Andengipfel, an den Gipfel
2. ballverliebt, Ball verliebt
3. bei trägen, Beiträgen
4. Reh serviert, reserviert.

Seiten 268-269

RICHTIG GEZÄHLT

16 39 32 3
27 14 9 40
2 33 34 21
45 4 15 26

LÜCKENFÜLLER
1. Bereich
2. Fernost
3. Sanktion
4. Material
5. plausibel
6. ausgefuchst

PUZZLE
Puzzlestücke
4, 5, 6 und 8

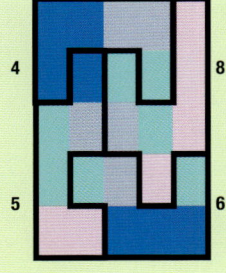

UNPASSEND
1. Bei den Wörtern können alle T entfallen,
   es entstehen neue Wörter: Bier, Rachen,
   Sauen, ein, aschen. Entfernt man die
   beiden T bei TEXTILIEN, entsteht nicht
   Exile oder exilieren, sondern nur exilien.
2. Bei allen Wörtern kann man das doppelte
   R durch ein doppeltes L ersetzen. Es
   entstehen neue Wörter: Schnallen, Ballen,
   Kollektiv, verhallen und hell. Ersetzt man
   die Buchstaben bei DÜRRE, entsteht nicht
   Duelle, sondern Dülle.
3. Bei allen Wörtern können die letzten zwei
   Buchstaben vertauscht werden. Es ent-
   steht ein neues Wort: Basar, Kolumbien,
   Drohne, bereist und Mähre. Bei STOCK-
   TAUB entsteht Stocktabu!

FORTSETZUNG FOLGT
1. Eine Zahl ergibt sich durch die Anzahl
   der Buchstaben der vorausgehenden Zahl,
   wenn diese ausgeschrieben wird. Acht
   hat vier Buchstaben, gesucht ist die 4.
2. In jedem Molekül ist die Summe der roten
   und grünen Atome das Sechsfache der
   Zahl im blauen Atom. Die Zahl im roten
   Atom ist um 4 größer als die Zahl im
   grünen Atom. Gesucht sind zwei Zahlen,
   für die gilt: 6 x 8 = 48 mit einer Differenz
   von 4. Im grünen Atom steht 22, im roten
   Atom 26.
3. Jede Zeile beschreibt das, was man in der
   vorhergehenden Zeile liest. In der zweiten
   Zeile schreibt man also 1 1 (eine 1 in der
   ersten Zeile). In der zweiten Zeile stehen
   zwei Einsen. Folglich schreibt man in der
   dritten Zeile 2 1. Dort hat man dann eine 2
   und eine 1, also 1 2 1 1. In der folgenden
   Zeile steht eine 1, eine 2 und zweimal die
   1, also 1 1 1 2 2 1.
   In der letzten Zeile schreibt man drei 1,
   eine 3, eine 2, eine 1, eine 3, eine 2 und
   zweimal die 1: 3 1 1 3 1 2 1 1 1 3 1 2 2 1.
4. a) 40: Wenn die erste Ziffer einer Zahl
   größer ist als die zweite, wird die zweite
   von der ersten subtrahiert und das Ergebnis von der Ausgangszahl abgezogen. Ist
   die erste Ziffer kleiner, wird jeweils addiert.
   Dies ergibt die nächste Zahl.
   b) 12: Die Ziffern einer Zahl werden vertauscht, die Quersumme der Zahl wird
   hinzuaddiert. Aus 12 wird 21 + 2 + 1 = 24.
   Also wird aus 60 eine 06. 6 + 6 = 12.

LEITER

SANDWICH
Im Zweifelsfalle
sprich die
Wahrheit.

Seiten 270-271

PREISRÄTSEL

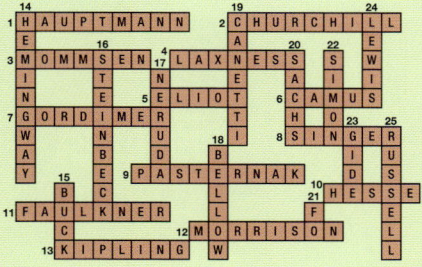

BAUSÄTZE FÜR DICHTER

b. sein blaues Band, **a.** durch die Lüfte,
b. Düfte, **c.** das Land,
a. träumen schon, **b.** kommen,
c. ein leiser Harfenton, **b.** vernommen.

IM DREIERPACK

1. ist
2. rechts
3. Ass
4. über
5. gar
6. Alben

DOMINO

Wenn man Y-B und I-V vertauscht, ergeben sich Biarritz und Coventry.

ZUWACHS RATEN

RICHTIG GEZÄHLT

Seiten 272-273

WER BIN ICH?

A. Venedig
B. Wales
C. Helgoland
D. Neuschwanstein
E. Chicago

PYRAMIDE

Da a + b = 26 bestehen die Möglichkeiten a = 7 und b = 19, a = 14 und b = 12, a = 21 und b = 5. Man weiß: b + c = 46 − 26 = 20. C ist ein Vielfaches von 5. Da b + c ein Vielfaches von 5 ist, ist b ebenfalls ein Vielfaches von 5. Also ist a = 21 und b = 5 sowie c = 15. Nun kann man die Pyramide von unten ausfüllen mit 21, 5, 15, d, e. An der Spitze erhält man 131 + 4d + e, was 176 ergeben muss. Dies bedeutet, dass 4d + e = 45. E muss ein Vielfaches von 11 sein.
Nun kann man 11, 22, 33 und 44 ausprobieren. Einzig mögliche Lösung ist e = 33.
Es folgt dann
4d = 45 − 33 und
4d = 12 sowie
d = 3.

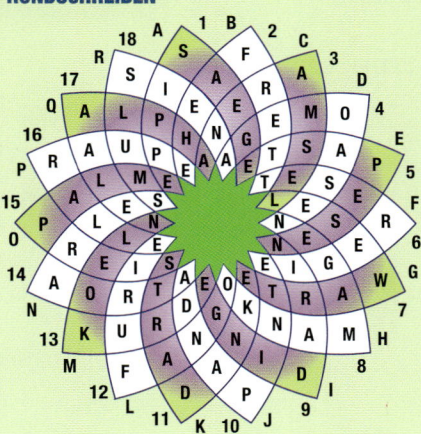

WORTSCHATZSUCHE

Einige der dargestellten Wörter: Stall, Stier, Strick, Stiefel, Stulpen, Stock, Stroh, Stute, Striegel, Strähne, Stupsnase (Mädchen), Stirn, Strümpfe, Streifen, Steigbügel, Straße, Storch, Stamm, Strahlen (der Sonne), Strauch, Stapel (Holz), Stacheldraht, Stuhl, Stange, Steine, Stiel (des Spatens), Stofftier.

RUNDSCHREIBEN

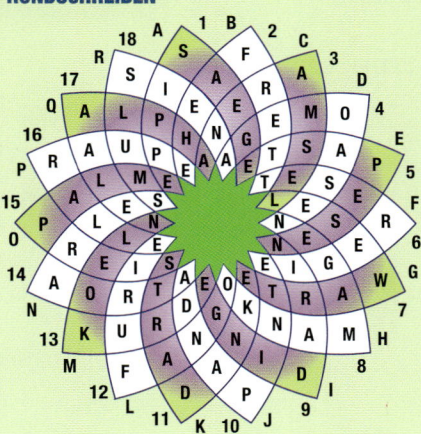

Seiten 274-275

AUSBRECHER GESUCHT!

1. Der Erebus in der Antarktis
2. Der Pinatubo auf Luzon/Philippinen
3. Der Mont Pelé auf Martinique
4. Soufrière auf Guadeloupe
5. Der Fuji in Japan
6. Der Popocatepetl in Mexiko
7. Der Krakatau in Indonesien
8. Die Vulkaninsel Santorin
9. Der Ätna in Italien
10. Der Tambora in Indonesien
11. Der Stromboli in Italien
12. Der Vesuv in Italien
13. Der Mauna Loa auf Hawaii
14. Der Llaima in Chile
15. Der Bezymianny auf Kamtschatka
16. Der Mount Saint Helens im US-Bundesstaat Washington
17. Der Nevado del Ruiz in Kolumbien
18. Der Asama in Japan
19. El Chichon in Mexiko
20. Der Kilimandscharo in Tansania

PÄRCHENWEISE

A4 – B9 – C2 – D6 – E1 – F8 – G10 – H3 – I7 – J5

BILDERSCHRIFT

Gesucht ist Caterina Valente (Kater in A, Wal, Ente).

GUT AUFGELEGT

2, 3, 4, 7 und 8

AUF DEM HOLZWEG

Man behält das Dach und legt darüber ein Dreieck. So erhält man zwei große und sechs kleine Dreiecke.

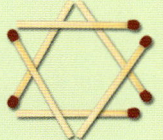

KÖPFCHEN

Zwei Lada und vier BMW kosten zusammen 102 000 Euro. Ein Lada und zwei BMW kosten folglich 51 000 Euro. Also kosten elf Lada und 22 BMW 561 000 Euro (11 x 51 000). Elf Lada und 5 BMW sind zusammen 204 000 Euro wert (2 x 102 000). 17 BMW (22 − 5) kosten dann 357 000 Euro (561 000 − 204 000).
Einen BMW kann man für 21 000 Euro kaufen, einen Lada für 9 000 Euro.

Seiten 276-277

SPRUCHSALAT

1. Wo viel Licht ist, ist starker Schatten.
2. Man lebt nur einmal in der Welt.
3. Edel sei der Mensch, hilfreich und gut.

ZEICHENTRICKS

PUZZLE

Das Puzzlestück mit der Nummer 3

MÄRCHENHAFTE FRAGEN

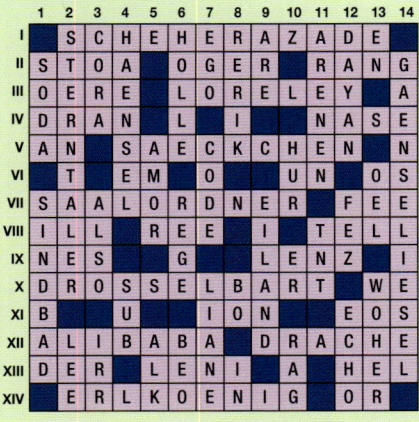

	1	2	3	4	5	6	7	8	9	10	11	12	13	14
I		S	C	H	E	H	E	R	A	Z	A	D	E	
II	S	T	O	A		O	G	E	R		R	A	N	G
III	O	E	R	E		L	O	R	E	L	E	Y		A
IV	D	R	A	N		L		I			N	A	S	E
V	A	N		S	A	E	C	K	C	H	E	N		N
VI		T	E	M		O		U	N		O	S		
VII	S	A	A	L	O	R	D	N	E	R		F	E	E
VIII	I	L	L		R	E	E		I		T	E	L	L
IX	N	E	S		G		L	E	N	Z		I		
X	D	R	O	S	S	E	L	B	A	R	T		W	E
XI	B		U		I		O	N		E		O	S	
XII	A	L	I	B	A	B	A		D	R	A	C	H	E
XIII	D	E	R		L	E	N	I		A		H	E	L
XIV		E	R	L	K	O	E	N	I	G		O	R	

Seiten 278–279

WER BIN ICH?
A. Wladimir Putin
B. John Wayne
C. Pippi Langstrumpf
D. Johannes Bückler,
    Schinderhannes
E. Nelson Mandela

PUZZLEWÖRTER
Bahnreisende – balladenhaft – Benzingeruch – fortschieben – Seitengewehr – Fronteinsatz – Grabesstimme – Herbstanfang – Kehrtwendung – Bildmaterial – Gangsterboss – Einsteigerin

KÖPFCHEN
A ist der Inhalt des Futterbehälters, B der des großen Messbechers und C der des kleinen Messbechers.
Anfangs hat man (12 g, 0 g, 0 g). Man füllt den kleinen Messbecher C (7, 0, 5) und schüttet den Inhalt in den großen Becher B um (7, 5, 0). Dann wird Becher C aus dem Behälter A gefüllt (2, 5, 5), dann der große Becher B aus dem kleinen Becher C (2, 7, 3). Der Inhalt von B wird zurück in A geschüttet (9, 0, 3), danach der Inhalt von Becher C in Becher B (9, 3, 0). Dann wird Becher C wieder gefüllt (4, 3, 5), danach Becher B (4, 7, 1). Der Inhalt von Becher B wird zurück in A geschüttet (11, 0, 1). Der Inhalt von C kommt in B (11, 1, 0). Dann wird C aus A gefüllt (6, 1, 5), sein Inhalt in B geschüttet (6, 6, 0). Damit ist Perikles' Diät gerettet.

LÜCKENFÜLLER
1. Droschke
2. Wetzstein
3. stocksteif
4. Angorakatze
5. belauschen
6. Herbstmond

ZEITFRAGEN
1. 1781 H/M (Uranus, Kant)
2. 1820 F/L (Braille, Zugspitze)
3. 1845 A/K (*Struwwelpeter*, *Tannhäuser*)
4. 1865 E/O (Abschaffung der Sklaverei, *Alice im Wunderland*)
5. 1895 D/I (*Effi Briest*, Röntgenstrahlen)
6. 1911 C/N (*Titanic*, Marie Curie)
7. 1921 G/J (*The Kid*, Irland)
8. 1937 B/P (Eduard, Hindenburg)

Seiten 280–281

RUNDSCHREIBEN

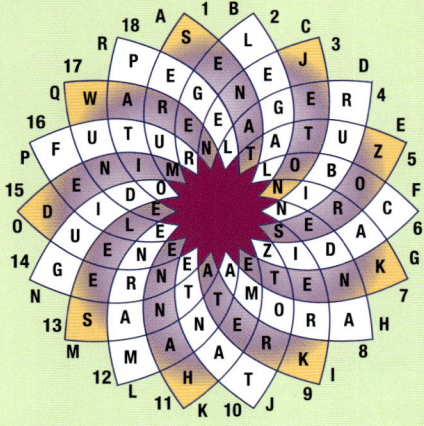

KÖPFCHEN
1. Dübel
2. Haken
3. Zwecken
4. leer
5. Muttern
6. Schrauben
7. Nägel
8. Krampen

NETZGITTER

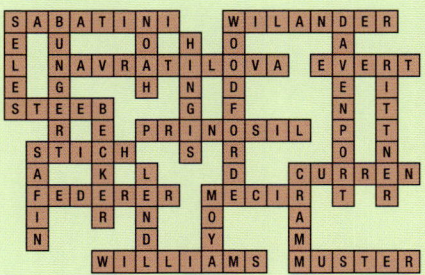

PYRAMIDE
Man kann die einzelnen Zeilen folgender-maßen ausfüllen.
Vierte Zeile: $a + b = e$, $b + c = d$, $c + d = e$, $d + e$.
Dritte Zeile: $d + e$, $d + e$ und $d + 2e$.
Zweite Zeile: $2d + 2e$ und $2d + 3e$.
Spitze: $4d + 5e = 100$.
Da 100 ein Vielfaches von 5 ist und 5e ebenfalls, muss 4d auch ein Vielfaches von 5 sein, damit die Gleichung aufgeht. Folglich kann d 5, 10, 15 oder 20 sein. E kann nur 16, 12, 8 oder 4 sein. Nun kann man die folgenden Fälle rechnen:
• d = 5 und e = 16: Da c + d = e, muss c 11 sein. Aber b + c = d wird unmöglich, da b = –6 wäre.
• d = 10 und e = 12: Da c + d = e, ist c = 2. Da b + c = d, b = 8. Und da a + b = c + d = e, ist a = 4.

• Bei d = 15 und e = 8 müsste c negativ sein, damit c + d = e.
Gleiches gilt für d = 20 und e = 4.
Die einzig mögliche Lösung ist also
a = 4, b = 8,
c = 2, d = 10
und e = 12.

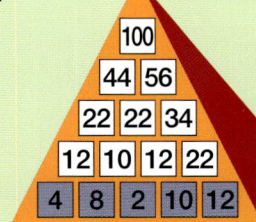

WAHR ODER FALSCH
1. Falsch: Die Mayflower startete am 16.9. und kam am 11.11. an (acht Wochen) (S).
2. Wahr (C).
3. Falsch: am 28.4.1789 (H).
4. Wahr (U).
5. Wahr (T).
6. Falsch: Die Bunte Kuh machte unter Kapitän Simon von Utrecht Jagd auf Störtebeker (E).
Der gesuchte Schiffstyp ist die SCHUTE.

REINRASSIG
Die Hunde 2, 4, 6 haben Schleifchen, unter ihnen befinden sich zwei reinrassige Hunde. Drei Hunde haben ein Halsband: 1, 3 und 4, von ihnen sind ebenfalls zwei reinrassig. Die Hunde 3, 5 und 6 tragen einen roten Hundemantel, auch von ihnen sind zwei reinrassig. Die Rassehunde sind diejenigen, die zweimal bei diesen Aufzählungen auftauchen: Hund 3 (ein Schleifchen, Halsband, roter Mantel), Hund 4 (Schleifchen, Halsband, kein roter Mantel) und Hund 6 (Schleifchen, kein Halsband, roter Mantel).

VERFLOCHTEN
1. George, Irving, 2. Updike, Miller, 3. Salinger, Mailer

Seiten 282–283

WORTSCHATZSUCHE
Einige der dargestellten Wörter: Korsar, korpulent, Kopf, Kopftuch, Koteletten, Koppel (Gürtel), Koffer, Kordel, Korb, Kopfkissen, Kompass, Kocher, Kochtopf, Konservendose, Korken, Korkenzieher, Kognak, Kokospalme, Kokosnüsse, Kolibri, Kobra, Koralle, Konfekt, Kommode.

PLANSPIEL
Tigris – Ganges

BONUS

1. azur
2. Kranz
3. Zauber
4. Zwinger
5. Bierzelt
6. Beisitzer

UM DIE ECKE GESUCHT

Aix-en-Provence

PLANSPIEL

Tiflis – Lahore

BILDERSCHRIFT

Gesucht ist Sylvester Stallone.

Seiten 284-285

PYRAMIDE

Wegen der Zahlen in der zweiten und dritten Zeile von unten kann aa,bb nur 44,55 oder 55,66 sein. Probieren Sie beide Möglichkeiten aus. Wenn man von 44,55 ausgeht und die Pyramide ausfüllt, erhält man eine negative Zahl in der untersten Zeile. Folglich ist 55,66 der richtige Ansatz.

LOGICAL

Wegen der Hinweise 1 und 4 weiß man, dass Pjotr Jongleur ist. Der Clown heißt weder Igor noch Wladimir (Hinweis 3). Also tritt Sascha als Clown auf. Igor ist nicht der Dompteur (Hinweis 5), also ist er Akrobat. Es folgt, dass Wladimir Dompteur ist. Sascha arbeitet nicht bei Papogalli (Hinweis 6), auch nicht Wladimir (Dompteur, Hinweis 1), ebenfalls nicht der Akrobat Igor.

Folglich tritt Pjotr bei Papogalli auf. Nach Hinweis 3 muss Sascha bei Castanova angestellt sein. Igor ist Akrobat und somit bei Cicosbeo (Hinweis 2). Wladimir muss bei Gigiolio arbeiten.

Lösung

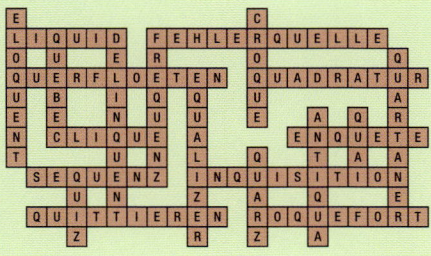

Artist	Igor	Pjotr	Sascha	Wladimir
Beruf	Akrobat	Jongleur	Clown	Dompteur
Zirkus	Cicosbeo	Papogalli	Castanova	Gigiolio

QUASI QUADRATISCH

VERFLOCHTEN

1. Mendel, Liebig
2. Siemens, Edison
3. Humboldt, Pasteur

PUZZLE

Stapel 2 ergänzt A zum Würfel. A hat insgesamt 41 kleine Würfel, es fehlen also 23. Stapel 2 besteht als Einziger aus dieser Anzahl (Stapel 1: 24 Würfel, Stapel 3: 22, Stapel 4: 24, Stapel 5: 22).

AUSTAUSCH

```
T R O M P E T E
A M O R E T T E
A M O N E T A E R
A M T I E R E N
T A E T E R I N
A R T I S T E N
K A N I S T E R
T A L K E R I N
T R I A N G E L
```

DOMINO

Vertauscht man N–R und E–M, dann ergeben sich MADRIGAL und SERENADE.

Seiten 286-287

WER BIN ICH?

A. Faden
B. Katze
C. Der Buchstabe „i" (auf der Seite liegend: Morsealphabet!)
D. Loch
E. Bär

DIE KLEINEN UNTERSCHIEDE

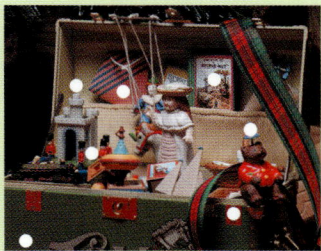

LEITER

X-WORTGITTER

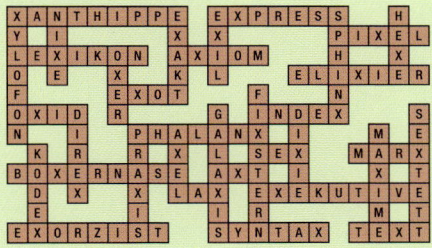

STREICHFÄHIG

Entfernt werden folgende Buchstaben:
S (poltern) – E (instand) – I (belegen) – L (Gesinde) – T (Amnesie) – A (buschig) – N (traurig) – Z (scheren): SEILTANZ.

IM DREIERPACK

1. Euro – 2. Kap – 3. fit –
4. Winde – 5. Abt – 6. Rum

KÖPFCHEN

Wenn Nick mit einer Münze im Januar begonnen hat, besitzt er am Jahresende 1 + 12 + 23 + 34 + 45 + 56 + 67 + 78 + 89 + 100 + 111 + 122 = 738 Münzen (369 Euro). Er hat jedoch 1086 (543 Euro). Im ganzen Jahr hat er 1086 – 738 = 348 mehr Münzen gesammelt, also 29 pro Monat. Er sammelte folglich 30 im Januar, 41 im Februar. Im Dezember steckte Nick 122 + 29 = 151 Münzen in sein Sparschwein.

WORT FÜR WORT

```
    I N S
+ A A N I S
+ E A S I E N
+ L S A L I N E
+ G L E A S I N G
+ R G L A S E R I N
+ U S I N G U L A E R
```

Mein Gedächtnis – mein Leben

Eine gesunde Lebensweise

Wenn Sie möchten, dass Gehirn und Gedächtnis optimal funktionieren, sollten Sie auf eine gesunde Lebensweise achten. Eine ausgewogene Ernährung, genügend Schlaf und ausreichend Bewegung können Ihre Gedächtnisleistung positiv beeinflussen. Negative Faktoren dagegen wie bestimmte Medikamente, Tabak, Kaffee, Alkohol und Stress gilt es zu meiden.

Ausgewogene Ernährung

Nahrungsmittel, die die Gedächtnisleistung verbessern, gibt es nicht. Trotzdem benötigt das Gehirn eine ausgewogene, gesunde Ernährung, um optimal zu funktionieren.

Der Energielieferant für das Gehirn ist Glukose, die ihm über den Blutkreislauf zugeführt wird. **Deshalb lohnt es sich, etwas für das Kreislaufsystem zu tun,** durch Gewichtskontrolle und maßvollen Genuss von Nahrungsmitteln wie Zucker, Fett und alkoholischen Getränken, die im Übermaß ungesund sind. Umgekehrt kann ein Mangel an Vitaminen, Ballaststoffen und Eiweiß durchaus Konzentrations- und Gedächtnisstörungen hervorrufen.

Nehmen Sie täglich drei Hauptmahlzeiten zu sich, die alle wichtigen Nährstoffe enthalten. Wenn Sie nicht gern kochen, können Sie sich das Essen auch von einem Heimservice anliefern lassen. Essen Sie langsam.

Bemühen Sie sich, mindestens einmal täglich Fleisch, Fisch oder Eier zu verzehren, denn sie liefern notwendiges **Eiweiß** und **Eisen.** Obst und Gemüse, das entweder frisch oder tiefgekühlt sein sollte, hat einen besonders hohen Anteil an **Vitaminen, Ballast- und Mineralstoffen.** Aus diesem Grund sollten Sie am Tag mindestens fünf Portionen davon essen. Auch **kalziumreiche Nahrungsmittel** wie Milchprodukte dürfen im Speiseplan nicht fehlen. Achten Sie außerdem auf eine ausreichende Flüssigkeitszufuhr und trinken Sie täglich mindestens **1,5 bis 2 Liter Wasser** oder andere alkoholfreie Getränke. **Machen Sie es sich zur Angewohnheit, in regelmäßigen Abständen etwas zu trinken** und warten Sie nicht darauf, bis Sie Durst bekommen. Der stellt sich bei älteren Menschen nämlich oft gar nicht mehr ein.

Kontrollieren Sie jeden Monat Ihr Gewicht, tägliche Kontrollen sind nicht erforderlich. **Diäten sollten Sie nur unter ärztlicher Aufsicht durchführen.**

Ernährung und Gedächtnis

Decken Sie die unten stehenden Antworten ab und testen Sie Ihr Wissen über die Wirkung bestimmter Nahrungsmittel auf Gehirn und Gedächtnis.

	RICHTIG	FALSCH
1. Eisen ist gut für das Gehirn.	☐	☐
2. Spinat enthält sehr viel Eisen.	☐	☐
3. Das Gehirn kann einen Glukosevorrat anlegen.	☐	☐
4. Zu viel Cholesterin beeinträchtigt die Funktion des Gehirns.	☐	☐
5. Bestimmte Fette fördern die Funktion der Gehirnzellen.	☐	☐
6. Auf Fleisch kann man gut verzichten.	☐	☐

	RICHTIG	FALSCH
7. Vitaminmangel kann schwere Gedächtnisstörungen hervorrufen.	☐	☐
8. Alkohol kann zu schweren Schäden im Gehirn führen.	☐	☐
9. Ab einem Alter von 60 Jahren braucht der Körper weniger Nahrung.	☐	☐
10. Bestimmte Nahrungsmittel können die Entwicklung des Gedächtnisses positiv beeinflussen.	☐	☐

1. RICHTIG

Eisen spielt eine wichtige Rolle für den Sauerstofftransport im Körper. Nur mit genügend Eisen im Blut kann das Gehirn ausreichend mit Sauerstoff versorgt werden. Doch etwa ein Viertel aller Frauen leidet an Eisenmangel.

2. FALSCH

Folgende Nahrungsmittel enthalten besonders viel Eisen: Leber, rotes Fleisch, Muscheln, Eier und Hülsenfrüchte.

3. FALSCH

Glukose ist der einzige Energielieferant des Gehirns, lässt sich aber nicht speichern. Deshalb müssen Sie dafür sorgen, dass die Glukosezufuhr konstant bleibt. Je mehr das Gehirn gefordert wird, desto mehr Energie verbraucht es.

4. RICHTIG

Ein Übermaß an Cholesterin führt zu einer Verengung der Blutgefäße, also auch der Arterien, die sauerstoffreiches Blut ins Gehirn transportieren. Wenn sie verstopft sind, können sie nicht mehr genügend Sauerstoff und Nähr-

stoffe liefern. Ein zu hoher Cholesterinspiegel erhöht das Risiko für Gefäßkrankheiten und Funktionsstörungen des Gehirns.

5. RICHTIG

So genannte essenzielle Fettsäuren, die für die Nervenzellen und den Schutz der Arterien eine große Rolle spielen, können vom Körper nicht selbst gebildet werden. Sie sind in verschiedenen pflanzlichen Ölen wie Sonnenblumen-, Raps-, Soja- und Olivenöl enthalten und müssen dem Körper regelmäßig über die Nahrung zugeführt werden. Darüber hinaus enthalten diese Öle auch Vitamin E, das freie Radikale bekämpft, die unter anderem auch Stoffwechselprozesse in Nervenzellen empfindlich beeinträchtigen können.

6. RICHTIG

Trotzdem enthält Fleisch wertvolles Eiweiß, das für den Aufbau der Zellen zuständig ist. Um Mangelerscheinungen vorzubeugen, sollten Sie darauf achten, genügend Eier, Fisch, Milchprodukte sowie eiweißhaltige Getreidesorten zu sich zu nehmen.

Europäische Leckerbissen

Auch wenn die folgenden Gerichte nicht alle ausgesprochen gesund sind, handelt es sich dabei um echte Leckerbissen. Ordnen Sie die folgenden Spezialitäten den acht auf der Karte gezeigten Ländern oder Regionen zu (vier Spezialitäten pro Land oder Region).

7. RICHTIG

Vitamine sind für das Wachstum und die Reparatur der Zellen unverzichtbar. Da sie der Körper nicht selbst erzeugen kann, müssen sie über die Nahrung aufgenommen werden. Positiv auf das Gehirn wirken sich vor allem die Vitamine B_1 (Thiamin) aus kohlenhydrathaltigen Nahrungsmitteln, Obst und Milch, B_{12} (Cobalamin) aus Leber, Niere, Bierhefe, B_6 (Pyridoxin) aus Milchprodukten, Getreide, grünem Gemüse und B_9 (Folsäure) aus Leber, Hefe und Kartoffeln aus. Ein B_9- oder B_{12}-Vitaminmangel kann nachweislich neurologische Störungen verursachen. In den Industrienationen sind solche Mangelerscheinungen allerdings äußerst selten.

8. RICHTIG

Alkohol in geringen Mengen regt die Nervenzellen an, während große Mengen lähmend wirken. Alkohol im Übermaß führt zu einer irreparablen Zerstörung zahlreicher Nervenzellen und schädigt das Gedächtnis.

9. RICHTIG

Mit dem Alter bewegen wir uns immer weniger, sodass der Nahrungsbedarf sinkt. Wenn Sie jedoch auch weiterhin körperlich aktiv sind, sollten Sie die Nahrungszufuhr nicht verringern, doch auf Ausgewogenheit achten.

10. FALSCH

Wer sein Gedächtnis zu Höchstleistungen anspornen will, sollte auf eine gesunde Ernährung achten und seinem Körper nicht mehr Energie zuführen, als er verbraucht.
So etwas wie eine spezielle „Gedächtnis-Diät", die unmittelbaren Erfolg bringt, gibt es allerdings nicht. Die beste Garantie für ein gut funktionierendes Gehirn ist und bleibt eine ausgewogene, nährstoffreiche Ernährung.

Bacalão	Coq au vin	Harira	Plum Pudding
Beef Wellington	Dolmades	Irish Stew	Quiche
Blini	Eisbein	Kuskus	Risotto
Bœuf bourgignonne	Fish & Chips	Moussaka	Sauerkraut
Borschtsch	Ful Midarnes	Osso buco	Spaghetti bolognese
Bouillabaisse	Gazpacho	Paella	Stollen
Bratwurst	Gulasch	Piroggen	Tajine
Chorizo	Gyros	Pizza	Tsatsiki

Lösung S. 341

Kalorientabelle

Kalorien geben den Energiegehalt der verschiedenen Nahrungsmittel an. Versuchen Sie den folgenden Lebensmitteln jeweils die richtige Anzahl Kalorien pro 100 g bzw. pro 100 ml zuzuordnen. Überlegen Sie sorgfältig, denn das ist gar nicht so einfach, wie viele meinen!

a. 100 g Birnen	**h.** 100 g Schinkenbrot	...... / **0** kcal
b. 100 g gekochte Nudeln	**i.** 120 ml Cappuccino (ungesüßt)	...... / **10** kcal
		...... / **50** kcal
c. 100 g Fleischsalat	**j.** 100 g Äpfel	...... / **52** kcal
d. 100 g grüner Salat	**k.** 100 g Steak	...... / **60** kcal
		...... / **67** kcal
e. 100 g Pizza	**l.** 100 ml Rotwein (12 % Alkohol)	...... / **90** kcal
f. 100 g Hamburger		...... / **160** kcal
		...... / **200** kcal
g. 100 ml Mineralwasser	**m.** 100 g Eier	...... / **200** kcal
		...... / **255** kcal
		...... / **360** kcal
		...... / **430** kcal

Lösung S. 341

Eine gesunde Lebensweise

Antipasti & Co.

Setzen Sie in das Gitter die Namen einiger gastronomischer Spezialitäten aus Italien ein.

Lösung S. 341

Mein Gedächtnis

... und Einschlafprobleme

Wenn Sie manchmal nicht gleich einschlafen können, sollten Sie versuchen sich zu entspannen. Lassen Sie die Alltagssorgen hinter sich und schmieden Sie schöne Pläne. Geraten Sie nicht ins Grübeln. Vermeiden Sie es, krampfhaft Probleme lösen zu wollen, denn das geht nur im wirklichen Wachzustand. Schaffen Sie eine ruhige, angenehme Atmosphäre im Schlafzimmer, sodass Sie sich auch wohl fühlen, wenn es mit dem Einschlafen länger dauert. Zu lang sollten Ihre Schlafstörungen allerdings nicht anhalten. Hören Sie auf Ihren Körper: Normalerweise meldet er sich ganz von selbst, wann er müde wird und Schlaf braucht. Versuchen Sie nicht, ihm einen anderen Rhythmus aufzuzwingen.

Regelmäßiger und gesunder Schlaf

Zu einer gesunden Lebensweise gehört natürlich auch ausreichend Schlaf. **Wir brauchen ihn, um uns körperlich und seelisch zu erholen.** Nicht umsonst verschläft der Mensch etwa ein Drittel seines Lebens. Zu wenig oder schlechter Schlaf macht nicht nur äußerst reizbar, sondern schlägt sich auch in einer mangelhaften Konzentrationsfähigkeit am Tag nieder.

Während einer Nacht durchläuft ein Schläfer normalerweise vier bis sechs Schlafzyklen, die jeweils eineinhalb bis zwei Stunden dauern. Ein Zyklus besteht aus zwei Phasen, nämlich aus einer Non-REM- und einer REM-Phase. REM steht für *Rapid Eye Movement*, weil sich die Augen in dieser Phase schnell hin und her bewegen.

Der Non-REM-Schlaf ist noch einmal in vier weitere Phasen unterteilt: In die Einschlafphase, den leichten Schlaf, den beginnenden Tiefschlaf und den Tiefschlaf. Während des Non-REM-Schlafes sendet das Gehirn langsame, ruhige Wellen aus – der Körper erholt sich, er „lädt seine Batterien wieder auf" und die Zellen können sich regenerieren.

Während des REM-Schlafes dagegen sendet das Gehirn kurze, schnelle Wellen aus und die Schläfer wälzen sich unruhig hin und her. **Diese Schlafphase sorgt für seelische Erholung**, bei der Träume eine große Rolle spielen. Nach den aktuellen wissenschaftlichen Erkenntnissen wird währenddessen vieles, das ein Mensch tagsüber gelernt hat, im Gedächtnis gespeichert. Gleichzeitig trifft das Gehirn in dieser Schlafphase eine Auswahl und unterdrückt Sinnesinformationen, die es als überflüssig erkannt hat.

Doch was können Sie selbst tun, um besser zu schlafen? Bemühen Sie sich immer zur gleichen Zeit schlafen zu gehen und aufzustehen. Außerdem sollten Sie auf ein allzu ausgedehntes Mittagsschläfchen verzichten und täglich für ausreichend Bewegung sorgen – aber bitte nicht kurz vor dem Schlafengehen. Versuchen Sie sich vor dem Zubettgehen zu entspannen, trinken Sie wenig Alkohol, Tee und Kaffee und essen Sie nicht zu viel. Das Schlafzimmer sollte ruhig und nicht zu stark geheizt sein.

Na dann gute Nacht!

Im Folgenden sind Tätigkeiten aufgeführt, die das Einschlafen fördern, aber auch nachhaltig erschweren können. Welche fünf Fehler sollte man auf keinen Fall begehen?

1. Vor dem Einschlafen laute Musik hören
2. Ein Glas Milch trinken
3. Süßigkeiten essen
4. Kurz vor dem Zubettgehen Gymnastikübungen machen
5. Jeden Tag zur gleichen Zeit zu Bett gehen

Test Wie gut schlafen Sie?

Welche Schwierigkeiten hatten Sie im letzten Monat beim Einschlafen? Kreuzen Sie die jeweils zutreffende Antwort an und zählen Sie dann Ihre Punkte zusammen.

Nie: **0 Punkte**
Seltener als einmal die Woche: **1 Punkt**
Einmal die Woche: **2 Punkte**
Mehrmals die Woche: **3 Punkte**
Jeden Tag: **4 Punkte**

	Nie	Seltener als einmal die Woche	Einmal die Woche	Mehrmals die Woche	Jeden Tag
1. Ich brauche sehr lang zum Einschlafen.					
2. Das kleinste Geräusch reißt mich aus dem Schlaf.					
3. Ich wache im Lauf der Nacht mindestens einmal auf.					
4. Wenn ich nachts aufwache, schlafe ich nur sehr schwer wieder ein.					
5. Ich wache sehr früh auf und kann dann nicht mehr einschlafen.					
6. Ich nehme Schlafmittel.					
7. Ich fühle mich beim Aufwachen wie erschlagen.					
8. Ich habe so viele Sorgen, dass ich nicht gut schlafen kann.					
9. Ich mache einen langen Mittagsschlaf.					
10. Ich trinke sehr viel Kaffee oder Tee.					
Punktzahl pro Spalte					

Gesamtpunktzahl:

Weniger als 10 Punkte

Sie können gut schlafen. Sollten Sie dann und wann Gedächtnisprobleme haben, liegt das sicherlich nicht am Schlafmangel. Viele Leute würden Sie um Ihren Schlaf beneiden.

11 bis 20 Punkte

Ihre vorübergehenden Schlafschwierigkeiten sind wohl auf momentane Sorgen zurückzuführen. Sobald Sie Ihre Probleme gelöst haben, wartet auf Sie auch wieder eine ungestörte Nachtruhe. Versuchen Sie jetzt alle Faktoren auszuschalten, die Sie am Einschlafen hindern können.

Mehr als 20 Punkte

Sie haben häufig eine unruhige Nacht – weil Sie schon Probleme beim Einschlafen haben, nachts mehrfach aufwachen oder bereits frühmorgens aufwachen und nicht mehr einschlafen können. Kein Wunder, dass Sie tagsüber müde und gereizt sind. Derart schwere Schlafstörungen wirken sich auf jeden Fall nachteilig auf Ihre Aufmerksamkeit und Konzentrationsfähigkeit aus. Wahrscheinlich machen Sie gerade eine schwere Zeit durch. Trotzdem müssen Sie unbedingt dafür sorgen, dass Sie wieder regelmäßig ausreichend Schlaf bekommen: Ihre gesamte Lebensqualität hängt davon ab. Wenn Sie über einen längeren Zeitraum unter Schlaflosigkeit leiden, sollten Sie dringend Ihren Arzt aufsuchen.

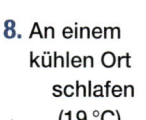

6. Üppig zu Abend essen

7. Vor dem Schlafengehen baden

8. An einem kühlen Ort schlafen (19 °C)

9. Den Kopf leer machen

10. Lesen

11. Nach 16 Uhr Kaffee oder Tee trinken

12. Vor dem Schlafengehen eine Tasse Kräutertee trinken

13. Sich Füße und Hände massieren bzw. massieren lassen

14. Auf eine gute Matratze achten

15. Das Schlafzimmer so einrichten, dass man sich darin wohl fühlt

16. Viel Alkohol trinken

Die 5 größten Fehler sind …

…….. …….. …….. …….. ……..

Lösung S. 341

Hausmittel, die helfen

Nährstoffmangel und schlechter Schlaf sind nicht die einzigen Ursachen für Konzentrations- und Gedächtnisschwächen. **Stress und Sorgen** können unsere Aufmerksamkeit ebenfalls negativ beeinflussen. Auch anregende Substanzen wie Alkohol und Tabak wirken sich nachteilig auf die Gehirnfunktionen aus, wenn sie in größeren Mengen konsumiert werden. Bei chronischen Aufmerksamkeits- und Konzentrationsstörungen kann unter Umständen die Einnahme von bestimmten Medikamenten oder eine Psychotherapie weiterhelfen. **Doch auch Schlaf- und Beruhigungsmittel können das Gedächtnis in Mitleidenschaft ziehen.** Mittlerweile gibt es jedoch neue Medikamente, die Angstzustände bekämpfen, ohne unangenehme Nebenwirkungen nach sich zu ziehen.

Sprechen Sie mit Ihrem Arzt und halten Sie sich unbedingt an die vorgeschriebene Dosierung. Beenden Sie die Behandlung auf keinen Fall eigenmächtig, ohne vorher mit Ihrem Arzt Rücksprache zu halten.

Pflanzliche Wirkstoffe, Entspannungsübungen und Yoga können bei Schlafproblemen wahre Wunder bewirken. Ginseng und *Ginkgo biloba* bekämpfen nicht nur freie Radikale und regen die Gehirnzellen an, sondern stärken auch den Kreislauf und damit die Sauerstoffversorgung im Gehirn. Auf diese Weise wirken sie sich positiv auf das Konzentrations- und Erinnerungsvermögen aus.

Heilpflanzen

Die unten stehende Liste führt 15 Beschwerden auf, gegen die die abgebildeten Heilpflanzen helfen. Können Sie den verschiedenen Beschwerden jeweils die passende Heilpflanze zuordnen?

Stress ....
Regelschmerzen ....
Appetitlosigkeit ....
Ekzeme ....
Gedächtnisverlust ....
Heiserkeit ....
Gelenkentzündungen ....
Leichte Schlafstörungen ....
Arteriosklerose ....
Nervosität ....
Verdauungsprobleme ....
Verstopfung ....
Zahnschmerzen ....
Erschöpfung ....
Schwindel, Erbrechen ....

Lösung S. 341

Mein Gedächtnis
... und Ärzte

Allgemeinärzte neigen manchmal dazu, Gedächtnisprobleme zu verharmlosen. Dann wissen viele Menschen nicht, an wen sie sich wenden sollen. Falls das auch auf Sie zutrifft, sind Sie bei einem Neurologen oder Gerontologen gut aufgehoben. Diese Spezialisten für Nervenheilkunde oder Alterungsprozesse und ihre Ursachen können schnell erkennen, ob Vergesslichkeit eine krankhafte Ursache hat. Anhand von ein paar zuverlässigen und schmerzlosen Tests sind sie in der Lage, Ihnen eine genaue Auskunft über Ihren Gesundheitszustand zu geben. Viele Krankenhäuser bieten mittlerweile sogar eigene „Gedächtnissprechstunden" an und sind somit eine ideale Anlaufstelle für Menschen mit Gedächtnisproblemen und ihre Angehörigen.

Luzerne

Zimt

Feigenblätter

Lindenblüten

Knoblauch

Ginseng

302

Kamille

Lein

Gewürznelke

Ingwer

Ginkgo

Brustbeere

Stechwinde

Zitronenverbene

Rhabarber

Narkose und Gedächtnis

Viele Menschen haben Angst vor einer Narkose – unter anderem weil sie befürchten, dass ihr Erinnerungsvermögen dadurch in Mitleidenschaft gezogen wird. Wie riskant eine Narkose wirklich ist, hängt vom Allgemeinzustand des jeweiligen Patienten ab. **Dabei spielt die körperliche und seelische Verfassung eine größere Rolle als das Alter.** Wie gut die Narkose wirklich vertragen wird, ist selbstverständlich auch von der Art des Eingriffs, der dabei verwendeten Narkosemethode und dem Fachwissen der behandelnden Ärzte abhängig. Eine genaue Voruntersuchung durch den Narkosearzt ist Voraussetzung für eine erfolgreiche Behandlung.

Bei jungen Menschen konnte bislang noch kein Zusammenhang zwischen Vollnarkose, Erschöpfung und Gedächtnislücken nachgewiesen werden. Treten nach der Operation trotzdem Gedächtnislücken auf, **liegt das eher am Stress**, der mit jeder Operation einhergeht. Bei älteren Patienten hat man jedoch direkt nach dem Eingriff häufiger **Verwirrungszustände** beobachten können, die mit einer starken Konzentrationsschwäche, Gedächtnisstörungen und einer räumlichen und zeitlichen Desorientierung einhergehen. Diese Beschwerden sollten jedoch spätestens nach einigen Tagen verschwinden. **Normalerweise ist die Gedächtnisfunktion wiederhergestellt, sobald die Wirkung der Narkose abgeklungen ist.** In seltenen Fällen dauert die Störung länger an. Dann muss schnellstmöglich ein Neurologe konsultiert werden, um die Ursache abzuklären und eine geeignete Behandlung zu finden.

Mein Gedächtnis
... und meine Genesung

Auch während einer Genesungsphase, ja sogar während eines Krankenhausaufenthalts, können Sie etwas für Ihr Gedächtnis tun. Hier ein paar nützliche Tipps:

• Nehmen Sie ein kleines Album mit Familien- oder Urlaubsfotos mit in die Klinik, damit Sie dem Gedächtnis jederzeit auf die Sprünge helfen können.

• Lösen Sie Rätsel, am besten solche, die mit Wörtern zu tun haben: Kreuzworträtsel, Anagramme, Silbenrätsel usw. Es gibt sie auch in Großdruck für Menschen, die schlecht sehen. Damit erweitern Sie Ihr Vokabular und trainieren das Sprachgedächtnis.

• Lesen Sie ein Buch, das Sie bereits kennen und besonders lieben, damit Sie der Handlung leicht folgen können. So wird Ihre Aufmerksamkeit angeregt, ohne dass Sie sich überanstrengen.

• Wenn Sie wieder in Form sind, sollten Sie ein Buch lesen, das Sie ernsthaft interessiert.

Ein Jegliches hat seine Zeit

Kinder und Jugendliche erwerben laufend neues Wissen. Nur so können sie sich an eine für sie immer wieder neue Umgebung anpassen. Auch Erwachsene sammeln noch neue Informationen, nutzen aber auch ihren Gedächtnisspeicher. Im reiferen Alter wird das Erlebte zunehmend isoliert wahrgenommen. Dann drängen immer häufiger Ereignisse aus der Vergangenheit ins Bewusstsein.

Das Wechselspiel von Körper, Seele und Umwelt

Das Gedächtnis ist äußerst komplex. Wie gut es funktioniert, wird von der körperlichen Verfassung, dem psychischen Allgemeinzustand und von Umweltfaktoren bestimmt. Ist einer der drei Bereiche gestört, wirkt sich das negativ auf das Gedächtnis aus.

Die größte Rolle spielt die **körperliche Verfassung**: Wenn lebenswichtige Körperfunktionen in Mitleidenschaft gezogen sind, kann das Gedächtnis nicht mehr optimal arbeiten und auch die psychische Verfassung leidet unter körperlichen Störungen. Achten Sie also auf eine gesunde Lebensweise und nehmen Sie die Warnsignale ernst, die der Körper sendet.

Der **geistig-seelische Allgemeinzustand** wiederum kann sich auf die körperliche Gesundheit auswirken. Welchen Einfluss er auf das Gedächtnis hat, ist inzwischen genau erforscht. Mangelnde Aufmerksamkeit bzw. mangelndes Interesse, z. B. aufgrund von schlechter Laune, sind die Hauptgründe für eine schlechte Merkfähigkeit. Das Einprägen, aber auch das Abrufen einer Erinnerung sind unmittelbar abhängig von der vorherrschenden Stimmung. Sie entscheidet darüber, welche Informationen das Gehirn aus der unablässigen Datenflut herausfiltert: Wenn wir traurig sind, erinnern wir uns eher an negative Erlebnisse und prägen uns vor allem schlechte Erfahrungen ein. Sind wir dagegen glücklich, treten die positiven Erlebnisse in den Vordergrund und werden bevorzugt gespeichert.

Die **Umweltfaktoren** gliedern sich in materielle und soziale Aspekte. In materieller Hinsicht braucht jeder Mensch ein Minimum an Komfort und Sicherheit, damit er überhaupt für positive Erlebnisse offen sein kann. Das soziale Umfeld wird zwar teilweise von anderen bestimmt, kann aber aktiv beeinflusst werden: Schließlich steht es jedem frei, neue Kontakte zu knüpfen, sich mit Gleichgesinnten auszutauschen oder sich in gemeinnützigen Vereinen zu engagieren. Wenn eine gewisse materielle Grundsicherung vorhanden ist und wir gute Beziehungen zu Partner, Familie und Freunden haben, wirkt sich der Faktor Umwelt äußerst stimulierend auf unsere Gedächtnisleistung aus.

Welcher dieser drei Faktoren überwiegt, ist von Person zu Person verschieden und kann in den verschiedenen Lebensabschnitten stark variieren. Kleinkinder etwa brauchen besonders viel Zuwendung und Sicherheit. Mit zunehmendem Alter wird dann das Bedürfnis nach materiellem Komfort immer wichtiger. Das Gedächtnis versucht sich den jeweiligen Bedürfnissen stets optimal anzupassen.

Stationen meines Lebens

Hier finden Sie einige Stichwörter, mit deren Hilfe Sie sich an bestimmte Lebensabschnitte und Personen erinnern und sie beschreiben sollen. Rufen Sie sich für jeden Lebensabschnitt ein bestimmtes Bild vor Augen. Selbstverständlich können Sie die folgenden Stichwörter laufend um eigene ergänzen.

Meine Kindheit (3 bis 10 Jahre)

Ich erinnere mich an …

- … die Gesichter von drei Freunden aus der ersten Klasse;
- … die Namen und Gesichter von zwei Lehrern;
- … den Namen eines Orts, an dem ich meine Ferien verbracht habe;
- … an Familienmitglieder, die ich damals häufig traf.

Meine Jugend (11 bis 18 Jahre)

Ich erinnere mich an …

- … die Namen und Gesichter von drei Freunden;
- … die Namen möglichst vieler Lehrer;
- … das Gesicht meiner ersten Liebe, die ich auf den Mund küsste;
- … meinen liebsten Urlaubsort;
- … die Namen und Vornamen der Sänger, die ich damals mochte;
- … den Tag, an dem ich meine erste Zigarette rauchte;
- … den Tag, an dem ich zum ersten Mal betrunken war;
- … den Titel eines Buches, das mich besonders beeindruckte.

Mein Erwachsenenleben

Ich erinnere mich an …

- … die Namen wichtiger Arbeitskollegen sowie an die Namen von Freunden und Bekannten;
- … meine erste Liebe;
- … den Tag, an dem ich meine erste Wohnung besichtigte, und an den Tag des Einzugs *(versuchen Sie die Wohnung und ihre Umgebung zu beschreiben)*;
- … meine Hochzeit *(welche Erinnerungen sind Ihnen unvergesslich geblieben?)*;
- … die Stunden vor der Geburt meiner Kinder;
- … die Namen und Vornamen der Lehrer meiner Kinder in der Grund- und in der weiterführenden Schule

Die Kindheit: Anpassung um jeden Preis

Manchmal erinnern wir uns mit Wehmut daran, wie leicht es uns als Kind fiel, längere Gedichte auswendig zu lernen. Kinder besitzen die erstaunliche Fähigkeit, sich auch Dinge einzuprägen, die sie nur ein einziges Mal gehört oder gesehen haben. Außerdem erkennen sie besonders schnell Zusammenhänge – **weil es für Kinder überlebenswichtig ist, sich erinnern zu können.**

Seine extrem geschärfte Wahrnehmung hilft dem Kind, Verhaltensweisen zu erlernen, die es vor Unfällen und Verletzungen schützen. Wenn ein Kleinkind, das gerade Laufen gelernt hat, aus Versehen die heiße Backofentür anfasst, speichert sein Gehirn dieses unangenehme Erlebnis. Das Kind wird den Herd in Zukunft meiden. Das wichtigste Ziel eines Kindes besteht darin, in möglichst vielen Bereichen möglichst viele Informationen zu sammeln, um selbstständig zu werden. Es muss experimentieren können, um sich weiterzuentwickeln. Dabei versucht es, den Erfordernissen seiner Umwelt gerecht zu werden und seinen eigenen Platz im Leben zu finden. Alles Neue erregt seine Neugier und seine Lernbegeisterung wird von dem, was es erlebt, immer wieder neu angestachelt.

Das Anhäufen von Informationen während der Kindheit **hilft den Menschen, sich an eine noch fremde Umwelt anzupassen.** So gesehen ist die hervorragende Gedächtnisleistung dieses Lebensabschnitts überlebensnotwendig. Ein Kind kann sich nämlich im Unterschied zu Erwachsenen nicht in eingeübte Routinehandlungen flüchten, wozu diese leider manchmal neigen.

Spiegelverkehrt zeichnen

Die Feinmotorik, die Kinder noch andauernd trainieren, verkümmert im Lauf des Lebens immer mehr. Einerseits, weil sie nicht mehr trainiert wird, andererseits, weil die Muskeln altern. Im Folgenden sehen Sie sechs Zeichnungen, die Sie so getreu wie möglich abzeichnen sollen – allerdings spiegelverkehrt. Nehmen Sie gleich einen Stift zur Hand, und wer weiß, vielleicht finden Sie ja wieder Freude am Zeichnen.

Lösung S. 341

Beispiel:

Der Rabe und der Fuchs

Im Schnabel einen Käse haltend, hockt

auf einem Baumast Meister Rabe.

Von dieses Käses Duft ....,

spricht Meister Fuchs, der schlaue Knabe:

„Ah, Herr von Rabe, guten Tag!

Wie nett Ihr seid und von wie feinem ....!

Entspricht dem glänzenden ....

nun auch der Wohlklang Eurer Lieder,

dann seid der Phönix Ihr in diesem Waldrevier."

Dem Raben hüpft das Herz vor Lust. Der Stimme Zier

zu künden, tut mit stolzem ....

er weit den .... auf; da – fällt der Käse hin.

Der Fuchs nimmt ihn und spricht:

„Mein Freundchen, denkt an mich!

Ein jeder .... mästet sich

vom Fette des, der willig auf ihn hört.

Die Lehr' ist zweifellos wohl einen Käse ....!"

Der Rabe, scham- und reuevoll,

schwört – etwas zu spät –, dass ihn niemand mehr fangen soll.

Jean de La Fontaine

Lückenfüller

Wer kennt sie nicht, die berühmte Fabel vom Raben und dem Fuchs? Versuchen Sie die fehlenden Wörter einzusetzen. Lassen Sie sich ruhig Zeit und entspannen Sie sich. Dann werden Sie den Text wahrscheinlich ohne große Mühe ergänzen können.

Lösung S. 341

Wie macht das Tier?

Tiere sind bei Kindern ganz besonders beliebt, und das Nachahmen von Tierlauten gehört zu ihren Lieblingsbeschäftigungen. Kramen Sie in Ihrem Gedächtnis und suchen Sie nach den richtigen Bezeichnungen für die Rufe bzw. Laute der folgenden Tiere.

Elefant ....

Schlange ....

Löwe ....

Ziege ....

Elster ....

Nachtigall ....

Hyäne ....

Maus ....

Frosch ....

Papagei ....

Pferd ....

Esel ....

Schaf ....

Hund ....

Kuh ....

Rabe .... Huhn ....

Eule .... Hahn ....

Küken .... Murmeltier ....

Storch .... Grille ....

Ente .... Biene ....

Lösung S. 341

Mein Gedächtnis
... und die Jugendsprache

Jugendliche entwickeln oft eine Sprache, die sich von der ihrer Eltern und Großeltern so stark unterscheidet, dass es zu echten Verständigungsschwierigkeiten kommen kann. Fragen Sie Ihre jungen Gesprächspartner einfach nach der Bedeutung der Wörter, die Sie nicht verstehen, und verwenden Sie diese in Ihren eigenen Unterhaltungen. Auch wenn Sie belächelt werden – das ist ein hervorragendes Gedächtnistraining! Schimpfen Sie nicht über ihre Ausdrucksweise: Wenn die Jugendlichen älter werden, kehren sie wieder zum normalen Vokabular zurück.

Das Erwachsenenalter:
Lernen und Anwenden des Gelernten

Je größer mein Erfahrungsschatz ist, desto verantwortungsvoller kann ich mich verhalten.

Der Mensch lernt nie aus und sammelt auch noch als Erwachsener (25–50 Jahre) Informationen. Nur so lassen sich die Herausforderungen des Lebens bewältigen. Ein Erwachsener verfügt über einen stetig wachsenden reichhaltigen **Erfahrungsschatz**, auf den er jederzeit zurückgreifen kann und dadurch wechselnden Anforderungen gerecht wird.

Doch wie lernen Erwachsene? Ab dem 40. Lebensjahr nimmt die Konzentrationsfähigkeit leicht ab. Es dauert etwas länger, bis sich neues Wissen ins Gedächtnis einprägt. Deshalb ist es sinnvoll, die **Aufmerksamkeit und Konzentrationsfähigkeit** zu trainieren und eine Lernumgebung zu schaffen, in der möglichst wenig Störungen auftreten können. Damit das neu erworbene Wissen nicht gleich wieder vergessen wird, muss es häufig wiederholt und mithilfe mentaler Bilder im Gedächtnis verankert werden.

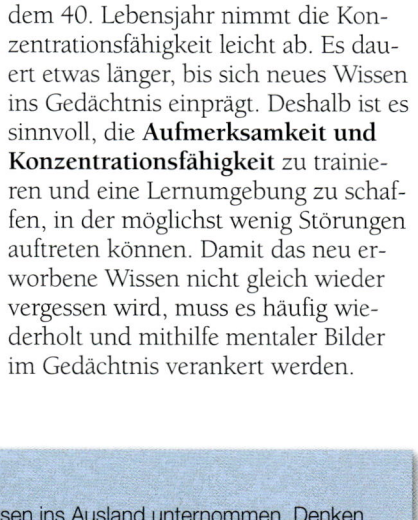

Auf Reisen

Bestimmt haben Sie schon öfter Reisen ins Ausland unternommen. Denken Sie an eine Reise zurück, auf der Sie besonders viele neue Eindrücke sammeln konnten, und überlegen Sie, wie Sie diese Situation gemeistert haben.

Die folgenden Fragen sollen Ihrem Gedächtnis auf die Sprünge helfen:

Wo haben Sie gewohnt?

Mit wem waren Sie unterwegs?

Wie war das Wetter?

Wie groß war der Zeitunterschied?

Wie viele Kilometer waren Sie von zu Hause entfernt?

Was war die Landessprache?

Welche neuen Gerichte haben Sie dort kennen gelernt?

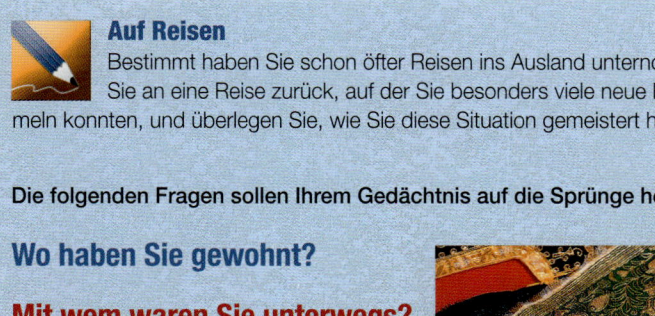

Welche Kleidung trugen die Einheimischen?

Sind Ihnen besondere Bräuche aufgefallen?

Mit wem haben Sie Bekanntschaft geschlossen? Nennen Sie Namen.

Welche Orte haben Sie besucht? Können Sie sie auf der Karte wiederfinden?

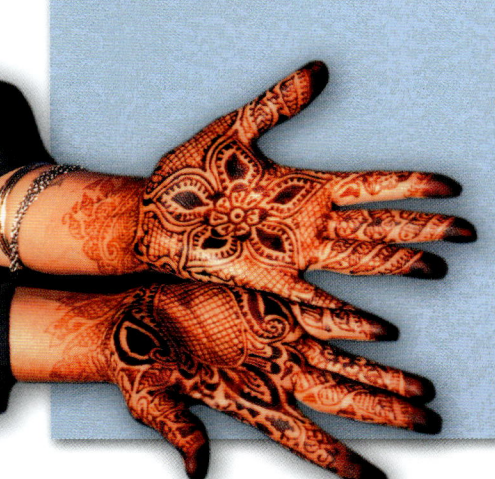

Kulinarische Weltreise

Wer die Welt bereist, möchte auch die örtlichen Spezialitäten kennen lernen. Wissen Sie, welche der folgenden Speisen oder Getränke zu welchem Land gehören?

Land	Kulinarische Spezialitäten
1. Belgien	A. Tandoori
2. Balkan	B. Kalao
3. China	C. Groene Haring
4. England	D. Borschtsch
5. Finnland	E. Sangria
6. Griechenland	F. Guinness
7. Indien	G. Enchiladas
8. Indonesien	H. Glögi
9. Irland	I. Gulasch
10. Italien	J. Bami Goreng
11. Japan	K. Aran
12. Marokko	L. Schwalbennestersuppe
13. Mexiko	M. Apple Crumble
14. Niederlande	N. Cevapcici
15. Portugal	O. Miso-Suppe
16. Russland	P. Souvlaki
17. Spanien	Q. Tiramisu
18. Türkei	R. Pralinen
19. Ungarn	S. Kuskus

1.	11. ....
2.	12. ....
3.	13. ....
4.	14. ....
5.	15. ....
6.	16. ....
7.	17. ....
8.	18. ....
9.	19. ....
10.	*Lösung S. 341*

Mein Gedächtnis – mein Leben

Es lebe das Brautpaar!

„Die Ehe ist ein ewiges Fest"
– Utopie oder Realität?
Jedenfalls feiern Verheiratete einmal im
Jahr ihren Hochzeitstag. Kennen Sie
die richtige Bezeichnung für die folgenden Jubiläen?

Beispiel: Am ersten Hochzeitstag wird
die baumwollene Hochzeit gefeiert.

1.	5 Jahre	A.	Silber
2.	10 Jahre	B.	Diamant
3.	15 Jahre	C.	Gnade
4.	20 Jahre	D.	Perle
5.	25 Jahre	E.	Gold
6.	30 Jahre	F.	Glas
7.	40 Jahre	G.	Kron-
8.	50 Jahre		juwelen
9.	60 Jahre	H.	Rosen
10.	70 Jahre	I.	Porzellan
11.	75 Jahre	J.	Rubin
		K.	Holz

1.	7. ....
2.	8. ....
3.	9. ....
4.	10. ....
5.	11. ....
6.	

Lösung S. 342

Mein Gedächtnis
... und Tätowierungen

Ob Modeerscheinung oder Zeichen der
Zugehörigkeit zu einer bestimmten
Gruppe – Tätowierungen erfreuen sich
derzeit wieder großer Beliebtheit. Dieser
dauerhafte Hautschmuck hat viele
Gemeinsamkeiten mit einer Erinnerung.
Die Tätowierung steht für eine spezielle
Lebensphase, eine Idee, eine Laune, und
der Tätowierte kann sie entweder zeigen
(sich erneut erinnern), verstecken (die
Erinnerung unterdrücken) oder operativ
entfernen lassen (sie ganz auslöschen).

Echt tierisch!

Erwachsene verfügen nicht nur
über einen großen Wissens-,
sondern auch über einen beträchtlichen
Wortschatz. Sie haben jetzt drei Minuten
Zeit, um zehn deutsche Redewendungen
oder Sprichwörter zu finden, in denen Tiere
vorkommen.

Beispiel: Zwei Fliegen mit einer Klappe
schlagen

Dieses Ratespiel eignet sich auch für mehrere Teilnehmer: Jeder schlägt der Reihe
nach eine Redewendung vor, bis niemandem mehr eine einfällt. Wer die meisten
gewusst hat, ist Sieger.

Lösung S. 342

Das reifere Alter: Rückschau und Besinnung

*Meine Erinnerungen sind einzigartig.
Mit ihnen steht und fällt meine ganze
Persönlichkeit.*

Im reiferen Alter, das mit etwa 50 Jahren beginnt, kommt eine Zeit der
Rückbesinnung, in der ein Mensch
von seinen Erfahrungen zehrt. **Er
denkt vermehrt über die eigene
Vergangenheit und den bisherigen
Lebensweg nach und sucht einen
Sinn in vergangenen Ereignissen.**
Dabei werden einzelne Episoden gewissermaßen noch einmal erlebt.

In dieser Lebensphase stellen sich
alle ähnliche Fragen: „Wer bin ich?
Wie bin ich geworden, wie ich heute
bin? Was habe ich erreicht?" Bei dieser Suche nach der eigenen Identität
spielt das Gedächtnis eine herausragende Rolle. Nur mit seiner Hilfe ist
dieser Klärungsprozess der Persönlichkeit erst möglich.

In dieser Phase wird auch der eingeschlagene Kurs in Frage gestellt
und kritisch beleuchtet. Denn in
diesem Altersabschnitt ist es wie in
jedem anderen Altersabschnitt möglich, sich anders zu entscheiden und
neue Wege zu beschreiten. Wer einen
Neuanfang wagt und z. B. nochmals
eine Partnerschaft eingeht oder den
Beruf wechselt, muss sich vielen Fragen und Selbstzweifeln stellen, kann
seinem Leben aber auch eine neue
Wendung geben.

Und wie ist es in dieser Lebensphase um das Lernen neuer Inhalte
bestellt? Auf das Gedächtnis ist nach
wie vor Verlass, **es ist aber damit
zu rechnen, dass es länger dauert,
bis die Konzentrationsfähigkeit in
vollem Umfang mobilisiert ist**. Mittlerweile reagiert das Gehirn nämlich
zunehmend empfindlich auf Ablenkungen von außen. Es versucht, möglichst wenig Energie zu verbrauchen,
sodass es dazu neigt, in eingefahrenen
Bahnen zu denken. Aus diesem
Grund sollten ältere Menschen versuchen, ihren Alltag so abwechslungsreich wie möglich zu gestalten und
sich immer wieder neuen, anspruchsvollen Aufgaben zu stellen.

Test

Sind Sie ein Gewohnheitsmensch?

	Manch-mal	Oft	Immer
1. Ich koche immer dasselbe.	☐	☐	☐
2. Ich lese meist dieselben Autoren.	☐	☐	☐
3. Ich sehe mir meist Filme aus ein und demselben Genre an (Krimis, Western, Komödien, Liebes- und Abenteuerfilme …).	☐	☐	☐
4. Ich bleibe meiner Automarke treu.	☐	☐	☐
5. Ich kaufe immer beim selben Bäcker.	☐	☐	☐
6. Ich kaufe immer dasselbe Shampoo.	☐	☐	☐
7. Wenn ich Gäste habe, gibt es immer denselben Wein.	☐	☐	☐

Sie haben überwiegend manchmal angekreuzt: Sie genießen lieb gewonnene Gewohnheiten, lassen sich aber trotzdem noch gern überraschen.

Sie haben überwiegend oft angekreuzt: Sie haben ein wenig Angst vor dem Unbekannten. Deshalb bleiben Sie Ihren Gewohnheiten lieber treu und gehen neuen Situationen aus dem Weg.

Sie haben überwiegend immer angekreuzt: Sie mögen keine Abwechslung. Das ist zwar Ihr gutes Recht, aber Ihrem Gedächtnis bekommt diese Einstellung nicht. Wenn Sie es nicht genügend beanspruchen, lässt es mit der Zeit nach.

So vermeiden Sie Routine

● Wenn Sie beim Einkaufen immer denselben Weg nehmen, sollten Sie Ihre Route einmal ändern – selbst wenn sie dadurch etwas länger wird.

● Schmecken Ihnen viele der Gerichte, die Sie zubereiten, immer gleich, können Sie es einmal mit etwas Exotischem probieren. Die Zutaten gibt es inzwischen in jedem Supermarkt.

● Probieren Sie einmal eine neue Kaffeemarke mit einem anderen Aroma.

● Sie brauchen ja nicht gleich Ihre bevorzugte Musikrichtung zu wechseln – trotzdem: Gehen Sie mal wieder auf die Suche nach neuen Komponisten und Interpreten.

● Wenn Sie gern lesen, sollten Sie auch neue Autoren für sich entdecken.

● Besitzen Sie einen Bibliotheksausweis? Nehmen Sie sich jeden Monat ein neues Thema vor, zu dem Sie sich Literatur besorgen.

● Lernen Sie eine neue Fremdsprache nach einer modernen Methode.

Sollten Sie keine Lust haben, sich in neue Aktivitäten zu stürzen, brauchen Sie kein schlechtes Gewissen zu haben. Hauptsache, Sie bleiben neugierig, damit Sie immer wieder etwas Neues entdecken, das das Gedächtnis stimulieren kann.

Ein Lebensweg

Stellen Sie sich Ihr Leben als langen Weg vor, der aus lauter einzelnen Etappen besteht. Nehmen Sie ein Blatt Papier und zeichnen Sie ihn auf. Verläuft er geradlinig oder nimmt er viele Wendungen? Untergliedern Sie ihn in einzelne Abschnitte und beschriften Sie diese. Beginnen Sie mit Erinnerungen,

die Ihnen spontan einfallen, und lassen Sie Platz für weitere. Der Weg beginnt mit Ihrer Geburt und endet in der Gegenwart. Verwenden Sie Bleistift und Radiergummi, denn Sie werden sicherlich mehrere Versuche benötigen. Wenn Sie wollen, können Sie die Orte benennen, an denen sich ein-

zelne Episoden abgespielt haben. Markieren Sie diese mit verschiedenen Farben (z. B. mit Blau für glückliche Zeiten und mit Grau für schwierige Phasen). Zeichnen Sie wichtige Begegnungen ein und stellen Sie den Verlust nahe stehender Menschen durch ein Kreuz dar …

Mein Gedächtnis – mein Leben

Kindliches Kauderwelsch

Kinder können uns immer wieder aufs Neue überraschen. Erinnern Sie sich noch an Ihre eigenen, zaghaften Sprechversuche und die drollige Aussprache, mit der Sie Ihre Familie zum Lachen brachten? Hier einige Beispiele:

„Lapplappen" für „Waschlappen",

„Luftebom" für „Luftballon",

„Mettersling" für „Schmetterling",

„pipirieren" für „reparieren",

„Bahnbürste" für „Zahnbürste" …

▶ Das Eintauchen in die Vergangenheit hat viele positive Aspekte – vor allem, wenn wir uns an glückliche Momente erinnern, ohne ihnen nachzutrauern. Denn solche Ausflüge in die Vergangenheit sind nur dann sinnvoll, wenn wir sie auch genießen oder sie mit einer bestimmten Frage im Hinterkopf antreten. Oft geraten wir ins Grübeln und fragen uns, warum wir immer wieder denselben Fehler begehen. Doch manchmal müssen wir einfach akzeptieren, dass wir nicht für alles eine Erklärung haben. Anstatt mit der Vergangenheit zu hadern und uns allzu große Vorwürfe zu machen, sollten wir uns lieber auf die Gegenwart und ihre Möglichkeiten konzentrieren.

Lieben Sie Kino?

Hier kommt eine Aufgabe für alle Freunde des großen Kinos: Ordnen Sie den legendären Filmklassikern (links) die Regisseure (rechts) zu, die maßgeblich an deren Erfolg beteiligt waren.

1. **Apocalypse Now**
2. **Der dritte Mann**
3. **Doktor Schiwago**
4. **Der Himmel über Berlin**
5. **La Dolce Vita**
6. **Vom Winde verweht**
7. **E. T. – der Außerirdische**
8. **Rosemarys Baby**
9. **Rio Bravo**
10. **Wilde Erdbeeren**
11. **Metropolis**
12. **Die letzte Metro**
13. **Die Blechtrommel**
14. **Moby Dick**
15. **2001: Odyssee im Weltraum**
16. **Das Fenster zum Hof**
17. **Die Wüste lebt**
18. **Der Stadtneurotiker**
19. **Spiel mir das Lied vom Tod**
20. **Effi Briest**

Verwaiste Meisterwerke

Ordnen Sie jedem Bild den entsprechenden Künstler zu.

Lösung S. 3

1. **Arnold Böcklin**
2. **Sandro Botticelli**
3. **Edgar Degas**
4. **Albrecht Dürer**
5. **Caspar David Friedrich**
6. **Vincent van Gogh**
7. **Gustav Klimt**
8. **Franz Marc**
9. **Claude Monet**
10. **Pablo Picasso**
11. **Henri de Toulouse-Lautrec**
12. **Leonardo da Vinci**

Mein Gedächtnis
... und mein Lebensrhythmus

Ein gutes Gedächtnis verdanken wir immer auch einem geregelten Lebensrhythmus: Ausreichend Schlaf, drei Mahlzeiten pro Tag und ein kurzes Mittagsschläfchen verschaffen uns die notwendige Erholung. Lassen Sie sich auf keinen Fall hetzen und überlegen Sie, bevor Sie handeln. Wer für einen regelmäßigen Tagesablauf sorgt, ist morgens ausgeschlafen, kann heiter und ausgeglichen in den Tag starten und vermeidet größere Gewichtsschwankungen.

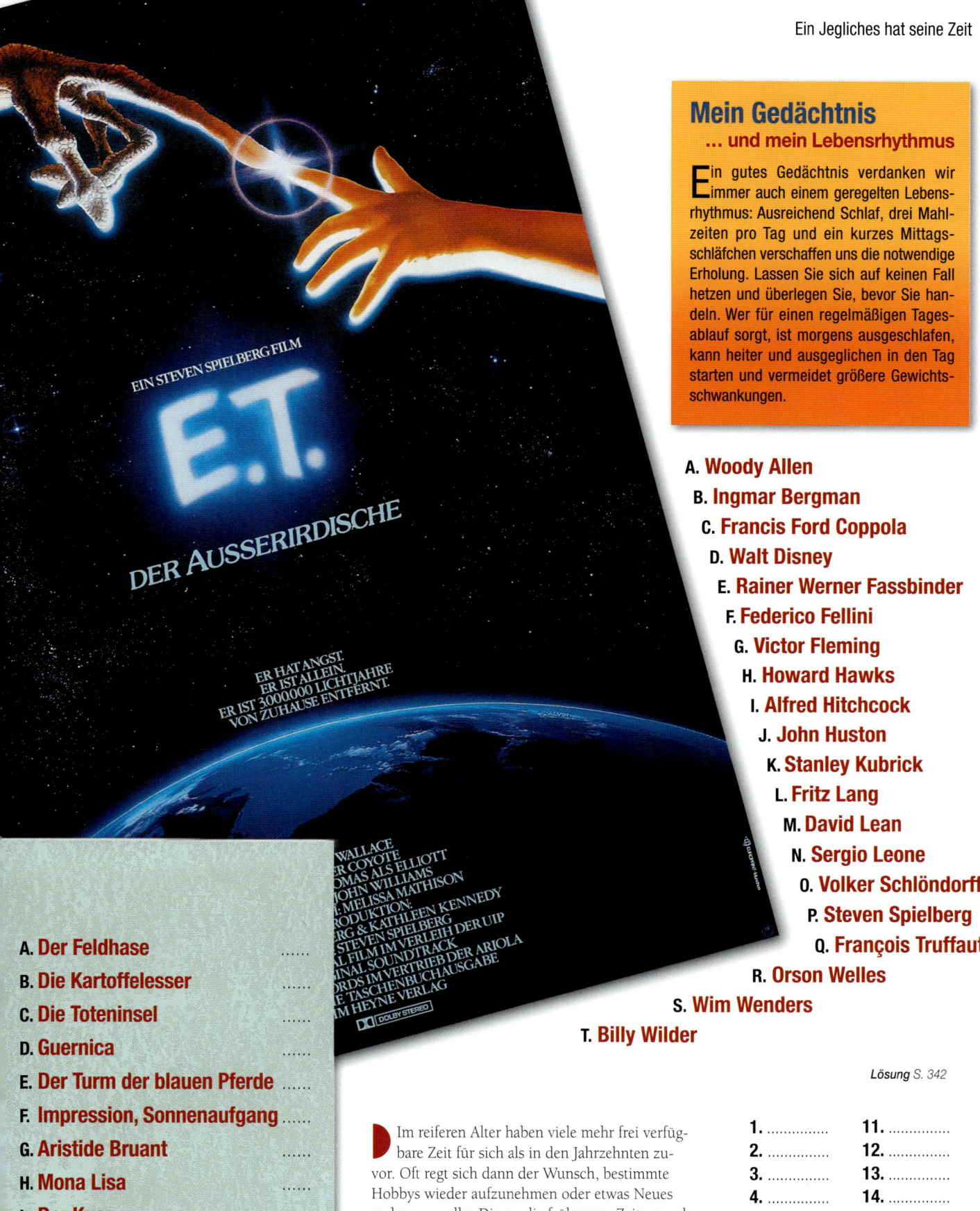

A. **Woody Allen**
B. **Ingmar Bergman**
C. **Francis Ford Coppola**
D. **Walt Disney**
E. **Rainer Werner Fassbinder**
F. **Federico Fellini**
G. **Victor Fleming**
H. **Howard Hawks**
I. **Alfred Hitchcock**
J. **John Huston**
K. **Stanley Kubrick**
L. **Fritz Lang**
M. **David Lean**
N. **Sergio Leone**
O. **Volker Schlöndorff**
P. **Steven Spielberg**
Q. **François Truffaut**
R. **Orson Welles**
S. **Wim Wenders**
T. **Billy Wilder**

A. **Der Feldhase** ......
B. **Die Kartoffelesser** ......
C. **Die Toteninsel** ......
D. **Guernica** ......
E. **Der Turm der blauen Pferde** ......
F. **Impression, Sonnenaufgang** ......
G. **Aristide Bruant** ......
H. **Mona Lisa** ......
I. **Der Kuss** ......
J. **Die Geburt der Venus** ......
K. **Kreidefelsen auf Rügen** ......
L. **Die Tanzklasse** ......

Lösung S. 342

Im reiferen Alter haben viele mehr frei verfügbare Zeit für sich als in den Jahrzehnten zuvor. Oft regt sich dann der Wunsch, bestimmte Hobbys wieder aufzunehmen oder etwas Neues zu lernen – alles Dinge, die früher aus Zeitmangel vernachlässigt worden waren. Ein gesteigerter Wissensdurst ist typisch für diesen Lebensabschnitt. Aus diesem Grund besuchen viele Senioren kulturelle Veranstaltungen, sitzen als Gasthörer in Vorlesungen oder schreiben sich nochmal für ein Studium ein.

1. ....
2. ....
3. ....
4. ....
5. ....
6. ....
7. ....
8. ....
9. ....
10. ....
11. ....
12. ....
13. ....
14. ....
15. ....
16. ....
17. ....
18. ....
19. ....
20. ....

Mein Gedächtnis – mein Leben

Das Alter: Wiederholung als Vermächtnis

Wenn sich ältere Mitbürger ständig wiederholen, dann weil sie das Gefühl haben, dass ich ihnen nicht richtig zuhöre.

Oft ertappen wir uns selbst dabei, wie wir alten Menschen vorwerfen: „Das hast du doch schon hundertmal erzählt!" Doch was viele für mangelnde Offenheit halten, zeigt nur, wie groß das Bedürfnis ist, sich selbst und die eigenen Erfahrungen einzubringen. Wer sich wiederholt, versucht auch eine Frage zu beantworten, die mit zunehmendem Alter immer wichtiger wird: „Was bleibt von mir, wenn ich einmal tot bin? Wie wird man mich in Erinnerung behalten?" Doch es gibt noch andere Gründe, warum sich Menschen über 70 so häufig wiederholen:

- **Erschöpfung oder Konzentrationsmangel** führen dazu, dass ein und dieselbe Sache immer wieder erzählt wird. Das kann jedem in jedem Alter passieren.
- Manche alten Menschen erzählen immer wieder eine ganz bestimmte Episode aus ihrem Leben, die sie tief berührt oder schockiert hat. **Indem sie davon berichten, versuchen sie das Erlebte zu verarbeiten**.
- **Wer sich oft wiederholt, kann das Gefühl haben, nicht richtig wahrgenommen zu werden.** Eine Person sagt immer wieder das Gleiche, bis sie sicher ist, dass die Botschaft wirklich angekommen ist. In manchen Familien oder Situationen wird manchmal nicht richtig zugehört. Und selbst wenn, haben die Worte oft kein Gewicht. In einem solchen Fall bleibt nichts anderes übrig, als sich zu wiederholen, wenn man sich Gehör verschaffen will. Das Gefühl, übersehen zu werden, stellt sich meist ein, wenn das Selbstvertrauen ohnehin geschwächt ist, beispielsweise infolge einer Depression.

- Das Gleiche lässt sich auf gesellschaftlicher Ebene beobachten: Die Lebenserfahrungen älterer Generationen verlieren scheinbar an Wert. Wer alt ist, gilt nicht mehr automatisch als weise, sondern wird oftmals als rückständig oder schwer von Begriff abgestempelt. Je älter eine Gesellschaft im Durchschnitt wird, desto erstrebenswerter wird das Jungsein. Menschen scheinen fast nur noch nach ihrer Kaufkraft oder Leistungsfähigkeit beurteilt zu werden. **Ältere Menschen haben mit vielen Vorurteilen zu kämpfen.** Immer wieder sehen sie sich mit Klischees wie „die leiden an Gedächtnisschwund" oder „die reden doch sowieso nur immer dasselbe" konfrontiert. Da ihre Worte nur noch wenig Beachtung finden, wiederholen sie sie noch häufiger, was die Vorurteile bloß bestätigt. So entsteht ein Teufelskreis, der die Generationen immer weiter voneinander entfernt.

Dabei stimmt es nicht, dass man in reiferem Alter nicht mehr lernfähig ist: Im Gehirn entstehen nicht nur immer wieder neue Nervenbahnen, die das Verschwinden anderer ausgleichen – vor kurzem wurde sogar nachgewiesen, dass sich aus Stammzellen im Hippocampus neue Nervenzellen entwickeln können. **Voraussetzung ist allerdings, dass sie stimuliert werden.** Daher sollten Sie sich um Abwechslung bemühen und stets nach neuen Anregungen suchen. Wagen Sie öfter etwas Neues und setzen Sie sich bewusst Situationen aus, in denen es etwas zu lernen gibt. **Denn tatsächlich lassen sich Menschen in höherem Alter leichter ablenken und das Gedächtnis funktioniert etwas langsamer.** Trotzdem spricht nichts dagegen, auch noch in fortgeschrittenem Alter eine neue Fremdsprache zu lernen.

Die Sprache der Jugend
Neue Wortschöpfungen bereichern die Sprache und halten sie lebendig. Die Sprache der jungen Generation wird laufend in den Wortschatz integriert, wenngleich nicht alle Worte und Formulierungen Bestand haben. Wie ist es um Ihr Verständnis der Jugendsprache bestellt? Kennen Sie die Bedeutung der folgenden Wörter und Ausdrücke?

Tussi

heavy

Fluppe

jemanden zufönen

strange

Hey, Alter, was geht?

CHILLEN

Erzeugerfraktion

VERWARZT

schmacko

fix und foxi

voll krass

Krawallbrause

Nullchecker

fett   geil

Lösung S. 342

Durch die Blume …

Durch die vielen exotischen Blumensorten, die heute von den Floristen verkauft werden, sind die Bedeutungen der traditionellen Blumen weitgehend in Vergessenheit geraten. Wissen Sie noch, was die einzelnen Blumen symbolisieren?

1.	**Kamelie**	**Eifersucht** ....
2.	**Herbstzeitlose**	**Beständigkeit** ....
3.	**Gelber Enzian**	**Belastbarkeit** ....
4.	**Hortensie**	**Liebe und Schönheit** ....
5.	**Lorbeer**	**Verachtung** ....
6.	**Maiglöckchen**	**Kälte** ....
7.	**Schneeglöckchen**	**Ruhm und Ehre** ....
8.	**Pfingstrose**	**Verwirrung** ....
9.	**Rose**	**Glück** ....

Lösung S. 342

Wer singt was?

Der deutsche Schlager ist sehr vielseitig und es gibt zahlreiche Interpreten und Stilrichtungen. Die bekanntesten Titel, aber auch Refrains, die uns stark berühren, bleiben im Gedächtnis haften. Wissen Sie noch, wer was gesungen hat?

1.	**Alexandra**	A.	**Theo**	1.	....
2.	**Bata Ilic**	B.	**Lili Marleen**	2.	....
3.	**Chris Roberts**	C.	**Am Tag, als Conny Kramer starb**	3.	....
4.	**Cindy und Bert**	D.	**La Paloma adé**	4.	....
5.	**Conny Froboess**	E.	**Mein Freund, der Baum**	5.	....
6.	**Costa Cordalis**	F.	**Pack die Badehose ein**	6.	....
7.	**Dschingis Khan**	G.	**Ganz in Weiß**	7.	....
8.	**Freddy Quinn**	H.	**Do you speak English?**	8.	....
9.	**Heintje**	I.	**Anita**	9.	....
10.	**Howard Carpendale**	J.	**Fiesta Mexicana**	10.	....
11.	**Juliane Werding**	K.	**Deine Spuren im Sand**	11.	....
12.	**Lale Anderson**	L.	**Santa Maria**	12.	....
13.	**Mireille Mathieu**	M.	**Im Fieber der Nacht**	13.	....
14.	**Rex Gildo**	N.	**Mit 66 Jahren**	14.	....
15.	**Roland Kaiser**	O.	**Michaela**	15.	....
16.	**Roy Black**	P.	**Mama**	16.	....
17.	**Udo Jürgens**	Q.	**Junge, komm bald wieder**	17.	....
18.	**Vicky Leandros**	R.	**Moskau**	18.	....

Lösung S. 342

Die wichtigen Ereignisse im Leben

Das Gedächtnis funktioniert nicht immer gleich verlässlich, sondern wird von äußeren Einflüssen beeinträchtigt. Doch gerade diese Wechselwirkung mit der Umwelt ist die Voraussetzung für ein aktives Gedächtnis. Manchmal kommt es allerdings vor, dass unser Gedächtnis auf die gewohnten Reize nicht reagiert und uns im Stich lässt. Dann hilft der Faktor Zeit, damit es sich erholt und wieder auf gewohnte Weise funktionieren kann.

„Da fällt mir doch gerade ein, …"
Alles, was uns umgibt, kann das Gedächtnis anregen und Erinnerungen wachrufen. Nehmen Sie beispielsweise ein Geschenk in die Hand, das Sie letztes Jahr zum Geburtstag bekommen haben. Wissen Sie noch, wer es Ihnen geschenkt hat und was Sie dabei fühlten?

Das muss ich mir merken

Jeder intensiv gelebte Augenblick stimuliert das Gedächtnis und formt meine Persönlichkeit.

Jeder Mensch wird im Lauf seines Lebens mit ganz unterschiedlichen Umgebungen konfrontiert. Egal, ob es das familiäre, berufliche oder gesellschaftliche Umfeld ist – sie alle bilden den Rahmen für prägende Erfahrungen und intensiv gelebte Augenblicke, die gleichzeitig das Gedächtnis anregen. So wie Glukose und Sauerstoff für die Versorgung des Gehirns unentbehrlich sind, **sind Anregungen von außen erforderlich, um Erinnerungen herzustellen.** Diese so genannten **externen Auslöser** tragen zudem wesentlich zur Persönlichkeitsbildung bei. Darüber hinaus gibt es auch so genannte **interne, subjektive Auslöser** wie Neugier, Interesse, Wünsche, Pläne. Sie führen dazu, dass wir Neuland erkunden, experimentieren und unser Gedächtnis mit neuen Informationen füttern.

Den externen Auslösern sind Kinder von Geburt an ausgesetzt: Sprechen, sauber werden, sich waschen, gute Tischmanieren – das sind alles Lernvorgänge, die von Eltern und Erziehern angeregt werden, und sie sollen die Heranwachsenden auf die Gesellschaft vorbereiten.

Später konfrontiert **die Schule** die Heranwachsenden mit Auslösern. Sie sorgt dafür, dass sich nicht nur der persönliche Horizont erweitert, sondern auch der Bekanntenkreis. Kinder erleben einen regelrechten Ansturm der Gefühle, manchmal sogar schon so etwas wie die erste, zaghafte Liebe. Außerdem erlernen sie in dieser Phase die Regeln des Zusammenlebens. Nicht selten ist das Verhältnis zu den Lehrern entscheidend dafür, wie sie als Erwachsene im späteren Leben mit Autoritäten zurechtkommen. Kinder müssen während der Schulzeit nicht nur viel Lernstoff bewältigen, sondern sich auch im Bestreben um gute Noten mit ihren Altersgenossen messen – eine Erfahrung, die später auch im Berufsleben von Nutzen ist.

Aber auch **die familiäre Umgebung** ist ein starker Auslöser für Erinnerungsvorgänge, weil sie starke Gefühle in uns auslöst. Kam es innerhalb der Familie zu besonders schmerzhaften Erlebnissen, werden diese häufig verschwiegen und verdrängt. Das kann dazu führen, dass Menschen später verzweifelt versuchen, hinter das Familiengeheimnis

Babyfotos
- Wie war ich als Baby?
- Wie waren die gemeinsamen Mahlzeiten mit den Eltern?
  – Mit welchen Ritualen brachten sie mich zum Essen (ein Löffel für Mama usw.)?
  – Welche Benimmregeln predigten sie am häufigsten (nicht mit dem Essen spielen, Ellbogen vom Tisch usw.)? Beim Essen schenken die Eltern dem Kind besonders viel Aufmerksamkeit, sodass es zur reinsten Kraftprobe werden kann. In solchen Momenten zeigt sich, wie es um die Beziehungen zwischen den einzelnen Familienmitgliedern bestellt ist und welche Hierarchien existieren. Kein Wunder, dass solche Szenen oft stark in Erinnerung bleiben.
- Wie wurde ich ins Bett gebracht?
  – Wer begleitete mich?
  – Welche Geschichten, Gedichte oder Bücher wurden mir vorgelesen bzw. erzählt?
  – Hatte ich Angst vor Ungeheuern, Gespenstern oder irgendwelchen anderen Phantasiegestalten?

zu kommen, die Wahrheit zu ergründen und die Gedächtnislücke innerhalb der Familiengeschichte zu schließen. Im Extremfall können solch schwelende Familiengeheimnisse sogar psychosomatische Störungen verursachen.

Selbstverständlich wartet **die Arbeitswelt** ebenfalls mit zahlreichen Auslösern für Erinnerungen auf. Im beruflichen Alltag muss das Gedächtnis ständig auf seinen „Wissensschatz" zurückgreifen, aktualisiert ihn aber auch laufend um neue Informationen. Der Beruf bringt es mit sich, dass man sich immer wieder auf neue Menschen und Arbeitsmethoden einstellen muss. Je instabiler die berufliche Situation ist, desto größer wird jedoch der Widerwille gegenüber Veränderungen: Gewohnheiten und vertraute

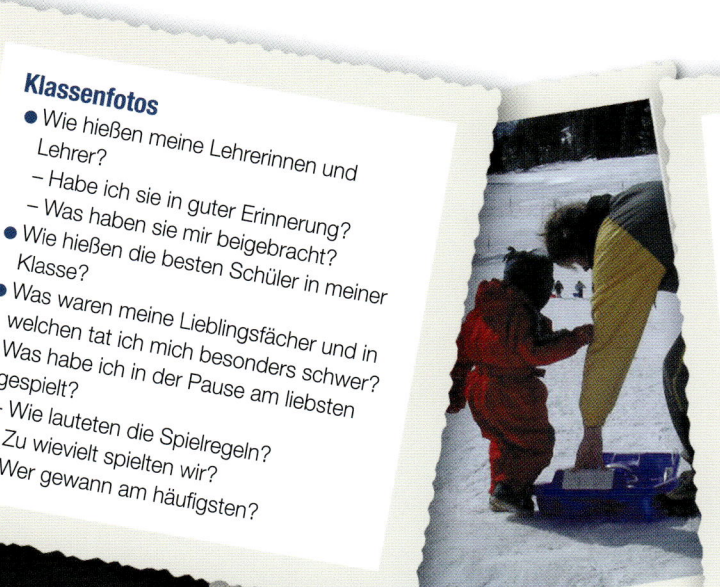

Klassenfotos

- Wie hießen meine Lehrerinnen und Lehrer?
  - Habe ich sie in guter Erinnerung?
  - Was haben sie mir beigebracht?
- Wie hießen die besten Schüler in meiner Klasse?
- Was waren meine Lieblingsfächer und in welchen tat ich mich besonders schwer?
- Was habe ich in der Pause am liebsten gespielt?
  - Wie lauteten die Spielregeln?
  - Zu wievielt spielten wir?
  - Wer gewann am häufigsten?

Familienfotos

- Wo habe ich geheiratet?
  - Wo befand sich das Standesamt?
  - Wie hieß der Standesbeamte?
  - Wie hieß der Priester?
  - Wer waren meine Trauzeugen?
- Wie war das anschließende Fest? Welche Erinnerungen habe ich noch an diesen Tag?
- Was war das erste Wort, das meine Kinder gesagt haben?
  - Wann und wo haben sie es gesagt?
  - Wem habe ich als Erstes davon erzählt?
- Wann habe ich meinen Haarschnitt geändert?
  - Wie oft?
  - Mit welchen Lebensabschnitten verbinde ich diese verschiedenen Frisuren?

Wichtige Dokumente

- Von wem bekam ich mein erstes Gehalt?
  - Was waren meine Aufgaben?
  - Wie hießen meine Kollegen?
  - Wie verstand ich mich mit ihnen?
- Woher stammen meine übrigen Gehaltsabrechnungen? Welche Erinnerungen rufen sie wach?
- Mit wem schloss ich meinen ersten Mietvertrag? Mit wem meinen ersten Kaufvertrag?

Berühmte Bauwerke

Ordnen Sie jeder Stadt ihr Bauwerk zu, Sie haben zehn Minuten Zeit.

Lösung S. 342

1. Agra	a. Westminster Abtei	1. ....
2. Barcelona	b. Eremitage	2. ....
3. Peking	c. Brandenburger Tor	3. ....
4. Berlin	d. Sagrada Familia	4. ....
5. Florenz	e. Sigismund-Säule	5. ....
6. Istanbul	f. Hagia Sophia	6. ....
7. Kopenhagen	g. La Sainte-Chapelle	7. ....
8. London	h. Die kleine Meerjungfrau	8. ....
9. Paris	i. Independence Hall	9. ....
10. Philadelphia	j. Taj Mahal	10. ....
11. San Francisco	k. Sommerpalast	11. ....
12. Sankt Petersburg	l. Dom „Santa Maria del fiore"	12. ....
13. Venedig	m. Golden-Gate-Brücke	13. ....
14. Warschau	n. Stephansdom	14. ....
15. Wien	o. Rialto-Brücke	15. ....

▶ Ein berühmtes Bauwerk mit einer interessanten Geschichte, das wir bestaunt haben, prägt oft den Eindruck, den wir von einer Stadt haben. Wenn uns etwas besonders ins Auge springt, führt das häufig dazu, dass wir uns auch alles andere in seiner unmittelbaren Umgebung dauerhaft merken.

Arbeitsabläufe werden nur widerstrebend aufgegeben, was die Angst vor Neuem noch verstärkt. Das kann im Extremfall zu einer geistigen Trägheit führen, die z.B. im Alltag dafür verantwortlich ist, dass immer wieder dieselben Wege zurückgelegt, dieselben Dinge gekauft werden usw. Es erfordert Energie, die eingefahrenen Gleise zu verlassen, es mit dem Unbekannten aufzunehmen und sich neuen Herausforderungen zu stellen. Wer sich ausschließlich in Routinehandlungen flüchtet, lässt sich von neuen, unerwarteten Entwicklungen besonders leicht verunsichern. Wird der Betroffene dann aufgrund von äußeren Umständen plötzlich aus dem gewohnten Trott gerissen, kann er sogar Krankheiten oder Gedächtnisstörungen entwickeln.

Hitparade

Im Folgenden finden Sie eine Liste mit den größten Hits der 1960er-, 70er- und 80er-Jahre. Ordnen Sie jedem Interpreten seinen Song zu.

1. ....
2. ....
3. ....
4. ....
5. ....
6. ....
7. ....
8. ....
9. ....
10. ....
11. ....
12. ....

1. 99 Luftballons
2. Daddy Cool
3. Der Kommissar
4. Der Nippel
5. Ein Bett im Kornfeld
6. Ein bisschen Frieden
7. Ich will Spaß
8. Marmor, Stein und Eisen bricht
9. Schöner, fremder Mann
10. Tränen lügen nicht
11. Waterloo
12. Weiße Rosen aus Athen

a. **Abba**
b. **Boney M.**
c. **Connie Francis**
d. **Drafi Deutscher**
e. **Falco**
f. **Jürgen Drews**
g. **Markus**
h. **Michael Holm**
i. **Mike Krüger**
j. **Nana Mouskouri**
k. **Nena**
l. **Nicole**

Ein Hit besteht in der Regel aus einem Text, mit dem sich die Menschen identifizieren können, und einer eingängigen Melodie. Natürlich muss auch der Interpret überzeugend sein. Kommt all das zusammen, werden wir dieses Lied nie mehr vergessen, weil es wirklich etwas in uns ausgelöst hat. Das geschieht, wenn der Text gerade zu einer bestimmten Phase in unserem Leben passt oder die Musik genau unsere derzeitige Stimmung wiedergibt. Jedesmal, wenn wir das Lied hören, fällt uns automatisch ein, was den Erinnerungsvorgang ausgelöst hat. Welche Lieder säumten Ihren Lebensweg? Welche Orte, Erlebnisse oder Menschen verbinden Sie damit?

Lösung S. 342

Wenn die Auslöser versagen

Wenn mich unvorhergesehene Ereignisse aus der Bahn werfen, streikt mein Gedächtnis manchmal.

Nur wenn wir uns von lieb gewonnenen Gewohnheiten verabschieden, können wir in eine neue Lebensphase eintreten und uns weiterentwickeln. Dieser Prozess kann schmerzhaft sein, und dann dauert es eine Weile, bis sich das seelische Gleichgewicht wieder einstellt. Ein Arbeitsplatzwechsel, ein Umzug, die Geburt eines Kindes, eine Scheidung oder plötzliche Arbeitslosigkeit – solche Veränderungen zwingen dazu, alte Gepflogenheiten aufzugeben und sich den neuen Bedingungen anzupassen.

Mit zunehmendem Alter müssen wir lernen Abschied zu nehmen: Von den Kindern, die ausziehen und auf eigenen Beinen stehen wollen, vom Berufsleben, von den Eltern oder dem Lebenspartner, weil sie sterben … Verluste zwingen uns, das Leben neu zu überdenken. Sie können eine regelrechte Lebenskrise und manchmal auch Gedächtnisstörungen auslösen. **Nicht das Alter wirkt sich negativ auf das Gedächtnis aus, sondern das Wegbrechen gewohnter Zusammenhänge.** Wenn sich das private Umfeld so stark verändert, dass Menschen den Halt verlieren, ist auch ihre Beziehung zur Außenwelt gestört. Und plötzlich gibt es keine externen Auslöser für Erinnerungen mehr. Aber auch die internen Auslöser werden dadurch in Mitleidenschaft gezogen: Erschöpfungszustände oder Depressionen führen

Mein Gedächtnis
... und das TV-Programm

Gehören Sie auch zu den Menschen, die schon nach einer Woche nicht mehr wissen, welche Spielfilme oder Sendungen sie gesehen haben? Das liegt wahrscheinlich daran, dass Sie zu viel fernsehen. In Deutschland sitzen Erwachsene pro Tag durchschnittlich vier Stunden vor dem Fernseher. Kein Wunder, dass die Erinnerung an eine bestimmte Sendung in dieser Flut bunter Informationen untergeht! Das Gedächtnis filtert nur die markantesten Bilder heraus und lässt den Rest unbeachtet. Wenn Sie sich dauerhaft an eine Sendung erinnern wollen, sollten Sie insgesamt weniger fernsehen!

Der Mensch ist ein Gemeinschaftstier

Wenn ich mich für Menschen interessiere, kann ich mir vieles besser merken.

Das Gedächtnis kann nur dann optimal funktionieren, wenn es in regem Austausch mit seiner Umgebung steht und sich von ihr anregen lässt. Kein Wunder, dass Freundschaften und soziale Kontakte für das Gedächtnis eine erhebliche Rolle spielen.

Lassen Sie sich von den folgenden Stichworten dazu anregen, über Ihre Beziehungen zu anderen Menschen nachzudenken. Mit wem haben Sie in welchem Lebensbereich regelmäßig zu tun? Um einen besseren Überblick zu bekommen, sollten Sie Personen, die Sie mehreren Lebensbereichen zuordnen, durch eine bestimmte Farbe kennzeichnen. Jemand, der unter die Rubrik Arbeit fällt, kann auch unter die Rubrik Freunde fallen.

Arbeit

Alltag (Nachbarn, Verkäufer)

Freunde

Familie

Bekannte aus anderen Bereichen (Kultur, Sport ...)

Sonstige

zu Gleichgültigkeit. Die Betroffenen werden unkonzentriert, verwirrt, denn das Gedächtnis wird nicht mehr ausreichend stimuliert und ist unterfordert.

Das Ausscheiden aus dem Berufsleben ist dafür ein besonders gutes Beispiel: Wer sein Heil nur im Beruf gesucht hat und keinen anderen Interessen nachging, die das Gedächtnis ebenfalls stimulierten, verspürt nach dieser Veränderung häufig eine innere Leere. Es kommt zu Gedächtnisstörungen, weil die gewohnten Anregungen von außen fehlen. Das Problem besteht nicht darin, dass man sich an nichts mehr erinnern kann, sondern dass es nichts gibt, das es wert ist, im Gedächtnis gespeichert zu werden.

Für Arbeitslose ist die Situation noch schlimmer. Die Isolation und der Verlust der gesellschaftlichen Anerkennung untergraben das Selbstbewusstsein und verursachen Gedächtnisprobleme: Woran soll ich mich erinnern? Wozu? Für wen?

Wahrscheinlich haben Sie festgestellt, dass Ihre sozialen Kontakte weiter reichen als Sie dachten. Aber Freundschaften, die sich auf eine echte Seelenverwandtschaft gründen und über Jahre hinweg bestehen, gibt es nur wenige. Selbst wer viele oberflächliche Bekanntschaften pflegt, kann sich vor Einsamkeit nicht schützen. Jeder von uns fühlt sich manchmal allein. Allerdings besteht ein großer Unterschied zwischen einer empfundenen und einer tatsächlichen Einsamkeit. **Im Grunde ist niemand wirklich allein,** schließlich leben wir nicht auf einer einsamen Insel. **Andererseits lässt sich nicht jede Beziehung in eine innige Freundschaft verwandeln.** Trotzdem kann es sich lohnen, auf andere zuzugehen. Die Voraussetzung ist allerdings, dass Sie echtes Interesse an Ihrem Gegenüber haben und bereit sind, hinter dessen Fassade zu blicken. So gesehen, muss Neugier keine Untugend sein – im Gegenteil! Sie regt dazu an, auf andere zuzugehen, und zählt zu den internen Auslösern für das Entstehen von Erinnerungen. Bestimmt haben auch Sie zahlreiche Kontakte, die sich vertiefen lassen. Dies wird Sie bereichern und Ihr Gedächtnis auf Trab halten.

Viele Generationen unter einem Dach

Wenn Sie dieses Haus vom Dachboden bis zum Erdgeschoss betrachten, erschließen sich Ihnen alle verwandtschaftlichen Beziehungen. Dann können Sie auch die folgenden Fragen beantworten:

Mein Gedächtnis – mein Leben

MARIE · JAKOB · MARGOT · REINHARD

JÖRG · CHARLOTTE · GERHARD · ILSE · ELISABETH · WILHELM

ANNETTE · ROLF · SUSANNE · KARL · CLEMENS · HELGA · ERICH · LISBETH · THOMAS

JULIA · CHRISTINE · MICHAEL · KATJA · MARKUS · BETTINA

MAX · ANNA · JONAS · LENA · ALEXA

SARA · ANTONIA

Lösung S. 342

Um eine eigene Identität ausbilden zu können, müssen wir wissen, woher wir kommen. Schließlich sind wir durch unsere Familie stark geprägt. Menschen, die ihre Eltern nicht kennen, fühlen sich oft unvollständig, ihre persönlichen Erinnerungen sind lückenhaft.

Sollten Sie Ahnenforschung betreiben wollen, müssen Sie das Geburts-, Hochzeits- und Sterbedatum jedes einzelnen Verwandten herausfinden. Diese sind entweder im Standes- oder im Pfarramtsregister vermerkt. Es gibt zahlreiche Vereine und Veröffentlichungen, die bei derartigen Nachforschungen Informationen bieten. Bei Familien, deren Angehörige aus unterschiedlichen Nationen stammen, stellt diese Aufgabe eine ganz besondere Herausforderung dar!

1. Welche Verwandte ist Helga für Antonia?..

2. Wer hat die meisten Nachkommen?..

3. Welche Generation hat die meisten Kinder?..

4. Alle Mitglieder dieser Familie haben einen zweiten Vornamen, entweder den des Großvaters oder der Großmutter. Wie lauten die möglichen zweiten Vornamen von Lena, Clemens und Antonia?...

5. Wer sind die Urenkel von Gerhard?..

Die lieben Verwandten
Wissen Sie genau, was mit den verschiedenen Verwandtschaftsbezeichnungen gemeint ist? Erklären Sie die folgenden Begriffe schriftlich auf einem Blatt Papier. Sollten Sie die Übung zu mehreren machen, hat derjenige gewonnen, dessen Definition am meisten überzeugt.

Nichte zweiten Grades

Großonkel

Schwippschwager

Alteltern

Nichte

Urenkel

Cousin ersten Grades

Stiefkind

Halbgeschwister

Lösung S. 342

Schließen Sie neue Bekanntschaften!

Soziale Kontakte lassen sich jederzeit erweitern und vertiefen, auch wenn das manchmal gar nicht so leicht erscheint. Doch im Normalfall bietet jede neue Unternehmung Gelegenheit, mit anderen zu kommunizieren und sich gegenseitig auszutauschen. Wer unter Einsamkeit leidet, sollte überlegen, ob er nicht einem Verein in der Nachbarschaft beitreten möchte. Das bietet zahlreiche Möglichkeiten, neue Bekanntschaften zu knüpfen und geistig fit zu bleiben.

Mein Gedächtnis
... und die Pensionierung

Der Rückzug aus dem Arbeitsleben wird vom Gedächtnis nicht immer gut verkraftet. Manche Menschen verfallen anschließend in völlige körperliche und geistige Unbeweglichkeit, andere tun genau das Gegenteil und werden regelrecht hyperaktiv. Doch der Geist braucht einen gewohnten Lebensrhythmus und eine klare Struktur für den Tag. Jede Übertreibung in die eine oder andere Richtung wirkt sich negativ auf Konzentration, Aufmerksamkeit und damit auch auf unsere Erinnerung aus.

● **Gemeinnützige Einrichtungen** erleichtern das Schließen neuer Freundschaften zu Menschen, die dieselben Ideale verfolgen wie man selbst. Allerdings erfordert ehrenamtliches Engagement Einsatz. Sie sollten also wirklich bereit sein, Zeit und manchmal auch Geld in die gemeinsame Sache zu investieren. Wenn Sie nur Anschluss suchen, ist soziales Engagement mit Sicherheit der falsche Weg.

● **Sportclubs und kulturellen Zirkeln** schließen sich Menschen an, die gleichfalls ein gemeinsames Interesse verfolgen. Hier ist es leicht, interessante Gesprächsthemen zu finden. Ist man auf ein Gegenüber neugierig geworden, ergeben sich auch engere Beziehungen und vielleicht sogar echte Freundschaften.

Wo liegen Ihre Interessen?
Tragen Sie Ihre Hobbys mit einem blauen Stift in den jeweiligen Rubriken ein. Den roten Stift benutzen Sie für Unternehmungen, auf die Sie Lust hätten, aber noch nie gewagt haben. In grüner Schrift halten Sie Aktivitäten fest, die Sie wieder aufgegeben haben. Diese Übung zeigt Ihnen, wo Ihre Interessen wirklich liegen!

Kunst oder Kunsthandwerk

Sport

Soziales Engagement

Spiel & Spaß

Kultur

Diese Übung zeigt Ihnen, ob Sie die Energie haben, Ihre Interessen auch wirklich in die Tat umzusetzen. Überlegen Sie, wo Sie wirklich aktiv werden wollen, bis die roten und grünen Einträge aus den jeweiligen Rubriken verschwunden sind. Bei der örtlichen Volkshochschule finden Sie ein großes Angebot an Kursen, Vorträgen und Veranstaltungen. Auch im Internet können Sie sich schnell und unverbindlich über Ihre Interessengebiete informieren. Wenn Sie beispielsweise eine bestimmte Sportart ausüben wollen, finden Sie dort Adressen von Vereinen und Clubs in Ihrer Nähe.

Stress und Angst

Im Lauf des Lebens werden wir alle von Zeit zu Zeit mit Krisensituationen und plötzlichen Veränderungen konfrontiert, die es zu bewältigen gilt. Sie können Stress und Ängste verursachen, ja manchmal sogar Depressionen auslösen. Gefühle wirken sich immer auch auf das Gedächtnis aus, weshalb wir lernen sollten, mit Stress umzugehen und uns zu entspannen.

Test Wie gehen Sie mit Stress um?

Mithilfe des folgenden Fragebogens können Sie Ihr Verhalten in Stresssituationen analysieren. Kreuzen Sie jeweils die Antwort an, die am genauesten auf Sie zutrifft.

1. Wie reagieren Sie normalerweise auf Kritik am Arbeitsplatz?

a. Eher kühl und zurückhaltend ☐
b. Verärgert ☐
c. Sie gehen ruhig auf die einzelnen Kritikpunkte ein. ☐

2. Sie möchten ein Haus kaufen. Wie gehen Sie vor?

a. Sie kümmern sich darum, wenn Ihr Terminkalender es Ihnen gerade erlaubt. ☐
b. Sie wollen so schnell wie möglich Häuser besichtigen und schieben Ihre anderen Termine irgendwie dazwischen. ☐
c. Sie planen den kommenden Monat sorgfältig im Voraus, vereinbaren Gespräche mit Maklern und Besichtigungstermine, ohne Ihren Zeitplan zu überfrachten. ☐

3. Die Beziehung zu einer Ihnen nahe stehenden Person kriselt. Wie reagieren Sie?

a. Sie haben das Gefühl, in einer Sackgasse zu stecken, und wissen nicht, wie Sie da wieder herauskommen sollen. ☐
b. Sie teilen der betreffenden Person Ihre Gefühle schonungslos mit. ☐
c. Sie nehmen die Situation mit Humor und versuchen, die Sache herunterzuspielen. Irgendwann wird sich die Angelegenheit ganz von selbst erledigen. ☐

4. Wie beginnen Sie den Tag?

a. Sie stehen sehr früh auf, um nicht unter Zeitdruck zu geraten, und verlassen vorzeitig das Haus. ☐
b. Sie bleiben bis zum letzten Moment im Bett und frühstücken im Eiltempo. ☐
c. Sie nehmen sich genügend Zeit, um in Ruhe aufzustehen und zu frühstücken. ☐

5. Bekannte bieten Ihnen ihre Hilfe an, um sie bei einer schwierigen Aufgabe zu unterstützen. Wie reagieren Sie?

a. Sie wollen niemandem zur Last fallen und versuchen es lieber allein. ☐
b. Sie glauben, dass Sie die Sache selbst am besten erledigen können. ☐
c. Sie lassen jeden auf seine Art mithelfen, auch wenn das Resultat nicht perfekt ist. ☐

6. Was die Arbeit betrifft, sind Sie …

a. … ein absoluter Perfektionist. ☐
b. … unzufrieden. ☐
c. … jemand, der versucht, aus jeder Situation das Beste zu machen. ☐

7. Wie reagieren Sie auf ein vorübergehendes Formtief?

a. Sie werden allein damit fertig. ☐
b. Sie werden anderen gegenüber reizbar und aggresiv. ☐
c. Sie sprechen mit jemandem, dem Sie vertrauen, und nehmen seine Ratschläge Ernst. ☐

Wie oft haben Sie a, b und c angekreuzt?

Überwiegend a-Antworten:

Sie gehören zu den Menschen, die niemandem zur Last fallen wollen und alles selbst erledigen – selbst um den Preis psychischer Erschöpfung. Sie wollen immer mehr immer besser schaffen, auch wenn Sie sich dessen vielleicht gar nicht bewusst sind. Sie sollten sich bemühen, den Menschen in Ihrer Umgebung mehr zu vertrauen, anstatt immer alles kontrollieren zu wollen.

Überwiegend b-Antworten:

Sie laufen ständig auf Hochtouren und neigen dazu, in brenzligen Situationen einfach loszustürmen. Das kann gut gehen, aber auch in eine Katastrophe münden. Versuchen Sie, sich etwas zurückzuhalten und etwas überlegter zu handeln. Sie haben viele Eisen im Feuer, also seien Sie beruhigt und entspannen Sie sich.

Überwiegend C-Antworten:

Sie gehören zu den Menschen, die sich zurückziehen und erst einmal alle Vor- und Nachteile gegeneinander abwägen. Außerdem versuchen Sie stets, aus jeder Situation das Beste zu machen. Mit Ihnen kann man gut zusammenarbeiten.

Positiver und negativer Stress

Ein bisschen Stress ist kein Problem, aber zu viel davon schadet meiner Gesundheit.

„Stress" – dieses Wort ist heutzutage in aller Munde. Jeder redet vom Alltags- oder Arbeitsstress. Aber woher kommt der Begriff Stress eigentlich? Im Grunde ist mit Stress einfach nur die körperliche Anpassungsreaktion eines Lebewesens auf Belastung gemeint. Ein neuer Arbeitsplatz, eine ungewohnte Umgebung, eine Nahrungsumstellung – das alles verursacht körperlich messbaren Stress, aber auch heftige Gefühle, die sowohl positiv als auch negativ sein können. Nicht jeder Stresszustand ist automatisch negativ zu bewerten. **Stress signalisiert nur, dass der Körper versucht, sich an eine neue Situation anzupassen.** Er reagiert auf die Belastung, indem er die Hormone Adrenalin und Noradrenalin ausschüttet. Dadurch schlägt das Herz schneller, wodurch unter anderem das Gehirn besser durchblutet und die Sinne geschärft werden. Wenn wir angemessen mit der Belastung umgehen, verschwindet der Stress wieder. **In diesem Fall hat er eine anregende Wirkung; Fachleute sprechen sogar von positivem Stress oder von Eustress.**

Dauert die Belastung jedoch über einen längeren Zeitraum an oder kehrt sie regelmäßig wieder, reagiert der Körper, indem er das Stresshormon Cortisol ausschüttet, das längerfristig wirkt. Dann wird der Körper vom Stress regelrecht überwältigt und reagiert mit einer Verlangsamung des Stoffwechsels. In so einer Erschöpfungsphase ist der Körper extrem empfindlich, das Immunsystem ist geschwächt und der Mensch wird anfällig für Krankheiten. **Dieser wiederholt auftretende oder andauernde negative Stress wird als Distress bezeichnet.**

Distress kann unter Umständen schwerwiegende körperliche Symptome wie Schlafstörungen, Herzjagen, Atemnot oder Magenschmerzen verursachen. In vielen Fällen führt Stress auch zu einem veränderten Verhalten. Wir werden unaufmerksam, lustlos oder reizbar und hyperaktiv. Dann stopfen wir unkontrolliert Nahrung in uns hinein, greifen ständig zur Zigarette oder kauen nervös an den Fingernägeln … Um negativem Stress vorzubeugen, müssen wir lernen, wieder in den Normalzustand zurückzuschalten. Entspannungstechniken wie Yoga oder autogenes Training können dabei helfen.

Neigen Sie zu Angst und Depressionen?

Bestimmte Stimmungen und Verhaltensweisen lassen auf eine erhöhte Anfälligkeit für Angststörungen und Depressionen schließen. Das kann sich auch negativ auf die Gedächtnisleistung auswirken. Dieser Fragebogen hilft Ihnen, sich selbst einzuschätzen. Kreuzen Sie wahrheitsgemäß an, wie Sie sich in letzter Zeit gefühlt haben. Überlegen Sie nicht lange, sondern antworten Sie möglichst spontan.

	JA	MANCHMAL	NEIN
1. Ich fühle mich antriebslos.			
2. Ich langweile mich schnell.			
3. Ich habe Angst, dass mir etwas Schlimmes zustößt.			
4. Ich fühle mich überflüssig.			
5. Ich glaube, mein Gedächtnis funktioniert nicht so gut wie das meiner Freunde.			
6. Ich bin mit meinem jetzigen Leben unzufrieden.			
7. Ich mache mir wegen jeder Kleinigkeit Sorgen.			
8. Ich habe Schwierigkeiten mich zu entspannen.			
9. Ich gehe nicht gern unter Menschen.			
10. Ich leide unter plötzlichen Panikattacken.			
11. Ich habe oft schlechte Laune.			
12. Ich habe wenig Appetit.			
13. Meine Vergangenheit quält mich.			
14. Ich komme morgens schlecht in die Gänge.			
15. Schon Kleinigkeiten werfen mich aus der Bahn.			

Gesamtpunktzahl:

Sie haben überwiegend mit NEIN geantwortet

Sie leiden weder an Angststörungen noch an Depressionen. Sie fühlen sich nicht einsam und sind eine dynamische Persönlichkeit. Wenn Sie Probleme haben, versuchen Sie sie aktiv zu lösen.

Sie haben auf die Fragen 3, 7, 8, 10, 15 überwiegend mit JA oder MANCHMAL geantwortet.

Sie leiden an Ängsten, weil Sie gerade eine schwierige Phase durchmachen oder ein eher ängstlicher Typ sind. Sie müssen lernen, sich zu entspannen. Angst erzeugt Blockaden, die das Gedächtnis in Mitleidenschaft ziehen. Es kommt zu Schwierigkeiten beim Speichern und Abrufen von Informationen. Gehen Sie zum Arzt.

Sie haben auf die übrigen Fragen überwiegend mit JA oder MANCHMAL geantwortet.

Wahrscheinlich machen Sie gerade eine organisch oder psychisch bedingte Depression durch. Suchen Sie unbedingt einen Arzt auf, denn der kann Ihnen Medikamente verschreiben und Sie zur Unterstützung an einen Psychologen überweisen. Sie dürfen ein derartiges Form- und Stimmungstief auf keinen Fall ignorieren. In dieser Verfassung schaffen Sie es einfach nicht mehr, neue Kraft zu tanken und sich Ihren Problemen zu stellen. Sagen Sie Verpflichtungen ab, ohne sich schuldig zu fühlen, aber ziehen Sie sich nicht völlig zurück. Unternehmen Sie etwas, das Ihnen Spaß macht.

Mein Gedächtnis – mein Leben

Auf dem Holzweg

Besorgen Sie sich eine Schachtel Streichhölzer – am besten besonders lange für Kaminfeuer etwa. Damit können Sie sich die gelegten Figuren noch besser vorstellen.

Zum Warmwerden: Legen Sie aus 12 Streichhölzern das unten gezeigte Quadrat, das aus vier kleinen Quadraten besteht.

Schritt eins

Sie haben fünf Minuten, um die ersten beiden Rätsel zu lösen:

1. Wenn Sie zwei Streichhölzer entfernen, entstehen aus den fünf Quadraten zwei Quadrate.
2. Bilden Sie zehn Quadrate, indem Sie vier Streichhölzer umlegen. Die Hölzer dürfen sich überkreuzen.

Schritt zwei

Für die nächsten beiden Rätsel gibt es keine zeitliche Beschränkung.

1. Legen Sie aus 12 Streichhölzern die hier gezeigte Ausgangsfigur. Bilden Sie nun drei Quadrate, indem Sie drei Streichhölzer umlegen.

2. Legen Sie aus 16 Streichhölzern folgende Figur. Bilden Sie daraus vier Quadrate, indem Sie zwei Streichhölzer umlegen.

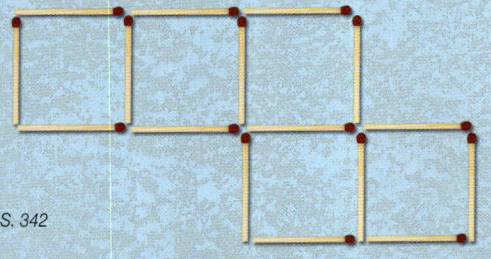

Lösung S. 342

▶ Jede Aufgabe, die innerhalb eines gewissen Zeitraums bewältigt werden muss, verursacht Stress – auch ein Spiel! Der Zeitdruck beeinträchtigt die Aufmerksamkeit und damit die Leistung. Er kann sogar körperliche Reaktionen wie Schwitzen und Herzklopfen auslösen, die dann Konzentrationsstörungen verursachen.

Um trotzdem bei der Sache zu bleiben, dürfen Sie sich durch den Zeitdruck nicht nervös machen lassen. Außerdem sollten Sie möglichst unverkrampft an die Sache herangehen und nicht um jeden Preis gewinnen wollen. Wer sich der Aufgabe gut gelaunt und aus lauter Spaß am Rätseln widmet, hält den Stress in Grenzen. Dann wirkt das Rätsel anregend, ohne die Konzentration zu beeinträchtigen. Diese klassische Denksportaufgabe trainiert nicht nur die Konzentration, sondern auch die Fähigkeit, Probleme zu lösen. Sie können es ruhig mehrmals versuchen: Das ist die einzige Methode, die wirklich Erfolg hat.

Gedächtnis unter Druck

Immer, wenn ich es besonders eilig habe, von Gefühlen überwältigt werde oder mir Sorgen mache, lässt mich mein Gedächtnis im Stich.

Die durch Stress hervorgerufenen Gefühle beeinträchtigen die Aufmerksamkeit und die Konzentrationsfähigkeit. Das wirkt sich folglich auch auf das Gedächtnis aus: Wenn sich ein Störfaktor aller Sinne bemächtigt, werden zu speichernde Informationen nicht mehr richtig verarbeitet. Untersuchungen zeigen, dass sich Vergesslichkeit in 70 bis 80 Prozent aller Fälle auf Wahrnehmungs- oder Konzentrationsstörungen zurückführen lässt.

Auch wenn es darum geht, gespeicherte Informationen abzurufen, macht sich Stress negativ bemerkbar: **Gefühle können das Gedächtnis manchmal richtiggehend blockieren.** Wer hatte bei einem öffentlichen Auftritt noch nie Lampenfieber? Schauspieler kennen die Angst vor einem totalen Blackout, bei dem sie sich plötzlich an nichts mehr erinnern können. Dann ist der Stress so groß, dass alle Gedächtnisbahnen lahm gelegt scheinen – zum Glück nur vorübergehend. Wenn das Stück begonnen hat und die Schauspieler auf der Bühne stehen, legt sich das Lampenfieber wieder und ihr Gedächtnisapparat funktioniert ganz wie gewohnt: Das Spiel kann beginnen.

Auch **Angst**, die infolge von Stress auftreten kann, **zieht das Gedächtnis in Mitleidenschaft:** In Gedanken eilen wir voraus in die Zukunft, die rein pessimistisch gesehen wird: „Wenn das und das passiert, was dann?" Wer in der Zukunft lebt statt in der Gegenwart, verliert den Kontakt zur Außenwelt und kann keine neuen Informationen mehr aufnehmen.

Normalerweise wirkt sich jedes Stimmungstief negativ auf das Gedächtnis aus, denn depressive Phasen gehen stets mit einer Antriebslosigkeit einher. Doch um aufmerksam zu sein, sich zu konzentrieren, Assoziationen zu bilden und mentale Bilder herzustellen benötigt das Gedächtnis einiges an Energie. Lang anhaltende Stimmungstiefs dürfen deshalb nicht auf die leichte Schulter genommen werden. In diesem Fall nutzt es auch nichts, sich mit Gewalt zusammenzureißen. Der Weg aus einer Depression gelingt in der Regel nur mit professioneller Unterstützung. Zum Glück gibt es heute äußerst wirksame psychotherapeutische und medikamentöse Therapien.

Sind Sie ein wandelndes Wörterbuch?

Notieren Sie innerhalb von fünf Minuten fünf Wörter, die mit ZY, SY, GEN, ÄQU und HAR beginnen. *Lösung* S. 343

ZY..............	SY..............	GEN..............
ZY..............	SY..............	GEN..............
ZY..............	SY..............	GEN..............
ZY..............	SY..............	GEN..............
ZY..............	SY..............	GEN..............

Der richtige Umgang mit Stress

● **Was sind Ihre persönlichen Stressfaktoren?** Überlegen Sie, ob diese sich nicht ausschalten lassen.

● **Lernen Sie, sich zu schonen** (nehmen Sie nicht alles selbst in die Hand, lassen Sie sich helfen …).

● **Halten Sie sich öfter mal zurück**, reagieren Sie nicht unüberlegt und zügeln Sie Ihr Temperament. Oft entscheidet die Art, wie Sie an eine Aufgabe herangehen, darüber, ob sie mit Stress verbunden ist oder nicht.

● **Behalten Sie Sorgen nicht für sich**, sondern sprechen Sie mit Menschen darüber, denen Sie vertrauen.

● **Tun Sie sich öfter etwas Gutes.** Gönnen Sie sich eine Entspannung (Körperpflege, Ausgehen usw.).

● **Unternehmen Sie etwas, um sich abzureagieren und den Körper in Schwung zu bringen.** Aktivitäten wie Tanzen, Tai Chi oder jede Art von Sport sind dazu besonders gut geeignet.

● **Lernen Sie, sich zu entspannen** und Geist und Körper zur Ruhe kommen zu lassen (Yoga, Entspannungsübungen, Mittagsschlaf usw.).

Auch Denksportaufgaben können entspannend wirken, wenn Sie Spaß am Rätseln haben und dabei jedes Zeitgefühl verlieren. Wer handwerklich aktiv wird und seiner Kreativität freien Lauf lässt, kann den Alltagsstress ebenfalls besser bewältigen. Videospiele dagegen rufen oft selbst Stress hervor.

Gruppenspiele sind nur dann konstruktiv, wenn sie für gute Stimmung sorgen und keine verbissene Konkurrenz entstehen lassen. Wenn für das Spiel Körperkontakt erforderlich ist, sollten sich die Teilnehmer gut kennen, um peinliche Situationen zu vermeiden. Entscheiden Sie sich für Spiele ohne Zeitdruck.

Mein Gedächtnis
… und Gesichter

Können Sie das Gesicht eines Nachbarn oder Kollegen so genau beschreiben, dass man ein Phantombild danach zeichnen könnte? Das ist gar nicht so leicht, wie Sie vielleicht denken, da wir uns schwer tun, körperliche Details genau zu erfassen. Diese Gedächtnisleistung muss man trainieren. Üben Sie mit Freunden: Kehren Sie einander den Rücken zu und beschreiben Sie aus dem Gedächtnis das Gesicht des anderen – die Farbe seiner Augen, die Haare, den Teint, die Form der Nase, des Mundes, die Stirn, die Proportionen usw. Sie werden staunen, wie wenig Sie wissen, und in Zukunft viel genauer auf die Gesichter achten, denen Sie tagtäglich begegnen.

Greifen Sie zur Feder!
Bei folgenden Dialogen erfahren Sie nur, was einer der Gesprächspartner sagt. Ergänzen Sie die Antworten seines Gegenübers.

1. Ein Streit

Johanna: Warum hast du im Garten Rosen geschnitten?
Georg: ....
Johanna : Aber das ist doch gar nicht heute, du Dummkopf!
Georg: ....
Johanna: Du vergisst einfach alles, ich werd noch mal wahnsinnig!
Georg: ....
Johanna : Ich soll übertreiben? Kauf' dir endlich einen Terminkalender, vielleicht hilft das!
Georg: ....
Johanna: Was, ich soll ihn dir auch noch schenken? Was bist du nur für ein Geizhals! Und so was nennt sich Ehemann!

2. Erinnerungslücken

Georg: Weißt du eigentlich, was heute für ein Tag ist?
Johanna: ....
Georg: Ja, schon, aber was noch?
Johanna: ....
Georg: Weißt du das wirklich nicht mehr? Was sagt dir dieses Datum?
Johanna: ....
Georg: Ich bin sehr enttäuscht.
Johanna: ....
Georg: Dann bin ich also der Einzige, der sich noch daran erinnert?
Johanna: ....
Georg: Nun, nach alledem solltest du dir tatsächlich Sorgen machen!

ÄQU............	HAR............
ÄQU............	HAR............
ÄQU............	HAR............
ÄQU............	HAR............
ÄQU............	HAR............

▶ Der Zeitdruck und der sich daraus ergebende Stress machen es Ihnen doppelt schwer, die gewünschten Begriffe zu finden.

▶ Das Schreiben kann Gefühlsknoten auflösen und befreiend wirken – allein indem wir uns in eine andere Person hineinversetzen. Nicht wenige Schriftsteller reagieren auf diese Weise Stress und Ängste ab.

Opernfreunde unter sich

Ordnen Sie jedem Komponisten sein Werk zu.

1. **Mozart**	a. **Parsifal**	1. ....
2. **Verdi**	b. **Carmen**	2. ....
3. **Rossini**	c. **Figaros Hochzeit**	3. ....
4. **Bizet**	d. **Tosca**	4. ....
5. **Puccini**	e. **Aida**	5. ....
6. **Wagner**	f. **Der Barbier von Sevilla**	6. ....
7. **Händel**		7. ....
8. **Berlioz**	g. **Orpheus in der Unterwelt**	8. ....
9. **Beethoven**	h. **Fidelio**	9. ....
10. **Offenbach**	i. **Fausts Verdammnis**	10. ....
	j. **Xerxes**	*Lösung S. 343*

▶ Musik kann außerordentlich entspannend und beruhigend wirken. Das gilt vor allem für klassische Musik, Blues und Jazz, die den Schlaf fördern können. Das funktioniert allerdings nur, wenn Sie die Musik leise stellen, damit sie das Trommelfell und die damit verbundenen Nervenzellen nicht überreizt. Suchen Sie sich Melodien aus, die Sie heiter und gelassen stimmen. Mit ein bisschen Übung können Sie die Musik dann gezielt nutzen, um Stress abzubauen.

Seelische Verstrickungen

In dieser kleinen Reimgeschichte verbergen sich einige Ausdrücke, mit denen Gefühle und Gemütszustände ausgedrückt werden. Suchen Sie diese Ausdrücke!

**Links von Tonga, auf 'nem Eiland
wächst ein Palmenbaum am Strand.
Auf der Palme – voller Socken! –
tun drei Maler häkelnd hocken
(… und keinen wundert's).
Denn auf 180 Südseeinseln
leben Maler, die nicht pinseln,
sondern von den Socken, die sie weben
(besser: stricken!), sorglos leben.**

Lösung S. 343

▶ Manchmal fällt es schwer, anderen sein Innerstes oder seine Sorgen anzuvertrauen. Nur selten hört man auf die alltägliche Begrüßung: „Hallo, wie geht's?", eine andere Antwort als: „Gut, danke." Redewendungen oder Sprüche, die unsere „inneren" Zustände offenbaren, helfen oft, etwas auszudrücken, ohne zu viel von sich preiszugeben.

Beruhigende Pflanzen

Setzen Sie die Namen der folgenden sieben Pflanzen mit Stress mildernder Wirkung richtig zusammen.

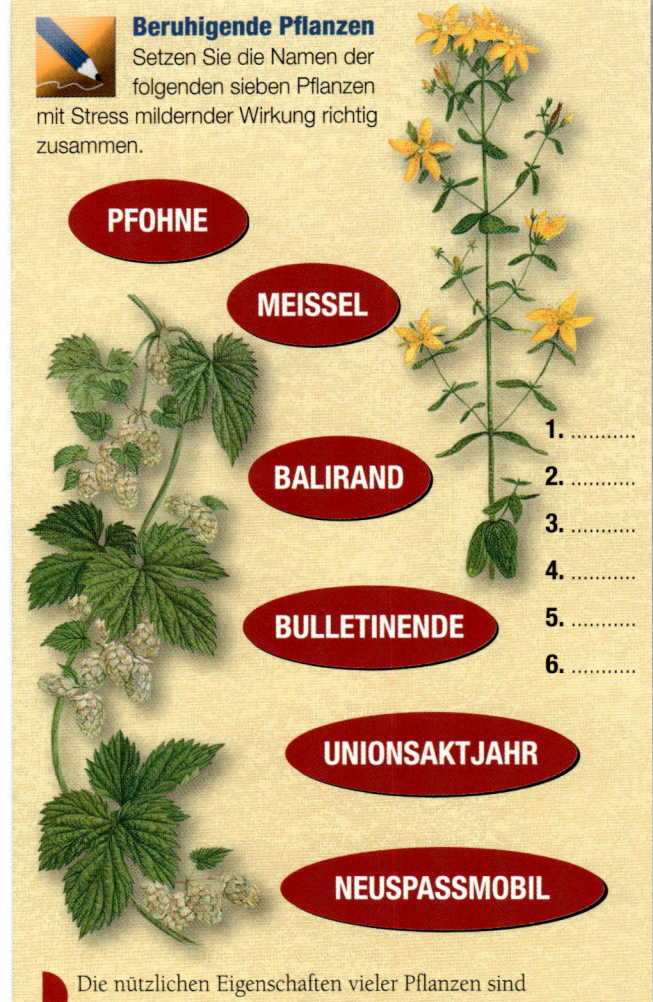

PFOHNE

MEISSEL

BALIRAND

BULLETINENDE

UNIONSAKTJAHR

NEUSPASSMOBIL

1. ....
2. ....
3. ....
4. ....
5. ....
6. ....

▶ Die nützlichen Eigenschaften vieler Pflanzen sind weitgehend in Vergessenheit geraten. Kräuterhändler und Phytotherapeuten sorgen für die erneute Verbreitung dieses Wissens, und das mit umso mehr Erfolg, als die traditionell verschriebenen Medikamente der Schulmedizin nicht unbedingt harmlos sind. Die wohltuenden Wirkungen der Pflanzen sind zwar unbestritten, dennoch sollte man sich im Klaren sein, dass auch sie keine Allheilmittel darstellen.

Lösung S. 343

Mein Gedächtnis
… und Drogen

Der Mensch greift seit je zu Drogen oder Rauschmitteln, um sich davon anregen oder entspannen zu lassen. Jede Epoche und jede Kultur hat ihre eigenen „Drogen"; dazu gehören auch Alkohol, Tabak und Kaffee. Wenn sie in Maßen genossen werden, beeinträchtigen sie das Gedächtnis nicht. Übermäßiger Konsum über einen längeren Zeitraum hinweg wirkt sich dagegen negativ aus und kann Gedächtnisprobleme und neurologische Schäden verursachen.

Entspannung tut gut!

Die hier beschriebene Entspannungsmethode beruht auf Autosuggestion. Dabei wird die Aufmerksamkeit ganz auf den Körper gelenkt, sodass der Geist ganz leer wird. Auch die negativen Gedanken werden verbannt und Sie können sich völlig entspannen. Wer diese Methode regelmäßig anwendet, trainiert seine Fähigkeit, sich ganz auf das Hier und Jetzt zu konzentrieren. Das hilft dabei, auch in hektischen Zeiten einen klaren Kopf zu bewahren und aufmerksam und offen zu bleiben. Beides sind unverzichtbare Voraussetzungen für ein gutes Gedächtnis.

Entspannung im Sitzen

1. Ziehen Sie weite, bequeme Kleidung an und setzen Sie sich entspannt auf einen Stuhl. Die Beine sind leicht geöffnet, die Füße, barfuß oder in Socken, stehen auf dem Boden. Das Becken ist leicht nach vorn gekippt, der Rücken ist gerade und wird von der Lehne gestützt. Der Kopf bildet eine Linie mit der Wirbelsäule. Die Hände ruhen auf den Oberschenkeln, die Handflächen zeigen zur Decke.

2. Betrachten Sie in Ruhe Ihre Umgebung und schließen Sie dann die Augen.

3. Stellen Sie sich Ihre Umgebung detailliert vor. Achten Sie dabei auf eventuell wahrnehmbare Geräusche und lassen Sie sich nicht von ihnen ablenken.

4. Spüren Sie jetzt in Ihren Körper hinein. Was empfinden Sie? Sind Sie verspannt? Wenn ja, wo? Achten Sie auf Ihren Atemrhythmus. Ist er schnell oder ruhig?

5. Richten Sie Ihre Aufmerksamkeit nun auf die Punkte, an denen Ihr Körper den Stuhl berührt, also auf Oberschenkel, Po und Rücken, sowie auf den Boden: Spüren Sie die gesamte Fußsohle. Erlauben Sie dem Körper, sich fallen zu lassen. Stellen Sie sich vor, dass er mehr Platz auf dem Stuhl beanspruchen will. Entspannen Sie die komplette Muskulatur, indem Sie Ihre Aufmerksamkeit nacheinander auf folgende Bereiche richten: Stirn, Augen, Backen, Unterkiefer, Kopfhaut, Hals, Schultern, Arme, Hände, Fingerspitzen. Lassen Sie die Entspannung wie eine Welle über Rücken, Brustkorb, Bauch, Becken, Po, Beine bis hinunter zu den Füßen gleiten. Spüren Sie genau in die Körperteile hinein und geben Sie sich den dabei hochkommenden Gefühlen hin.

6. Lenken Sie die Aufmerksamkeit auf die Atmung und atmen Sie tiefer und ruhiger. Stellen Sie sich beim Einatmen vor, wie die Luft tief in den Bauch strömt. Stoßen Sie beim Ausatmen die gesamte Luft vom Unterleib aufwärts wieder aus. Wiederholen Sie diese Atemübung sechs- bis siebenmal und atmen Sie dann normal weiter. Spüren Sie in sich hinein und überlassen Sie sich Ihren Gefühlen.

7. Beschwören Sie in diesem entspannten Zustand ein Bild in sich herauf, das Ruhe und Gelassenheit verkörpert. Visualisieren Sie alle Details – Farben, Beleuchtung, Geräusche. Lassen Sie das Bild und die damit verbundenen Gefühle auf sich wirken.

8. Anschließend lassen Sie das Bild ganz sanft verschwimmen. Richten Sie Ihre Aufmerksamkeit erneut auf Ihren Körper. Stellen Sie sich Ihre Umgebung vor. Beschleunigen Sie ganz allmählich die Atmung und beginnen Sie langsam, die Füße, Hände, den Kopf und alle anderen Muskeln zu bewegen. Recken und strecken Sie sich, als ob Sie gerade erst aufgewacht wären. Jetzt dürfen Sie die Augen wieder öffnen und in die Realität zurückkehren.

Mein Gedächtnis
... und das Lachen

Manchmal ist Lachen die reinste Medizin! Lachtherapeuten sind der Ansicht, dass auch das Gedächtnis nach ausgiebigem Lachen besser funktioniert. Tatsächlich ist erwiesen, dass Lachen körperliche und seelische Verspannungen löst und den Atem reguliert. Außerdem lenkt es von vorhandenen Ängsten und Nöten sowie von körperlichen Beschwerden ab und schafft dauerhafte Linderung. Bei so viel positiven Auswirkungen bleibt es nicht aus, dass das Gedächtnis davon profitiert!

Mehr Sauerstoff fürs Gehirn

● Entspannen Sie sich auf einem Stuhl, wie es die vorige Übung beschreibt.

● Wenn Sie bei Schritt (6) und der Tiefenatmung angelangt sind, stellen Sie sich vor, dass frische Luft durch das rechte Nasenloch einströmt, durch die rechte Gehirnhälfte fließt, sich auf dem Weg durch die linke Gehirnhälfte erwärmt und dann warm durch das linke Nasenloch ausströmt.

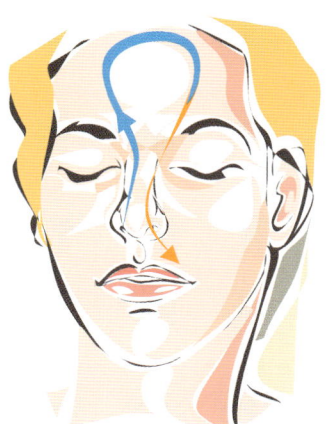

● Wiederholen Sie diese Atemübung drei oder vier Mal und wechseln Sie dann die Richtung: Frische Luft strömt durch das linke Nasenloch, in die linke Gehirnhälfte, erwärmt sich auf dem Weg durch die rechte Gehirnhälfte und strömt warm aus dem rechten Nasenloch. Drei- bis viermal wiederholen und zur normalen Atmung zurückkehren.

● Achten Sie auf hochkommende Gefühle.

Fußmassage für zu Hause

Nehmen Sie zur Vorbereitung ein warmes Fußbad. Stellen Sie ein Massageöl bereit.

1. Legen Sie den Fuß so auf das gegenüberliegende Knie, dass er genügend Bewegungsfreiheit hat. Machen Sie es sich auf dem Stuhl bequem und sorgen Sie dafür, dass die Lehne den Rücken stützt. Verteilen Sie ein paar Tropfen Massageöl zwischen den Handflächen.

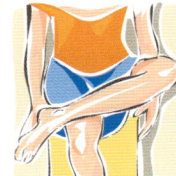

2. Streichen Sie nun mit energischen Bewegungen über den Fuß. Die Hände umschließen den Fuß von beiden Seiten. Massieren Sie ihn mit fließenden Bewegungen, die nicht abreißen dürfen.

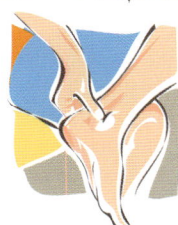

3. Legen Sie nun Daumen und Finger auf je eine Seite der Achillessehne. Massieren Sie den Bereich zwischen Ferse und Knöchel mithilfe von kleinen kreisförmigen Bewegungen. Streichen Sie mit den Fingern von oben nach unten, als wollten Sie die Sehne dehnen.

4. Wiederholen Sie die Fußmassage wie in Schritt 2 beschrieben. Eine Hand kann zwischendurch pausieren oder das Fußgewölbe mit kreisförmigen Bewegungen massieren, ohne dass die Fußmassage unterbrochen wird.

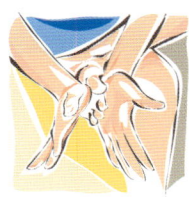

5. Massieren Sie den Fußrücken, indem Sie ihn mit beiden Handflächen umschließen. Gehen Sie dann zum Fußballen, den Zehengelenken und schließlich zu den Zehen. Massieren Sie diese Stellen stets mit beiden Handballen.

6. Streichen Sie mit beiden Händen an den Fußseiten und anschließend an den Zehenseiten entlang.

7. Massieren Sie jede Zehe mit ziehenden und schiebenden Bewegungen. Wiederholen Sie anschließend die Fußmassage (s. Schritt 2). Die Finger danach zwischen die Zehen schieben.

8. Kreisen Sie in dieser Haltung mit dem Fuß, um das Fußgelenk geschmeidiger zu machen. Die Finger bleiben zwischen den Zehen.

9. Es folgt wieder die Fußmassage. Den Fuß danach mit der einen Hand halten und die Fußsohle mit der anderen von der Ferse bis zu den Zehen kräftig ausstreichen. Den Druck auf die Zehen verstärken und sie leicht nach oben biegen. Die Massage am anderen Fuß wiederholen.

Gegenseitige Gesichtsmassage

Eine Person liegt ausgestreckt auf dem Rücken, der Kopf wird von einem Kissen gestützt. Sie sitzen so hinter ihr, dass Sie sich nicht bücken müssen. Streichen Sie nun zuerst leicht mit dem Handrücken über die Stirn.

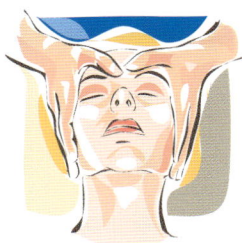

1. Legen Sie beide Daumen zwischen die Augenbrauen. Die anderen Finger umschließen Stirn und Schläfen. Dies ist die Ausgangsposition für die Gesichtsmassage. Suchen Sie in Abstimmung mit der Person nach dem richtigen Druck, der fest und sanft zugleich sein sollte, und verharren Sie so einen Moment.

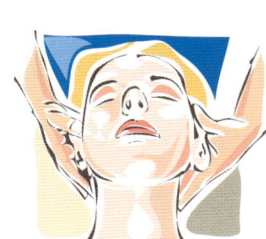

2. Lassen Sie die Daumen und Finger in Richtung Schläfen gleiten, bis die Finger hinter den Ohren angelangt sind. Massieren Sie kräftig die Ohrläppchen, indem Sie sie mit den Fingern ein- und wieder ausrollen. Achten Sie auf fließende, gleichmäßige Bewegungen und wiederholen Sie die Massage mehrmals, wobei Sie stets mit der Ausgangsposition beginnen.

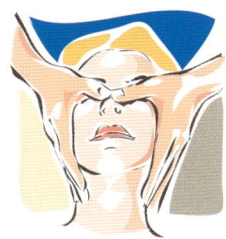

3. Lassen Sie die Daumen über den Nasenrücken und die Finger über die Wangen gleiten. Die Daumen zeichnen die Form der Nasenflügel und der Oberlippe nach. Die Hände umschließen die Kiefer. Massieren Sie in dieser Position leicht knetend die Wangen. Wiederholen Sie die Bewegungen mehrmals.

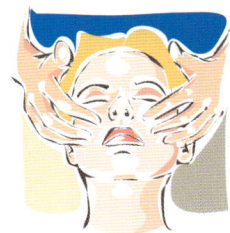

4. Klopfen Sie mit den Fingerspitzen leicht gegen die Wangen und kehren Sie dann in die Ausgangsposition zurück.

5. Massieren Sie mit kreisenden Bewegungen die Schläfen von oben nach unten,  dann den Bereich hinter den Ohren, den Nacken und den oberen Schulterbereich.

6. Regen Sie die Durchblutung der Kopfhaut an, indem Sie sie leicht mit den Fingerspitzen massieren. Kehren Sie anschließend in die Ausgangsposition zurück.

7. Umschließen Sie mit beiden Händen die Kieferknochen. Öffnen Sie die Hände und üben Sie damit sanften Druck auf die Kiefer aus, um sie zu entspannen. Streichen Sie dann mit beiden Händen über die Wangen in Richtung Stirn und kehren Sie in die Ausgangsposition zurück. Streichen Sie zum Schluss von dort aus noch ein paarmal bis hinauf zum Haaransatz.

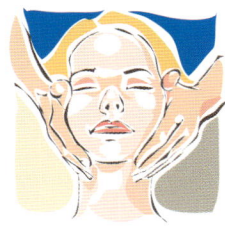

Das kollektive Gedächtnis

Die Erinnerungen jedes einzelnen Menschen sind Teil eines umfassenden Gedächtnisses, das allen Menschen gemeinsam ist und als Informationsspeicher und gemeinsame Wissensquelle dient. Dieses so genannte kollektive Gedächtnis dient als verbindendes Element und fördert den Zusammenhalt von Gruppen, Gemeinschaften und Nationen.

Das gemeinsame Gedächtnis als Identität stiftendes Element

Ich existiere auch, weil ich mich im anderen wiedererkenne.

Sie erinnern sich bestimmt noch an den 11. September 2001, als Terroristen die Türme des New Yorker World Trade Centers zerstörten. Oder an den Tag im November 1989, an dem sich die Berliner Mauer für die Bürger der damaligen DDR öffnete. Diese Ereignisse haben so heftige Gefühle in uns ausgelöst, dass wir heute noch wissen, was wir damals gerade getan haben. Glückliche oder tragische Ereignisse, über die sehr oft gesprochen und geschrieben wird, bilden unsere gemeinsame Vergangenheit und werden so Teil des kollektiven Gedächtnisses.

Wenn wir spüren, dass andere unsere Überzeugungen teilen, einen ähnlichen Lebenslauf haben, dieselben Düfte und Geschmacksrichtungen mögen und noch dazu dieselbe Sprache sprechen, empfinden wir gleich eine gewisse Seelenverwandtschaft. Die Gemeinsamkeiten, die wir zwischen uns und anderen feststellen, lassen sich auch mit dem Begriff „Kultur" umschreiben. **Jede Kultur gründet sich auf einem kollektiven Gedächtnis.** Weil wir in der Schule die gleichen Dinge gelernt haben, den gleichen Dialekt sprechen, die gleichen Gerichte vorgesetzt bekamen, haben wir auch ganz ähnliche Erinnerungen und damit **ein gemeinsames Erbe.** Unsere eigene Geschichte ist untrennbar mit diesem kollektiven Gedächtnis verbunden.

Die gemeinsamen Erinnerungen einer Gruppe, einer Gemeinschaft oder einer Nation stammen nicht aus Büchern. **Sie werden von Generation zu Generation weitergegeben.** Ein Südländer fühlt sich beispielsweise unter lebhaften Menschen wohl, die sich im Umgang miteinander häufig berühren. Unter reservierten Menschen aus nördlichen Ländern, die so etwas nicht gewohnt sind, könnte sein Verhalten unangenehm auffallen.

Früher wurden solche Erinnerungen und Verhaltensweisen hauptsächlich mündlich überliefert, später auch schriftlich. Heute erreichen sie uns über die Medien wie das Fernsehen oder das Internet und werden von vielen ganz unbewusst nachgeahmt. Auf diese Weise wird das menschliche Grundbedürfnis nach Zugehörigkeit befriedigt. Indem Menschen mithilfe des kollektiven Gedächtnisses eine eigene Identität entwickeln, tragen sie gleichzeitig zu seiner Weiterentwicklung bei. Sie müssen sich in Teilen in anderen wiedererkennen, um zu wissen, wer sie sind. Auf diese Weise stiftet das kollektive Gedächtnis einen Zusammenhalt, der vor Einsamkeit schützt.

Beliebte Vornamen im Wandel der Zeit

Ordnen Sie die folgenden 40 Vornamen den Jahren zu, in denen sie besonders beliebt waren: Die beiden Listen enthalten je fünf männliche und weibliche Vornamen für die 1930er-, 50er- und 70er-Jahre sowie für unsere Gegenwart.

Lösung S. 343

Andreas	m. 1930 f.	Andrea
Christian		Heike
Dennis		Ingrid
Dieter		Karin
Florian		Laura
Frank	m. 1950 f.	Leonie
Holger		Lisa
Horst		Melanie
Jürgen		Monika
Kevin		Nicole
Klaus	m. 1970 f.	Nina
Lukas		Petra
Marvin		Renate
Niklas		Sabine
Patrick		Sabrina
Peter	m. 2000 f.	Sandra
Sebastian		Sophie
Stefan		Stefanie
Tom		Susanne
Wolfgang		Ursula

▶ Vornamen haben zwar eine bestimmte Bedeutung, verweisen jedoch zugleich auf das kollektive Gedächtnis, da es zu jeder Zeit andere Modenamen gibt. Oft fällt Eltern die Wahl eines Namens für ihr Kind schwer. Er soll bestimmten Konventionen entsprechen, modern sein, an eine nahe stehende Person erinnern, die Familientradition fortführen – oder orientiert sich an dem des Heiligen des jeweiligen Geburtstags.

Die großen Weltreligionen

Ordnen Sie die folgenden 10 Weltreligionen in absteigender Folge nach der Zahl ihrer Gläubigen.

Lösung S. 343

a. **Naturreligionen**	f. **Hinduismus**
b. **Bahaismus**	g. **Islam**
c. **Buddhismus**	h. **Judentum**
d. **Christentum**	i. **Shintoismus**
e. **Taoismus**	j. **Sikhreligion**

1. .... 6. ....

2. .... 7. ....

3. .... 8. ....

4. .... 9. ....

5. .... 10. ....

▶ Auf der Welt gibt es mehr gläubige Menschen als Agnostiker und Atheisten. Die Religionen sind ebenfalls Teil des kollektiven Gedächtnisses: Wenn ein neuer Glaube entsteht, verbreitet er sich dank des Gedächtnisses vieler Menschen.

Das kollektive Gedächtnis trainieren

Mein Gedächtnis
... und Werbespots

Werbefachleute wissen ganz genau, wie sie etwas verkaufen können. Als Erstes muss unsere Aufmerksamkeit auf das neue Produkt gelenkt werden. Doch warum merken wir uns manche Werbungen besser als andere? „Zutaten" für einen erfolgreichen Werbespot sind z. B.: Ungewöhnliche Bilder, mitreißende Musik, eine kurze, einprägsame Geschichte, mit der sich die Käufer identifizieren können – und natürlich eine mehrfache Ausstrahlung. Wenn Sie sich einen Werbespot merken können, hat er Ihre Sehnsüchte und Wünsche angesprochen und ein bestimmtes Bedürfnis in Ihnen geweckt.

Es gibt viele Hobbys oder Spiele, die ein gewisses Allgemeinwissen voraussetzen. Diese dort geforderten Informationen spiegeln so etwas wie unsere Kultur wider. Es ist immer wieder verblüffend zu erleben, wie die Kultur Menschen verbindet und einander näher bringt. Wer sich auf das kollektive Gedächtnis beruft, findet viele gemeinsame Themen. Wenn Interessierte sich gemeinsam auf die Suche nach verschüttetem Wissen machen oder sich an eine gemeinsame Vergangenheit erinnern, wird auch der freundschaftliche Zusammenhalt untereinander gestärkt. Hier eine Liste mit Aktivitäten, mit denen Sie Ihr kollektives Gedächtnis trainieren können:

- Quiz-Spiele, bei denen Wissen spielerisch weitergegeben wird
- Die Mitgliedschaft in einem örtlichen oder historischen Verein
- Sammeln von historischen Gegenständen
- Kulturelle Besichtigungen und Reisen – hier lassen sich Kenntnisse austauschen und vertiefen
- Gespräche mit alten Menschen über ihre und unsere gemeinsame Vergangenheit, um ihre Sicht auf die Gegenwart besser zu verstehen
- Regelmäßige Gespräche mit Freunden und Bekannten über das Tagesgeschehen, damit alle die Ereignisse besser im Gedächtnis behalten

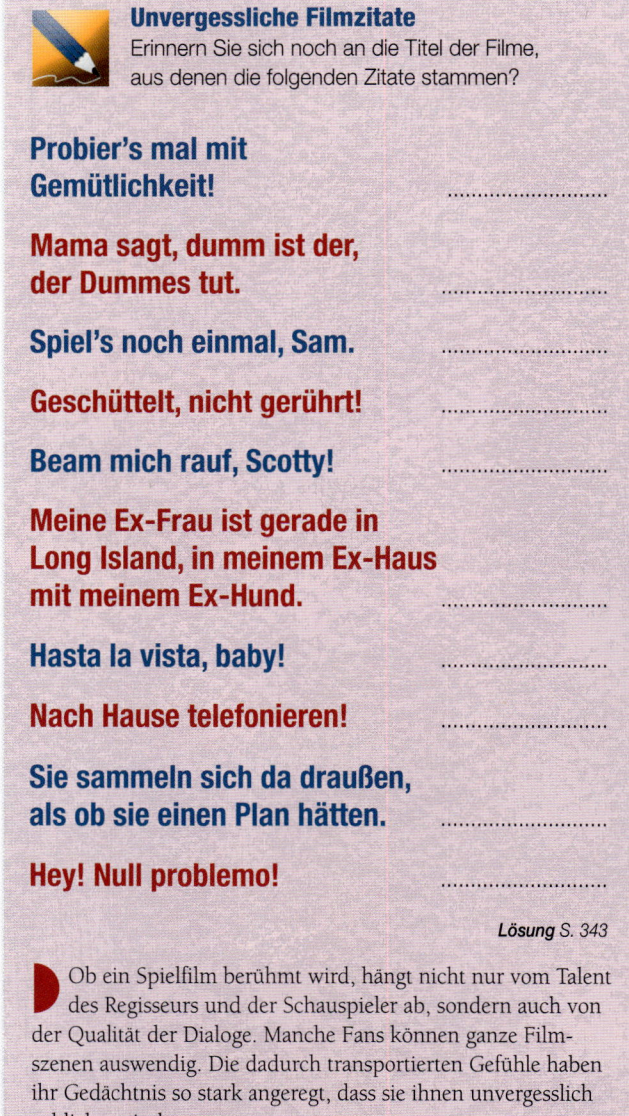

Unvergessliche Filmzitate

Erinnern Sie sich noch an die Titel der Filme, aus denen die folgenden Zitate stammen?

Probier's mal mit Gemütlichkeit! ....

Mama sagt, dumm ist der, der Dummes tut. ....

Spiel's noch einmal, Sam. ....

Geschüttelt, nicht gerührt! ....

Beam mich rauf, Scotty! ....

Meine Ex-Frau ist gerade in Long Island, in meinem Ex-Haus mit meinem Ex-Hund. ....

Hasta la vista, baby! ....

Nach Hause telefonieren! ....

Sie sammeln sich da draußen, als ob sie einen Plan hätten. ....

Hey! Null problemo! ....

Lösung S. 343

▶ Ob ein Spielfilm berühmt wird, hängt nicht nur vom Talent des Regisseurs und der Schauspieler ab, sondern auch von der Qualität der Dialoge. Manche Fans können ganze Filmszenen auswendig. Die dadurch transportierten Gefühle haben ihr Gedächtnis so stark angeregt, dass sie ihnen unvergesslich geblieben sind.

Moderne Zeiten

Wissen Sie, in welchem Jahr oder zumindest in welcher Reihenfolge diese Alltagsgegenstände erfunden wurden?

Wegwerfwindel

....

Barbiepuppe

....

Kreditkarte

....

Büroklammer

....

Kühlschrank

....

Kugelschreiber

....

Klebestreifen

....

Plastikflasche

....

Radio

....

Computer

....

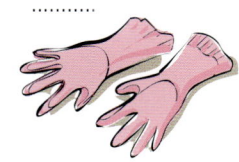

Einkaufs-wagen

....

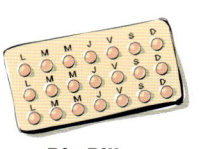

Die Pille

....

Fernseher

....

Flotte Lotte

....

Handy

....

Spülhandschuhe

....

Lösung S. 343

Das kollektive Gedächtnis orientiert sich auch am technischen Fortschritt. Oft waren es eher die kleinen Erfindungen, die unser Leben deutlich verbessern. Am Beispiel der Fotografie lässt sich ermessen, welch unglaubliche Entwicklung die Technik in den letzten beiden Jahrhunderten genommen hat. Heute besitzt jeder von uns zahlreiche Fotoalben oder CDs mit Bilddokumenten, die unser kollektives Gedächtnis bereichern.

Mein Gedächtnis
... und Kochrezepte

Sie können sich keine Rezepte merken? Ob in der Nouvelle Cuisine oder bei Großmutters Rezepten: Es sind immer die Mengen, die man vergisst. Das ist allerdings völlig normal, da es kein mentales Bild für die jeweilige Zutatenmenge gibt. Wer ein Rezept auswendig lernen will, muss es sich mehrmals durchlesen und sich dabei vor allem auf die einzelnen Gewichts- und Mengenangaben konzentrieren. Oder aber Sie bedienen sich einer bestimmten Mnemotechnik wie auf S. 208.

Währungen der Welt

Geld ist sowohl kollektiv als auch individuell. Es wird von allen Menschen gleichermaßen verwendet, gehört aber auch individuellen Personen. Wenn Sie öfter ins Ausland gereist sind, erinnern Sie sich bestimmt noch an die folgenden Währungen. In welchem Land gelten sie?

Baht	....	**Lew**	....	**Schekel**	....
Dirham	....	**Rand**	....	**Sol**	....
Dong	....	**Real**	....	**Yuan**	....
Forint	....	**Rubel**	....	**Zloty**	....
Guarani	....	**Rupiah**	....		

Lösung S. 343

Anhang

Lösungen

Wirrwarr im Gehirn

Nenneuro: **Neuronen** – Eisamen: **Amnesie** –
Pennyass: **Synapsen** – Halsmaut: **Thalamus** –
Rheinrind: **Hirnrinde** – Lendenmark: **Mandelkern** –
Ungernrein: **Erinnerung** – Oxkroeten: **Neokortex** –
Schaedigten: **Gedächtnis** – Hinklerin: **Kleinhirn** –
Endrindet: **Dendriten** – Heringkalben: **Gehirnbalken.**

Rebus

Der Satz lautet: Ein Hirn b-raucht T-rauben-zucker.

Berühmte Ärzte

Der Name Albert Schweitzer bleibt übrig.

```
P           A       P           F
H A C K E T H A L   P A S T E U R
  R         Z       R           E
B A R N A R D       K           U
  C         E H R L I C H       D
  E         I   N       R
  L     S   M   B A S E D O W
  S   G A L E N         E
  U     U   R   N       N
  S     E               T
        R   F           G       R
    V   B   L           E       E
H I P P O K R A T E S   N       I
    R   C   U   M               C
    C   H   C   E I S E N B A R T H
    H       H   N               G
K O C H     I
    W       N   G
```

Rebus

Lösungssatz:
Die Nervenzellen arbeiten rund um die Uhr.
(Die-Ner Fan Zellen Arbeiten rund um die Uhr.)

Im Labyrinth des Gehirns

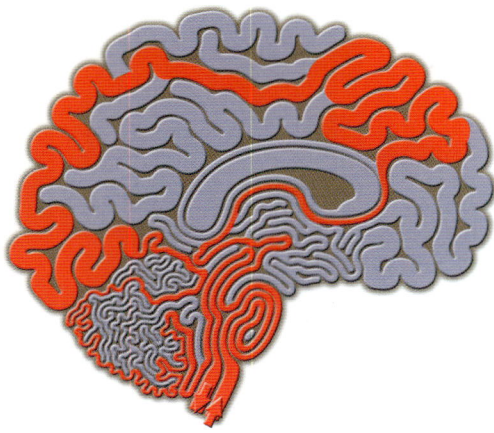

Alltagsgeräusche

1. Vogelgezwitscher – **2.** Fahrradklingeln –
3. Zerbrechendes Glas – **4.** Heulen einer
elektrischen Kaffeemühle – **5.** Handyklingeln –
6. Türenschlagen – **7.** Mopedbrummen –
8. Ein startendes Flugzeug

Die kleinen Unterschiede

Sinneseindrücke und Tastsinn

Weich: Kaschmir, Babyhaut, Rosenblüte, Reismehl,
Daune … – **Rau:** Klettverschluss, Katzenzunge,
Rauputz, Sandpapier, Sisal … – **Glatt:** Glas,
Satin, Lackmöbel, Billardkugel, Glanzpapier … –
Klebrig–zäh: Krake, Schneckenschleim, Öl,
Frosch … – **Gekörnt:** Orange, Muschelschale,
Beton, Avocado, Fels …–

Die Welt des Geschmacks

Zimt: Milchreis – **Safran:** Paella – **Basilikum:**
Spagetti mit Tomatensauce – **Knoblauch:** Tsatsiki –
Muskatnuss: Kartoffelbrei – **Nelke:** Lebkuchen –
Schnittlauch: Remoulade – **Wacholder:** Sauerkraut –
Paprika: Gulasch **Dill:** Gurkensalat – **Oregano:**
Pizza

Mit Haut und Haar!

Aus der Haut fahren – mit heiler Haut davonkommen –
seine Haut zu Markte tragen – sich seiner Haut weh-
ren – das Fell über die Ohren ziehen – auf der faulen
Haut liegen – nicht aus seiner Haut herauskönnen –
seine Haut so teuer wie möglich verkaufen – seine
Haut retten – ein dickes Fell haben – sich an etwas
herantasten

Liedtext mit Lücken

Es klappert die Mühle am rauschenden Bach

Es klappert die Mühle
am rauschenden **Bach**
Klipp klapp

Bei Tag und bei Nacht
ist der Müller stets **wach**
Klipp klapp

Er mahlet das Korn
zu dem kräftigen Brot
Und haben wir dieses
dann hat's keine **Not**
Klipp klapp, klipp klapp, klipp klapp

Flink laufen die **Räder**
und drehen den Stein
Klipp klapp

Und mahlen den Weizen
zu Mehl uns so **fein**
Klipp klapp

Der Bäcker uns Zwieback und
Kuchen draus bäckt,
der immer uns Kindern
besonders gut **schmeckt**
Klipp klapp, klipp klapp
klipp klapp

Wenn reichliche Körner
das Ackerfeld trägt
Klipp klapp

Die Mühle dann flink
ihre Räder **bewegt**
Klipp klapp

Und schenkt uns
der Himmel
nur immerdar **Brot,**
So sind wir geborgen
und leiden nicht Not
Klipp klapp, klipp klapp, klipp klapp

Gitter mit Geschmack

V							S			D	
E	S	S	I	G		G	A	U	M	E	N
R				O			U			L	
S			Z	U	N	G	E			I	
A				R			R			K	
L				M						A	
Z	U	C	K	E	R		R			T	
E		A		T			E			E	
N		Y					T			S	
		E					T			S	
		N				B	I	T	T	E	R
		N					C				
L	I	E	B	L	I	C	H				

Seite 29

Berühmte Sehenswürdigkeiten und ihr Spiegelbild

Seite 30

Die Macht von Worten und Bildern

Das einzig Wahre – **Warsteiner** (Biermarke); Nichts ist unmöglich – **Toyota** (Automarke); Weil ich es mir wert bin – **L'Oréal** (Schönheitspflegeprodukte); Wohnst du noch oder lebst du schon? – **IKEA** (Möbelhaus); So fühlt sich Pflege an – **Nivea** (Schönheitspflegeprodukte); Ich liebe es! – **McDonald's** (Imbisskette); Ich bin doch nicht blöd! – **Mediamarkt** (Elektrofachgeschäft); Aus Freude am Fahren – **BMW** (Automarke); Die zarteste Versuchung, seit es Schokolade gibt – **Milka** (Schokoladenmarke)

Seite 31

In unserem Gedächtnis leben sie weiter

1. Zweispitz: **Napoleon** – 2. Tennisschläger: **Boris Becker/Steffi Graf** – 3. Kleines rotes Buch: **Mao Tse-tung** – 4. Steigendes Pferd: **Michael Schumacher/Ferrari** – 5. Spazierstock und Melone: **Charlie Chaplin** – 6. Gitarre: **Jimi Hendrix** – 7. Mickymaus: **Walt Disney** – 8. Showgirl: **Marlene Dietrich** *(Der blaue Engel)* – 9. Zigarre: **Ludwig Erhard, Winston Churchill, Fidel Castro** – 10. Elefant: **Hannibal**

Seite 32

Wortwechsel

Juli: Juni – **Pasta:** Paste – **blond:** blind – **Brom:** Brot – **Spur:** stur – **Mango:** Tango – **Indio:** Indiz – **Topf:** Kopf – **Pirat:** parat – **Woche:** Wache – **Genf:** Senf – **Skat:** Saat – **Trost:** Prost – **Rand:** Band – **Weste:** Wespe – **Ziegel:** Tiegel – **Frosch:** frisch – **Felge:** Folge – **Stroh:** Strom – **Hecht:** Recht – **Kran:** Klan – **Leiter:** Reiter– **ungern:** Ungarn – **Frucht:** Flucht – **Eiche:** Esche – **Aller:** Adler – **Irland:** Island – **schlank:** Schrank – **Braue:** Braut – **anregen:** anlegen – **sinken:** hinken – **Barren:** Karren – **Rentier:** Rentner – **normal:** formal – **Butter:** bitter – **Morgen:** borgen – **Partei:** Kartei – **nackt:** Nacht – **Homburg:** Hamburg – **Zobel:** Hobel – **Pirsch:** Hirsch – **Kalotte:** Karotte – **Nektar:** Hektar – **Alster:** Elster – **rasseln:** raspeln – **schlicht:** schlecht – **intern:** entern – **Balkon:** Ballon – **Schritt:** Schnitt – **Vortrag:** Vertrag – **Gesicht:** Gewicht – **vertrauen:** vertragen – **Freiheit:** Freizeit – **elegant:** Elefant – **Versehen:** Vergehen – **negieren:** regieren – **schluchzen:** Schluchten – **schreien:** schneien – **parieren:** panieren – **Sammler:** Gammler – **urteilen:** erteilen – **verlieben:** verlieren – **Handlung:** Wandlung – **Kantine:** Pantine – **kontern:** Konzern – **verputzen:** verpetzen

Seite 33

Stadt, Land, Fluss

Vorname
Alexandra
Anton
Anna
Astrid
Alfred
Emma
Elsa
Erich
Ernst
Erika
Margot
Marie
Michael
Marius
Monika
Patrick
Paul
Pascal
Pia
Pamela

Pflanze
Aster
Aprikosenbaum
Ahorn
Anemone
Akazie
Edelweiß
Erika
Eiche
Eukalyptus
Eibe
Margerite
Magnolie
Malve
Majoran
Mohn
Pinie
Pflaumenbaum
Petunie
Pfingstrose
Pfirsichbaum

Tier
Affe
Aal
Ammer
Auerhahn
Ara
Elefant
Esel
Erpel
Elster
Eichhorn
Maultier
Meerkatze
Muli
Mistkäfer
Motte
Pfau
Pudel
Pinguin
Pinselohrschwein
Plötze

Land
Argentinien
Aserbaidschan
Angola
Andorra
Australien
England
Estland
Ecuador
Elfenbeinküste
El Salvador
Marokko
Mexiko
Madagaskar
Mauretanien
Mosambik
Peru
Pakistan
Paraguay
Papua-Neuguinea
Polen

Stadt
Athen
Aachen
Ankara
Amsterdam
Augsburg
Erfurt
Eindhoven
Essen
Edinburgh
Edmonton
Marseille
Madrid
Malmö
Manchester
München
Paris
Prag
Pisa
Pittsburgh
Potsdam

Persönlichkeit
Attila
Allende (Salvador)
Archimedes
Amundsen (Roald)
Armstrong (Neil)
Erasmus
Eisenhower (Dwight)
Elisabeth II.
Engels (Friedrich)
Einstein (Albert)
Magellan
Merkel (Angela)
Mandela (Nelson)
Machiavelli
Mao Tse–tung
Perikles
Pasteur (Louis)
Polo (Marco)
Poe (Edgar Allan)
Pompidou (Georges)

Die vier Grundrechenarten

1536 + 541 = 2077; 18 659 + 3874 = 22 533:
59 246 + 66 666 + 8756 = 134 668;
589 – 821 = – 232; 5896 – 4172 = 1724
698 324 – 8 753 = 689 571; 147 x 654 = 96 138
5891 x 258 = 1 519 878;
47 985 x 4658 = 223 514 130; 583 : 52 = 11,211;
4627 : 111 = 41,684; 31 772 : 32,5 = 977,6

Silbenrätsel

Höckerschwan – Rauchschwalbe – Sperling – Papagei – Nachtigall – Feldlerche – Stockente – Bussard – Haubentaucher – Wiedehopf – Lämmergeier – Zaunkönig – Möwe – Amsel

Seite 39

Kopf oder Zahl

Deutschland: 1 Cent, 2 Cent, 5 Cent: Eichenlaub
10 Cent, 20 Cent, 50 Cent: Brandenburger Tor
1 Euro, 2 Euro: Adler
Österreich: 1 Cent: Enzianblüte,
2 Cent: Edelweiß, 5 Cent: Blumenmotiv, 10 Cent: Stephansdom, 20 Cent: Schloss Belvedere, 50 Cent: Haus der Wiener Sezession, 1 Euro: Wolfgang Amadeus Mozart, 2 Euro: Bertha von Suttner

Trügerische Zahlen

Die Zahl 6

Fehlende Buchstaben

Kästchen Nr. 4

Seite 40

Formenwirrwarr

1. 20 Dreiecke – 5 Quadrate – 14 Rechtecke
2. 0 – 3 – 7 – 8
3. 26 Quadrate

Anhang

Die kleinen Unterschiede

Der Buchstabe E

Der Buchstabe E kommt insgesamt 170-mal vor.

Wer ist der Mörder?

Der dritte Mann lügt. Wäre er wirklich schon seit 20 Minuten in der Bar, hätte sein Bier keine Schaumkrone mehr und er keinen Bierschaum an den Lippen. Der Wirt hat das Bier gerade erst gezapft. Der Mann ist daher wohl erst seit knapp fünf Minuten in der Bar.

Achten Sie auf die Buchstaben!

1. R, A, K, T, T: Trakt
2. O, B, E, L, W: Bowle

Auf der Suche nach kleinen Wörtern

48 Kommas – 3-mal das Relativpronomen „der" – 27-mal die Konjunktion „und".

Achten Sie auf die Formen!

20 gestrichen – 15 unterstrichen – 12 eingekringelt

Labyrinth

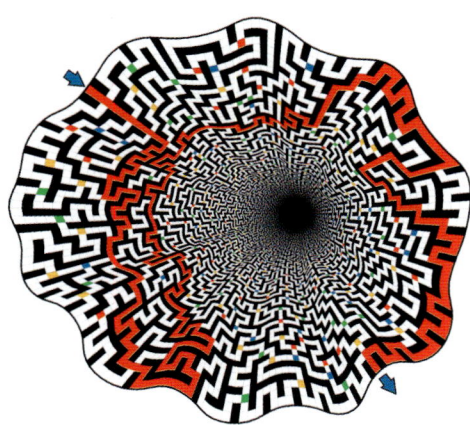

Unpassend

Die Kirschen sind die einzigen Steinfrüchte.

Abendessen mit Freunden

Vinzenz: Spargel – **Laura:** Huhn – **Paul:** Auflauf – **Sophie:** Warmer Ziegenkäse – **Matthias:** Schokoladentorte – **Charlotte:** Weincreme

Wortwechsel

EIFER	ELFER	KÜSTEN	KÜSTER
COUCH	COACH	FURIE	KURIE
ABSEITE	ABSEITS	SPRENKEL	SPRENGEL
PFORTEN	PFOSTEN	BIBER	BIBEL
VORMANN	TORMANN	MANCHE	MÖNCHE

Familienstammbaum

Erste Generation: **6** – Zweite Generation: **13** – Dritte Generation: **18** – Vierte Generation: **36**

Nahaufnahme

Wassertropfen auf einem Spinnennetz

Austausch

	GIEBEL
– I + U	Buegel
– G + T	Bluete
– B + F	Teufel
– U + O	Floete
– E + N	Teflon
– T + H	Fohlen
– L + P	Hopfen
– H + T	Pfoten
– N + R	**Pforte**

Rock 'n' roll

Beach Boys: *Good Vibrations* – **Beatles:** *Help!* – **Chuck Berry:** *Roll Over Beethoven* – **Bee Gees:** *Massachusetts* – **Frank Sinatra:** *Strangers In The Night* – **Rolling Stones:** *Satisfaction* – **Fats Domino:** *Blueberry Hill* – **Doors:** *Light My Fire* – **Elvis Presley:** *Love Me Tender* – **Police:** *Roxanne* – **Pink Floyd:** *Another Brick In The Wall* – **Bob Dylan:** *Blowing In The Wind* – **Simon and Garfunkel:** *Mrs Robinson* – **Bill Haley:** *Rock Around The Clock*

Die richtige Definition

A 3 – **B** 1 – **C** 3 – **D** 2 – **E** 1 – **F** 2

Bachstuben? Buchstaben!

ALT: Tal – **BART:** Trab – **CRASH:** rasch – **DRAN:** Rand – **ERFOLG:** Golfer – **FEIERN:** reifen/eifern – **GANGES:** Gesang – **HEILEN:** leihen – **INSEKT:** Kisten – **KABELN:** Balken – **LATEIN:** Anteil – **MORSEN:** mosern

Wortschatzsuche

Baby, Backe, Backstein, Badehose, Bagger, Baguette, Balalaika, Balken, Balkon, Ball, Ballon, Banane, Band, Bandage, Banjo, barfuß, Bart, Baskenmütze, Bass, Bassett, Basttasche, Bauch, Bauer, Baum, Bauzaun, Bayer …

Die Welt der Labyrinthe

1. Die Münze

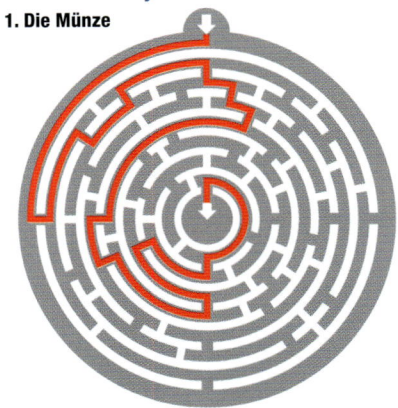

2. Der Marienkäfer

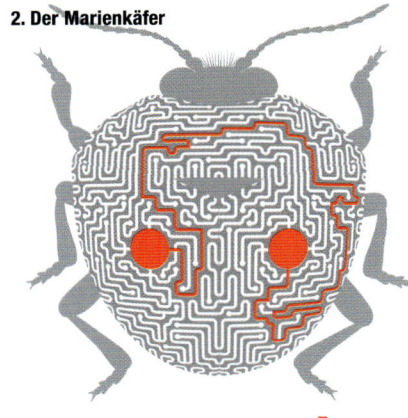

3. Verschlungene Pfade

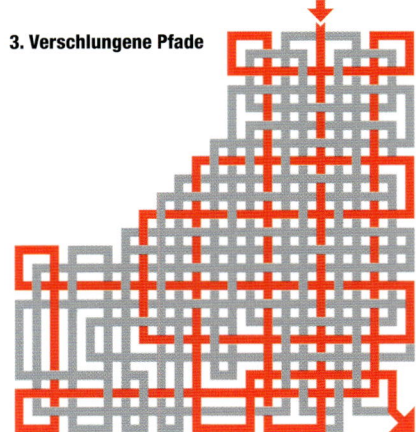

Seite 120

In einem Zug

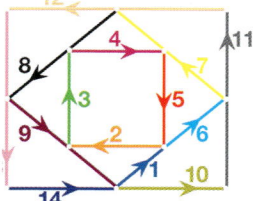 

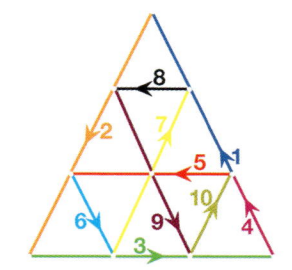

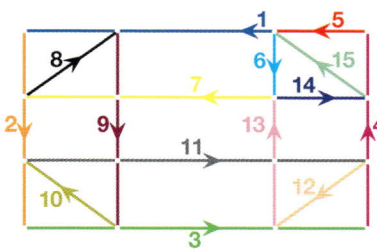

Spiegelbilder

Das richtige Spiegelbild ist die Silhouette Nr. 1.

Seite 121

Tangram
Das Quadrat

Das Ei

Seite 122

Das große Wissensquiz
Geschichte und Geographie

1 c) Hannibal – **2 c)** Pompeji – **3 a)** Junker Jörg –
4 b) Anne Frank – **5 d)** Aristoteles – **6 c)** Das Rote
Kreuz – **7 a)** Der Dreißigjährige Krieg – **8 b)** Auf Sankt
Helena – **9 a)** Enola Gay – **10 b)** Charles de Gaulle – **11
c)** Istanbul – **12 a)** Obervolta – **13 b)** In Belgien –
14 a) Die Angel-Fälle in Venezuela – **15 a)** Vorarlberg

Kunst und Literatur

16 b) Alfred Hitchcock – **17 a)** Charlie Chaplin –
18 b) In Wien – **19 c)** J. R. R. Tolkien – **20 d)** Wolfgang
Petersen – **21 a)** Schabbach – **22 a)** Caspar David
Friedrich – **23 b)** Aus Bulgarien –**24 b)** Michelangelo –
25 c) In Leipzig – **26 b)** Die Sinfonie mit dem
Paukenschlag – **27 c)** *Parsifal* – **28 c)** Ringo Starr –
29 b) Kurt Weill – **30 d)** Heinrich Böll – **31 a)** Hamlet –
32 c) Hercule Poirot – **33 a)** Kurt Tucholsky –
34 c) Jean-Paul Sartre – **35 b)** Margaret Mitchell –
36 d) *Der Taucher* von Friedrich Schiller –
37 a) Charlotte

Wissenschaft und Technik

38 a) Nicéphore Niépce – **39 b)** Kernspintomographie
– **40 a)** Archimedes – **41 a)** Nikolaus Kopernikus –
42 c) Rudolf Diesel – **43 b)** Apollo 11– **44 c)** Robert
Koch – **45 b)** Isaac Newton – **46 a)** 2 – **47 b)** Aus
Bauxit – **48 c)** E=mc² – **49 b)** Mit Lachgas –
50 b) Christiaan Barnard

Seite 125

Unter-? Halb-? Klein- ? Anti-?
Unter-

Unterhemd – Unterschlupf – Unternehmen –
Unterhändler – Unterkunft – Unterhalt – Unterhaltung –
Unterredung – Untergang – Unterbrechung …

Halb-

Halbaffe – Halbbruder – Halbfinale – Halbglatze –
Halbgott – Halbjahr – Halbschlaf – Halbstarke –
Halbwertszeit – Halbzeit …

Klein-

Kleinasien – Kleinbildkamera – Kleinbürger – Kleinhirn
– Kleinkind – Kleinkram – Kleinkunst – Kleinstadt –
Kleinigkeit – Kleinwagen …

Anti-

Anti-Atomkraft – Antibiotika – Antibabypille –
Antidepressivum – Antikensammlung – Antikörper –
Antillen – Antilope – Antiquität – Antizyklisch

Seite 126

Ortsveränderung

1. KIEL – **2.** WIEN – **3.** BASEL – **4.** LUZERN –
5. KASSEL – **6.** BINGEN – **7.** HAMELN – **8.** LEIPZIG –
9. GIESSEN – **10.** HANNOVER – **11.** WIESBADEN –
12. ROSENHEIM – **13.** OBERSTDORF – **14.** BADEN-
BADEN – **15.** KITZBUEHEL – **16.** KLAGENFURT

Synonyme
Güte

Aufmerksamkeit, Freundlichkeit, Großzügigkeit,
Gutherzigkeit, Gutmütigkeit, Selbstlosigkeit …

Blütezeit

Gipfel, Glanzzeit, Hochzeit, Höhepunkt, Spitze, Zenit …

Kampf

Auseinandersetzung, Duell, Fehde, Gefecht, Ringen,
Scharmützel, Zwist …

Begeisterung

Ekstase, Elan, Enthusiasmus, Freudentaumel, Jubel,
Verzückung, Schwung …

Anhänger

Fan, Gefährte, Getreuer, Jünger, Mitstreiter,
Parteigänger, Schüler, Verehrer …

Wer bin ich?

A. Band	**E.** Schlüssel
B. Reim	**F.** Wasser
C. Streichholz	**G.** Uhr
D. Adam	**H.** Oscar

Seite 127

Europäische Flaggen

1. Island – **2.** Serbien und Montenegro – **3.** Schweiz –
4. Russland – **5.** Rumänien – **6.** Polen – **7.** Griechenland – **8.** Ungarn – **9.** Luxemburg – **10.** Italien –
11. Portugal – **12.** Dänemark – **13.** Norwegen –
14. Österreich – **15.** Estland – **16.** Niederlande –
17. Irland – **18.** Spanien – **19.** Finnland – **20.** Türkei –
21. Tschechien – **22.** Bulgarien – **23.** Belgien –
24. Schweden – **25.** Ukraine

Zeitgeschichte

4 – 9 – 10 – 3 – 2 – 5 – 6 – 7 – 8 – 1.
Jungfernflug des Zeppelins (1900) – Die ersten
Olympischen Spiele in Deutschland (1936) – Deutsch-
land wird Fußballweltmeister gegen Ungarn (1954) –
Erste Mondlandung (1969) – Mauerbau in Berlin
(1961) – Einführung des Schweizer Frauenwahlrechts
(1971) – Helmut Kohl wird Kanzler (1982) – Der
Mauerfall in Berlin (1989) – Österreich wird EU-
Mitglied (1995) – Einführung des EURO (2002)

Seite 129

Fernsehen in Serie

12. *Was bin ich?* (1955) – **2.** *Die Hesselbachs* (1960) –
10. *Der Kommissar* (1969) – **5.** *Dalli, Dalli* (1971) –
17. *Raumschiff Enterprise* (1974) – **15.** *Der große Preis*
(1974) – **13.** *Derrick* (1974) – **18.** *Am laufenden
Band* (1974) – **3.** *Ein Herz und eine Seele* (1976) –
7. *Dallas* (1981) – **9.** *Das Traumschiff* (1981) –
11. *Wetten, dass …?* (1981) – **4.** *Denver-Clan* (1983) –
8. *Die Schwarzwaldklinik* (1983) – **1.** *Lindenstraße* (1985)
16. *Golden Girls* (1990) – **6.** *emergency room* (1995) –
14. *Wer wird Millionär?* (1999)

Heinz und Heinz

Heinz Erhardt

1. *Natürlich die Autofahrer* (1959) – **3.** *Immer die Radfahrer*
(1958) – **5.** *Unser Willi ist der Beste* (1971) –
6. *Mein Mann, das Wirtschaftswunder* (1959) –
10. *So ein Millionär hat's schwer* (1958)

Heinz Rühmann

2. *Quax, der Bruchpilot* (1941) – **4.** *Dreizehn Stühle* (1938) –
7. *Max, der Taschendieb* (1962) –
8. *Die Feuerzangenbowle* (1944) – **9.** *Die Drei von der
Tankstelle* (1930)

Seite 130

Kleider machen Leute

1 b. Brille (1280, Salvino degli Armati)
2 f. Gummistiefel (1853, Abraham Hutchinson)
3 c. Krawatte (Langbinder um 1867)
4 h. Kostüm (um 1880)
5 k. Reißverschluss (1890, Elias Howe)
6 e. Armbanduhr (1904, Louis Cartier für Cartier und
Hans Wilsdorf für Rolex)
7 j. Jeans (Oscar Levi-Strauss, 1908)
8 l. Trenchcoat (um 1914, engl. Militär)
9 m. Slip (1914)
10 i. Nagellack (1932, Charles und Joseph Revson)
11 n. Nylonstrümpfe (1938, Wallace H. Carothers für
DuPont)
12 o. Bikini (1946, Louis Réard)
13 d. Pfennigabsatz (1954, Roger Vivier)
14 a. Minirock (1965, Mary Quant)
15 g. Einwegrasierer (1975, Bic)

Gehört und gesehen?

3SAT – ARD – ARTE – BR3 – Deutsche Welle –
Deutschlandradio – DRS 3 – Eurosport – HR – Kabel1
– Klassik Radio – MDR – NDR – Ö3 – Premiere –
Pro Sieben – ORF – Radio 24 – RTL – SAT1 – SF1 –
SWR3 – VOX – WDR – ZDF …

Seite 132

Was stimmt hier nicht?

1. Fehlender Regalboden – **2.** Schuhe im Bücherregal –
3. Türgriff an der Wand – **4.** Blume an der Decke –
5. Computer an der Wand – **6.** Auf dem Kopf stehendes
Bild – **7.** Goldfische im Kamin – **8.** Eingemauerte
Schubladen – **9.** Datum auf dem Kalender

(31. Februar) – **10.** Umgedrehter Vorhang –
11. Regenschirme in der Vase – **12.** Buch als
Stuhllehne – **13.** Nudelholz als Stuhlbein – **14.**
Wasserhahn im Tisch – **15.** Auf dem Kopf stehende
gefüllte Weingläser – **16.** Tisch ohne Tischbeine

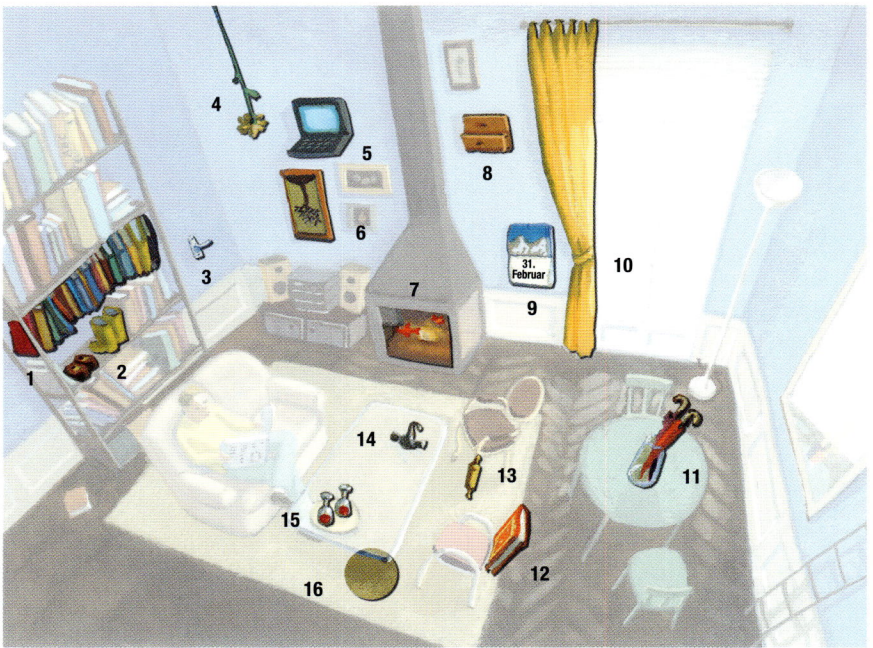

Seite 133

Verschlüsselt

Erstes Sprichwort:
Frisch gewagt ist halb gewonnen.
Zweites Sprichwort:
Der Geist ist willig, aber das Fleisch ist schwach.

Seite 134

Kopfrechnen

769 + 586 = **1355**
698 + 524 = **1222**
587 + 269 + 874 = **1730**
356 + 587 + 214 = **1157**
1005 + 33 + 646 = **1684**
994 + 136 + 428 = **1558**
650 + 123 + 541 = **1314**
421 + 789 + 666 = **1876**

Seite 135

Die Lorelei

Ich weiß nicht, was soll es **bedeuten**,
dass ich so traurig bin;
ein Märchen aus uralten Zeiten,
das kommt mir nicht aus dem **Sinn**.

Die Luft ist kühl und es dunkelt
und ruhig fließt der **Rhein**.

Der Gipfel des Berges funkelt
im Abendsonnenschein.

Die schönste Jungfrau sitzet
dort oben wunderbar,
ihr goldenes **Geschmeide** blitzet,
sie kämmt ihr goldenes Haar.

Sie kämmt es mit **goldenem** Kamme
und singt ein Lied dabei!
Das hat eine wundersame, gewaltige **Melodei**.

Den **Schiffer** im kleinen Schiffe
ergreift es mit wildem Weh;
er schaut nicht die Felsenriffe,
er schaut hinauf in die **Höh'**.

Ich glaube, die **Wellen** verschlingen
am Ende Schiffer und **Kahn**,
und das hat mit ihrem Singen die **Lorel**ei getan.

Seite 136

Lieder und Begriffe

Sonne: *Hab Sonne im Herzen – Laterne, Laterne, Sonne, Mond
und Sterne – Der Sommer, die Sonne und Du – Wenn auf Capri
die rote Sonne im Meer versinkt – Wenn die Sonne versinkt in den
Bergen – Die Sonne geht auch in Marrakesch auf – Wir beide
suchen die Sonne – Sonne in der Nacht …*

Liebe: Nur nicht aus Liebe weinen – Ich bin von Kopf bis Fuß auf Liebe eingestellt – Kann denn Liebe Sünde sein – Schenk mir doch ein kleines bisschen Liebe ...

Farben: Blau blüht der Enzian – Schwarzbraun ist die Haselnuss – Hoch auf dem gelben Wagen – Blau, blau, blau sind alle meine Kleider – Weiße Rosen aus Athen – Der rote Diamant – Sieben schwarze Rosen – Für mich soll's rote Rosen regnen – Die weißen Tauben sind müde ...

Städtenamen: Das macht die Berliner Luft – Bochum – Ich hab mein Herz in Heidelberg verloren – New York, New York – Sur le pont d'Avignon – Moskau – Rom – Ganz Paris träumt von der Liebe ...

Terrier, Polyp, Elefant und Krokodil
Terr: Terrakotta – Territorium – Terrine – Terrain – Terrarium ...
Poly: Polynesien – Polygamie – Polyester – polyglott – polyphon ...
Ele: elegant – Element – Elektron – Elend – Elegie ...
Kro: Krone – Krokant – Krokus – Kroatien – Kroketten ...

Beim Schopf gepackt
Blonde Haare: Marilyn Monroe, Grace Kelly, Brigitte Bardot, Barbie, Thomas Gottschalk ...
Rote Haare: Friedrich Barbarossa, Rita Hayworth, Boris Becker, Julia Roberts, Gerd Fröbe, Pumuckl, Pippi Langstrumpf ...
Schwarze Haare: Kleopatra, Charlie Chaplin, Clark Gable, Whoopie Goldberg, Zorro, Schneewittchen ...

Zeigt her eure Füße ...
Fußtritt, Fußabdruck, Fußabtreter, Dreifuß, Fußangel, Fußvolk, Hasenfuß, Pferdefuß, Krähenfüße, Bleifuß, auf großem Fuß leben, mit Füßen treten, immer wieder auf die Füße fallen, auf freien Fuß setzen, auf freundschaftlichem Fuß stehen, kalte Füße bekommen, Fuß fassen, Hand und Fuß haben, sich die Füße in den Bauch stehen, sich die Füße vertreten, stehenden Fußes, auf tönernen Füßen stehen, von Kopf bis Fuß, mit einem Fuß im Grab stehen, jemandem zu Füßen liegen ...

Seite 137

Europäische Währungen
Belgien: Belgischer Franc – **Dänemark**: Dänische Krone – **Deutschland**: D-Mark – **Finnland**: Finnmark – **Frankreich**: Französischer Franc – **Griechenland**: Drachme – **Großbritannien**: Englisches Pfund – **Irland**: Irisches Pfund – **Italien**: Lira – **Luxemburg**: Luxemburgischer Franc – **Niederlande**: Niederländischer Gulden – **Österreich**: Schilling – **Portugal**: Escudo – **Schweden**: Schwedische Krone – **Spanien**: Peseta.
Großbritannien, Dänemark und Schweden haben den EURO bislang noch nicht eingeführt.

Große Ströme der Welt
1 c. Amazonas (6500 km) – **2 b.** Mississippi–Missouri (6200 km) – **3 g.** Jangtsekiang (6300 km) – **4 e.** Amur (4400 km) – **5 d.** Ob (3650 km) – **6 a.** Ganges (2700 km) – **8 f.** Rhein (1320 km) – **7 h.** Sankt-Lorenz-Strom (1287 km)

Seite 138

Wörter auf -sel, Wörter auf -fel
Wörter auf -sel: Kessel, Fessel, Sessel, Nessel, Esel, Weichsel, Deichsel, Wechsel, Kreisel, Meißel ...
Wörter auf -fel: Stiefel, Zweifel, Würfel, Tafel, Löffel, Kartoffel, Staffel, Apfel, Gipfel, Waffel ...

Seite 139

Wer bin ich?
Figaros Hochzeit: Wolfgang Amadeus Mozart – **Fluggerät**: Leonardo da Vinci – **Ende der Apartheid**: Nelson Mandela – **Romeo und Julia**: William Shakespeare – **Radium**: Marie Curie – **Surrealismus**: Salvador Dalí – **Ende der Sklaverei**: Abraham Lincoln – **Sonnenblumen**: Vincent van Gogh – **Mazurka**: Frédéric Chopin.

Seite140

Der Kalender als Merkhilfe
Neujahr: 1. Januar – **Heilige Drei Könige**: 6. Januar – **Valentinstag**: 14. Februar – **Tag der Arbeit**: 1. Mai – **Bundesfeier (Schweiz)**: 1. August – **Mariä Himmelfahrt**: 15. August – **Tag der deutschen Einheit**: 3. Oktober – **Österreichischer Nationalfeiertag**: 26. Oktober – **Reformationstag**: 31. Oktober – **Allerheiligen**: 1. November – **Allerseelen**: 2. November – **Sankt Martin**: 11. November – **Volkstrauertag**: 2. Sonntag vor dem 1. Advent – **Buß- und Bettag**: Mittwoch zwischen Volkstrauertag und Totensonntag – **Totensonntag**: Sonntag vor dem 1. Advent – **Nikolaus**: 6. Dezember – **Mariä Empfängnis**: 8. Dezember – **Heiliger Abend**: 24. Dezember – **Silvester**: 31. Dezember

---
Seite 142

Die Regionen Frankreichs
1. Nord-Pas-de-Calais – **2.** Haute-Normandie – **3.** Picardie – **4.** Basse-Normandie – **5.** Île-de-France – **6.** Champagne-Ardenne – **7.** Lorraine – **8.** Elsass – **9.** Bretagne – **10.** Pays de la Loire – **11.** Centre – **12.** Bourgogne – **13.** Franche-Comté – **14.** Poitou-Charentes – **15.** Limousin – **16.** Auvergne – **17.** Rhône-Alpes – **18.** Aquitanien – **19.** Midi-Pyrénées – **20.** Languedoc-Roussillon – **21.** Provence – Alpes – Côte d'Azur – **22.** Korsika

---
Seite 143

Bilder im Bild

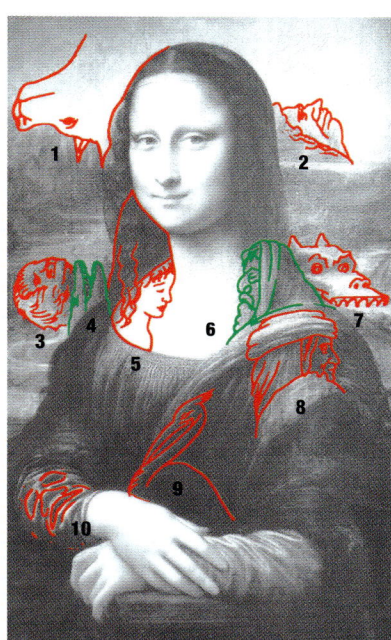

1. Hundekopf – **2.** Menschliches Profil – **3.** Löwenkopf – **4.** Krokodilskopf – **5.** Frauenprofil – **6.** Profil eines alten Mannes – **7.** Drachenkopf – **8.** Männerprofil – **9.** Reiherkopf– **10.** Maske

---
Seite 147

Die richtige Rechtschreibung
Dynamit – Apotheke – Dampfwalze – Synthese – Architekt – Goldschmied – Bizeps – Rallye – Prozession – Arzt – Apostroph – Kalorien

---
Seite 206

Im Dreierpack
1. Schuh – Stehlampe = **Fuß**; Windmühle – Schiff = **Segel**; Gitarre – Mensch = **Hals**; Schrift – Vogel = **Feder**; Toilette – Weitsichtigkeit = **Brille**; Haar – Baum = **Wurzel**; Theater – Geld = **Stück**; Tür – Königin = **Schloss**
2. Desinfektionsmittel – Apéritif = **Alkohol**; Journalismus – Teich = **Ente**; Flusskrebs – Friseur = **Schere**; Fahrrad – Garten = **Schlauch**; Hahn – Gebirge = **Kamm**; Schuh – Steak = **Sohle**; Zirkus – Sack = **Floh**; Kater – Italien = **Stiefel**
3. Informatik – Getreide = **Speicher** ; Weide – Einladung = **Korb**; Auto – Insekt = **Käfer**; Limonade – Schwächling = **Flasche**; Ohr – Tischler = **Hammer**; Kind – Schmetterling = **Puppe**; Kalorien – Einmaleins = **Tabelle**

Seite 207

Buchstabenwirrwarr
Rot: REGENCAPE – **Grün**: SCHIFF – **Rosa**: ANKER – **Gelb**: STEG – **Blau**: MATROSE.
Gemeinsamer Oberbegriff: Wasser

Anhang

Farbassoziationen

Weiß: Brautkleid, Milch, Zähne, Salz, Lilie, Taube, Gischt. – Weiß wie Schnee, weiß wie ein Laken, eine weiße Weste haben.

Rot: Blut, Rubin, Clownsnase, Feuerwehrwagen, Erdbeere, Tomate. – Rot werden, rotsehen vor Wut.

Gelb: Gold, Sonnenblume, Sonne, Zitrone, Kanarienvogel, Butter, Küken. – Die gelbe Karte, gelb vor Neid.

Grün: Smaragd, Gras, Gurke, Olive, Laubfrosch, Dollarschein, Spieltisch. – Alles ist im grünen Bereich, einen grünen Daumen haben, grünes Licht.

Schwarz: Nacht, Kohle, Piratenflagge, Trauerkleidung, Lakritz, Rabe, Kaminkehrer. – Schwarz sehen, schwarz malen, kohlrabenschwarz.

Blau: Himmel, Türkis, Vergissmeinnicht, Blaumann (Arbeitsoverall), Jeans, Meer. – Blaustrumpf, ins Blaue hinein, blau machen/sein.

Seite 210

Das Loft

1. Umgestellt: Der Pokal: vom Bücherregal auf die blaue Kommode

Die Tasse: von der Anrichte auf den Tisch

Der Ball: vom Esszimmer in das Zimmer im Hintergrund

Der runde Teppich: aus dem Vordergrund in die Ecke mit dem Fernsehgerät

Das Cocktailglas: vom Couchtisch auf die Anrichte

2. Neu: Eine Zitronenpresse auf der Anrichte

Eine Grünpflanze hinter dem blauen Sessel

Eine Vase auf dem Fernsehgerät

Ein Gemälde an der rechten Zimmerwand

Ein Buch auf dem Sofa

3. Fehlt: Der Salzstreuer auf der Anrichte

Der Blumenstock auf dem Tisch

Der Messbecher in der Anrichte

Der kleine Beistelltisch neben dem Sofa

Die Skulptur auf der blauen Kommode

Seite 212

Passgenau

Figur 3

Seite 213

Gut aufgelegt

2 – 3 – 5

Seite 214

Würfelparade

Figur 1: 14 Würfel – **Figur 2:** 8 Würfel – **Figur 3:** 13 Würfel – **Figur 4:** 12 Würfel – **Figur 5:** 9 Würfel – **Figur 6:** 11 Würfel.

Tanzende Buchstaben

1. Dortmund – Hannover – Konstanz

2. Apfel/Banane, Aprikose/Kirsche, Birne/Pfirsich Mandarine/Orange

---

Die Welt der Tiere

Erich: Wolf – **Lea:** Elefant – **Max:** Löwe – **Lisa:** Giraffe – **Markus:** Eisbär – **Juliane:** Robbe

---

Seite 215

Fortsetzung folgt

1. Der Stern und das Rechteck stehen sich immer diagonal gegenüber.

2. Die Summe der ersten beiden Zahlen ergibt die dritte Zahl.

Die Summe der ersten drei Zahlen ergibt die vierte Zahl.

Die Summe der ersten vier Zahlen ergibt die fünfte Zahl.

Die Summe der ersten fünf Zahlen ergibt die letzte Zahl.

Die sechste Zahl steht in keinem Zusammenhang mit den anderen.

3. 1. C (drei Buchstaben nach vorne, zwei zurück usw.)

2. S (stets wiederholen: ein Buchstabe nach vorne, zwei Buchstaben nach vorne)

3. S (stets ein Buchstabe rückwärts)

4. I (stets vier Buchstaben nach vorne)

5. D (stets vier Buchstaben nach vorn und drei zurück)

6. O (stets wiederholen: vier Buchstaben nach vorne, zwei zurück, drei nach vorne)

Seite 216

Sätze bilden

Unbeeindruckt vom Wind, der hier ständig weht, schmiegt sich das alte, befestigte Dorf an das schützende Schloss, aus dem sich ein riesiger und sicherlich uralter Wachturm erhebt, von dessen Zinnen sich der gesamte Umkreis bis zum Horizont überschauen lässt.

Seite 217

Puzzle

Das Teil Nr. 7 gehört nicht in das Puzzle.

Seite 218

Zahl auf Zahl

1. Die ersten beiden Zahlen sind durch den Abstand 6 getrennt. Die folgenden Abstände betragen der Reihe nach 8 (6 + 2), 10 (8 + 2), 12 (10 + 2), 14 (12 + 2), 16 (14 + 2). Wenn man daher zur sechsten Zahl 16 addiert, erhält man die siebte Zahl, 77.

2. Die Zahl 215. Jede Zahl wird jeweils mit drei multipliziert und anschließend werden noch 2 hinzuaddiert.

3. Zahl A = 33, Zahl B = 35.

Bei jedem Schritt nach rechts wird die Zahl 6 addiert, bei jedem Schritt nach links wird 6 subtrahiert. Bei jedem Schritt nach unten wird die Zahl 2 addiert, bei jedem Schritt nach oben wird 2 subtrahiert.

4. Die Zahl 5. Das ganze Quadrat wird in vier Teilquadrate mit je vier Kästchen unterteilt. In jedem dieser kleineren Quadrate ist jeweils die höchste Zahl die Summe aus den drei anderen Zahlen.

Figur gewusst

1.

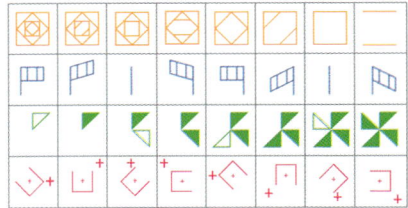

2. Die Karte 2

Palindrome

Nomen: Kajak – Radar – Rotor …

Verben: neppen – necken …

Vornamen: Anna – Hannah …

Abkürzungen: SMS – TNT …

Sätze: Nie grub Ramses Marburg ein. – Oh Cello voll Echo! – Reit nie tot ein Tier. – Leo hortet Rohoel …

Daten: 10.01.1001 – 13.11.1131 …

Seite 219

Großes Kino

Krieg der Sterne (George Lucas, USA, 1977) – *Der Elefantenmensch* (David Lynch, USA, 1980) – *Jenseits von Afrika* (Sydney Pollack, USA, 1986) – *Love Story* (Arthur Hiller, USA, 1970) – *Vom Winde verweht* (Victor Fleming, USA, 1939) – *Die glorreichen Sieben* (John Sturges, USA, 1960) – *Ginger und Fred* (Federico Fellini, Italien, 1985) – *Harry und Sally* (Rob Reiner, USA, 1989) – *Lola rennt* **(Tom Tykwer, Deutschland, 1998)** – *La Dolce Vita* (Federico Fellini, Italien, 1960)

Musikalische Vergangenheit

1. Band: Die Jacobs bestanden aus 7 Musikern.

2. Band: Die Funny bestanden aus 5 Musikern.

3. Band: Die Cats bestanden aus 4 Musikern.

4. Band: Die Rockers bestanden aus 6 Musikern.

Seite 220

Eine schöne Bescherung!

Herr X reserviert ein Flugticket nach Martinique (4) und packt seinen Koffer (6). Am Flughafen unterhält er sich mit einer Stewardess (12), bevor er aus Paris abfliegt (1). Bei der Landung stellt Herr X fest, dass er aus Versehen in ein Flugzeug nach Grönland gestiegen ist (9). Beim Aussteigen zittert er vor Kälte (2). Sein Koffer dagegen ist gut auf Martinique angekommen (8). Herr X versucht umgehend einen Platz in einem Flugzeug nach Martinique zu bekommen (10), und die Stewardess tut ihr Bestes (11), aber leider ohne Erfolg. Herr X muss eine Nacht im Hotel verbringen (3). Erst am nächsten Tag kann er wieder abheben (13), und nun geht nichts mehr schief. Er landet am richtigen Bestimmungsort (7). Herr X erscheint in der Flugzeugtür, bekleidet mit dem Anorak, den er sich wegen der Kälte eigens kaufen musste (5).

Seite 221

Gekreuzte Tiere

```
M A R D E R
A     O     A L B A T R O S       M
U     C     L         A           U
S C H W A L B E       R   W O L F F
E     E     E         M   A       L
H U N D     A         I   R       O
S           R     S   R   A       N
I       R E B H U H N   W
N       H   A     N   H E R M E L I N
S       S         E   E     S     S
G           T         E     T     E
U   M E E R K A T Z E       E N T E
I   E       A         U     R     L
A N T I L O P E       L     R
S   S       S         E
    B U E F F E L
```

Seite 222

Rund ums Auto

Motor: Zündung, Kardanwelle, Zündkerzen, Öl, Benzin, Batterie, Zylinderkopf, Zylinderkopfdichtung, Pleuelstange, Luftfilter, Ölfilter, Benzinfilter, Getriebe …

Karosserie: Stoßdämpfer, Bremse, Bremsbeläge, Bremsflüssigkeit, vorderer und hinterer Kotflügel, Türe, Dach, Schiebedach, Motorhaube, Kofferraumdeckel, Stoßstange, Fensterscheibe, Windschutzscheibe, Scheinwerfer, Blinklichter, Warnblinkanlage, Bremslicht, Fernlicht, Nebelschlussleuchte, Seitenspiegel, Rad, Felge, Radkappe, Reifen, Türschloss …

Innenraum: Sitze, Rückspiegel, Sitzbezug, Kopfstützen, Lenkrad, Pedale, Gangschaltung, Handschuhfach, Bordanzeige, Zigarettenanzünder, Hupe …

Sicherheitseinrichtungen: Airbag, Sicherheitsgurte, Kopfstützen, Seitenverstärkung …

Zubehör: Sitzheizung, Armlehnen, Sonnenblende, Radio, Lautsprecherboxen, Klimaanlage …

Seite 223/224

Was gehört zusammen?

Es gibt folgende sieben Gruppen mit je vier Elementen:

Thema Küche: Schöpfkelle, Torte, elektrisches Handrührgerät, Kochmütze

Thema Religion: Siebenarmiger Kerzenleuchter, Rosenkranz, Gong, Bischofsstab

Thema Freizeit: Liegestuhl, Zelt, Badeanzug, Fotoapparat

Thema Kunst: Geige, Gitarre, Farbpalette, Filmklappe, Büste

Thema Technik: Computermaus, Parabolantenne, Transistorradio, Mobiltelefon

Gerüche: Iltis, Äther, Parfumzerstäuber, Käse

Farbe Rot: Lippenstift, Marienkäfer, Kirsche, Klatschmohn

Seite 225

Sätze bilden

Hier einige Vorschläge:

1. Lena puzzelt, Vera sammelt Münzen.
   Leo putzt vormittags seine Maschinen.
   Lily posiert vor schönen Männern.
2. Mag Georg eigentlich deine Ringe?
   Mit Gabi endet der Reigen.
   Montags geht Emil dort reiten.
3. Dinosaurier trugen einst riesige Stacheln.
   Das Taxi eilt rasend schnell.
   Deine Tante erklärt rasch Scrabble.
4. Dieser Mann lernte nie kegeln.
   Das Marschieren langweilt Norbert kolossal.
   Das Matterhorn lockt neugierige Kletterer.

Fieber – Berlin

Vorschläge:

KAR-**TON** / **TON**-LAGE
AUS-**FALL** / **FALL**-OBST
POST-**HUM** / **HUM**-BUG
ENG-**PASS** / **PASS**-FORM
NACH-**BAR** / **BAR**-GELD
PA-**TIN** / **TIN**-TE
BO-**DEN** / **DEN**-KER
BAU-**STEIN** / **STEIN**-GRAU
MUS-**TER** / **TER**-MIN
YE-**TI** / **TI**-GER
NE-**BEL** / **BEL**-GIEN
KA-**NU** / **NU**-DEL
MAL-**BUCH** / **BUCH**-STABE
PU-**TE** / **TE**-NOR
TA-**FEL** / **FEL**-GE
IM-**KER** / **KER**-BEL
PRO-**FIL** / **FIL**-TER
VOLL-**MOND** / **MOND**-SCHEIN

Seite 226

Weltreise (s. unten)

Seite 228

Nah und fern

Deutschland

1. Berlin–Leipzig: 189 km
2. Berlin–Dresden: 194 km
3. Berlin–Hamburg: 291 km
4. Berlin–Köln: 472 km
5. Berlin–Frankfurt/Main: 543 km
6. Berlin–Düsseldorf: 559 km
7. Berlin–München: 584 km
8. Berlin–Stuttgart: 630 km

Europa

1. Berlin–Prag: 405 km
2. Berlin–Kopenhagen: 414 km
3. Berlin–Wien: 525 km
4. Berlin–Brüssel: 763 km
5. Berlin–Zürich: 851 km
6. Berlin–Paris: 1044 km
7. Berlin–London: 1049 km

Seite 226

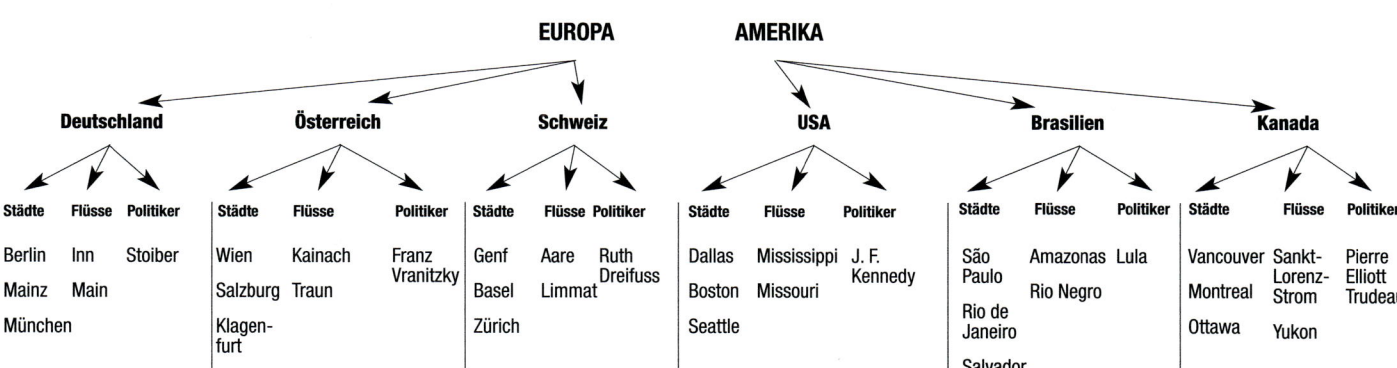

339

Anhang

8. Berlin–Stockholm: 1071 km
9. Berlin–Helsinki: 1260 km
10. Berlin–Rom: 1541 km
11. Berlin–Athen: 2316 km
12. Berlin–Madrid: 2322 km

Weltweit

1. Berlin–Moskau: 1613 km
2. Berlin–Istanbul: 1742 km
3. Berlin–Kairo: 2900 km
4. Berlin–Bagdad: 3260 km
5. Berlin–Dakar: 5008 km
6. Berlin–Washington: 6709 km
7. Berlin–Kalkutta: 7064 km
8. Berlin–Peking: 7371 km
9. Berlin–Kapstadt: 9645 km
10. Berlin–Rio de Janeiro 9855 km
11. Berlin–Singapur: 9952 km
12. Berlin–Sydney: 16 102 km

Seite 229

Ausgesprochen gut

COUP–BISS–MUSS: **Kubismus** – SCHALL–MAI:
Schalmei – SHOW–FÖHR: **Chauffeur** – GIER–AFFE:
Giraffe – SCHAH–KAHL: **Schakal** – TEE–LEE–GEN:
telegen – CHOR–WETTE: **Korvette** – PASS–TOR:
Pastor – ANNA–NASS: **Ananas** – DIE–FUSS: **diffus** –
HAI–MATT: **Heimat** – BANN–AAL: **banal**

Seite 230

Wortwahl

Flipper: Delphin – **Motor:** Benzin – **Pleite:** Ruin –
Rot: Rubin – **Wärme:** Kamin – **Moschee:** Muezzin –
Schweiz: Tessin – **Luftschiff:** Zeppelin – **Springen:**
Trampolin – **Mauer:** Berlin – **Frack:** Pinguin –
Malaria: Chinin – **Kalender:** Termin – **Patrone:**
Magazin – **Arznei:** Medizin – **Grad:** Kelvin –
Reformation: Calvin – **Pelz:** Hermelin – **C:** Vitamin –
Clown: Harlekin – **Evolution:** Darwin – **Indianer:**
Mokassin

Das verbindende Element

1. König–Zahn: **Krone**
2. Loch–Tastatur: **Maus**
3. Sonne–Geld: **Schein**
4. Fahrrad–Pferd: **Sattel**
5. Kokosnüsse–Kuh: **Milch**
6. Baum–Buch: **Blatt**
7. Fotoapparat–Schirm: **Bild**
8. Schiff–Krawatte: **Knoten**
9. Tal–Schuh: **Sohle**
10. Italien–Fuß: **Stiefel**
11. Spinne–Spielkarten: **Kreuz**
12. Fluss–Stecker: **Strom**

Seite 231

Die Assoziationen sind frei …

Taxi
– Transport, Taxameter, Taxistand, Strecke, Flughafen…
– Robert de Niro (Film: *Taxi Driver*), Vanessa Paradis
(Song: *Joe le Taxi*) …

Nase
– Geruch, Duft, Schnupfen, Taschentuch …
– Bein (Nasenbein), Neugier (die Nase in etwas hinein-
stecken), Kleopatra, Sphinx, Cyrano de Bergerac,
Pinocchio, Zwerg (Zwerg Nase) …

Fahrrad
– Reifen, Tandem, Tour de France, …
– *Fahrraddiebe* (Film von Vittorio de Sica), Fische (Eine
Frau ohne Mann ist wie ein Fisch ohne Fahrrad),
Radfahrer (abfällige Bezeichnung) …

Gespenst
– Weiß, Bettlaken, Spukschloss …
– Schottland, Blässe (weiß wie ein Gespenst), Ottfried
Preußler (Kinderbuch: *Das kleine Gespenst*) …

Sonne
– Mond, Urlaub, Schirm, Brille, Creme, Finsternis …
– Ludwig XIV. (Sonnenkönig), Inka (Sohn der Sonne),
Lächeln (sonnig), Japan (Land der aufgehenden
Sonne) …

Gold
– Silber, Münze, Batzen …
– Zeitalter (goldenes Zeitalter), Schweigen (… ist
Gold), *Goldrausch* (Film von Charlie Chaplin)

Maus
– Ratte, Katze, Käse, Computer, Laufrad, kreischende
Frau …
– *Die Sendung mit der Maus* (Kindersendung), *Von
Mäusen und Menschen* (Roman von John Steinbeck),
Micky Maus (Walt Disney), Art Spiegelman (Comic
Maus) …

Nacht
– Schwarz, Stern, Hochzeit, Hemd, Falter, Bett,
Diskothek …
– Kristall (die Kristallnacht), *Die amerikanische Nacht*
(Film von François Truffaut), *Night on Earth* (Film von
Jim Jarmusch) …

Flugzeug
– Flug, Flughafen, Überschallgeschwindigkeit,
Stewardess, Propeller …
– Kamikaze, Lufthansa, Howard Hughes, Heinz
Rühmann (*Quax, der Bruchpilot),* Charles Lindbergh,
Spirit of Saint Louis, *Airport* (Roman von Arthur Hailey),
Tom Cruise *(Topgun)* …

Seite 232

Definitionen einprägen

Ferman: Erlass eines islamischen Herrschers
Gleve: 1. im Mittelalter gebräuchliche hellebardenähn-
liche Waffe mit einschneidiger, messerförmiger Klinge.
2. kleinste militärische Einheit der mittelalterlichen
Ritterheere
3. obere Hälfte einer Lilie in einem Wappen
Juxta: meist an der linken Seite von kleinen Wert-
papieren, Lottozetteln, Losen o. Ä. befindlicher

Streifen, der zur Kontrolle abgetrennt und zurückbe-
halten werden kann
Knagge: Bautechnik: dreieckiges Kantholz als Stütze,
Verstärkung in Holz- und Stahlkonstruktionen;
Maschinenbau: 1. Winkelstück aus Holz oder Blech
zum Spannen oder Zusammenpressen von Werk-
stücken. 2. Angeschweißter, als Anschlag dienender
Vorsprung an Maschinenteilen
Ombrograph: Gerät zum Aufzeichnen von
Niederschlagsmengen
Proskynese: Fußfall, bei dem der Boden mit der Stirn
berührt wird
Rodomontade: Aufschneiderei, Großsprecherei (nach
der Gestalt des Mohren Rodomonte in Werken der ita-
lienischen Dichter M.M. Boiardo (1440–1494) und
L. Ariosto (1474–1533))
Schlaube: landschaftlich Schale von Kernfrüchten
(z. B. Stachelbeere) und Hülsenfrüchten (z. B. Erbse)
Seneszenz: medizinisch das Altern und die dadurch
bedingten körperlichen Veränderungen
Zimier: Helmschmuck

Gedankensprünge

In zwei Schritten:
Tee Wasserkocher Dampf **Lokomotive**
Auto Rad Manege **Jahrmarkt**
Telefon Leitung Schnitt **Chirurgie**
Kaffee Bohne Sandkorn **Strand**
In drei Schritten:
Teleskop Spiegel Glas Flöte **Sekt**
Friseurin Schneiden Schere Werkzeug **Gartenarbeit**
Toilette Dusche Seife Tosca **Oper**
Computer Drucker Papier Holz **Kirschbaum**
In vier Schritten:
Savanne Afrika Wüste Oase Schatten **Silhouette**
Handgelenk Armband Uhr Zeit Jahreszeiten **Klima**
Vogel Feder Füllfederhalter Tinte Tintenfisch **Meer**
Nachrichten Magazin Zeitung Artikel Wort
Versprechen
In fünf Schritten:
Ball Basketball Schuh Fuß Käse Fondue **Küche**
Tür Schlüssel Musik Kammer Bett Decke **Feder**
Kreis Ring Ehe Bindung Seil Knoten **Seemann**
Tier Pflanze Natur Landschaft Gemälde Maler
Selbstporträt

Seite 239

Hallo!

1. D: 110, A: 133, CH: 117 – **2.** D: 112, A: 122, CH:
118 – **3.–8.** Lernen Sie sie, wenn Sie sie noch nicht
können.

Die Gründe für den Krieg von Zion

1. **Wer?** Orus, der Prinz von Olys.
2. **Was?** Hat die schöne Persephone entführt.
3. **Wo?** In Zion.
4. **Wann?** Im Jahr 9600.
5. **Wie?** Bei einem Besuch im Palast von König Taramac.
6. **Wozu?** Um sie zur Königin von Olys zu machen.
7. **Warum?** Weil sie ihm von der Göttin Amoria ver-
sprochen wurde.

Seite 242

Bla, bla, bla …

1. sprechen – **2.** nuscheln – **3.** labern –
4. schreien – **5.** schwatzen – **6.** radebrechen –
7. plauschen – **8.** tuscheln – **9.** murmeln –
10. fragen – **11.** verlautbaren.

Seite 243

Schreibweisen

Seite 299

Europäische Leckerbissen

Deutschland: Bratwurst, Eisbein, Sauerkraut, Stollen
Frankreich: Bœuf bourgignonne, Bouillabaisse, Coq
au vin, Quiche
Griechenland: Dolmades, Gyros, Moussaka, Tsatsiki
Britische Inseln: Beef Wellington, Fish & Chips,
Irish Stew, Plum Pudding
Italien: Osso buco, Pizza, Risotto, Spaghetti
bolognese
Spanien und Portugal: Bacalão, Chorizo, Gazpacho,
Paella
Nordafrika: Ful Midarnes, Harira, Kuskus, Tajine
Osteuropa: Blini, Borschtsch, Gulasch, Piroggen

Kalorientabelle

g. 100 ml **Mineralwasser:** 0 kcal
d. 100 g **grüner Salat:** 10 kcal
i. 120 ml **Cappuccino:** 50 kcal
j. 100 g **Äpfel:** 52 kcal
a. 100 g **Birnen:** 60 kcal
l. 100 ml **Rotwein (12% Alkohol):** 67 kcal
b. 100 g **gekochte Nudeln:** 90 kcal
m. 100 g **Eier:** 160 kcal
k. 100 g **Steak:** 200 kcal
e. 100 g **Pizza:** 200 kcal
f. 100 g **Hamburger:** 255 kcal
c. 100 g **Fleischsalat:** 360 kcal
h. 100 g **Schinkenbrot:** 430 kcal

Seite 300

Antipasti & Co.

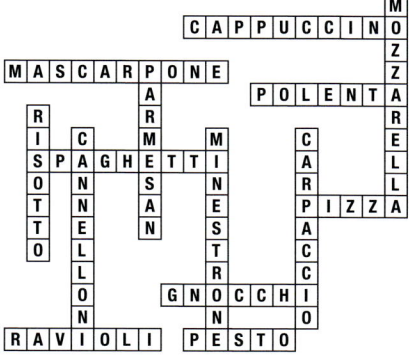

Na dann gute Nacht!

Diese fünf Fehler sollten Sie auf keinen Fall begehen:
1. Statt laute Musik zu hören, sollten Sie vor dem
Einschlafen lieber für Ruhe und Entspannung sorgen.
4. Nein. Etwa zwei Stunden vor dem Einschlafen sollten Sie den Körper zur Ruhe kommen lassen.
6. Nach einer leichten Mahlzeit schläft man besser.
11. Wenn Sie Koffein sehr anregt, sollten Sie nach
16 Uhr keinen Kaffee oder Tee mehr trinken.
16. Dass Alkohol den Schlaf fördert, ist ein weit ver-
breiteter Irrtum. Er wirkt hauptsächlich anregend und
betäubt die Sinne nur vorübergehend. Darüber hinaus
kann Alkohol im Übermaß Alpträume hervorrufen.

Seite 302

Heilpflanzen

Brustbeere: Heiserkeit – **Feigenblätter:** Ver-
dauungsprobleme – **Gewürznelke:** Zahnschmerzen –
Ginkgo: Gedächtnisverlust – **Ginseng:** Stress –
Ingwer: Schwindel, Erbrechen – **Kamille:**
Regelschmerzen – **Knoblauch:** Arteriosklerose – **Lein:**
Gelenkentzündungen – **Lindenblüte:** Leichte
Schlafstörungen – **Luzerne:** Erschöpfung –
Rhabarber: Verstopfung – **Stechwinde:** Ekzem –
Zitronenverbene: Nervosität – **Zimt:** Appetitlosigkeit

Seite 305

Spiegelverkehrt zeichnen

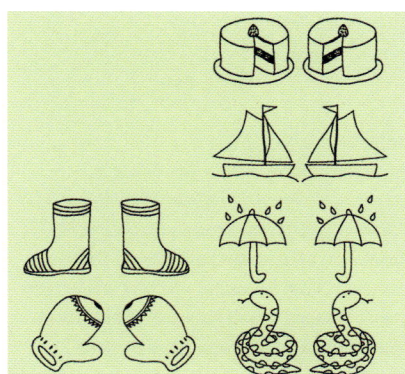

Seite 306

Lückenfüller

Der Rabe und der Fuchs

Im Schnabel einen Käse haltend, hockt
auf einem Baumast Meister Rabe.
Von dieses Käses Duft **herbeigelockt**,
spricht Meister Fuchs, der schlaue Knabe:
„Ah, Herr von Rabe, guten Tag!
Wie nett Ihr seid und von wie feinem **Schlag**!
Entspricht dem glänzenden **Gefieder**
nun auch der Wohlklang Eurer Lieder,
dann seid der Phönix Ihr in diesem Waldrevier."
Dem Raben hüpft das Herz vor Lust. Der Stimme Zier
zu künden, tut mit stolzem **Sinn**
er weit den **Schnabel** auf; da – fällt der Käse hin.
Der Fuchs nimmt ihn und spricht:
„Mein Freundchen, denkt an mich!
Ein jeder **Schmeichler** mästet sich
vom Fette des, der willig auf ihn hört.
Die Lehr' ist zweifellos wohl einen Käse **wert**!"
Der Rabe, scham– und reuevoll,
schwört – etwas zu spät –, dass ihn niemand mehr
fangen soll.

Wie macht das Tier?

Der Rabe **krächzt** – die Eule **schreit** – das Küken
piepst – der Storch **klappert** – die Ente **schnattert** –
das Huhn **gackert** – der Hahn **kräht** – das Murmeltier
pfeift – die Grille **zirpt** – die Biene **summt** – der
Elefant **trompetet** – die Schlange **zischt** – der Löwe
brüllt – die Ziege **meckert** – die Elster **keckert** – die
Nachtigall **trällert** – die Hyäne **lacht** – die Maus **fiept**
– der Frosch **quakt** – der Papagei **kreischt** – das
Pferd **wiehert** – der Esel schreit **I–ah** – das Schaf
blökt – der Hund **bellt** – die Kuh **muht**.

Seite 307

Kulinarische Weltreise

Belgien: Pralinen – **Balkan:** Cevapcici (Hackfleisch-
gericht) – **China:** Schwalbennestersuppe (Suppe mit
Nestern einer bestimmten Seglerart, die die Vögel mit
Speichel zusammengeklebt haben) – **England:** Apple
Crumble (Süßspeise) – **Finnland:** Glögi (Glühwein mit
Gewürzen) – **Griechenland:** Souvlaki (Spieße mit
Hammelfleisch) – **Indien:** Tandoori (mariniertes, im
Lehmofen gebackenes Fleisch) – **Indonesien:** Bami
Goreng – **Irland:** Guinness (Dunkelbier) – **Italien:**
Tiramisu (Süßspeise mit Mokka und Mascarpone) –
Japan: Miso-Suppe (Suppe mit fermentierten
Sojabohnen) – **Marokko:** Kuskus (Eintopf mit
Hartweizengrieß) – **Mexiko:** Enchiladas (gefüllte
Maismehlpfannkuchen) – **Niederlande:** Groene Haring
(junger Hering) – **Portugal:** Kalao (Milchkaffee) –
Russland: Borschtsch (Suppe mit Roter Bete und
Rindfleisch) – **Spanien:** Sangria (Rotweingetränk) –
Türkei: Aran (Kefirgetränk) – **Ungarn:** Gulasch.

Seite 308

Es lebe das Brautpaar!

5 Jahre: Hölzerne Hochzeit – **10 Jahre:** Rosenhochzeit – **15 Jahre:** Gläserne Hochzeit – **20 Jahre:** Porzellanhochzeit – **25 Jahre:** Silberne Hochzeit – **30 Jahre:** Perlenhochzeit – **40 Jahre:** Rubinhochzeit – **50 Jahre:** Goldene Hochzeit – **60 Jahre:** Diamantene Hochzeit – **70 Jahre:** Gnadenhochzeit – **75 Jahre:** Kronjuwelenhochzeit

Echt tierisch!

Ein stolzer **Gockel** – Im **Schnecken**tempo gehen/fahren – Ein **Spatzen**hirn haben – Die **Spatzen** pfeifen es von den Dächern – Schlau wie ein **Fuchs** sein – Auf dem hohen **Ross** sitzen – Das **Pferd** von hinten aufzäumen – Seine **Schäfchen** ins Trockene bringen – Jemandem einen **Floh** ins Ohr setzen – Das **Huhn** schlachten, das goldene Eier legt – Mit den **Hühnern** schlafen gehen – Ein **Angsthase** sein – Er ist ein alter **Hase** auf diesem Gebiet – Schlafen wie ein **Murmeltier** – Sich wie ein **Elefant** im Porzellanladen benehmen – Einen **Frosch** im Hals haben – **Katz** und **Maus** spielen – Wenn die **Katze** aus dem Haus ist, tanzen die **Mäuse** auf dem Tisch – Sie sind wie **Hund** und **Katz** – Schlafende **Hunde** soll man nicht wecken – Aus einer **Mücke** einen **Elefanten** machen – Flink wie ein **Wiesel**

Seite 310

Lieben Sie Kino?

Apocalypse Now: **Francis Ford Coppola** – *Der dritte Mann:* **Orson Welles** – *Doktor Schiwago:* **David Lean** – *Der Himmel über Berlin:* **Wim Wenders** – *La Dolce Vita:* **Federico Fellini** – *Vom Winde verweht:* **Victor Fleming** – *E. T. – der Außerirdische:* **Steven Spielberg** – *Rosemarys Baby:* **Roman Polanski** – *Rio Bravo:* **Howard Hawks** – *Wilde Erdbeeren:* **Ingmar Bergman** – *Metropolis:* **Fritz Lang** – *Die letzte Metro:* **François Truffaut** – *Die Blechtrommel:* **Volker Schlöndorff** – *Moby Dick:* **John Huston** – *2001: Odyssee im Weltraum:* **Stanley Kubrick** – *Das Fenster zum Hof:* **Alfred Hitchcock** – *Die Wüste lebt:* **Walt Disney** – *Der Stadtneurotiker:* **Woody Allen** – *Spiel mir das Lied vom Tod:* **Sergio Leone** – *Effi Briest:* **Rainer Werner Fassbinder**

Verwaiste Meisterwerke

Arnold Böcklin: *Die Toteninsel* – **Sandro Botticelli:** *Die Geburt der Venus* – **Edgar Degas:** *Die Tanzklasse* – **Albrecht Dürer:** *Der Feldhase* – **Caspar David Friedrich:** *Kreidefelsen auf Rügen* – **Vincent van Gogh:** *Die Kartoffelesser* – **Gustav Klimt:** *Der Kuss* – **Franz Marc:** *Der Turm der blauen Pferde* – **Claude Monet:** *Impression, Sonnenaufgang* – **Pablo Picasso:** *Guernica* – **Henri de Toulouse–Lautrec:** *Aristide Bruant* – **Leonardo da Vinci:** *Mona Lisa*

Seite 312

Die Sprache der Jugend

Fluppe: Zigarette – **jemanden zufönen:** auf jemanden einreden – **strange:** seltsam – **heavy:** heftig – **Hey, Alter, was geht?:** Hallo, mein Freund, was machen wir heute? – **chillen:** entspannen – **Erzeugerfraktion:** Eltern – **schmacko:** super – **voll krass:** unglaublich – **Fußhupe:** kleiner Hund – **Tussi:** Frau, Mädchen – **verwarzt:** lausig – **fix und foxi:** fix und fertig – **Krawallbrause:** Bier – **fett:** super – **geil:** toll – **Nullchecker:** Dummkopf

---

Seite 313

Durch die Blume …

Enzian: Verachtung – **Herbstzeitlose:** Eifersucht – **Hortensie:** Kälte – **Kamelie:** Beständigkeit – **Lorbeer:** Ruhm – **Maiglöckchen:** Glück – **Pfingstrose:** Verwirrung – **Rose:** Liebe – **Schneeglöckchen:** Belastbarkeit

Wer singt was?

Alexandra: *Mein Freund, der Baum* – **Bata Ilic:** *Michaela* – **Chris Roberts:** *Do you speak English?* – **Cindy und Bert:** *Im Fieber der Nacht* – **Conny Froboess:** *Pack die Badehose ein* – **Costa Cordalis:** *Anita* – **Dschingis Khan:** *Moskau* – **Freddy Quinn:** *Junge, komm bald wieder* – **Heintje:** *Mama* – **Howard Carpendale:** *Deine Spuren im Sand* – **Juliane Werding:** *Am Tag, als Conny Kramer starb* – **Lale Anderson:** *Lili Marleen* – **Mireille Mathieu:** *La Paloma adé* – **Rex Gildo:** *Fiesta Mexicana* – **Roland Kaiser:** *Santa Maria* – **Roy Black:** *Ganz in Weiß* – **Udo Jürgens:** *Mit 66 Jahren* – **Vicky Leandros:** *Theo*

Seite 315

Berühmte Bauwerke

Agra (Indien): Taj Mahal – **Barcelona** (Spanien): Sagrada Familia – **Peking** (China): Sommerpalast – **Berlin:** Brandenburger Tor – **Florenz** (Italien): Der Dom „Santa Maria del Fiore" – **Istanbul** (Türkei): Hagia Sophia – **Kopenhagen** (Dänemark): Die kleine Meerjungfrau – **London** (Großbritannien): Westminster Abtei – **Paris** (Frankreich): La Sainte-Chapelle – **Philadelphia** (USA): Independence Hall – **San Francisco** (USA): Golden-Gate-Brücke – **Sankt Petersburg** (Russland): Eremitage – **Venedig** (Italien): Rialto-Brücke – **Warschau** (Polen): Sigismund-Säule – **Wien** (Österreich): Stephansdom

---

Seite 316

Hitparade

99 Luftballons: **Nena** – *Daddy Cool:* **Boney M.** – *Der Kommissar:* **Falco** – *Der Nippel:* **Mike Krüger** – *Ein Bett im Kornfeld:* **Jürgen Drews** – *Ein bisschen Frieden:* **Nicole** – *Ich will Spaß:* **Markus** – *Marmor, Stein und Eisen bricht:* **Drafi Deutscher** – *Schöner, fremder Mann:* **Connie Francis** – *Tränen lügen nicht:* **Michael Holm** – *Waterloo:* **Abba** – *Weiße Rosen aus Athen:* **Nana Mouskouri**

Seite 318

Viele Generationen unter einem Dach

1. Ihre Urgroßmutter
2. Marie und Jakob haben die meisten Nachkommen (15).
3. Die zweite Generation
4. Lena: Helga oder Lisbeth – Clemens: Jakob oder Reinhard – Antonia: Katja oder Bettina
5. Lena und Alexa

Seite 319

Die lieben Verwandten

Alteltern: die Eltern der Urgroßeltern

Cousin ersten Grades: Cousins sind alle Nachkommen von Blutsverwandten, die derselben Generation angehören. In diesem Fall ist der Sohn von Onkel und Tante gemeint.

Großonkel: der Bruder eines Großelternteils

Halbgeschwister: Kinder, die nur einen Elternteil gemeinsam haben

Nichte: die Tochter von Bruder oder Schwester

Nichte zweiten Grades: Tochter eines Cousins oder einer Cousine.

Stiefkind: Kind, das ein Partner in eine neue Beziehung mit einem anderen Partner mitgebracht hat.

Schwippschwager: Schwager des Ehepartners oder des Geschwisters

Urenkel: Kind eines Enkels

Seite 322

Auf dem Holzweg

Schritt eins

1.

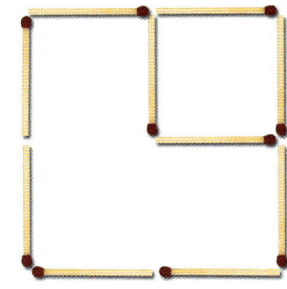

2.

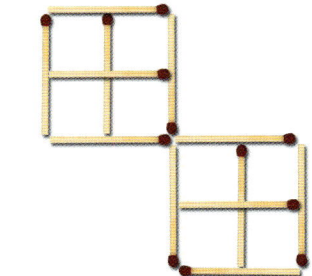

Schritt zwei

1.

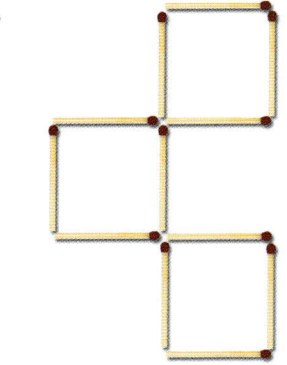

2.

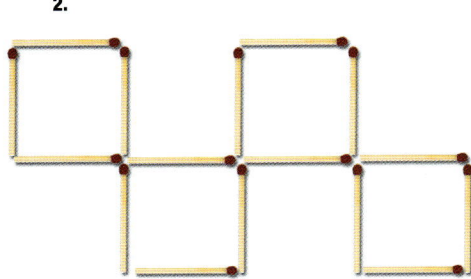

Sind Sie ein wandelndes Wörterbuch?

ZY: Zyklus, Zylinder, Zynismus, Zypresse, Zyste, Zyklop …

SY: System, Synapse, Synagoge, Sympathie, Syrien, Symmetrie …

GEN: Generation, Genetik, General, Genesung, Genick, Genuss …

ÄQU: Äquator, Äquivalenz, Äquilibrist, Äquinoktikum, äquidistant, äquivok …

HAR: Harfe, Harem, Harke, Harmonie, Harpune, Harnisch …

Seite 324

Opernfreunde unter sich

1. Figaros Hochzeit – 2. Aida – 3. Der Barbier von Sevilla – 4. Carmen – 5. Tosca – 6. Parsifal – 7. Xerxes – 8. Fausts Verdammnis – 9. Fidelio – 10. Orpheus in der Unterwelt

Seelische Verstrickungen

Auf der Palme
Auf 180
Von den Socken
Sorglos

Beruhigende Pflanzen

1. Hopfen – **2.** Melisse – **3.** Baldrian – **4.** Lindenblüte – **5.** Johanniskraut – **6.** Passionsblume

---

Seite 327

Beliebte Vornamen im Wandel der Zeit

1930er-Jahre:
Peter – Jürgen – Klaus – Dieter – Horst
Karin – Ingrid – Renate – Ursula – Monika
1950er-Jahre:
Holger – Wolfgang – Andreas – Frank – Stefan
Sabine – Petra – Susanne – Andrea – Heike
1970er-Jahre:
Dennis – Christian – Florian – Sebastian – Patrick
Stefanie – Melanie – Nicole – Sandra – Sabrina
2000er-Jahre:
Lukas – Niklas – Tom – Kevin – Marvin
Laura – Lisa – Leonie – Sophie – Nina

Seite 328

Die großen Weltreligionen

1. Christentum – **2.** Islam – **3.** Hinduismus – **4.** Buddhismus – **5.** Taoismus – **6.** Naturreligionen – **7.** Shintoismus – **8.** Sikhreligion – **9.** Judentum – **10.** Bahaismus

Unvergessliche Filmzitate

1. *Dschungelbuch*
2. *Forrest Gump*
3. *Casablanca*
4. *James Bond*
5. *Star Trek*
6. *Pretty Woman*
7. *Terminator 2*
8. *E. T. – Der Außerirdische*
9. *Die Vögel*
10. *Alf*

Seite 329

Moderne Zeiten

Büroklammer: 1900 – **Radio:** 1910 – **Kühlschrank:** 1913 – **Fernseher:** 1923 – **Klebestreifen:** 1925 – **Flotte Lotte:** 1932 – **Einkaufswagen:** 1934 – **Kugelschreiber:** 1943 – **Spülhandschuhe:** 1948 – **Computer:** 1948 – **Kreditkarte:** 1950 – **Die Pille:** 1954 – **Wegwerfwindeln:** 1956 – **Barbiepuppe:** 1959 – **Plastikflasche:** 1963 – **Handy:** 1979

Währungen der Welt

Baht: Thailand – **Dirham:** Marokko – **Dong:** Vietnam – **Forint:** Ungarn – **Guarani:** Paraguay – **Lew:** Bulgarien – **Rand:** Südafrika – **Real:** Brasilien – **Rubel:** Russland – **Rupiah:** Indonesien – **Schekel:** Israel – **Sol:** Peru – **Yuan:** China – **Zloty:** Polen

Verzeichnis aller Aufgaben

Tests

Persönliche Eindrücke und Erinnerungen

Entspannungsübungen

Mein Gedächtnis und...

Register

Die *kursiven* Einträge verweisen auf Rätsel und Übungen zum jeweiligen Thema. **Halbfette** Seitenzahlen verweisen auf eine Abbildung.

Nützliche Adressen

Es gibt eine Vielzahl von Organisationen, Verbänden und Interessengemeinschaften, die Informationen zu Gedächtnistraining sowie zu allgemeinen und medizinischen Aspekten von Gedächtnisthemen anbieten. Wir stellen Ihnen hier nur eine Auswahl vor. Auf den Internetseiten vieler Organisationen führen weitere Links zu zusätzlichen Web-Seiten zum Thema.

Informationen zu Demenzerkrankungen und nach Postleitzahlen sortierte Adressen von Gedächtnissprechstunden, Gedächtnisambulanzen und Gedächtniskliniken (Memory Clinic) finden Sie auf den Web-Seiten der Alzheimergesellschaften der Länder oder unter diesen Stichworten in den Suchverzeichnissen des Internets.

Deutschland

Bundesverband Gedächtnistraining
Am Appelhof 1
51570 Windeck-Herchen
Tel.: 0 22 43/34 43
www.bv-gedaechtnistraining.de

Gesellschaft für Gedächtnis- und Kreativitätsförderung e.V.
Postfach 1318
88307 Isny
Tel.: 0 75 62/9 10 08
www.ggk.de/

Gesellschaft für Gehirntraining (GfG)
Postfach 1420
85555 Ebersberg
Tel.: 0 80 92/86 49 30
www.gfg-online.de

Hirnliga e.V.
Postfach 1132
51581 Nümbrecht
Tel.: 0 22 93/34 36
www.hirnliga.de/index.html

Deutsche Alzheimer Gesellschaft e.V.
Friedrichstr. 236
10969 Berlin
Tel.: 0 30/31 50 57-33
www.deutsche-alzheimer.de

Schweiz

Schweizerischer Verband der Gedächtnistrainerinnen und -trainer
Kapfsteig 54
8032 Zürich
Tel.: 0 44/3 81 15 22
www.gedaechtnistraining.ch/verband.htm

Schweizerische Alzheimervereinigung
Rue des Pêcheurs 8 E
1400 Yverdon-les-Bains
Tel.: 0 24/4 26 20 00
(und verschiedene kantonale Sektionen)
www.alz.ch

Alzheimer-Telefon: 0 24/4 26 06 06

Österreich

Österreichischer Bundesverband für Gedächtnistraining
Thunstr. 5
5400 Hallein
Tel.: 06244/77 52
www.gedaechtnistraining-oebv.at/

Alzheimer Angehörige Austria
Obere Augartenstraße 26–28
1020 Wien
Tel.: 01/ 332 51 66
www.alzheimer-selbsthilfe.at/index.htm

Österreichische Alzheimer Gesellschaft
Neurologische Universitätsklinik Graz
Auenbruggerplatz 22
8036 Graz
Tel.: 03 16/38 58 33 97
www.alzheimer-gesellschaft.at

Bildnachweis

Fotos

akg-images: 240, 241 (3), 243 o.l.
Cinetext: 187 (5, 6, 7, 8), 310/311.
Cinetext/Constantin: 187 (2).
Cinetext/RR: 187 (4, 9).
Collection particulière/X, D.R.: 134/135.
Conseil de l'Europe: 8, 137.
Corbis/Royalty free: 9, 65, 85 u., 93 (Giraffe), 98 o., 155, 215, 307 (2).
Cosmos/SPL: 18 o., 19 u.
Dagli Orti: 310.
defd-pwe Verlag GmbH: 187 (10).
Digital Vision: 52 o., 188, 219, 261, 334 M.
Digital Stock: 93 (Skifahrer, Surfer), 104 (Fesselballon), 182, 217 u., 280/281, 338.
Goodshoot.com: 33, 83, 85 o., 91, 93 (Känguruh, Gebirge), 104 (Möwe), 154 (Tierkalender, Sonnenblumen, Palmen/Meer), 178, 198, 221, 225.
Iconotec/Atamu Rahi: 93 (Strand), 104 (Frau).
Interfoto/Archiv: 187 (3).
Interfoto/Rauch: 187 (1).
MEV: 236/237 o.
Mauritius/Busse Yankushev: 234.
PhotoAlto: 23, 27, 51 o., 51 u., 93 (Brot, Käse), 98 u., 104 (Pizza, Tasse), 110 u.r., 154 (Küche), 163 o., 298, 299 (5), 300.
PhotoDisc: 17 o., 22, 28/29, 29 (2x5), 40/41, 58/59, 59, 63 o., 64 o.r., 66, 70, 77 u.r., 81, 82, 93 (Pillen, Pisa, OP-Saal, Eiffelturm), 99 u., 104 (Liegestuhl, Gondeln, Fernrohr, Planet, Telefonzelle), 105 o.M., 111 M.l., 151, 152 u.l., 154 (Kalender Garten, Kalender Millenium, Blüte), 156, 157 M.r., 158, 163 u., 168, 180, 181 u.l., 183, 191, 194 M.o., 196 M., 199 M.l., 199 M.u., 249 o., 250, 252 u.l., 255, 256, 257, 263, 266, 270 u., 281 r., 283, 284, 285, 286, 288 o.r., 292, 295, 313 u., 328, 329, 332, 333, 334 o.l.
Phovoir: 185, 251, 306.
Reader's Digest Assoc. Inc/GID: 113 o. (9).
RMN/G. Blot: 78.
RMN/H. Lewandowski: 86.
SRD/A. Grégoire: 315 M.l.
SRD/A. Nouri: 39, 93 u., 153 (20), 190/191 o., 192, 252 o.
SRD/D. Pavois: 154 (Baum), 243 o.r., 248, 249 u., 315 o.l., 315 o.r., 315 u.r.
SRD/J.-P. Delagarde: 71, 72, 183 u., 270 o., 277.
SRD/J.-P. Germain: 152 o., 306 o.
Marcel Stive: 88.
Stockbyte: 58, 97 (2).

Illustrationen

Laurent Audouin : 6 M.o., 6 u., 7 M.o., 60/61, 105, 148/149, 172, 176, 194, 244/245, 288.
Emmanuel Batisse: 50 o., 64, 178, 209, 210.
Philippe Bucamp: 94/95.
Atelier Calligaro: 16 u., 18 u., 31 l., 35 l., 57 u., 63 u., 69, 76 u., 117, 126, 129 r., 171, 206 r., 228, 230/231, 235 o., 272, 275 o., 282, 283, 316 o., 324 u.

Adam Carnegie: 139 (Mandela, Shakespeare, Lincoln).
Jacqueline Caulet: 22, 25, 26/27, 36/37, 42, 53, 56/57, 57 o.r., 82, 83, 91, 100 M.r., 130 l., 138 l., 154, 175, 179, 189, 223, 224, 239, 243 u., 275 u., 281, 300/301, 309, 325, 326, 329.
Marc Donon: 15, 16 o., 21.
Philippe Fassier: 19 o., 50 u., 79, 96, 107, 110 u.l., 119, 167 r., 182, 196 u.r., 199 o.M., 332, 334.
Steven Felmore: 299.
William Fraschini: 73, 101 o., 103, 162 u., 187 u., 188, 302/303, 324 o.
Sylvie Guerraz: 43, 45, 55, 67 u., 68, 76 o., 80, 95 u., 124, 129 u.l., 130 u.r., 142/143, 166, 174, 207, 219, 222 r., 227 r., 235 u., 242, 254 o., 264, 274, 299.
Sylvie Guerraz - Jacqueline Caulet: 217 o.
Nicolas Jarreau: 133.
Jean-Pierre Lamerand: 67 o., 81, 99 o.l., 120, 143, 153, 162 M.r., 196 u.l., 206 o., u., 220/221, 337.
Patrick Lestienne: 14, 17, 24, 26, 28, 31 r., 35 r., 47, 52, 54, 114, 131, 136 u.r., 138 r., 142, 147, 227 l., 238, 308, 316 u., 318, 321, 323.
D. Pavois: 115, 222 l., 271, 293.
Claude Quiec: 100 M.l., 139 (Mozart, da Vinci, Curie, Dali, van Gogh, Chopin), 140/141, 159, 232/233.
Carine Sanson: Einband, 3, 6 o., 6 M.u., 7 o., 7 M.u., 7 u., 12/13, 84, 112/113, 132, 136 l., 202/203, 296/297, 330/331, 336.